角倉一族とその時代

編者　森　洋久

角倉一族とその時代◆目次

【第一部】

吉田・角倉家の系譜

【第一部】

第一章　はじめに——本書のめざすところ——

森　洋久

京都の嵐山、亀山公園に、角倉了以像は鉄槌をキッと地面に突き立て、じっと遠方を眺めている。保津川を開削し、丹波と京都、大阪を結び、材木や米等の物流を可能とした。また、山梨県鰍沢（かじかざわ）のほど近い山中、山梨県富士川のほとりの甲西道路沿いには、了以の富士川の浚渫工事を讃えて富士水碑が立てられている。徳川家康の命で了以が手がけたとされる、この富士川もまた、近世より塩、米、木材の大動脈であった。このように、角倉家のひとつのイメージは、私財を投じて水運を中心とした物流開発を行い、通行料の徴収で投資を回収した近世の大事業家である。伴蒿蹊『近世畸人伝（きじんでん）』（寛政二年〈一七九〇年〉）の「角倉了以」の項には、

> 先大石は轆轤索をもて牽二之ヲ一。水中にあるは、其上に高く足代をかまへ、鉄槌の頭尖りて、長さめぐり各三尺、柄の長サ二丈あまりなるに、あまたの索を結付、数十人して其槌を引あげて、直に落せば、巌石ことごとく砕けぬ。

とあり、保津川の開発事業が描かれている。『近世畸人伝』の了以の描写は明治期に道徳の教科書などに引用され、この了以のイメージが定着していったようだ。たとえば、明治三〇年『少年世界』臨時増刊第参巻第四号には立志談「治水長者」として、角倉一族の活躍が描かれている。第五回、六回が「大堰（おおい）川」であり「富士川、天龍川」「高瀬川」「大悲閣」と続く。

同書の、第二〜四回では「安南国　上、中、下」と、安南貿易の物語がつづく。角倉のもう一つのイメージは安南貿易である。清水寺に安南貿易に使ったとされる角倉船の描かれた絵馬が奉納されている。舟の調達、船頭、乗員に対する『舟中規約』も伝わっている。

ぽつかり大きな雲の中　あれあれお船が見え出した南の国から御朱印船　みんなでお迎えおめでとう

と始まるのは童謡『角倉船』（出雲路敬和作詞、樋口昌道作曲）の冒頭である。『貿易・開鑿・出版の先覚者　大角倉父子』二号にある童謡で、出雲路敬和は、下御霊神社歴代宮司出雲路家の出身で國學院大學国文科卒、立命館大学教授、成安短期大学学長、醍泉小学校、明倫小学校の校歌の作詞も行っている。作曲家樋口昌道もさまざまな校歌を作曲している。

最後に、現代の論文、武藤信夫、齋藤陽一著「角倉了以・素庵」（『日本経営倫理学会誌』第九号、二〇〇二年）を参照しよう。

①貿易の代表として交易の原点に普遍的倫理「信」を提唱。貿易に関しては「利は義の嘉会なり」の「船中規約」を実践。

②日本で最初の社会性、公益性ある地域開発（河川開削、通運）事業を自己資本で行ったわが国の起業家の始祖である。

③企業家として学者でもある素庵は、学術、文化への有力な支援者であった。

とある。次章で若松正志も論じるように、近現代において、角倉一族は、公益性という面において、一つのシンボル的存在となっていった。一方で、右論文では三番目に着目されている、学術、文化のイメージはやや影にかくれる。『少年世界』臨時増刊第参巻第四号にも控えめながら吉田光由の名は登場しているが、やはり公益性、事業家のイメージにくらべると角倉の学者のイメージはやや劣る。吉田光由の『塵劫記（じんこうき）』や角倉素庵の嵯峨本は、「有力な支援者」どころではなく、それぞれがその筋の一流であり、近世の和算や木版摺刊本の原点を築き上げたといえるものである。

『国史大辞典』（吉川弘文館）によれば、吉田宗臨（若名忠兵衛）が、嵯峨の地に土倉・酒屋としての家業を始め、その倉の名称から角倉の流れが始まる。だがそれ以前をたどると、そもそも角倉家の本姓は吉田であり、近江佐々木源氏の一流で、宇多天皇の後裔佐々木秀義の六男厳秀が吉田の里（滋賀県犬上郡豊郷町吉田）に封邑を得て、吉田を名乗ったとされる。一〇代徳春が応永年間（一三九四〜一四二八）に上洛し、室町幕府に仕え、正長元年（一四二八）のころ京都嵯峨（京都市右京区）に定住した。そのころの職は方術と伝えられるが、神業に近い医術だったと推察されるという。その後、徳春の曾孫の宗桂より医家が輩出され、明治にいたるまでつづいている。しかし、医家一族の史料は少なく、角倉家の一族の本流は吉田と名のる医家であることは思いのほか知られていない。本来、正確を期すならば「角倉家」ではなく、「吉田・角倉家」と呼ぶのが正しい。

我々の吉田・角倉家の調査は、平成一三年度〜平成一七年度に行われた国立科学博物館の全国的な近世の日本の科学技術の研究調査「我が国の科学技術黎明期資料の体系化に関する調査・研究」（通称：江戸のものづくり）において、角倉家の史料や研究を調査したことが始まりである。このときの史料調査をベースに、吉田・角倉一族をもう一度俯瞰的にみなおしてみようということで国際日本文化研究センターに集まり、各分野の研究者による学術研究を相互に関連づけて議論し合った。それが企画室共同研究『近世初期における京都の文化力・技術力に関する比較研究――角倉一族を中心に――』（平成二四年〜二六年）である、当研究の発表題目は、巻末の研究発表一覧に掲げたように多岐にわたった。

吉田・角倉一族が中世から現代にかけて、事業、経済、学問などの日本社会のさまざまな面において少なからず影響を与える存在であったことは間違いない。だが、議論を戦わせて徐々にみえてくることは「角倉了以が開鑿する」ということはどういうことなのだろうか、という疑問であった。たとえば「東京都庁舎は丹下謙三が造った」ともいえる一方で、「大成建設をはじめとした共同企業体が造った」ともいえる。あるいは「鈴木俊一が造ったのだ」という人もいるだろう。だが実際に鉄骨を組み、コンクリートを流し込んだ無名の多くの人びとの手によるともいえるし、東京都民だともいえる。多くのこのような言説が渾然一体となったものが「丹下健三の仕事」である。もし、東京都庁舎の成立を論じたいならば、どれか一つだけをクローズアップすることは恣意的である。

冒頭の了以像のように、了以自身が本当に鉄槌を握っていたか、逐語霊感的に捉えるのは早まり過ぎであることにはすぐ気づくであろう。また、石川武男によれば、富士川水運に角倉が関与したことが分かる明確な史料は、富士水碑と『近世畸人伝』以外にみつけることが出来ないという。さまざまな言説や碑はどこかで伝説と化している部分がある。近代、現代の多様な物語もまたしかりである。どうやら、渾然一体となった「角倉」を、ひとつひとつ実証的に解きほぐし、実態はどうだったのか明らかにしていく必要がありそうだ。これが本書『角倉一族とその時代』の一つ目の目的である。

しかしもう一つの視点を提示しておこう。東京都庁建設にあたって、コンクリートを流し込んだ労働者たちの記録は果たして残っているだろうか。現代であれば、いろいろな資料も残っているかもしれない。だが、それも、資料の保存期間を過ぎ破棄されていく。角倉が関わった多くの事業もそうである。幕府や役所の史料は保全されていても、職人の日々の仕事は消えていく。記述された史料として存在しないものを「わからない」として済ませてしまうのは正直なようではあるが、一方で「わかる」ことだけから構築されたものは偏った角倉像となる。

大きな組織や事業はリーダーを必要とする一方で、リーダーだけではなにも成り立たない。多くの優れた人材あってのことである。数々の伝説は、対象の規模の大きさ、組織力を示している。中には、歴史的に記述されることに興味をもたない人物、職人や町衆といった人びとも関わっている。かれらは記述されたものを残さない一方で完成されたものを伝承している。「わからない」ことを排除していく歴史学的否定論の一方で、残ったものから「わからない」ことを推測しようとする肯定論、この二面から、もう一度吉田・角倉を眺めてみると、近世の人材と技術の新しい関係が見えてくる。

研究班では、研究者にとどまらず、おそらく角倉一族も活用したであろうという伝統的な技術を、船頭、技師の方々も交え、ご発表いただいた。紙面の都合でその発表のすべてを本書には盛り込むことが出来なかったことは残念だが、意図したところをおおよそ盛り込むことが出来たと考えている。

本書は、吉田・角倉家のイメージが、近代、現代にどのように形成されてきたかという若松正志の議論から始まる。我々が掛けている色眼鏡について自覚しておく必要がある。これを踏まえて、第一部は角倉の全体像をとらえる。土倉の生業から始まる吉田・角倉家は、その後大きく三つの家系に分かれる。一つは医者、一つは学者、一つは実業家を中心とした家系である。しばしば実業家の系譜がクローズアップされがちであり、その次に吉田光由に代表されるような学者の系譜がフォーカスされる。土倉、幕臣としての角倉家について、その系譜と当時の社会における位置づけについて、河内将芳、菅良樹に論をいただく。この第一部で三つの家系を対等に論じたいところだが、医家としての吉田家に関する資料は少なく、他の系譜と同等に論じることはなかなか難しい。したがって、医家の系譜については第二部に別立てし、列伝的な方法で奥沢康正に論じていただくこととした。この第一部と第二部をあわせることで、角倉家の、中世から幕末、明治にかけての社会的影響力の強さが理解できよう。三つの系譜の各人物はお互いの持ち場を生かし、絡み合いうことで、影響力と持続力を生み出したといえるかもしれない。

第一部と第二部において、我々はこの一族のなした具体的な業績の世界へ入って行く準備がととのう。第三部は社会基盤、第四部は海外貿易、第五部は和算、第六部は嵯峨本と古活字をとりあげた。各テーマについて、歴史学的になにがわかり、なにがわからないのか、吉田・角倉の全体における位置づけが明らかにされる。一方で、吉田・角倉から少し広い範囲に視野を移し、当時の技術や伝承を、その伝承者たる現代の職人や技術者たちに語っていただくことで、記述されない部分を補完していく。

第三部は水運に関わる土木技術、船頭の技術、そしてそれらを組み合わせ、事業として成立させる組織管理にフォーカスを当てている。具体的には、かつては物流路として、現代は観光地として名高い保津川の川下り、高瀬川、富士川の開削の事例、最後に御土居藪の管理組織の事例をあげる。第四部では、朱印船による海外貿易の歴史と技術に迫る。清水寺に伝わる朱印船の描かれた絵馬についての坂井輝久の論考から始まり、朱印船貿易の歴史について佐久間貴士に論じていただく。葉山美知子は実際にヴェトナムの各地を訪れ、エッセイ風の論を展開する。最後の金子務の論文は朱印船の造船技術に迫るものである。

吉田・角倉家の学者家業の代表といえば算術であろう。特に吉田光由の『塵劫記』はその後の和算の礎を築いた。第五部では、『塵劫記』およびその後の日本の算術=和算の系譜について、小寺裕はその内容から迫り、鳴海風は歴史的系譜から迫る。小林龍彦には和算をも含み、近世において実用的な問題であった暦と天文学について論じていただく。最後に拙稿にて、和算とはなにかということを知る一つの試みとして西洋数学との論法の比較を行った。

最後の部となる第六部は嵯峨本がテーマとなる。嵯峨本は土木や海外貿易といった事業とはまた異なった「事業」である。多くの彫師や摺師たちの関わる事業である一方で、文化的美術的な価値を追求したものであり、最高水準の木活字、製紙技術によるものである。元来、素庵と光悦が中心となって行われたものと考えられ、その真贋判定が研究の中心であったが、林進の研究により、素庵の人となりや成立の歴史的背景に焦点が当てられ、新たな説が提示される。これにつづき、嵯峨本の連本、謡本について、それぞれ高木浩明、伊海孝充に解説、論じていただく。森上修は長年、嵯峨本の活字の比較研究を行っており、活字の陰影から各本の関連を解き明かしている。

「角倉一族」とは、吉田・角倉家だけではなく、同家と相互に関係をもちながら、その偉業の一部をなした人びとをも含むのかもしれない。人びと、さまざまな事業、技術や史料を俯瞰することによって、「角倉一族」もしくは「吉田・角倉家」の業績とはなにかを、文化、技術の総体の中でもう一度問いかけてみることができれば本書の目的を達成できたといえよう。

あらためて、技術者は寡黙である。彼らの名前は文書に記されるものでもなく、彼らは、はなからそれを望まない。彼らの残した作品や事物そのものが彼らの名前であり叙述である。吉田・角倉家は中世、近世という土壌に埋もれた彼らを根から吸い上げ果実として実らせる樹木のようなものなのかもしれない。どの果実がどの根に通じるものなのか、我々には知るすべはない。あからさまな対応関係を強要することは伝説を生み出す。だが、土壌があってこそ果実が実り、また、樹木なくしても果実は実らない。このような総体的な互助関係が「事業」というものだ。

最後に、本研究お力添えくださった角倉家の方々、および史資料のご提供など多方面でご協力下さった方々に、執筆者を代表して感謝いたします。なかでも「江戸のものづくり」「角倉フォーラム」の時代から十数年間にわたり研究の組織化に多大なご尽力をくださった宇戸典之氏に感謝します。

【第一部】

第二章

角倉了以・素庵の人物像
——近世〜近現代に強調された側面——

若松正志

はじめに

本稿は、近世初期に活躍した角倉了以・素庵が、その後の時代の変遷のなかで、どのような人物として描かれているか、語られてきているかについて、検討・紹介するものである。

角倉了以・素庵、さらにはその一族が多様な活動をしたことは、一部の人には知られているが、必ずしも一般的ではないかもしれない。角倉家の本家の吉田家は、代々医術を職業とし、室町時代には金融業（土倉・酒屋）や洛中帯座座頭職で財をなし、また一族には和算書『塵劫記』で有名な吉田光由がいる[1]。角倉了以・素庵については、朱印船貿易家、高瀬川・保津川の開削などのイメージが強いが、幕府代官としての活動も重要である。これらそれぞれの活動について、さらに研究を進めることは必要なことだが、角倉氏関係資料の公開が十分になされていない現状においては、限界がある。したがって、ここでは角倉氏の活動そのものよりも、それが後世どのように記されているかに焦点をあて、分析を行うことにしたい。果たして、近世から近代の記録類に、角倉了以・素庵はどのように描かれ、どのような側面が強調されているだろうか。

以下、一では現代の辞書・事典に登場する角倉氏、了以・素庵像を確認し、その後、江戸時代の資料（同時代史料・後世の地誌類など）、近代の資料（教科書や小説など）のなかに登場する角倉了以・素庵を追うことにする。

一　現代の辞書・事典類に登場する角倉氏、了以・素庵

まずは、現代の辞書・事典に角倉氏および了以・素庵がどのように登場するか、見ることにしよう。表1は、各辞書

で「角倉」としてどういう項目（見出し）があがっているかをまとめたものである。（ ）は、項目はあるものの、実際の記述はなく、参照先を記しているものである。

辞書にもさまざまな種類があるが、ここでは(ア)百科事典・国語辞典、(イ)日本史辞典、(ウ)人名辞典の三種類に分けた。そして、インターネット上のフリー百科辞典として有名なWikipediaや複数の辞書を検索できるJapan Knowledge Lib（JKL。①『日本国語大辞典』や⑩『国史大辞典』などを収録）も参照した。

一般には、大型の辞書・専門分野の辞書ほど項目数が多いと考えられるが、(ア)では、①『日本国語大辞典』が七項目、③『デジタル大辞泉』⑤『大辞林』⑧『広辞苑』が六項目、「角倉」に関する項目を有し（参照先記載を含む。以下同じ）、健闘している。(イ)では、⑩『国史大辞典』と一巻ものの⑭『日本史広辞典』が七項目で最多である。なお、高校の『日本史B』一一種類の教科書での朱印船貿易家としての掲載頻度は、角倉了以が一〇でトップであり（茶屋四郎次郎・末次平蔵が八で二位）、また大学入試問題での出題頻度も角倉了以はA～Dの四段階で最上位（A）である（表1⑲・⑳）。(ウ)では、㉑『日本人名大辞典』が七項目と最多である。

これらをふまえ、全体を見ると、角倉了以はほとんどの辞書で立項されているが、素庵は中規模の日本史辞典でも立項されていないものがある。逆に素庵が立項されていて了以が立項されていないものは、嵯峨本と関わる⑦『日本古典文学大辞典』のみである。了以・素庵以外では、㉑『日本人名大辞典』㉒『日本人名大事典』が、江戸後期～幕末維新期に陶芸（角倉焼・一方堂）に関わった角倉玄寧を立項している。また、㉕『京都市姓氏歴史人物大辞典』が明治・大正期の実業家・政治家として琵琶湖疏水事業や市電計画で活躍した角倉玄親を立項している。

つづいて、辞書類における了以・素庵の記載を、仕事（職業）の面を中心に見ることにする。多彩な活動を行った了以・素庵のどの仕事を重視するか、強調するかは、なかなか判断が難しいが、了以・素庵それぞれについて各辞書類に記載されている職業を、あがっている順にまとめたものが表2である。

A	B	C	D	E	F	G
角倉了以	角倉素庵	角倉	角倉船	角倉本	角倉切	角倉流
角倉了以	角倉素庵	角倉了以 翁顕彰碑				
角倉了以	角倉素庵	角倉	角倉船	角倉本		（角倉流）
角倉了以	角倉素庵					
角倉了以	角倉素庵	角倉	角倉船	角倉本		角倉流
角倉了以	角倉素庵		角倉船	角倉本		
	角倉素庵					
角倉了以	角倉素庵	角倉	角倉船	角倉本		角倉流
角倉了以	角倉素庵	角倉家	角倉船			
角倉了以	角倉素庵	角倉氏	（角倉船）	（角倉本）	角倉文書	角倉流
角倉了以	角倉素庵	角倉家	角倉船			
角倉了以	角倉素庵					
角倉了以	角倉素庵		角倉船			角倉流
角倉了以	角倉素庵	角倉家	角倉船	（角倉本）	角倉文書	角倉流
角倉了以						
角倉了以						
角倉了以	角倉素庵		（角倉船）		角倉文書	
角倉了以						
角倉了以⑩						
角倉了以A						
角倉了以	角倉素庵	角倉	角倉玄紀	角倉玄寧	（角倉玄之）	（角倉為次郎）
角倉了以	（角倉素庵）		角倉玄紀	角倉玄寧	角倉玄之	
角倉了以	角倉素庵		角倉玄紀			
角倉了以	角倉素庵					
角倉了以	角倉素庵	角倉				角倉玄親
角倉了以						
角倉了以	角倉素庵		角倉玄紀		（角倉玄之）	

表１：辞書に項目のある「角倉」

No.	㈠百科事典・国語辞典	出版社	発行年	形態
①	日本国語大辞典(第２版)	小学館	2000-02	JKL
②	日本大百科全書	小学館	1994	JKL
③	デジタル大辞泉	小学館	2012～	JKL
④	ウィキペディア(日本語版)	ウィキペディア財団	2001～	web
⑤	大辞林(第３版)	三省堂	2006	本
⑥	日本国語大辞典(カラー版)	講談社	1989	本
⑦	日本古典文学大辞典　全６巻	岩波書店	1983-85	本
⑧	広辞苑(第６版)	岩波書店	2008	本
⑨	京都大事典	淡交社	1984	本
	㈡日本史辞典			
⑩	国史大辞典	吉川弘文館	1979-97	JKL
⑪	日本歴史大事典　全４巻	小学館	2000-01	本
⑫	日本史大事典　全７巻	平凡社	1992-94	本
⑬	日本歴史大辞典(普及新版)	河出書房新社	1985	本
⑭	日本史広辞典	山川出版社	1997	本
⑮	新編日本史辞典(京大)	東京創元社	1990	本
⑯	岩波　日本史辞典	岩波書店	1999	本
⑰	対外関係史辞典	吉川弘文館	2009	本
⑱	角川　新版　日本史辞典	角川書店	1996	本
⑲	日本史B用語集(改訂版)	山川出版社	2009	本
⑳	必修　日本史B用語集(改訂版)	旺文社	2002	本
	㈢人名辞典			
㉑	日本人名大辞典	講談社	2001	JKL
㉒	日本人名大事典　全７巻	平凡社	1937-38, 79	本
㉓	朝日日本歴史人物事典	朝日新聞社	1994	本
㉔	新潮日本人名辞典	新潮社	1991	本
㉕	京都市姓氏歴史人物大辞典	角川書店	1997	本
㉖	詳解日本史重要人物辞典	教育社	1986	本
㉗	コンサイス　日本人名事典(第５版)	三省堂	2009	本

大きく見れば、了以は、豪商と記したものが多く、次いで（朱印船）貿易家、土木事業家という点を記したものが多い。素庵についても、まず豪商と記したものが多いが（了以に比べると少ない）、次は学者（思想家・文化人）の面をあげたものが多く、朱印船貿易家や河川開削・土木事業をあげたものは少ない。

角倉素庵
貿易家／朱子学者／土木・河川事業／貿易／書／嵯峨本
豪商／文人／朱印船貿易／河川開削／代官／学問／嵯峨本／書
豪商／海外貿易／土木事業／書
土木事業家／書家／貿易商／書／学問／嵯峨本
学者／貿易家／諸河川改修／書
豪商／土木事業家／朱印船貿易／河川開発／書／嵯峨本
儒学者／文人／嵯峨本／朱印船貿易／舟運／代官
豪商／学者／書家／朱印船貿易／土木事業／嵯峨本
豪商／朱印船貿易／河川疎通／代官／学問／嵯峨本／書
思想家／海外通商／河川疎通／学者／嵯峨本／書／代官
豪商／河川開削／貿易／代官／文化人
豪商／学問／嵯峨本／書／河川開削／海外貿易／代官
富商／海外貿易／河川開発／代官／学問／書／嵯峨本
文化人／事業家／河川開削／海外貿易／学問／嵯峨本／書
なし
なし
⑩に同じ
なし
なし
なし
朱印船貿易／河川開発／学問／嵯峨本／書
河川開削／代官／学者／海外貿易／嵯峨本／書
豪商／文化人／学問／書／嵯峨本／朱印船貿易／河川疎通／代官
商人／儒学者／海外貿易／河川開発／代官／学問／嵯峨本／書
思想家／芸術家／豪商／貿易／嵯峨本／書／代官
なし
豪商／朱印船貿易家／代官／儒学／嵯峨本／書

表２：辞書に見える角倉了以・素庵

No.	㈠百科事典・国語辞典	角倉了以
①	日本国語大辞典(第２版)	貿易家／土木事業家
②	日本大百科全書	貿易家／土木事業家
③	デジタル大辞泉	豪商／貿易／河川水路開発
④	ウィキペディア(日本語版)	豪商／朱印船貿易／河川開削
⑤	大辞林(第３版)	豪商／貿易／河川開発
⑥	日本国語大辞典(カラー版)	豪商／土木事業家／朱印船貿易家／河川交通開発
⑦	日本古典文学大辞典 全６巻	なし
⑧	広辞苑(第６版)	豪商／土木家／朱印船貿易／河川開通
⑨	京都大事典	豪商／朱印船貿易／河川疎通
	㈡日本史辞典	
⑩	国史大辞典	朱印船貿易家／土木事業家
⑪	日本歴史大事典 全４巻	朱印船貿易家／土木事業家
⑫	日本史大事典 全７巻	海外貿易商／河川開発家
⑬	日本歴史大辞典(普及新版)	富商／海外貿易／河川開発
⑭	日本史広辞典	豪商／朱印船貿易家／河川開削
⑮	新編日本史辞典(京大)	富商／諸河川交通の開発
⑯	岩波 日本史辞典	豪商／朱印船貿易家／河川開削
⑰	対外関係史辞典	⑩に同じ
⑱	角川 新版 日本史辞典	朱印船貿易家／河川開発
⑲	日本史B用語集(改訂版)	朱印船貿易家／糸割符商人？／河川開発／朱印船貿易
⑳	必修 日本史B用語集(改訂版)	朱印船貿易家／河川の水路開設
	㈢人名辞典	
㉑	日本人名大辞典	豪商／朱印船貿易／河川疎通
㉒	日本人名大事典 全７巻	海外貿易／河川開削
㉓	朝日日本歴史人物事典	豪商／河川開墾土木工事／朱印船貿易家／代官
㉔	新潮日本人名辞典	商人／海外貿易／河川開発
㉕	京都市姓氏歴史人物大辞典	朱印船貿易家／土木事業家
㉖	詳解日本史重要人物辞典	豪商／朱印船貿易／河川交通路の整備
㉗	コンサイス 日本人名事典(第５版)	豪商／海外貿易家／朱印船貿易／河川交通路の開発

二　江戸時代の資料に登場する角倉了以・素庵

（1）　同時代の史料に登場する角倉了以・素庵

ここでは、江戸時代の各種資料に登場する角倉了以・素庵について見る。

まず、角倉了以・素庵の生きていた時代、いわゆる同時代の史料から見る。了以・素庵に関して今日知られる同時代の主な史料は、『史料　京都の歴史』第四巻〈市街・産業〉（平凡社、一九八一年）四一五頁以下などに収録されており、高瀬川・保津川の開削、朱印船貿易、代官としての活動などについて知ることができる。

そのなかで、角倉了以の評価に関わるものとして有名なのが、次の部分である。

此者非二徒者（ただもの）一、方々岩石を切抜、丹波国・伊賀国・甲斐国えも川舟を入、兵粮薪已下令二運送一。一両年已前より、洛中三条二条迄舟輙入、依レ茲、京師貴賤売買得レ便たり。(2)

これは、了以が亡くなった時の評価である。河川工事による流通の展開をもって、ただ者ではないとしている。了以の事績はまた、林羅山が寛永六年（一六二九）に撰文した、千光寺大悲閣に現存する「河道主事嵯峨吉田了以翁碑銘」に詳しく記されている。(3) 顕彰の性格をもつ碑ではあるが、了以を「河道主事」とし、「性嗜工役」、丹波から嵯峨への通船によって「五穀・塩・鉄・材石等多載漕、民得其利」、各地の川に船を通し「人皆利之」という評価をしている。なお、この碑は、朱印船貿易や代官としての活動にはふれていない。この碑の存在自体は、後述するように、京都の地誌類にもたびたび登場するが、碑の文面まで記したものは、「拾遺都名所図会」くらいである。ただ、この一部をもとにして三熊思孝（花顚）が寛政年間（一七八九～一八〇一）にまとめた「続近世畸人伝」巻二の「角倉了以幷息玄之」[4]は、近代の角倉了以の叙述に影響を与えたものとして重要である（後述）。なお、江戸時代後期から明治前期にまとめられた角倉了以・素庵に関する伝記としては他に、東条琴台「先哲叢談」後編に詳しい記述がある。[5]

了以の河川開削は多くの人に利するものであったが、現実問題として、これによって不利益を被る人たちもおり、そこに利害対立が生じた。しかし、そこには農地を船入にすることに対して保障契約を結ぶなどの対応が見られた。[6]

次に、素庵について見る。素庵の活動と評価を同時代にまとめたものとしては、素庵が教えを受けた藤原惺窩の門人で尾張藩の儒医であった堀正意（杏庵）が撰文し、同じく千光寺大悲閣に現物が残っている、「儒学教授兼両河転運使吉田子元行状」という碑文がある。[7]これも顕彰の性格をもつものだが、素庵の儒学者・書家・朱印船貿易家・土木事業者・代官としての姿が描かれ、特に文化人としての姿が評価されている。

素庵は、近年は嵯峨本の出版に関わって有名であるが、その晩年に癩病（ハンセン病）を煩ったこともあってか、了以に比べると、その死後はあまり表面に出てこないようである。

（2） 江戸時代の京都の地誌類などに登場する角倉了以・素庵

では次に、角倉了以・素庵が亡くなってしばらくしてからの彼らについての描写を、京都の地誌類を中心に見ることにしよう。[8]この点についてまとめたものが表3である。

京都の最初期の地誌である、①山本泰順「洛陽名所集」には、千光寺について、角倉了以が建てた寺で了以の碑があることが記されている。②松野元敬「扶桑京華志」も、千光寺に関する記述のなかで、角倉了以が大悲閣を営み、了以の肖像があることを記している。しかし、③浅井了意「京雀」や、それを増補した⑤「京雀跡追」には、「角倉通」「角倉がやしき」「角くら町」「すみのくら通」など、角倉に関わる地名があがっている程度で、了以や素庵に関する記述は

主な記述(頁)
千光寺：角倉了以が建てた(467)。
千光寺：角倉了以が大悲閣を造営、河水を見下ろす、角倉了以肖像(127-128)。
地名：角倉町(239)、角倉通(265)、角倉屋敷(265)。
角倉船乗始(25)。
地名：角倉町(350)、角倉通(367)。
地名：角倉河(358)。嵐山：大井(堰)川の開削(552-553)。
地名：角倉の家・角倉通・高瀬川(26)。役人名：角倉与市(200)。
地図：角倉川(20・25)。河川開削：吉田了意、水行の術、二条〜伏見の開削、運送便利、丹波〜嵯峨の開削(37-38)。千光寺：角倉吉田了意が再興(332)。鳳髄丹：吉田・角倉の系譜、医術、吉田徳春、了以、意庵、宗恂(415)。角倉屋敷：嵯峨の角蔵、板倉勝重より「倉」字拝領(706)。吉田了意塔、素庵塔(803)。
菖蒲谷隧道(50。角倉了以も吉田光由も登場せず)。角倉了意：系譜、二条〜伏見の開削、運送便利、角倉町。子の素庵が大悲閣を建て了以像(河川開削)・了以碑を建てる(60-61)。
河川開削：吉田了意、水行の術、二条〜伏見の開削、運送便利、丹波〜嵯峨の開削、諸人のたすけ(321-322)。名字：吉田了以、京都所司代の板倉勝重より「倉」字を拝領(425-426)。千光寺：吉田了意が再興(434)、吉田了意墓・素庵墓(498)。役人名：角倉与市手代(524)。
役人名：角倉与市手代(550)。
大悲閣：角倉了意木像(638)。
鴨川：角倉了意が高瀬川を開削(15-136)。大井川：角倉了意が開削(同291)。大悲閣：角倉了以像、大井川開削、了意碑石(同295)。舟著：角倉が伏見融通の舟河設置(16-154)。
河川開削：吉田了意、水行の術、二条〜伏見の開削、運送便利、丹波〜嵯峨の開削、諸人のたすけ(104)。役人名：角倉与市・角倉平治(104)。地名：角倉通・角倉殿屋敷(135)。
角倉与市屋敷(31)。
役人：角倉平次帯刀御免(264)。
役人名：角倉与市手代(550)。
大井川：角倉了意が丹波〜嵯峨を開削し舟を通す(398)。亀山の滝：角倉了意が開削(399)。大悲閣：角倉了意像・了意の碑石(399)。菖蒲谷：吉田光由が元和年中に隧道を作り北嵯峨に水を流す(388)。高瀬河：鴨川〜宇治河を開削、角倉氏が再興(466)。
地名：角倉与一殿樋口屋敷・角倉馬場屋敷(264)、角倉町・角倉与一殿屋敷(301-302)。河川開削：角倉了意開発、二条〜伏見、嵯峨大井(堰)川(310)。
役人：角倉与一(44-46)。
絵図：了以碑(406)。大悲閣：角倉了意の碑、丹波〜嵯峨の河川開削(408)。
高瀬川開削(118-119)。掘抜川：角倉了意が北嵯峨の田畑の灌漑のため、菖蒲谷隧道を作る、大井(堰)川の開削、大悲閣の碑(396)。大悲閣：了意の碑(413-415)。

表３：近世京都の地誌類に登場する角倉

No.	成立年		著者・編者	書名	収録書
①	1658	万治元	山本泰順	洛陽名所集	新修11
②	1665	寛文５	松野元敬	扶桑京華志	新修22
③	1665	寛文５	浅井了意	京雀	新修１
④	1676	延宝４	黒川道祐	日次紀事	新修４
⑤	1678	延宝６		京雀跡追	新修１
⑥	1684	貞享元	北村季吟	菟芸泥赴	新修12
⑦	1685	貞享２	水雲堂孤松子	京羽二重	新修２
⑧	1686	貞享３	黒川道祐	雍州府志	新修10
⑨		貞享頃	黒川道祐	近畿歴覧記	新修12
⑩	1689	元禄２	水雲堂孤松子	京羽二重織留	新修２
⑪	1705	宝永２		京羽二重(宝永板)	新修２
⑫	1706	宝永３	貝原益軒	京城勝覧	新修12
⑬	1711	正徳元	白慧	山州名跡志	新修15～17
⑭	1715	正徳５		都すゞめ案内者	新修３
⑮	1728	享保13		伏見大概記(岡本正所蔵本)	新撰５
⑯	1728	享保13		洛水一滴抄	新撰１
⑰	1754	宝暦４	水雲堂孤松子	新益京羽二重織留大全	新修２
⑱	1754	宝暦４	浄慧	山城名跡巡行志	新修22
⑲	1762	宝暦12	白露	京町鑑	新修３
⑳	1780	安永９		新彫伏見鑑	新撰５
㉑	1780	安永９	秋里籬島	都名所図会	新修６
㉒	1787	天明７	秋里籬島	拾遺都名所図会	新修７

天龍寺：角倉宗桂(了以の父)の渡明、大悲閣の了以の碑(471)。
役人名：角倉与市・角倉鍋次郎(61–62)。大悲閣：角倉了以像、大井川開削、碑(247)。大堰川：角倉了意開削(318)。
過書船支配(13,15)、橋支配(17)、角倉与市屋敷(18)。
角倉玄造(36)。
大悲閣、角倉了以(102)。
高瀬川：角倉了以開削、水力で巨材運搬、伏見、二条、邸宅、運送の便大(145)。
大悲閣、碑、角倉了以(143、255)。
高瀬川・三条小橋：角倉了以開削(40)。
人名：角倉玄遠(410)。
高瀬川(341・342)、角倉了意の略伝(377–378)、小林勘次関係(379–380)。

ない。

次に、一七世紀後期の京都で地誌類などの編纂者として有名な黒川道祐のいくつかの著作を見よう。京都の年中行事をまとめた④「日次紀事」には、正月二日の行事として、角倉の船（高瀬舟）を川に浮かべて（新年を）祝うことが記されている。同じく黒川の⑨「近畿歴覧記」の「嵯峨行程」延宝八年（一六八〇）九月一三日条には、嵯峨地域に関して、角倉家の系譜、了以の河川開削（丹波―嵯峨、伏見―二条河原町）、了意の像・碑、素庵の書・学者との交流について記している。そして、これとほぼ同時期に黒川がまとめた労作が⑧「雍州府志」である。ここには、上記の内容もふくめ、各地の角倉関連の事項を述べている。伏見―二条の河川開削、丹波―嵯峨の河川開削、千光寺再興、吉田家歴代の医術、嵯峨の角倉屋敷、京都所司代板倉勝重から「倉」の字をもらい「角蔵」から「角倉」に改名したという伝承、千光寺の了意（以）の墓・素庵の墓と二人の事績（河川開削・書）が記されている。この記述は、後述の⑩「京羽二重織留」や⑭「都すゞめ案内者」などに取り入れられていった。

⑥北村季吟「菟芸泥赴」には、伏見の角倉河の高瀬舟通交、保津川開削、了以の碑に関する記述がある。⑦水雲堂孤松子「京羽二重」は、地名以外では、幕府の役職関係の記述として、「角倉与市」（京都廻り藪支配幷高瀬船）・「角倉平治」（淀川新船支配）が登場している。これをさらに増補し

㉓	1799	寛政11	秋里籬島	都林泉名勝図会	新修 9
㉔	1863	文久 3	清水換書堂	花洛羽津根	新撰 2
㉕		幕末〜明治初期		伏見大概記(若林正治所蔵本)	新撰 5
㉖	1878	明治11	原田与三松	売買ひとり案内	新撰 6
㉗	1885	明治18	文字富之助	開化絵入　京都見物独案内	新撰 8
㉘	1895	明治28	京都参事会	京華要誌	新撰 3
㉙	1903	明治36	中川四明・森島城・赤毛布生	京都新繁昌記	新撰 8
㉚	1918	大正 7	秋元春朝	旧都巡遊記稿	新撰 4
㉛	1932	昭和 7	田中弁之助	京極沿革史	新撰 1
㉜	1938	昭和13	西野伊之助	伏見叢書	新撰 5

た⑩水雲堂孤松子「京羽二重織留」には、地名・役職以外に、「吉田了以」の記述がいくつか見られる。高瀬川の開削・保津川の開削に関して、「天性水を行う術を得たり、（中略）伏見より材木を引きのぼす、誠に諸人のたすけ甚たよりをうる」などと評価している。同書にはまた、前述の板倉勝重から「倉」の字をもらったとする記述、千光寺の再興、墓に関する記述もある。同書にはさらに素庵についても墓の記述があり、「文字筆法に秀逸の人」と記している。⑫貝原益軒（篤信）「京城勝覧」は、大悲閣の項目で、角倉了以の木像、林道春（羅山）の書いた了以の碑にふれている程度である。

⑬白慧の「山州名跡志」は、高瀬川開削、大井川（保津川）開削、大悲閣の了意（以）像・了意碑、伏見の高瀬舟交通などを記している。⑭「都すゞめ案内者」の「角倉」関係の記述は、上記⑩「京羽二重織留」のいくつかを簡略に記したものになっている。

次に、井原西鶴の遺稿集「西鶴織留」（元禄七年〈一六九四〉刊行）巻二に描かれた角倉氏について紹介する。(9) この部分は元禄二年（一六八九）に「町人鑑」として刊行される予定だった最初の部分のようで、角倉氏を、「過書の舟持」として江戸や各地の特権町人のひとりであり、「長者のごとし」、高瀬川の開削によって「洛中のたすけと成、竈の煙にぎはへり」と評し、保津川開削による舟運によって物資の流通が便利になったことを述べている。また、同じ元禄時代の文学者では、松尾芭蕉が大悲閣を訪れ、「花の山　二町のぼれば　大悲閣」という句を詠んだようである(10)。

つづいて、観光がさかんになった一八世紀半ば以降の京都の地誌類を見よう。

⑱浄慧「山城名跡巡行志」は、菖蒲谷隧道(しょうぶだにずいどう)の開削を吉田光由が行ったものとし、さらに大井（堰）川の流通に関する了以の活動、八月一五日から四月八日までの就航期間、亀山滝、大悲閣、高瀬川開削などについて、詳しい記述がある。次に、秋里籬島がまとめた有名な観光ガイドブックを見る。㉑「都名所図会」では、大悲閣の了以の碑がふれられているくらいである。これに対し、㉒「拾遺都名所図会」は、角倉氏に関する記述はもう少し多い。高瀬川の開削に関する記述があり、大悲閣の了以の碑については全文が掲載されている。ただし、菖蒲谷隧道については、吉田光長・光由の事績にもかかわらず、角倉了意（以）の事績と誤って記している。了以の別名が光好(みつよし)であり「光由」と混同したせいかと考えられる。㉓「都林泉名勝図会」は、大悲閣に関する記述がある程度である。

なお、京都を訪れた旅行者の記録で、「角倉了以・素庵」、「角倉一族」に言及している者はあまりいない。ただ、京都の豪商万屋の次男である百井塘雨が一八世紀後期にまとめた「笈埃随筆」で大堰川に関わって、角倉了以・素庵について詳しく記している（『史料　京都見聞記』四、三七八頁以下）。また、大坂町人で歌舞伎の脚本や考証随筆を執筆した西沢一鳳軒が「綺語文草」嘉永三年（一八五〇）一〇月一〇日・一一日の記事で、大悲閣の角倉了以像・了以の碑およびそれに記された板倉から「角倉」の名字をもらった伝承、また菖蒲谷隧道（堀抜川）に関して、前記「拾遺都名所図会」の誤りを踏襲してか、角倉了以の工夫としている（『史料　京都見聞記』三、二六四・二七〇頁）のが、比較的多く記した例といえる。あとは、幕末の将軍徳川家茂上洛に供奉し、二条城勤番を勤めた萩原貞宅の「都紀行」元治元年（一八六四）五月九日条に、角倉了以の高瀬川開削にふれているくらいであろう（『史料　京都見聞記』三、四四三頁）。

また、朱印船貿易家としての角倉氏については、江戸時代の長崎の地誌類、さまざまな事象を扱っている神沢杜口（かんざわとこう）の『翁草』などに言及があるが[11]、やはり「鎖国」という状況下だからであろうか、京都との関係が少ないと考えられたからだろうか、京都の地誌類には、これについて記したものはほとんどない。

次に、幕府役人（代官）としての角倉氏についても、京都の地誌類はあまりふれることはない。これについてはむしろ、幕府側（京都町奉行か）が編纂したと考えられる「元禄覚書」（元禄一六年〈一七〇三〉頃成立）（『新撰京都叢書』一）や「京都御役所向大概覚書」（享保二年〈一七一七〉成立）（清文堂、一九七三年）に多く記述が見られる。

最後に、角倉了以・素庵の子孫たちに関しては、役人名として出てくるケースはいくらかあるが、素庵の長男である玄之を祖とする京角倉家、厳昭を祖とする嵯峨角倉家、それぞれの歴代についてまとめて記述したようなものはほとんど見られないことを指摘しておく。

以上、近世資料に登場する角倉了以・素庵を見てきた。京都の地誌類を中心にしたこともあってか、保津川・高瀬川の開削に関する形、あるいは千光寺大悲閣・高瀬川に関わる形で、了以・素庵が登場していること、評価については河川開削によって流通・交通が便利になったことを記したものがいくらか見られた、という結果になった。

三　近代の資料に登場する角倉了以・素庵

角倉了以や素庵に関する近代（明治から昭和戦前期）の研究については、注(1)に掲げた林屋辰三郎『角倉了以とその子』（林屋Ⓐ著書）が、その主要なものをあげている。また、中田易直・清水紘一編『近世日本対外関係文献目録』（刀水書房、一九九九年）四九〇頁の「角倉了以（一族とも）」には、林屋Ⓐ著書でもれた論著、それ以後の論著などがあがっている[12]。角倉氏に関する一般書の叙述も、一部それらの成果のうえに書かれているが、当初その多くが基礎としていたものは、前述の「続近世畸人伝」巻二の「角倉了以並息玄之」である。

（1） 近代の角倉氏の状況と評価

角倉氏は、明治維新を迎え、幕府の代官としての業務、高瀬川・保津川の河川交通に関する特権を剝奪された[13]。この点については、嵯峨角倉氏以上に、京角倉氏はダメージが大きかったようである[14]。その後、明治三二年（一八九九）四月には「国有土地森林原野下戻法」の公布により、角倉氏もかつての特権や土地の回復を願う訴訟を行い、そのなかで角倉了以の事蹟もまとめられ、証拠書類として提出されている。そして、高瀬川の浜地など、一部の土地は下げ戻しが実現している。

一方、角倉氏の過去の活動を評価・顕彰しようとする動きも見られた。当時の新聞なども参照し[15]、その展開を確認する。明治一九年（一八八六）に、「水陸運輸の便を開きたるを以て能く世人の知れる角倉了以翁（中略）今度政府より之が功労を追賞し其後裔なる（住所略）角倉玄遠氏に向ひ金三百円を下賜」されたことを、「朝日新聞」〈大阪〉同年四月二二日朝刊・同二三日朝刊の記事が伝え、了以の事蹟も記している。この時期は、琵琶湖疏水事業が進められており、それとの関連も想像される。「朝日新聞」〈東京〉明治三二年（一八九九）三月二九日朝刊・「読売新聞」同年五月一九日朝刊の記事には、伏見を含む高瀬川の水利で恩恵を受けている人たちが、伏見町の旧伏見角倉番所に角倉了以翁の碑を建設し、近々建碑式を行う予定であることが記されている。そして、角倉了以は明治四〇年（一九〇七）五月に、特旨をもって正五位を贈られている（「朝日新聞」〈東京〉同年五月二八日朝刊）。さらに了以に関しては、明治四二年（一九〇九）に了以神社を作ろうとする動きもあったようだが、これは大悲閣の上に了以閣という紀念建物を作ることになった（「朝日新聞」〈東京〉同年九月一九日朝刊）。明治四五年（大正元年＝一九一二）一一月二四日には、了以の大井（堰）川の開削の功績を頌するため、有志による了以翁銅像が嵯峨亀山公園に建てられ、その除幕式兼三百年祭が行われている（「朝日新聞」〈東京〉同年一一月二六日朝刊）。角倉素庵については、昭和六年（一九三一）一一月六日、貿易・鉱業・水運・学校・出版に尽くした功績をもって、三百年祭執行にあわせて、特旨により正五位を贈られている（「朝日新聞」〈東京〉同年一一月七日夕刊）。

このような顕彰運動の展開のなかで、角倉氏に対する批判として注目されるのが、明治二三年（一八九〇）に伏見区の玄忠寺内に、薪炭商共進組合が建立した「伏見義民小林勘次碑」である。[16] これは元和年間（一六一五～二四）に角倉氏（素庵か）・木村氏が管理する淀川船の通行料値上げに関して、伏見の薪炭商である小林勘次が幕府に直訴し、みずからの命は失ったものの、値下げが実現したことを顕彰したものである。明記はされていないが、角倉氏・木村氏による暗殺を匂わせている。角倉氏に関する数少ない批判といえるであろう。

なお、近代の京都の地誌類についてふれれば（表3参照）、㉜「伏見叢書」は、人物として上記の小林勘次とともに、角倉了以もあげているほか、詳細な記述が見られる。しかし、ほかの地誌類や、いわゆる郡誌にも、角倉了以はそれほど多く登場しないようである（『京都府南桑田郡誌』〈京都府教育会南桑田郡部会、一九二四年〉八一頁以下くらい）。

（2）近代デジタルライブラリーなどに登場する角倉了以・素庵

では次に、角倉了以・素庵が近代の資料（教科書や小説など）にどう現れるのか、国立国会図書館の「近代デジタルライブラリー」をひとつの手掛かりとして、見ていくことにしよう。「近代デジタルライブラリー」で「角倉」を検索すると、六九件の検索結果が出た（二〇一四年九月検索）。このなかには、角倉邦彦氏の「日本漆ノ研究」に関する記事（一一件）など、「角倉了以」・「角倉素庵」・「角倉一族」と直接関わらないものもある。そこで、それらを除いた四四件を、刊行が古い順にまとめたものが表4である。ジャンルはその本（作品名）全体のジャンルを記し、要点・内容には角倉氏が登場する当該部分（見出し）のことをまとめている。これをもとに、近代資料における角倉氏の扱われ方

ジャンル	要点	内容
歴史(史料)	河川開削	角倉了意(了以)・貞順(素庵)の西川(保津川)・鴨川(伏見)・富士川の開削など(慶長16年11月)。
教育。日本・世界の実業家の伝記	河川開削・効果	角倉了意(了以)の大井川(保津川)・富士川の開削、経済効果。
小説	朱印船貿易	天竺徳兵衛は角倉家に勤め、角倉船(朱印船)で海外に渡航。のち自立。
教育	略伝。河川開削	三熊思孝の「続近世畸人伝」(1798)の「角倉了以」を抄出。大堰川(保津川)・富士川・鴨川(伏見・高瀬川)開削、土木技術、経済効果。
教育(歴史・修身)		大堰川(保津川)・富士川・鴨川(伏見・高瀬川)開削、経済効果。
史料	代官	代官・過書舟支配の角倉与一、加茂川堤奉行・修復料支配の角倉帯刀の活動など。
史料	河川流通	嵯峨高瀬船の荷物輸送・運上・船賃・経緯。
略伝	河川開削、土木	大堰川開削、運輸の洪益、富士川開削、高瀬川(二条～伏見)、工事。
美術(陶磁器)	陶磁器	陶磁器の文様、文字、印など。角倉素庵が収集したものを謄写。
教育(修身・実業家の略伝)	河川開削、工事、公益	船行の利便(大堰川開削、富士川、高瀬川(伏見を含む))、工事(技術)、公共の利益。
教育(修身・略伝)	河川開削、工事、公益	知識の世上有益なことへの活用。河川開削(大堰川、富士川、高瀬川(伏見を含む)、工事(技術)。
教育・記録(書画・略伝)	河川開削、史跡	安南貿易、河川開削(保津川、富士川、高瀬川(伏見を含む)、大悲閣の木像。
伝記	水治、土木、河川開削・流通	水治と土木の先駆者(保津川、富士川、高瀬川(伏見を含む)など、舟楫の便を助ける)。
教育(作文・修身)	河川開削、交通・運送の便、公益	公益意識の定着のための作文指導。貿易、河川工事(大堰川開削、富士川川浚、高瀬川開削)、交通・運送の便利、世の中の利益。
史料	代官	大商人、異国通船、代官、淀川過書船支配、御土居藪方支配、加茂河堤普請支配、身分。
伝記	代官、貿易、学問、書、嵯峨本	略歴、代官、淀川通行税徴収、暹羅貿易、学問、書、角倉切、嵯峨本、角倉本、謡曲本。

表４：近代デジタルライブラリーの角倉氏、角倉了以・角倉素庵に関する記述

No.	刊行年	見出し	作品名	著者等	発行者・出版社
①	1878	角倉了意	徳川十五代記　3篇5	山田俊蔵	山田俊蔵
②	1887	角倉了意氏	実業史談	切山聴松（編）	壷天堂
③	1888	徳蔵京都角倉の家に奉仕する条、角倉船長崎を発して支那に至る条、など	天竺徳兵衛実記	柳沢武運三	田中太右衛門
④	1891	角倉了以	新撰高等日本読本　上編　第3	金港堂書籍株式会社編輯所（編輯）	金港堂書籍
⑤	1897	角倉了以	歴史修身談：新体教育	高橋光正（編）	林甲子太郎
⑥	1897	角倉両家並木村宗右衛門の由緒	史料通信叢誌　第9編	近藤瓶城（編）	史料通信協会
⑦	1897	角倉両家の由緒	史料通信叢誌　第10編	近藤瓶城（編）	史料通信協会
⑧	1899	角倉了以	新撰日本小歴史	高橋精軒（編）	盛林堂
⑨	1902		磁器叢　上	（角倉素庵編）	永井幾麻
⑩	1899	角倉了以	富豪立身談：実業教育	谷口政徳（編）	上田屋
⑪	1901	智恵ぶくろ（角倉了以の事）	智と徳	谷口流鶯（編）	松声堂
⑫	1903	角倉了以	先哲遺芳	京都府教育会（編）	芸艸堂
⑬	1903	角倉了以の功績	近世立志伝　第5　河村瑞軒	足立栗園	積善館
⑭	1904	角倉了以	国定教科書を使用する国語綴り方教授精案　尋常科第4学年後期	普通教育研究会（編）［他］	錘美堂
⑮	1906	宇治御茶師上林並に角倉等の事	翁草：校訂　20	神沢貞幹（編）［他］	五車楼書店
⑯	1906	角倉素庵	大日本能書伝	横井時冬	吉川弘文館

資料(肖像画・書などの写真)	古文書・碑	角倉了以・素庵関係の古文書・碑などの写真。
資料(書・書状)	書	角倉素庵書状。
資料(茶道)	茶道・庭園・図	京新門前角倉囲の茶室庭園の図。
教育(武士道)	⑪に同じ	⑪に同じ。
教育(勤勉、正直、平和の英雄)	土木	系譜、貿易、河川改修(大井(堰)川、富士川、伏見－二条)、功労、正五位贈位。
教育(愛国)	河川開削、土木、公益	系譜、安南貿易、四大河(大堰川・鴨川・富士川・阿部川)を疏し、舟楫往来の便を拓く。秀吉の方広寺大仏殿建設時に了以が尽力(誤り)。従五位贈位。
伝記	④に同じ	ほぼ④に同じ。大悲閣の碑。
教訓(歴史・人物)	河川開削、工事	元ネタは「続近世畸人伝」の「角倉了以並息玄之」。河川改修(大堰川、富士川、高瀬川)、工事、交通・運送の便。
光悦の伝記	学問、書、光悦本(嵯峨本)	系譜、朱印船貿易、学問、書、光悦本(角倉版、嵯峨本)の出版、碑文、資料。
教育(伝記小説)	時代、貿易、河川開削、工事	時代背景、朱印船貿易、河川開削(大井(堰)川、高瀬川(二条-伏見)、富士川、阿部川)、工事、大悲閣。
資料(歴史)	資料、解説	角倉了以木像、保津川の激流、富士川舟、高瀬舟。
資料(略伝・遺言)	河川開削、遺言	河川開削(大井(堰)川、富士川、阿部川、鴨川)、遺言、大悲閣、碑。
教育・略伝	河川開削	河川開削(大井(堰)川、富士川、阿部川、鴨川)、工事、名所。
記録、エッセイ	懐古、史跡保存	光悦関係資料蒐集の訪問、聞き取り、懐古、高瀬川の保存。
㉓に同じ	㉓に同じ	㉓に同じ。
教育(修身)	河川開削、公益	河川開削(大堰川、富士川、高瀬川)、工事、公益。

⑰	1908	林羅山寄角倉了以書状幅 角倉了以大悲閣碑幅 徳川幕府角倉了以に富士川疏鑿の事を命せし朱印幅	先哲遺宝　甲	報徳講演会(編)	山田芸艸堂
⑱	1909	角倉素庵	名家手簡　4集下	山内香雪	天寧閣
⑲	1910	京新門前角倉囲	茶道宝鑑〔初編〕中　茶室庭園	宮崎幸麿(編)	青山堂
⑳	1911	智恵ぶくろ…角倉了以	少年武士道	谷口政徳(編)	聚栄堂大川書店
㉑	1911	大土木学者角倉了以	英雄物語：良民講話	河本亀之助(編)	良民社
㉒	1911	角倉了以 洛東大佛殿の工事	愛国百話（修養文庫；第6編）	足立栗園	積善館
㉓	1912	角倉了以	近世奇人伝：選評（十銭文庫；第19編）	蒿蹊大人	大川屋書店
㉔	1915	角倉了以	内外教訓物語　人之巻	馬淵冷佑(編)	宝文館
㉕	1916	翁と角倉素庵	光悦　天	光悦会(編)	芸艸堂
㉖	1917	角倉了以の事蹟	文武任侠大和錦	中山蕗峯	東洋興立教育会出版部
㉗	1918	角倉了以	日本歴史図録　第8輯	歴史参考図刊行会(編)	歴史参考図刊行会
㉘	1919	土木王角倉了以	遺言	大谷霊泉(編)	洛陽堂
㉙	1919	角倉了以	本朝実業叢談	林錬作	中央工学校
㉚	1920	角倉了以遠孫　角倉玄遠氏	光悦談叢：一名鷹峰叢談	森田清之助	芸艸堂
㉛	1921	角倉了以	近世畸人伝：選評（日本名著文庫；第5編）	伴蒿蹊［他］	聚栄堂
㉜	1925	角倉了以…(公益)	趣味の修身読本：国定修身書準拠　学校用家庭用　尋常第6学年用	佐藤武	博文館

京都案内	河川開削、観光	朱印船貿易、河川開削(大堰川、富士川、高瀬川)、工事、公益、大悲閣、正五位贈位、角倉町、保津川下り。
教育(修身教科書の教材研究、資料)	解説、河川開削、公益	教科書本文と原拠資料(羅山先生文集)の紹介、解説。系譜、河川開削(大堰川、富士川、高瀬川)、工事、公益。
図書館学、分類	嵯峨本、角倉本	嵯峨本、角倉本、光悦本の解説。
教育	河川開削、交通・運輸の便	子どもへの読み聞かせ本。元ネタは「続近世畸人伝」の「角倉了以並息玄之」。河川開削(大堰川、富士川、高瀬川)、大悲閣。
歴史(日本人の海外進出)	貿易、土木	朱印船貿易、船中規約、土木。
京都の地誌	地名	地名。
歴史(日本人の海外雄飛)	朱印船貿易	大悲閣、河川開削、系譜、吉田宗桂(入明)、朱印船貿易、了以、光昌(素庵。父をサポート、工事、学者、書家、嵯峨本)、厳昭、角倉船、朱印船渡航禁止。
歴史(戦国時代から「鎖国」成立までの日本人の海外雄飛)	朱印船貿易	系譜、朱印船貿易、了以(安南貿易)、玄之(素庵。父をサポート、日本国回易大使司)、厳昭、朱印船の海外渡航の禁止。
歴史(戦国時代から近代までの日本人の南洋進出)	伝記、貿易	青柳武明氏執筆か。系譜、宗桂(入明)、了以(安南貿易)、素庵(父をサポート、日本国回易大使司、学者、出版、病気)、船中規約、貿易品、角倉船、河川開削(保津川、富士川、天龍川、高瀬川)、瑞泉寺、正五位贈位、大坂の陣、安南との交流、朱印船渡海禁止、角倉絵馬、参考文献。
研究書	嵯峨本、幸若舞	写本紹介、角倉素庵。
資料集	貿易	安南貿易関係資料2点の写真・解説。
小説	貿易、海外雄飛	安南貿易、角倉船、河川改修、公益、海外発展の先達。

㉝	1928	角倉了以 保津川を下る記	京を訪ねて	京都市教育会(編)	杉本書店
㉞	1929	角倉了以：公益世務(二)	高等小学修身書例話の原拠研究　巻2	愛媛県教育会初等教育部門原拠研究部(編纂)	愛媛県師範学校附属小学校
㉟	1932	嵯峨本又角倉本、光悦本 角倉本	和漢図書目録法(芸艸会叢書；第1篇)	太田為三郎	芸艸会
㊱	1936	角倉了以(同)	標準日本名話集：新聴方資料物語の巻	三浦圭三(編著)	白鳥社
㊲	1938	角倉船の主人	倭寇記	竹越与三郎	白揚社
㊳	1940	角倉通　世に川原町通といふ	京すゝめ　第7	稀書複製会(編)	米山堂
㊴	1941	角倉了以	海外に雄飛した人々(新日本少年少女文庫；第2)	菊池寛	新潮社
㊵	1941	角倉了以及び玄之	我国開国時代海洋発展の偉人	日本海事振興会(編纂)	日本海運集会所
㊶	1941	角倉父子	南進日本の先駆者たち	伝記学会(編)	六甲書房
㊷	1943	角倉素庵写本	幸若舞曲集　序説	笹野堅(編)	第一書房
㊸	1943	角倉文書　伏見　角倉政子氏蔵 安南文書　伏見　角倉政子氏蔵	南方渡海古文献図録	大阪府立図書館(編)	小林写真製版所出版部
㊹	1943	角倉了以の愛国心	僕らは海の子	原種道	日の出書院

の展開（変遷）を概観する。

明治前期のものは、その多くが角倉了以の河川開削・土木事業を中心に描いている。それに「公益」という要素[17]が加わって強調されてくるのが、明治中期である。これは、明治二三年（一八九〇）に発布された「教育ニ関スル勅語」と大きく関係すると考えられる。学校の修身の教科書に、角倉了以が登場する最初は、筆者がこれまで確認した範囲では、明治二五年（一八九二）八月刊行の末松謙澄『高等小学修身訓』巻二の二〇「公益附吉田了以」である[18]。そこには「凡そ学問芸術に志す人は、常に公益を広め世務を開くことを勤むべきなり」として、吉田了以の事績をあげている。大堰川・富士川・高瀬川の工事・改修を記し、「凡そ了以の為す所、土地の人民其便益を被らざるなし」とし、最後に「進テ公益ヲ広メ世務ヲ開キ（勅語）」と、教育勅語の一節で締めくくっている。なお、明治三六年（一九〇三）の第一期国定修身教科書の『尋常小学修身書』第四学年にも、公益の事例として了以が登場している[19]。内容はほぼ同じで、対象学年の関係か、少し易しくなっている。ここで「近代デジタルライブラリー」の検索結果（表4）をあらためて見ると、⑤⑩⑪⑭⑳㉜㉞など、明治中期から昭和初期にかけて、修身の題材として角倉了以が公益の事例として使われていることが確認できる。

㉑㉒㉝には、明治四〇年（一九〇七）五月、角倉了以に正五位が贈られたことを記している（ただし㉒はこれを従五位とし、また、方広寺建設の材木輸送のため了以が伏見を改修したことを秀吉の時代のこととするなど、誤っているなど、問題がある）。

そして昭和一〇年代になると、角倉氏の海外進出、朱印船貿易がクローズアップされてくる。㊲㊴㊵㊶㊸㊹などである。書かれている内容のうち、河川改修に関する部分の割合が小さくなり、朱印船貿易などに関する部分の割合が増加している。そして角倉了以の海外進出・雄飛などを讃える内容になっている。戦争への流れのなかで、この点が強調されたことがよくわかる。㊹の終わりには、次のようにある。

まことに、角倉了以は、我が海外発展の先達であり、恩人であり、そして海の英雄でありました。

このほか、小説ではあるが、長谷川幸延『南進角倉船』（泰光堂、一九四二年）なども、海外進出という時代を反映した作品である。

以上、近代の資料に登場する角倉了以・素庵を見てきた。角倉氏の状況・顕彰運動の展開とともに、時代を反映した角倉氏のとりあげられ方が確認できたものと思う。

おわりに

本稿では、近世初期に京都で活躍した角倉了以・素庵が、現代の辞書類、近世資料、近代の資料にどのように登場するかを追ってきた。現在、豪商、高瀬川・保津川などの河川開削、朱印船貿易家、代官などで知られる角倉了以であるが、「鎖国」時代には朱印船貿易に関する記述はほとんど登場しないこと、明治以後、河川開削・土木事業について再評価され、「公益」が強調される時代のなかで、修身の教材としてとりあげられたこと、その後大日本帝国の膨張志向のなか、角倉氏の朱印船貿易など海外進出の活動が注目されたことなど、時代を良く反映した姿が浮かびあがってきたといえよう。

最後に今後の課題を記す。角倉氏について、戦後（第二次世界大戦以後）は、学術的な研究がさらに少しずつ行われ、二〇〇〇年以降、それらの成果がまとめられている。[20] また角倉氏の伝記・小説なども多く登場している。[21] 戦後の小説のなかの角倉了以・素庵像を追うことが今後の課題のひとつである。また、角倉氏の河川開削をビジネス（利益を得るための投資）ととらえる発想などについても、その展開を追ってみたい。

本稿が角倉氏研究の進展にいささかでも寄与できれば幸いである。

(1) このことに関して記した主な参考文献は次の通り。林屋辰三郎Ⓐ『角倉了以とその子』（星野書店、一九四四年）、野村尚吾『豪商――角倉了以を中心とする戦国大商人の誕生――』（毎日新聞社、一九七八年）、林屋辰三郎Ⓑ『角倉素庵』〈朝日評伝選一九〉（朝日新聞社、一九七八年）、若松正志「京都のモノづくりの歴史と角倉一族」（『創造する市民』七六、二〇〇三年）、宮田章『角倉了以の世界』（大成出版社、二〇一三年）。なお、角倉氏の系図および代官としての履歴などについては、『新訂　寛政重修諸家譜』第七（続群書類従完成会、一九六五年）二二六頁以下、黒羽兵治郎「角倉家の人々」（同『野の人　町の人』柳原書店、一九四四年）、西沢淳男『幕領陣屋と代官支配』（岩田書院、一九九八年）付録CD-ROM「幕領代官・陣屋データベース」の「角倉氏」の検索結果、角倉同族会『すみのくら（角倉同族会報）』（角倉同族会、一九六八年〜）など参照。

(2) 「当代記」慶長一九年七月一七日条（『史料　京都の歴史』四、平凡社、一九八一年、四一九頁）。なお、『大日本史料』一二編一四冊、二七七頁以下（慶長一九年七月一二日条）には、「京都の人角倉了以「光好」没す」として、「当代記」のこの部分をはじめ、了以に関するいくつかの史料がまとめて掲載されている。

(3) 前掲注(1)林屋Ⓐ著書一九〇〜一九三頁、大和文華館編『特別展　没後三七〇年記念　角倉素庵――光悦・宗達・尾張徳川義直との交友の中で――』（同、二〇〇二年）一〇六・一〇七頁などに掲載。この碑については、秋里籬島「拾遺都名所図会」（一七八七年）にも掲載されており、近世後期の了以に対するイメージに影響を与えたと考えられる。

(4) 伴蒿蹊・三熊花顛（思孝）『近世畸人伝　続近世畸人伝』〈宗政五十緒校注〉（平凡社東洋文庫、二〇二、一九七二年）三〇四頁以下、国際日本文化研究センター公開データベース「近世畸人伝（正・続）」など（http://tois.nichibun.ac.jp/database/html2/kijinden/kijinden_105.html）。

(5) 『近世文芸者伝記叢書』第四巻（ゆまに書房、一九八八年）四五〜六〇頁（読み下し文は同四一五〜四二五頁）。刊行は、東条琴台死後の明治一六年（一八八三）である。

(6) 「角倉文書」慶長一八年一〇月一三日（『史料　京都の歴史』四、四一八頁以下）。

(7) 前掲注(1)林屋Ⓐ著書一九四〜一九九頁、前掲注(3)大和文華館編書一〇九・一〇八頁。

(8) ここでは、『新修京都叢書』全二五巻（臨川書店、一九六七〜二〇〇六年）・『新撰京都叢書』全一二巻（同、一九八四〜一九八九年）、『史料　京都見聞記』全五巻（法藏館、一九九一・一九九二年）などを参照。京都の地誌類を簡潔に紹介したものとして、上記の本の解題部分、『京都市の地名』〈日本歴史地名大系二七〉（平凡社、一九七九年）の一一四五頁以下の「文献解題」、

「江戸時代の京都案内記」（京都府立総合資料館『総合資料館だより』一四三、二〇〇五年）などが便利である。

(9) 麻生磯次・冨士昭雄『西鶴織留』〈決定版 対訳西鶴全集〉（明治書院、一九九三年）四六頁以下、野間光辰校注『西鶴集』下〈日本古典文学大系四八〉（岩波書店、一九六〇年）三四五頁以下、野田泰三・肥留川嘉子・朝比奈英夫「角倉一族の歴史と文化的活動について」（『京都光華女子大学研究紀要』五一、二〇一三年）（特に肥留川執筆部分）。

(10) この句は、芭蕉の句集には登場しないようである。司馬遼太郎『街道をゆく』二六（朝日文庫、一九九〇年）五五頁ほか、Vinfo「大悲閣千光寺」（『徘徊の記憶』。http://vinfo06.at.webry.info/201404/article_3.html）参照。

(11) 中田易直『近世対外関係史の研究』（吉川弘文館、一九八四年）一〇九頁以下（特に一一二頁の表1）など参照。神沢杜口は一八世紀後期の京都町奉行与力であり、「翁草」には「角倉与一は、先祖嵯峨住居の大商人にて先年異国船の砌も、角倉商船の事見えたり。御当家に至、御取立有て御代官仰付られ、且淀川過書船支配」、さらに角倉氏の淀川支配役への就任にもふれるなど（『史料 京都見聞記』四、三〇三頁）、詳細な既述がある。

(12) 川島元次郎『徳川初期の海外貿易家』（朝日新聞社、一九一六年。増補し、『朱印船貿易史』内外出版、一九二一年として刊行）、辻善之助『海外交通史話』（東亜堂書房、一九一七年。増訂版、内外書籍、一九三〇年）、森銑三「素庵角倉与一」（『森銑三著作集』第二巻、中央公論社、一九七一年。初出、一九三一年）。

(13) この段落の主要な参考文献は次の通りである。寺尾宏二①「維新後の角倉家について」（京都産業大学『経済経営論叢』一三巻一号、一九七八年）、同②「高瀬川浜地等下戻申請一件」（同『経済経営論叢』一三巻二号、一九七八年）、同③「維新時の角倉与一とそのあと」（大阪経済大学日本経済史研究所編『経済史経営史論集』大阪経済大学、一九八四年）、山田哲也「京角倉家と又妙斎」（『裏千家今日庵歴代〈第一二巻〉又妙斎直叟』淡交社、二〇〇九年）など。なお、資料として、牧英正①「京都高瀬川と角倉氏(一)――河川敷に対する私的権利関係史料その一――」（大阪市立大学『法学雑誌』二二巻一号、一九七五年）、同②「同(二)――同――」（同『同』二二巻二号、同）、同③「同(三・完)――同――」（同『同』二二巻三号、一九七六年）がある。

(14) 前掲注(13)寺尾①③論文。

(15) 朝日新聞については「聞蔵Ⅱビジュアル」、読売新聞については「ヨミダス歴史館」などの新聞データベースを参照した。

(16) 京都市「伏見義民小林勘次碑」（https://www.city.kyoto.jp/somu/rekishi/fm/ishibumi/html/hu145.html）。なお、この件については、関連資料として、吉田酔痴編『伏見史話』（吉田与一、一九七九年）五六頁以下も含め、京都産業大学日本文化研究所上席特別客員研究員の木戸公司氏よりご教示を得た。表3㉜「伏見叢書」の「小林勘次」（前掲注8『新撰京都叢書』第五巻三七九頁以下）参照。

(17) 公益については、小松隆二『公益とは何か』（論創社、二〇〇四年）参照。「公益の歩み」として、修身と公益、教育勅語との関係、修身の教科書の叙述などにふれている（一二六頁以下）。

(18) 海後宗臣編『日本教科書大系』近代編第二巻〈修身（二）〉（講談社、一九六四年）四三二頁。

(19) 海後宗臣編『日本教科書大系』近代編第三巻〈修身（三）〉（講談社、一九六二年）三三頁以下。

(20) 最近のものでは、河内将芳『中世京都の民衆と社会』（思文閣出版、二〇〇〇年）所収の論文、古川隆『高瀬の舟』（北斗書房、二〇〇四年）、石田孝喜『京都 高瀬川――角倉了以・素庵の遺産――』（思文閣出版、二〇〇五年）、前掲注(1)宮田『角倉了以の世界』などがある。

(21) 中田有紀子『この者、只者にあらず』（致知出版社、二〇〇九年）、淡路一朗『角倉了以と富士川』（山梨ふるさと文庫、二〇一一年）、濱岡三太郎『曳舟の道：京の豪商、角倉了以・素庵物語』（幻冬舎ルネッサンス、二〇一三年）など。

【第一部】

第三章　土倉としての角倉

――角倉吉田と「嵯峨土倉中」――

河内将芳

はじめに

角倉了以・素庵を生んだ角倉家の中世におけるようすとは、どのようなものだったのだろうか。それを可能なかぎり同時代の古文書や古記録など文献史料でさぐることが本章の目的である。ただし、検討する範囲を広げてしまうと無制限になりかねないので、ここでは、土倉とよばれた、中世京都を代表する金融業者としての側面に焦点をしぼってみていくことにしよう。

中世の角倉家が土倉業をいとなんでいたことについては、すでに研究史の蓄積(1)があり、筆者もまた検討を加えたことがある(2)。ここではとくに、その土倉業と嵯峨という地がどのようにむすびついていたのかという点について、筆者自身の作業も下敷きにしつつ、これまでふれられてこなかった点などもまじえてみていきたいと思う。

一　吉田宗臨の時代

ところで、角倉家が土倉業をいとなみはじめたのは、いつごろからなのだろうか。じつはこのような基本的なことがらについても、同時代の文献史料によって確定させることは思いのほかむずかしい。

ただ、室町幕府政所にかかわる史料として知られる『披露条々事』(3)永正一四年（一五一七）条に「嵯峨角蔵吉田与次中間事」という記事がみえることからすれば、おそくともこのころには、吉田氏が「嵯峨」の地で「角蔵」と称して土倉業をいとなんでいた可能性は高いといえよう。すでに指摘されているように(4)、ほぼ同時期に活躍していた沢村という名字をもつ土倉については、「細倉、則倉之名也、名字曰沢村」(5)という説明がみられ、「角蔵」（角倉）もまた、「細倉」

と同じような「倉之名」、あるいは一種の屋号を意味すると考えられるからである。

もっとも、「角蔵」は、これより少し時期のさがった大永八年（一五二八）に公家の山科言継（ときつぐ）がしたためた日記『言継卿記』(6)三月一三日条に「スミノクラニテ酒候了」とみえるので、酒屋としての「倉之名」や屋号であった可能性も高い。しかしながら、細倉沢村もそうだったように、当時、酒屋と土倉は兼業している場合が多かったので、「角蔵」が酒屋としての「倉之名」であると同時に、土倉としての「倉之名」でもあったと考えるのが自然であろう。

ちなみに、右の史料からは、「角蔵」が当時すでに「スミノクラ」と読まれていたことも知られるが、この時期、「角蔵」を称していた「吉田与次」とは、角倉家に伝わる『角倉源流系図稿』を参考にすれば、「宗臨」か「宗忠」と考え

系図：中世角倉吉田系図

（河内将芳『中世京都の民衆と社会』思文閣出版、二〇〇〇年所収図を加工）

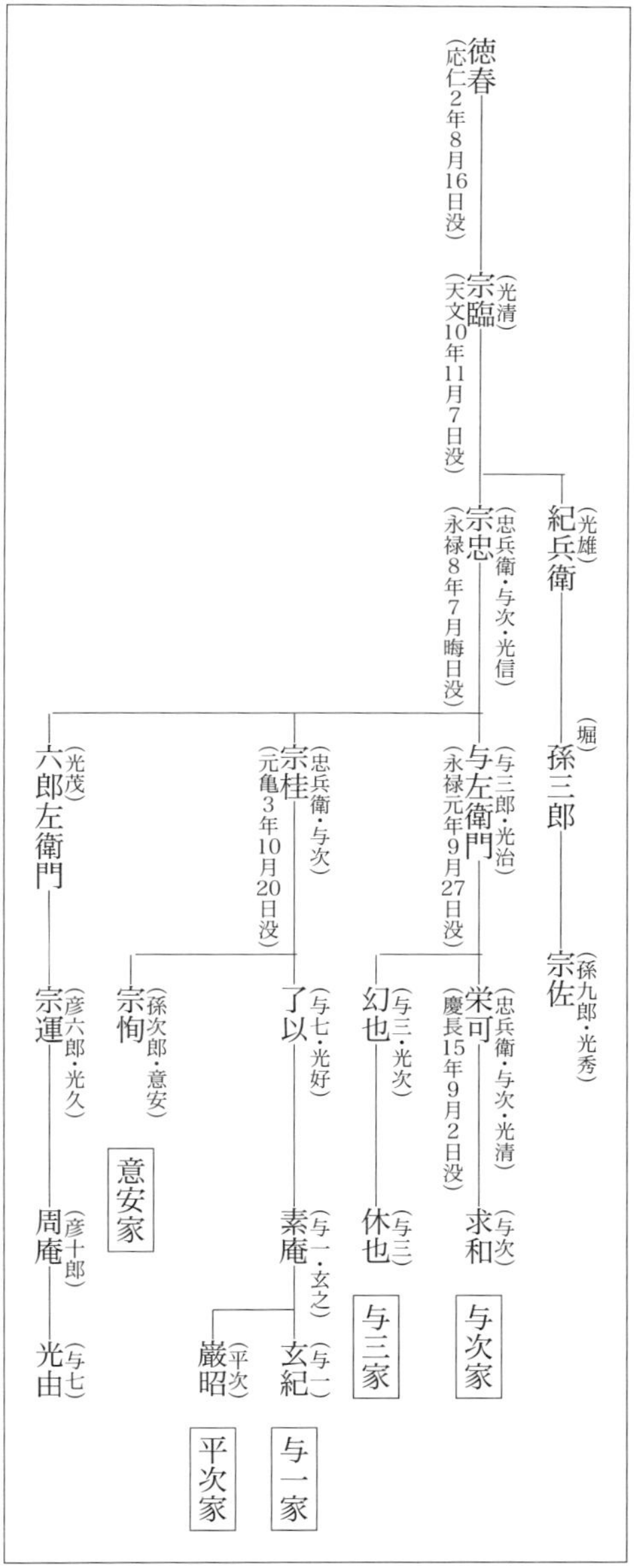

られる。すなわち、了以からみれば、曾祖父か祖父にあたる人物である（系図参照）。

このうち「宗臨」は、『角倉源流系図稿』では、「天文十年十一月七日死、法名済舟宗臨」と記されている。この点、先ほどの『披露条々事』と同じく幕府政所にかかわる史料として知られる『別本賦引付　四』(7)の天文四年（一五三五）三月条には、つぎのように「吉田宗臨」とみえる。このことからすれば、おそくとも天文四年には、「宗臨」と号していたことがあきらかとなろう。

〔史料1〕

一、吉田宗臨・同因幡守申状　天文四 三廿一

右子細者、対先年中村九郎左衛門尉借銭百五拾貫文事、其後彼者子三郎左衛門尉、為使遂算用、究返状・借状他所ニ在之由申、返状仕候、然処、為其子孫中村弥九郎申掠　公儀、号令相続、古文書撰出、催促之段、以外猛悪、言語道断次第也、可有御法者歟、既先年銭主中村九郎左衛門尉父子共相果、返状在之上者、於彼連署者、云馳過年紀、云度々徳政法、旁以彼者申事無謂者也、所詮、被棄破之、可止催促之旨、被成下御下知者、忝可畏存、仍粗言上如件、

ところで、右の史料1からは、「宗臨」とその血縁にあたる「同(吉田)因幡守」の両人が、「先年」「中村九郎左衛門尉」なる人物に「銭百五拾貫文」もの「借銭」をし、このころ、「其子孫中村弥九郎」から「無謂」「催促」をうけ、それを止めてもらうよう幕府に申請していたことが読みとれる。ここにみえる「銭主」「中村九郎左衛門尉」もまた、土倉と考えられ(8)、もし「宗臨」が土倉であったとするならば、同業者間による資金の融通がなされていたと考えられよう。

残念ながら、右のトラブルのゆくすえについてはさだかではないが、いきさつがどうであれ、同業者間の融通がとき

にトラブルになることもあったことがうかがえる。と同時に、現在知られるかぎりでは、この「宗臨」の時代が角倉吉田としての初見であり、したがって、土倉としての角倉吉田もこのころ、すなわち戦国時代、一六世紀前半からその活動をはじめたと考えられよう。

ちなみに、京都においては、すでに南北朝・室町時代に土倉の存在を確認することができる。ただ、その多くは、「山門気風の土蔵」(9)ということばに象徴されるように、山門＝比叡山延暦寺大衆（だいしゅ）の一部が経営に従事する土倉であった(10)。そのため、「山門気風の土蔵」たちは、禅住坊・正実坊などという坊号をもつ法体の土倉として知られていたが、それに対して、角倉吉田の場合は、「宗臨」や「宗忠」といった入道名を名乗ることはあっても、一貫して吉田の名字を名乗りつづけた俗人であったところに特徴がみられる。

このような特徴は、細倉沢村など一六世紀に活動する、ほかの土倉でも同様であり、おそらくそれは、「応仁一乱ニ土倉・酒屋三百余个所断絶」(11)という「上下京酒屋土倉中」のことばを信用すれば、「応仁一乱」（応仁の乱、応仁・文明の乱）によって、「山門気風の土蔵」が衰退したあとに登場してきたものたちに共通することだったのだろう。

嵯峨の地もまた、「乱後（中略）諸寺諸院以下悉以焼失、荒野」(12)であったと伝えられており、「荒野」となった嵯峨の地で角倉吉田も土倉、あるいは酒屋としての活動をはじめたと考えられる。ただし、「宗臨」の時代は、その活動も先の史料1や第四章でふれるような内容以外、くわしくはわからない。

それでは、角倉吉田は、その後、どのような活動を展開していくことになるのであろうか。「宗臨」のあとをついだ「宗忠」に視点を移して、みていくことにしよう。

二　吉田宗忠と嵯峨土倉中

先に、『披露条々事』にみえる「嵯峨角蔵吉田与次」は、「宗臨」か「宗忠」のどちらかであるとの見方を示したが、そのように考えた理由のひとつとしては、『角倉源流系図稿』の「宗臨」のところには、その名乗りとして「若名忠兵衛」としか記されておらず、「与次」というものがみられない点があげられる。対して、「宗忠」のところには、「諱光信、若名与次、後改忠兵衛」とみえ、これを信用すれば、「嵯峨角蔵吉田与次」は、「宗忠」となろう。

もっとも、『角倉源流系図稿』は、江戸時代中頃以降に編纂されたものなので、かならずしも同時代史料と同様にあつかうわけにはいかない。しかも、同時代史料には、「宗臨」が生存していた時期と並行して、「武田被官」[13]「武田雑掌」[14]としての「吉田与次」の活動も確認でき、そのような点から考えれば、あるいは、父「宗臨」とともに、のちに「宗忠」と名乗る「与次」もまた、別個に活動をはじめていた可能性も指摘できよう。

ちなみに、ここにみえる「武田」とは、若狭守護の武田氏のことを意味するが、第四章でもふれるように、大永七年（一五二七）二月一三日におこった、いわゆる桂川の合戦で「武田衆吉田与次、三ヶ所手ヲヒ（負）候」[15]とみえ、「与次」が「武田被官」のひとりとして合戦にのぞんでいたことが知られる。「与次」が名前ばかりの被官ではなく、実際に侍として活動していたことが知られよう。

その「吉田与次」が「光信」という「諱」をつかったことがわかるのは、享禄五年（一五三二）三月[16]のことである。また、「忠兵衛尉」と名乗ったのも、同年（天文元年＝一五三二）一〇月[17]のことになる。つまり、おそくとも享禄五年（天文元年）には、「与次」から「忠兵衛尉」「光信」と名乗りをかえて活動していたことがあきらかとなるわけだが、その同じ人物が「宗忠」と名乗るようになったのは、おそくとも天文八年（一五三九）五月以降であったと考えられる。

幕府政所代であった蜷川親俊の日記『親俊日記』(18)天文八年五月二九日条に、「吉田忠兵衛入道宗忠　嵯峨すミくら也」という記事がみられるからである。ここからは、「宗忠」が「入道」名であったことがわかるのと同時に、「宗臨」もまた、「入道」名であったことが知られよう。

『角倉源流系図稿』によれば、この天文八年の段階で「宗臨」も生存しており、角倉吉田は、「宗臨」「宗忠」父子によってになわれていたとも考えられる。しかしながら、天文一〇年に「宗臨」が亡くなり、それからしばらくして「宗忠」による土倉経営にもひとつの画期がおとずれたことが、つぎの三点の史料からあきらかとなる。

〔史料2〕

愛岩(宕)神事同燈明要脚事、為天下静謐　御願、不混自余、於嵯峨境内、構土倉、令利倍之、可被遂神事無為節、更不
可准徳政法之上者、不可有改動之旨、可被加下知之由、所被仰下也、仍執達如件、

天文十九年十二月廿八日　左衛門尉(諏訪晴長)(花押)
大和守(飯尾堯連)(花押)

大覚寺御門跡雑掌

〔史料3〕

愛岩(宕)神事同燈明要脚事、為天下静謐　御願、不混自余、於嵯峨境内、構土倉、令利倍之、可被遂神事無為節、更不
可准徳政法之上者、不可有改動之由、可被仰下也、仍執達如件、

天文十九年十二月廿八日　左衛門尉(諏訪晴長)(花押)
伊勢守(伊勢貞孝)(花押)

大覚寺御門跡雑掌

〔史料４〕

為愛岩(宕)山御神事用脚(要)幷燈明銭而、御境内可取条々事

一、帷物類・蚊帳、限五月五日、可流事、付、こきをは限三月三日ヲ、可流事、

一、冬衣類者、限霜月五日、可流事、

一、綾物類者、限六ケ月、可流事、

一、武具・絵・金物・雑具等、此外質物者、悉限七ケ月、可流事、

一、調神事人数外、於嵯峨中、質物不可取事、

一、寄宿御免事、

一、質物於行失者、以本銭一倍、可弁之事、

右条々、於被定置者、雖為天下一同之御法徳政、不可有改動、若違犯輩在之者、速可被所(処)厳科者也、仍執達如件、

天文十九年十二月廿八日　式部大輔（花押）

嵯峨土倉中

史料２は、室町幕府奉行人連署奉書、史料３は、室町幕府政所執事加判奉書、そして、史料４は、嵯峨土倉中定書とよばれる、いずれも文書である。また、その年紀がすべて天文一九年一二月二八日であることからもわかるように、これらは一括して幕府から出されたものと考えられる。ちなみに、三点の史料ともに、「宗忠」の子孫に伝えられたとおぼしき「田中光治氏所蔵文書」[19]におさめられているので、右の史料にみえる「土倉」が角倉吉田を意味していることはうたがいないところといえよう。

ここで注目されるのは、三点の史料に共通して読みとれる、「愛岩(宕)山御神事用脚(要)幷燈明銭」と「於嵯峨境内、構土倉、

令利倍之」という行為がむすびつき、そして、それが「不可准徳政法」へとつながっていく文脈である。すなわち、ここからは、「愛宕山」の「神事」と「燈明」の「要脚（用脚）」（「銭」）をまかなう目的で「嵯峨境内」において「土倉」を「構」え、「利倍」（利殖）するかぎりは、「徳政法」（「天下一同之御法徳政」）の適用から除外されるという、一種の特権を幕府からみとめられたという事実が知られるからである。

　中世京都において、土倉など金融業者がもっともおそれていたこととは、みずからがもつ債権（当時のことばでいう「借銭」「借米」）が一瞬のうちに無効（当時のことばでいう「棄破」）にされること、すなわち「徳政法」（「天下一同之御法徳政」）が幕府によって出されることである。

　実際、「宗忠」もこれより四年前の天文一五年（一五四六）には、公家の「勧修寺家」から「対角倉　吉田宗仲(忠)　八貫文」の借銭を「棄破」するよう幕府へ申請されたことが確認できる[20]。また、「宗忠」自身も、みずからの「借銭」「借米」を守るため、その総額の「十分之一」を幕府へ「進納」し、その保護をもとめたという事実も知られている[21]。

　いわゆる分一徳政とよばれる、債務者から債務額の一〇分の一の銭を上納させて債務の破棄をみとめるいっぽうで、債権者からも同じように銭をおさめさせて、その債権を確認をするという、室町幕府特有の施策がこれにあたる。おそらくは、このような債権の不安定さを体験した苦い経験が、「宗忠」をして右のような特権獲得へとむかわせたと考えるのが自然であろう。

　それでは、なぜこの時期に「宗忠」は、そのような特権を獲得することができたのであろうか。そのなぞを解く鍵も、三点の史料に共通してみえる「愛岩(宕)山御神事用脚(要)幷燈明銭」なるものにある。というのも、ここにみえる「愛宕山」、つまり嵯峨の地の西方にそびえる愛宕権現の「祭礼」と「社頭・神輿」「神供・燈明」を旧に復そうという動きがほぼ同時期にすすんでいたことが、これより三年後の年紀をもつ天文二二年（一五五三）九月一六日に出された後奈良天皇綸旨案[22]から読みとれるからである。

とりわけ注目されるのは、その綸旨案にみえる「至于神供・燈明、厳重致沙汰、弥可奉祈一天泰平・万人家楽之旨」の「下知」をうけたのが、「当山」（愛宕山）の「別当　大覚寺准后」であるという点であろう。ここから、史料２・史料３の宛所が、ともに「大覚寺御門跡雑掌」であった理由があきらかとなるからである。

ちなみに、江戸時代の史料ではあるが、「愛宕山者、元清凉寺一派之所ニ而」、「四月愛宕祭礼」「之前日、寺僧之内壱人愛宕江登山仕、神体を奉迎[23]り、また、「寺門ニ御旅所之社有之」るなど、「愛宕山と清凉寺者、古来ゟ由緒深キ子細[24]」があったことが知られている。また、室町時代の段階で、「祭礼以下厳密可被申沙汰」き権限をもっていた清凉寺「目代職幷検断等[25]」をになっていたのが、「大覚寺門跡雑務奉行職[26]」の「井関法眼房」であった点も重要となろう。

もっとも、これ以前に角倉吉田と大覚寺との関係が具体的にどのようなものであったのかという点についてはさだかではない。しかしながら、第四章でもふれるように、「宗臨」の時代より清凉寺との関係が密接であったことは確実であり、おそらくはそのような関係をたよりに、「祭礼」「社頭・神輿」「神供・燈明」の復旧という趨勢に乗ると同時に、「愛岩（宕）山御神事用脚（要）幷燈明銭」を原資に「嵯峨境内」で「土倉」を構えるというスタイルをとることによって、「徳政法」の適用から除外される特権を獲得できたと考えられよう。

なお、愛宕山「燈明銭」は、これより先、大永八年（一五二八）三月に幕府へ提出された「愛宕山長床坊祐仙申状[27]」によって、山外の「馬場勘解由」（おそらく土倉であろう）などに「預ケ置」かれ、それが「預ケ置」きなのか、あるいは「借銭」なのかといった点でトラブルになっていたことも知られている。

ここからは、「燈明銭」が、少なくとも戦国時代においては、「利倍」によって運用されていたことがあきらかとなるわけだが、それが、嵯峨の地に所在する角倉吉田に預けられ、「利倍」されるとともに、「徳政法」の適用除外ともなれば、愛宕山にとっても願ったりかなったりだったのではないだろうか。いずれにしてもこのように、愛宕山・清凉寺・大覚寺と角倉吉田とのあいだで利害の一致がみられ、それを背景にして、先の三点の史料は登場するにいたったと考えられよう。

ところで、この天文一九年を境にして、角倉吉田の土倉経営にも変化がみられるようになったと考えられる。たとえば、史料3をみてもわかるように、借銭の担保となる「質物」が、すべて「帷物類」をはじめとした、いわゆる動産ばかりとなり、田畑や家屋敷など不動産関連のものがいっさい入っていないことが読みとれるからである。

先にもふれた天文一五年の分一徳政のさい、「宗忠」が守ろうとした債権の「目録」に「家屋敷入之」「家屋敷売券アリ」「広沢井料引替」といった記載がみられることからもわかるように、土倉がとる「質物」には不動産に関連するものが少なくなかった。それとくらべたとき、史料4に記された「質物」のありかたというのは、やはり大きく変化をとげているといわざるをえない。

もちろん、角倉吉田が、これ以降、不動産を「質物」としてまったくとらなくなったというわけではないであろうが、少なくとも史料4によるかぎり、そこに記された動産を「質物」にとっての「利倍」については、「徳政法」の適用をうけないという特権によって守られていたことだけはまちがいないといえよう。

また、それと関連して、同じく史料4に「調神事人数外、於嵯峨中、質物不可取事」とあるように、「質物」をとる範囲が、「嵯峨中」に限定されているところも変化として注目される。この「嵯峨中」とは、史料1・史料2にみえる「嵯峨境内」と同じものと考えられるが、おそらくそれは、室町時代の段階ですでに幕府によって「井関殿」や「大覚寺門跡雑掌」の威令がおよぶ範囲と認識されていた「嵯峨中」(28)「嵯峨境内」(29)と同じものと考えられるからである。

そして、それらをふまえたうえで、角倉吉田を中心とした「嵯峨土倉中」という組織が立ちあがってきたことが史料3から読みとれる点は、もっとも重要となる。この組織は、天文一五年の段階でみられた「吉田宗忠一類」、すなわち「吉田入道宗忠」「華徳院梵康」「東南坊合忠」「千光寺宗椿」「田中与一重長」「吉田光民」といった「一類」(一族)を母体としたものであったと考えられるが、これより少し時期のさがった元亀元年(一五七〇)の段階で、その構成が

「吉田与二・同（吉田）意庵・同（吉田）彦六郎・同（吉田）与三・堀孫九郎」[30]であったことが確認できる点からすれば、そのむすびつきは、地縁から血縁へとよりかたむいていく傾向にあったといえよう。

おわりに

以上みてきたように、「宗忠」の時代、角倉吉田は、「愛岩（宕）山御神事用脚（要）幷燈明銭」のための「利倍」というスタイルをとることによって、「徳政法」の適用除外という特権を確保しつつ、「嵯峨中」「嵯峨境内」という地に根ざした地縁的な組織を結成するとともに、「一類」を母体とした血縁的な組織でもある「嵯峨土倉中」を結成して、新たな土倉経営をはじめることになった。

　これによって、角倉吉田は、その原資を「愛岩（宕）山御神事用脚（要）幷燈明銭」にもとめることができるようになっただけでなく、資金の融通や信用の保証も同業者組織にして血縁組織でもある「嵯峨土倉中」にゆだねることができるようになり、その経営は格段に安定することになったと考えられる[31]。

　じつは、これとほぼ同時期、洛中においても土倉や酒屋が、「上下京酒屋土倉」「上下京土倉中」といった地縁的な組織を結成していたことが知られている[32]。ただ、「嵯峨土倉中」のように、それが同時に血縁的な組織でもあり、しかも愛宕山・清凉寺・大覚寺との関係によって恒常的に「徳政法」の適用をまぬがれるようになっていたというのは、やはり特異なありかたであったといえよう。

　このような特異性が、戦国時代から信長・秀吉の時代にかけて、洛中の土倉のほとんどがそのすがたを消していくなか、角倉吉田だけはその活動の痕跡を残すことができた要因のひとつであったと考えられる。そして、それはそのまま、江戸時代前期における角倉了以・素庵父子らの活躍を準備する、もっとも重要な経済的要因でもあったと考えられるのである。

(1) 豊田武「近世初頭に於ける貿易資本の形成過程」(『歴史教育』一五巻九号、一九四〇年、のちに『中世日本の商業　豊田武著作集　第二巻』吉川弘文館、一九八二年)、林屋辰三郎『角倉了以とその子』(星野書店、一九四四年)、同「上層町衆の系譜——京都に於ける三長者を中心に——」(『立命館大学人文科学研究所紀要』一号、一九五三年、のちに同『中世文化の基調』東京大学出版会、一九五三年)、同『角倉素庵』(朝日出版社、一九七八年)など。比較的近年のものとしては、原田正俊「中世の嵯峨と天龍寺」(『講座　蓮如　第四巻』平凡社、一九九七年)、中島圭一「中世後期における土倉債権の安定性」(勝俣鎮夫編『中世人の生活世界』山川出版社、一九九六年)、桜井英治「土倉の人脈と金融ネットワーク」(村井章介編『「人のつながり」の中世』山川出版社、二〇〇八年)、野田泰三「了以前の角倉氏と嵯峨地域」(『京都光華女子大学研究紀要』五一号、二〇一三年)などがある。

(2) 河内将芳『中世京都の民衆と社会』(思文閣出版、二〇〇〇年)。

(3) 桑山浩然校訂『室町幕府引付史料集成』上巻(近藤出版社、一九八〇年)。

(4) 注(1)林屋前掲『角倉了以とその子』参照。

(5) 『鹿苑日録』(続群書類従完成会刊本)明応八年七月二三日条。

(6) 続群書類従完成会刊本。東京大学史料編纂所所蔵原本も参照。

(7) 注(3)参照。

(8) 明応五年正月三〇日付中村定家・沢村定広連署書状(『大日本古文書　蜷川家文書之二』三一〇号)。

(9) 『日吉社幷叡山行幸記』(『群書類従』第三八輯)。

(10) 下坂守『中世寺院社会の研究』(思文閣出版、二〇〇一年)、同『京を支配する山法師たち——中世延暦寺の富と力——』(吉川弘文館、二〇一一年)。

(11) 天文一四年八月日付上下京酒屋土倉中申状(『別本賦引付』一、『室町幕府引付史料集成』上巻)。

(12) 『宣胤卿記』(増補史料大成)文明一二年九月七日条。

(13) 『二水記』(大日本古記録)大永元年正月二九日条。

(14) 『言継卿記』大永七年一〇月一八日条。

(15) 『言継卿記』大永七年二月一三日条。

(16) 享禄五年三月三日付大勝院孝我等宛行状案（大覚寺史資料編纂室編『大覚寺文書』上巻、大覚寺、一九八〇年）。
(17) 天文元年一〇月一三日付飯尾元運奉書（国立公文書館内閣文庫「山科家古文書」二）。
(18) 増補続史料大成。
(19) 京都大学大学院文学研究科古文書室影写本。
(20) 天文一五年一一月一二日付勧修寺家雑掌申状（『別本賦引付』二）。
(21) 天文一五年一二月七日付吉田宗忠一類申状（『銭主賦引付』、桑山浩然校訂『室町幕府引付史料集成』下巻、近藤出版社、一九八六年）。
(22) 天文二二年九月一六日付後奈良天皇綸旨案（『大覚寺文書』上巻）。
(23) （年月日未詳）大覚寺坊官願書（『大覚寺文書』上巻）。
(24) 寛永一八年二月一八日付大覚寺訴状案（『大覚寺文書』上巻）。
(25) 文安四年四月五日付室町幕府奉行人連署奉書（『大覚寺文書』上巻）。
(26) 文安三年九月二〇日付室町幕府奉行人連署奉書（『大覚寺文書』上巻）。
(27) 大永八年三月日付愛宕山長床坊祐仙申状（『徳政分壱引付草案』、『室町幕府引付史料集成』下巻）。
(28) 文安四年六月三〇日付室町幕府奉行人連署奉書（『大覚寺文書』上巻）。
(29) 明応二年七月一日付室町幕府奉行人連署奉書（『大覚寺文書』上巻）。
(30) 元亀元年一二月二二日付室町幕府奉行人連署奉書（「田中光治氏所蔵文書」）。
(31) 注(1)中島前掲「中世後期における土倉債権の安定性」においても、「愛岩(宕)山御神事用(要)脚弁燈明銭」にかかわる一連の史料をもちいて、「嵯峨土倉中」、あるいは角倉吉田の土倉債権の安定性がみられるようになった点についてふれられている。ただ、それがなぜこの時期だったのかについてはふれられておらず、この点が本章の新知見となろう。
(32) 注(2)参照。

〔付記〕本稿脱稿後、「吉田宗忠」と同じように、天文一五年の分一徳政令にかかわる『銭主賦引付』にその名がみえる大森一族や当該期京都の土倉について、酒匂由紀子氏（「戦国期京都の「土倉」と大森一族——天文一五年の分一徳政令史料の再検討——」『日本史研究』六二五号、二〇一四年）があらたな見解を示された。そこでは、これまで「土倉」とみられてきた大森一族を「土豪」と理解するなど注目すべき指摘が呈示されている。これによって、あらためて戦国期京都における土倉とは何か、あるいはまた、どのような史料的根拠によって土倉と判断すべきかなど、といった根本的な問題を考える必要性が出てきた。ただ、角倉吉田についていえば、史料のうえで、一六世紀前半には、「角蔵」という「倉之名」や「酒屋」であることが確認できる。と同時に、おそくとも天文一九年段階では、「土倉」と出てくる以上、酒屋であり、土倉であったことはうたがいない。本章と第一部第四章で、角倉吉田を土倉、そして酒屋と理解するのは、それゆえであることを念のため記しておきたい。

なお、本稿は、二〇一三〜一五年度日本学術振興会科学研究費助成事業・基盤研究C・課題番号二五三七〇八一一の研究成果の一部である。

【第一部】

第四章

角倉家と公家・武家・寺社との関係

——中世における——

河内将芳

はじめに

江戸時代前期の京都文化の一端をになったことで知られる角倉家。その角倉家を代表する人物といえば、おそらく多くの人びとは、角倉了以やその子素庵の名をあげるにちがいない。しかしながら、角倉家の場合、彼らのような比較的著名な人物が突然登場したためにその名が歴史に刻まれるようになったわけではけっしてない。むしろ、彼らの活躍を準備する豊かな前史を角倉家がもっていた点にこそ、その特徴がみられるといえよう。

そこで、本章では、その前史について、同時代に書かれた古文書や古記録など文献史料を手がかりに公家・武家・寺社といった中世京都の文化をになった人びととの関係をとおして、できるだけ具体的にみていきたいと思う。このような関係についても、すでに研究史の蓄積(1)があるが、ここでは、それら先行研究がもちいてきた史料のほか、これまでみのがされてきた史料なども検討していくことで、またあらたな前史を掘りおこしていければと思う。

一　公家・武家との関係

(1) 九条家との関係

ところで、角倉家と公家との関係といえば、これまでおもに公家の日記に断片的に記される「吉田与次」(宗忠)の活動をとおして、その文化的な側面に光があてられてきた。ところが、「吉田与次」の時代よりも年代が古く、しかもこれまでの研究ではみのがされてきた史料のなかにもその関係をうかがえるものが残されている。たとえば、そのひとつがつぎのようなものである。

〔史料1〕

案文

御家領嵯峨往生院々内之見廻之事、自当年己巳三箇年之間、被仰付候上者、令禁断鉞鉄等、涯分樹木竹林以下可令茂候、但如此被仰付とて、院務統円房此間被致知行分等尓不可成申違乱煩候、万一被仰付候之処、違背仕候者、三ケ年之内、雖為何時可被召放候、其時不可申一言之是非候、仍為後日請状如件、

永正六年拾月九日　吉田光清判

白川（富秀）治部大輔殿

右の史料(2)は、公家社会のなかでも頂点の地位にあった摂家のひとつ、九条家に伝わる『九条家文書』に残されたものである。原本ではなく、案文ではあるものの、その差出にみえる「吉田光清」とは、これにつらなる永正八年（一五一一）の史料(3)に「吉田忠兵衛」とみえることから、『角倉源流系図稿』が記す「若名忠兵衛」、すなわち「宗臨」と考えられる。すなわち、了以からみれば、曾祖父にあたる人物である。

江戸時代中頃以降に編纂された『角倉源流系図稿』には、その諱は記されておらず、これまでまったく知られてこなかったが、これによってはじめてその諱が「光清」であったことがあきらかとなる。とともに、右の史料は、同時代史料のなかで、のちの角倉吉田に直接つながる人物の初見としても重要といえよう。

それでは、史料1によって、「吉田光清」と九条家（当時の当主は九条尚経、史料では「家門」と出てくる）とのあいだにどのような関係がむすばれていたことがわかるのであろうか。まず、史料全体からは、九条「家領嵯峨往生院々内之見廻」を「吉田光清」が「当年己巳」（永正六年）より「三箇年之間」「仰付」られ、「令禁断鉞鉄等、涯分樹木竹林以下可令茂」きことを請け負ったことが読みとれる。この嵯峨「往生院」とは、江戸時代前期に編纂された地誌『雍州

府志』[4]によれば、「小倉山下」にあり、その当時においてすでに「妓王・妓女」の寺として知られていた。

もっとも、その「往生院々内」の「見廻」が具体的に何を意味しているのかという点については、これだけではわからないが、史料の内容から察するに、往生院内の「樹木竹林」がみだりに切りとられぬよう監視する役目であったと考えることはできよう。

ここで注意しなければならないのは、その役目は単に樹木や竹林を守るといっただけではなく、別の史料に「往生院山林幷地子年貢等」[5]ということばがみられることからもあきらかなように、実際には、税の対象となる地利をうみだす「樹木竹林」の管理を意味するものであったと考えられる点である。

それにしてもなぜ、「吉田光清」は、このような役目を請け負うことになったのであろうか。その答えは、史料1にもみえる「院務」（「往生院住持」）[6]の「統円」（房）が永正七年（一五一〇）一一月三日に「山手幷山林地子年貢等、忠兵衛ヨリ家門ノ仰トテ押」えたことを「不得其心」と訴えたのに対して、「一段質遣ニ仰合スル」ということばがみられる史料が残されていることからあきらかとなる。すなわち、ここからは、「山手幷山林地子年貢等」が借銭の「質」（質物）として九条家から差し出されていたことが判明するのと同時に、「吉田光清」は、九条家に対して借銭を提供できるような存在であったことがうきぼりとなってくるからである。

「吉田光清」と九条家とのあいだに、いつごろからこのような関係がとりむすばれるようになったのかという点についてはさだかではない。ただ、永正九年（一五一二）卯月一六日に九条家の家礼たちがしたためた借用状案[7]からは、「来廿四日」に「禁裏新〔親〕王御方」（知仁親王）の「御元服」のさい、彼らの主人である「御家門」（九条尚経）が「御賀〔加〕冠」の重役をになうにあたって必要となる銭「千疋」の「御引替」（立て替え）を「吉田忠兵衛尉」に依頼し、その「御足付」（費用）の返済を「来夏当庄以段銭可〔有〕返御返弁」というかたちでまかなおうとしていたことが読みとれる。このような点からすれば、その関係は特別なものというより、むしろ日常的なものであったと考えるのが自然であろう。

実際、同じ借用状案には、「往生院山ニかけられ候御借銭」ということばもみられ、また、同じ年の卯月二一日には、「御相伝之地」である「山城国葛野郡西山嵯峨往生院・教法院・三法院分等山林田畠等悉残所ナク」「吉田忠兵衛尉」へ「売渡」したことを示す売券案も残されているからである。(8)

ただし、ここで注意しなければならないのは、『九条家文書』には、右の売券とほぼ同じ文言をもつ売券が、この三年前にあたる永正六年（一五〇九）一〇月七日付でも残されている点である。しかも、こちらのほうは「正本」（原本）でもあるのだが、これはいったい何を意味しているのであろうか。そこで注目されるのが、つぎのような覚書の存在であろう。(9)

〔史料2〕

如此売券等ヲ沙汰シ遣スノ条、自然後代ニ事六借敷キコトモアリテハトテ、忠兵衛ニ如此案文ヲ遣シ、請文ヲ致サシメ了、ワサト売遣ハ十月七日ナリ、請文ハ同九日ナリ、三ケ日已後ノ請文ニ沙汰サシメ了、正文ハ親王（知仁親王）御元服ノ時借銭ヲ作リ改ルニ就テ返遣了、

これよれば、先の史料1の請文と永正六年一〇月七日付の売券とのあいだには、密接な関係があったことがわかるが、その関係とはおおよそつぎのようなものであった。すなわち、九条家から「忠兵衛」（「吉田光清」）へは「売券」の「案文」を遣わし、「吉田光清」には「請文」を書かせたこと、また、その日付は「売券」の「案文」が「十月七日」なのに対して、「請文」は「三ケ日已後ノ」の「同九日」であったこと、そして、「売券」の「正文」（原本）は、先にもふれた「親王（知仁親王）御元服ノ時借銭」のさいに「返遣」わしたというものである。

一見しても、その関係はかなり複雑なものであったことがうかがえるが、なぜそのような複雑なものになったのかと

いえば、その理由は、「自然後代ニ事六借敷キコトモアリテハトテ」というものであった。ここでいう「事六借敷キコト」が具体的に何を意味するのかという点については、これだけではわからない。しかしながら、「借銭」がからんでいる以上、おそらくそれは、幕府から徳政令が出されて、その貸借関係に混乱がきたされることと考えるのが自然であろう。実際、永正八年(一五一一)には、「徳政ノ御法ユク上ハ、山林等悉ク可被召返」[10]という動きもみられたことが確認できるからである。

つまり、九条家と「吉田光清」とのあいだでむすばれた「往生院山」を「質」(質物)にした貸借関係に徳政令がなるだけ影響しないよう、いっぽうでは、「往生院山」を「売渡」すかたちをとり、またいっぽうでは、「往生院山」の「見廻」を請け負わすことで、そこからの地利を「借銭」の返済に充当しつづけるというしくみがそこにはあったと考えられるのである。

いわゆる土倉による代官請負[11]の一種と思われるが、ただし、『九条家文書』には、永正六年の「売券」の「正本」が残されるいっぽう、永正九年の「売券」については、「案文」しか残されていない。そのことをふまえれば、同じようなかたちの貸借関係がくり返しむすばれていた可能性は高いであろう。

それを裏づけるまでにはいかないが、ここでみた「往生院山」と角倉家との関係については、はるかにくだった了以の時代までなんらかのかたちでつづいていたことが、つぎの史料[12]からもうかがえる。

〔史料3〕

往生院之内林之儀、横尾方より買徳(得)之、以筋目、数年はやし置候へ共、従　瑞龍院様御用之由候間、則進上申候上者、我等子孫、以来違乱之儀御座有間敷候、但公儀よりの御事ハ此方存間敷候、さかいめの事、西南ハ宗佐かゝへの地をかきり申候、同南東ハ天龍寺分の畠をかきり申候、北ハミそ川をかきり申候也、仍如件、

文禄五年
二月十日　　　　　　　　了以(角倉)在判
伊藤
おりへ殿参

ここに出てくる「往生院之内林」は、直接的には「了以」が「横尾方より買徳(得)」したものであり、了以の曾祖父「吉田光清」以来の関係まではさだかでない。しかしながら、少なくとも史料3が『九条家文書』に案文のかたちで残されている以上、「往生院山」を媒介とした角倉家と九条家との関係が了以の時代までつづいていたことは確実であろう。

このように、角倉家と九条家とのあいだには、貸借関係という関係がむすばれていたことがあきらかとなるわけだが、そのような関係をとりむすぶにあたっては、日常的にも角倉家に属する人物が公家社会へ出入りしていたと考えるのが自然である。

おそらく、そう考えることで、これまで注目されてきた「吉田与次」、すなわち「吉田光清」(「宗臨」)の子「宗忠」(「光信」)の活動が公家の日記に散見されるという事実についても正しく位置づけることができるのではないかと思われる。文化的な交流を単に深めていたわけではなく、むしろ金融業にむすびつく情報収集(13)を「吉田与次」はおこなっていたというのが実際だったのだろう。

(2) 武田被官としての吉田与次

その「吉田与次」の公家社会における活動のなかでも、もっともはなばなしいものとして知られているのが、公家の鷲尾隆康の日記『二水記』(14)大永元年(一五二一)正月二九日条が伝える、内裏「御座敷御三間」での御宴において「大夫」として「能」を「七番」つとめたという事実である。

ここでいう「能」とは、いわゆる手猿楽とよばれるものであり、ここからは、公家社会へ出入りするためには、それ相応の芸能やそれを裏打ちするような教養がもとめられたことが知られる。ともに、のちの角倉家に伝承される公家社会にも通じる高い教養や知識というのもまた、このようにしてつちかわれていったと考えられよう。

ちなみに、これもまたよく知られているように、右の記事の「吉田与次」のところには、「武田被官」という割注がつけられている。つまり、「吉田与次」は、若狭守護の武田氏（武田元光）の「被官」でもあったことがあきらかとなるわけだが、公家の山科言継（ときつぐ）の日記『言継卿記』[15]大永七年（一五二七）一〇月一八日条には、「武田雑掌」とみえ、また、同記享禄二年（一五二九）三月一三日条にも「従若州吉田与次書状来候」とある以上、「吉田与次」が実際に京都と若狭とを往復していたことが知られよう。

あるいは、「雑掌」ということばからは、すでに指摘されているように、「武田家の京都雑掌として京の屋敷の管理や国元と京との通信などにたずさわっていた」[16]と考えられるのかもしれない。実際、「被官」「雑掌」としての「吉田与次」と武田氏との関係は、けっして名前ばかりのものではなく、強固なものであったことが、つぎの史料からもあきらかとなるからである。

〔史料4〕

武田衆吉田与次、三ケ所手ヲヒ（負）候、同弟□□□二ケ所手ヲヒ（負）候ト候了、其外手ヲヒ（負）・死人数多無限□□、

史料4は、『言継卿記』大永七年二月一三日条にみえる記事だが、この日、嵯峨の地にも流れる桂川において、幕府軍とそれに敵対する細川晴元の軍勢による合戦がおこなわれた。いわゆる桂川の合戦とよばれるものである。

このとき武田勢は、幕府軍の一翼をになって晴元勢をむかえ撃つことになったが、そのさい、「武田衆」の「吉田与次」が「三ケ所」「手ヲヒ(負)」(負傷)し、また、その「弟」も「二ケ所」の「手ヲヲヒ(負)」したということを右の史料は伝えている。さいわい、その「手ヲヒ(負)」は大事にはいたらなかったようだが、「吉田与次」が「武田被官」のひとりとして、「弟」とともに合戦に参加していたことが知られよう。

ちなみに、このような物騒なできごととしては、下級官人として知られる壬生于恒の日記「于恒宿禰記」(17)天文二年(一五三三)正月六日条にも、つぎのような記事を見いだすことができる。

〔史料5〕

去三日夜、太秦在聴(庁)舎弟、為夜討、父子・妻女等殺害、依之、自嵯峨押寄之由申間、常盤辺騒動以外也云々、嵯峨角蔵彼死人類縁之故云々、

これによれば、天文二年正月「三日夜」に「太秦」(広隆寺)の「在聴(庁)」の「舎弟」が「夜討」をおこない、それに関連して、「嵯峨」より人びとが「押寄」せ、「常盤辺」が「騒動」になったことがわかる。それではなぜ、「嵯峨」から人びとが「押寄」せてきたのかといえば、それは、「夜討」で「殺害」された「父子・妻女等」が、「嵯峨角蔵」の「類縁」だったからとのうわさを右の史料は伝えている。

ここにみえるできごと自体は、中世社会でしばしばみられた、いわゆる自力救済にもとづく報復行為にほかならない。しかしながら、「嵯峨角蔵」という固有名詞が于恒の耳にもとどいていたことからもうかがえるように、当時、「嵯峨角蔵」の「類縁」(一族、一類)のむすびつきの強さが洛中にもひびきわたっていたことが知られる。と同時に、土倉・酒屋でありながら、「武田被官」という侍でもある「吉田与次」のような中世独特のありかたをあらわすのには、右の

記事はあまりあるものといえよう。

なお、九条家とのあいだにみられたような貸借関係が、武家社会とのあいだでどのようにむすばれていたのかという点については断片的に知られるだけで、くわしくは読みとることができない。ただ、「吉田与次」が「武田被官」「武田雑掌」であった時期と若狭守護武田氏が幕府と密接な関係をもっていた時期とが重なっていたことを考えあわせるならば、「被官」や「雑掌」として武家社会へ出入りすることで、武田氏や幕府内の情報を収集するのにおおいに役立った可能性は高い。

そして、そこでむすばれた関係を梃子にして、幕府への訴訟や申請を有利にはこんでいた可能性もまた高く、おそらくその延長線上に、第三章でみたような「徳政法」適用除外の特権獲得や「嵯峨土倉中」の結成も実現をみることになったのではないかと考えられる。

二 寺社との関係

つぎに、角倉家と寺社との関係についてもみていくことにしよう。この点については、これまで了以の父宗桂と天龍寺妙智院策彦周良との関係に象徴されるように、嵯峨の地に所在する禅宗寺院との関係に注目があつまってきた。実際、近年でも、室町時代の嵯峨における酒屋の分布状況を重ねあわせることで、酒屋と兼業することの多い土倉としての角倉吉田もまた、天龍寺など禅宗寺院との関係が密接だったのではないかと考えられている(18)。

しかしながら、戦国時代の嵯峨における土倉や酒屋の分布自体がよくわかっておらず、室町時代の状況をそのまま戦国時代に重ねあわせてみることには抵抗を感じざるをえない。なにより、「嵯峨乱後（中略）諸寺諸院以下悉以焼失、荒野也(19)」と史料が伝えており、「荒野」となった嵯峨そのものが応仁・文明の乱以前とは大きく変貌をとげていたと考えられるからである。

もちろん、史料によるかぎり、角倉家が天龍寺など嵯峨に所在する禅宗寺院とのあいだに関係をもっていたこと自体はまちがいない。しかしながら、土倉としての角倉という観点からみれば、やはり第三章でもみたように、愛宕山・清凉寺・大覚寺との関係のほうがより重要であったと考えるのが妥当であろう。

じつは、この点についても、先にみた九条家との関係のなかで、これまで知られてこなかった注目すべき事実がみられる。というのも、九条家と「吉田光清」のあいだで活動する人物として、「東南坊」という僧侶の存在が確認できるからである。

「東南坊」といえば、「吉田光清」の子「宗忠」が、天文一五年（一五四六）一二月にみずからとその「一類」（一族）の債権（借銭・借米）を守るため、分一銭を幕府へ進納したさいにその名がみえる「東南坊合忠」[20]が思いおこされる。この「東南坊合忠」と「東南坊」が同一人物であったのかどうかをたしかめることはできないが、ただ、偶然の一致とも考えにくく、むしろ「東南坊」は、角倉吉田の「一類」が入る寺院（あるいは坊号）であったと考えるのが自然であろう。

それでは、この「東南坊」とは、どのような寺院（あるいは僧侶）だったのだろうか。この点については、先にみた『九条家文書』のなかに、「福乗坊」が「東南坊トモ号ス」[21]と記された史料が残されていることが手がかりとなる。というのも、この「福乗坊」は、同じく『九条家文書』のなかで「釈迦堂福乗坊」[22]ともみえ、嵯峨釈迦堂とよばれた清凉寺内の寺院（あるいは僧侶）であったことがあきらかとなるからである。

先にもふれたように、「吉田光清」と九条家との関係を示す史料は角倉吉田の初見でもあったが、その関連史料のなかですでに「一類」の「釈迦堂福乗坊」＝「東南坊」の存在が確認できることからすれば、やはり土倉としての角倉と寺社との関係でいえば、清凉寺、そして大覚寺・愛宕山との関係が一義的なものであったと判断できよう。

もっとも、そのいっぽうで、「東南坊合忠」とともに、「吉田宗忠一類」であった「周憲」や「梵康」の院号としてみえる「南芳院」「華徳院」は、ともに天龍寺塔頭であったことが知られているので、角倉吉田の「一類」が天龍寺へ入っていたこともまたまちがいない。

ただし、了以の父宗桂との関係でよく知られる策彦周良が天龍寺に入ったのは、永正一五年（一五一八）であり、また、妙智院院主になったのも大永二年（一五二二）、そして、宗桂とともに入明したのが天文八年（一五三九）であった(23)ことを考えあわせるならば、角倉吉田と天龍寺との関係は、一六世紀、すなわち戦国時代以降にむすばれたと考えるのが妥当であろう。つまり、残された史料によるかぎり、その関係を室町時代にまでさかのぼらせることは、やはりむずかしいといわざるをえないのである。

そのほか、「東南坊合忠」「南芳院周憲」「華徳院梵康」とともに、「吉田宗忠一類」として登場する「千光寺宗椿」も、そのちに了以によって現在地（京都市西京区）に移される千光寺のことと考えられるが、いずれにしてもこのように、その「一類」が嵯峨に所在する各種の寺院に入ることで、さまざまな知識や教養、あるいは技術などを得ていたであろうことは推測にかたくない。そして、それらが了以や素庵の時代にまでうけつがれていった可能性もまた高いところといえよう。

おわりに

以上みてきたように、残された史料によるかぎり、中世における角倉家と公家・武家・寺社との関係は、いずれの場合においても土倉経営と不可分であったことがあきらかになったように思う。それはつまり、中世の角倉家においては、土倉、あるいは酒屋としての活動が主軸にあり、それに派生するかたちで、「被官」や「雑掌」、あるいは手猿楽の「大夫」、さらには宗桂に代表される僧侶や医師などへとその活動の幅が広がっていくことになったと考えられる。そして、その広がりのなかで蓄積されていった下地があったからこそ、了以や素庵が江戸時代前期の京都文化の担い手として活躍することもまた可能となったといえよう。

(1) 林屋辰三郎『角倉了以とその子』(星野書店、一九四四年)、同『角倉素庵』(朝日出版社、一九七八年)。
(2) 永正六年一〇月九日付吉田光清請文案(『図書寮叢刊 九条家文書』六、二〇二八号)。
(3) 永正八年一〇月七日付九条家奉行人奉書(『図書寮叢刊 九条家文書』六、二〇三〇号)。
(4)『新修京都叢書』第一〇巻。
(5) 注(3)参照。
(6)(永正八年)二月一一日付九条家奉行人奉書(『図書寮叢刊 九条家文書』六、二〇二九号)。
(7)(永正九年)卯月一六日付石井在利・信濃小路長盛添書借用状案(『図書寮叢刊 九条家文書』六、二〇三三号)。
(8) 永正九年卯月二一日付九条尚経袖判山林他畠売券案(『図書寮叢刊 九条家文書』六、二〇三六号)。
(9)(年月日未詳)九条尚経往生院関係文書覚書(『図書寮叢刊 九条家文書』六、二〇四二号)。
(10) 注(9)参照。
(11) 新田英治「室町時代の公家領における代官請負に関する一考察」(宝月圭吾先生還暦記念会編『日本社会経済史研究 中世編』吉川弘文館、一九六七年)、須磨千穎「土倉による荘園年貢収納の請負について――賀茂別雷神社の所領能登国土田庄の年貢収納に関する土倉野洲井の活動――」(『史学雑誌』八〇編六号、一九七一年)、中島圭一「中世京都における土倉業の成立」(『史学雑誌』一〇一編三号、一九九二年)。
(12) 文禄五年二月一〇日付角倉了以譲状案(『図書寮叢刊 九条家文書』六、二〇三八号)。
(13) 注(11)中島前掲「中世京都における土倉業の成立」参照。
(14) 大日本古記録。
(15) 続群書類従完成会刊本。東京大学史料編纂所所蔵原本も参照。
(16) 桜井英治「酒屋」(高橋康夫・吉田伸之編『日本都市史入門 Ⅲ 人』東京大学出版会、一九九〇年)。
(17) 宮内庁書陵部所蔵。

(18) 原田正俊「中世の嵯峨と天龍寺」（『講座　蓮如　第四巻』平凡社、一九九七年）、桜井英治「土倉の人脈と金融ネットワーク」（村井章介編『「人のつながり」の中世』山川出版社、二〇〇八年）。

(19) 『宣胤卿記』（増補史料大成）文明一二年九月七日条。

(20) 天文一五年一二月七日付吉田宗忠一類申状（『銭主賦引付』、桑山浩然校訂『室町幕府引付史料集成』下巻、近藤出版社、一九八七年）。

(21) 注（9）参照。

(22) 注（6）参照。

(23) 牧山諦亮『策彦入明記の研究　下』（法藏館、一九五九年）。

〔付記〕本稿は、二〇一三～一五年度日本学術振興会科学研究費助成事業・基盤研究C・課題番号二五三七〇八一一の研究成果の一部である。

【第一部】

第五章　幕府上方支配における幕臣・京角倉家と嵯峨角倉家

菅　良樹

はじめに

林屋辰三郎の研究や『京都の歴史』五によると、京都の角倉家、茶屋家、平野家は、豪商、町衆、貿易家としての側面が強調されている。だがその後、江戸幕府の鎖国体制下では、これらの諸家はシナ海地域における貿易から撤退せざるを得なくなり、茶屋家は禁裏御用達あるいは尾張徳川家・紀州徳川家御用達となり、一方角倉家と平野家は代官に任じられ、幕府による上方支配の一員として活動することになる。また、元禄九年（一六九六）版「京大絵図」によると、富小路二条下ルの平野藤次郎屋敷付近には、角倉市之丞、木村宗右衛門等の特権的商人が軒を連ねていたとする。(1)

つまり従来の研究では、角倉家の幕臣（旗本）としての側面が、ほとんど述べられていない。右の「京大絵図」によると、角倉・木村両家の屋敷付近は、美濃大垣城主戸田氏定の屋敷等があることから大名や幕臣屋敷の一画といえ、角倉・木村家はともに幕府代官を勤めると同時に、幕府より淀川過書船支配を任じられていたことを考慮すると、両家が幕臣であったことにより注目していくべきであろう。

『京都の歴史』六では、貞享二年（一六八五）版「京羽二重」に、京都に屋敷を有する上方代官として小堀仁右衛門以下一九名の氏名が記載されており、末吉、平野、角倉などの豪商代官が上方の幕領支配において大きな役割を果たしていたとしたが、文化七年（一八一〇）版「京羽二重」によると、京都屋敷を有する上方代官は、小堀中務、上林永二郎、同又兵衛、角倉為二郎、同帯刀、木村宗右衛門の六家が記載されているのにとどまると述べている。よって、一七世紀末～一八世紀前半の間に豪商代官は減少していくとみている。(2)

加えて、牧英正の論考では、(3)京都府立総合資料館所蔵の角倉家の川床・浜地・綱引場関係史料が提示され、寺尾宏二の研究(4)においては、牧が着目した史料の分析が進められ、角倉家が幕府より知行代として拝領していた高瀬川およびその付属地を明治維新に際して官有地として接収されたこと、さらにそれを不満とする角倉一族は玄寧の子で裏千家を相続していた千宗室の娘満智（満知子）を角倉家の当主とし、父宗室（隠居後、玄室）はその後見人を務め、嵯峨の玄遠ら一族の協力を得て、明治一八年（一八八五）四月に「廃家再興願」を京都府に提出し、それが聞き届けられたことを論じた。ついで、寺尾は角倉家が明治三八年（一九〇五）一二月には、国有地土地森林原野下戻法の公布により、当を得ず官有地にされた二条―五条間の高瀬川とその浜地の大部分を取り戻したと検証している。

従来、京角倉家と嵯峨角倉家の両家は、嵯峨土倉としての豊かな経済力を誇り、家財を投じて高瀬川を開鑿し、その利権を有する上層町衆、あるいは朱印船貿易家として認識されがちである。しかし実際には、角倉家は、そうした町衆として捉えるべきではなく幕臣として代官を務めつつ、高瀬川（東高瀬川）を知行地の代わりとして与えられ、淀川過書船支配にも関わり、京都―大坂間の舟運を掌握して江戸幕府支配機構の一員として近世を生き抜いてきたことを重視すべきといえよう。

そこで、第一節では、角倉家の「系譜」[5]をとおして、歴代当主の幕臣としての活動について述べ、第二節においては、『京都御役所向大概覚書』[6]、天保十四年版「京都武鑑」[7]などをとおして、在京幕府官僚の一員として角倉家が位置づけられていたことを考察する。

一　角倉二家の履歴――寛政期までを中心に――

本節では、両角倉家から京都所司代や京都町奉行をとおして幕府へ提出されたとみられる「系譜」類の「写」をとおして、江戸時代の角倉家が幕臣として生き抜いていたことを検証しておこう。本稿では、「京角倉家」をより具体的に「二条河原町角倉家」とした。黒羽兵治郎が京角倉家歴代の履歴を掲出しているが[8]、本節では二条河原町角倉家と嵯峨角倉家代々の当主双方に関して総合的に再検討する。

角倉了以（光好）の父吉田宗桂（意安）は、足利義晴の侍医を務め、明への渡海経験もあった。その医業を家職としていた吉田家に生まれた了以であったが、本人は家を継がず、山城国嵯峨に居所をおき、角倉家を称して別家した。その後、角倉家の本家筋といえる吉田家は弟の宗恂が継嗣し、家康の側医として出仕し、山城国紀伊、綴喜両郡の内で知行五〇〇石を得ていた。その後、当家は下総国岡田郡、ついで香取郡の内で二〇〇石を加増され、幕府奥医師を務めるなどして江戸を居所に定め相承した[9]。

ところで、了以の子素庵（玄之）以後、角倉本家は二条河原町を居所とするようになり、玄之―玄紀―玄通―玄恒―玄懐―玄篤―玄義―玄寿―玄匡―玄寧と続く。この二条河原町角倉家（角倉与一家）について、『新訂寛政重修諸家譜』やこの書冊編纂の情報源として角倉家から幕府に呈上されたとみられる「略譜」[10]および「諸家系譜」[11]を用いて、検討しておこう。そこで、右の三点の書冊をもとに二条河原町角倉家の動向を表1-1に掲げた。それを参照しつつ、論じていこう。

初代光好（剃髪後了以）は、吉田家本来の家職である医業を継がず、土木・地理を学んだ。家康、秀忠に出仕し、安南国（ヴェトナム）との交易を許され、その一方で国内において、慶長一一年（一六〇六）に保津川高瀬船通船、翌一二年には富士川・天龍川通船、一六年には二条―伏見間の高瀬船通船に成功している。

二代目玄之（剃髪後素庵）は父とともに最初に開削した保津川（嵯峨川）沿いの山城国嵯峨郷に居住していたが、鴨川沿いの高瀬川支配が重要になったため、二条河原町の拝領屋敷を居所とするようになった。慶長一九年、大坂の陣において、玄之は摂津長柄で淀川を堰き止め、神崎川に水を落として、徳川方軍勢を支援し、元和元年（一六一五）の大坂夏の陣後、二条城において江州代官、京都河原町支配、淀川過書船支配に加え、恩賞としての知行地に代えて賀茂川、保津川（嵯峨川）高瀬船運航を家領として安堵されている。また、玄之は木曾の年貢木支配も仰せ付けられていた。玄

表1－1：角倉与一家(河原町二条角倉家)　高200俵　知行代賀茂川高瀬船

1．光好　与七　　剃髪後　了以
父　吉田意安宗桂、母　中村氏
家業は医師、それを継がず土木、地理を学ぶ。家康、秀忠に出仕
慶長8年(1603)　安南国へ通船
11年　8月　保津川　高瀬船通船
12年　富士川　駿河岩淵～甲斐鰍沢間高瀬船通船
13年　天龍川　信濃諏訪～遠江掛塚間高瀬船通船
京都大仏殿造営
材木、伏見より牛馬での運送は困難なので、賀茂川を堰分け新川(高瀬川)を開く
16年　二条～伏見高瀬船通船
19年　7月12日　死去　61歳　嵯峨二尊院葬

2．玄之　与一　剃髪後　貞順　素庵
母　吉田忠兵衛光請　娘、妻　吉田与三郎光次　娘
父とともに山城嵯峨に住居、その後二条河原拝領屋敷が居所
慶長19年　大坂の陣において徳川方伏見城へ兵粮米3万石取り寄せ
その後、米等戦陣道具を大坂まで運搬
淀川を摂津長柄で堰止、神崎川へ水を落とし、大坂川の流れを断つ、元和元年普請完了
元和元年(1615)　江州代官　京都河原町支配　過書船支配仰せ付けられる
大坂の陣における恩賞として、知行地は与えられなかったが、賀茂川・嵯峨川高瀬船を永代家領(知行所)として安堵される　於二条城
木曾山御年貢木支配仰せ付けられる
3年　江戸城普請御用木、富士山より伐採御用
寛永9年(1632)6月22日　死去　62歳　嵯峨平山葬

3．玄紀　与一　甫庵、山城嵯峨出生
母　吉田与三郎光次　娘、妻　前田利家次男能登守利政　娘
江州代官　河原町支配　淀川過書船支配
寛永14年(1637)　淀橋修復御用
病身のため代官、河原町支配御免
延宝9年(1681)2月12日　天和元年と改元　死去　88歳　嵯峨二尊院葬

4．玄通　与一、京都二条河原町出生
母　前田能登守利政　娘、妻橋本十左衛門資信　娘(橋本は太田備中守家来と伝わる)
淀川過書船支配
年月日未詳　家光に拝謁代官に仰せ付けられる
万治3年(1660)　淀橋修復
寛文2年(1662)　稟米200俵拝領
大仏殿修復御用を命じられる
その最中玄通死去
弟玄順が大仏殿修復奉行に任じられる
寛文4年　4月26日　死去　49歳　同寺葬

5．玄恒　与一、京都二条河原町出生
母　家女　真野氏娘、妻　太田備中守資宗　娘
寛文4年(1664)　家督　幼少のため代官には仰せ付けられず
寛文6年　高瀬船にて禁裏・院造営御材木運送御用を命じられる

寛文９年		家綱に拝謁
		京都惣曲輪御土居藪奉行に仰せ付けられる
天和３年(1683)		石清水八幡宮愛染堂普請奉行に任じられる
貞享２年(1685)		綱吉に拝謁
		代官に仰せ付けられる
３年		高槻御蔵普請奉行に任じられる
元禄３年(1690)		京都五条橋普請奉行に任じられる
		京都三条橋普請奉行に任じられる
		知行代賀茂川高瀬船冥加金200枚差し上げ、願いの通り仰せ付けられる
４年	８月20日	病死　32歳　同寺葬

６．玄懐　与一、京都二条河原町出生

母　家女　烏山氏娘、妻　御留守居　大久保淡路守教福　娘　死別、後妻　同人　娘

元禄４年(1691)	12月５日	家督
５年	正月２日	京都御土居藪奉行淀川過書船支配仰せ付けられる
		玄懐幼少のため平次玄方に後見を命じられる
		代官には仰せ付けられず
14年	７月28日	綱吉に拝謁
宝永７年(1710)	３月29日	禁裏・院造営御用木高瀬船にて運送を命じられる
	５月１日	家宣に拝謁
		代官に仰せ付けられる
正徳元年(1711)		朝鮮人来聘近江八幡御賄御用を命じられる
２年	５月２日	新上西門院(霊元中宮鷹司房子)御葬送につき般舟院泉涌寺御普請幷道筋掃除方御用
享保４年(1719)	６月５日	山城美濃山新開場見分御用
		朝鮮人来聘河内枚方宿御賄御用
５年	正月27日	新中和門院(中御門女御近衛尚子；家熙娘)御葬送につき般舟院泉涌寺御普請幷道筋掃除方御用
	２月13日	承秋院(東山中宮幸子；有栖川宮幸仁親王娘)御葬送につき般舟院泉涌寺御普請幷道筋掃除方御用
７年	10月	京都惣曲輪御土居藪奉行御免
９年	４月１日	吉宗に拝謁
14年	10月１日	京都惣曲輪御土居藪奉行に仰せ付けられる
		近江国内論所検使を命じられる
17年	８月10日	霊元院法皇崩御につき般舟院御賄御用を命じられる
18年	８月26日	去年支配所損毛飢餓人手当を賞せられる
元文元年(1736)	11月６日	死去　51歳　同寺葬

７．玄篤　与一

母　村井氏娘、妻　太田備中守資晴　娘

元文元年	12月29日	家督
		代官　京都惣曲輪御土居藪奉行淀川過書船支配に仰せ付けられる
２年	４月28日	吉宗に拝謁
３年	２月28日	〃
	10月19日	近江坂本御宮修復につき普請奉行に任じられる
５年	12月７日	山城下鴨社修復につき普請奉行に任じられる
寛保元年(1741)	３月29日	山城上鴨社修復につき普請奉行に任じられる
３年	８月23日	山城石清水八幡宮修復につき普請奉行に任じられる
延享元年(1744)	12月11日	山城石清水八幡宮諸堂社修復につき普請奉行に任じられる
２年	７月11日	死去　30歳　同寺

8．玄義　与一、京都二条河原町出生　実は玄懐五男
　母　家女　伊佐氏娘

延享２年(1745)	12月５日	養子家督
		代官　御土居藪奉行　淀川過書船支配を仰せ付けられる
延享３年	７月１日	家重に拝謁
	11月６日	桃園天皇御即位につき新調御道具奉行に任じられる
	15日	再来年(寛延元年)朝鮮人来聘京都宿寺御賄御用を命じられる
寛延３年(1750)	４月26日	桜町天皇崩御御法事につき般舟院御賄御用を命じられる
４年		桜町天皇一周忌御法事につき般舟院翠簾畳修復御用を命じられる
	４月７日	〃　　御施行御用
		〃　　般舟院御修復御用を命じられる
	６月	去年(寛延２年)代官所物成皆済を賞せられる
宝暦元年(1751)		去年(寛延３年)代官所物成皆済を賞せられる
３年	７月26日	死去　26歳　同寺葬

9．玄寿　与一、実は山科郷浪人皆川勘進紀教倅、紀教は玄恒次男　玄懐弟
　妻　分部若狭守光命　娘

宝暦３年(1753)	10月４日	養子家督
		代官　御土居藪奉行　淀川過書船支配仰せ付けられる
４年	３月21日	去年(宝暦３年)代官所物成皆済を賞せられる
	６月１日	家重、家治に拝謁
５年	正月28日	比叡山御修復奉行に任じられる
	３月26日	去年(宝暦４年)代官所物成皆済を賞せられる
６年	５月４日	去年(宝暦５年)代官所物成皆済を賞せられる
７年	２月11日	山城淀小橋出来栄見分
11年	３月23日	〃
12年	２月	来年朝鮮人来聘京都宿寺御賄御用を命じられる
	８月３日	桃山天皇崩御につき御法事中般舟院御賄御用を命じられる
13年	２月１日	仙洞御所御即位につき新調御道具奉行に任じられる
	７月５日	桃山天皇一周忌につき御施行御用
明和元年(1764)	12月10日	所司代屋敷修復出来栄見分
２年	12月26日	鍋次郎玄亀幼少のため後見を仰せ付けられる
６年	９月21日	後桃園天皇御即位につき新調御道具奉行に任じられる
安永３年(1774)	５月２日	去年(安永２年)代官所物成皆済を賞せられる
４年	６月22日	去年(安永３年)代官所物成皆済を賞せられる
５年	７月８日	去年(安永４年)代官所物成皆済を賞せられる
６年	５月13日	去年(安永５年)代官所物成皆済を賞せられる
７年	２月14日	山城淀小橋出来栄見分
	５月９日	去年(安永６年)代官所物成皆済を賞せられる
８年	５月20日	去年(安永７年)代官所物成皆済を賞せられる
	11月10日	後桃園天皇崩御につき御法事中般舟院御賄御用を命じられる
９年	４月晦	光格天皇即位につき新調御道具奉行に任じられる
	５月16日	去年(安永８年)代官所物成皆済を賞せられる
	10月19日	後桃園天皇一周忌につき御施行御用を命じられる
天明元年(1781)	５月晦	去年(安永９年)代官所物成皆済を賞せられる
２年	５月16日	去年(天明元年)代官所物成皆済を賞せられる
	10月８日	山城淀大橋出来栄見分
６年	８月29日	去年(天明５年)代官所物成皆済を賞せられる
寛政元年(1789)	７月17日	去年(天明８年)代官所物成皆済を賞せられる

2年	8月12日	去年(寛政元年)代官所物成皆済を賞せられる
3年	正月15日	禁裏御造営御材木運送御用を賞せられる
	4月23日	京都惣曲輪御土居藪奉行御免
	12月23日	去年(寛政2年)代官所物成皆済を賞せられる
7年	4月18日	致仕
10. 玄匡　与一、実は京都町奉行山村信濃守良旺四男 母　家女　宮地氏娘		
天明3年(1783)	7月29日	養子
寛政4年(1792)	正月29日	父御用手伝
7年	4月18日	家督 代官　淀川過書船支配仰せ付けられる
9年	7月1日	家斉に拝謁
	9月3日	身持宜しからず逼塞を命じられる代官御免 淀川過書船支配は是迄どおり
11年	2月12日	逼塞御免

典拠：本表は国立公文書館内閣文庫蔵「略譜」請求番号156-0017、同文庫蔵「諸家系譜」請求番号156-0023を主に用い、『新訂寛政重修諸家譜』(続群書類従完成会)で補訂して作成。

表1－2：角倉平次家・帯刀家12(嵯峨角倉家)　高20人扶持　知行代嵯峨川高瀬船

1. 厳昭　平次、葛野郡嵯峨郷出生、角倉与一玄之(貞順)次男 母　吉田与三郎光次　娘、妻　後藤忠恩(宗恩ヵ)娘		
寛永4年(1627)		別家家領の内嵯峨川高瀬通船を譲られる 御奉書も譲請け所持 貞順が板倉周防守重宗に願い仰せ渡される
年月日未詳		秀忠、家光に拝謁 信濃木曾山年貢木支配を命じられる 厳昭死後、甥村田平右衛門玄高に譲られる
正保2年(1645)	6月18日	病死二尊院葬
2. 玄秀　平次、実父は小野氏 母　未詳　養母　後藤氏、妻　養父厳昭の娘		
正保2年		養子家督 病身のため参府せず
明暦2年(1656)	7月25日	病死　28歳　同寺葬
3. 玄方　平次 実父　代官小川藤左衛門正久次男、実母　小川藤左衛門正長　娘、養父　玄秀、養母　厳昭娘、妻　玄秀娘		
明暦2年(1656)		家督
寛文6年(1666)		丹後宮津城主京極高国改易 収納米嵯峨、大津へ廻米 嵯峨廻米分取捌、御払代銀大坂御金蔵に納める
8年	8月15日	家綱に拝謁
11年	4月1日	〃
元禄3年(1690)		嵯峨川高瀬船冥加銀献上 願いの通り、玄方へ仰せ付けられる
5年		与一玄懐幼年家督につき後見仰せ付けられる

12年		山城伏見新船200艘支配仰せ付けられる
14年	7月28日	与一玄懐成長、継目御礼のため同道参府　綱吉に拝謁
	10月	初めて20人扶持拝領 所司代松平紀伊守信庸に仰せ付けられる
16年	3月	後見御免
宝永7年(1710)	9月	山城伏見新船停止支配御免
	10月27日	賀茂川堤奉行幷修復領支配 松平信庸に仰せ付けられる
正徳4年(1714)	正月19日	病死　69歳　同寺葬

(玄仲)

実父　寄合松平織部定之八男、実母　松平隠岐守家来奥平藤左衛門貞由　娘

養父　玄方、妻　一条家家来堀川近江守弘之　娘

寛文11年(1671)	4月1日	綱吉に拝謁
	月日不詳	病身 養父玄方願いの通り、惣領除籍
享保14年(1729)	7月3日	病死　49歳　同寺葬

4．玄紹

実父　玄方ヵ、実母　吉田三郎左衛門玄豊、妻　後藤氏娘

正徳4年(1714)	3月18日	家督 賀茂川堤奉行 所司代松平信庸に仰せ付けられる
元文5年(1740)	12月7日	上鴨貴布祢社造営普請奉行を 所司代土岐丹後守頼稔に命じられる 多病にて出府せず
延享4年(1747)	10月14日	病死　62歳　同寺葬

5．玄英　平次

実父　与一玄懐三男、母　御留守居大久保淡路守教福　娘

寛延元年(1748)	正月5日	家督 賀茂川堤奉行に所司代牧野備後守貞通に仰せ付けられる 病身のため参府せず
宝暦6年(1756)	11月6日	病死　36歳　同寺葬

6．玄嘉　平次、山城嵯峨出生

実父　平次玄英、母　家女、妻　河内茨田郡出口東本願寺院家光善寺性顕　娘

宝暦7年(1757)	5月19日	家督 所司代松平右京大夫輝高に 賀茂川堤奉行幷修復所支配仰せ付けられる 病身のため参府せず
明和2年(1765)	12月5日	病死　27歳　同寺葬

7．玄亀　鍋次郎、山城嵯峨出生

実父　平次玄嘉、実母　家女

明和3年(1766)	正月27日	家督 賀茂川堤奉行幷御修復料支配 所司代阿部飛騨守正允に仰せ渡される 玄亀幼年のため 御用向与一玄寿へ仰せ付けられる
8年		賀茂川筋御普請入費国役掛仰せ付けられる

	御修復料御蔵入仰せ付けられる
	支配所高240石余
	代官同様勘定所へ御取箇伺い
	皆銀にて大坂御蔵へ収納
	御修復料支配唱え難きにつき相伺い
	賀茂川縁村の支配と改称
安永４年(1775)	嵯峨川筋筏上積運上薪支配
寛政３年(1791)５月	以前の通り、大工頭中井藤三郎次席仰せ付けられる
	病身のため参府せず
寛政６年　11月22日	致仕
８．玄信　帯刀、京都出生	
実父　寄合医師山脇法眼玄陶次男、母　与一玄篤　娘、妻　連歌師里村昌桂法眼	
寛政６年(1794)５月１日	養子
11月22日	家督
	賀茂川堤奉行
	所司代堀田相模守正順に仰せ渡される

典拠：本表は国立公文書館内閣文庫蔵「略譜」請求番号156-0017、同文庫蔵「諸家系譜」請求番号156-0023を主に用い、『新訂寛政重修諸家譜』(続群書類従完成会)で補訂して作成。

之の代に角倉家は貿易の利権を失うが、幕臣としてその一族は幕藩制国家の一翼を担うことになったといえよう。

三代目玄紀（甫庵）は、病弱ということで家督を早くに譲ったが、延宝九年（一六八一・天和と改元）八八歳で没している。玄紀が早くに家督を譲った実際の理由は、史料において確認できなかったが、末吉家や平野家などと連携して鎖国後、再三幕府に朱印船貿易の再開を求めたものの[12]許可されなかったこと、文化活動に勤しみたかったことなどが考えられる。

四代目玄通は、将軍家光に拝謁し、寛文二年（一六六二）には、切米二〇〇俵を拝領し、その後与一家は原則これを継承していた。五代目玄恒は家督を相続した際には幼少であったため代官には任命されず、成長してのちに代官に仰せ付けられている。玄恒は将軍家綱、綱吉に仕え、京都惣曲輪御土居藪奉行を仰せ付けられ、禁裏・院造営御用の材木運搬御用、五条橋・三条橋普請奉行を勤め上げ、賀茂川高瀬船冥加金差し上げを願いの通り仰せ付けられた。玄恒は、元禄四年（一六九一）に若くして病死するが、「豪商的代官」として積極的な活動をしていたのである。

六代目玄懐は、父玄恒同様幼少で家督を相続したため、代官には仰せ付けられず、嵯峨に分家していた平次家当主玄方が後見役を命じられていた。玄懐は成長して宝永七年（一七一〇）になると、代官に仰せ付けられている。玄懐は綱吉、家宣、家継、吉宗と四代の将軍に仕え、禁裏・院造営御用木運搬御用、朝鮮人来聘御用、新上西門院（霊元中宮）、新中和門院（中御門女御）葬送御用、承秋院（東山中宮）葬送御用、霊元院葬送御用を務め、また近江国内の論所検使、支配所内の飢餓人対策に尽力している。玄懐は、代官として畿内の幕領支配で成果をあげると同時に、幕臣ながら、主に各地の大名が務める朝鮮人来聘御用を命じられ、御所再建、皇族の葬祭関係についての幕府御用も遂行し、天皇家の菩提寺である泉涌寺（御寺）やその位牌を安置する般舟院に出仕して活躍していたことに注目しておこう。

七代目玄篤は、八代将軍吉宗に拝謁して仕えた。玄篤は、角倉家が得意とする材木運送の腕を買われて京都周辺にある朝廷縁の神社修築に関する幕府御用を務めるようになり、近江坂本宮修復、山城下鴨社・同上鴨社修復、同石清水八幡宮修復普請奉行に任じられていた。

八代目玄義は将軍家重に拝謁し、桃園天皇即位新調御道具奉行、桜町天皇崩御御法事御用、同天皇一周忌御法事御用、般舟院修復御用といった天皇崩御関係の幕府御用に従事した。その一方、他の大名、幕臣との分担による朝鮮人来聘御用を務め、幕領代官として年貢収奪においても功をあげていたのである。

九代目玄寿は将軍家重、家治に拝謁して仕え、養父玄義同様、比叡山修復御用、桃園天皇御崩御御法事御用、同天皇一周忌御施行御用、後桃園天皇即位御道具新調御用、光格天皇即位新調御道具奉行、禁裏御所造営材木運搬御用をはじめ朝廷関係の幕府御用を務める一方、幕臣としての重要な任務であった朝鮮人来聘御用を勤め上げ、毎年のように代官支配所の年貢徴収に成功し賞せられていた。また分家平次家当主鍋次郎が幼少であったので、その後見人としても活動していた。

与一家当主として四五年前後活躍した六代目玄懐、四〇年近く活躍した九代目玄寿は、表1-1に記したとおり、幕府への諸般の奉公を成し遂げ、この二人は角倉本家中興の祖といえるだろう。二条河原町の角倉本家は、霊元上皇や光格天皇の政治力もあって権威を浮上させていた朝廷の諸儀礼に奉仕する幕臣の一家として位置づけることができる。天皇家縁の泉涌寺や般舟院に関係する職務を遂行した角倉家は幕府御用に従事していたとはいえ、「勤王」の家と解される。一〇代目玄匡は、将軍家斉に拝謁して仕えた。『寛政重修家譜』で最後に記されている当主であり、幕府に一族の情報を「系譜」として書き上げて提出した人物である。ただ「身元宜しからず」ということで代官を罷免されていた。

つぎに、嵯峨郷に分家して厳昭（かねあき）—玄秀（はるひで）—玄方（はるみち）—（玄仲（はるなか））—玄紹（はるつぐ）—玄英（はるふさ）—玄嘉（はるよし）—玄亀（はるなが）—玄信（はるのぶ）—玄珍—玄遠と続く、嵯峨角倉家の歴代当主となる平次家（帯刀家）について表1-2をとおして述べておこう。

初代厳昭は、本家二代玄之（素庵）の次男で寛永四年（一六二七）に家領の内、嵯峨川高瀬船を譲られ分家した。厳昭は将軍秀忠、家光に拝謁して仕え、木曾山年貢木支配を命じられ、その支配権については甥村田平右衛門玄高に譲渡している。二代目玄秀は二八歳で若くして病死した。

三代目玄方は、将軍家綱、綱吉に拝謁して仕え、元禄三年（一六九〇）に嵯峨川高瀬船冥加金献上を願い許可された。玄方は、本家与一玄懐が幼少であったので後見役を務め、伏見新船二〇〇艘の支配を仰せ付けられている。元禄一四年には玄懐が成長したので、その継目の御礼のため同行して参府し、同年には初めて嵯峨角倉家は、幕府より家禄二〇人扶持を拝領するようになり、幕臣に列した。宝永七年（一七一〇）には、賀茂川堤奉行并修復領支配を新たに仰せ付けられ、これも嵯峨角倉家の重要な職務となった。四代目を継ぐ予定であった玄仲は、綱吉に拝謁し出仕するようになるが、病身であったため間もなく惣領除籍となった。

四代目玄紹は、正徳四年（一七一四）に家督を相続し、上鴨貴布禰（きふね）神社造営普請奉行を命じられるなどして活動していた。当人は病身のため出府することはなかったようだが、六二歳まで長らえ延享四年（一七四七）に没している。五代目玄英ついで六代目玄嘉も病身のため参府することはなく、それぞれ三六歳、二七歳で病没している。

七代目玄亀は、明和三年（一七六六）に家督を相続したが、幼少の際には本家与一玄寿へ幕府御用が仰せ付けられた。

明和八年に賀茂川筋御普請入費国役掛を仰せ付けられ、賀茂川堤修復領支配は賀茂川縁村支配と改称され、その支配高は二四〇石余であった。玄亀は安永四年（一七七五）には、嵯峨川筏上積運上薪支配を命じられ、殿席は大工頭中井藤三郎の次席となった。病身のため参府をしなかったという。

八代目は玄信で寛政六年（一七九四）に家督を継ぐ。『寛政重修諸家譜』の最後に記載されている当主で、この『諸家譜』編纂のための情報源となった「系譜」を幕府に提出していたとみられる。

三代目玄方は四八年間当主の地位にあり、賀茂川堤修復領支配を仰せ付けられ、七代目玄亀は二八年間当主を務め嵯峨川筋筏上積運上薪支配を仰せ付けられた。同家ではこの二人の活躍に注目すべきであろう。また、林屋辰三郎は、二代目素庵の長男で本家三代目となった玄紀と二男で嵯峨に分家した厳昭の活躍を重要視している[13]。

次に、両家の縁組みについてであるが、ともに同族の吉田家、角倉家から養子あるいは妻を迎えていたが、たとえば与一家では玄紀が前田利家次男利政娘、玄恒が太田資宗娘、玄懐が大久保教福娘、玄寿が分部（わけべ）光命（みつなが）娘を、一方、平次家では玄英が大久保教福娘、玄仲が一条家家来堀川近江守娘、玄信が連歌師里村昌桂娘を妻に迎えた。いずれも大名家、名門公家または大名家の一族もしくはその家来、幕臣などであった。養子として迎えた者に大名家出身者はみられないが、親類縁者以外では寄合席の幕臣、あるいは京都町奉行、幕領代官を務めていた幕臣の子弟がおり、両家を相続していた。

つまり角倉一族は、京都所司代や大坂城代として赴任してくる太田家、同じ二条河原町に屋敷を所有していた近江大溝藩主の分部家、京都町奉行として赴任していた山村家、東本願寺院家の光善寺などと親類縁者になり、その関係を重視しながら京都に不可欠な旗本として活動していたのである。

また、与一玄懐については平次玄方、鍋次郎玄亀については与一玄寿が後見役を務め、両家はともに支え合いながら存続していたといえよう。

時代を遡ると、角倉家は大坂の陣において淀川を堰き止め徳川方が有利となるように行動した。また、兵糧米運送にも従事していた。こうした行動からみると一見職人的・商人的であるが、実際には豊臣方と戦を交えながらそれを実行したのであり、徳川方に従った山城居住の土豪というべきである。よって、当家をただ単に朱印船貿易家、あるいは上層町衆とみるだけでは不十分なことが明らかである。当家は江戸時代に入り、家康や秀忠よりそれぞれ知行地の代わりに高瀬川と保津川（嵯峨川）を獲得し、かつ代官としての支配所を有し、将軍や所司代から幕府御用を命じられてきた御目見得以上の幕臣（旗本）として、つまり「武家」として認識していかなくてはならない。

二　幕府の上方支配と角倉家

本節では、天保一四年（一八四三）版「京都武鑑」、『京都御役所向大概覚書』などを利用して、角倉二家が京都の上層町衆との交際は重視していたが、豪商あるいは土木技術者ではなく、まず幕臣であったということをさらに検討していこう。

そこで、その「京都武鑑」[14]をもとに作成した表2をとおして、京都詰の幕府官僚における角倉家の位置づけをおこなっておきたい。

幕府支配の京都長官は、もちろん所司代である。この所司代には組与力・同心が配属されていたが、所司代を務めた譜代大名は、当年については越後長岡牧野家で[15]、その家老、公用人などの家臣が、京都の幕政において、所司代を実務面を中心に支えていたと考える。所司代を補佐したのは、京都町奉行である。京都町奉行の職掌は、民政、司法、軍事、朝廷統制など多岐にわたり京都とその周辺の行政を管掌していた。町奉行も組与力・同心の活躍でその行政を統括していたが、「武鑑」にも記されているとおり、町奉行用人・取次などの家来が補佐していたことにより、職務を遂行でき

表２：天保14年(1843)　京都詰上方役人

役職	大名／幕臣	知行高	居城／在所／拝領屋敷	備考－配下他
所司代	牧野備前守忠雅	74,000石	越後長岡	所司代組与力50騎 高200石 所司代組同心100人 高10石3人扶持
				家老3人、用人2人、公用人4人、大目付3人、御所使3人、調役4人、取次9人
西町奉行 東町奉行	田村伊勢守良顕 伊奈伊予守斯綏	700俵 1,640石		各々 町奉行組与力20騎 高200石 〃　同心50人 高10石3人扶持
				用人4人 取次3～4人
二条在番 大番頭	久貝因幡守正典 井上遠江守正健	5,500石 10,000石	 常陸国下妻	4月交代
禁裏附	明楽大隅守茂正 渡邊筑後守尚	800石 2,200石		禁裏御所附与力10騎 高150石 〃　同心40人
後院附				各々 後院附与力3騎 高150石 〃　同心12人
目付	山岡十兵衛 揖斐与右衛門	2,000石 1,000石		9月交代
二条御門番頭	松下孫十郎 三輪清右衛門	700石 300石		各々 与力20騎 米120石 同心40人 10石3人扶持～ 12石6斗
禁裏御所方幷山城大川筋御普請御用兼帯御代官	小堀勝太郎	600石		手代18人 惣手代21人
御代官大津町奉行兼帯	都筑金三郎 平素は石原家世襲			同心20人 蔵番3人
二条御殿預	三輪市十郎	400石		坊主17人 元坊主11人
二条鉄砲奉行	岡本良右衛門			合力米60石
禁裏御賄頭	安川与左衛門			同心10人

二条御蔵奉行	武島安左衛門 神尾安太郎	150俵		各々 合力米40石 蔵手代8人 10両3人 蔵番3人 3石5斗1人扶持 中仕頭3人 5両2人扶持
淀川過書船支配	**角倉為次郎** 木村宗右衛門	**200石** 200石	**拝領屋敷** **河原町二条下ル** 拝領屋敷 大仏サヤ町七条上ル	**手代13人** 手代15人
桂川筋賀茂川堤奉行	**角倉鍋次郎**	**20人扶持**	**天龍寺領内** **嵯峨郷**	**手代7人**
御茶御用掛 御代官格 御茶御用掛	上林六郎 上林隼人	500石 200石		手代6人 手代2人
御大工頭 　五畿内近江 　六ヶ国大工支配 御大工棟梁 　　〃 　　〃	中井岡治郎 矢倉唯之丞 池上五郎右衛門 弁慶良次郎	500石 50人扶持 38石 75石 100石	拝領屋敷 寺町丸太町上ル	役人3人
在京医師	施薬院 山脇道作 藤林玄丈	500石 50人扶持 100俵		
禁裏御所御匙	福井玄蕃権助	200俵		
連歌師	里村昌同	100石 20人扶持		
伏見奉行	内藤豊後守正縄	15,000石	信濃岩村田	与力10騎 同心50人
奈良奉行	池田播磨守頼方	3,000石	播磨新宮	与力7騎 同心30人
交代御火消	松平甲斐守保興 本多兵部大輔康禎 稲葉丹後守正誼 松平紀伊守信豪 永井飛騨守直興	151,268石 60,000石 103,000石 50,000石 36,000石	大和郡山 近江膳所 山城淀 丹波亀山 摂津高槻	拝領屋敷壬生村 拝領屋敷祇園小堀 松屋町上長者上ル丁 松原室町西入ル 蛸薬師大宮西入丁

典拠：本表は叢書京都の史料８『京都武鑑』下（京都市歴史資料館、2004年）36～37頁の「天保十四年版京都武鑑書林石田治兵衛」（小浜市立図書館蔵）をもとに作成。さらに、大日本近世史料『柳営補任』一、児玉幸多監修・新田完三編『内閣文庫蔵諸侯年表』（東京堂出版、1984初版、1989年再版）などを用いて補訂。

注：備考欄波線部の上欄は、幕府が付属させていた配下、その下欄は就任者の家臣を掲出した。本稿でとりあげた角倉二家は強調書体とした。

たであろう。そして、二条城を守衛した大番頭は軍事面では重視されていたが、朝廷統制において重要であった禁裏附・仙洞附武士が、在京幕府官僚の重職者といえよう。

角倉二家の当主に関しては、表2において太字で記したが、歴とした幕臣として捉えられていたことが十分理解できる。両角倉家や木村宗右衛門家が高瀬川、保津川(嵯峨川)や淀川など幕府支配における交通および流通の要所を任されると同時に幕府代官の一員でもあったことが明らかである。二条河原町を居所とし高瀬川を知行所の代わりとして淀川過書船支配を務め、高二〇〇石であった角倉為次郎が、当時の与一家当主である。為次郎とは、与一玄寧であろう。一方、山城嵯峨を居所とし、保津川(嵯峨川)を知行所の代わりとし、賀茂川堤奉行を務め、高二〇人扶持であった角倉鍋次郎は、当期の平次家当主であった。木村宗右衛門家も、豪商の一人とみられることがあるが、高二〇〇石で代々角倉与一家とともに淀川過書船支配を務め、かつ代官役を命じられ、材木支配も任されており、京都において角倉家に似た活動をした幕臣といえよう。

なお、表2に掲げられている中井家は大工頭、施薬院・山脇・藤林・福井家は医家、昌村家は連歌師であり、角倉や木村が河川支配という専門分野を有していたのと同様、それぞれが専門技能をもつ「出頭人的幕臣」であったともいえるだろう。木村家は、京都大仏鞘町七条や淀を居邸とし、江戸下御徒町に借家を得ていたとみられるが(16)、角倉両家は、二条河原町と嵯峨に居屋敷保有を認められており、江戸飯田町坂下に借家を得ていたようだ(17)。角倉本家については、二条河原町の拝領屋敷が本邸で、京都二条通樋ノ口町に下屋敷を保有していた。この下屋敷地は、町屋敷を買得したもので、角倉家は町役を負担しており、ほかには高瀬川西生洲町、二条通賀茂川出口などにも広大な屋敷地を保有していた。先記のとおり、分家嵯峨角倉家の居邸は、天龍寺領下嵯峨にあった。

天保一四年版「京都武鑑」によると、角倉為次郎(与一家)の手代として、過書元締伊黒甚右衛門、同上田勘助、銀方元締乙葉瀬左衛門、同田中丈助、伏見過書船番所井上平蔵、淀船番所大谷城五郎、大坂船番所園田八郎、高瀬川方岡

島民右衛門、伏見船番所高田治郎右衛門、七条船番所松本錬蔵、同津川喜多八、竹田船番所岡島東四郎、同岡島九一郎の一三名の氏名が確認でき、高瀬川、淀川水系の要所に手代を配置し、二条河原町角倉家が二条河原町―大坂間の高瀬船や過書船を支配していたことが読みとれる。ただ、この手代諸氏は、幕府から扶持を得ていた角倉家配下の下役人ではなく、中でも伊黒家、乙葉家等は代々同家に仕えていた家来であった。

つぎに、時代は遡るが、正徳四年（一七一四）段階の上方代官は表3のとおりである。ここにも角倉与一が記されており、これは六代目玄懐である。当時畿内（山城、大和、摂津、河内、和泉国）・近国（近江、丹波、播磨国）八カ国の総石高は三二八万一五九八石余で、そのうち御蔵入は合計六四万二四九二石余であった[18]。その中で二条河原町角倉家の支配高は、山城国の内一六六三石九斗、摂津国の内四〇〇〇石、近江国の内三〇〇〇石一斗、丹波国の内一三三四石三斗で併せて一万石に近かったが、同じ京都を居所とする京都代官小堀仁右衛門家の支配高合計は六万石余であった。ただし、この支配高については、享保一四年（一七二九）になると、小堀家は九万九四四〇石、角倉家は一万八〇三〇石となったようで[19]、新田開発の進展によってか激増した。

角倉家は小堀家と較べれば、少ない支配高であったといえるが、京都居住の代官として一定の役割を担っていたのである。ちなみに、歴代京都代官を世襲した小堀家は、知行高六〇〇石で駿河台に拝領屋敷があったが、京都役所を居所としていた。小堀家は、角倉家や木村家と同様、「京都居付き」の幕臣であったが、江戸にも居邸というべき拝領屋敷を有していた点では[20]、江戸との繋がりが角倉・木村両家より強かった。

ただ、角倉本家は大名に匹敵する広大な上屋敷や下屋敷などを保有し、その上屋敷は家族とともに生活する居邸であるとともに政務をとる役宅であったとみられ、下屋敷などは別邸として利用されていたと考える。加えて、上屋敷のあった場所は、近くに町屋敷も点在するが、御所があり鴨川両岸一帯には宮家、公家、大名屋敷、寺院の敷地が広がる都市空間であった。同家の南隣には長州藩邸があり、自邸を拠点に高瀬川を知行所代として支配していたということは、

表3：正徳4年(1714)　畿内近国代官の知行高および支配高

氏名	居所／代官所	知行高	支配所国名外	支配高(石・斗)
小堀仁右衛門	京都	600石 役料1,000俵	山城・河内・摂津・丹波 御所方修理并山城川筋堤 奉行　西岡上竹請取	60,744.1
辻弥五左衛門	奈良	100俵	大和・和泉	67,686.4
古郡文右衛門	大津	100俵	山城・大和・和泉・河内 摂津・近江大津町支配	57,081.2
細田伊右衛門	大坂	150俵	大和・和泉・河内・摂津 播磨・小豆島大川筋堤奉行	53,333.2 (7,518.0)
高谷太兵衛	大坂	150俵	大和・河内・摂津 塩飽・直島大川筋堤奉行	55,968.4 (4,270.9)
石原新十郎	大坂	350俵	大和・摂津・播磨 伊予	43,128.4 (9,544.4)
久下藤十郎	大坂	150俵	和泉・摂津・河内・播磨	33,758.8
平岡彦兵衛	大坂	200俵	大和・和泉・河内・摂津 播磨・備中・伊予	45,152.5 (5,666.2)
桜井孫兵衛	大和今井	200俵	大和・美作	21,192.1 (17,805.8)
竹田喜左衛門	京都	100俵	大和・河内・摂津・近江	34,192.9
鈴木九太夫	京都	450石	大和・河内・摂津・播磨	55,461.1
石原清左衛門	京都	200俵	大和・河内・近江	34,130.5
多羅尾四郎右衛門	近江信楽	1,500石	近江	20,058.6
角倉与一	京都	200俵	山城・摂津・近江・丹波 御土居藪并賀茂川高瀬舟・ 淀川過書舟支配	9,998.4
増井弥五左衛門	京都	150俵	山城・大和・播磨	31,216.4
上林門太郎	宇治	490石	山城・河内宇治町支配	8,597.8
上林又兵衛	宇治	300石	山城・大和・摂津・近江	10,936.0

典拠：岩生成一監修『京都御役所向大概覚書』上巻　清文堂史料叢書第5刊(清文堂出版、1973年初版、1988年再版)294～99頁所収の「正徳四午年改八箇国御代官面々支配高之事」、「正徳四午年御代官面々知行御切米高住所年付之事附、外支配之事」より作成。

注1：支配所国名の欄は、その国内に支配所が設定されていたことを示す。また、畿内近国八カ国以外の支配所については下線を付した。支配高欄の(　)内は、その八カ国を除いた地域の石高である。

2：本表作成において使用した『京都御役所向大概覚書』に依拠する表が『京都の歴史』においても掲出されているので参照されたい。

角倉本家は一大名家に匹敵する名家であり、少なくとも上層幕臣としての権力を有していたといえるだろう。

二条河原町角倉家は、二条―伏見間を中心に高瀬船一八八艘、嵯峨角倉家は嵯峨川で高瀬船七九艘をそれぞれ支配し、さらに淀川過書船大小七五〇艘と淀上荷船支配を木村宗右衛門とともに勤めていた。また、正徳五年段階には御林御材木支配を山城国内で二カ所、近江国内で四カ所任されていたが、この職務も他の代官と同様である。角倉家は豪商的側面を有していたとはいえ、江戸に拝領屋敷を有しないが、京都居付の「典型的な幕臣」であったといえよう。

さらに、代官として、一領主として角倉家は、支配所および知行所において鉄砲改めや宗旨改めを命じられ、論所（ろんしょ）などへの検使を依怙贔屓なく務め、年貢皆済を第一の職務とした官僚として幕府に誓詞を差し出していたのである。(21)両角倉家は、高瀬川、嵯峨川という広大な所領を安堵され、加えて幕府からそれぞれ高二〇〇石あるいは二〇人扶持といった禄を給され、そのうえ二条河原町角倉家は先述の通り一万八〇〇〇石余の支配所、嵯峨角倉家は賀茂川堤周辺の村々二四〇石余を支配所とする幕府代官を務めていた。(22)家業はもともと医家そして豪商であったが、近江出身の名門佐々木家の血筋を引く土豪であった吉田家から別家した角倉家は幕臣（旗本）として二家を創出し、幕藩領主層の一員として活動していたことを特筆しておく。

おわりに

近世における角倉家からは、家業である医師あるいは豪商的な側面をほとんど見いだせず、幕臣（旗本）と位置づけるべきであるということを、これまでに論述してきた。

角倉家は徳川時代をとおして幕府の上方代官として活動した。五代将軍綱吉の治世であった天和・貞享期（一六八一～八八）には各地の世襲代官は不正の発覚などにより失脚していったが、そうしたなかで、京都の小堀家・角倉家・木村家、大津の石原家、近江信楽の多羅尾家、長崎の高木家、伊豆韮山の江川家といった世襲代官は残存した[23]。角倉家については、代官として幕領を支配するだけでなく、京坂地域の舟運を掌握するという重要な職務があった。小堀家、石原家、多羅尾家などは土豪の系譜を引き、代官所があった京都、大津、信楽に居邸や代官所をもち任地との繋がりが深い代官であったが、江戸にも拝領屋敷がある「典型的な幕臣」となっていた。だが、大仏鞘町七条に居邸を有する木村家同様、角倉両家については、江戸に借家を得ていたとしても拝領屋敷を有していたことはこれまでのところ確認できず、京都二条河原町、葛野郡下嵯峨にそれぞれ拝領屋敷や自邸を有する「土豪的系譜を引く幕臣」といえるであろう。

また、角倉家はもと朱印船貿易家であったため、「豪商代官」ともいわれるが、二条河原町角倉家は高瀬川の河岸も知行所代であったので、その河岸を借地とする京都の材木・薪炭業者と密接に関係していたという。一方、嵯峨角倉家は、丹波の林業地帯で組まれた筏が保津川を下り、嵯峨・梅津・桂の筏浜に着岸していたので、当家はその三カ所の材木屋と強く結びついていた[24]。このように、材木・薪炭業とも角倉家は深い関係にあったが、それは商いを生業とするなかで繋がっていたのではなく、あくまでも角倉家が支配所および知行所代を支配することから発生した関係であった。角倉家は、「京都武鑑」でも登場する古久保家をはじめとする町代をつとめた町人身分の有力者ではなく、歴とした幕臣であったのである。

寛文八年（一六六八）に、京都町奉行制度が成立し、町奉行が上方民政全般に大きな権限を行使するようになり、京都居住の小堀家をはじめとする代官の権限は民政において後退したが、京都代官は領主が錯綜する村々を支配し、多様な禁裏御用を務め、京都の幕府財政を司り、依然として幕府行政において不可欠であった[25]。

寛文八年に大きな転換をみせた上方支配機構は、つづいて享保七年（一七二二）にさらに大きく再編される。これが享保の国分けである。畿内近国八カ国については、山城・大和・近江・丹波は京都町奉行、摂津・河内・和泉・播磨は大坂町奉行の支配国となった。この国分けにより、吉宗は年貢増徴策に基づき上方幕領の直接支配をめざし、年貢収納についてはは江戸の勘定奉行が各地の代官を直接支配する体制となった。こうしたなか、幕府上方支配における大坂城代と大坂町奉行の権限は拡大するが、京都所司代や京都町奉行の権限は縮小された[26]。とはいえ、依然として所司代や町奉行の朝廷統制および上方支配における役割は大きく、角倉ら京都居住の幕臣は、所司代や町奉行の支配下にあった。

以上、両角倉家は、江戸初期においては豪商代官という評価もできるが、江戸中後期以降には、幕領代官を務めながら、河川支配をもおこない、他の大名や幕臣同様、橋普請や禁裏・院関係の御用を務めた京都居付の「典型的な幕臣」という側面を有するとともに、拝領屋敷は京都のみで、江戸ではなく京都を居所とし高瀬川や桂川（嵯峨川）を知行所の代わりとしていたところは「土豪的幕臣」「出頭人的幕臣」というべき側面を幕初以来残し、多面的性格を有した。特別な技能をもつ「出頭人的幕臣」は京都では、大工頭の中井家、医師の施薬院家をはじめ他にも見受けられた。角倉与一家は、その居邸近くの二条河原町上ルの大和屋彦助を用達として使用し[27]、医家でもなくまた町人身分でもなく、幕臣（旗本）であったことを強調して一般化していかなくてはならないといえよう。

幕府は、京都―大坂間の政治的、経済的、軍事的大動脈を掌握するために、豪商・貿易家として海外へ雄飛することを閉ざされた角倉家を幕臣化し、幕藩制国家に組み込んだのである。その一方、名門近江佐々木氏の系譜を引く角倉一族自身も、大名家や旗本などと縁続きとなり、上層町衆としてではなく幕臣として身分を保持することを望んでいくようになったとみられる。

しかし、禁門の変以後、京都は戦火に曝され、住民もその被害に遭遇し「目も当てられぬ有り様」となり[28]、明治維新期には、寺尾の研究[29]によって明らかなとおり、軍事・交通上の要衝を掌握していた角倉家は幕臣であったためか、高瀬川に対する利権を奪われ苦難の道を歩むことになる。

今後は、角倉家による高瀬川支配、嵯峨川支配や淀川過書船支配の研究成果[30]を取り入れ、幕臣角倉家が幕府上方支配において果たした役割の重要性について検討する必要があろう。

(1) 林屋辰三郎『角倉了以とその子』(星野書店、一九四四年)。同『角倉素庵』朝日評伝選(朝日新聞社、一九七八年)。『京都の歴史』五(学芸書林、京都市、一九七二年初版、一九七四年第三版)一一一頁～一一五頁。

(2) 『京都の歴史』六(学芸書林、京都市、一九七三年初版、一九七四年第二版)八六～八七頁。校注鎌田道隆「京都覚書」(原田伴彦編『日本都市生活史料集成』一、三都篇Ⅰ、学習研究社、一九七七年)。「御代官面々御知行高弁役付」には、元禄四年の上方代官として、小堀仁右衛門(切米六〇〇俵)、竹村八郎兵衛(南都・切米三五〇俵)、森本惣兵衛(大坂・高三〇〇石)、辻弥五左衛門(大坂・切米一〇〇俵)、今井七郎兵衛(堺・高一三〇〇石)、小野半之助(大津・高五〇〇石)、猪飼次郎兵衛(大津・切米二〇〇俵)、小川藤左衛門(京・切米二〇〇俵)、金丸又左衛門(横大路・切米一五〇俵)、万年長十郎(大坂・切米一五〇俵)、後藤覚右衛門(京・切米一〇〇俵)、長谷川六兵衛(京・切米一〇〇俵)、角倉与一(京・切米二〇〇俵)、上林林順(宇治・高五〇〇石)、上林竹庵(宇治・高三〇〇石)が記載されている。当史料は、今井、後藤、長谷川、角倉などの著名な豪商代官が多く残存していることがわかり興味深い。

(3) 牧英正「京都高瀬川と角倉氏」一・二・三(『大阪市立大学法学雑誌』二二―一、同二二―二、同二二―三、一九七五～七六年)。

(4) 寺尾宏二「維新後の角倉家について」(京都産業大学『経済経営論叢』一三―一、一九七八年)。同「高瀬川浜地等下戻申請一件」(同一三―二、同年)。同「維新時の角倉与一とそのあと」(大阪経済大学日本経済史研究所『経済史経営史論集』、一九八四年)。

(5) 「諸家系譜」国立公文書館内閣文庫蔵、請求番号一五六―〇〇二三他。

(6) 岩生成一監修『京都御役所向大概覚書』上、清文堂史料叢書5(清文堂出版、一九七三年初刊、一九八八年再版)。同下、清文堂史料叢書6(清文堂出版、一九七三年初版、一九八八年再版)。

(7) 『京都武鑑』下、叢書京都の史料8(京都市歴史資料館、二〇〇四年)。

(8) 黒羽兵治郎「角倉家の人々」(同『野の人町の人』柳原書店、一九四四年)。

(9) 『新訂寛政重修諸家譜』第七(続群書類従完成会)二二六～二三一頁。

(10) 「略譜」国立公文書館内閣文庫蔵、請求番号一五六―〇〇一七。

(11) 「諸家系譜」国立公文書館内閣文庫蔵、請求番号一五六―〇〇二三。

(12) 『国史大事典』8(吉川弘文館、一九九三年)「角倉文書」中田易直執筆、一五二～一五三頁。鎖国完成後の寛永末年～万治年間に角倉与一、平野藤次郎、末吉八郎右衛門の三者は、朱印船貿易再開へ向け幕閣と協議に入っていたという。

(13) 前掲註(1)林屋『角倉素庵』。

(14) 前掲注(7)『京都武鑑』下、三六～三七頁。原本は小浜市立図書館蔵。

(15) 東谷智「所司代就任時の長岡藩家臣団――京詰めの藩士を中心に――」(『長岡郷土史』四二、二〇〇五年)。東谷は、牧野忠雅家臣の公用人などの要職者を中心に検討している。

(16) 田口標・松下幸司・宇野日出「京都大原の山林文書 (二) 御入木山代官木村宗右衛門を中心として」(『生物資源経済研究』一四、二〇〇九年)。石井良助監修・小川恭一編『江戸幕府旗本人名事典』第一巻 (原書房、一九八九年) 五七八頁。

(17) 前掲注(6)『京都御役所向大概覚書』上、一三六～一三七頁。石井良助監修・小川恭一編『江戸幕府旗本人名事典』第二巻 (原書房、一九八九年) 一八九頁。

(18) 前掲注(6)『京都御役所向大概覚書』上、二九三～二九四頁。

(19) 村上直「享保十四年江戸幕府直轄領の地域分布」(同『江戸幕府の代官群像』同成社、一九九七年)。

(20) 石井良助監修・小川恭一編『江戸幕府旗本人名事典』第一巻 (原書房、一九八九年) 六六四頁。

(21)『京都御役所向大概覚書』下、三〇六・三三八～三四九・三七三～三七四・三九九頁。

(22) 慶応三年 (一八六七) 版三井文庫蔵「京都武鑑」(『京都武鑑』下所収) には、二〇〇俵高の角倉与市と二〇人扶持の角倉伊織が記載されている。もちろん与市が二条河原町の角倉本家、伊織が嵯峨居住の別家した角倉家の当主とみられる。『旧高旧領取調帳』(木村礎校訂『旧高旧領取調帳』近畿編、東京堂、一九九五年) 山城国項によると、二条河原町角倉家は知行地代の高瀬川、および三条大橋や五条大橋の修復工事に関わるなど、京都二条河原町～伏見一帯の賀茂川・高瀬川を管理する地位にあった。一方、伊織の支配所は、二条河原・今出川枡形・鞍馬口村・西賀茂村・上加茂村などにあり、嵯峨角倉家は京都西郊の嵯峨川だけでなく京都市街北郊の上加茂村～二条河原にいたる賀茂川一帯の管理も任されていたことがわかる。嵯峨角倉家の支配所は、二条河原町角倉家居所の賀茂川上流部をカヴァーしていたことに注目すべきであろう。

(23) 村上直『江戸幕府の代官群像』(同成社、一九九七年) 八～九頁。

(24) 前掲注(1)『京都の歴史』五、三三六・三四九・三五二頁。

(25) 前掲注(1)『京都の歴史』五、三二七～三二八頁。同六、八四～八五頁。
藤井讓治「京都町奉行の成立過程」(京都町触研究会編『京都町触の研究』岩波書店、一九九八年初出。のちに同『近世史小論集――古文書と共に――』思文閣出版、二〇一二年所収)。佐藤雄介「近世後期の朝廷財政と京都代官――朝廷財政を支えた仕組みを中心に――」(『歴史学研究』八七五、二〇一一年)。藤井は京都町奉行職の成立過程、佐藤は朝廷財政を支えた京都代官の職務について明確にした。

(26) 前掲注(2)『京都の歴史』六、八八～八九頁。藪田貫「「摂河支配国」論――日本近世における地域と構成――」(脇田修編

『近世大坂地域の史的研分析』御茶の水書房、一九八〇年初出、のちに藪田『近世大坂地域の史的研究』清文堂、二〇〇五年所収）。村田路人「元禄期における伏見・堺両奉行の廃止と幕府の遠国政策」（『大阪大学大学院文学研究科紀要』四三、二〇〇三年）。小倉宗「近世中後期の上方における幕府の支配機構」（『史学雑誌』一一七―一一、二〇〇八年初出、のちに同『江戸幕府上方支配機構の研究』塙書房、二〇一一年所収）。藤本仁文「近世上方支配の再編」（『史林』九四―四、二〇一一年）。藪田、村田、小倉、藤本が、「享保の国分け」を含む幕府上方支配機構の再編について詳細に論証した。

(27)「明和新増京羽二重大全二」（復刻版『近世風俗地誌叢書』第六巻、龍溪書舎、一九六六年所収）。現所蔵は、西園寺文庫SB―二九一、六二―Me二七。

(28) 岩城卓二「畿内の幕末社会」（明治維新史学会編『講座明治維新2幕末政治と社会変動』有志舎、二〇一一年）。

(29) 前掲註(4)寺尾「維新時の角倉与一とそのあと」。

(30) 藤倉レイ「角倉氏の嵯峨川支配について」（『地方史研究』二九―五、一九七九年）。日野照正「近世淀川における過書船支配と角倉氏」（『国史学研究』五、一九七九年）。

〔補註〕鎌田道隆『近世都市・京都』（角川書店、一九七六年初版）。鎌田は、京都を拠点とする幕府の上方支配について系統的・総合的に論じている。鎌田は、朝尾直弘が『近世封建社会の基礎構造――畿内における幕藩体制――』（御茶の水書房、一九六七年）で論じたとおり、京都所司代板倉重宗を中心とする八人衆体制が、関東に対して相対的独自性を有したことに注目して、寛永一一年（一六三四）に成立をみ、その後「寛文の改革」において、この板倉を軸とする政治的手腕と力量に秀でた八人衆による支配体制が終焉を迎えたこと、この改革期の寛文八年（一六六八）に代官奉行の宮崎重成と雨宮正種が京都町奉行に昇格し、ここに京都町奉行が設置されたとした。その町奉行には、京都を含む山城一国の広域的な支配権が、所司代より委譲され、それに加え五味豊直、小堀政一といった八人衆体制の一員などが任じられていた代官奉行の職権であった畿内・近国八ヶ国の公事訴訟に関する裁判権も町奉行が行使することになった。つまり、この幕制改革で所司代が保持していた行政上の大きな権限が、町奉行に移管されたのである。こうして、畿内・近国の幕政は、所司代体制より町奉行体制へ転換・移行したと論説した。さらに、鎌田は、角倉家に関しては、貿易商人・上層町衆として捉えつつも、京都を居所とする幕府代官の一員と認識している。

【第　二　部】

吉田家の医業

第一部では、若松の論によって近代現代において形成された角倉家への眼差しを明らかにした。つづく論文では、吉田・角倉家がなぜここまで発展したのか、河内の論文にヒントを求めることができ、また、菅の論文では、武家、公家との関係の中で、吉田・角倉家の、町衆としての性格とは別の幕臣としての立場が浮き彫りとなった。

第二部では吉田・角倉家の医家の系譜を追う。第一部で描かれた角倉家像に比べれば医業の系譜は史料が少なく謎に包まれている。だが、吉田・角倉家を構成する三家の幹は医家の系譜であり、ここを通らないわけにはいかない。医師である奥沢ならではの洞察により、吉田・角倉家列伝が繰り広げられる。吉田・角倉家を中心に各界の重要人物とのつながりが見えてくるだろう。

なお、参考文献および引用文献は第二部末にまとめた。

（森）

【第二部】

第一章　近江の吉田家と京都進出に関する仮説

奥沢康正

吉田家が住んだ近江吉田の地は琵琶湖にそそぐ宇曽川の支流、東から北にかけて湾曲する岩倉川が自然の要塞をなす場所にある。いまも小高い吉田城の城址から見回すと豊郷の名を示す肥沃でのどかな田園風景が広がっている。佐々木三郎秀義の子厳秀(かねひで)が近江の吉田庄を兄から分かち与えられ住し、土地の名から吉田氏を称した。以後九代目徳春にいたるまで代々その地に住んだ。元亀二年(一五七一)角倉素庵誕生の年、郷士吉田の本家は絶家となる。「角倉源流系図稿」の巻首には角倉祖初代徳春と名があり、室町幕府の将軍足利義満に謁し、壮年になり法印に叙せられたのち将軍義持に仕え、晩年に方術(医術)を好んだと記載されている。

筆者の祖先は江戸末期から明治初期にかけて「青龍膏」という一種の万能薬を作り売りだしていたが、この秘薬の材料(近江伊吹山のヨモギを含む三種)の購入先は、調合とともに秘密とされ、代々の戸主と妻にのみ口伝で伝えられてきたと、祖父母から聞かされたことがある。過去を遡れば遡るほど投薬療法が中心であり、経験による秘法が多数存在し、医師は経験を著書として公表することなく秘伝として子孫・門弟に伝えた歴史がある(徳春に秘伝書があるかは不詳)。前述の系図には徳春が医術を学んだとの記載があるだけだが、それ以前の吉田家もなにか医に関係したことを業としていたと考えるのが自然であろう。

『寛政重修諸家譜』には徳春の父秀春までは左衛門尉という官職名だけが記載され、その履歴の記載はない。そのため武士階級ではあったが、後年医家と実業家になる吉田・角倉一族として頭角をあらわす下地として、地元で医業や何か事業を起こしていて、情報に敏感であったのではないか。今手元に見つからないが、戦前に出版された本に、吉田家は吉田村に運河をつくり、琵琶湖までの水運を整備し、琵琶湖周辺の水運業をしていたと記載があったと記憶している。頭脳明晰な徳春は時代の動きを敏感に察し、今がその時期だと京都にのぼり、将軍義満に拝謁し、義持に仕え、領地を拝領したのではないか。晩年に医術を嗜むと『寛政重修諸家譜』に記載があるが、医術の心得は近江ですでに習得していたし、後年の角倉の事業も近江での水運業の延長と考えてもおかしくないと考える。

【第二部】

第二章　医家吉田家の家系図と人物像

奥沢康正

はじめに

まず、吉田・角倉家の系図を調べる基本図書を掲げる。

（1）『寛永諸家系図伝』一八六巻・寛永二〇年（一六四三）
江戸幕府が編纂した最初の大名・旗本の系図。編纂主任は林羅山。

（2）『寛政重修諸家譜』[4] 文化九年（一八一二）
『寛永諸家系図伝』の続集。編纂は林述斎ら。江戸時代の大名・旗本の履歴や家族構成を調べる上での基本史料。

（3）「吉田家譜」
阿知波五郎氏所蔵（現在行方不明）。『寛永諸家系図伝』作成のため、吉田宗恪が幕府に提出したもの。

（4）『断家譜』三〇巻・文化六年（一八〇九）
江戸時代の武家の絶家約八八〇家の系譜。『寛政重修諸家譜』が記載しない寛政一〇年（一七九八）以降から文化年間までの断絶した家系の系譜。

以上および下浦康邦氏の諸論文を参考にした。

一　医家としての吉田家

ここに記載するのは医家吉田家の医師たちの経歴、著作、エピソードである。図1の系図は『寛政重修諸家譜』による。

医家としての吉田家は徳春に始まる。ただし光茂にはじまり、光由に連なる系図は『寛政重修諸家譜』に記載されていないので、下浦康邦氏の著作によって補った。

□系図の太線の囲いは医家。

⬚系図の点線の囲いは医家でない吉田家の人物。

⬚系図の破線の囲いは医家でないが、吉田・角倉一族で医史学に関する興味深いエピソードがある人物。

┆系図の長鎖線は吉田・角倉一族と関係ない人物。

系図に名前だけ記してある姓はすべて吉田である。

医家としての吉田家は宗忠の後、A〜Eの五家に分かれる（合計三六名）。

A：宗桂に始まり宗恪に続く家系

B：宗忠の孫周三に始まり、宗質まで続く家系

C：宗和に始まり宗祥に続く家系

D：宗知に始まり宗豊に続く家系

E：宗貞に始まり宗州に続く家系

→は実の親子関係　- - →は親と養子の関係

漢字は新字、仮名遣いは新仮名遣いを使用、人名はかならずしも『寛政重修諸家譜』そのままでなく、一般的と思われる呼称を用いた。経歴は主に『寛政重修諸家譜』によったが、他の文献も参考にし、適宜取捨選択、妥当かつ整合性のある経歴となるよう努めた。『寛政重修諸家譜』に多く没年と年齢は記載されているが、生年は記載されていない。没年より計算して生年を記載した。年齢は数え歳である。徳春からの三代と医家の系譜A・B・C・D・Eの合計三九名の医人の経歴を記す。

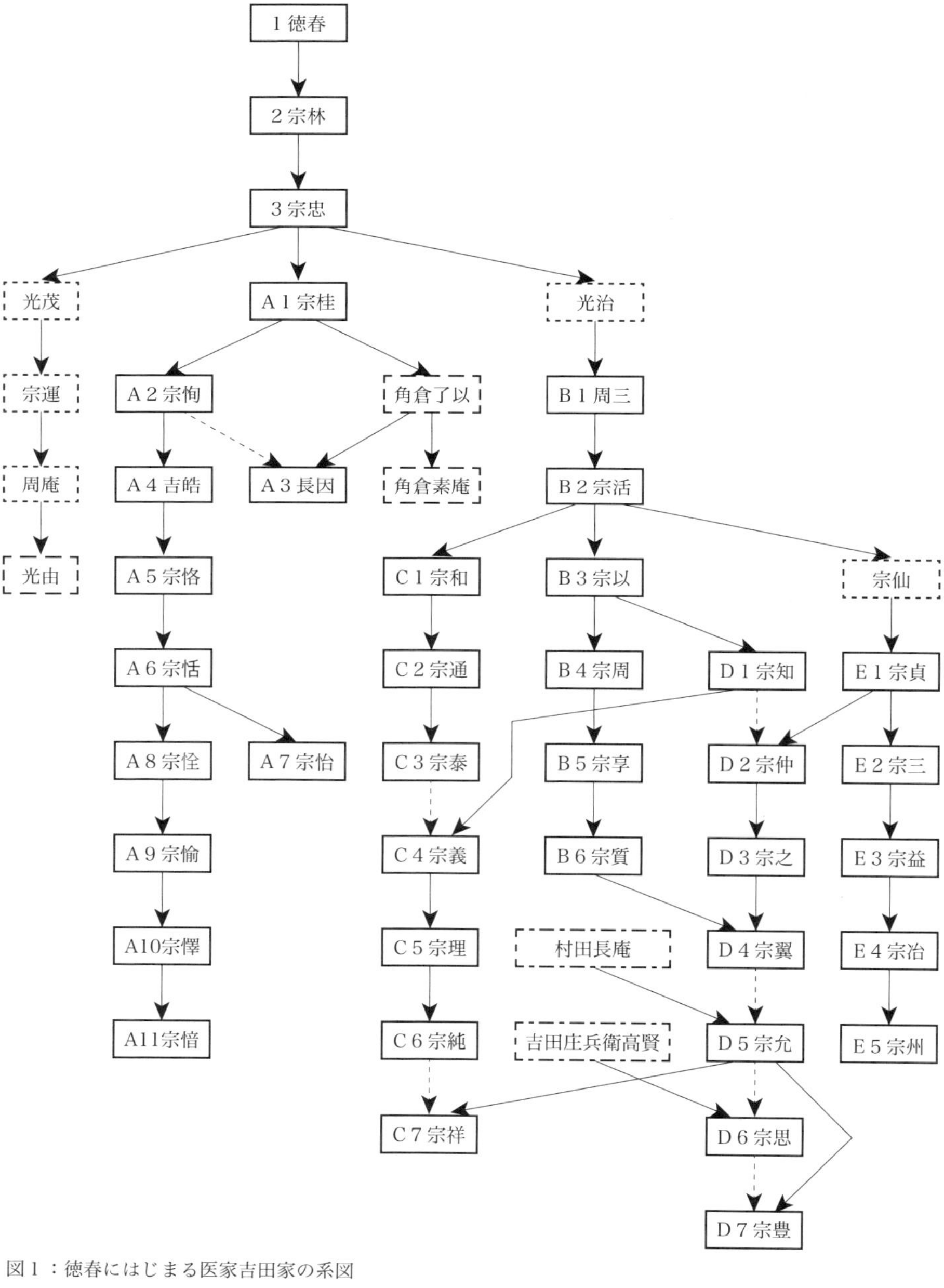

図1：徳春にはじまる医家吉田家の系図

吉田家は厳秀に始まるが、医家吉田家は徳春からはじまる。それゆえ徳春から記述する。なお、一二月は西暦では翌年になるが、西暦は前年のものを記した。

(1) 徳春・宗林・宗忠　三代

▼1　徳春　一三四八〜一四六八

初め光秀　四郎　左衛門尉　仁庵　法名徳春：壮年のとき故あって本国を去る。京郡にのぼり室町幕府三代将軍足利義満に拝謁し、四代足利義持に仕え、山城国紀伊・綴喜二郡のうちに領地をあたえられる。晩年に及び医術を嗜み、法印に叙す。山城国嵯峨の角倉に住む。応仁二年(一四六八)死去。年八五。法名徳春。嵯峨の二尊院に葬る。のち吉皓にいたるまで葬地とする。〔『寛政重修諸家譜』による〕

京都では竹田昌慶が新しい明の医方を広めており、徳春も少なからず影響を受けたと推察される。

▼2　宗林　一四四七〜一五四三

済舟　法名宗臨：父の跡を継ぐ。足利義政に仕え、のち顔輝・所翁・牧溪三筆、文珠龍虎の三幅一封の掛幅、および馬蝗絆と名づけた青磁の茶腕等を賜る。天文一二年(一五四三)一一月七日死去。年九六。〔『寛政重修諸家譜』による〕

宗林は表の家業として医をもって義政に仕え、裏の家業に土倉業を営んだ。天竜寺で薙髪。宮内卿法印に叙され、その後辞任。名は桂蔵主。

▼3　宗忠　一四九〇〜一五六五

初光信　与次　宮内卿　靖節　法名宗忠：父の跡を継ぐ。足利義植に仕え侍医となる。天文元年(一五三二)辞任。天文二年(一六三三)死去。永禄八年(一五六五)七月晦日死去。年七五。〔『寛政重修諸家譜』による〕

『京都姓氏歴史人物大辞典』[7]には「吉田宗忠（?～一五六五）室町後期の商人・医師。代々継承した嵯峨角倉の土倉を飛躍的に拡大。洛中帯座座頭として帯の販売権を独占した。また、将軍足利義稙の侍医も務めるとも」とある。〔『京都姓氏歴史人物大辞典』七一四頁〕

（2）宗桂に始まる医家吉田家（A1～A11）

宗忠の子宗桂は医家として傑出した人物。その長男角倉了以は医業を継がず、次男宗恂が医業を継ぐ。寛政重修諸家譜には九代目宗愔までの系図が記載されている。

▼A1　宗桂（そうけい）　一五一二～七二

与次　宮内卿　意安　「吉田家譜」では意庵　号日華子：天文元年（一五三二）家を継ぐ。足利義晴の侍医。本草に通じ、和薬に対し造詣が深く、世間の人は五代（または宋代）の理想の医家陳日華にちなんで日華子と呼んだ。天文八年（一五三九）臨済宗京都妙信寺院主僧策彦周良と共に医術修行を目的に、明国に渡る。「策彦入明記」中の記述によれば宗桂は府裡に入った際、「針魁」の二文字を掲げた針売りの家で名産の蘇針を購入している。また、父宗忠の夢を見たり、書籍を漁り「医林集」一〇冊を求めるなどの記述もある。宗桂の医術は入明後二か月の間に早くも知られ、明人から診断治療は神察（神意があらわれていること）と賞賛され、医安（『寛政重修諸家譜』では意庵）と称される。医は意すなわち神意にかなうという意味からこう呼ばれた。また中国の芳梅崖は称意の二字を書して贈った。この二字は宗桂の自宅の家号「称意館」に使われ、その後は吉田家の文庫名となった。意安の名を継承した医師はA1～A5、A8～A10の八名となる。

天文一六年（一五四七）ふたたび策彦とともに明国に渡る。二度目の入明時、宗桂の名声はすでに広く知られていた。ときに明の世宗嘉靖帝が発病し、宗桂が投薬したところ治癒した。当時、宗桂は三八歳。恩賞として顔輝筆の扁鵲（へんじゃく）の画幅、花梨の薬笥、螺鈿の薬笥、元版の「聖済総録」、薫、金泥波竜の名墨などをあたえられる。名墨は永く子孫に伝えられた。

宗桂は初渡時に「医林集」、再渡時に「本草」、「奇効良方」（明方賢撰）、「医方大成論」、元板の「聖済総録」二〇〇巻を入手した。天文一九年（一五五〇）、鍼灸、経絡、経穴に関する多数の医書を携え、贈呈された花梨の薬箪笥を持ち帰り、法印に叙せられた。山科言継「言継卿記」に宗桂が一一回にわたり「医方大成論」の講釈をしている記載がある（天文一九年の条）。また天文二〇年の条には妙心寺塔頭の福昌庵主が病気のため宗桂が診察し、言継が調合（煎薬と粉薬）した記述を見いだす。『道三家譜』によると「宗桂の入門誓詞が曲直瀬（まなせ）道三の啓迪院（けいてきいん）に残っていた」とあり宗桂は道三の門人であった。

宗桂以後、吉田家の門人はますます増え、おのずから一家をなす。宗桂の門人に秦宗巴（はたそうは）がいる。宗桂は彼の異才を知り、曲直瀬道三の啓迪院に入門させる。宗巴はのちに徳川家康に仕え、法印となった。元亀三年（一五七二）一〇月二〇日死去。六一歳。法名日華。〔主に『寛政重修諸家譜』・「言継卿記」による〕

門人：秦宗巴（徳岩・立安・寿命院：山城の人で秦人・徐福の後裔という）・板坂卜斉（一五七七〜一六五五。のちに秀忠の奥医師となる）

著書：開宝本草・素問註抄・犬枕双紙

補足：宝永六年（一七〇九）の江戸幕府医官の序列によると竹田法印に続き宗桂の位は二番目であり、天明六年（一七八六）の医師の序列では竹田法印（奥御匙法印（おくおんさじ））に続き意安法印は三番目となっている。なお幕府の達しによると寛政四年（一七九二）以後は江戸期を通じて一番目は竹田法印、次いで吉田家代々は二番目の高位の医家となる。

▼A2　宗恂（そうじゅん）　一五五八〜一六一〇

初光政（みつまさ）　孫次郎　民部卿　意庵　のち意安と改める　法眼　号又玄子：宗恂のプロフィールについては『寛政重修諸

家譜』の記載ほか、駒井重勝（豊臣秀次の右筆駒井中務少輔）「駒井日記」および後述する阿知波五郎氏旧蔵「吉田家譜」の読み下し文を追加記載した。「駒井日記」によった箇所は〈　〉で、「吉田家譜」によった箇所は【　】で示す。

宗恂。意安とも称す。法眼の僧位を受ける。号は又玄子という。

父宗桂の家業を受け継ぎ、それで姓名を知られるようになった。非常に儒学の理解が深く、また友人【藤原惺窩】を大事にした。若いときに豊臣秀次に仕え、領地を賜ったので京都に移って家を構えた。〈文禄二年（一五九三）九月一四、一六日に秀次の側室おかめとその子供が虫気を患った時、呼ばれて診察し、養生薬を投与している。慶長五年（一六〇〇）後陽成天皇が病気のとき薬を献じ、すみやかに治癒したので感謝を賜る。このとき意庵と称していたが、意安に改めるべきであるとの天皇の言葉を賜る。〉

後年、東照大権現（家康）に召されて拝謁した。恩遇を被り[22]山城の国【本領山城国紀伊綴喜両郡の内】に領地五〇〇石を賜った。家康は以前に「光明朱」〔中国から輸入した朱。水銀を焼いて作る〕を求めたところ、多くの人が献上したが、良いものがなかった。宗恂は父の宗桂が大明国から持ち帰った朱を進呈した。家康は、それを気に入り、彼の家の蔵は噂の通りだといった。それからは、海を渡って異国へ行く者に、宗恂の献じたものと同様の品を求めさせた。また家康は宗恂に漢方薬「紫雪」〔内服用の練薬。熱病、高熱、傷感、酒毒、食滞などに効果がある。主成分は羚羊角、水牛角、濃縮粉、麝香、朱砂、玄参、沈香など〕を造らせた。そこで、宗恂は『和剤局方』〔中国で作られた医薬品の処方集〕に基づいて調合し献上した。以後、他の医者も彼の製法に倣った。

ある日、南蛮船が一尺四方（一辺三〇・三cm）ばかりの薄い石を貢いできた。その形は側にあった柏の葉のようであった。さらに詳細に見るとトクサが柏葉のように連なっているのに似ている。家康は、これを不思議なものだと思い、医者たちに問うたが誰も知らなかった。宗恂は「これは柏の枝状になった瑪瑙の花ではないでしょうか」といった。そこで、これを『本草綱目』によって調べてみると、果たして同じものだった。この後、外国から枝状の珊瑚を献じてきた。この当時、日本国にこのような物はなかった。家康は、これを手に取って触り、何人かの医官にその物の名前を調べて告げるように命じた。しかしどの医者も判別していうことが出来なかった。宗恂は「おそらくこの物は珊瑚というものでしょう」と答えた。家康は、さらにその物について質問をした。宗恂は、産地や採取された場所について詳しく説明した。家康は、感心して、おおいに彼を褒めた。そして献上された珊瑚枝の一つを宗恂に賜った。のちには、南都密蔵の薬種〔薬と訳したのは、「苶」という字で、『寛政重修諸家譜』は薬と記載しているのでそれに従った〕や、人参など幾つかを賜った。毎年賜った薬種、金銀、御服等は多く、とても数を数えることが出来ない程であった。

宗恂は、命令を受けて何人かの大医と共に一年ごとに江戸に出て、将軍に仕えた。その後には、常に駿府にも出かけ、側に仕えた。【これよりさき「古今医案」三三巻を著わした。藤原惺窩はこれに序して曰く、「宗恂父師の家業を賛紹して、竃に跨藍より出、当世の司命なり。学かならず古を稽へその理を知り、その実を践い、奇効霊験ここに尽すべからず」という。宗恂は父の宗桂と同様、愛書家であり多数の唐本を所有した】。また「名医伝略」二巻を著す。朝鮮国刑部員外郎姜沆が序をつくり曰く、その道をもって鳴(きこ)えるもの代々人に乏からず。のちに継いで前を光し、諸師の大成を集るものは今の法眼意安これなりと。その術たること直に長桑岐伯と一頭の地を数千百載の上にあらそう。倉公より以下はこれを数えずして猶みづからおらずと言えり。医者は意也。理也。蓋し意を以て理を窮むるの称なり。これ性理を明らかにするものは儒学にして、寿命を保たんとするのは道教なり。これを兼ね持つ者は医のみなり。豈に大道に非すと謂わんやなり。惜い乎。後世その道ようやく衰え、衆技の流れとなる。先漢に至って愈愈(いよいよ)、真を乱る其道晦昧也。故に班固叙方技を述べて四種となす。医経。経方。神仙。房中是なりと記述。そして神仙や房中にはそれぞれ著述があるが、医経と経方にはまだ伝記がないので書くと述べる。

宗恂は慶長一五年(一六一〇)三月三日駿河で悪性腫瘍がみつかり京都に帰り、慶長一五年(一六一〇)四月一七日【嵯峨の地にて曲直瀬玄朔に見取られて死去】。享年五三。宗恂の家に蔵してあった書物はおよそ一千余である。彼はこ

れらの書物にも目を通し博学であった。【法名又玄】

また吉田・角倉家の出版事業は宗恂により始められたといって過言ではない。

補足考察：宗恂は自著「万病回春鈔」四〇項目中「眼目門」の項に「珊瑚はサンゴシュの事なり、大楓子（植物）は雷丸（菌類）の事なり」と記載し、眼疾患に利用している。二種の薬物は色、形態的には類似性がなく、現代から見れば効果の程は怪しいが、当時の医書・本草書よりすでに珊瑚の薬物利用を知っていた。また大楓子は植物、雷丸は菌類で形態、色、発生場所ともまったく異なり、雷丸はすでに奈良時代より薬物利用され、奈良の正倉院宝物に現存している。なお『寛永諸家系図伝』より、元亀四年（一五七三）曲直瀬道三は「事林警世の図」を書し、これに「四民之説」を副えて宗恂（意庵）に講じており、宗恂は啓迪院の門下生であることがわかる。

門人：医徳堂守三・猪子梅壽・理安・長澤道壽（『皇国名医伝』）

著書：「万病回春鈔」・「古今医案」三三巻（一五九六年、藤原惺窩の序文のみ現存）・「薬性纂類」一八巻・「増補医経小学」一二巻・「本草序例抄」七巻・「纂類本草」・「素問講義」六巻・「難経註疏」四巻・「医方大成論抄」一巻・「歴代名医伝略」二巻・「古今医案」・「望聴君鱗介類和名」・「当流切紙聞書」・「医事雑書」・「本朝医家著述目録」・「韻鏡見聞」・「作製萬類」・「親類書控」・「三略秘抄」・「老師雑話記」宗恂撰等。また運気に詳しく、「運気諸論之図」・「枢要之図」・「漏刻之図」等をつくる。

▼A３　長因（ちょういん）　一五八八～一六四二

宮内卿　法印　大膳亮：長栄の養子となり、その家督を継ぐ。産育の術（小児科）に詳しく産婦人科の医師。のち東福門院（秀忠の娘和子）に仕え、寛永一八年（一六四一）家綱生誕のとき、召されて江戸に参り、のち天皇の命により宮内卿法印に叙し、職を辞する時、呉服金銀等を賜う。一九年（一六四二）死去。年五五。〔『寛政重修諸家譜』による〕

▼A4　吉皓（きっこう）　一五八四～一六二二

初め宗達　宮内卿　意安　法眼　法印　号如見　「吉田家譜」では宗達のち宗皓（むねきよ）に作る：幼少のとき、はじめて家康に拝謁、のち御前において試みに数種の薬性を問われたところ、その功用を詳細に申し述べたので、頗る気に入られる。慶長一五年（一六一〇）父の跡を継ぎ、侍医となり駿府において仕える。このとき父の遺物「杜氏通典」一部、「奇効良方」一部そのほか本草書を家康に献上、秀忠に「千金方」一部を献上。一八年法印に叙す。のち、大坂冬、夏の陣に従い元和二年（一六一六）東照宮の御遺物紫銅獅子の香炉、螺鈿の沈箱、時服、黄金等を賜う。その後また京都に住み、隔年に参勤する。三年八月二四日領地の御朱印を下さる。八年（一六二二）死去。年三九。墓、京都嵯峨二尊院。法名如見。〔『寛政重修諸家譜』による〕

著書：「吉氏家伝和剤方」四巻・「吉氏方」・「本草和名私記」（写本）二巻・「方考」一巻・「日用方鑑」二巻・「医方大成論」一巻・「医学類聚」

▼A5　宗恪（そうかく）　一六一三～八四

岩麻呂　宮内卿　意安　法橋　法印　致仕号　仙徳院　母は監物某の娘：致仕号とは官職を辞した後の号。元和八年（一六二二）跡を継ぐ。九年はじめて二代徳川秀忠に拝謁する。時に一一歳。寛永一〇年（一六三三）奥医となり、これより江戸に移住。一七年六月、秀忠の命により、五人の同僚と交代して、殿中に侍して御番を勤める。のち朝鮮より献じられた薬種数十種を賜う。正保元年（一六四四）一二月二九日、法印に叙す。四年、三代家光が病気のとき薬を調進したところすみやかに治癒し、御料の小袖および唐桑の書棚、黄金等を賜う。慶安四年（一六五一）家光の御遂物（ごじゅんもの）、夜着、布団および唐画の御文匣、白銀の薬鍋、黄金等を賜う。九月一一日、寄合医となり、万治二年（一六五九）四代徳川家綱の親筆神農御画を賜う。三年正月二九日、奥医となり、寛文元年（一六六一）水戸中納言頼房卿が腫物を患ったため、七月一一日家光の命により水戸に赴く。三年四月、日光山詣に従い参拝、六年また秀忠みずから書いた朗詠の詩句、翡翠の御画を賜う。一〇年一二月二五日、禄米二〇〇俵を加増、一一年また秀忠親筆の「万歳楽」の三字、「可楽」の二字、「一張弓勢天下定以三尺剣光国王安」の一五字、「人丸」の御画を賜う。延宝二年（一六七四）一二月以前の病気のときも薬を調進して平癒あり、狩野探幽の三幅対の掛幅、金一〇〇両を賜わり、八年七月四日、四代家綱の御遺物、御帷子、御袷、照高院宮自画讃、俊成像の掛幅、冠棚籠（かんむりたなご）の花入、獅子の文鎮、狩野永真筆の馬の軸物、白繻子、黒羅紗、金唐革等を賜う。天和二年（一六八二）一二月一八日辞任。このとき年ごろ精勤せるにより、時服三領、黄金三枚を賜う。貞享元年（一六八四）九月二九日死去。年七二。法名如心。芝の金地院に葬る。のち代々葬地となる。妻は吉川氏の娘。〔『寛政重修諸家譜』による〕

著書：「診脈撮要」・「明医聚方」・「吉田家譜」

▼A6　宗恬（むねやす）　一六五七〜一七二〇

初宗運（むねゆき）　岩麻呂　宗運　宮内卿　意安　法印：延宝元年（一六七三）一二月はじめて四代将軍徳川家綱に拝謁、天和二年（一六八二）跡を継ぐ。貞享三年（一六八六）一二月法印に叙し、元禄二年（一六八九）奥医に列す。五年侍医となり、六年九月一一日務めを辞し寄合医に列し、一〇年禄米を知行所に改められ、下総国岡田郡のうちにおいて二〇〇石を加増、合わせて七〇〇石を知行する。一四年二月岡田郡の領地を香取郡の内に移される。享保二年（一七一七）一二月二二日奥医に復し、三年より侍医となり、四月一一日、先祖宗桂が明朝より持ち帰った扁鵲の画像および「称意」の大字等を見たいという綱吉の仰せに備える。これよりさき綱吉より銀の七つ組の香合、黒漆の香合、三原正家の脇指等を賜い、八代吉宗よりも親筆の和歌を賜う。享保五年（一七二〇）死去。年六四。法名如雲。〔『寛政重修諸家譜』による〕

著書：「家秘約囊方」・「諸方考異」一巻・「飲撰摘要」一巻・「懐巻鍼灸書」一巻・「諸方考異」一巻、「重修編本草和名」・「本草和名私記」二著は宗括の著作であるか疑問視されている。

▼A7　宗怡（むねひさ）　一六八九〜一七二四

小四郎　兵部卿　由顧　号心酔：元禄一四年（一七〇一）はじめて五代将軍徳川綱吉に拝謁。時に三〇歳。のち病により家督たらず。享保九年（一七二四）死す。年三六。〔『寛政重修諸家譜』による〕

著書：「重編本草和名」一巻・「方制参考」一巻・「仁学余意」一巻・「韓客筆語由顧余稿」一巻・「本草和名私記」一冊

▼A8　宗恮（むねたか）　一六九七〜一七二三

捨吉　甫庵　式部卿　意安　母は主水某の娘：はじめ岡丈庵寿信の養子となり、のち兄宗怡が病のため家督を辞したため、乞われて家に帰り、享保五年（一七二〇）七月朔日跡を継ぎ、一一日はじめて徳川吉宗に拝謁し、八年（一七二三）死去。年二七。法名如因。〔『寛政重修諸家譜』による〕

▼A9　宗愉（むねより）　一七〇二〜七四

権之助　周悦　宮内卿　意安　法印　致仕号如春　実は吉田周竹宗知の三男：宗恮の終にのぞんで養子となり、その娘を妻とする。享保八年（一七二三）八月三日跡を継ぐ。九日はじめて徳川吉宗に拝謁する。寛保元年（一七四一）一二月法印に叙し、明和六年（一七六九）一二月辞任。安永三年（一七七四）死去。年七三。法名如春。妻は宗恮が養女、後妻は羽太伝左衛門正長の娘。〔『寛政重修諸家譜』による〕

補足：岡甫庵　実は宗愉の五男。名は寿愿。養いて子とする。明和六年（一七六九）一一月西丸奥医師となり、一二月法眼に叙せられる。安永八年（一七七九）四月辞任。〔『寛政重修諸家譜』による〕

著書：「家伝小品方」一巻・「括要経験方」一巻・「新編明医和集」

▼A10　宗懌（むねつぐ）　一七三五〜九七

金彦　彦三郎　兵部卿　意安　法印　母はA8宗恮の養女：宝暦七年（一七五七）一二月はじめて九代将軍徳川家重に拝謁。明和六年（一七六九）一二月四日跡を継ぐ。天明元年（一七八一）一二月一六日法印に叙し、寛政九年（一七

九七）正月八日死去。年六三。法名如笑。妻は佐橋三左衛門佳武の娘。〔『寛政重修諸家譜』による〕

以上のA1・A2・A4〜A6、A8〜A10の八人が意安の名を持つ。

補足：吉田意安の主著「医学正伝首書」（刊本）について

江戸時代の書林目録の一部にこの書目が見え本書の刊本が存在したと思われる。この著者がどの意安（A1・A2・A4〜A6、A8〜A10の八人）を示しているのか不明。「医学正伝首書」には著者名が不記。著者名として吉田意安が記載されるのは、延宝三年（一六七五）の「新増書籍目録」（影印本第二巻、五六頁）以降で著者名不記の著作に書林が吉田意安の名を付けて出版販売したとも考えられると下浦康邦は述べる[19]。

▼A11　宗愔（むねなか）

七之丞　兵部卿　式部卿：天明四年（一七八四）一二月はじめて一〇代将軍徳川家治に拝謁、寛政九年（一七九七）四月四日跡を継ぐ。時に三六歳。知行所七〇〇石。〔『寛政重修諸家譜』による〕

著書：「寒窓随筆」・「冬青亭雑録」（京都大学富士川文庫）。これらは忘備録で随筆風に記している。これらの著書は筆者にとって非常に面白く興味深いものであった。たとえば安永七年（一七七八）にモグラを見つけた話とその観察記録、某家に行った僧が暑いのに読経を長くし過ぎ、その夜にわかに発熱、翌朝なお寒熱、うわ言、妄語がはなはだしく、薬治するもさらに激しく、ついに病死するという筆者の知る限り、初めての熱中症の記載、キリギリスの生態と鳴き声、官医の古墳、その他患者の症例報告などが記載されている。

（3）周三に始まる医家吉田家（B1〜B6）

宗忠の子光治は医業を好まなかったが、その子周三が祖父の医業を継ぎ、宗質まで六代続いた。

▼B1　周三（しゅうさん）　一五五一〜一六三一

眞珠院：僧となり、のち医を学び、豊臣家の侍医となる。寛永八年（一六三一）一二月死去。年八一。法名周三。京師妙心寺の聖沢院に葬る。〔『寛政重修諸家譜』による〕

▼B2　宗活（そうかつ）　一五九一～一六四一

機庵　法橋：弱年より施薬院宗伯、秦寿院宗巴の門人となり医術を学ぶ。小児の治療を専門とする医師が少ないと思い、京都の妙心寺に行き、庸山禅師に小児の術を学ぶ。当時庸山は小児の医術もって知られていた。

のち松平越後守光長が三歳の時疳痢（かんり）を患い、諸医術をつくしたが回復の兆しがない。徳川秀忠は板倉伊賀守勝重に命じて、京洛の児医を求めた。そこで宗活が選ばれ、越前に赴き、薬をすすめ数貼にして治癒した。これより光長の家臣となる。のちまた土井大炊頭利勝の子利隆幼少にして痢を患う。宗活が小児科医として卓越しているのを聞き、治療を求めたところたちどころに回復した。寛永二年（一六二五）はじめて徳川秀忠に拝謁、同三年高松宮好仁親王が病気のとき投薬治癒し、法橋に叙せられる。一四年（一六三七）三月千代姫君（家光の娘）誕生により薬を投与し、一八年八月徳川家綱の時もまた薬を献じる。同年九月六日、家綱に従事し、武蔵国に知行所五〇〇石を賜い、一二月死去。年五一。法名宗活。赤坂の松泉寺に葬る。のち代々葬地とする。〔『寛政重修諸家譜』による〕

▼B3　宗以（そうい）　一六一六～九四

策庵　法眼：山城に生まれる。寛永一八年（一六四一）跡を継ぎ知行所五〇〇石を賜う。一九年徳川家綱の侍医となり、正保四年（一六四七）徳川綱吉に従属、寛文元年一二月（一六六一）旧領五〇〇石を長男宗周に賜り御家に奉仕。宗以は月俸七〇口を賜い、神田の館に勤仕する。六年一二月二八日法眼に叙し、延宝八年（一六八〇）徳松殿（綱吉の子）が西城に移る時に従う。天和三年一二月（一六八三）辞任。これよりさき徳川綱吉より親筆連雀の御画を賜う。元禄七年（一六九四）死去。年七九。法名宗以。〔『寛政重修諸家譜』・『断家譜』による〕

▼B4　宗周（むねちか）　?～一六八五

喜太郎　喜庵：寛文元年（一六六一）一二月父宗以の知行所五〇〇石を賜り寄合に列する。貞享二年（一六八五）死去。法名宗周。妻は吉田葚庵宗和の娘。『寛政重修諸家譜』・『断家譜』ともに没年齢は記載されていない。〔『寛政重修諸家譜』・『断家譜』による〕

▼B5　宗亨（むねたつ）　一六七〇～一七一六

策庵　策元　母は宗和（C1）の娘：江戸に生まれる。貞享二年（一六八五）跡を継ぎ、寄合に列す。元禄三年（一六九〇）かねてより家業に勤しまないため、江戸一〇里四方より追放される。同五年許され小普請となる。宝永七年（一七一〇）九月一六日月俸三〇口を賜う。正徳六年（一七一六）死去。年四七。法名宗亨。〔『寛政重修諸家譜』・『断家譜』による〕

▼B6　宗質（むねただ）　一七一一～一八

笹之助：江戸に生まれる。享保元年（一七一六）跡を継ぐ。三〇人扶持、小普請組に入る。同三年（一七一八）死去。年八。法名宗質。嗣なくして家絶える〔『寛政重修諸家譜』・『断家譜』による〕

(4)　宗和に始まる医家吉田家（C1～C7）

▼C1　宗和（そうわ）　一六一五～七三

葚庵　『吉田家譜』では長庵　法橋　法眼　吉田機庵宗活（B2）の二男：池田光仲の家臣となり、のち辞任。寛文六年（一六六六）一一月はじめて徳川家綱の侍医となり、一二月法眼に叙す。一〇年一二月禄米三〇〇俵を賜り、のち徳川綱吉親筆の神農の御画を賜う。延宝元年（一六七三）死去。年五九。法名宗和。赤坂の松泉寺に葬る。以後代々葬地とする。〔『寛政重修諸家譜』による〕

著書：「小児活方幼科撮要」

▼C2　宗通（むねゆき）　?～一六九八

長達：延宝元年（一六七三）に四代将軍徳川家綱に拝謁し、跡を継ぎ、寄合に列す。元禄三年（一六九〇）医業に精を出すべきと申し渡されるも、療治の数も少なく、家綱の気分を害し小普請に降ろされる。なお怠れば厳重の御沙汰に及ぶ、しかし家業を勤しむならば、もとにもどれるとの旨の厳命あり。七年許されて寄合に列し、一一年（一六九八）一二月死去。法名宗通。〔『寛政重修諸家譜』による〕

▼C3　宗泰（むねひろ）　一六八六～一七一六

長庵：元禄一二年（一六九九）八月跡を継ぐ。時に一四歳。八月はじめて五代将軍徳川綱吉に拝謁し、享保元年（一七一六）八月一三日死去。年三一。法名宗泰。〔『寛政重修諸家譜』による〕

▼C4　宗義（むねのり）　一七〇四～三三

新四郎　長庵　実は吉田周竹宗知（D1）の五男。宗泰の終にのぞんで養子となり、その娘を妻とする：享保元年（一七一六）跡を継ぐ。時に一三歳。三年はじめて八代将軍徳川吉宗に拝顔。一八年死去。年三〇。法名宗義。妻は宗泰の娘。〔『寛政重修諸家譜』による〕

著書：「痘疹方彙」

▼C5　宗理（むねなお）　一七三〇～九二

庄之助　長庵　母は宗泰の娘：享保一八年（一七三三）跡を継ぐ。天明二年（一七八二）辞任。寛政四年（一七九二）死去。年六三。法名宗理。〔『寛政重修諸家譜』による〕

▼C6　宗純（むねずみ）　一七五三～八九

庄之助　長達：天明二年（一七八二）跡を継ぎ、五年番医となり、寛政元年（一七八九）一二月死去。年三七歳。法名宗純。〔『寛政重修諸家譜』による〕

▼C7　宗祥（むねとも）　一七七三～

万三郎　万悦　長瑞　長達　実は吉田策庵宗允（D5）の三男：宗純の臨終において養子となり、その娘を妻とする：寛政二年（一七九〇）跡を継ぐ。時に一八歳。禄米三〇〇俵。〔『寛政重修諸家譜』による〕

（5）宗知に始まる医家吉田家（D1～D7）

▼D1　宗知（むねとも）　一六五四～一七三〇

甚太郎　周竹　吉田策庵宗以の三男：天和三年（一六八三）一二月父宗以辞任時、かつて神田の館にて月俸七〇口を賜い寄合医に列し、貞享二年（一六八五）奥医となり、鶴姫君（綱吉の娘）に付属せられ、禄米三〇〇俵月俸二〇口を賜い、以前の月俸は返納される。元禄一四年（一七〇一）二〇〇石の加恩あり、禄米を領地に改められ、下総国千葉郡において、合計五〇〇石を知行する。月俸はもとのまま。宝永元年（一七〇四）鶴姫君逝去により、五月二四日寄合医となり、享保九年（一七二四）七月一九日辞任。これよりさき徳川綱吉がみずから書いた色紙を賜う。一五年（一七三〇）死去。年七七。法名宗知。赤坂の松泉寺に葬る。のち代々葬地とする。〔『寛政重修諸家譜』による〕

▼D2　宗仲（むねなか）　一六七六～一七四二

宗仲　策庵　法眼　実は吉田一庵宗貞（E1）の二男。宗知には息子がいるが幼なすぎるため養子となる：正徳二年（一七一二）はじめて六代将軍徳川家宣に拝謁、享保九年（一七二四）家を継ぎ、寄合に列し、一七年番医となり、一九年その業が熱心であることを賞せられ、寄合医となる。元文二年（一七三七）一〇代将軍徳川家治に付属し、一二月法眼に叙し、四年侍医となり、寛保二年（一七四二）死去。年六七。法名宗仲。〔『寛政重修諸家譜』による〕

▼D3　宗之（むねゆき）　一七九九～一八六一

周悦　策庵　致仕号休山：享保二〇年（一七三五）一二月はじめて八代徳川吉宗に拝謁、寛保二年（一七四二）跡を

継ぎ、明和三年（一七六六）辞任。文久元年（一八六一）死去。年六三。法名休山。〔『寛政重修諸家譜』による〕

▼D4　宗翼（むねすけ）　一七四六〜六九

群次郎　周伯：明和二年（一七六五）はじめて一〇代徳川家治に拝謁、三年家を継ぐ、寄合に列し、六年（一七六九）死去。年二四。法名宗翼。〔『寛政重修諸家譜』による〕

▼D5　宗允（むねかず）　一七五二〜？

千次郎　策庵　致仕号宗山　実は村田長庵致和の二男、母は栗本瑞見昌綱娘。宗翼が終にのぞんで養子となる：明和六年（一七六九）跡を継ぎ、寄合に列し、一二月はじめて徳川家治に拝謁。天明四年（一七八四）辞任。時に三三歳。妻は神保隼人武周の娘。〔『寛政重修諸家譜』による〕

▼D6　宗思（むねみち）　一七六二〜九五

幸五郎　俊宅　実は清水の家臣吉田庄兵衛高賢の長男。宗允の養子となる：安永九年（一七八〇）はじめて一〇代将軍徳川家治に拝謁し、天明四年（一七八四）家を継ぎ、小普請となる。六年寄合医に列し、寛政七年（一七九五）死去。年三四。法名宗思。〔『寛政重修諸家譜』による〕

▼D7　宗豊（むねとよ）　一七七二〜？

千次郎　周悦　実は宗允（D5）の二男。宗思に子があったが早世したため、その後継ぎとなる：寛政七年（一七九五）跡を継ぎ、小普請となる。時に二三歳、領地五〇〇石、月俸二〇口。八月一一日初めて一一代徳川家斉に拝謁する。〔『寛政重修諸家譜』による〕

（6）宗貞に始まる医家吉田家（E1〜E5）

医家宗活の子宗仙から別家となり、宗仙は医業を継がなかったが、その子宗貞から医家として代々継がれる。

▼E1　宗貞（むねさだ）　一六三八〜一七二〇

一庵　法眼：元禄七年（一六九四）はじめて五代将軍徳川綱吉に拝謁し、奥医師に列し、八年禄米二〇〇俵を賜う。宝永元年（一七〇四）一二月法眼に叙す。七年七月二七日辞任。享保五年（一七二〇）死去。年八三歳。法名宗貞。赤坂の松泉寺に葬る。のち代々葬地とする。妻は吉田策庵宗以の養女。〔『寛政重修諸家譜』による〕

▼E2　宗三（むねみ）　？〜一七一六

元庵　宗三　母は宗以の養女：元禄一二年（一六九九）はじめて五代徳川綱吉に拝謁、宝永七年（一七一〇）跡を継ぎ、寄合に列し、享保元年（一七一六）死去。法名宗三。〔『寛政重修諸家譜』による〕

▼E3　宗益（むねます）　一六九三〜一七二九

宗益　一庵：正徳四年（一七一四）はじめて徳川家継に拝謁、享保元年（一七一六）跡を継ぎ、小普請となり、一四年（一七二九）死去。年三七歳。法名宗益。〔『寛政重修諸家譜』による〕

▼E4　宗治（むねかた）　一七二七〜七五

六三郎　一庵：享保一四年（一七二九）一二月跡を継ぐ。時に三歳。宝暦一二年（一七六二）番医となり、安永四年（一七七五）死去。年四九歳。法名宗治。〔『寛政重修諸家譜』による〕

▼E5　宗州（むねくに）　一七五七〜？

熊蔵　貞順：安永四年（一七七五）跡を継ぐ。時に一九歳、禄米二〇〇俵。〔『寛政重修諸家譜』による〕

二　「吉田家譜」

阿知波五郎氏旧蔵の「吉田家譜」は現在行方不明であるが、筆者は以前に阿知波氏から三枚の写真をいただいたので、

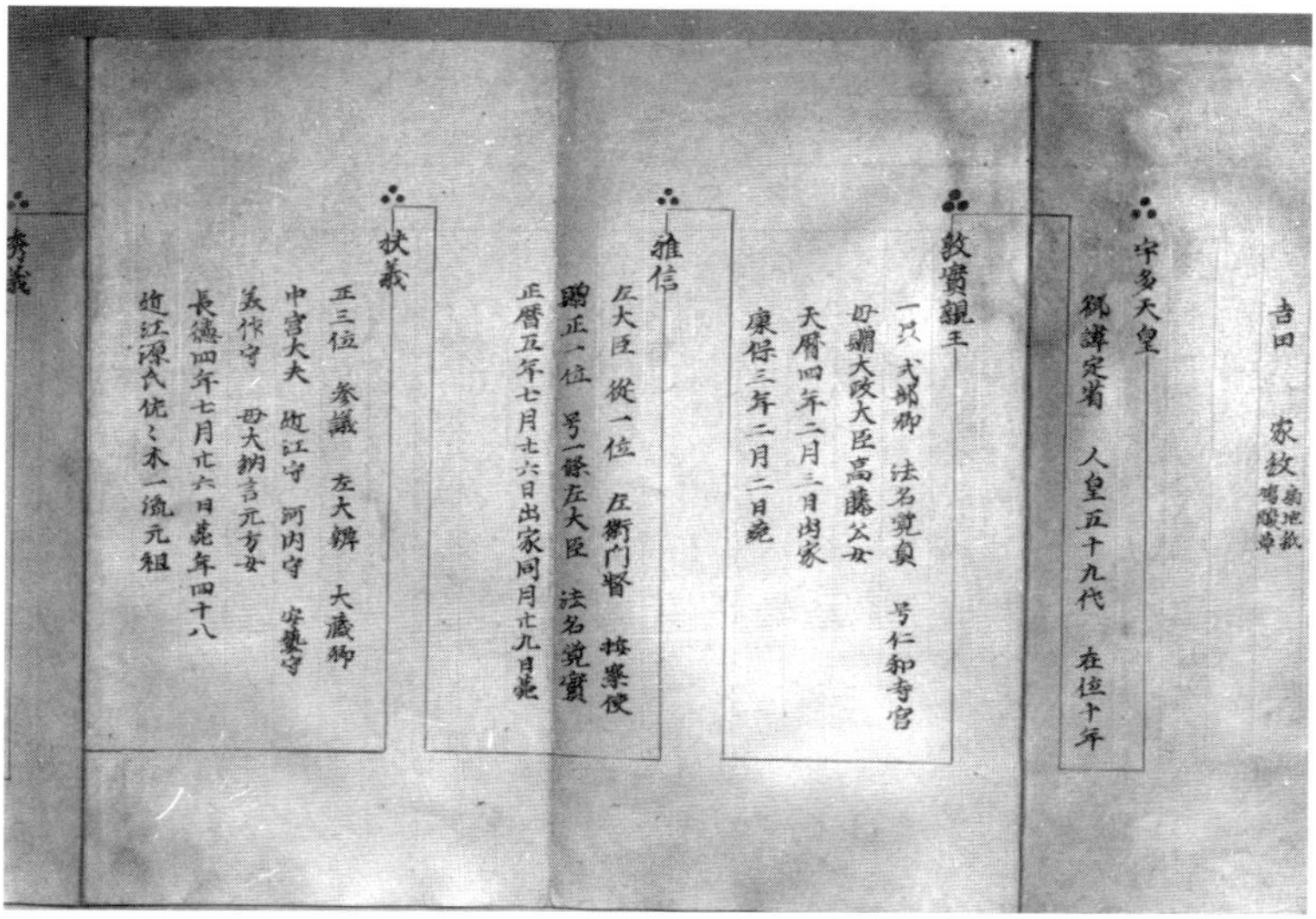
吉田　家紋
宇多天皇
御諱定省　人皇五十九代　在位十年
敦實親王
一品　式部卿　法名覚真　号仁和寺宮
母贈大政大臣高藤公女
天暦四年二月三日出家
康保三年二月二日薨
雅信
左大臣　従一位　左衛門督　按察使
贈正一位　号一条左大臣　法名覚實
正暦五年七月廿六日出家同月廿九日薨
扶義
正三位　参議　左大弁　大蔵卿
中宮大夫　近江守　河内守　安藝守
美作守　母大納言元方女
長徳四年七月廿六日薨年四十八
近江源氏佐々木一流元祖
秀義

図２－１：阿知波五郎氏旧蔵「吉田家譜」巻頭

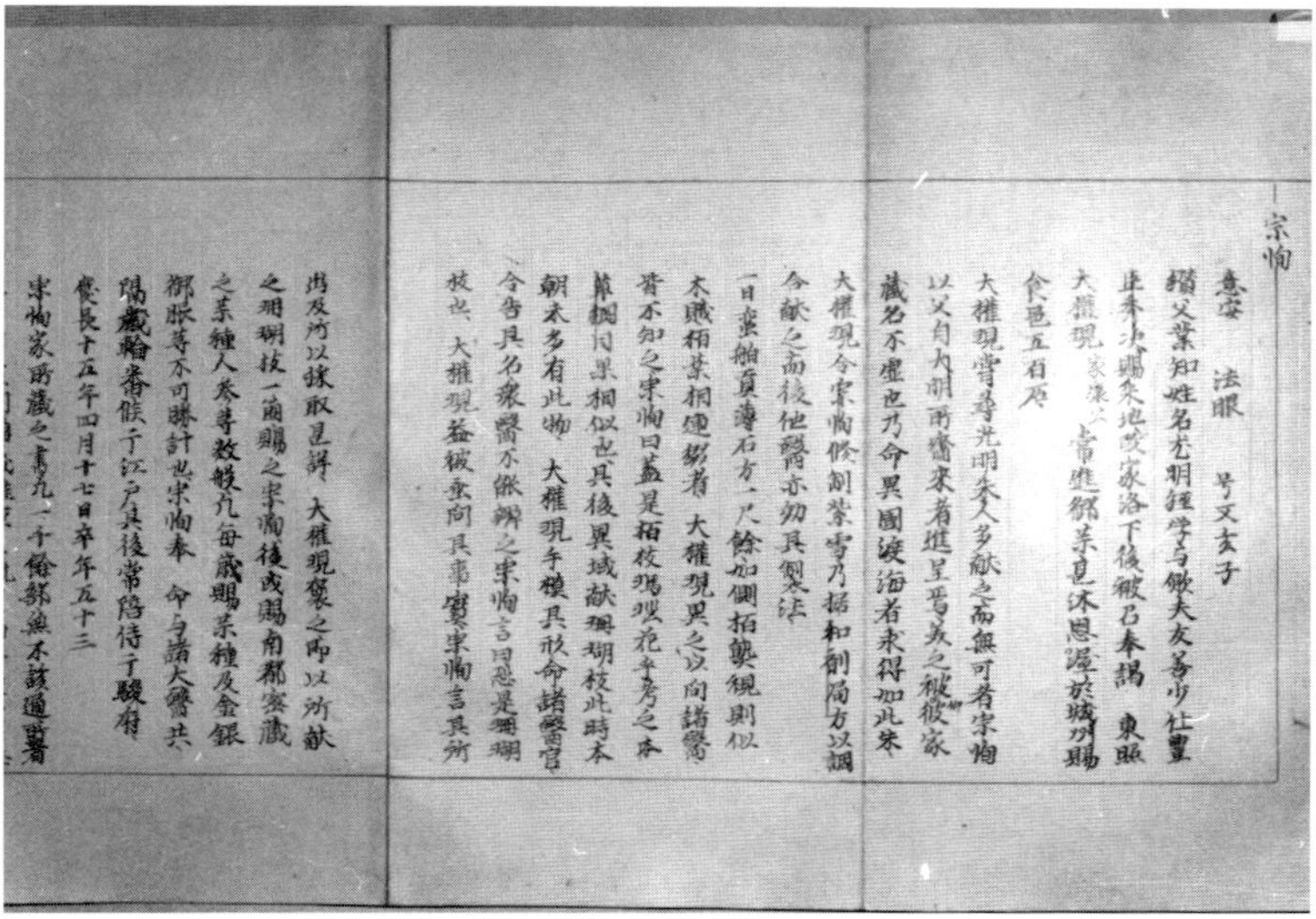
宗恂
意安　法眼　号又玄子
稱父業知姓名尤明經学与鐵夫友善少仕豊
臣秀次賜采地改家洛下後被召奉謁　東照
大權現　家康公　常進郷棻且沐恩遇於城州賜
食邑五百石
大權現嘗尊光明朱人多献之而無可者宗恂
以父自大明所齎来者進呈焉故之被収家
蔵名不虚也乃命異國渡海者求得加此朱
大權現令宗恂倣劑紫雪乃揺和劑局方以調
今献之而後他醫亦効其製法
一日蛮舶貢薄石方一尺餘加側掐艱硯則似
木賊栢葉桐纏纒者　大權現異之以向諸醫
皆不知之宗恂曰蓋是栢枝珊瑚花乎旁之本
草綱目果相似也其後異域献珊瑚枝此時本
朝未多有此物　大權現手模其形命諸醫官
令告其名衆醫不能辨之宗恂言曰恐是珊瑚
枝也　大權現益被重向其事實宗恂言其所
出及所以採取且辨　大權現褒之賜以所献
之珊瑚枝一箇賜之宗恂後或賜南都宝蔵
之某種人参等数般凡每歳賜某種及金銀
御服等不可勝計也宗恂奉　命与諸大醫共
編蔵輪番候于江戸其後常陪侍于駿府
慶長十五年四月十七日卒年五十三
宗恂家所蔵之書九一千餘部無不該通著

図２－２：阿知波五郎氏旧蔵「吉田家譜」宗恂の部分
読み下し文は106～108頁のＡ２宗恂の項に【　】で示した

この三枚を掲げる。「吉田家譜」は吉田宗恪（A５）が吉田家・角倉家を代表して幕府に提出したもので、これが林羅山らにより編集された『寛永諸家系図伝』（寛永二〇年〈一六四三〉成立）の情報源となった（現代語訳は神戸輝夫氏の指導によった）。

　吉田宗恪の「吉田家譜」の巻末部分を現代語訳する（（　）内は筆者注）。

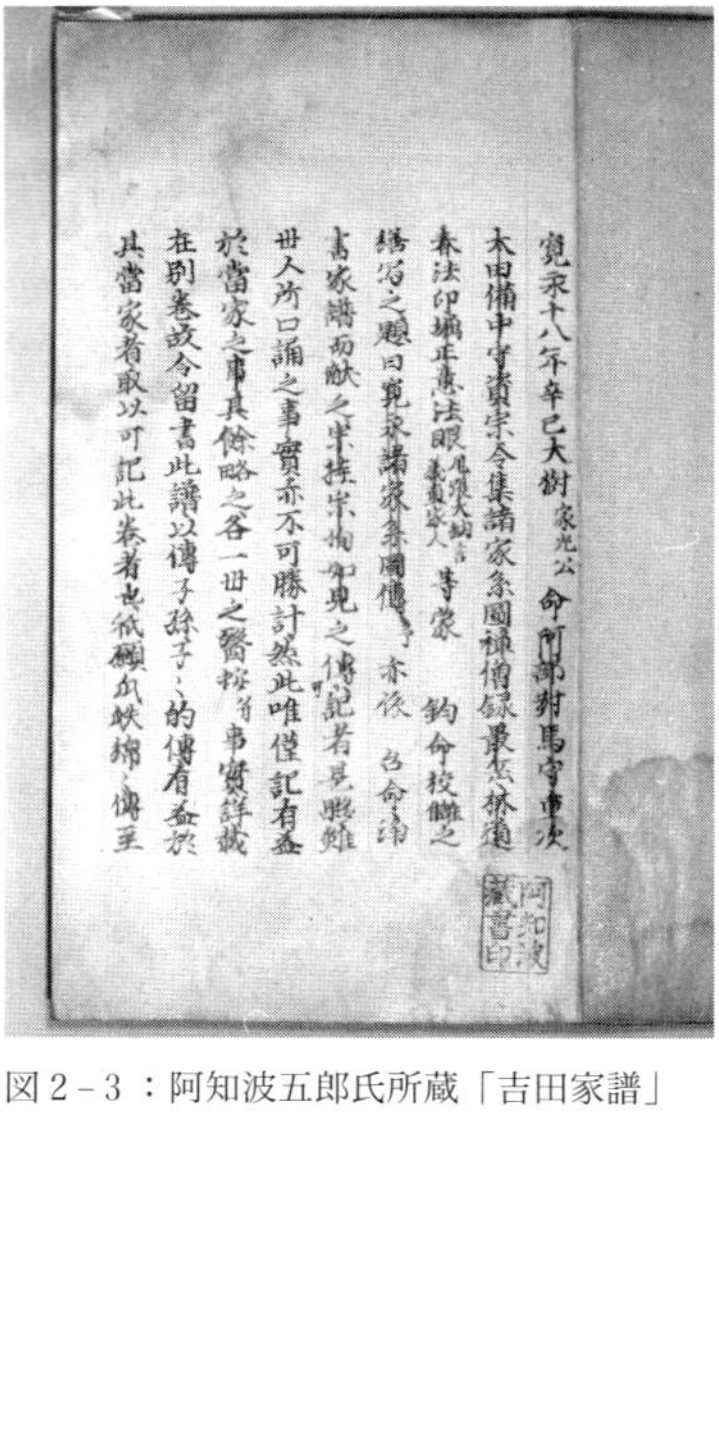
寛永十八年辛巳大樹家光公命阿部對馬守重次
太田備中守資宗令集諸家系圖禪僧録最岳林道
春法印堀正意法眼尾張大納言義直家人等家　鈞命校讎之
繕寫之題曰寛永諸家系圖傳予亦依　台命淨
書家譜而獻之宗桂宗恂如見之傳記者最夥雖
世人所口誦之事實亦不可勝計然此唯僅記有益
於當家之事其餘略之各一冊之醫按等事實詳載
在別巻故今留書此譜以傳子孫子々的傳有益於
其當家者取以可記此巻者也祇願瓜瓞綿々傳至

図２－３：阿知波五郎氏所蔵「吉田家譜」

寛永一八年辛巳（一六四一）に、徳川家光公は、阿部対馬守重次、太田備中守（資宗）に命じて「諸家系図」・「禅僧録」を集めること、最岳（元良）、林道春（林羅山法印、堀正意法眼（尾張大納言義直家人）等に、それらの書物を校閲させ、かつ書写本を作らせることを命じた。こうして出来上がった書物が『寛永諸家系図伝』である。私もまたお上からの命を受けて、我家の「家譜」を浄書して献上した。吉田宗桂、宗恂、如見の伝記には、書き置くべき事柄が大変多く、また世の人びとが口伝えにいうことも、誠に一々数え上げることが出来ないほど多いが、この度は当吉田家に有益の事だけを記述するに留めた。その他の事は省略した。医按（宗恂）らに関する事実については詳しく別巻に書いた。したがってこの「家譜」を記録させ子孫に伝えさせなさい。子孫は吉田家に有益な事を確実に伝え、この書物に記すべき価値のあるものを取るようにしなさい。子孫が繁栄して代々伝えられることを願う。

三　江戸期『医家人名録』・『医家門人帳』より
吉田姓の医師をさぐる

Ⓐ…京都には地方から名医を探しにやってくる患者や医業を志して門人となり修学に来る者が多かった。こうした者に対して、医師の人名録が時代を通じて出版され、宿屋や書店で販売されていた。これらは医師の人気順に書かれ一枚刷りであった。以下、これらの中から吉田姓のつく医師を年代順に採録した。

Ⓑ…四つの医家の門人帳から採録した。住所の記載と一部評判が記されているが、残念ながら徳春にはじまる吉田家に関係する医師であるかについては確認がとれず今後の課題としたい。

Ⓐ「医家人名録」より

出身地の如何にかかわらず江戸期から明治初期に京都に居し活躍した医人の中で吉田の姓を持つ人物を以下の医家人名録より年代順に採録した。

（1）「元禄覚書」元禄一三～一六年（一七〇〇～〇三）吉田意安

（2）「良医名鑑」正徳三年（一七一三）一五三名中に吉田徳庵（蛸薬師目医者と呼ばれ京極蛸薬師寺内に住み、のち市中に居を移す）・吉田元周・吉田備見（いずれも住所不記載）

（3）「京都御所向大概覚書」下巻・享保二年（一七一七）九六名中に吉田栄庵（新町蛸薬師下ル町）。この書は京都奉行所の医師と儒者の欄に町医者として記載

（4）「天保医鑑」文化一〇年（一八一三）吉田挙（意専）（薩摩鹿児島出身・小野蘭山の門下生。ただし本稿で扱う吉田一族とは関係なし）

（5）「天保医鑑」（上・下）天保一四年（一八四三）吉田図書（号蘭畹、西洋医・吉田祐斉・吉田堅蔵（内科）・吉田俊吉）

（6）「当時町請・発元名医大輯」安政三年（一八五六）吉田東菴・吉田玄貞

（7）「洛医人名録」文久元年（一八六一）吉田頼吉（内科・外科、油中路下立売北）

（8）「平安医家大集」文久三年（一八六三）吉田頼吉・吉田正

（9）「京都医師明細表」明治一四年（一八八一）吉田俊吉（上八芝大宮町）

（10）「京都医員一覧表」明治一七年（一八八四）吉田俊吉・吉田玄淳

（11）「泉都医師一覧」明治二九年（一八九六）吉田清造

なお「平安人物志」明和五年（一七六八）～慶応三年（一八六七）・「京羽二重」明和五年（一七六八）・「京師医鏡」安永七年（一七七八）・「海内医林伝」文政一一年（一八二八）・「天保医鑑」弘化三年（一八四六）にはいずれも吉田の名前はない。

Ⓑ医師の門人帳より

（1）「曲直瀬門人帳」養安院家（ようあん）

養安院家の入門年順に書かれた二五七名（曲直瀬暢夫氏蔵）の門人帳から吉田の姓の医師をさぐった。

①吉田玄甫　安永八年（一七七九）三月二三日大岡兵庫公侍医

②吉田杏蘆　寛政八年（一七九六）八月七日

③吉田杏庵（元寛）　文化三年（一八〇六）三月二一日

（2）「伊良子家門人帳」

①吉田意諄　享保一七年（一七三二）九月一〇日

②吉田元長　享和元年（一八〇一）四月一六日（恵通京東川端二条）

（3）「香川門籍」

①吉田清吉（山城）・②吉田祐介（山城）・③吉田玄倫（丹後）

（4）「社盟録」（海上随鷗門人帳）

①吉田図書（許高）（平安）：吉田家の縁戚に関係があるのかは不明

【第二部】

第三章　患者としての角倉了以と素庵・光由の病

奥沢康正

はじめに

吉田家の主たる医師が江戸に転居するまで、土倉業を営んだ角倉家一族の患者たちは縁戚関係である吉田家の医師（主治医）に診てもらうことが多いと推察していたが、調べてみると角倉家の著名な人物は意外にも以下に述べるように別の医師に診断・治療を受けている。

一　了以の病

宋の医方が衰微、李朱医学が盛んになった時代に、角倉了以は吉田家の医師に受診せず、当時臨床医として最も著名な曲直瀬玄朔に治療を受けていた。なぜ吉田家の医師に診てもらわなかったのか。その理由を探るため玄朔について少し述べてみたい。

▼曲直瀬玄朔　一五四九～一六三一

二代目道三となった曲直瀬玄朔は初代道三とともに日本医学中興の祖と称されている。玄朔は京都に生まれた。本名を正紹、通称道三、東井と号した。初代道三の妹の子で、三五歳の時、道三の養子となり、曲直瀬家を嗣ぐ。一二代にわたり日本の医界に君臨した曲直瀬家（三代目から今大路家と改めた）の基盤を築いた。玄朔の医法は初代道三と同様、あるいはそれ以上に、徹底してプラグマチックであり、医家の諸説を採長補短して自説の中にとり入れるというもので、基本的には李朱医学（漢方医学の一学派、金元医学と呼ばれる）ではあるが、非常に幅広い考え方を持ち、臨床症状、自覚症状、他覚症状を重視して実地医家として活躍した。

玄朔は天正一〇年（一五八二）法眼に叙せられ、文禄元年（一五九二）に征韓の役で朝鮮に渡ったが翌年帰国、喘息発作に苦しむ関白秀次を治療して著効をあげた。その後、秀次が失脚、自害したさい、秀次側にいたために陸奥の国に流された。折しも後陽成天皇が病に倒れ、名医たちが治療を行ったが治療効果がなく、ついに玄朔の罪を免じて京へ招き、玄朔が調合した薬で治癒した。慶長一三年（一六〇八）徳川秀忠の病を治して江戸に招かれ、城内に邸宅を賜わり、京都と江戸に交代で住んだ。享年八三歳、江戸で没した。

玄朔の著書『医学天正記』（一六二七年出版）は、玄朔が二八歳から五六歳までの二八年間にわたる診療記録を整理したもので、中風から麻疹まで六〇の病類部門に分類して、患者の実名、年齢、診療の年月日を入れ、日記風に記載されている。史学の文献としても重要視され、正親町天皇、後陽成天皇をはじめ、信長、秀吉、秀次、秀頼、秀忠などの関白将軍や、左大臣近衛公などの公卿、公達、女院、文人墨客、毛利元輝、加藤清正などの諸大名、その他の重臣、家臣・足軽から一般庶民にいたるまで、三四五症例（異本では六二五症例）に及ぶ治験集である。この書により、李朱医学が初代道三と玄朔によってどのように日本化され、後世派医学、いわゆる「道三派」として流布することとなったのかをうかがえる、また、彼の診察法や治療体系の概略を、臨床記録を通じて知ることができる。玄朔は特に緊急時に必須の鉱物や動物生薬、生姜、地下生菌の使い方が上手だった。

そのほかの著に『延寿撮要』『十五指南篇』などがあり、臨床症状（自覚症状、他覚症状）を重視して臨床医として養父道三を上まわる業績を遺した。『医学天正記』記載の疾患別症例数を調べると、全三五一例中八位に欝症があげられ（九例）、その中に角倉了以の病歴が以下のように記されている（内容を抜粋する）。

鬱症

角倉了以

慶長三年（一五九八）八月一一日
気鬱、腹脹二便渋り滞る、脈遅濇（しき）なり　順気湯　分気補心也
○咳喘甚し臥すること能わず　三和に半夏　牽牛子　茯苓を加える。
木香流気飲　陳皮　一分二分　紫蘇子　青皮　当帰、芍薬　烏薬　茯苓　桔梗　半夏　川芎　黄蓍　奴（枳殻）
枳実　檳榔子　大腹子　防風　各八分　木香四分　甘草　四分　生姜　大棗

玄朔の病歴記載内容から了以には気管支喘息様、ストレス症状（鬱病か）が疑われる。日頃の激務があっても、兄として弟の医師宗恂に弱みを見せたくなかったのか。それとも一族の長として自分の病を利用しても、幕閣・貴族との太いパイプを持つ曲直瀬玄朔に近づき、社会的に、今以上に幅広い交流を築こうとしたのか。角倉の住居が玄朔の居に近かったのか。玄朔の医師としての名声に強い信頼感を置いていたのか。

一方玄朔からすれば、初代道三伝授の書と家訓（掟）である「治療を仰せつかったならば、貴賤の区別なく病者は我が身の主君と心得るべし。また医道は仁術なる故、名利を目的とせず人を救う心を持つべき」との医師としての掟を忠実に守ったのか。興味の湧く史実である。いずれにしてもその後了以の受診記録は見られず、病いは回復したと思われる。

また了以のほかに吉田の氏を持つ以下の五（六）名が玄朔にそれぞれ治療を受けている。ただしこれらの患者たちが角倉・吉田一族であるかの追跡は出来ていない。今後の調査にゆだねたい。

感冒

(1)吉田長左衛門

○感冒再発　熱去来　大便結　腰痛　咳痰　頭痛　足倦　脈弦数、沖和湯、参蘇飲に羌活、柴胡を加う。

瘧疾（ぎゃくしつ）

(2)吉田与次　二〇歳余（吉田休和と同一人物の可能性あり）

○瘧再発、毎日哺時、寒熱汗出で便瀉す。左の脈細数なり、養胃湯　竃甲飲子也。九月二日瘧り未だ治らず、寒熱次第に軽し。人参養胃湯　生姜　大棗。

喘息

(3)吉田修理亮　四〇歳余

文禄二年（一五九三）秋九月八日持喘、今気欝滞に因って発す、尿赤く脈浮数なり、定喘湯（宝鑑　加減瀉白散桑白皮二分　六味　知母　陳皮　桔梗各一分、青皮　細辛　黄芩各一分）、右に紫蘇子　杏仁　枳実　茯苓を加う。

(4)吉田修理亮（上記と同一人物）

六月二三日持喘発す　寧肺湯　陳皮　桔梗　杏仁　生姜　紫蘇子　枳殻　牽牛子　麦門冬　甘草。

諸気

(5)吉田左兵衛内　茂　一八歳女子

二月九日食後に上気、面赤く頭痛あり、脈滑数なり、降気円　便（?）　莎（香附子）膏を加えて食後に用いるなり。

(6)吉田左兵衛内　年一七～一八歳（上記と同一人物か）

一二月二〇日　気欝　胸上骨痛　心中塞上気す、脈浮実　快気湯　天南星香湯也（痰を出す）。

以上の記載原本『治験録』（上・下）は曲直瀬陽造氏が東京国立博物館に寄託している。

二　素庵の病

仏典『法華経　譬喩品　第三』には、「あるいはこぎつねとなって村に入るのに体は疥癬や癩疾あり、片目なく、子供らに打たれ叩かれて」とあり、『法華経　普賢菩薩勧発品　第二十八』には、「もしまたこの法華経を受持するものの過去の過ちを暴露したら、この人は現世で癩病となるであろう」とある。素庵の生きた時代もまた強い差別の時代であった。

晩年の素庵はハンセン病に苦しんだ。いわれなき差別と宿命に身を置きながら、みずからに与えられた使命を果たした素庵の姿が浮かび上がる。現代ではハンセン病の特徴はよく知られ、進行は緩慢だが、眼症状（視力障害・瞼の外反・角膜混濁）四肢の不自由（硬直）による歩行障害、顔面皮膚の下垂、顔面の皮膚障害、末梢神経障害、呼吸障害などの病状を持つとされているが、治療薬プロミンの治療効果が確認され、新たな発生が激減した（近年の発生例は日本では一例にすぎない）。

五〇年前の医学生時代、筆者は「岡山県国立らい療養所愛生園」へ衛生学実習に行きハンセン病患者に接した。当時形成外科手術は未発達で、教科書の臨床写真には載っていない多数の重症例をはじめて経験し、戸惑いを感じ、さらに院長室隣の標本室には数人の背中全面に入れ墨をした皮膚癩患者の人体皮膚乾燥標本が壁一面に貼られていたのを思い出す。その標本は皮膚に朱で入れ墨された組織部分に異常を認める所見より、薬物プロミンの治療効果が発見された証しを示す標本だった。当時、国策で隔離され差別を受けていた多くの患者たちの虚ろな目が今も目に焼き付いている。

素庵の話に戻るが、筆者はみずからの病が不治の病であると知り、己を律し、学友・門下生を大切にし、角倉・吉田家の将来をみすえて、命の続くかぎり学び続け、自分に与えられた使命をやりぬき全力で人生を駆け抜けた人物と思う。

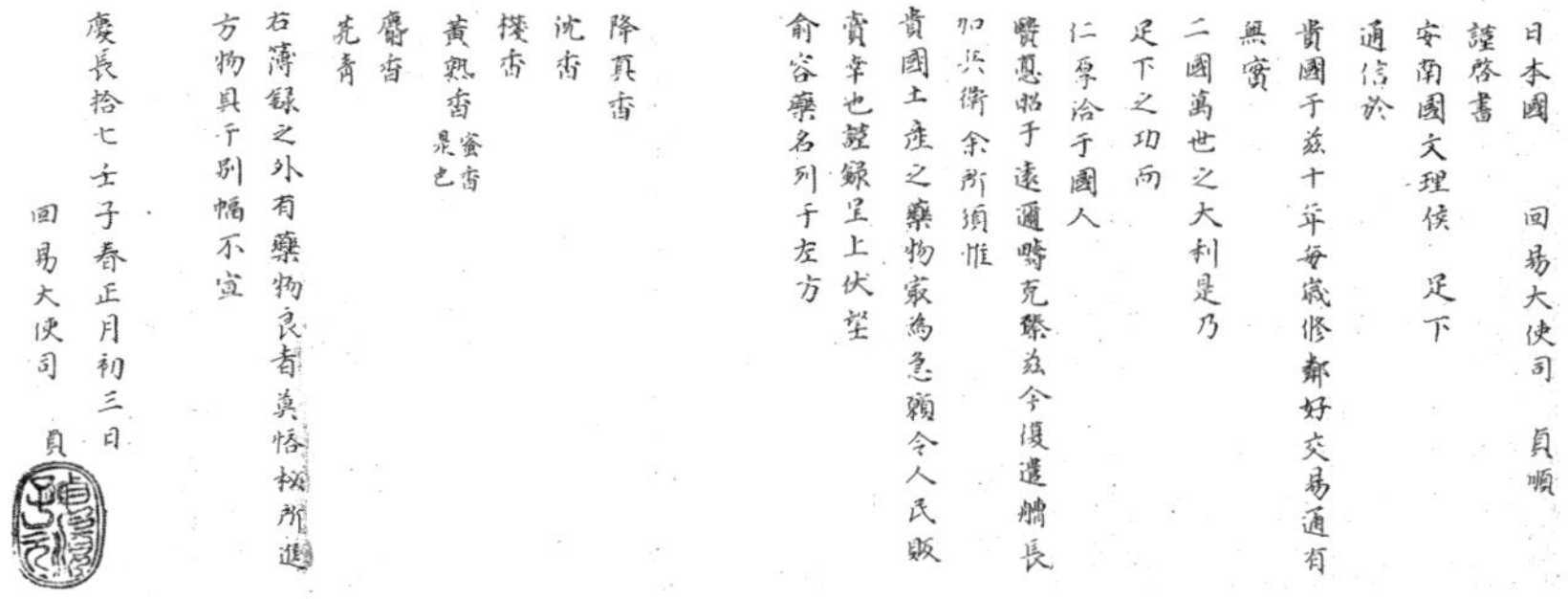
日本國　回易大使司　貞順
謹啓書
安南國文理侯　足下
通信於
貴國于茲十年毎歳修鄰好交易通有
無實
二國萬世之大利是乃
足下之功而
仁厚洽于國人
加以衛余所須惟
貴國土産之藥物家為急頼令人民販
賣幸也謹録呈上伏望
俞容藥名列于左方
降真香
沈香
棧香
黄熟香　竇香　黒色
麝香
花青
右薄録之外有藥物良者莫悋採所進
方物具于別幅不宣
慶長拾七壬子春正月初三日
回易大使司　貞順

図３：貞順子元信書控（角倉素庵筆）　慶長17年（滋賀県正眼寺所蔵）

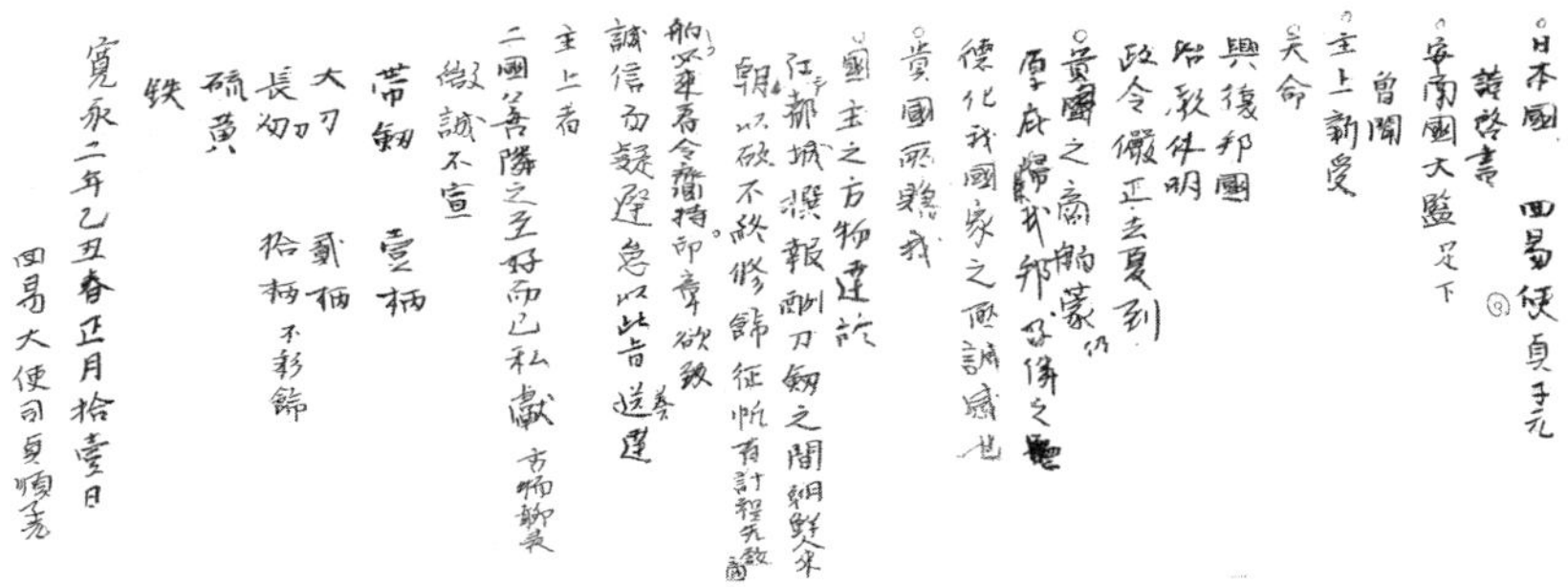
日本國　回易使貞子元
謹啓書
安南國大監　足下
曽聞
主上新受
天命
興復邦國
治教休明
政令儼正去夏到
貴國之商舶蒙
使化我國家之所誠感也
主上者
二國善隣之至好而已私獻
微誠不宣
帯劔　壹柄
大刀　貳柄
長刀　拾柄　不彩飾
硫黄
鉄
寛永二年乙丑春正月拾壹日
回易大使司貞順子元

図４：貞順子元書草稿（角倉素庵筆）寛永２年（京都・角倉吾郎氏蔵）
写真は上・下とも九州国立博物館「大ベトナム展」公式カタログ（2013年）より

素庵の生きた時代を調べると、差別された生活環境が存在したことを認めざるを得ない。そのような時代に角倉家の土倉業を担った素庵と光由は国を癒す国医として、吉田家の医師たちは民を癒す民医として活躍した。一族に対し深い畏敬の念を感じずにはいられない。

　なお素庵がハンセン病にいつ頃感染し、症状が出始めたかについての記録は乏しいが、素庵が嵯峨野化野（あだしの）にこもり始めた頃には手の運動障害、視覚障害はかなり進行していたと考えられる。葉山美知子は慶長一七年（一六一二）（図３）と一三年後の寛永二年（一六二五）（図４）に書かれた素庵直筆の文字を比較し、寛永二年には文字の乱れから病はかなり進行していたと明らかにする。視力低下が進み、手の運動障害で文字を書けなくなるのは寛永二年（一六二五）以後と推測する。

当時のハンセン病に対する認識として、医師を含め、家族、門人も不治の病と知り得ていたであろう。キリスト教の伝道により京都にできた南蛮寺には、多数の貧民の中に、ハンセン病に感染した患者が多くいたという。当時のポルトガル医療で大風子が使われたことは、ルイス・フロイスの「日本史」(天文一八年~天正六年)、さらに「日葡辞書」よりうかがい得る。もっともタイ、インドネシアなどに産する大風子がハンセン病に効果があると初めて記載されたのはすでに元時代の名医・朱丹渓(一三五八年没)が著した『丹渓纂要』で、李時珍『本草綱目』(第五二巻第三五部・木部)にも詳細に述べられている。

曲直瀬道三著『啓迪集』には、「癩病」について中国医書『医学正伝』(一五三一年)、『玉機微義』(一五三〇年)、『医林集要』(一五二九年)、『丹渓心法』(一五〇七年)からの一部引用を見る。ただし道三自身の症例数記載は少なく五症例で、そのうち「治療効果のあったのはただ一人の婦人のみで、この症例は貧乏なため充分な食物がなかった例である。この病気は一時良くなっても再発すれば救う治療法はない。このため一切の味わいを断ち、房事を戒め、公私共に務めをなくし、ことごとく遠ざけること」など養生を主とした記載がされている。

この項をまとめるにあたり、化野念仏寺の竹藪にひっそりと眠っている素庵の墓石を訪れた。じっとみつめていると、風が笹の葉をなでるかすかな音とともに不治の病を友とし己を見つめ、儒者として駆け抜けた素庵の人生が走馬灯のようにめぐった。筆者は、夢多くして医史学に関心を持つ若い医師には、是非とも竹藪に静かに座している素庵と話しをしてほしいと思う。

▼素庵の臨終

京の医師・法印野間三竹(玄琢の息子〈一六〇八~七六〉)は晩年の素庵と一夜を語りあっている。その頃素庵は嵯峨大井川畔の邸を次男巖昭に譲り、清涼寺西隣に隠居していた。「柴門竹径、茅屋数間」というささやかな庵である。

しかし、そこには蔵書庫が左右に並び、書がぎっしりと納められ文具、机、硯、筆などが備えられていた。素庵は別室を構え「悪疫あるを以って、常に紙帳の中に座し、人と相面せず」であったが日常侍史に書を読ませ、それを聞き、または書を我が紙帳に持ち込ませ鑑賞していたという。また後掲の素庵の墓誌にも「不幸而罹宿疾、閉門養痾」という病状に陥り、素庵の念願であった「本朝文粋」・「達徳録」の完全校註を目前にして失明するも、なおも門人に口授して校註に励んでいるさまが記されている。そして父了以の一七回忌に向けて嵐山大悲閣千光寺に了以の石碑を建て、ますます病状が悪化すると嵐山の畔に読書室を構え、門人たちと四季折々の眺めを楽しみ、危篤におよび自分の遺骸は西山化野に葬るように言い置き儒式葬儀にのっとり、聖影を枕上に揚げ、香壺を置き祭器を並べた。そして門人に介助され跪き、最期を迎え、息子の玄紀と巖昭および長因の手を取って永眠した。

▼大悲閣千光寺に建碑された角倉素庵の碑文より

碑文二一九九字の漢文内容から素庵の闘病生活と看とりに関連する箇所を読み解く。なおこの碑（安南国産の鉄刀木製）は、素庵没後一年足らずして寛永一〇年（一六三三）四月に儒学者堀杏庵と素庵の息子二人が大悲閣に建立したものである。

以下の訳文は葉山美知子女史に願った。碑の上部には横書きに「儒学教授兼両河転運使吉田子元行状」と書かれている。

元和七年（一六二一）尾張徳川義直（家康の九男）は素庵を招き、和漢の書を講読指南させていた。しかし時をおかず不幸にも治療もままならない病（宿疾）に罹ったので、たびたびの尾張（徳川）義直からお召しにも応じず、門を閉ざして養生する（同時期親戚の吉田休和もお互い同病を患っていたため、書物の貸し借りは出来なくなったという書状を出している）。寛永四年（一六二七）に大井川の邸宅を次男巖昭に譲り、財産は一族に分配して布団と枕のみ。ただし書だけは数千巻を持って、清涼寺の西隣に、占いに従って居を定めた。師の藤原惺窩から贈られた「達徳録」百余巻の注釈などにうちこむが、完成を見ないうちに失明する。嗚呼なんという運命、しかし志を遂げるために門人宗允（そういん）に口述筆記させ儒者の生き方を全うした。

終焉に近づいても素庵の心は安寧（あんねい）を保ち、闇の世界に入りこんでも手離さなかった多くの書をおそらく心眼で読んでいたのであろう。

三　光由の病

（1）　光由の略歴

慶長三年（一五九八）〜寛文一二年（一六七二）一一月二一日　七五歳没　幼名与七　通称七兵衛　号久庵　法号悠久庵機円哲居士：光由は若い頃、了以の門人として数学を学び、毛利重能に師事、のち素庵に学ぶ。角倉一門の中では傍流に過ぎなかった。寛永一二年（一六三五）肥後の細川忠利の元に召抱えられる。このとき三八歳。豪商灰屋与平衛の娘から嫁いできた妻との間にはすでに五人の子がいた。光由四四歳の年、寛永一八年（一六四一）細川忠利が五六歳で死去したため、六年間の九州生活を終え都へ帰る。隠居後、晩年病により失明。亡くなるまでの一四年間、光由は素庵と同様嵯峨の吉田玄通（素庵の孫）の許に身を寄せ、跡継ぎの光玄に田中姓を名乗らせ、竹藪の奥でひっそりと息をひそめて暮らした。筆者はハンセン病による視力障害と考えている。光由の生活からもこの時代のハンセン病に対する根強い差別がうかがえる。

二尊院の角倉一族の墓所には光由の墓石が見つからない。光由には渡辺藤兵衛という弟子がおり、藤兵衛が光由の位牌を持って現在の豊後高田市夷谷（元は西国東郡香々地町）にたどり着き、光由の墓を作った。墓石は無銘であるが位牌には系譜と同様の正確な没年月日、「顕機円哲居士　山城国嵯峨住吉田七兵衛光由算術之師範也」と記載があり、墓石を遺せなかった真実を知っていた藤兵衛が、あえて世間の人から容易に見つからない場所に、師の墓碑を立てたのではないかと佐藤蔵太郎が『西国東郡誌』（一九二三年）で述べている。昭和二八年八月五日に長谷九郎が実地調査を行い、光由の墓は無銘であることを確認したという。ただし香々地町には、次掲の光由の位牌があると文部科学省科学研究補助金による、「江戸のものづくり」（本書六頁参照）（A–01.05班）の報告書（三一頁）にも記されている。なお筆者は光由がハンセン病を発症したのは中年以降で、病状の進行は緩慢であったと考える。

（2）光由の墓

吉田光由の墓は豊後高田市夷谷（元は西国東郡香香地町）にある。

寛文十二子十一月廿一日
顕機円哲居士

この戒名と没年月日は、京都角倉家蔵「角倉源流系図稿」のものと一致する。また同史料には、光由が熊本に赴いたという以下の記事がある。

一日、肥後州太守算芸（細川忠利）に遊ばんと欲す。時に光由、「塵劫記」をもって、姓名を都鄙に知られる。故に太守の家人佐藤庄左衛門尉を以て命を伝へて光由を熊本の城に招き致す。（原漢文）

ただし佐藤庄左衛門の名前は、熊本藩の家臣録などには見当たらないとされている。

また別に二〇一〇年、二尊院に大分の墓とよく似た上部が三角形の墓石が見つかり、表面には「算学」「算道」の文字が刻まれていた。さらに同院の過去帳に戒名があることから、二年前に発見された墓石片が光由の墓と断定されたとの報道が二〇一二年になされた。

▼補足

堀杏庵：一五八五〜一六四三

江戸初期の儒医・儒学者。近江の人。祖父は近江国野村城主堀定澄で、父は医師堀徳印。名を正意（まさおき）。字（あざな）は敬夫。号は杏庵・杏隠・敬庵・蘇巷・茅山山人、通称与十郎。医術を曲直瀬正純に、訓読を南禅寺塔頭帰雲院の梅心正悟に、儒学を江戸期の朱子学の受容と発展を決定づけた藤原惺窩に学び、惺門四天王（林羅山・那波活所・松永尺五・堀杏庵）の一人に数えられた。博学で、文章能力が高いと評価され、安芸国広島藩主浅野幸長・長晟、寛永八年（一六三一）より尾張国名古屋藩主徳川義直に仕え、江戸幕府の『寛永諸家系図伝』の編纂にも関与した。長男の立庵は広島藩に、次男忘斎と三男道隣は名古屋藩に仕えた。著書に『堀杏庵文集』『杏陰集』『東行日録』『有馬温湯記』『朝鮮征伐記』がある。

▼角倉家の某氏を診たその他の医人・有馬凉及（一六二三〜一七〇一）

奇行でもって有名な李朱医学（後世派）の医人である京都の儒医有馬凉及が伴高蹊著『近世畸人伝』（寛政二年）に載っている。それによると、角倉氏（氏名不詳）の請で往診した折、道すがら、花ざかりの桜の大樹を見つけた。大変高価なもので、角倉家で金を借りて買った。多数の人夫が大樹を掘り、有馬邸まで運んできたが、邸内には植える空き地もない。植木屋はどうしようと心配顔であったが、有馬凉及はすこしも騒がず、「よしよしそのままに置いておけ。寝ながら見る桜としよう」といったという。角倉家の者が一族の医師に診てもらうだけでなく、他家の著名な医師にも治療を受けていたことを示す一例である。

【第二部】

第四章　吉田・角倉一族の人びとの平均寿命の比較

奥沢康正

医業と実業を営んだ吉田・角倉一族の人びとの平均寿命はどの程度だったのだろうか。医師は、患者との接触の結果、感染による死亡も一般より高いと思われる。かたや事業家は管理・経営責任の重圧によるストレスが寿命に関係したと考えることもできる。簡単に結論づけられないが、平均死亡年齢に差をみるのが興味の湧くところでもある。そこで二業種の平均寿命を算出し比較を試みた。

(A)平均寿命算出の方法

①使用した史料は『寛政重修諸家譜』である。そこに記載のある没年齢から平均寿命を算出した。

②医家吉田家の平均寿命は吉田家の血統者だけで、養子は省いた。

③事業家角倉家はのちになるほど他家から養子を迎えているが、養子も含めて没年齢から平均寿命を算出した。角倉家の血統者だけでは人数が少ないのと、他家からの養子を加えて算出することにより、当時一般の事業家の平均寿命に近いものが推定できると考えたためである。

④夭死はカウントしていない。

(B)医家吉田家と事業家角倉家の平均寿命の相互比較

『寛政重修諸家譜』に没年齢が記載されている医家吉田家の人数は三〇人、事業家角倉家の人数は一四人である。

①医家吉田家三〇人の平均寿命は五七・一歳である。

②徳春・宗林・宗忠の三代の平均寿命は八五・三三歳と非常に長い。

③宗桂に始まる医家吉田家一一人の平均寿命は五二・六四歳。

④周三に始まる医家吉田家四人の平均寿命は六四・五歳。

⑤宗和に始まる医家吉田家四人の平均寿命は四〇・二五歳。

⑥宗知に始まる医家吉田家四人の平均寿命は五七・五歳。

⑦宗貞に始まる医家吉田家三人の平均寿命は五六・三歳。

⑧角倉了以に始まる事業家角倉家一四人の平均寿命は四八・一四歳であった。

(C)この計算から以下のことが考えられる。

①徳春・宗林・宗忠の三代の平均寿命は八五・三三歳と非常に長いので、この三人を除いた二七人の平均寿命を算出すると、五三・九六歳であった。

②医家吉田家と事業家角倉家の平均寿命は、徳春・宗林・宗忠の三代の寿命を数えなくても、五・八二歳の差がる。

この差から、医者のほうが、実業家より少し長生きであると考えられる。

(D)今後の課題

徳春・宗林・宗忠の三人の平均寿命が長い理由は、たまたまそうであったのか。当時の医者とそうでないグループの平均寿命を多く採集し、医者の母集団とそれ以外のグループの母集団がどのような分布をするかを比較すれば、より確実な当時の平均寿命が算出できる。

【第二部】

第五章　吉田称意館が所有した医学関係書

奥沢康正

以下に記載した医書名は吉田称意館に旧蔵されていたと思われる蔵書目録である。これらの現在の蔵書先の詳細はすでに「吉田称意館旧蔵書目録」として下浦康邦が詳細に報告している。筆者はこの目録から医書関係の蔵書のみをここに掲載する。最もこれら医書のすべてが称意館に蔵されていたかの確証はなく、吉田家の医家たちが所蔵していた医書も一部ある。したがってタイトルを吉田家医師たちの医書蔵書一覧とするのが良いかも知れない。なお吉田家の医師たちが著した医書についてはすでに第二章で各人のプロフィールの末尾に記載した。

▼医書目録〈現存分〉

(A)内閣文庫蔵本

「素問鈔補正」一二巻(巻一一欠):元　滑寿注　明丁瓚補正　王宮編　明万暦一二年(一五八四)刊

「新刻素問心得」二巻、「新刻霊樞心得」二巻:明胡文換　明刊(周対峯)

「図註八十一難経」八巻:明張世賢　明［嘉靖］(一五二二～一五六六)刊

「新刊銅人鍼灸経」(「経籍訪古志」著録本)七巻:明［嘉靖］(一五二二～一五六六)刊

「図註王叔和脈訣」四巻提要・附方名一巻:明張世賢　明刊(沈氏碧梧亭)

「脈證伝授心法」一巻:明呉景隆　江戸初写

「新刻太素心要」二巻、「新刻太素脈訣秘書」一巻:明胡文煥校　明刊

「三因極一病證方論」(多紀元簡手跋本)一八巻:宋陳言　江戸写

「新刻心印紺珠経」:明朱撝撰　胡文煥校　明［万暦］(一五七三～一六二〇)刊

「程斎医抄撮要」五巻:明盛端明編　明嘉靖一二年(一五三三)序刊

「活人心統」四巻:明呉球　江戸初写

「新編傷寒類證便覧」一一巻首二巻:明隆彦功編　張政鴻補　明弘治一一年(一四九八)刊(陸氏保和堂)

「重編傷寒心用運気全書」一〇巻：明熊宗立編　明正徳八年（一五一三）刊（熊氏厚徳堂）
「嬰童類萃」：明王大編　江戸写
「新刊太乙秘伝急救小児推拿法」二巻：明姚国禎　明万暦（一五七三〜一六二〇）刊（劉氏喬山）
「痘疹心書」（多紀元胤手跋本）　存一巻（巻一）：明柳樊邱　江戸初写
「奇効良方」六九巻：明方賢撰　楊文翰校　明成化七年（一四七一）序刊
「程氏釈方」四巻：明程伊　明嘉靖三〇年（一五五一）序刊
「新刻恠奇證奇方」二巻附一巻：明李樓撰　胡文喚校　江戸初写
「保生餘録」二巻：明張介庵　明嘉靖（一五二二〜一五六六）序刊
「本草権度」三巻図一巻：明黄済之　明嘉靖一四年（一五三五）跋刊
「薬鑑」二巻：明杜文燮　明万暦二六年（一五九八）刊（劉龍田）
「新刊大医院校正京本珍珠囊薬性賦」二巻：元李杲撰　明熊宗立校　明［万暦］（一五七三〜一六二〇）刊
「新刊博覧古今経史皇極経世書説」一二巻：明朱隠老　明嘉靖一四年（一五三五）刊
「内閣文庫国書分類目録下」内閣文庫刊
「万病回春鈔」（写本）：吉田宗恂　印記なし　確証なし
（B）京都大学附属図書館「富士川文庫」蔵本
「医事雑書」（写本）一巻：吉田宗恂　確証なし
「寒窓随筆」（写本）：吉田宗恪
「修製纂類」（写本）一巻：吉田宗恂
「小品良方」（写本）：吉田宗恪

「読傷寒論俗解」（写本）：寛政八年（一七九六）吉田宗愔写
「冬青亭雑録二」（写本）：吉田宗愔
「本草和名私記」（写有）：如見子著　由顧子（宗怡）補編
宝永六年（一七〇九）写如見の同名の著作を同年に増補したもの。『寛政重修諸家譜』にいう「重編本草和名一巻」と同一書であろう。
(C)国会図書館蔵本（白井文庫）：『国立国会図書館支部上野図書館所蔵　本草関係図書目録　上』（国会図書館支部上野図書館、一九五二年）所収
「本草序例抄」七巻：寛永一八年（一六四一）版
「本草和名私記」（写本）乾坤二巻：吉田氏家印記
(D)武田科学振興財団杏雨書屋蔵本
「経験小品方不分巻即家秘小品方」（写本）帖一冊：吉田如雲（宗恬）著　子息由頤（宗怡）増補　子孫如春（宗愉）再補　自筆稿本　嘉永六年（一八五三）吉田宗悌手跡あり
「歴代名医一覧」一巻：吉田宗愔　寛政年中　称意館塾刊本
(E)現在所在不明分
「経籍訪古責志」：渋江抽斎・森立之　安政三年（一八五六）
「解題叢書」収録：大正五年（一九一六）一月二五日　国書刊行会刊
「家伝日用本草」八巻　聿修堂旧蔵：明嘉靖四年（一五二五）刊本
「黄帝明堂灸経」一巻　躋寿館旧蔵：北宋槧本
「新刊銅人鍼灸経」七巻　聿修堂旧蔵：明熊氏衛生堂重彫

「大徳重校聖済総録」二〇〇巻目録一巻　吉田称意館旧蔵：元大徳四年（一三〇〇）刊本
「三因極一病護方論」一八巻　聿修堂旧蔵：旧鈔元南溪書院本
「澹寮集験方」一五巻　酌元堂旧蔵：鈔元板
「世医得効方」二〇巻目録一巻　聿修堂旧蔵：活字本
「活幼心書」三巻　小野氏養閑斎旧蔵：明修元版
補足：長沢規矩也・林屋辰三郎は「吉氏家蔵」の印を「吉家氏蔵」と呼んでいるが、これは誤りで「吉氏家蔵」と呼ぶべきであると下浦康邦が指摘している。[19]

【第二部】

第六章　嵯峨医学舎

奥沢康正

阿知波五郎［文献17］は安土桃山時代に嵯峨に医学舎が出来、堀杏庵と古林見宜（けんぎ）が学舎運営にあたり、門下医生三〇〇〇人が集まったと記す。

この医学舎は堀杏庵、古林見宜らによって創設されたとされるが、確実な史料がなく幻の医学舎として存在したのかさえ分かっていない。素庵の碑を堀杏庵が撰しており、素庵は師藤原惺窩や林羅山・堀杏庵に囲まれ儒学を尊んだこと、また著名な儒医野間三竹とも懇意の間柄であること、場所が嵯峨といわれていることなどから、もし嵯峨医学舎が存在していれば素庵が大きく関係していたと考えられる。当時隆盛を誇った啓迪院（曲直瀬道三・玄朔）も門下三〇〇〇人といわれたが、実際にはそれほどの規模の医師の養成所といえるようなものではなく、嵯峨医学舎三〇〇〇人もあくまで「白髪三千丈式」の多数という意味の三〇〇〇人と考えられ、あまり大きなものではなかったかと考えている。

江戸期、医師は権威づけのため医塾を設け、競って門人を集めた。中でも有名なのは、古くは京都の啓迪院、畑黄山の医学院（漢方医学）であろう。また江戸では幕府奥医師多紀家（丹波康頼の子孫）の躋寿館（せいじゅ）があり、天明四年（一七八四）には一〇〇日間医生を学舎に寄宿させ、百日教育法という独特の教育法を実施、医案会、疑問会、薬品会等を行い、多くの医生を集めていた。

多数の医書を有した吉田家の一族がどれだけ門人を集めていたかは系譜の中ではわからない。系図の女子の姻戚関係を見ると、医師・本草学者・儒者が多く、同族の吉田家へ嫁いでいたりもする。当時の有力な医者、儒者、実業家と縁戚関係があり、本阿弥光悦など芸術家とも親しく、もっとも勢力・財力・教養のあるのが吉田・角倉一族であった。話をもとにもどすと、もしある程度大きい嵯峨医学舎が存在したなら、やはり素庵の財力と交友関係が背景にあったはずだと考える。

〔第二部参考文献および引用文献〕

［1］浅田惟常『皇国名医伝』（一八七三年）
［2］寺田貞次『京都名家墳墓録』（一九二二年）
［3］竹岡友三『医家人名辞書』（南江堂京都支店、一九三一年）
［4］『寛政重修諸家譜』第七　文化九年（一八一二）高柳光寿・岡山泰四・斎木一馬編集顧問（続群書類従完成会、一九六五年）
［5］正宗敦夫編纂校訂『地下家伝』（自治日報社、一九六八年）
［6］曲直瀬道三『啓迪集』天正二年（一五七四）刊（矢数適明監訳、現代語訳、思文閣出版、一九九五年）
［7］『京都姓氏歴史人物大辞典』（角川書店、一九九七年）
［8］奥富敬之『日本家系・系図大事典』（東京堂出版、二〇〇八年）
［9］『国史大辞典』（吉川弘文館、一九七九〜一九九七年）
［10］小川鼎三『医学の歴史』（中公新書、一九六四年）
［11］森谷尅久『京医師の歴史――日本医学の源流――』（講談社現代新書、一九七八年）
［12］布施昌一『医師の歴史――その日本的特長――』（中公新書、一九七九年）
［13］京都府医師会編『京都の医学史』（思文閣出版、一九八〇年）
［14］服部敏良『日本医学史研究余話』（科学書院、一九八一年）
［15］立川昭二『病気の社会史――文明に探る病因――』（日本放送出版協会、一九七一年）
［16］杉立義一『京の医史跡探訪〈増補版〉』（思文閣出版、一九九一年）
［17］『医史学点描』阿知波五郎論文集・下巻（思文閣出版、一九八六年）
［18］阿知波五郎「医学史　京都名医伝（4）」（『京都医学会雑誌』七巻二号、一九五六年）
［19］下浦康邦『吉田・角倉家の研究』（『近畿和算ゼミナール報告集』第三輯、一九九九年）
［20］駒井重勝著・藤田恒春編校訂『増補　駒井日記』（文献出版、一九九二年）
［21］オリエント臨床文献研究所監修『臨床和方治験選集九』歴代名医伝略　歴代名医一覧　南北経験医方大成鈔　丹渓心法粋　万病回春鈔　寒窓随筆　冬青亭雑録　吉田意庵親類書（オリエント出版社、一九九八年）
［22］黒川道祐編纂『本朝医考』三巻（『近世漢方医学書集成』名著出版、一九八一年）

【第三部】

社会基盤と角倉

吉田・角倉の業績の中核的な部分をなす近世の社会基盤に関わる事業の数々である。第一章では土木技術について、第二章では水運について描く。第一章では、高瀬川と菖蒲谷池隧道の発掘調査について福本、鈴木の論と史資料を紹介する。辻垣の論文では、角倉の記述がある高瀬川周辺の近世の地図について述べる。さらに近世の強固な石垣を作る技術、穴太衆積みとはどういうものか、現代の穴太衆である粟田の論を紹介する。最後に、角倉家の関わった地域の風景を作った庭園技術について日本庭園師の金久が解説する。

第二章で述べた土木技術を基礎に吉田・角倉は水運を展開する。第二章では、まず保津川の現役の船頭である豊田が川下りの技術について論じる。船頭はただ船を漕ぐだけではなく、船の補修、河川の環境整備も行う。ここに穴太衆積み、庭園技術へと通じるものが見えてくる。川下りが実用的な役割を終え、観光資源としての活用へと転換していく近現代の歴史については上林が論じる。嵐山で木材運搬基地として栄えていた薪炭商小山家の調査については鈴木が論じる。第四節では所変わって富士川の水運について石川が論じる。これも一般には角倉の関わった事業と解されているが、実際には史料的裏づけは乏しい。しかし、同時代に運用されていた大規模な水運であることは事実で、保津川との比較検討対象として有意義である。

最後に、中村は、御土居藪を「支配」したとされる角倉家の実際の役割と影響について論じる。土木技術、水運、御土居という流れの中から、角倉が担った実際の役割がどこまでだったか理解できよう。

（森）

【第三部】

第一章 土木技術

福本和正
鈴木久男
辻垣晃一
粟田純司
金久孝喜

第一節　高瀬川

福本和正

はじめに

角倉（吉田）家が関わった数多くの土木構造物のうち、筆者は本節で高瀬川を、第三節で菖蒲谷池と隧道についてとりあげる。執筆にあたっては、それらが開削されるにいたった時代の、政権の目まぐるしい移り変わりにともなう、経済と技術の急速な変化の経緯およびそれから約四〇〇年後の現況について記録にとどめることも念頭に置いた。

現在の「高瀬川」は、中京区の木屋町二条から約一〇・二km南の伏見区三栖で宇治川に合流し、天王山手前で桂川、木津川と合流して淀川となる。水深一〇～二〇cm程度、川幅四～六mの浅く穏やかな、ごく普通の川で、鴨川の西側に平行に流れるものの、標高は三～五m高い位置にある。昭和一〇年頃までは、木屋町二条で直接鴨川から取り込まれていたのであるが、この年の鴨川の洪水を受けて、鴨川の川底が浚渫・改修されたため、以後はこの地点から一・三五km上流の鴨川一条で鴨川より取水され、暗渠を経て開渠となって南流する「みそそぎ川」より取り込まれている。今も二、三年に一回程度の大雨の際には、鴨川は二～三m増水するものの、鴨川一条の取水口に簡単な遮水板を人手により設置することで、高瀬川の水位はほぼ一定に保持されている。

ただし、二条以南から五条までの「みそそぎ川」の標高は鴨川とほぼ同じのため、川上に、夏場に設置される「納涼床」の支柱は、鴨川から溢れた水に洗われ、流下してきたごみがまとわりついていることもある。なお、かつて二条が起点に取られたのは、徳川家の二条城の大手筋が二条大路であったからである。

静かに流れ、岸辺を散策する人に落着いた雰囲気を与える「高瀬川」の水辺ではあるが、高度な政治、経済、技術等をめぐる当事者のやり取り、気迫、努力によりできたものであることが、先人の貴重な文献を調べることによりわかってきた。前半では、数多い関連文献から、筆者に関心のある事項を要約する。

後半では、平成二四年（二〇一二）九月から平成二六年（二〇一四）五月まで、木屋町二条から三条間の高瀬川で実施された、漏水防止のための改修工事中の状況と、一時代前に木杭として使用されたと推測される丸太が掘り出されたので、記録にとどめた。これは主として高瀬舟を岸辺から人が曳くための足場となる綱道（つなみち）を造るための土留め杭、もしくはそのための石垣を支えるために使われたものと推測される。

一　開削にいたる行きさつと時代背景

（1）開削の端緒

豊臣氏から徳川氏への政権の過渡期にあった豊臣末期、東山方広寺に大仏が造られつつあった。その資材運搬用には当時、鴨川が利用されていた。当時の洛中洛外図によると、鴨川には要所要所に舟が浮いているが、現在も年に二〜三回ある大水で流路が変更され、常時運搬に利用できる水路が必要とされ高瀬川の開削が考え出された（図1）。

慶長二年（一五九七）に、角倉家から東九条村に、高瀬川開発願書に相当するものが出されている。慶長一六年（一六一一）に幕府に申請し、翌年着工、同一九年（一六一四）伏見までの水路が完成しているが、時代とともにその流路を変えている。

高瀬とは川の浅い瀬を言い、その通行に適した舟底が平らで舳先が高く上がった小型の運搬船を指す「高瀬舟」が、現在一之舟入前に展示されているが、後述の改修工事のため、平成二五年（二〇一三）秋に二代目が、二九年ぶりに約七〇〇万円で新造された。その寸法は、長さ一一・四mから一三・四mに、幅は二・〇mから二・四mに大きくなっている。

図1：洛中洛外図屏風(六曲一双屏風のうち右隻・東山方広寺付近)　大阪市立美術館蔵

当時の舟数は、状況により多少変化したようであるが、寛文九年（一六六九）～天和元年（一六八一）間で一六〇艘、宝永五年（一七〇八）で一八八艘とのこと。「高瀬舟」の積荷は、上りの舟に大仏殿の用材、御所の用材、米、薪炭、日用品等々。下りの舟に大八車、家具、肥料、肥え桶等々が積まれ、時には伏見稲荷詣での参拝客も乗った。

(2)　開削の費用

角倉は豊臣秀吉の治世下の文禄元年（一五九二）から、徳川家康治世下の慶長八年（一六〇三）～寛永七年（一六三〇）までの朱印船貿易により、財を蓄え、開削費、用地費等の資金とした。文献[1]では、了以の場合、企業欲のうちに、社会性・公共性というものがあって、それを社会の中で、仕事を通して実現する事が、何かある高い目的を達成することになる、ということだったのではないかと、記されている。

(3)　角倉船の「舟中規約」

文献[1]では、角倉船で注目されるのは「舟中規約」とされ、その五条のうちの主な四か条は、次のように要約されている。

第一条　交易の心得として自他共に利益になる、有無相通じる事こそ公益の本道である。自分だけが利することがあってはならない。

第二条　風俗言語は異なっても、天賦の理は同じである。その国の人が禁じていること、忌み嫌っていることを心得、その国の風教に従うこと。

第三条　同じ舟に乗る者は、苦労があれば助け合い、自分だけが逃れようとしてはならない。

第四条　酒食に溺れてはならない。お互いに慎むべきである。

これは、近江商人の四大徳目「正直、勤勉、倹約、堅実」と相通じるものがある。角倉の祖である佐々木厳秀は、「源平盛衰記」で宇治川先陣争いを梶原影季とした佐々木高綱の弟で、近江の吉田の地（現在の彦根市近くの滋賀県犬上郡豊郷町（とよさと））に領地をもらい、吉田姓を名乗った。

（4）　高瀬川開削に先立ち角倉了以が担当した開削工事

了以は保津川（大堰川）開削、富士川開削を担当し、経験を積んでいた。いずれの川も、高瀬川より規模は大きく、水量や流れ方も複雑であるのに、それらの施工期間が短いのに驚く。

①保津川開削

秀吉は大坂城の築城や大仏殿の建立に、丹波の木材を利用した。一四世紀には筏流しの専門職が存在し、秀吉からのちに朱印状が出されている。保津峡を通る筏は、上流での河川改修や角倉了以による保津川改修工事により、急激に増加したといわれる。

嵐山千光寺の大悲閣にある碑文によれば、了以は慶長九年（一六〇七）、作州（美作国）の吉井川を行き来する喫水の浅い平底船を見て、「凡そ百川、皆以って舟が通ずべし」と思ったことが開削のきっかけであるとされている。

すでに筏下り用の水路はあったので、開削は水路を広げたり掘り下げたりして舟用の水路を確保する工事や、舟を曳き上げるための綱道の整備が主であった。したがって文献[1]では、「保津川通船工事」と呼ばれている。この工事期間は、半年という極めて短期間であり、岩盤工事の主役は石工であった。同書は、火薬使用は明治以後としている。

②富士川開削

慶長一二年（一六〇七）に、家康の命を受けた角倉了以は、東海道随一の暴れ川として知られていた富士川に舟を通すために開削工事を行った。『東照宮御実記附録』巻一一には、慶長一〇年に京都大堰川の開削に成功していた角倉了以父子が命を受け、富士川を掘り下げ、高瀬舟を通して、岩淵から甲州に運送したと記されている。この時の開削では充分でなかったらしく、一九年に再度改修の命が幕府から出され、この時は病気の了以に代わり息子素庵が行っている。

角倉了以の開削が富士川舟運発展の契機になり、富士川は駿州と甲州を結ぶ交易路として、約三〇〇年間重要な役割を担った。

（5） 御土居堀との交錯部分

天正一九年（一五九一）、天下統一を成し遂げた豊臣秀吉により、突然周囲に城壁が構築され、京都はほぼ完全に封鎖された。この城壁には堀が並置されていた。その標準断面の幅は、堀二〇m、土塁二〇m、合計四〇mであった。このセットは、「御土居堀（おどいぼり）」と呼ばれている。

東側の鴨川沿いの部分では、堤防の役割も担っていたと考えられるが、明治二二年（一八八九）の陸地測量部作製の地図では、鴨川に接した部分（東部）がむしろ多く失われ、それ以外の部分（北、西、南部）には、ほぼ全域に御土居堀が描かれている。鴨川の氾濫、通行の障害となる部分の改修によると考えられる。

昭和五七年（一九八二）、京都市埋蔵文化財研究所による中央卸売市場での発掘調査では、土塁の前（御土居）の基

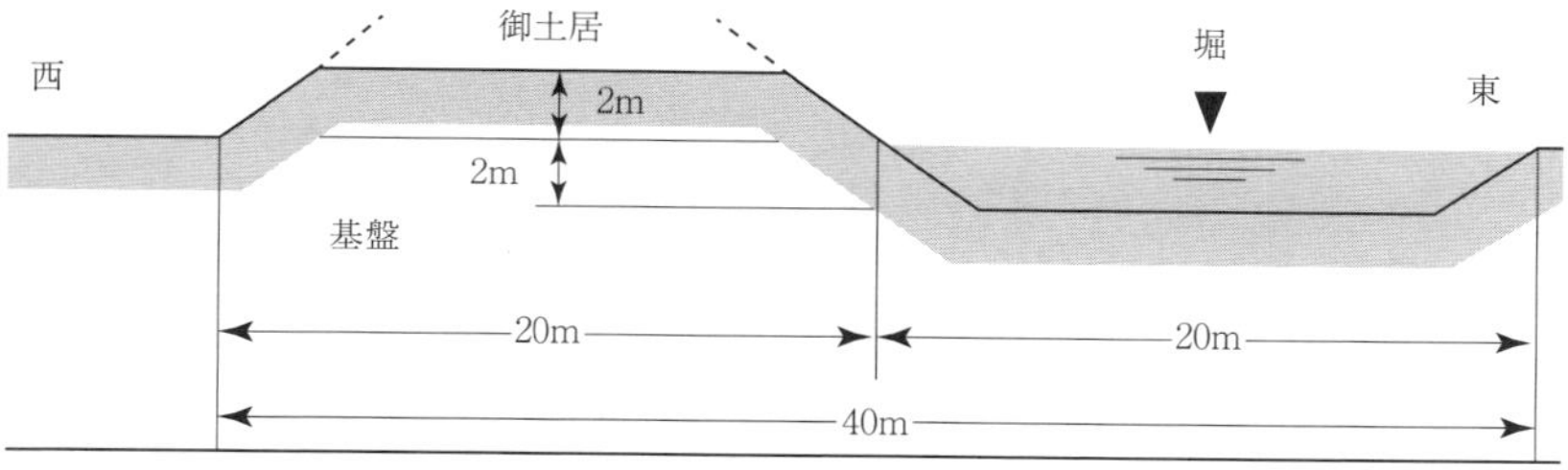

図２：御土居堀標準断面(筆者作成)

底部と堀がセットで出土した。土塁が幅約二〇m、高さ約二m、堀幅が約二〇m、深さが約二mであったとのことである（図２）。

構築された御土居堀の断面は、元の地盤面より掘り下げた堀に相当する部分と、その土を盛り上げた形の堤部の土の量が同量となっている。全体として切土量と盛土量が一致すれば効率が良いが、土塁部は後世に削られたとみられ、元々さらなる高まりがあり、全体としては堀の土だけでは足りなかったようである。文献[3]によると、堤（土塁）部分のいくらかは他の場所から運んで来たようであるが、大変な仕事量である。

全長約二二・五㎞の構築物を二～四か月で施工するために、天正一九年（一五九一）初めには、京都の有力寺社や諸大名に対して、大動員がかけられたとのことである。

当時の御土居の東端は、現在の河原町通りの西沿いに位置していたようである。四条から五条付近にかけて鴨川が西寄りに曲がる部分では、東側の鴨川と接近して陸部のスペースが狭まり、鴨川までもが堀のようになった部分も出てきたように考えられる（図３）。

(6)　御土居堀の上部に植えられた竹の育成と経営

御土居堀の堤部分には竹が植えられたが、その管理・運営には角倉家が携わり、その恩恵を受けたものと考えられる。当時竹は需要度の高い建築資材であった。一方で御土居への竹の植樹は、都を美しく見せるための都市修景を兼ねていたようである。

寛文年間（一六六一～七三）に、徳川幕府の京都支配の制度整備が始まり、御土居堀

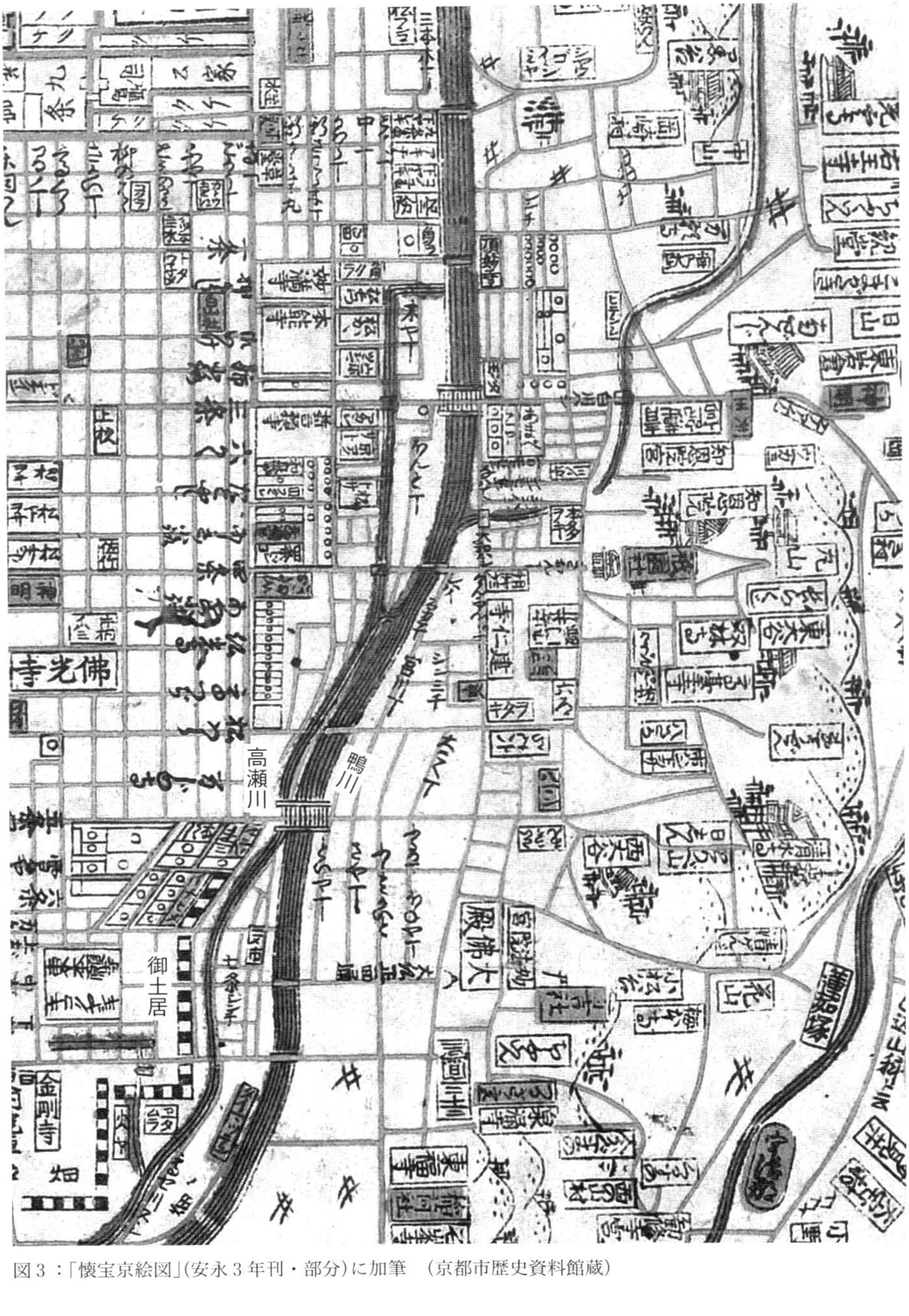

図３：「懐宝京絵図」(安永３年刊・部分)に加筆　(京都市歴史資料館蔵)

は、幕府直轄として寺社などに預けられ、それにともなう「役」が門前町や村に課せられた。了以から数えて五世目の角倉与一（玄恒）が御土居堀支配に任命され、寛文九年（一六六九）から寛政三年（一七九一）まで、約一二〇年間、角倉家の御土居堀支配が続いた。しかし同時にこの頃から、公家や寺社に土地が譲渡されていったとのことである（第三部第三章参照）。

寛文一〇年には、今出川通以南から五条通間に、寛文新堤が完成していた。西側の市街地を洪水から守るためである。堤は土でなく、堅固な石垣で築かれた。鴨川の西岸と御土居東側との間は埋め立てられて新地が誕生した。鴨川の治水という点では、御土居は、寛文新堤に役目を譲ることになった。

二　平成の改修工事

(1)　工事の経緯について

高瀬川の護岸の老朽化の進行にともなう漏水が懸念されたため、京都市建設局による漏水調査が実施され（図4）、漏水が疑われる状況が確認された（図5）。その後、平成二四年度から石積護岸および河床の漏水対策工事が進められている（図6）。

(2)　標準断面について

・石積み護岸の構造面の改良を目的として、空積み（からづ）から練積み（ねりづ）へ変える。これにより、河川水の浸透および樹木の根の侵入を防ぐ。
・外観は昔の風情を残すため、元の石を用いて、深目地（ふかめじ）とする。

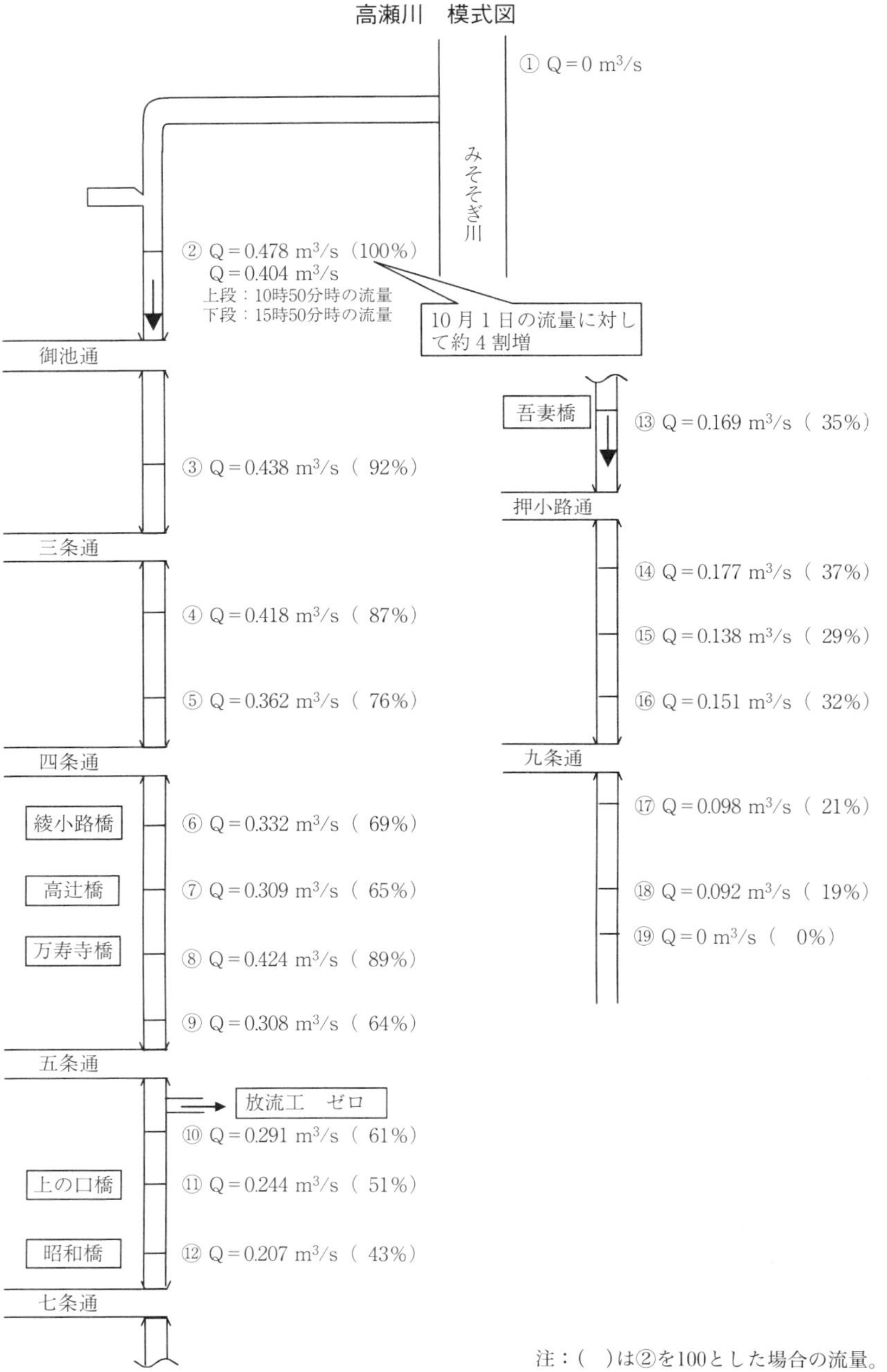

図4：高瀬川流量観測結果（高瀬川漏水調査、平成22年10月13日）
（京都市建設局水と緑環境部河川整備課作成）

図５：改修工事前の川岸の状況（京都市建設局水と緑環境部河川整備課撮影）
（左）組石が緩み、流出孔の形が崩れている。（右）根入部分がなくなり、浮いた状態。

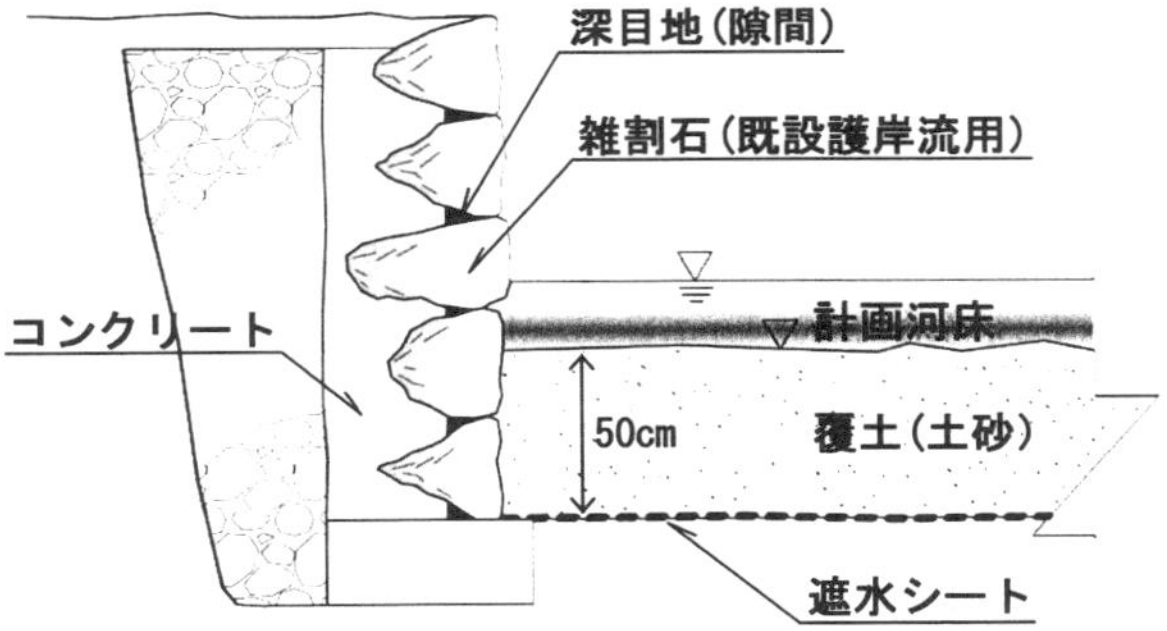

図６：高瀬川護岸部の計画横断面イメージ図
（京都市建設局土木管理部河川整備課作成）

図７：御池橋東北端部出土の木杭列（左は拡大）（筆者撮影）

・河床には遮水シートを敷設し、元の河床土砂で埋め戻す。遮水シートの敷設深度は、現河床の五〇cm下とし、表面には見えないようにしている。

（3）平成二六年度現在における改修工事スケジュール

・一之舟入付近〜五条通＝平成二四年度に着手し、平成三二年度の完成を目指す。

・五条通から下流＝今後、改修方針などについて検討する。

（4）木（丸太）杭の出土（図7・8）

今回の改修工事では、要所要所で、直径約一〇cm、長さ六〇cmで、鉛筆のように先端がとんがった丸太が、連続して鉛直に埋まっているのが見つかった。上下ともにとんがった丸太が多く、裏込め部分に互いの丸太を水平に繋ぐ長さ約一mの一〇cm角の角材も要所で見つかった。両岸の石積みの基礎、土留め工として使われたものと推定される。

これらの丸太が設置された時期は不明であるが、完全に浸水していたようで、腐食は見られない。最近二〇〜三〇年間に新築された建物沿いでは見られないようなので、それ以前の施工物のようである。

（5）現在の取水口

現在の高瀬川の取水は、前述のとおり近世の取水口から約一・三五km北の東一条の西岸にある鴨川の水面でなされ、約一・〇八km暗渠を流れた後、鴨川東岸の琵琶湖疏水放水口の真西の対岸で、暗渠から出て、「みそそぎ川」となり、二条大橋南まで〇・二七km流れている。昭和一〇年の鴨川大洪水の後、川面が約六〜七m掘り下げられたため、取水口が北上している。

押小路橋付近

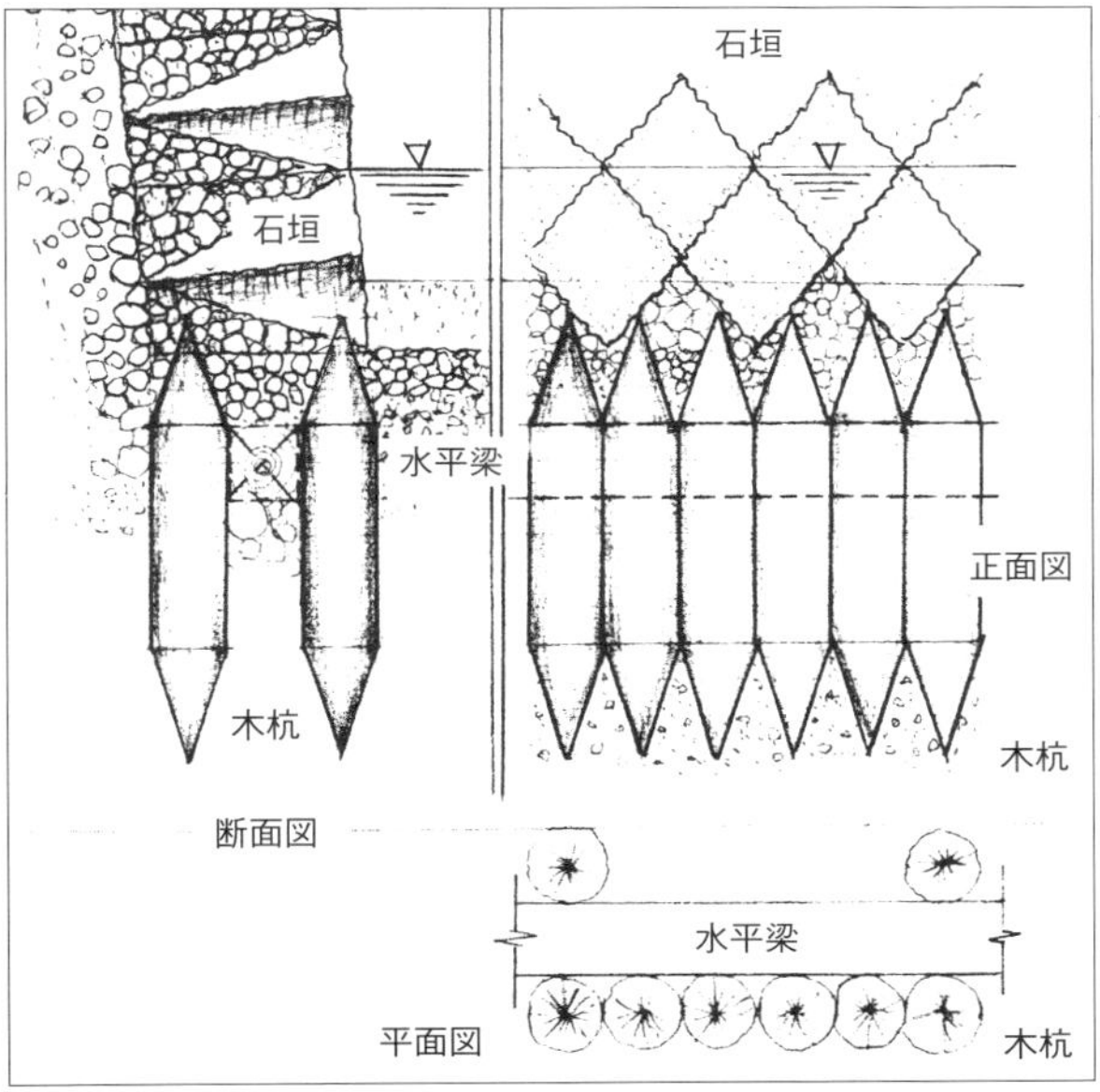

図８：木杭の出土状況と使われ方の推定復原図（筆者撮影・作図）

開削時には、二条での鴨川の水面と高瀬川水面がほぼ同じであったと考えられる。文献［2］によると、江戸末期には、御所造営のための木材が、二条の取水口付近から鴨川経由で約〇・九km北まで、高瀬舟により運ばれていたようである。

〔参考文献〕

［1］宮田章『角倉了以の世界』（大成出版社、二〇一三年）。

［2］石田孝喜『京都　高瀬川――角倉了以・素庵の遺産――』（思文閣出版、二〇〇五年）。

［3］古川隆『高瀬の舟』（北斗書房、二〇〇四年）。

［4］中村武生『御土居堀ものがたり』（京都新聞出版センター、二〇〇五年）。

［5］『新・京のかたちⅡ　高瀬川』（京都市歴史資料館、二〇一〇年）。

第二節　資料紹介：高瀬川の発掘調査成果

鈴木久男

はじめに

高瀬川は、慶長一六年（一六一一）鴨川右岸に角倉了以・素庵によって、二条と伏見との間の船（高瀬舟）による物資輸送と人の往来を目的に開削された運河である。現在の高瀬川は数度の改修により、当時の姿はとどめていない。しかしながら、それでも往時を偲ぶことができる一角が保存されていることは幸いである。

ところで、高瀬川に関する考古学的な調査はほとんど実施されたことがない。そのため、開削当時の状況や変遷に関する情報はほとんど知られていない。こうした状況下、平成一五年（二〇〇三）九月から一二月にかけて、京都市下京区小稲荷町・上之町において旧高瀬川の発掘調査が公益財団法人京都市埋蔵文化財研究所によって実施された（図1・2）。貴重な成果であるため、ここに紹介する。

調査概要

発掘調査成果を要約する（図2・3）。

一、流路内の堆積は、新旧の二時期が認められた。

二、旧期の流路幅は八・九m、深さ二・二m、新期は幅六m、深さ一・五mである。

三、旧期の護岸は明らかでないが、新期は杭と横板によって護岸されていた。

四、調査した高瀬川は、大正四年（一九一五）に廃絶された箇所とされている。

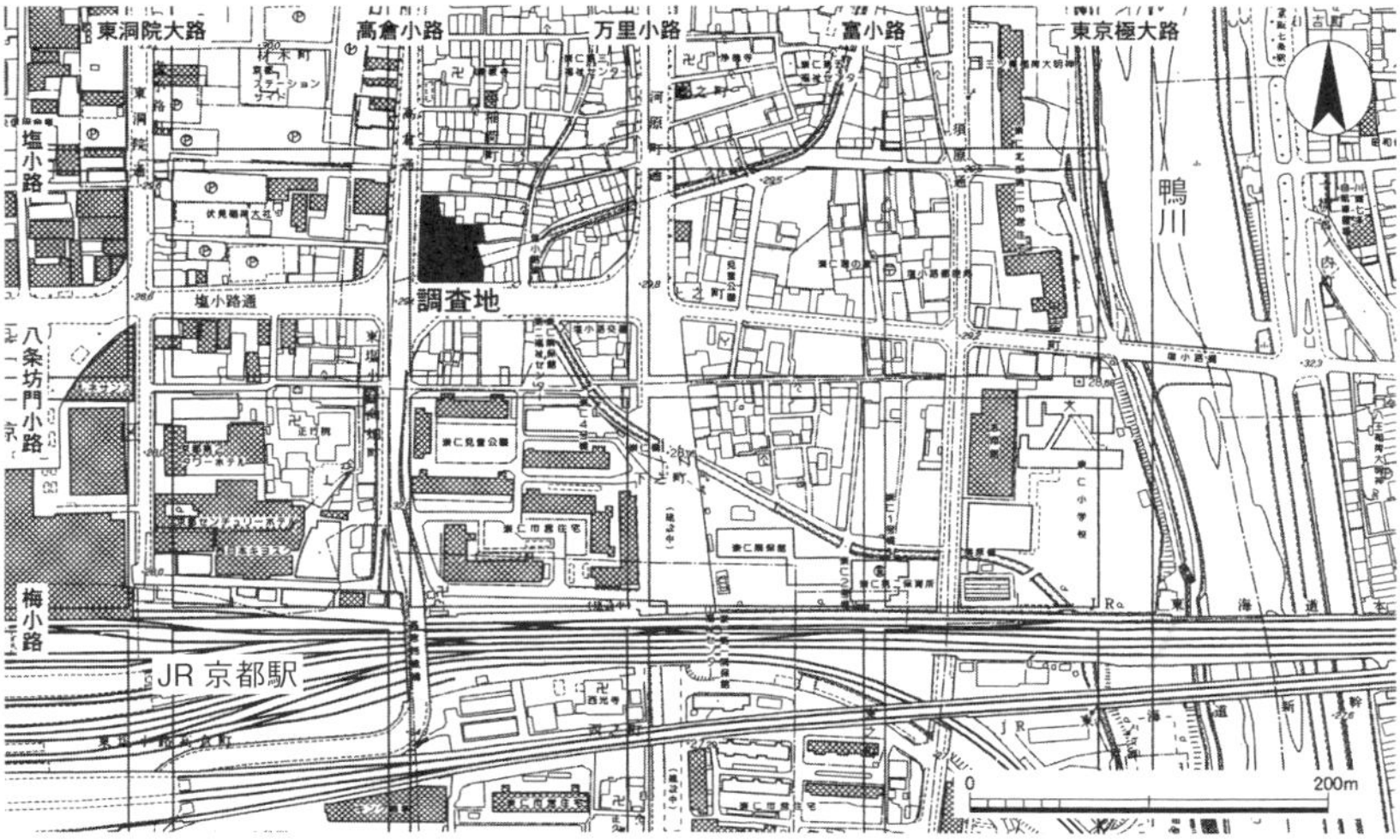

図１：調査位置図

図２：遺構平面実測図（加納・永田2004から転載、加筆）

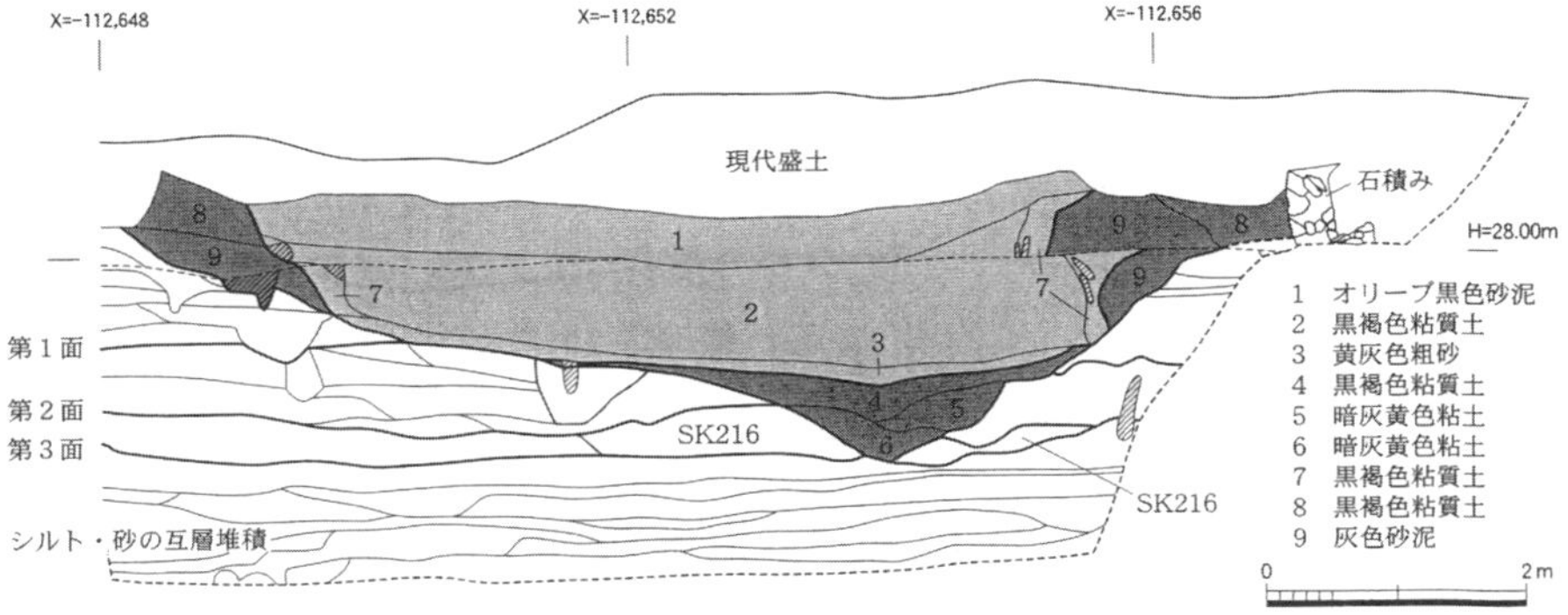

図３：高瀬川土層断面図（加納・永田2004から転載）

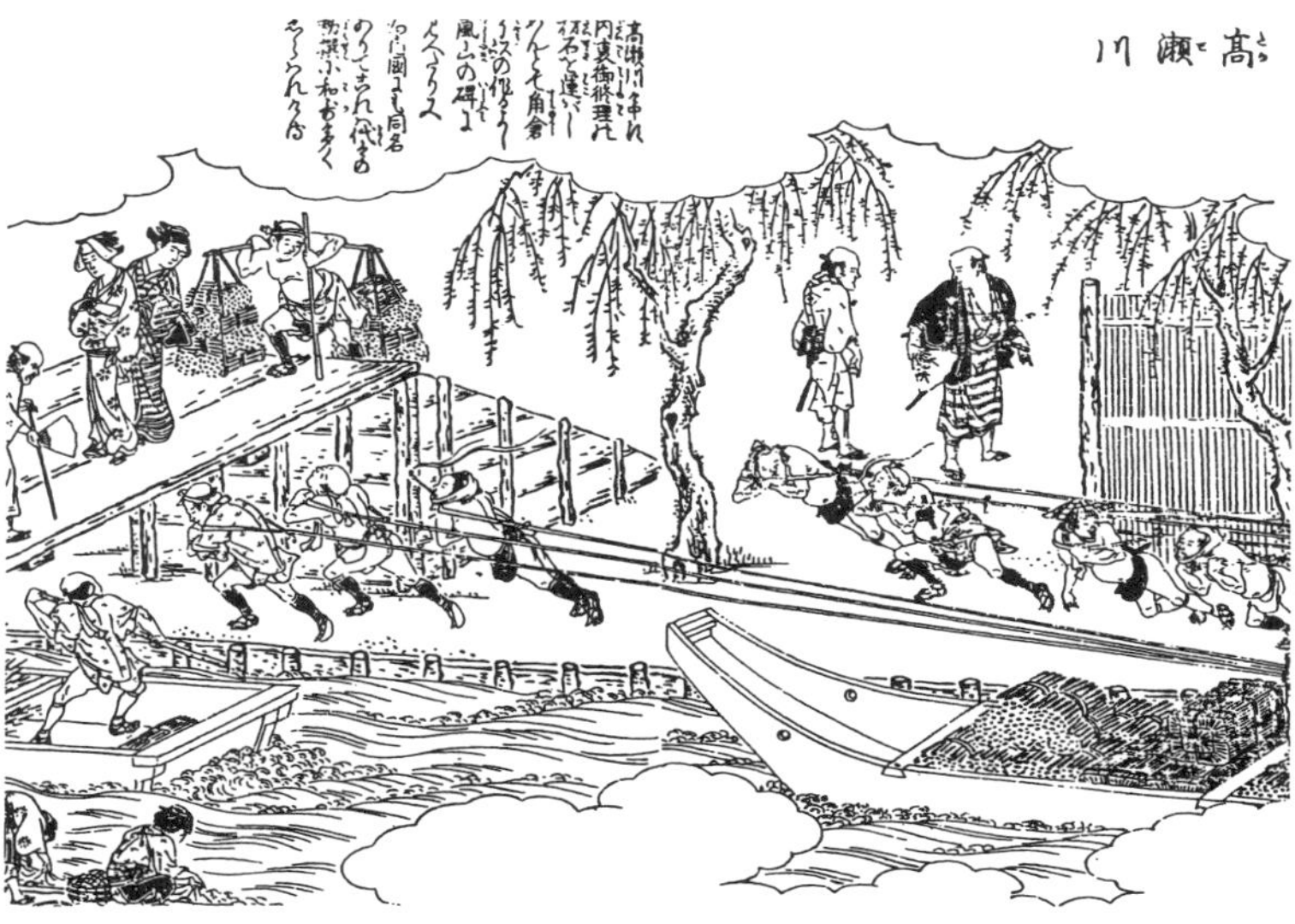

図４：『拾遺都名所図会』に見られる高瀬川の護岸

五、堆積内からは、一八世紀から近・現代にかけての日常生活に使用されていた、陶器・木製品をはじめ、鉄製品・土製品・銭貨などが整理箱に一三箱分出土した。

以上、調査概要をまとめると、調査した範囲内の高瀬川は、次のような状況が想定される。

【旧　期】

一、幅は七mから八m、深さは最も深いところで一・五mほどであった。

二、旧護岸は、ほとんど遺存していなかったが、新期と同様杭と横板によってなされていたと考える。

三、一八世紀の遺物が多数出土しており、流路は大切に管理されていたようであるが、ゴミの投棄はされたようである。

【新　期】

一、幅六m、深さ一m前後となり、少し河床が高くなっている。

二、護岸はたびたび修理されていたようで、調査では少なくとも三度改修された痕跡を確認できた。

むすび

発掘調査範囲内での高瀬川の特徴は、以下のようである。

①高瀬川を設ける際の掘削深は、当時の生活面から二m前後であった。

②堆積土の状況から水深は、一mから一・五mと考えられる。現在の二条通り以南に見受けられる水深（約〇・三m）・水量とは、大きく異なっている。

③護岸は木杭・横板材で行われていた。このような状況は、『拾遺都名所図会』（図４）に描かれている状況とほぼ同

様であった。②と同様にその様子は、現在とは大きく異なっている。

〔参考文献〕

加納敬二・永田宗秀『平安京左京八条四坊七町跡』（財団法人京都市埋蔵文化財研究所、二〇〇四年）

第三節　菖蒲谷池隧道

福本和正

一　はじめに

直指庵から大沢の池、広沢の池にかけての北嵯峨には、今も田畑が残されていて、明治以前と変わりないと思われる風景を醸し出している。しかし、この一帯で農作業を営むために必要な水は、元来不足していた。現在では、一部別径路で農業用水が補完されているようであるが、未だ九か所の田が菖蒲谷池からの供給をあてにしている。四〇〇年前にこれが整備されるまでは、もっと切実な水不足であったことと考えられる。

直指庵を通る南北方向の標高を調べると、大沢の池の北北西に聳える京見峠背後に降った雨水は、緩やかに北に流れて清滝川に流入する。そこで、①雨水の北流を防ぐため不足する高さ分の堤を清滝川手前、北側に造ることにより、②必要水量を貯水するための溜め池（＝ダム）を人工的に作り、その水を③京見峠の脇の、嵯峨野方面に流下する谷筋に誘導することにより、北嵯峨方面で不足する水を供給するために案出された灌漑システムが菖蒲谷池隧道である。この①～③を約四〇〇年前に実施するのに必要であった技術は、現在でいう水準測量技術、路線測量技術、トンネル掘削技術である。

四〇〇年前に水準測量、路線測量を実際に実施できる能力のある人は、ひじょうに少なく、嵯峨に居住し、保津川・富士川・高瀬川等の河川の開削工事に実績のある角倉了以の関係者と結びつけるのが、最も自然である。そうなると、当時和算を研究し、測量にも造詣の深かった、角倉一族の吉田光由らが自然に関連づけられる。

京見峠の北側に貯水される灌漑池の水面の標高は、その北端に設営されるダム堤の高さとの関係から、そう高くできず、嵯峨野方面へ自然流下させる水路は、周辺地盤面の標高より低くする必要があり、前面にそびえる京見峠下周辺の谷筋までは、隧道（トンネル）にせざるを得ない（図1）。

この付近の地質は、京都の高級砥石に加工されてきた片岩で、平安時代頃から高雄神護寺、栂ノ尾高山寺南部など、菖蒲谷池の東南部一帯には、いたるところにその採掘鉱山があった。現在も採掘、加工し、インターネットで販売している現場もある。したがって、菖蒲谷池隧道の掘削には、これら砥石鉱山に従事した人びとの何らかの関与、指導があったものと考えられる。

二　菖蒲谷池隧道内外部の踏査記録

これまでに、菖蒲谷池隧道の内部の断面とその径路について成された現地踏査には、次の四件がある[文献1・2]。

①：石田孝喜親子による踏査

これは、昭和四七年（一九七二）三月に踏査し、平成一二年（二〇〇〇）に作図されたものである。この踏査では、隧道流入口から約一・六五km付近で隧道天井部が落盤していたので、この付近で一端折り返し、流出口付近から再度遡って踏査した。この時の隧道断面が、約五ｍごとに記録されており、隧道全長約一・九kmに対する隧道出入口の標高差の勾配は一・七％と算定されている。隧道断面は、釣鐘型で、人一人が立って歩ける高さから、かがんで歩ける程度の高さとなっている（表1、図2）。

②：宇戸典之等による踏査（平成一五年〈二〇〇三〉七月実施）

これは、同年八月実施のシンポジウムに先立ち、宇戸典之の発意により実施されたもので、京都精華大学應矢泰紀講師と京都大学探検部の三人の学生（いずれも所属は当時）の協力を得て、隧道を流入口から流出口まで往復し、流出口では一端外へ出た時の状況を、ビデオ撮影したものである。この時の調査記録は、①の踏査の動画版と理解できる。

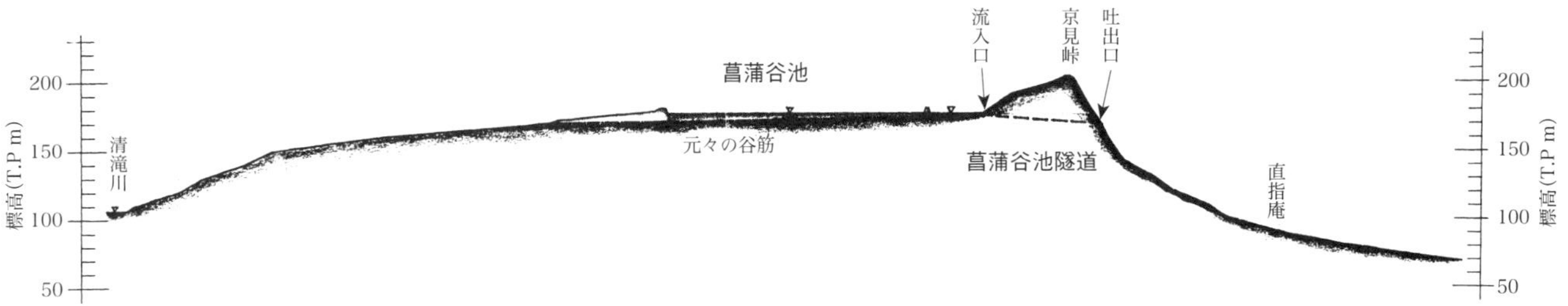

図１：菖蒲谷池標高図：直指庵〜菖蒲谷池〜清滝川(筆者作成)

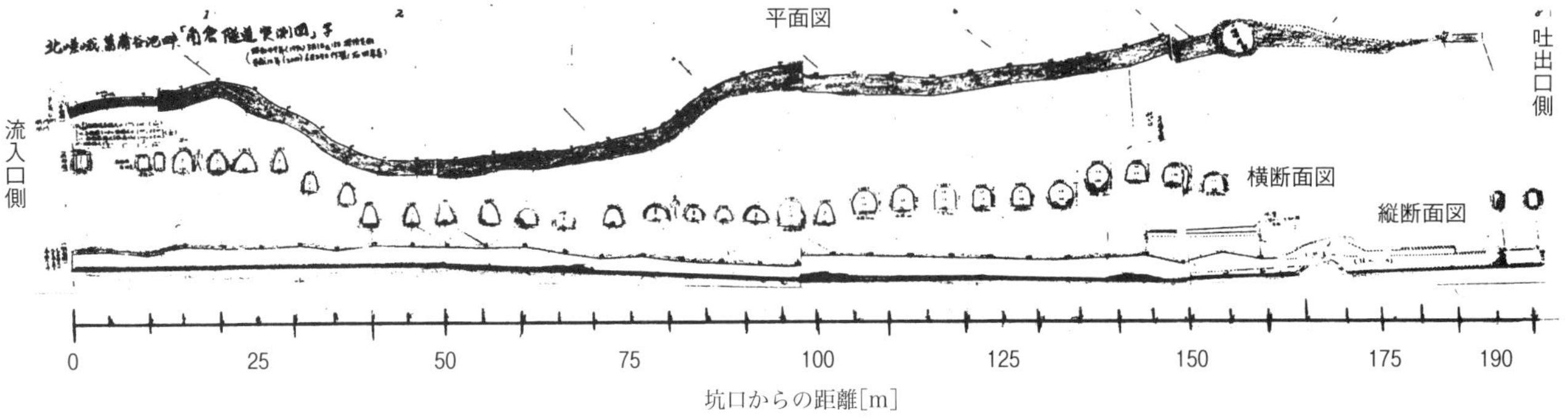

図２：菖蒲谷池隧道の径路詳細図(平面、横断面、縦断面図)
出典：石田孝喜「菖蒲谷池と角倉隧道」(『角倉同族会報』18号、2000年７月12日)による。

表1：菖蒲谷池隧道の坑内の状況

No.	坑口からの距離	坑内の状況
1	入口部〜約12m間	高さ1.5m×幅1mの方形、両壁は石垣、天井も石材敷き詰め
2	次の区間	高さ3m、幅3mの放物線形、表面はごつごつ、坑道は蛇行
3	60〜75m地点	天井の落盤、水路は妨げず
4	80m地点過ぎ	放物線状の隧道の天井部分が半円状になり、高さも低下
5	90〜100m地点	天井高さ80cm
6	100m以降	高さ1.5m、左右の崩落が目立ち、水路の幅は2m
7	125m〜140m地点	幅120〜130cm、壁面は直立、天井はアーチ形
8	150m地点以降	落盤や壁面の崩落が随所。水深も増加

表2：菖蒲谷小池部の取水口から京見峠直下の吐出口—細谷川との合流点にいたる地点のGPS計測結果

地点	測点名	緯度	経度	標高(m)	平面直角座標系　第6系		
					X座標	Y座標	距離(m)
堰堤	パイプ	35° 02′ 23.26″	135° 40′ 28.42″	178.5	-106475.888	-29691.416	0
隧道入口	MH	35° 02′ 20.27″	135° 40′ 30.56″	178.5	-106568.179	-29637.481	106.913
長尾山	京見峠	35° 02′ 17.18″	135° 40′ 35.45″	212.0	-106663.797	-29513.861	156.284
隧道出口	出口	35° 02′ 16.45″	135° 40′ 36.82″	175.0	-106686.404	-29479.213	41.371
細谷川	合流	35° 02′ 15.37″	135° 40′ 38.64″	150.0	-106719.832	-29433.195	56.878

注1：2013年5月17日(金)　AM9：30〜11：30観測
2：隧道延長 L＝ 197m(菖蒲谷池地域〜隧道入口MH〜京見峠〜細谷川合流〜隧道出口)
3：基準高は国土地理院「電子国土」地図標高より、GPSによる標高は参考値。
4：菖蒲谷池の堰堤天端高＝180.0m

③：①の再踏査（平成一七年〈二〇〇五〉）

①の径路を、洛西水利組合の関係者が、流出口から入り、坑内の状況を確認している。調査結果に①と大きな差異はないようである。

④：流入口から京見峠—流出口を含むエリアのGPS計測（平成二五年〈二〇一三〉五月）

平成一五年（二〇〇三）に、国土地理院の標高図から推測した隧道の縦断面図の標高の補正を兼ねて、GPSを用いた調査を実施した。その結果、京見峠直下約一〇mに隧道からの単独の吐出口があり、そこから約一〇m流下した所で細見川と合流し、直指庵の東横を通って北嵯峨に流下していることが確認できた。

木の葉が茂っているため、標高の

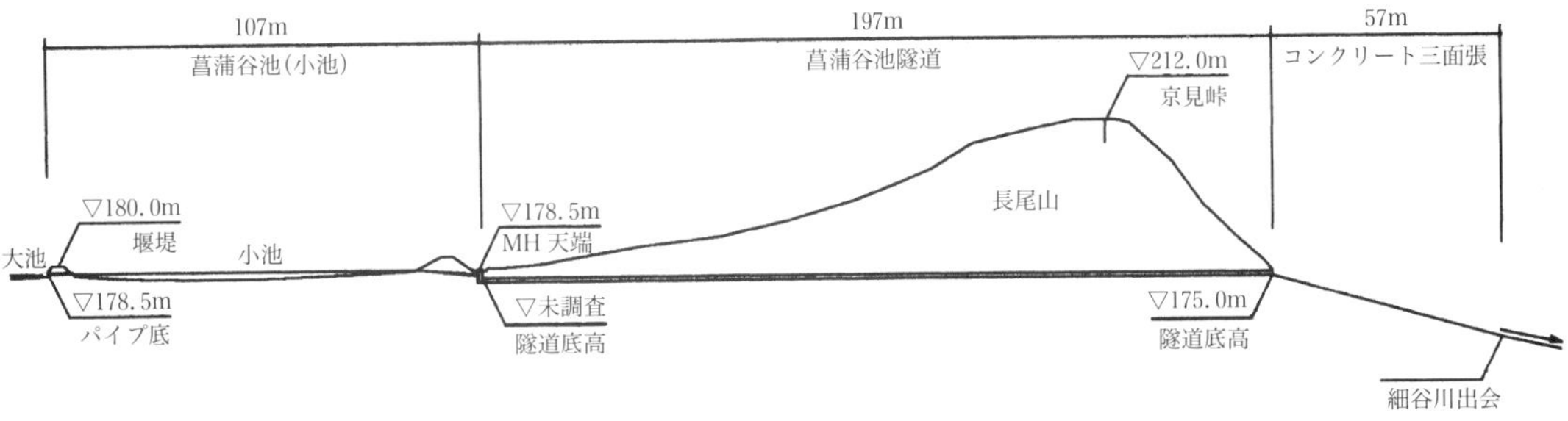

図3：菖蒲谷池隧道周辺図

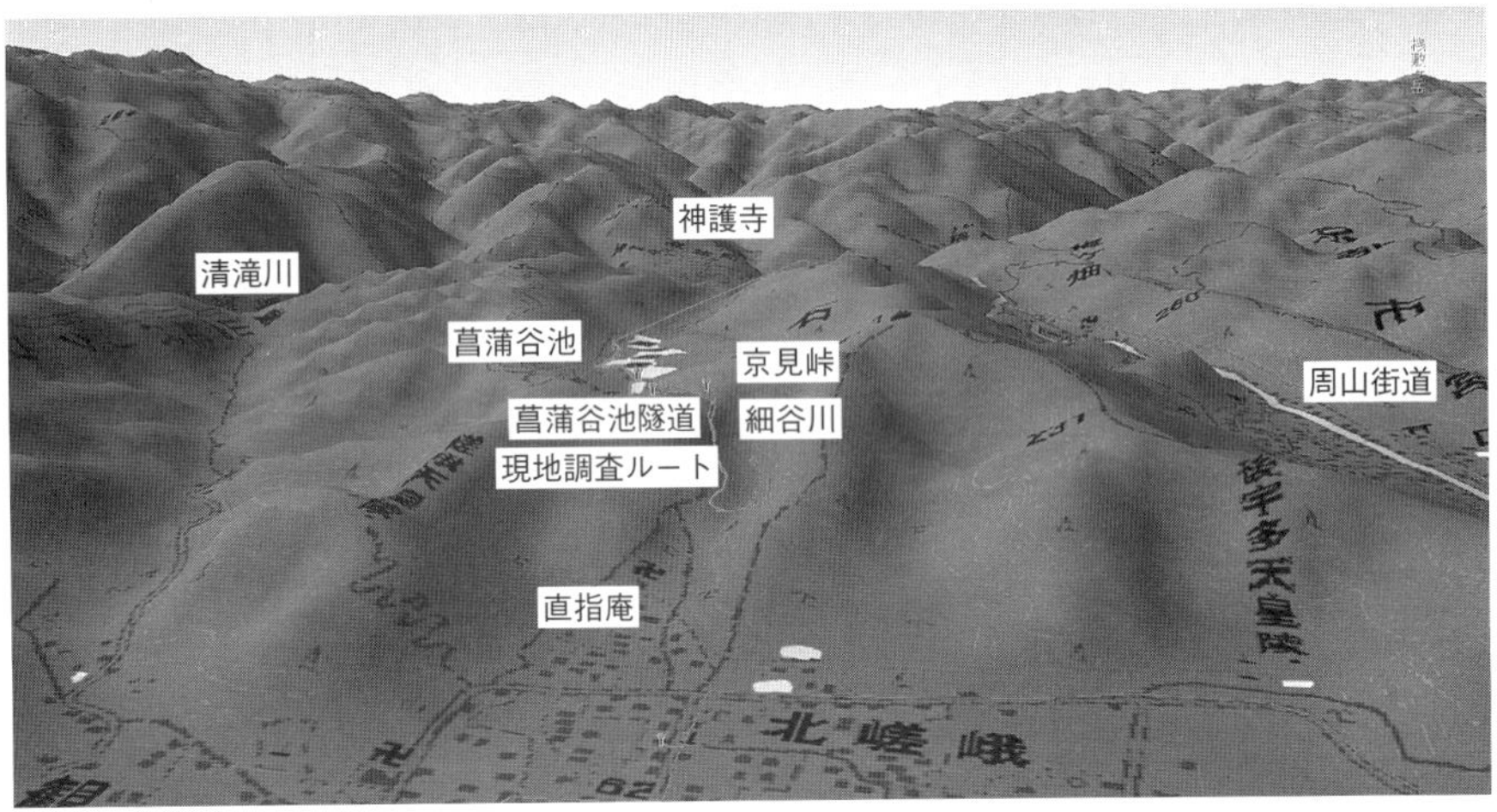

図4：菖蒲谷池一帯の鳥瞰図(寺村裕史氏作成)

測定に誤差が含まれるが、隧道の入り口（流入口）と吐出口の三次元座標が判明した（表2、図3・4）。隧道の水平長Lと勾配dh/dLは、それぞれ、

L=197[m]，dh/dL=（178.5-1.0-175.0）/197≒1/100

と判明した。なお、取り入れ口のマンホールの深さは一・〇mとしている。

三　付近の砥石鉱山の分布

前述のとおり、山城・丹波に跨る愛宕山を中心とする京都西北部地域は、質・量ともに全国第一位の天然砥石の宝庫であった（図5）。平成二五年現在、鳴滝地区では、一か所を除いて他は閉山しているが、その子孫はこの地に、理髪店や食料品店を営み居住している。また周辺、特に周山街道の東側の山腹には、北山杉が栽培されている。

文献[3]によれば、菖蒲谷周辺と周山街道との間の西側の山には、いたるところにその採取地（砥石山）があったことがわかる。菖蒲谷池隧道直上の山道にも砥石の廃石が堆積している。

文献[3]から興味深い記事を一〇項ほど、以下に採録しておきたい。

㈠平安時代の天長二年（八二五）頃から、山城（京都府）にて砥石の採掘が始まった。

㈡文治の頃、西行が神護寺に詣でた折の歌に、「高雄なる砥取の山のほととぎす　おのが刀をとぎすとぞ鳴く」がある。菖蒲谷方面が視野に入っている。

㈢寛喜二年（一二三〇）に作成された神護寺領、高山寺領の四至を示す「神護寺絵図」「高山寺絵図」に砥取峰の名

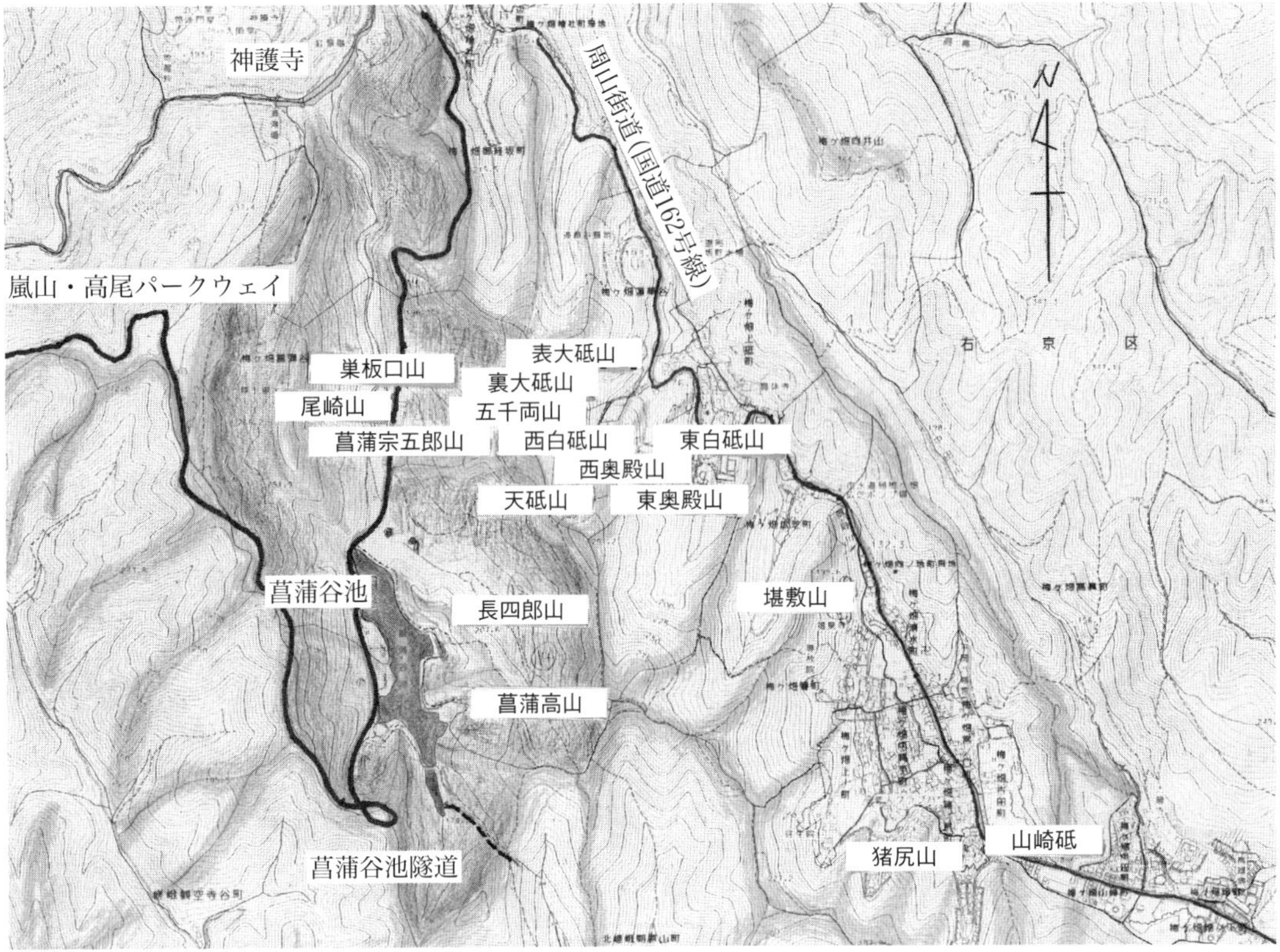

図５：砥石採掘山の分布図（国土地理院発行の25,000分の１地形図「京都西北部」を基に筆者作成）

が記されている。

㈣一三世紀に刀鍛冶が誕生し、研師（刀砥ぎの専門職人）もその頃に出現した。

㈤室町時代初期には、刀磨きが刀鍛冶から分化した。

㈥一四世紀から一六世紀にかけて、本阿弥家は家業の三事（刀剣の鑑定、研磨、浄拭）をもって足利家、徳川家に仕え、家督として鳴滝、梅が畑の砥石山の支配権が与えられ、この本阿弥家の家督は明治維新まで続いた。

㈦一八世紀から、研師（刀砥ぎ）と研屋（日常生活道具の刃物砥ぎ）とが分化した。

㈧砥石の鉱脈は、西北から南東に直線状に走っている。傾斜は南から北へと傾く。

㈨鉱床の傾斜角は、上部から下部へ、鈍角↓鋭角↓垂直と移行し、鋭角付近から良質の砥石が産出する。

㈩天然砥石は、昭和三〇年代まで日常生活の必需品としての役割を果たしてきたが、人造砥石の普及により急速に減退し、全国に分布していた砥石山は、そのほとんどが閉山した。さらに、嵐山・高雄パークウェイの敷設により、菖蒲谷一帯に点在した多くの砥石の採掘坑が、消失したと考えられる。しかし天然砥石、特に合砥（あいと）の砥ぎ味、切れ味に愛着を持つ大工、指物、紙工芸、刀剣砥ぎ、彫刻、調理、理容、漆工芸などの仕事に携わる人たちの間では、今も根強い人気に支えられ、愛用されている。

＊砥石鉱脈は北西から東南にかけ、直線状に連なっている。すなわち尾崎山↓菖蒲宗五郎山↓菖蒲谷五千両山↓西白砥山↓東白砥山↓天砥山↓西奥殿山↓東奥殿山↓堪敷山（東）↓長四郎山↓菖蒲高山↓朝原山↓尾根↓紅山↓猪尻山↓北中山↓中山↓向田

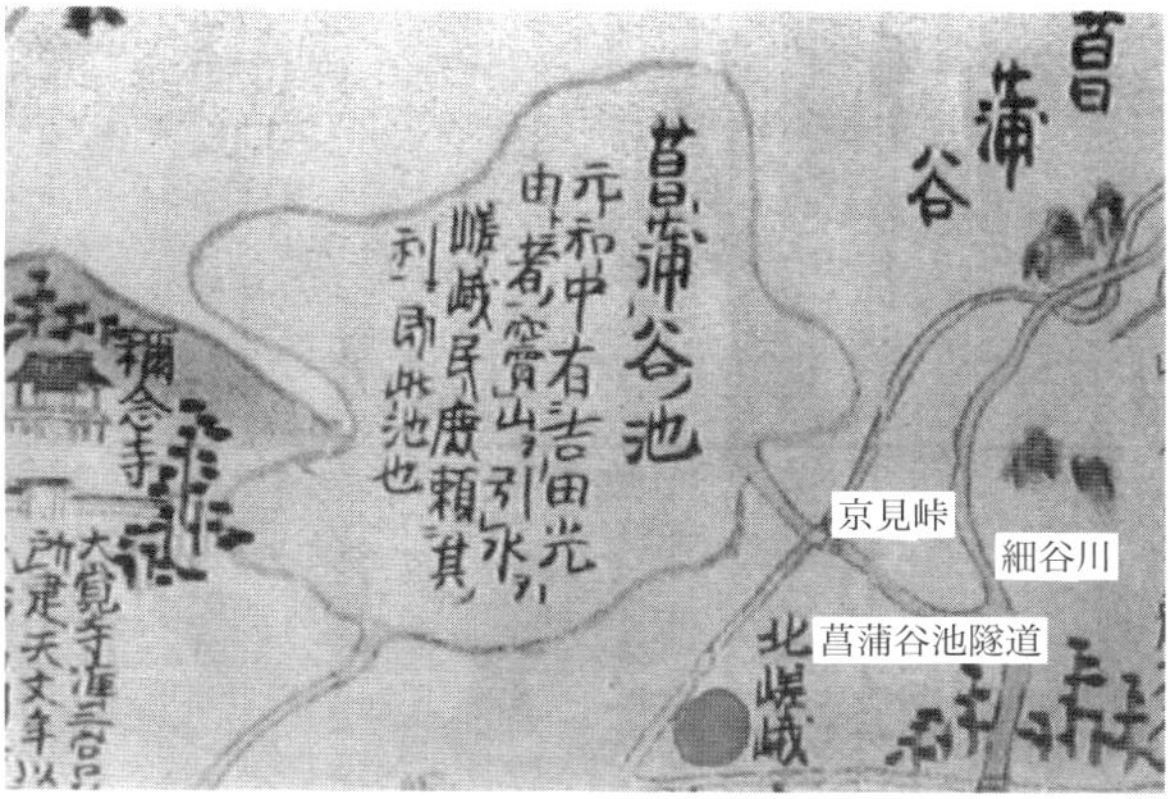

図７：森幸安「城西嵯峨松尾地図」（1751年描）（国立公文書館蔵）

四　隧道の存在を示す古地図

元禄期の地図考証家、森幸安の「城西嵯峨松尾地図」（一七五一年描）によれば、菖蒲谷池隧道と考えられる流出水路が、山道と交叉しており、この交叉点は京見峠と考えられる（図7）。同じく「山州撰」および「日本輿地図」に、「元和の中期頃に菖蒲谷隧道が造られた」と記述されている。

伝承では、「大覚寺宮法親王・大覚寺門跡が、水不足に悩む北嵯峨住民のため、打開策を吉田（角倉）了以に依頼し、了以の没後は息子の素庵に継がれ、元和年間（一六一五～二四）に吉田光長、光由兄弟に依頼し、完成させた」となっている。

北嵯峨集会所には、明治二三年（一八九〇）一〇月建碑の京都府知事北垣国道の「菖蒲谷碑」が建てられ、由来が刻まれている。

五　菖蒲谷池から同隧道への木製導水樋の出土

菖蒲谷池に貯水された水を、隧道へ取り入れるための木樋が、池の東側堤防下から、平成二四年春の改修時に出土した（図8）。堤防下をくぐるための木樋で、直径六〇cm、長さ四四〇cmの赤松の幹を、約一五cm厚の蓋の部分と残り四

改修前の菖蒲谷池小池南端部(左)と改修後の東側堤防部(右)

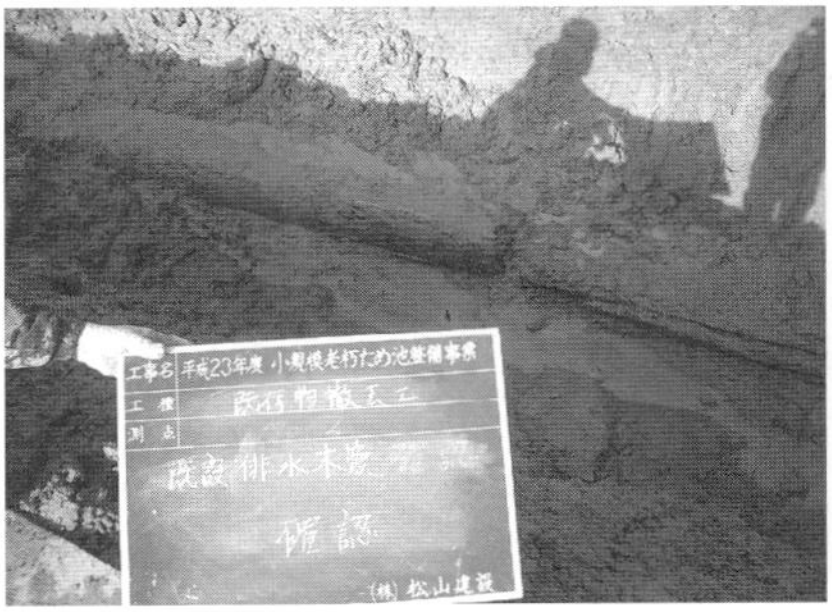

発掘された木製取水管

新設中の菖蒲谷池隧道取水管

図８-１：菖蒲谷池小池と菖蒲谷池隧道との連結部の新旧(北嵯峨利水組合撮影)

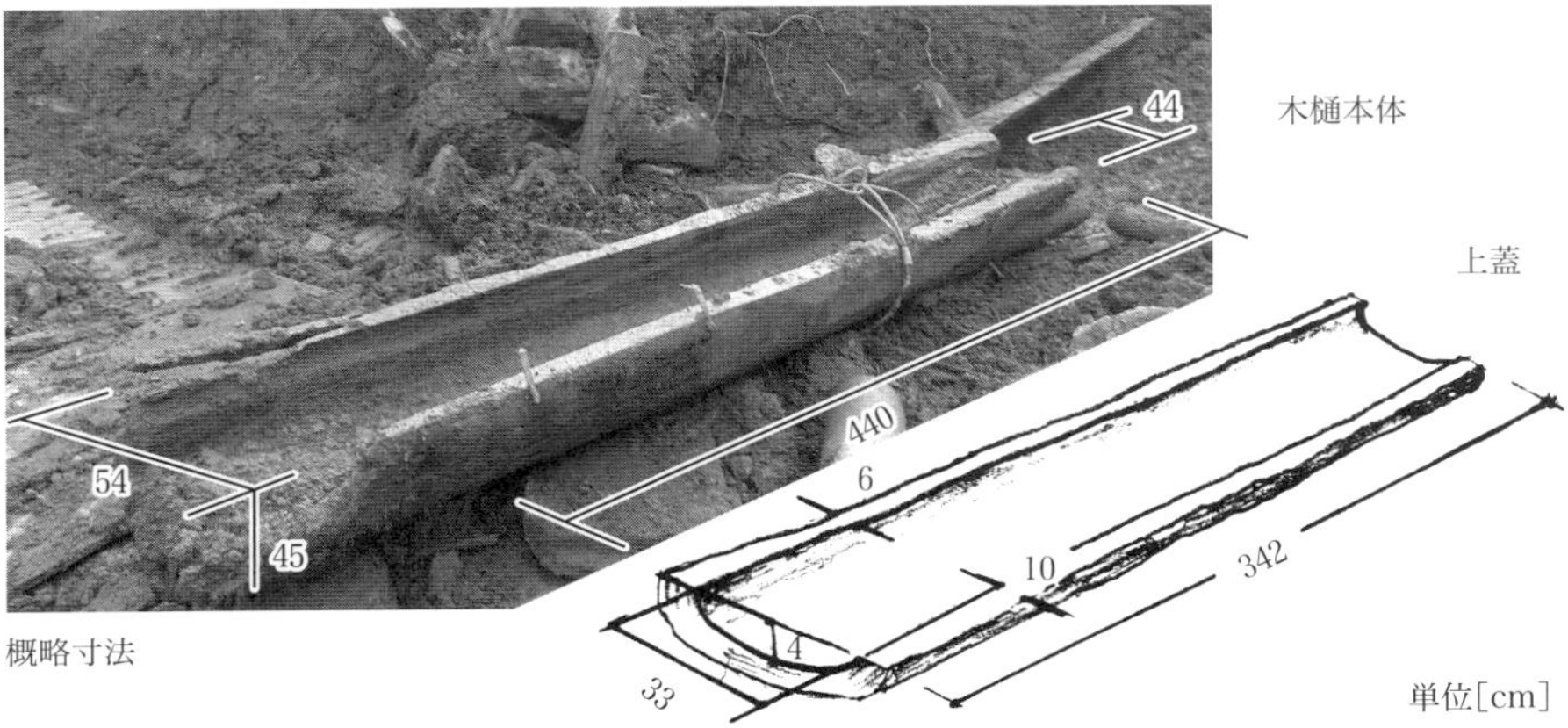

図８-２：連結部で出土した木樋(管)(北嵯峨利水組合撮影、寸法計測は筆者)

五cm厚の本体部とに軸方向に切り分け、それぞれ両側に六～一〇cmの側壁を残して、内部を蓋部の深さ四cm、幅三三cm、本体部は深さ三五cm、幅四〇cmの長方形にくりぬき、内部を水が流れるようにしている。出土時の工事写真を見ると、同様の木樋が二本繋がっていたようであるが、筆者は一セットしか確認できていない。現在、二尊院境内で展示されている。

東京両国にある江戸東京博物館で、平成二一年に展示されていた江戸の下水暗渠では、内部を丸くくりぬかれた角材が使われていた。筆者は本木樋も明治以前に埋設されたものと推定しているが、放射性炭素年代測定による年代計測から、本木材の成存中の年代を計測する機会をうかがっている。

〔参考文献〕

［1］石田孝喜「菖蒲谷池と角倉隧道の研究」（『角倉同族会報』第一八号、二〇〇〇年七月）
［2］宇戸典之「角倉一族の活躍――江戸初期のおける京都の技術――」（文部科学省科学研究費特定領域研究「江戸のモノづくり」A01・A05班）
［3］久我睦雄『天然砥石物語』（私家版、一九九四年）

第四節　森幸安の地誌・地図に記された角倉関連情報

辻垣晃一

はじめに

森幸安（一七〇一〜？）は、京都に生まれ育ち、幼少の頃から京の地をいくども歩き、書を読み、大森仙安なる人物に学び、学識を深めた[(1)]。とくに、地誌や地図づくりに興味を持ち、三〇歳で本業の香具屋（こうぐや）の職を病で辞し大坂に移ってからは、京都の地誌をこつこつと作りあげた[(2)]。四九歳頃からは、天文・世界・日本・各国・神社仏閣・名勝などの地図作りに専念した。現在判明するところでは、その数約四〇〇枚にものぼる。すべて手書きである。刊本にはなっていない。

彼の地図には、当時の風景が目に浮かぶような錯覚に陥るくらいとても詳細な情報が満載されている。それは、町名や住人の文字情報のみならず、道筋や川筋、果ては過去の情報や植生分布などまで多岐にわたる。幸安は、表記を裏付ける材料を得るため、先行研究を頼りにしながら独自の考察を盛り込んで地誌をつくり、その情報をふまえて地図を作ったと考えられる。幸安の地図は、一八世紀後半に活躍した長久保赤水らに受け継がれ、我が国の地図史上、実証的な表現の先駆として位置づけられている[(3)]。

こうした精細な地図ないし地誌に、角倉に関する部分がないか調べたところ、いくつか見られたため、以下地域ごとに記しておく。なお、文中で引用している地誌『山州撰』は森幸安の著書である。その他の幸安の著作については書名のみを記した。また、掲載した地図は、すべて国立公文書館所蔵で、本稿に関わる部分のみ掲載している。

一　角倉屋敷

幸安によると、高瀬川については、「二条ノ東」から「加茂水」を引いて、「五条ノ南」にいたって九条まで流れ、紀伊郡に入るとする。「城池天府京師地図」によると、御土居（おどい）の南にいたっては蛇行して東九条村の東あたりで再び賀茂川に合流し、もう一度高瀬川として伏見方面に流路を持つ形となっている。

また、高瀬川の開削の由来について、次のように考察している。

二条川原ノ支流ヲ引キ。川原町ト樵木（コリ）町ノ間ヨリ。伏見ニ通ズル有レ川。云ニ高瀬川一。豊臣秀吉云。方広寺大仏殿造

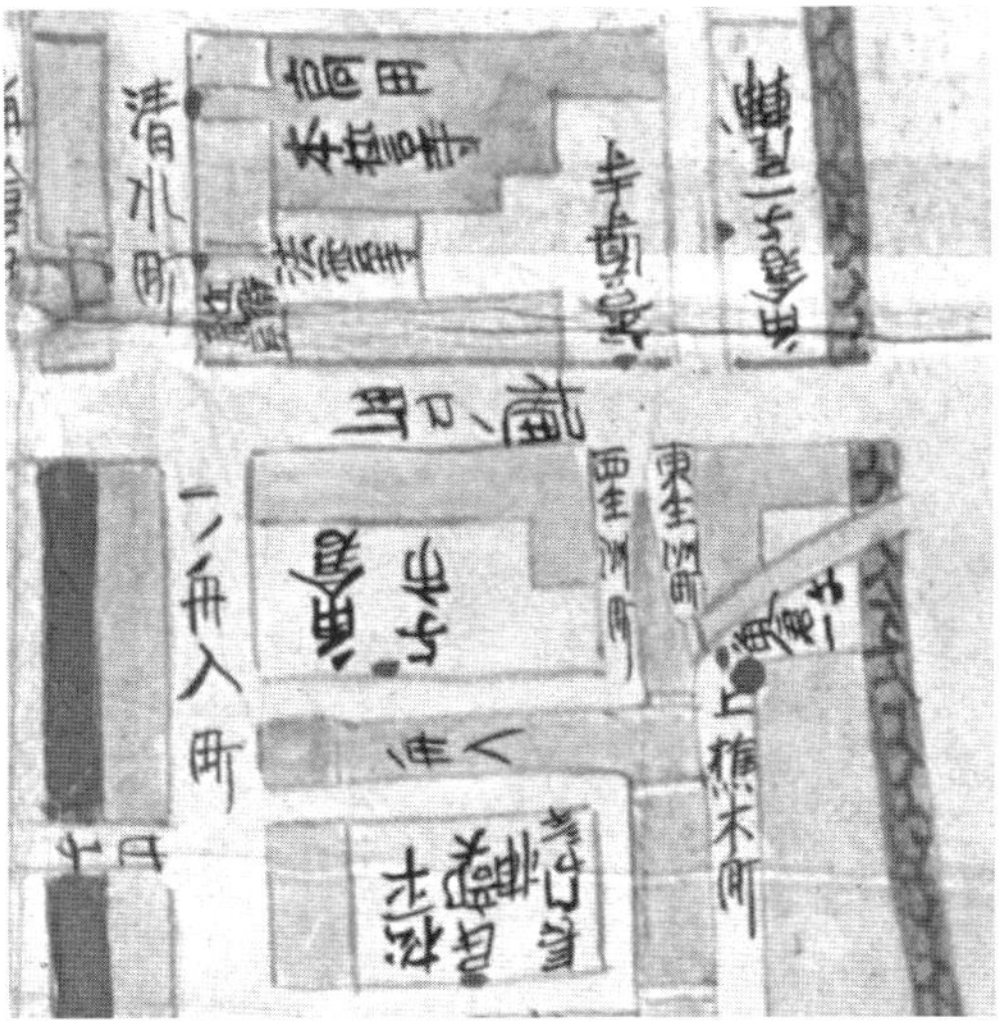

図１：「官上京師地図」

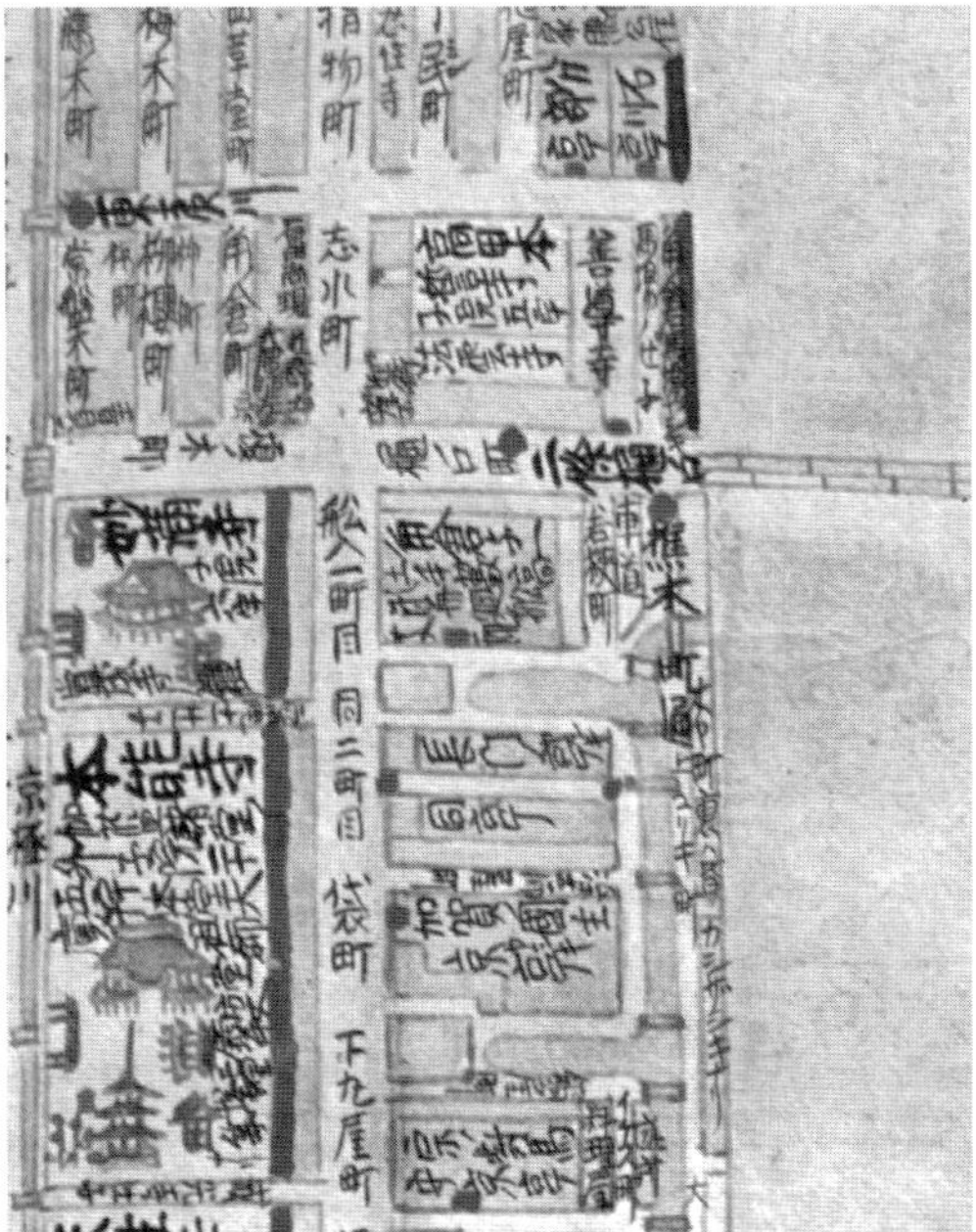

図２：「城池天府京師地図」

立ノ時。嵯峨ノ土人ニ吉田角ノ倉トモ了意ト云フ者アリ。天性。水ヲ行フ之術ヲ得テ。此ノ川ヲ開テ艜艕ヲ浮フ。伏見ヨリ材木ヲ梱載沂レ流　（『山州撰』一四）

角倉了以がかかわった高瀬川の開削は、「慶長中角倉了意(ママ)開二通舟一」（『山州撰』一五）とあるように、豊臣秀吉の時代に方広寺大仏殿造立に際して、実施されたと考えられる。了以の「水を行う術」のおかげにより、京都に材木や薪炭などの日常生活にかかわる品物が毎日のように入るようになった（『山州撰』一四）。京都に入る荷物の量は黒川道祐『雍州府志』（貞享三年）によると一五〇万石だが、幸安は「大坂吉野町からの炭の荷揚げが年間八〜九万俵になり、今の京都の米高は一八〇万石から二〇〇万石になっている」として、高瀬川を通じて京都にもたらされる荷物が増えて京都の生産力が向上したと考察する（『山州撰』一四）。

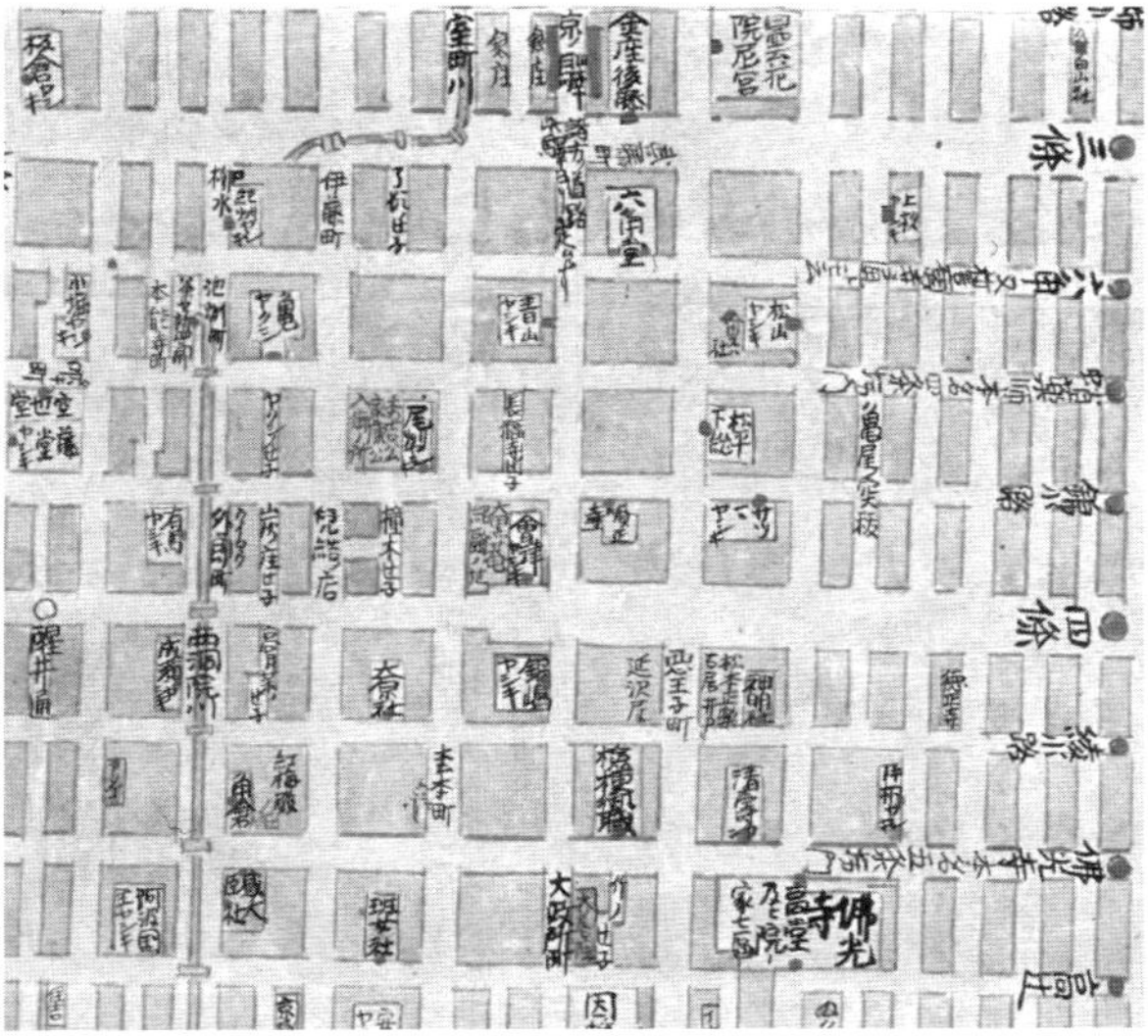

図３：「近世京師内外地図」

この賑わう高瀬川の流域に角倉の屋敷がつくられた。高瀬川一の舟入町の東、二条通りを挟んで南北に「角倉与一」「角倉与市」「角倉与一屋鋪」とある（「官上京師地図」／図1）。「角倉与市」と書かれている部分について、別の地図を見ると「廻船支配」をしていることが補足されている（「城池天府京師地図」／図2）。また、「官上京師地図」で「角倉与一屋鋪」とあった部分が「角倉馬場ヤシキ」となっている。他にも、仏光寺西洞院の室町川沿いに角倉屋敷があった（「近世京師内外地図」／図3）。

二　角倉舟番所

高瀬川を南下し、伏見から七瀬川が西向きに流れ、高瀬川と合流する地点――安楽寿院東に「角倉舟番所」があった（「京師内外城南地図」／図4）。「城南伏見地図」では、同じ場所に「角倉屋敷」「同舟監所」という記載になっている（図5）。別の地図には堀川を伏見まで下がり、毛利橋、阿波橋ときてその西側に「高瀬番所」「角倉橋」とある（「近世伏見地図」「京師内外地図城南」／図6・7）。角倉は、京都―伏見―大坂をつなぐ接点に管理施設をつくって、舟の出入りをチェックしていたものと考えられる。洛外にいたるまで、商人の拠点が地図に盛り込まれている点は非常に興味深い。

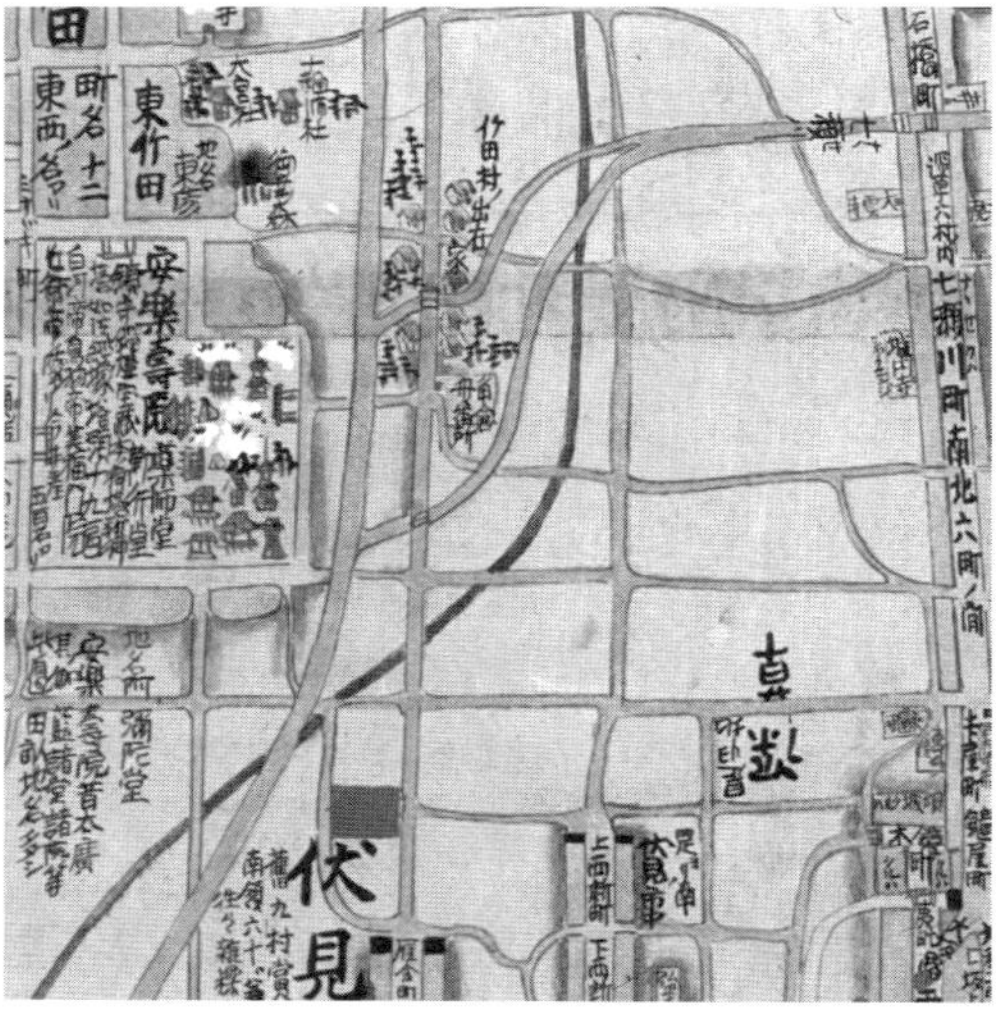

図４：「京師内外城南地図」

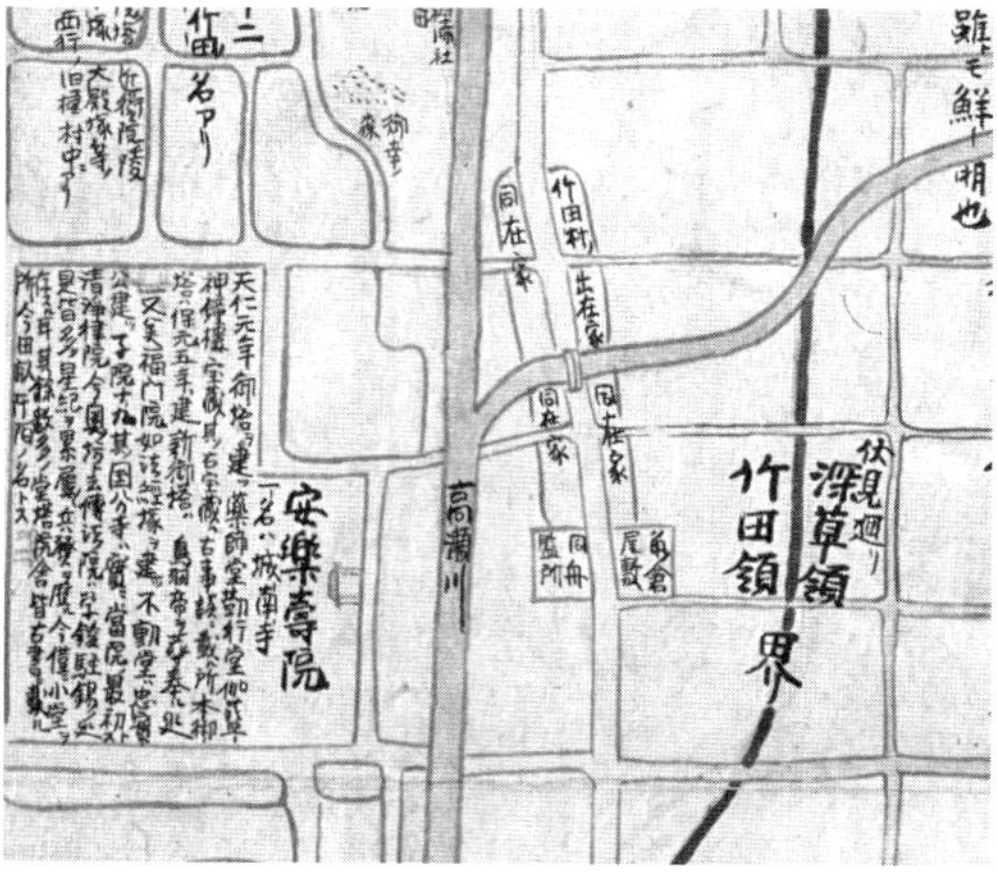

図５：「城南伏見地図」

三　菖蒲谷池

菖蒲谷池の南端から北嵯峨へ通じる灌漑用の隧道は、寛永年間に角倉光長・光由によって設けられたというのが通説となっている[4]。この説は、おそらく明治二三年（一八九〇）の北垣国道筆『菖蒲谷疎水碑』にある、了以が「嘗与二親

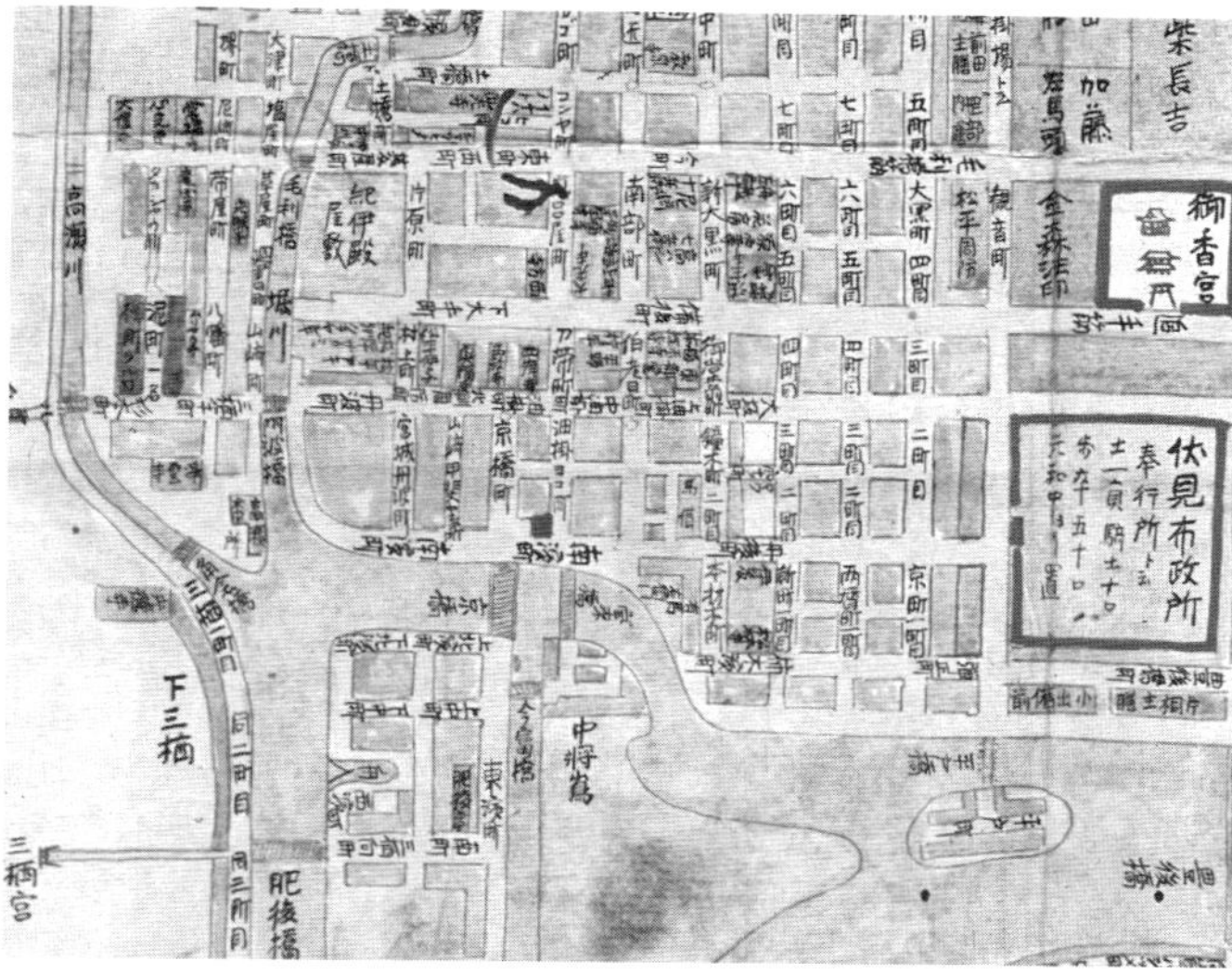

図 6 ：「近世伏見地図」

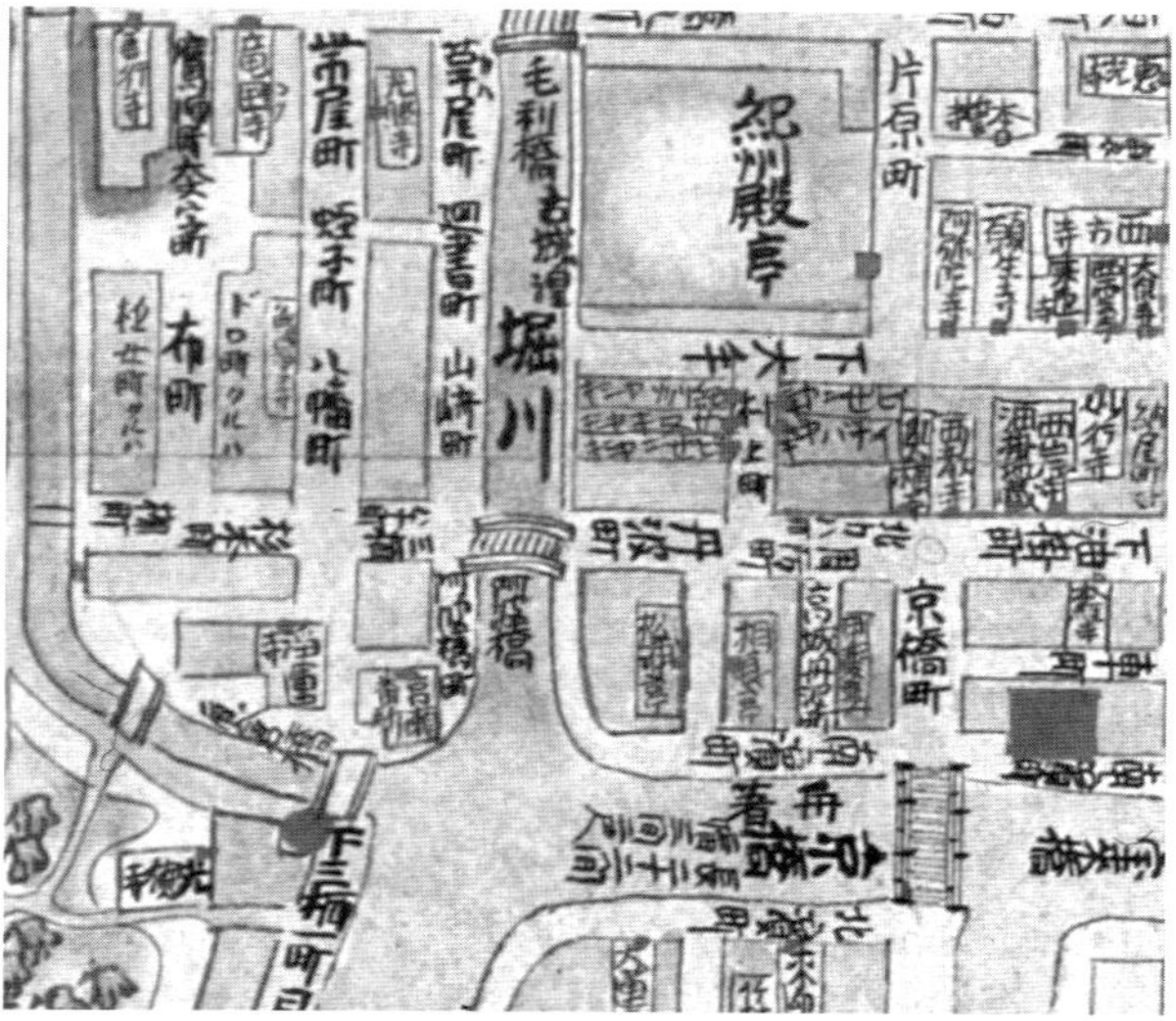

図 7 ：「京師内外地図城南」

王㆒謀、欲㆓池於菖蒲谷㆒、不㆑果而歿、寛永之初、二子紹㆓其志㆒、築㆑堤以蓄㆑水、不㆑穿㆓長尾山腹㆒」という記事を根拠としているのであろう。(5)隧道の寛永年間（一六二四～四四）成立説は、「菖蒲谷池北の山中にあり。寛永の初吉田道宇、吉田光由と云う者、北の谷口に堤を築き、天水山清を涼之源渕とし、細谷のうちへ(中略)潜流せしめ、北嵯峨の用水とす。此谷を経て嶺をこへ、梅畑村へ出る。樵径あり、京中一目に見ゆるゆえ京見峠といふ」（『洛西嵯峨名所案内記』嘉永五年）(6)とあるように、江戸時代中期にまでさかのぼれる。この書の序文によると、宝暦頃の嵯峨の人である大八木嬉水（大八木は嵯峨きっての豪家）の著した『さか細見志』(7)を参考にして編集したということであるから、一八世紀中頃には寛永説が存在していることがわかる。

しかし、宝暦四年（一七五四）刊の浄慧著『山城名跡巡行志』が、「菖蒲谷　在㆓細谷北㆒六町計、池水元和年中吉田光由竇㆑山引㆓水ノ流ヲ於北嵯峨㆒細谷流水水源此池也」(8)と書くように、同じ一八世紀頃に元和年間（一六一五～二四）成立説が登場していることがわかる。この元和説は、おそらく幸安の地誌の一節である「菖蒲谷池、在㆓北嵯峨村ノ北㆒、元和中吉田光由ト云フ人、竇㆑山引㆑水嵯峨ノ民庶頼㆓其ノ利ニ㆒」（『山州撰』一五、寛保元年）を引用しているのであろう。

では、幸安がいったい何を根拠に元和説を唱えているかが問題となるが、今のところ明らかでない。『山州名跡志』や『雍州府志』など幸安の『山州撰』以前の地誌を見ても、菖蒲谷池の記述はなく、菖蒲谷は、平氏滅亡後の維盛妻子が蟄居した場所として紹介されるにとどまる。(9)

『山州撰』以後も「大覚寺御門主ノ北方に有る、元和年中吉田光由山をうがって水を引、民其便をうくる事多し」（『花洛羽津根』文久三年刊）(10)とあることから、寛永説と元和説が宝暦頃に同時並行で唱えられ、それが幕末まで続いていることがうかがえる。それがどういう理由かわからないが、明治になったところで元和説が消えて寛永説に一本化されている。

いずれが妥当なのか裏付ける史料がないため、今後の調査が必要であるが、元和説を採用するとすれば、二〇年ほど早く一八歳から二七歳までの段階で吉田光由（一五九八～一六七二）が隧道工事にかかわっていることになり、『塵劫記』制作（三〇歳・寛永四年〈一六二七〉）に先駆けて大事業を担っていたことになるであろう。

図8・9は菖蒲谷池を描く珍しい地図である。図8は「岩壺ノ泉」を源泉として池につながり、「観空寺邑」へと流れそそぐ様子を描く。図9には源泉が示されていないが、村の人びとにとっての池の存在感の大きさが分かる描き方をしている。

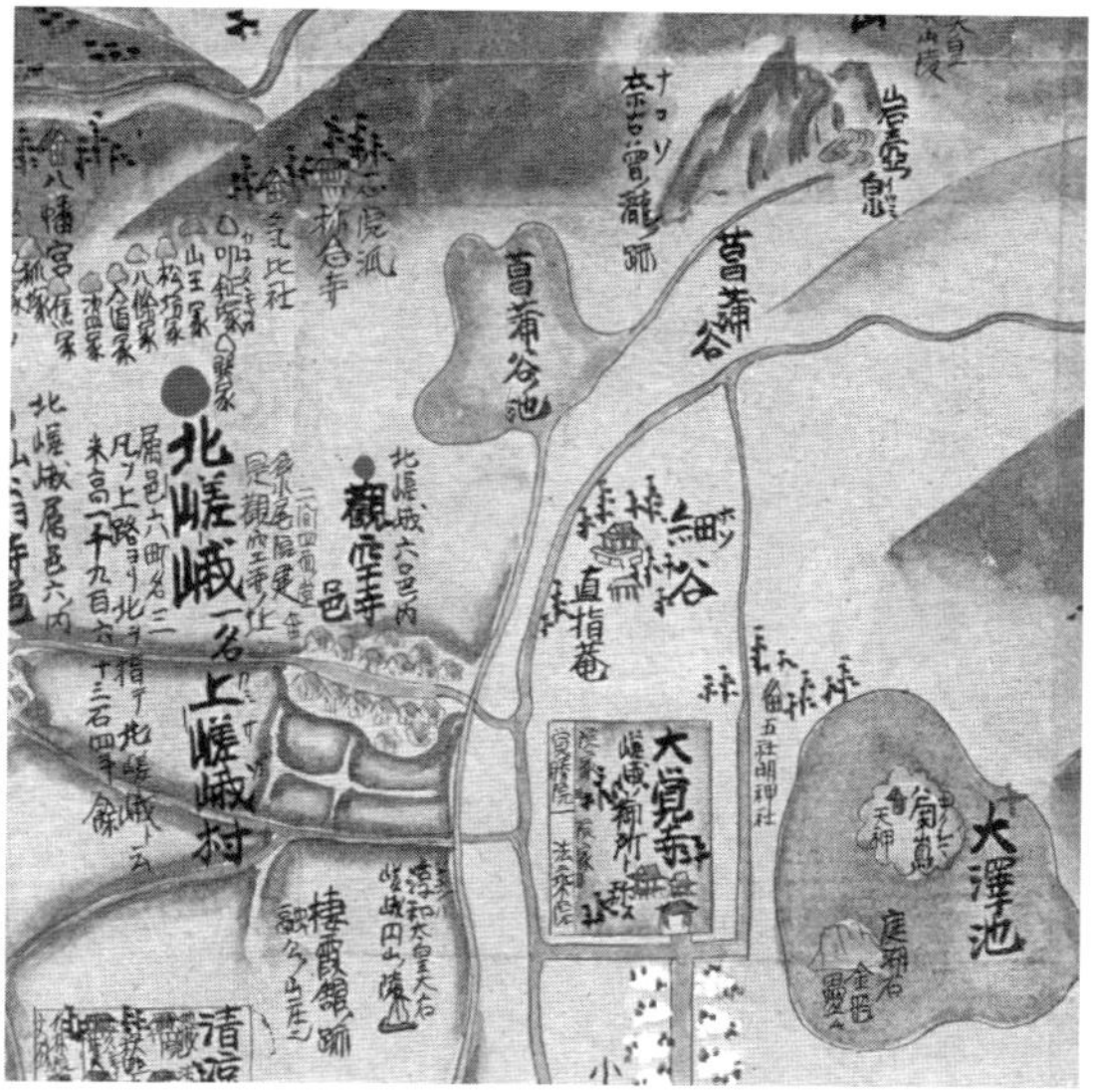

図8：「京師内外地図葛野」

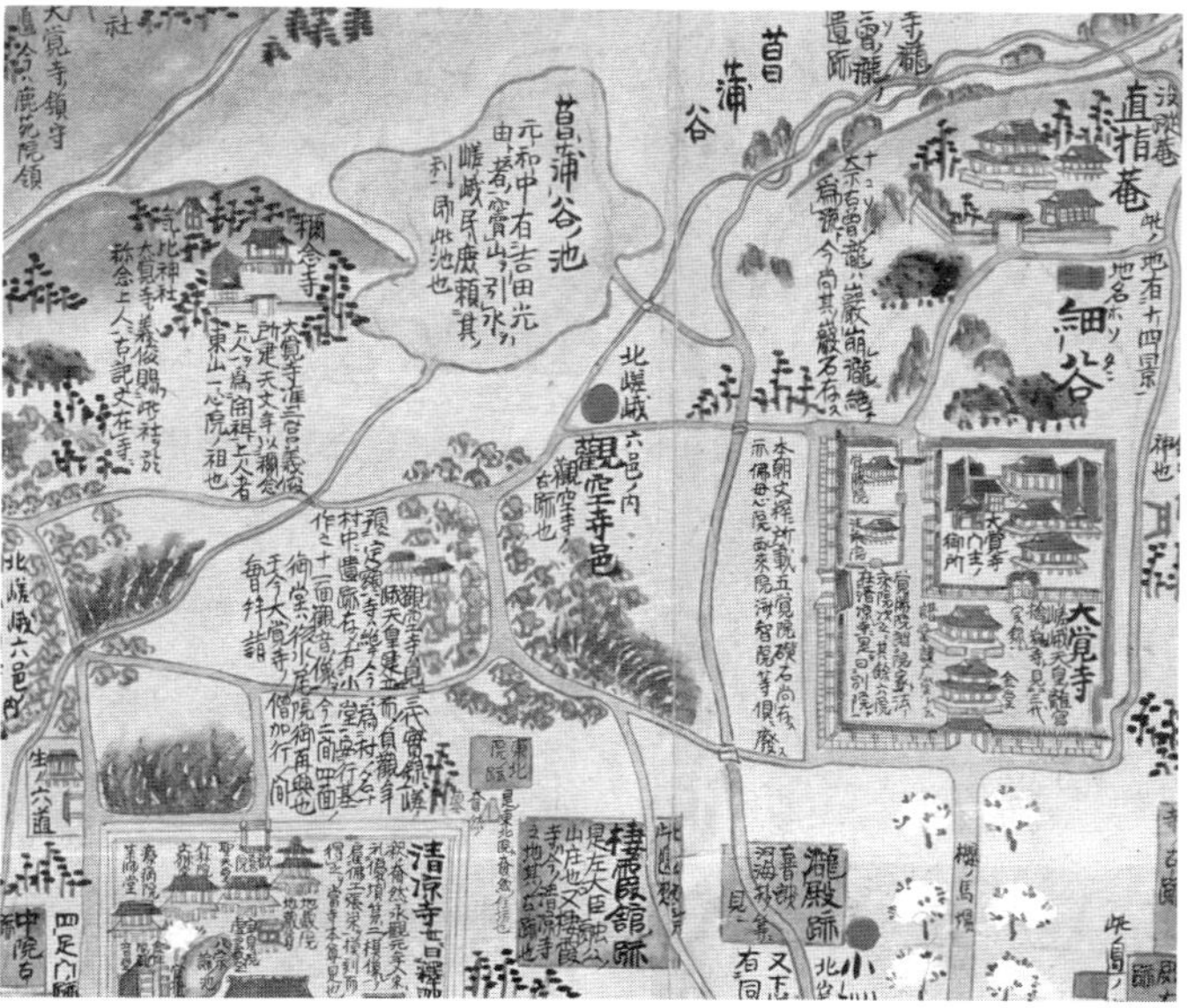

図9：「嵯峨松尾地図」

図10：「嵯峨松尾地図」

四　大井川

丹波亀山から嵯峨に流れる川は、「渓澗屈曲盤旋」して、「瀬や淵となり」、船を操る者は棹でもって「安排」し、岩を避けて岸に傍（よりそ）い、千謀万計幾許の艱難を経て、嵯峨にいたる、これはみな了以の「心匠」（創意工夫）から出たものであるとみなす（『山州撰』一四）。幸安は続けて、「私曰、自㆓丹波㆒来、大井川ノ流レハ、昔ヨリ同シ吉田了意（ママ）、亀ノ尾ノ滝ノ瀬巌、戸無瀬ノ滝ノ巌石等ヲ割テ大井川ヲ平均、右ノ二ツノ滝ハ大井川ノ流レニテ、嵐山ノ麓ニ有テ、北ハ亀ノ尾ノ滝、南ハ戸無瀬ノ滝也、今尋テ不ㇾ知ト云ハ右ノゴトクノユヘバナルナリ」と注釈を記し、大井川を開くにあたって「亀尾滝」と「戸無瀬滝」の二滝が取り壊されたと述べる。

別の個所にも、「亀山嵐山ノ間ヲ流レテ二滝トナル上ヲ亀ノ尾ノ滝ト云ヒ下ヲ戸無瀬ノ滝ト云。角倉氏鑿㆓二滝ヲ㆒、始テ通ㇾ舟、因テ、滝滅ス」（『山州撰』一五）と同様の記述がある（図10も参照）。

ちなみに、幸安の認識では、千光寺（大悲閣）に角倉了以の木像と林羅山撰の了以を讃える石碑があるという（『山州撰』一六）。これらは現在の千光寺に実際に伝わっている。

おわりに

洛中にかかわる高瀬川の流域や舟入、あるいは角倉屋敷などは周知のところであるが、洛外の様子も含めて一人の人間が網羅して地図化したものは見当たらない。情報量の多い幸安の地図や地誌の中から、角倉関連の記事をすべて取り出してみた。これまでの京都地誌書には掲載されていない角倉関連の地誌情報を示すことができたと考える。今後の角倉研究の一助となれば幸いである。

(1) 辻垣晃一・森洋久『森幸安の描いた地図』(日文研叢書二九、二〇〇三年)。
(2) 上杉和央『江戸知識人と地図』(京都大学学術出版会、二〇一〇年)
(3) 前掲注(1)(2)。
(4) 佐和隆研他編『京都大事典』(淡交社、一九八四年)。前節の福本論文も参照。
(5) 京都府編『京都府誌』下(名著出版、一九七四年)五三一頁。
(6) 『新撰京都叢書』一巻(臨川書店、一九八五年)。
(7) 『国書総目録』に記載なし。
(8) 『新修京都叢書』一〇(臨川書店、一九七六年)一七二頁。
(9) 『山州名跡志』正徳元年、『雍州府志』貞享三年、『名所都鳥』元禄三年。
(10) 『新撰京都叢書』二巻(臨川書店、一九八六年)三二〇頁。

第五節　穴太衆積み

粟田純司

一　穴太衆登場までの歴史的考案

まずこの穴太（あのう）という文字をみれば、それが渡来系であるのが分かるだろう。古墳時代（弥生時代四〜七世紀）に古墳が築造され近江朝時代（四〜七世紀）には現滋賀県にも多くの古墳が築造され、中でも滋賀県西部地区には、多くの古墳が残っている。その内部の両側の石積みをみると、今日我々が築く穴太衆積と石の配置が大変よく似ており、まさに今日の技術の原点はそこにあると思われる。

当時、穴太氏族は営繕工事に長けており、その中の石工集団が住み着いた所が現在の穴太という地名で残っている。

図1：穴太の古墳群(筆者撮影)

延暦三年（八〇五）に、伝教大師最澄が比叡山に延暦寺を開くにあたり、急斜面の土留（どどめ）工事、また道路の側壁、河川の石積み、寺院の基礎工事など、多方面に石積み、石据えが用いられ、中でも土留工事には、強度を第一に考え失敗を繰り返しながら、試行錯誤の末に美しさと堅牢さを備えた現在の穴太衆積みが確立されたとされる。

また比叡山の山外の寺院においても穴太の石工職人が関わりを持っており、中でも門跡寺院三千院（京都市大原）や毘沙門院（京都市山科）等においては、穴太の石工が積み上げた形跡が見受けられる。石工たちは、当時は名もなき石工集団であった。

「穴太衆積」と呼ばれるようになったのは、織田信長が比叡山焼き討ちを元亀二年（一五七一）に行った際、再興できないように石垣を壊そうとしたが、なかなか丈夫で壊せないと、武将であった丹羽長秀が信長に進言したところ、信長が「そのような頑強な石組をする職人がいるならば我が城を建てる際に呼び寄せよ」と言い、当時坂本、穴太、志賀に三〇〇名程いた石工職人を集め、安土城の城石積みに参加させ、その中心的な地位にあった「穴太」を文献に残したといわれている。こうして五層七階もの壮大なる城が出来あがった。ちなみにこの工費を現在の金額に換算すると一〇〇〇億円以上になるともいわれている。

安土城の石積は野面石（のづらいし）（自然石）を用い、石を集め運ぶのに大変な動力を要したと思われ、中でも「蛇石（じゃせき）」と呼ばれている大石は昼夜を徹して運び上げ、夜には松明の明かりで斜面をうねりながら引き上げるさまが如何にも大蛇が坂を上がるようにみえたところから、その名前が生まれたといわれている。

安土城以前（戦国時代）の城の石垣の高さは五～七ｍ程度で、その上は土波（どは）で築き、廻りに杭を打ち館を建てた簡単なものであった。それで主の武将は御館様と呼ばれていた。

根本中堂

釈迦堂

横川中堂

坂本　里坊

図２：比叡山に残る石積（筆者撮影）

天主台を持つ安土城が建ってからは城主と呼ばれるようになったといわれている。

比叡山には今もこの石積みが残っている。代表的な建物には、東塔（根本中堂）、西塔（釈迦堂）、横川（横川中堂）があり、他にも一五〇程の堂がある。また麓には「里坊」が数多く残っている。

この里坊とは中世から存在し、現役から退いた老僧が隠居所として余生を送ったところ。また、布教の拠点として天台宗の教えを広める場という意味もあった。元和年間（一六一五〜二四）には七〇以上あったが、現在では三十数軒になっている。

安土城建立ののち、各大名がその美しさと壮厳さに感嘆し、こぞって天守台を持つ城を作り出した。穴太衆石工もそれにともない全国に散らばっていき、その名を全国に知らしめた。

その後、豊臣秀吉、徳川家康の天下人の時代にも石積みは穴太衆に築かせた。徳川時代の安定期に入ると戦もなく天下泰平が続いたことに加え、八代将軍徳川吉宗の享保二年（一七一七）には、幕府の財政が切迫し「享保の改革」が行われ、城郭の修理、修復や公共的事業がなくなり、石工職人はそれを境に激減した。明治に入るとコンクリートが導入され、穴太の石工職人はさらに減少してしまった。

粟田家は享保年間には徳島に住んでいたが、仕事がなく坂本へ帰って来たといわれている。坂本の近隣には社寺仏閣が数多くあり、細々と穴太衆積みを受け継いできたと思われる。それまで全国に数多くいた穴太を名乗る職人は皆無となり穴太衆積みは死語になってしまった。

筆者がこの仕事に携わるようになったのは昭和三八年である。その当時、「穴太衆」といっても知る人はほとんどいない状態だったが、それから五〇年、ようやく歴史的建造物である城が見直され、同時に石垣も注目されるようになり、「穴太衆」も復活してきた。

二　穴太衆積みの特徴

穴太衆の石積みの特徴は自然石（野面石）を用いて石工の個性や感性により積み上げていくことである。ただし石の配置等は穴太衆積み独特の法則がある。

①自然石を使用する。一部・粗割石も使用。

②自然石の大中小の石をバランスよく配し、見た目にも美しさを追求する。

③「品」の字を基本形として積み上げる。自然石であるため、横目地は水平に通らず石垣の形状は「布積み崩し」になる。別名「布目崩し」ともいう。

④粗雑な積み方に見えるが、強度は強い。グリ石（栗石）を多く入れ排水、裏の土圧留めを行っている。

⑤積み石の隙間には小さな石、間詰石（間石、小詰石）を入れる。

図3のように積み上げる前にまず石の配置を考える。つまり集石している石にどのような石があるか一日以上見て廻り、頭の中で完成図を描き、その後大石を配置し、その間に小石を入れていく。その際石はできるだけ横使いに据え品の字のように二石以上に接点を設ける。底石を大きくし、安定度を高め、丈夫な石垣にする。これが「布積み崩し」である。

積み上げる石は実際の勾配より上部を少し傾かせる（図4）。つまり、石尻を下げることになる。階段を逆さにした形状になる。これは水を出来るだけ表面に流し、石垣内部への浸透を防ぐためで、この工法は比叡山で確立されている。比叡山の冬は寒冷なので、水が石垣の中へ入り凍結膨張するのを防ぎ強度を保つためである。また、城郭においては足掛かりが出来にくく、敵の侵入を防ぐ防護のためであり、この二点からこの積み方にする。

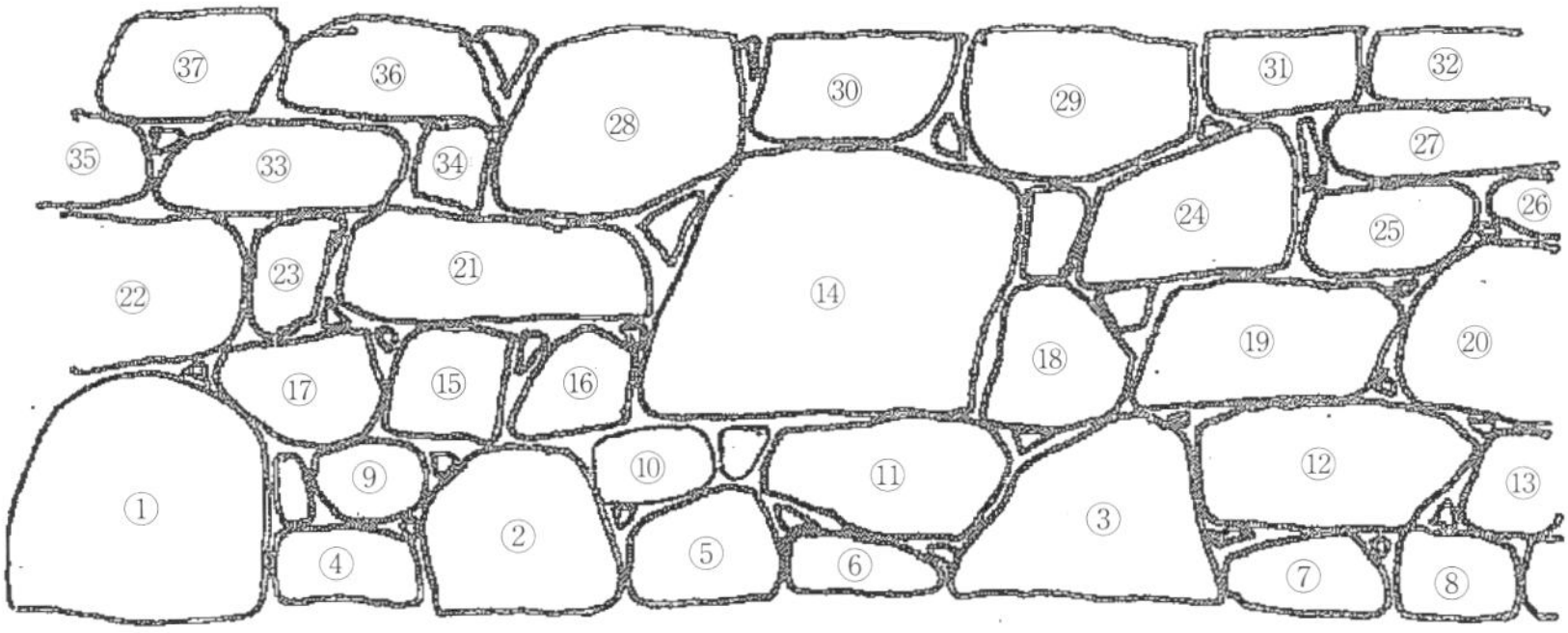

図３：穴太衆積みの立面(数字は石を積む順)(図３～６は筆者作成)

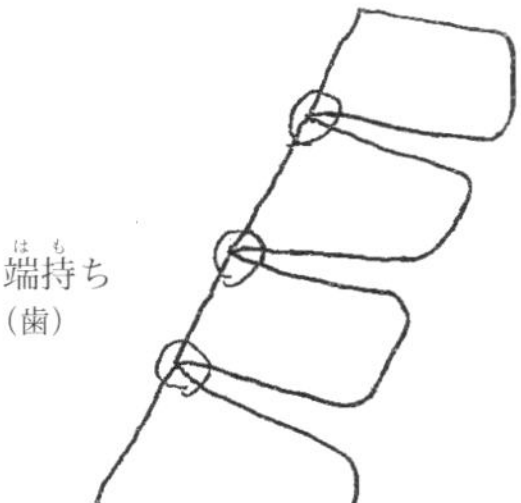

図５：石垣の先端で合わせる

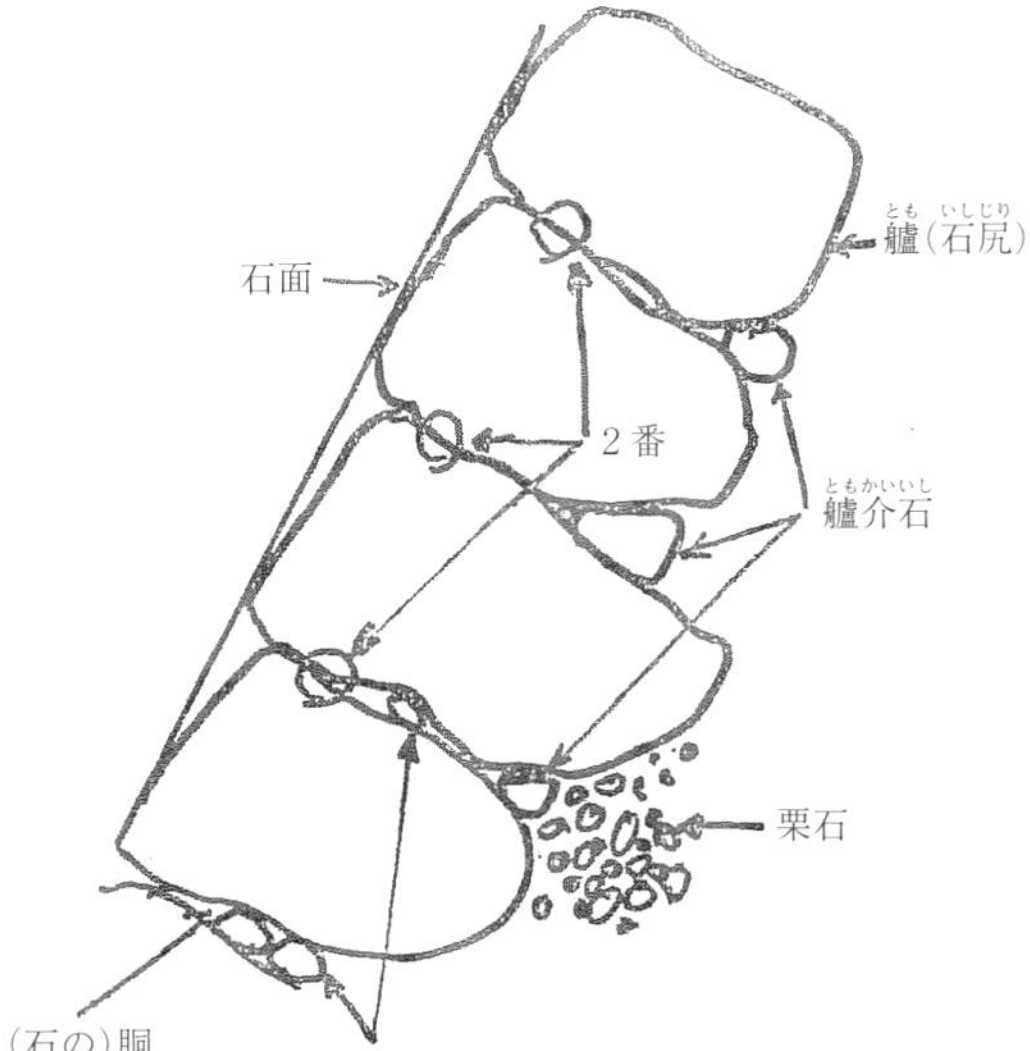

図４：鎧積み

これは甲冑のようになっていることから「鎧積み」という。また、「顔」（表面）より「控え」（奥行き）を長くする根石部では、奥行きを一・五〜二m以上にする。これも強度を保つためで、私が経験した中では岩国城の天守台復元工事を行った時、約三mの控えを使っていたのが今までの最長だった。これだけの控えがあれば、少々の地震にも、びくともしないと思ったものである。この工法は牛蒡（ごぼう）が土の中に深く入っている様子を連想させるため、牛蒡積みとも呼ばれている。

図4で二番と書き上げている点は、最先端で密着するのではなく、少し入った所（五〜八㎝）で接点を設ける。これも地震対策のひとつで、先端で着けると少々の震動でも滑り落ちることがあるため、「二番で持たせよ」といわれている。なお、先端で持たすことを歯持ち（端持ち）という（図5）。

上下の積石が大きく開いてみえる時は、小石（小詰め石）を差し込む。戦乱の時代には、抜け落ちるくらい柔らかく差し込んでおき、敵が登ってきて小石を持つと抜け落ちるようにすることで、防護の役割を果したという。もちろん美的な効果もある。積石を留める石（艫介石）は、地盤と水平になるように打ち込む。これも地震対策で斜めに留めた場合、積石が動いた時に基の位置に収まりにくいためである。いにしえより日本は地震の多発地域だったため、先人たちもその点を一番に考慮していたのである。

もう一点重要なことは、石積みの裏に入れる栗石（ぐりいし）である。高石垣を組み上げるのは、この栗石が一番大きな役割をする。先代から教わったのは、高さの三分の一は入れること。つまり、一〇mの高さであれば、積石尻（奥行）から三mは入れること。これによって、早く雨水を表面に出し、積石にかかる水圧を軽減し、堅牢な石垣にする。また、栗石がクッションになり積石にかかる負担が軽減される。

ここで、山口県岩国市の錦帯橋の事例をあげる。慶長年間にその橋台を作るにあたって、現在のように矢板で水止めする技術がなかったため、完全に水を止められなかった。石を据えてその中に漆喰を入れ固めようとしたが、水圧で流

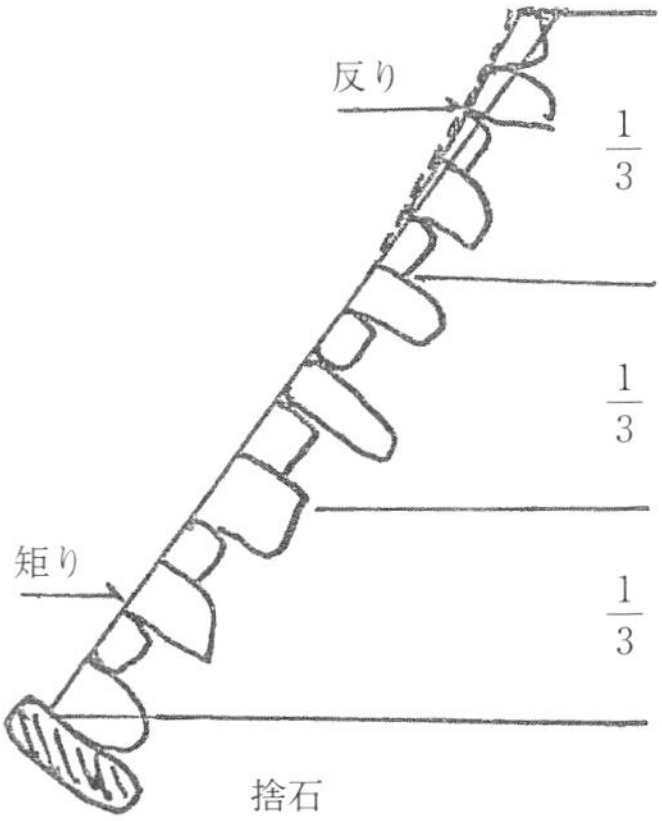

図6：矩りと反り

され落ち着かず難儀した。そこで坂本の穴太頭に助言を求めたところ、「水と仲良くしろ」といわれた。何のことか理解が出来ず、再度聞いたところ、「石を組んだ中に栗石を入れ水圧の掛からないようにしなさい」、その上に漆喰を打てばいいといわれ、半信半疑で行ったところ、石組が止まったのであった。穴太の知恵はたいしたものだ、という記録が残っている。

図5のように、規格化された割石や切石が大量生産されるようになると、石面（一番）を合わせるようになった。それが打込ハギ、切込ハギ、である。現存する例として、大阪城の大手門正面や江戸城桜田門の石垣がある。ただ、山城においては、比較的野面石が江戸中期でも使用されている。図6の矩り勾配と反りについては、私が仕事を始めた頃は時代により違っているといわれていたが、各地の城跡修理に当たってみると、同じ時代であっても、それぞれに違った勾配や反りがあるので、その地の風土や土壌、また武将の個性や感性により変化がみられることがわかってきた。つまり、地盤の強度により石垣の角度を変えている。また、地山と盛土でも変化がある。山城の場合は、地山であり山を切り取り石積みをするから比較的勾配は立っているのに対し、平城の場合は盛土である故、寝ている。現在の地盤工学からみても理に適っている。反りについても同様で、山城の場合は上端から三分の一の所から付け、平城は下（根石）部から三分の一から少しずつ反りを付ける。熊本城の反りは城郭の中でも最も大きく反らしている。

三　穴太衆積の強度実験

新名神高速道路を造るにあたり、信楽工区の甲南トンネルを掘削したとき、大量の転石が出て廃棄するのは勿体ない、何かに利用できないかという所から、筆者の株式会社粟田建設に声がかかった。その箇所が東海自然歩道にあたり、環境的にも調和することで大成建設株式会社から高速道路の土留石積みを造る工事依頼をうけた。そのさい道路公団から、石積みの「強度清算書を提出せよ」と指示されたが、今まで穴太衆積みの強度を計算したことはなく、「城石垣は三五〇年以上は持ち続けている」といっても、何か理論づけるデータが必要であるといわれたため実験を行うにいたった。実験は京都大学大学院工学研究科の西山哲研究室（当時）が行い、「石積み（穴太衆積み）」と「コンクリートブロック積み」を高さ三・五m、天端部延長八・五mとし、目地を介し平行に積み上げた。「ブロック積み」の奥行が七〇cmであるために、積石みにも同等の石を使った。一つだけお願いしたのは裏に入れる栗石は先人からいわれているとおり、「三分の一」をいれることだった（図7）。

最終的な実験データは、穴太衆積みはコンクリートブロック積みの一・五倍から二倍の強度があるというものだった。実験前は「ブロック積み」の方が強度が出ると各方面の土木関係者誰しもが思っていたが、実験途中でも目に見えてわかるくらいにコンクリートブロックが傷み出し、「ヨシ、ヤッター」と心の中でほくそ笑んでしまった。計算式もない時代の先人の体で覚えた経験と技術は間違っていなかったと拍手を送るとともに、今その仕事を受け継いでいる筆者をはじめ、穴太衆積みの職人たちには胸を張ってこの仕事を続けてほしいと思っている。

もう一点、平成七年の阪神淡路大震災の前年に、兵庫県川西市の西国三十三番の札所である「一乗寺」の境内での石積みの仕事を引き受けた。一二月二〇日頃に終えて帰ったところ、翌年一月一七日に地震があり、テレビで神戸方面は壊滅的な状態であることを知った。当然一乗寺の石垣も壊れていると思い、長時間かけてお寺へ行き、御住職にあいさつした。「よう来てくれた、まあ見てくれ」といわれた時は、「ああ、壊れているな」と思い現場へ行くと、積み上げたままの姿が残っていたので、「和尚、大丈夫だったたですね」といったところ、「お前に積んでもらったところは良かった

供試体全景(正面)、右半分が穴太衆積み

コンクリートブロック積み供試体(側面)

穴太衆積み供試体(側面)

図７：京都大学による実験(出典：文献［２］)

のだが、横を見てくれ」といわれてみると、見事に壊れていた。その箇所は我々が帰った後に、間知石（けんちいし）で積み足した所で、裏にコンクリートを詰め込み、石積みは端（歯）持ちという前面だけを合わせる積み方だった。先述の実験でもわかるように、コンクリートを詰めてしまうと個々に揺らぐことなく一体で動くために、すべてが壊れるのである。最後に和尚から、「お前のところで積んでもらって良かった」といわれたときはこの仕事を継いでいて良かったと、心から喜びを感じた。

穴太衆に代々伝わっている言葉がある。それは「石の声を聴き、石の行きたいところへ持って行け」。この言葉を一三代目万喜三（父）から聞いた時は、筆者がこの仕事に携わったばかりのときで、大学を卒業してすぐの二二歳の時だった。

筆者は土木を専攻していたため、一般土木がやりたかった。大学三年の時に一か月間実修で県の土木課へ行ったことで県庁へ行く気持ちが強くなり、試験を受け採用通知が来たとき、父（万喜三）がその通知をみて、「お前県庁へ行くのか」と聞いてきた。筆者は、「一〇年ほど行き、その後親父の後をするわ」といったのだが、そのとき親父の顔が鬼のようになり「何をかんがえているんだ、二二歳からでも遅いと思っているのに、一〇年も後だったらお前は三二歳になりそれからこの仕事に入っても一人前にはなれない。そのような安易な気持ちで考えているなら、穴太衆積みを継ぐことも止めてしまえ」と言い、「今からやれ（始めろ）」といって、通知書を破り、断りの電話をかけたので、仕方なく親父の後を継ぐことになった。

そのときにいわれた言葉が「石の声を聴け」だった。「石の声が聴けたら一人前の証だ」といわれたのだ。はじめは「石が喋る訳がない、何を寝ぼけたことをいっているんだ」と思い、腹で笑っていたが、仕事を始めて一一年目、三三歳の時にその意味に気づくことがあった。

そのとき親父から、安土城天守台下付近の石垣積みを任された。石垣下部から石を引き上げ、集石している中から、いつもだと積む箇所をメジャーで計り、収まる石を持ってくるのだが、そのときは何故かどの石が良いのか見渡していたところ、何度見ても同じ石が目に留まる。そこで、「その石をここへ持ってきてくれ」と言い、据え付けるとぴったり合い、面を合わすためにバールで少し中へ入れたときに「コトン」と音がし、どっしりとした据わりの良い石据になった。今までは自分の尺度で考え石を選び、合わないときはミノで削り無理矢理収めてきたのだが、落着きのない据わりになっていたような気がする。そこで以後は自分の我を抑え、石に聴いてみようと思うようにしたところ、スムーズに石積みが出来るようになった。自我で石を選ぶのではなく、石に聴いてみる。つまり「此処へはどの石が行きたいのか」という気持ちで見て、目が留まるその石を据える。それを繰り返しているうちに早く大きく声が聴こえるようになって来たのである。

そこで私生活においても同じではないかと気付き、それまでは自分の考えを押し付けて何でも思い通りにやって来たが、振り返ってみると、周囲が賛成し喜んでついて来たとは思えなかった。それ以後はまず人の意見を聞くことに気持ちを切りかえてみたところ、物事がスムーズに運び、皆の顔が柔らかく、納得したようにみえた。私の人生の転機はこのころだったと思う。以後四〇年その気持ちを大切にしてきた。この穴太衆石積みと父万喜三の教えがなければ、自分の人生はどのような展開になっていたのかと思うと、人との出逢い、また、教訓は大切なことだと感じる。この穴太衆石積みに出逢わなければ、いまだに自我の強い嫌な人間になっていたかもしれない。その意味でも穴太衆石積みに感謝し、それを気づかせてくれた安土城にも感謝したいと思う。

おわりに

今後の自分に課せられた責務は、この文化財的石積みを絶やすことなく、後世に受け継ぐために、一人でも多くの若き職人が教えを修得し、城郭石積みの修理などの技術を研鑽できるよう努めることだと思っています。そのためにも多くの一般の人びとに理解と協力をしていただけるよう、あらゆる所で穴太衆積みについて講演などを行っていきたいと思っています。今、海外でもこの城郭石垣が注目を浴びつつあります。二〇一四年にはドイツ、米国シアトルに行きましたが、その美しい曲線、直線が絶賛されています。今後も世界に城郭石積みを紹介し、文化としてだけでなく事業としても広めることができれば職人の仕事の幅も広がると思います。私の役割は道をつけることで、これから先は一五代目純徳の役割であると思っています。

最後にこの執筆にあたり、一介の石工職人である私が物書きをすることは、乱文になり理解できない文章になっていると思いますが、心を込めて誠心誠意書き上げました。よろしくご理解願います。

〔参考文献〕

［1］北垣聰一郎『石垣普請』（法政大学出版局、一九八七年）

［2］日本道路公団関西支社・大成建設株式会社・京都大学大学院『石積み擁壁（穴太衆積み）の道路構造物への適用に関する研究共同報告書』（二〇〇四年）

第六節　洛西・嵯峨野の庭園とその技法

金久孝喜

はじめに

京都の洛西に位置する嵯峨野の地は、嵐山・小倉山・まんだら山・朝原山を背景に、竹林と田畑が点在する地域である。嵯峨天皇が嵯峨離宮を営んでから、その優れた景観が世に知られるようになり、虫選び・観月等の風雅な遊びの地として大宮人が憧れ、文人等が隠遁する別天地となった。『源氏物語』の舞台となり、『小倉百人一首』の編纂が行われた王朝人がこよなく愛したこの地には、作庭家としても有名な夢窓国師が庭園を造り、その後の日本庭園に大きな影響を与えた。また、大井川を開削した角倉了以、和算史上の画期をなす『塵劫記』の著者として有名な吉田光由ら、さまざまな歴史上の人物がここで生まれ育ち、この地で活躍した。

ここでは多くの史蹟が点在する奥嵯峨から桂にかけての地域に生まれた庭園をとりあげ、その技法を具体的に紹介し、作庭の意図と作者の庭園観を考察する。

一　嵯峨野の歴史

洛西（嵯峨野）の歴史的経緯から、この地がどのように人びとに捉えられたかを考察する。五世紀までは寂獏とした原野であったが、秦氏によって五世紀以降開発が進み、葛野川（大井川）の治水・灌漑が行われる。平安時代になると天皇・貴族等による遊猟や若葉摘み等の遊楽が行われ、嵯峨院・栖霞館（せいかかん）等の貴族の邸館が営まれて天皇・貴族の別荘地として栄えた。

また文学上、嵯峨の山・嵯峨野・嵐山・小倉山・大井川等が「歌枕」として多く読まれた。王朝人にとっては、詫びた山里という風流な景色を感じるための地であった（図1）。嵯峨野は野の中で、小倉山・嵐山は山の中で、秋に訪れるのに最も風流で趣深い場所と評された。大同四年（八〇九）から嵯峨野は伊勢斎宮の潔斎の地に選ばれ、以降六六〇年間、「浄さ・悲哀」を象徴する場所としてイメージされ、野々宮（図2）は紫式部の『源氏物語』の舞台として描かれ、絵巻や屏風絵の中に描かれた「小柴垣・秋の月・松林・深い草・奥深い山」等に風景が重ねられた。

建長年間（一二四九～五六）、後嵯峨天皇によって嵐山に吉野山の桜が移植される。文永二年（一二六五）、後嵯峨天皇の『続古今集』で最初に嵐山の桜が詠まれるようになり、これ以降嵯峨野は春にも訪れるべき場所となった。

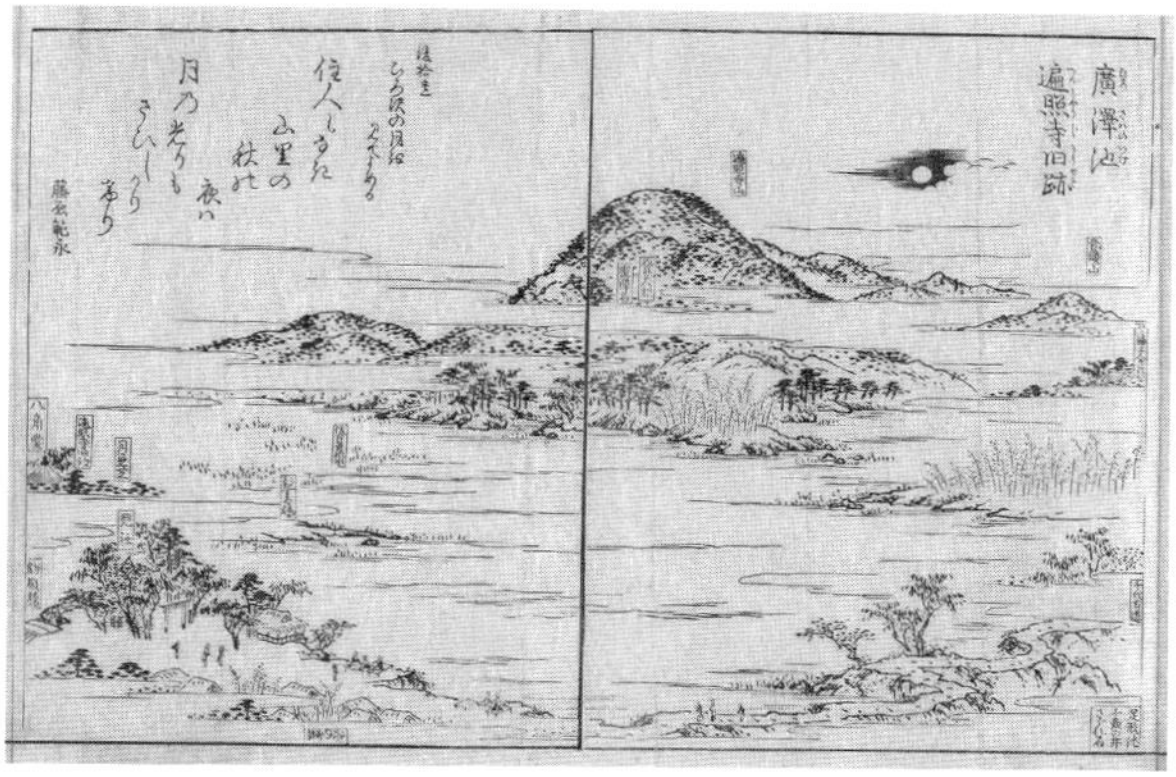

図１：「都名所図会」広沢池

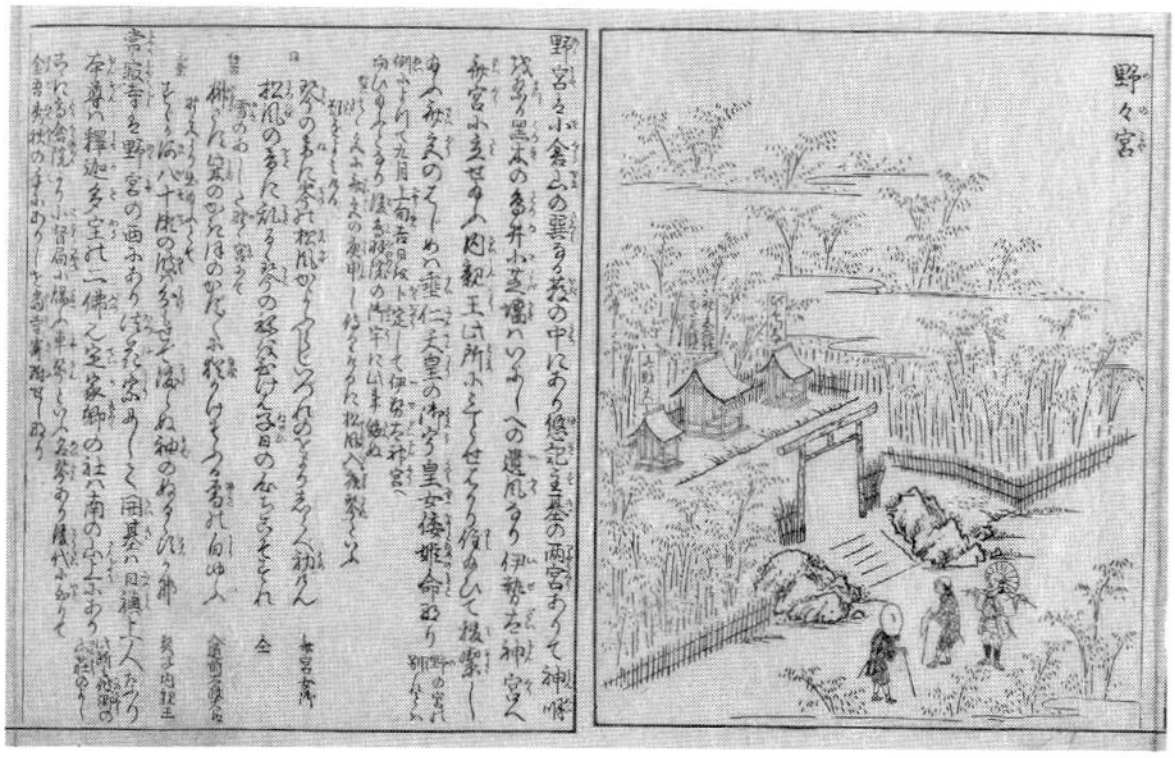

図２：「都名所図会」野々宮

中世になると、新興の禅宗寺院が建立され広大な苑池の跡はその面影を残しつつ、のちの時代に庭園、すなわち自然を素材にした文化環境として継承された。

貞和元年（一三四五）、天竜寺が開創されると、夢窓国師が亀山十境を定めた（後述）。

近世の人びとの間に、名所を見る前にその場所の史実や文学作品の表現等から、風景を読み解く態度が見られるようになった。

元禄四年（一六九一）四～五月にまたがる一七日間、松尾芭蕉は去来の別荘「落柿舎」に滞在し、嵯峨野の平凡な景色を「由緒ある名所の跡」の景色として、静閑の境地を楽しんだ。

このように嵯峨野は文学の世界に展開する風景としてとりあげられ、大和心を育てた地域であった。その中で造られた代表的な庭園とその庭園技法について具体的にみていきたい。

二　大覚寺と大沢の池

大沢の池（図３）は、中国の洞庭湖を模して嵯峨天皇が築造したものといわれており、時の唐風文化の面影を今に残し、平安時代前期の面影をとどめ、日本最古の庭池とされている「名古曾の滝」とともに、大正一二年（一九二三）に国の文化財として名勝に指定された人工の池として知られる。この池はまた、周辺水田の灌漑用水として重要な役割を果たしてきたことが知られている。

観月の技　この池は、観月の名所として中秋の名月の時は、舟

図３：「都名所図会」大沢池

を浮かべ水面に映る満月を観賞できる所として今も多くの鑑賞者を集めている。

引水の技　この池の北に「名古曽の滝」があり、藤原公任が「滝の音は絶えて久しくなりぬれど名こそながれてなほ聞こえけれ」と詠んだ。この滝は古図（『大覚寺伽藍図』）を見ると、土塀に囲まれた中に書かれており、高さも低く、水を絶えず流すためには上流より水を引いてくる必要があったと思われる。絵図を見ている限りそのような引水の流れが作られていたとは想像しにくく、この滝は客人をもてなす時のみ水が流れていたと想像される。地元の古老に聞くと、この滝の北約一五〇mのところに昔、大きな井戸があり、この水を滝まで竹で引水し利用したのではないかと話されていた。

このあたりは水源が乏しく、一六二〇年代（元和の中頃）に大覚寺が水源確保のため、角倉一族の吉田光長・光由に、菖蒲谷より隧道を掘ることを命じている。角倉一族には財力と土木技術があり、菖蒲谷にダムを築造して水を貯め、京見峠の下約二〇〇mの隧道を完成させた（図4）。その水は、今も北嵯峨一帯と大沢の池に供給されている。

図4：角倉隧道（入口より70m付近）
（筆者撮影）

三　二尊院

承和年間（八三四～八四八）に建立の二尊院（図5）は、嵯峨野にある天台宗の寺院で山号は小倉山、正式には小倉山二尊教院華台寺という。二尊院の名は、本尊の「発遣の釈迦」と「来迎の阿弥陀」の二如来像に由来する。角倉了以・素庵を始め、その一族が眠る墓所があることでも知られる。

高低差軽減の視覚技法　総門をくぐり本堂を目指す参道「紅葉の馬場」の正面に幅の広い石段が迫ってくる。この石

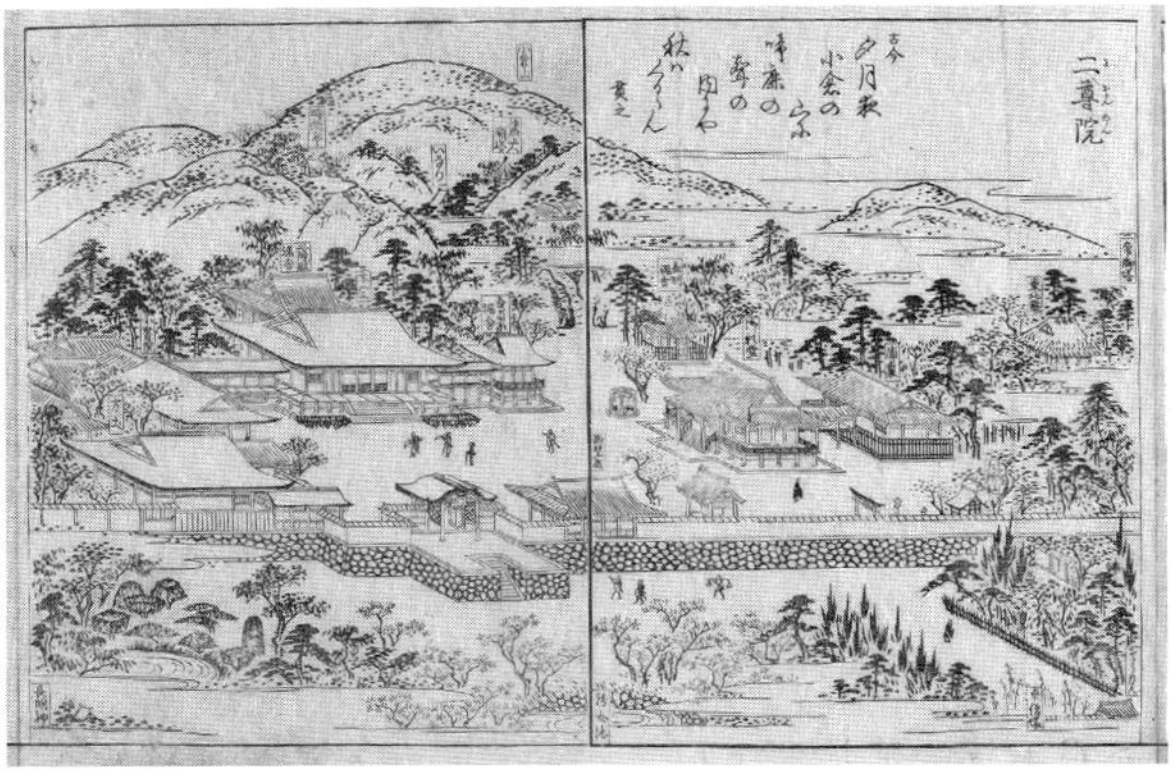

図５：「都名所図会」二尊院

図６－１：高低差を緩和した階段(下部からの景色)
(筆者作成)

図６－２：階段の視覚技法(筆者作成)

段は下段部から上段部に行くに従い階段幅（奥行き）が狭くなるように設計されている（図6）。そうすることによって、下から見上げたときに、幅を一定にして設計した時より威圧感を与えないようになっている。下段部からは高低差（約六m）がさほど感じられないが、上段部に立つと高低差が意外とあることに気づく。

三　天竜寺

臨済宗天竜寺派大本山（霊亀山天竜資聖禅寺）は暦応二年（一三三九）吉野で亡くなった後醍醐天皇の菩提を弔うために、足利尊氏が夢窓国師を開山として創建した。天竜寺の庭園（曹源池）は、夢窓国師が嵐山と亀山を借景とした旧亀山離宮の庭園を改修したものであり、国の史跡・特別名勝第一号に指定され、平成六年（一九九四）には世界文化遺産にも登録された（図7）。

曲岸回塘　池の岸辺に凝らした視覚的な技巧のことである。

〈左右両岸の景〉　方丈から見て北岸に小さな岬と小島があり、南岸を見ると岸の近くに大きな三角形の岬がある（図8）。このように左右それぞれの岸辺の姿は大きく異なりながらも、中軸線を意識して眺めると、池中央の立石に視点がいくようになっている。

〈三つの波形の入江〉　方丈から見て手前側には大きな波が岸辺に寄せてくるような、三つの大きな波形の入江が続いている。方丈の長い廊下のどこから眺めても、池を見渡す確かな前景となるように工夫されている。

引水の技　曹源池の竜門の滝石組の水は現在、水が流れておらず水跡が滝石に残るのみであるが、水源は今も水をたたえている。この湧泉から滝口まで水樋で引水し水を落としていた（図9）。

滝組の技　曹源池にある竜門の滝の石組みは、中国黄河の急流にある三段の滝を登りきった鯉が竜になるという「登竜門」の故事に基づいて造られた。滝口に巨石を立ててこの石に水が流れると、石面が光るように結晶片岩が二個使われている。そのひとつが水落石（緑色片岩）に、もうひとつが脇石（紅簾石石英片岩）に使われている。滝上部の遠山石には最初に朝日があたり、神々しさをより見た人に印象づける配置になっている。その前に架かる石橋は日本最古といわれ、傍らに突き出た石は池からまさに飛び出そうとする龍の頭を表している。

借景の技　背後の亀山と嵐山が借景として位置づけられている。中でも「戸無瀬の滝」は、平安時代の頃から紅葉の名所としても親しまれ、多くの和歌に読まれている。「うく紅葉　玉散る瀬々の色染めて　戸無瀬の滝に　秋も止まらず」（『拾遺愚草』藤原定家）。

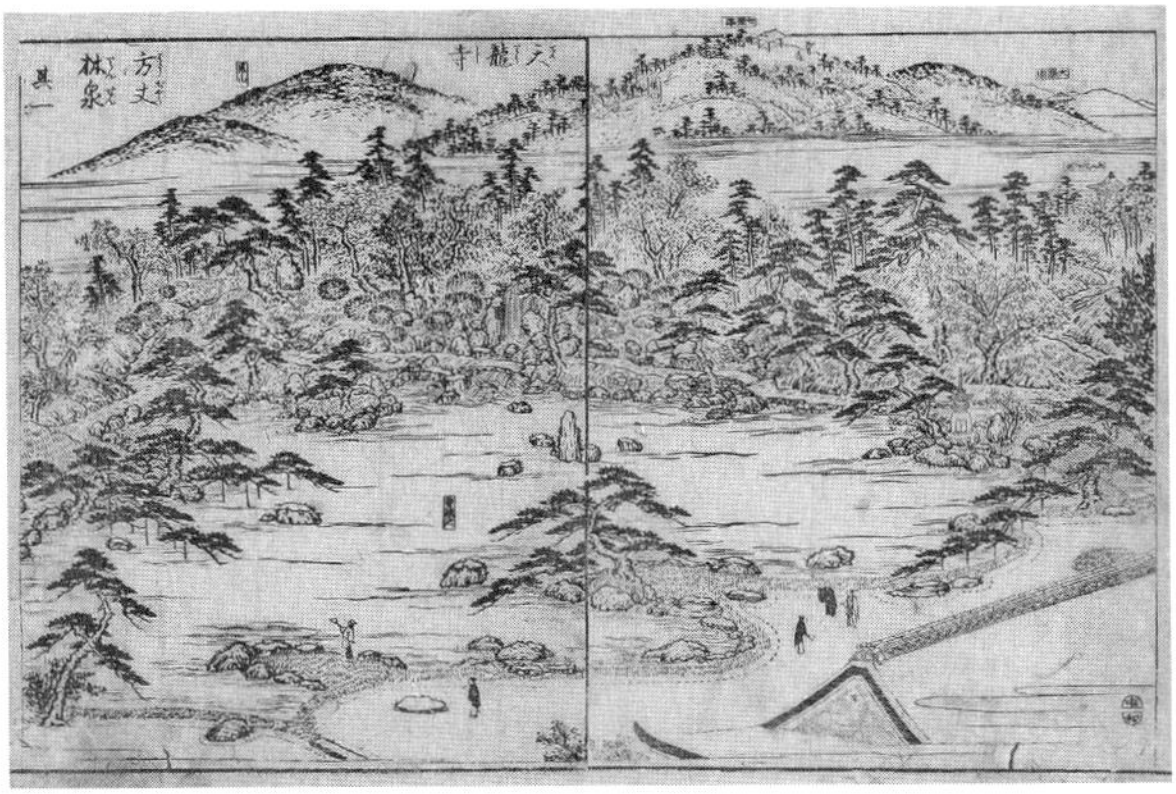

図７：「都林泉名勝図会」天竜寺

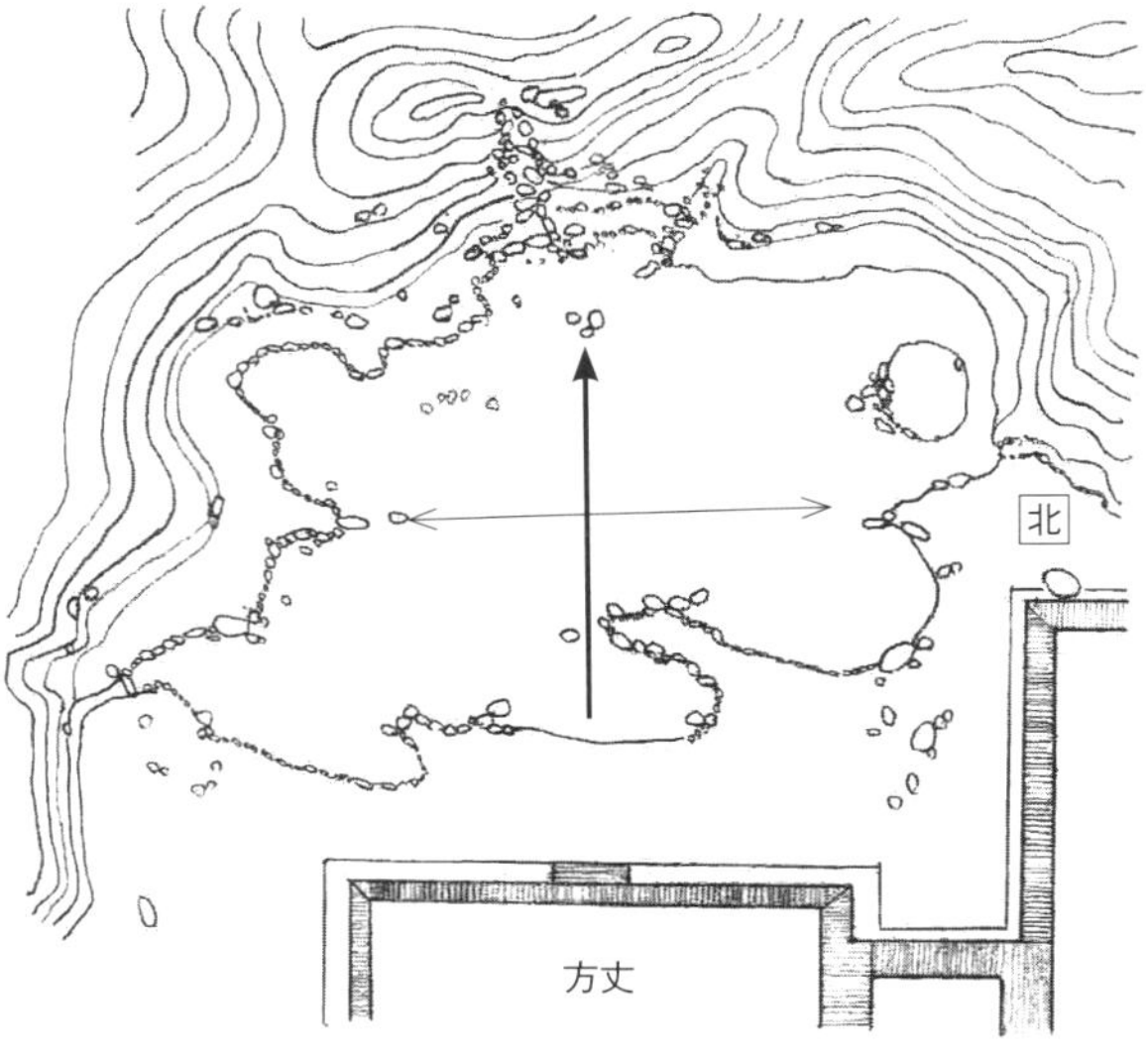

図８：曹源池平面図（筆者作成）

旧亀山離宮から見える、戸無瀬の滝を絶賛する記述が『増鏡』に書かれている。作庭当初は戸無瀬の滝が嵐山に借景として見えていたが現在その姿は木々に隠され見ることができない。この滝も竜門の滝と同じ三段の滝である。

天竜寺山門へ向かう参道橋が大井川に架かる「渡月橋」である（図10）。この橋は創建当時、現在より上流に架かっていた。「応永鈞命絵図」によると岐阜県永保寺（えいほうじ）の臥竜池に架かっていた観月のための無際橋のように湾曲しており、月が橋を渡るさまが今以上に表されていた（後掲図19）。

夢窓国師が嵐山の月を和歌に詠んでいる。

いずるともいるとも月をおもはねば　こころにかかる山のはもなし

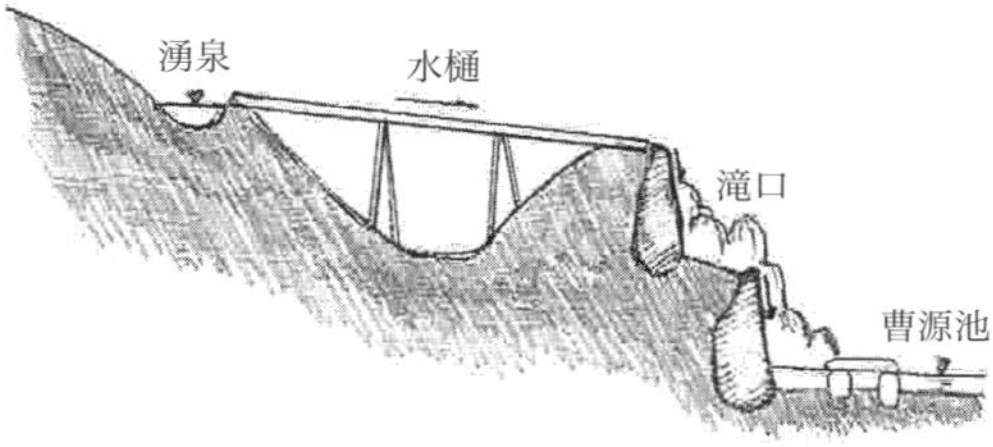

図９：湧泉から竜門の滝への断面図（筆者作成）

図10：渡月橋から亀山に沈む月を臨む（筆者撮影）

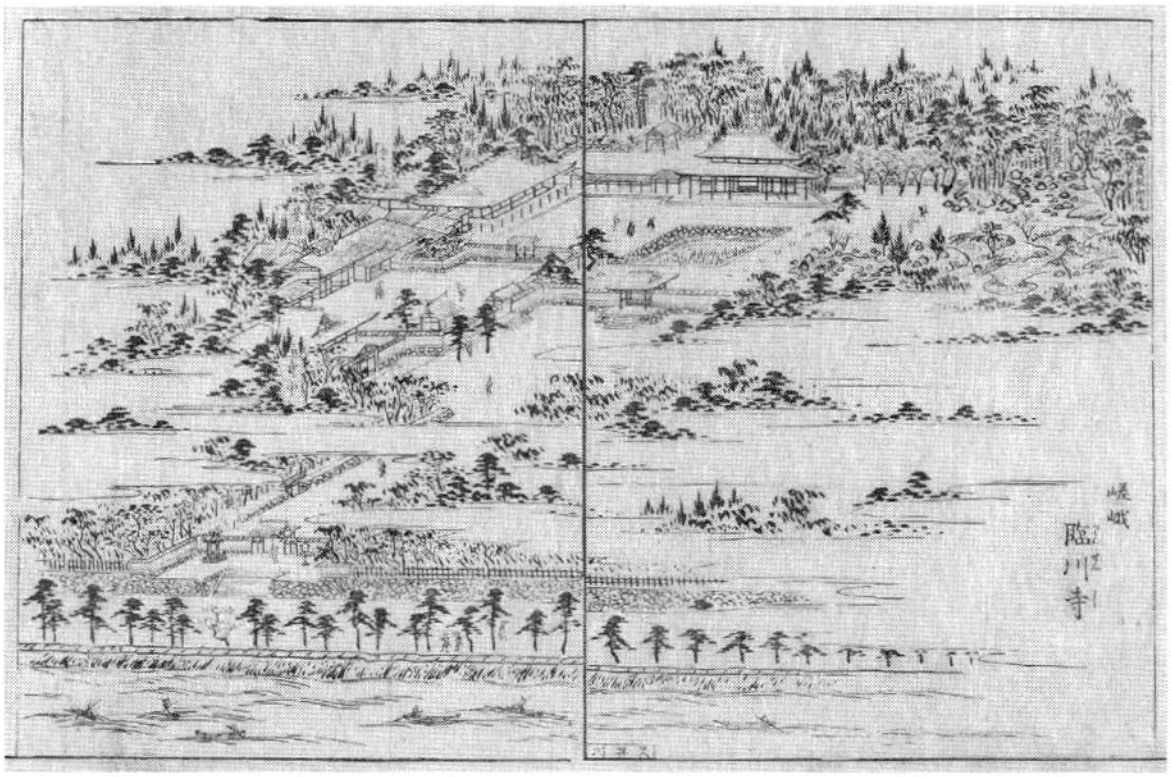

図11：「拾遺都名所図会」臨川寺

図12：同上（池の部分）

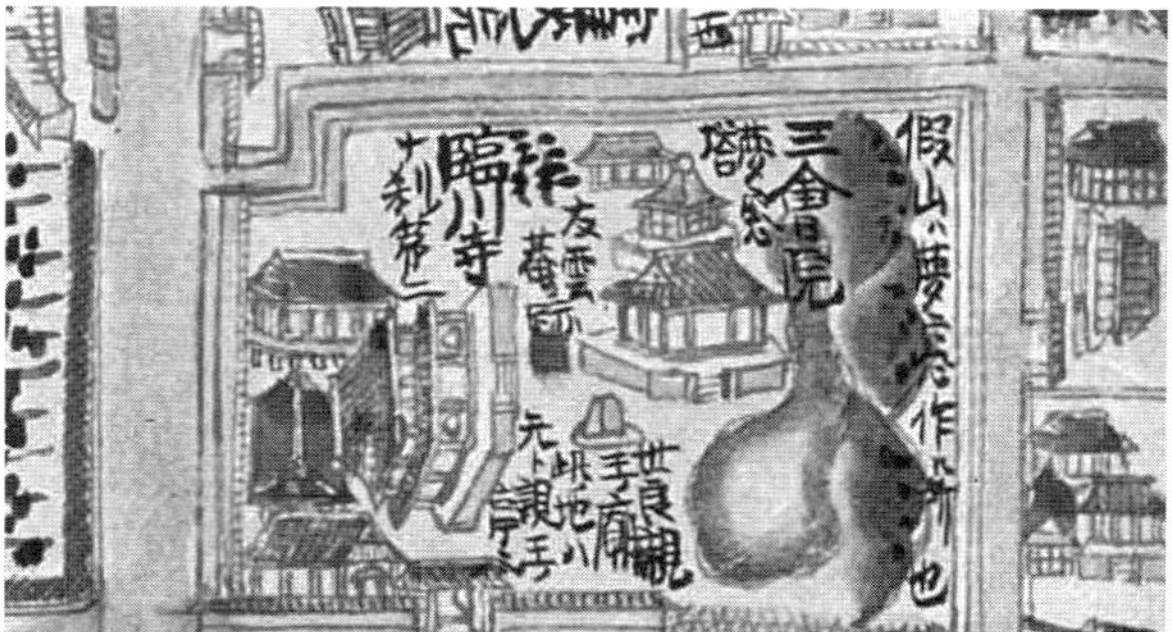

図13：「城西嵯峨松尾地図」（国立公文書館蔵）

いかに嵐山の月を愛していたかがわかる和歌である。

五　臨川寺

臨済宗天竜寺派に属し、正式には臨川禅寺という。大井川に臨む位置に建つ寺であるため、この名が付けられた。建武二年（一三三五）、後醍醐天皇が夢窓国師を迎え、創建した。夢窓国師は当寺で入滅、遺体は開山堂（弥勒菩薩坐像・夢想国師坐像を安置）の下に葬られている。

「拾遺都名所図会」および「城西嵯峨松尾地図」には夢窓作として、三会院(さんねいん)の東に築山と湾曲した池によって構成された庭園が描かれている（図11〜13）。この庭園は近世に失われたとされる。

引水の技　『閑吟集』に「西は法輪、嵯峨の御寺、廻れば廻れ水車の臨川堤の川波川柳は水にもまるる」と、臨川寺の前にある大井川の井堰に水車があって川波を立てている様子が歌われており、水が臨川寺にも供給されて、池泉が存在していたことがわかる。

観月の技　夢窓国師は月を愛し、この敷地の中に竹を植え込んだ「節月軒」を創建時に、その三年後に竹を建材とした竹亭「友雲庵」を建立し観月を楽しんだ。銀閣寺にかつて存在した「漱せん亭」、桂離宮の東に存在した「竹林亭」は、この竹亭を模したものである。

仮山の技　「城西嵯峨松尾地図」には「仮山」とある。中国の文人は築山を「庭主の仮の姿」と見ている。夢窓国師もこの庭を「庭主の仮の姿」として作庭したとすれば、彼の作庭思想が反映された貴重な庭園が桃山時代まで存在していたことになるが、その後廃れてしまい、近年の道路建設でその遺構すらも破壊されてしまった。

築山と池が優美なラインを描き、景石が配石され、嵐山を借景に見事な庭園美を見せていたであろう夢窓最晩年の庭園は、今は遺構が取り壊される前に行われた測量図によりその姿を想像するしかない。

六　西芳寺

京都市西部、嵐山の東に約一〇万㎡の寺域を持つ、臨済宗の単立寺院。作庭は夢窓国師。この地にあった西方寺と厭離穢土寺のふたつの浄土宗寺院に夢窓が入寺。荒廃した寺を臨済宗寺院として暦応二年（一三三九）に再興し、名を「西芳寺」と改めた。

庭園の構成　庭園は二段構えで、下段は黄金池を中心とした水と植物による浄土の世界を構成した回遊式庭園、上段は石で構成された険しく厳しい江隠山枯滝石組を中心とする枯山水庭園となっている（図14）。この上下二段構成が、その後の日本庭園の一形式となっていく。金閣寺・銀閣寺はこの西芳寺庭園を模して造られたといわれている。夢窓国師は当初、苔を用いて作庭していなかったが、現在知られるように苔が将来自然に美しく繁茂することを見据えて構成していたのかもしれない。

七　桂離宮

桂離宮は後陽成天皇の弟君・智仁親王が造営した八条宮家の別荘である。面積は約五・八haあり、庭園様式としては最初に完成された廻遊式庭園で、深山幽谷・海辺・田園風景を繊細に配し、人と自然の関わりを表した空間構成となっている。桂離宮にみられる技法をいくつか紹介する。

ビスタ　「ビスタ」とは目の前がスッキリと奥まで見通せる仕組みであり、遠近感を強調してみせるトリックの手法である（図15-1）。

パースペクティブ　「パースペクティブ」とは先細りの空間を造ることによって、実際よりも奥行きが長く見えるといった人間の目の錯覚を応用したトリックのことである（図15-2）。

外腰掛の延段　外腰掛の前の延段は、前方の灯籠に向かってわずかに

図14：「築山庭造伝」中・西芳寺

先細りになっているために実際よりも奥深く見える（図16）。

観月の技　当時の観月は直接月を見るのではなく、水面に映る月を鑑賞していた。古書院が建立された元和元年（一六一五）当時の月の出の方位と、水面に写る月の位置をコンピュータで計算すると、水面に映った月が時間とともに月波楼の方向に移動してくる。やがて水面の月が月波楼からは見えなくなるため、そこを離れて古書院に向かう（図17-1）。しかし古書院二の間の中に座ると座敷からは月を見ることができない（図17-2）。月見台の竹の縁台に座って池に映る月を眺めた光景が想像されるが、それだけではなく、月見台の青竹に反射させた月光が座敷内部の襖に刻印された桐紋に反射して部屋の中を淡く竹色に染める（図18）。こうした構造は、その空気の中で抹茶を飲むことで月の命を体に取り入れ、月と一体になる感覚を得るというもてなしのための装置だったかもしれない。

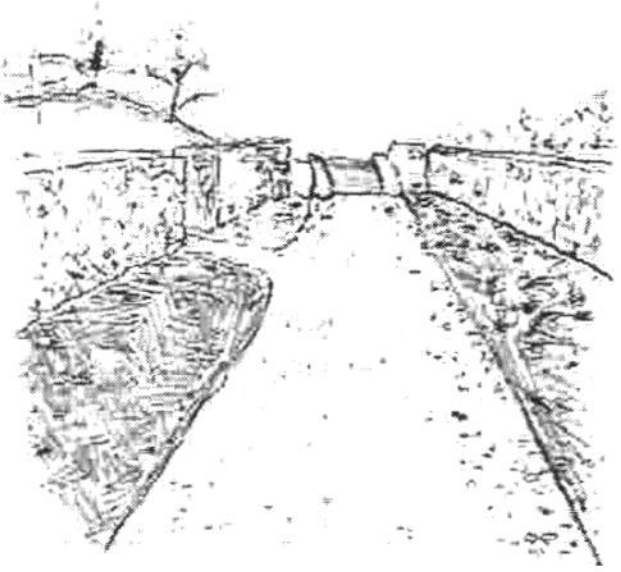

図15-1：御幸道
御幸道を御幸門から見ると、道の途中にある土橋が一直線の御幸道とほんの少し斜めにずれているため、土橋が目立ち、それ以外の視界は両脇が生垣によって埋められているため、土橋まで目の前が開けている。

図15-2：亀甲岬(住吉の松)
住吉の松の両側が生垣になっているため、松の木に視線が走る仕組みになっている。　　（ともに筆者作成）

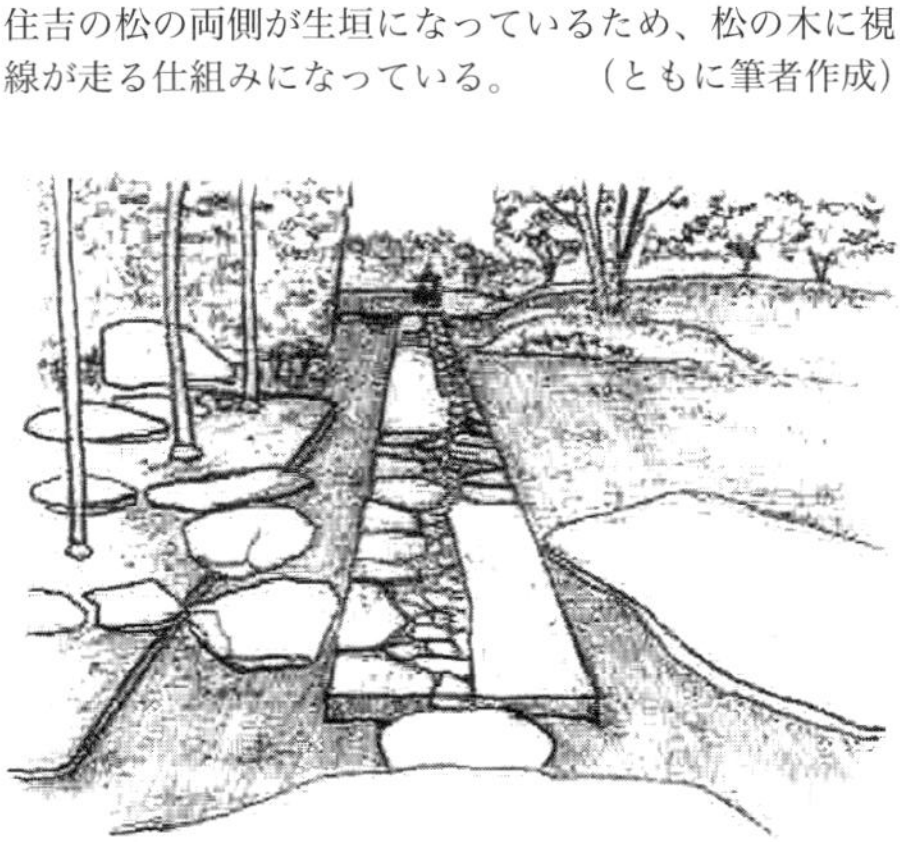

図16：外腰掛けと延段(筆者作成)

図18：月見台の青竹に反射する月光
（個人宅にて筆者撮影）

図17-１：古書院の月見台（筆者作成）

図17-２：二の間より月見台を望む（同上）

八　夢窓国師の亀山十境

洛西に造られた日本庭園とその技法を紹介してきた。作庭家夢窓国師はこの地域（嵯峨野）に少なくとも三か所庭園を作庭している。夢窓国師は境内に庭園を造るだけでなく、天竜寺建立後まもなくこの嵯峨一帯を庭園として捉えた「亀山十境」を定め、それぞれに漢詩をつけた（図19）。この「亀山十境」は、天竜寺の界隈の存在自体がいかに大切なものかを、人びとに分かりやすくするために夢窓が作成したものである。

夢窓国師にとって、天竜寺界隈の広大な自然、それ自体が庭であった。夢窓国師は風景デザイナーの能力を発揮出来た人物であったのではないかと思われる。嵐山の特に景観が優れたところを一〇か所あげて、そのシンボルとして座禅石を嵐山の山上の特に景観の優れた場所に指定した（図20）。

岐阜県の永保寺においても同じように見晴らしの良いところに座禅石を配石している。

あとがき

日本庭園は、時代の文化・思想・宗教を背景に、海外の文化を巧みに取り入れながらもその時代の諸文化と関係しながら多様な様式意匠を創造してきた。

洛西は、山並みと山裾からなだらかに南へ傾斜する地形に、竹林と田畑が点在する美しい自然風景を構成している。また清滝や大井川より産出する良質の庭園石材料に恵まれた地域であり、特にこの地に惹かれた夢窓国師により、天竜寺・西芳寺・臨川寺の庭園が作庭された。初めは中国からの影響が反映された庭園が作庭されたが、江戸時代に入ると

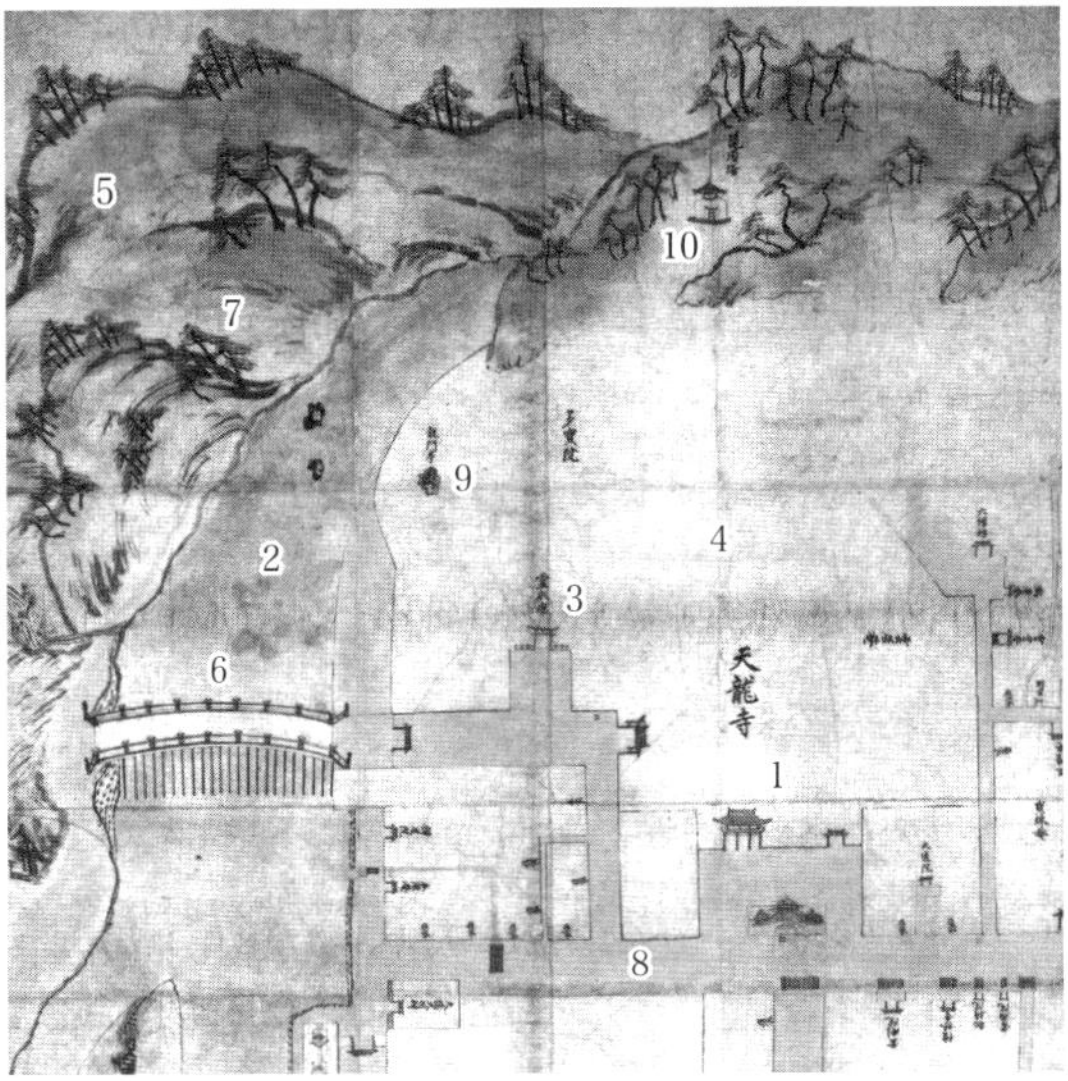

＜亀山十境＞
1：普明閣(現天竜寺三門)
2：絶唱渓(大堰川)
3：霊庇廟(鎮守八幡宮)
4：曹源池
5：拈華嶺(嵐山の峰)
6：渡月橋
7：三級巖(戸無瀬の滝)
8：万松洞(門前の松並木)
9：竜門亭(滝を望む河畔の茶亭)
10：亀頂塔(亀山の頂上にあった塔)

図19：「応永鈞命絵図」(部分／天竜寺蔵・重要文化財)

図20：「都名所図会」嵐山・法輪寺、渡月橋
(部分)
山頂付近に座禅石が見える。

図21：曼荼羅山からの朝霞に浮かぶ嵯峨の景観(筆者撮影)

西洋から黄金比・ビスタ・パースペクティブ等、美の構成技術がもたらされ、作庭家はそれらの技術をさまざまなかたちで庭園に取り入れて人びとの感性を楽しませた。

このように洛西（嵯峨野）はのちの日本庭園に多くの影響を与えた聖地的な地域であった。

日本の自然が優れ、景観と季節の変化が日本人の感性を磨き、列島全体が庭園のさまを備えていたのであるが、作庭者は自然の中に美を見出して狭い空間にその技を演出したのである。近年、嵯峨野山裾の竹林や田畑が宅地化の波に飲まれ、かつての文人の心を癒し、創作のイメージを与えてきた風景がだんだんと失われてきている。奥嵯峨から北嵯峨へかけての山々の姿と、美しい静寂な竹林と、南に静かに広がる野の風景が、物さびた詩情を漂わせている。この地が日本庭園の聖地として人びとに認識され、風情漂う空間が壊されないことを祈るばかりである。

〔参考文献〕五十音順

［1］相賀徹夫編『探訪日本の庭　京都(三)洛西』小学館、一九七八年
［2］今井幸代『嵯峨風雪月花』私家版、一九八四年
［3］「京都の史跡を訪ねる」会編、加納進著『嵐山あたりの史跡と伝説と古典文学を訪ねて』室町書房、一九九一年
［4］久恒秀治『京都名園記』下巻、誠文堂新光社、一九六九年
［5］嵯峨教育振興会編集『嵯峨誌　平成版』嵯峨教育振興会、一九九八年
［6］坂口密翁『嵯峨野の神と仏たち』淡交社、一九八六年
［7］白幡洋三郎『京都の古寺　庭「にわ」を読み解く』淡交社、二〇一二年

〔8〕重森完途『日本庭園の手法　石組(二)』毎日新聞社、一九七六年
〔9〕重森完途『京の庭』国際情報社、一九七六年
〔10〕鈴木勤『庭園百景』世界文化社、一九八二年
〔11〕飛田範夫『日本庭園と風景』学芸出版社、一九九九年
〔12〕中根金作『京都名庭百選』淡交社、一九九四年
〔13〕中村蘇人『夢窓疎石の庭と人生』創土社、二〇〇七年
〔14〕西桂『日本庭園文化』学芸出版社、二〇〇五年
〔15〕文化市民文化財保護課編『庭園の系譜』京都市、二〇〇五年
〔16〕宮本健次『桂離宮隠された三つの謎』彰国社、一九九二年
〔17〕宮本健次『月と日本建築』光文社新書、二〇〇三年
〔18〕宮本健次『京都名園を歩く』光文社、二〇〇四年
〔19〕矢内原伊作『京都の庭』淡交社、一九七七年
〔20〕尼崎博正『庭園と水の由来　日本庭園の石質と水系』昭和堂、二〇〇二年
〔21〕山崎正史『京の都市意匠――景観形成の伝統――』プロセスアーキテクチュア編集部、一九九四年
〔22〕『週刊日本庭園をゆく3　西芳寺・天龍寺』小学館、二〇〇五年

【第三部】

第二章　水運

豊田知八
上林ひろえ
鈴木久男
石川武男
中澤　聡
中村武生

第一節　保津川下り船頭の操船技術と精神
——角倉伝来の技術を継承する保津川船頭の仕事から——

豊田知八

はじめに

京都を代表する保津川下りは、今から約四〇〇年前の慶長一一年（一六〇六）に嵯峨の豪商・角倉了以により舟運が開かれた。明治になると、舟は荷船から観光船に姿を変え、日本はもとより世界各国から年間約二五万人もの観光客が訪れる京都を代表する観光遊覧船として受け継がれている。

これまで、保津川下り（舟運）を語る時、開削事業を起こした角倉了以や荷船から観光船への業種変遷など、産業史的視点から語られることは多々あったが、舟を操る船頭について語られることはほとんどなかった。特に操船技術等の作業内容や川とともに生きてきた精神性について、明らかにする機会もなかった。京の都の生活基盤を支える舟運物流を、江戸時代初期から現場で支えてきたのは舟を操船する船頭たちだった。彼らは保津川流域の小集落・保津町や篠町山本等に住み、農業の傍ら、代々、血縁や地縁により舟運技術を受け継いできた(1)。

筆者は四〇〇年以上続く、保津川の舟運を支えてきた実践者・船頭の立場から、保津川下り船頭という作業・仕事について焦点を当てていきたい。具体的には、角倉了以開削当時に開発され、変わることなく伝承されている操船技術とその技術を守るために必要な精神、また継承者の育成方法と航路整備技術にいたるまでを紹介

写真1：客船に変わった頃(保津川遊船企業組合提供、以下同)

し「保津川という川で生きてきた船頭」という仕事の実像を浮き彫りにしたい。そして、かつて都を支える物流の大動脈を担った舟運・保津川下りの文化的価値を問いたいと思う。

一　角倉伝来の操船技術

(1) 保津川下りの操船技術

保津川下りの船は全長一二mで横幅最長二mの細長い小舟で「高瀬（たかせ）舟」と呼ばれる日本古来の川舟だ。通常三人一組で一隻の船を操船する。三人は舵、竿、櫂という操船に必要な三つの操縦部署に分かれる。まず、船を前に進める動力部の役目をするのが、櫂ひき。そして川の流れを読み、船の進行方向とコース取りを決めるのが舵。櫂の補助的役割と舵が操作しやすいように船の舳先でコース取りの補助的仕事をするのが竿。この三操船部署一組で操船する保津川下りの技術は、角倉了以が呼び寄せた、瀬戸内の船頭たちが開発した技術で、江戸時代から現在までの四〇八年間、変わることなく保津川船頭に継承されている。

保津川下りの操船の基本は、エンジンなどの機械動力を使わず、人力を主な動力源とし、川の流れを利用して操船する。川の流力や吸い込みを生む、自然の流れの形状を活かし動力源とすることが求められる。そのため複雑な川の流れを瞬時に読み取る知識と操作法が必要となる。つまり自然と人力を合わせる技術の習得が不可欠なのだ。機械動力のような強力な力はなく、ましてレールで固定されている訳でもないので、船頭の身体記憶に刷り込まれた身体技術が頼りだ。荷船から観光船となった保津川舟の船頭にとって、最も重要な意識は、亀岡から嵐山まで安全にお客

写真２：現在の保津川下り

様を送り届けることだ。よって水量の増減、風力や風向きには細心の神経を使う。自然環境は一日として同じ条件ではない。そのすべての自然条件に対応する操縦能力を船頭は習得しなければならない。

①保津川下り操船の基本知識(その一)――川の流れを利用する――

人力のみの動力で進む保津川下りの舟では、一六km間、約二時間の操船が必要なため、船頭の体力消耗度も多い。しかも、繁忙期には日に三回操船することもあり、体力を持続させる技術が大切になる。それには川の流れを利用し、舟をその流れに乗せることで、体力を必要最小限に抑えることが基本となる。

しかし、ただ単純に流れに乗ればいいという訳ではない。ここで注意したいのは、川の流れはほぼ間違いなく岩に向かって流れていき、岩に当たり砕けて割れるものであること。よって流れを利用する際には、その流れに乗り続けていけば、必ず岩に目がけて進んでしまう。操船は「瀬に乗せても、乗り続けてはいけない」といわれ、必ず舟の進路を瀬の途中で流れから外す技術も必要となる。特に瀬が湾曲する流れの場所では、そのインコースを取り、舟の後部(とも)だけを瀬の流れに押させる。この際、舳先(へさき)は流れから外し、インコースに出来る「渦」に乗せておくのだ。そうすれば一二mの舟のうち、舳先は渦によりさらに湾曲の内側へ向こうとする力が働き、舟は自然にカーブしはじめ、舟後方を押す瀬の流れを舵で調整し速度を上げて安定した進路を確保することができる。また逆形の湾曲した流れも同様である。S字に曲がりくねった場所ではS字の流れに乗せてしまうのではなく、S字の流れの中心を真っ直ぐに進める方が、舟は早く正確に操船することができる。

写真３：高いめ(正面右側)と低いめ(左側)

▼瀬方の「高いめ」「低い目」とは

船頭用語で川の急流への乗り込み方を表現する際、「高いめ」とか「低いめ」という言葉で操船方法を伝える。この

「高低」とは急流や湾曲した瀬の入口部の位置のことで、河床の形状により、主に浅い箇所が「高いめ」であり深くなる箇所が「低いめ」となる。水は高い所から低い所に流れ落ちる。この高低の流れを読むことは安全運航に欠かすことができない基礎知識である。

「高いめ」とは、たとえば急流入口から流れが右に落ちて行く時は左側にあり、左に落ちて流れている時は右側にある。舵操作は、水が落ちて行く流れの逆へとめがけて取る。また、湾曲した瀬では常にインコースが「高いめ」、アウトコースが「低いめ」となる。急流操船の基本は、常に「高いめ」を狙い操作し、瀬方（急流部の乗り込み口）で「高いめ」から進入し、そこから瀬の落ちる流れに乗せると舟は安定する。逆に「低いめ」に付けて舟を進入させれば、舟は航路から外れ、岩や壁に向かいへばり付く恐れが高くなる。この「高低」の操船知識と操作法は増水になればなるほど重要となる。保津川の急流部を安定して操船するためには「高いめ」から進入し、瀬の流れに乗せて下ることが基本中の基本なのである。

②保津川下り操船の基本知識（その二）――つけ岩の存在――

複雑な流れを有する保津川では、どのような形状をした流れの箇所でも安定して通過するために「つけ岩」が存在する。つけ岩とはその名が示す通り、航路の目標として舟を〝つけて行く岩〟で、もともと川中に存在している岩である。主に上記した「高いめ」に存在する。つけ岩がある瀬の特長は湾曲し「必ず瀬の流れがその岩へ向かっている」ということと「その岩にあたって瀬がその後、必ず逆方向へ落ちていっている」ということだ。つまり川の流れがその岩に吸い込まれて当たり、跳ね返る働きをする場所ということ。保津川にはこの「つけ岩」と呼ばれる岩が瀬方に必ず存在している。舵を持つ船頭は、この「つけ岩」が前方

写真４：つけ岩へ向かう舟

約十数m離れた位置から舟の針路を取りはじめ、岩方向へめがけ流す。舳先に立つ竿さしも、動力を任せる櫂引きの者も、舟が「つけ岩」に正確に寄っていけるように、素早く竿を差し、櫂を引く手に力を入れる。

この「つけ岩」に舟先端部の側面がしっかり付いていないと、舟は水圧に跳ね返され、流れのまま落ちていく。落ちると航路から外れ、河底に沈んでいる岩や川壁に激突、へばり付き、一二mの細長い高瀬舟が通れる川幅はない。保津川船頭はまず操船技術を身につけるにあたり、この「つけ岩」と呼ばれる岩の場所を把握し、正確な操船コントロールを身につけることが求められる。つまり、川の流れの構造を知り、その知識どおりに舟を操る技術が身に付いていなければ、保津川の舟は安全に流すことはできない。筆者はこの「つけ岩」という岩を発見し、その岩へ舟を寄せて付けていれば「保津川を安全に流せる」という鉄則を開発した先人船頭たちの高度な操船知識と技術に驚かされる。

写真５：三人一組での操船

③保津川下り操船の基礎知識（その三）――三人一組の船頭たちの呼び名と仕事内容――

保津川下りに乗り込む三人の船頭は、最年長者を「船長」、中堅者を「中綱」、若手を「先綱」と呼び、この年齢と経験の異なる三人をひと組として一艘の舟を操船する。ただし、河川水量の増水や強風により、乗り込み人員を一～二名増員して運航する場合もある。

これは、保津川が一六km間に急流あり、深淵ありという独特の流れを有していることから、その場その場でそれぞれの船頭の持つ特長を活かす形で組まれている。たとえば経験と体力を必要とする流れの急な場所は中綱が、人的動力を必要とする緩やかな淵の櫂は先綱が、岩が点在するような複雑な流れの瀬の舵は経験豊かな船長が持つなど、技術的に適した人員配置を行うことができる意味がある。また、舟を流しながら、先輩から経験や技術の実践的指導をできる意味もある。

この「先綱」「中綱」「船長」という呼び名は、かつて、嵐山まで下った舟を亀岡まで曳き上げていた「曳き舟」が由来である。曳き舟があった当時は一艘の舟に四名が乗り込んでいたという。当時は約一六キロで勾配が五〇mもある急流の保津川を上流へ向けて曳き帰る作業が必要であったため、今の乗り込み形態より一名多く船頭が乗船していた。曳き舟を引っ張り帰る作業道のことを「綱道」と言い、川岸の岩場の地形を道に利用したり、人工的に石積みを施工したりして人が一人歩ける道が整備された。作業は、四人の下った船頭のうち三人が各自綱を一本ずつ舟に括り、上流へ向けて走りながら曳き帰るのだが、その際、道の先頭に立ち、最も長い綱を持ち走る経験の浅い若い船頭を「先綱」、経験豊かな中堅どころから順に「中綱」「後綱」となり、最年長者の「船長」が舟に残り竿を差し操船していた。なお、一九四八年に曳き舟が終わりトラック輸送に切り替わると、乗組員は三人となり、「後綱」の呼称も廃れた。

④保津川下り操船の基礎知識(その四)――三人の息を合わせる技術の必要性――

自転車にたとえて説明すると理解しやすいと思う。舵というハンドルが後ろにある。走行の微調整をする竿とは、自分と違う者がもう一つのハンドルを持っているということ。櫂はひたすらペダルを漕ぐ人であり、だからコース取りには直接かかわらないが、動力であるので、勢いをなくした自転車は速度が落ち、安定感をなくし転倒してしまうのと同じで、吸い込みの強い瀬や流れが複雑な岩場付近では、舟の速度を上げるため、櫂引きのより一層の力が必要となる。また、舟の針路を定める舵に迷いがあると、操船の危険度は極めて大きくなる。新米船頭が迷いなく操船知識を確保できているかは、竿の差し方で確認できる。船のコースを学んだ後、舵が持てるまでに鍛える（約一年）。

ひとつの自転車を三人が力と思いを合わせて進めていくのが船の操船作業なのだ。

しかも、毎日同じ条件ではない。川の水量は雨降りや日照りが続けば変化するし、強風が吹く日もある。なかでも風が船には強敵だ。船は高瀬船といって船底が真っ平らなので、風の向きに流される構造にある。でも、船が通るコースはひとつしかない。どのような自然状況でも決められた航路に船を流さなければならない。観光川下り事業には安全性がなによりも重要であり、その安全運航を確保する意味でも正確で間違いのない操船技術の習得は何よりも優先される。大体、船を操船できるようになるまで、六年を目安としている。簡単にはマスターできない。時間と根気を要し、知識を確保したのち、その知識通り、決まったコースへ進行できる技術を身につける職人の仕事といえる。

⑤異常気象時の操船方法

観光船である保津川下りでは、運航の安全性が最も優先される。しかし、船頭にとって河川の増水時と強風時ほど、高度な操船技術と注意力や平常心などの精神力を求められる時はない。

（a）増水

保津川下りでは操船可能な安全規定水位が設けてあり、この範囲内でのみ運航は許可される。これは、四〇〇年以上の操船経験知から生み出されたもので、水量の増水加減に応じて乗組員を一人ずつ増やし、一隻あたり五人まで乗り込める。船頭用語で、この乗り込み増員が必要な水量のことを「四人水」や「五人水」と呼んでいる。現在は河川管理者が計量した数値が基準となるが、それ以前の時代は、川中に埋まっている岩の先端部や護岸の岩壁が沈む状況を見て判断してきた。

増水時の操船において最も基本となるのは、勢いよく流れる「瀬」とその両脇に発生する「渦」を見定めることだ。増水時は川の流力が倍以上となり、舟が流れる速度もそれに比例する。通常水量の判断では、明らかに初動から遅れることになる。一呼吸でも遅れると舟は「低いめ」へと下がり、狭小な航路が多い保津川では間違いなく岩や壁に向かって落ちていく。常水時では少しの下がり、遅れはとりもどせるが、増水時では水の流力が強いため、正常なコースへ戻すことができない。舵持ちは常水時の倍以上も遠い前方にめがけ、針路を切らねばならない。その遠い目線の先にある目標となるのが「つけ岩」であり、瀬方の「高いめ」である。

急流部では瀬の中はもちろんであるが「瀬うら」と呼ばれる、急流を抜ける直前の箇所に注意を払う必要がある。「瀬うら」は急流が複雑に入り込み水中で渦巻く箇所で、舵を深く川中へ入れ、柔軟に舵羽根を動かし、水流の抵抗を逃がさなくていけない。この操作を誤り、水流をまともに舵に受ければ、舵を持つ手を固定することが適わず、人間一人の体さえ、持ち上げるほどの強い力が舵にかかる。この操作は舵を持つ手に全神経を集中させ、水流がかかると反射的に舵を動かす技術が求められる。これは経験するしかなく、身体に擦り込まなくてはならない。よって、新人の頃は「あと目」と呼ばれる先輩船頭が新人舵持ちの脇に立ち、コース取りや判断の正確さを指導する。

（b）強風

前述のように保津川下りの舟は風の抵抗を受け易い構造となっている。特に峡谷に吹く横風は大敵で、舟一隻分しかない航路幅のコースが多い保津川では、風に煽られる横滑りは転覆の危険性すらある。

操船する船頭は、風の向きや強さを、山の木々の揺れや前方水面に現れる波により瞬時に判断し、その風が舟に及ぼす影響を常に予測し、コース取りに変化を加えておく。

右前方や横から吹く風を予感した時は、素早く右向きへ舵を取り、風の影響で動くであろう移動分だけ、舟を進める。これを「舟を取り込む」という。風の当たる現場では、取り込んだ分だけ、舟が移動するので、移動したコースが通常のコースであることが求められる。保津峡はV字蛇行谷であるため、風は複雑な向きとなり、瞬時に風向きを読み取るには、経験から出る判断力が求められる。それらの意味からも強風の操船術は、一定の形がある「増水」時よりも難しいといわれる。また、風の強さにより総員四人まで乗り込み対応する。

（2） 具体的な船頭の操船技術について

①棹編

保津川下りの船頭の仕事の中で、もっとも象徴的であり、華があるのは竿さしだろう。竿の使い方で基本となるのは「形」と水中へ差し込む角度である。通常時に使用する差し方の「形」には、くだり竿、おし竿（前に進める棹のさし方で基本的な棹の型）とヌキ竿（止まってさす棹。舳先に止まってさす棹）、おい竿、ひき竿（すくい竿＝一、二支部の呼称）（船を左側へ向けるための技術）などがある。

水中に差す角度は舟をどのくらい動かしたいかによる。竿は舳先で仕事をするため、その差し込む角度によって舟の先端の動く角度も変わってくる。川の流れが大きく右へ曲がるような場所では、少し舟から開いた角度の広い竿を差すことで、舟が曲がる動作を助ける役割を果たす。

〈くだり竿〉　船の舳先に立ち、竿を水面へ落とすと、背中を向けたまま、腰を深く落とし船底を蹴りながら降りてくる形。「くだり竿」は河底が浅い箇所で使用するのに向いており、流れがない（動力が弱い）場所で、船を前に進行させる時に最も効果がある差し方である。また、向かい風の強い時に、船を前進させるためには必ず必要な竿さしの形でも

写真６：くだり竿

写真７：押し竿

写真８：ぬき竿

ある。全身を使う形のフォームなので、比較的、持久性は高い。

〈押し竿〉 船の舳先に立ち、水面に竿を落とすと、体を反転させ正面を向き、右手の手の平に竿の先を当て、左手を添えて河底を押しながら降りてくる形。右脇の絞め具合と竿を寝かす角度により、船の進行具合が変わる。くだり竿と比べ動力的要素は低いが、河底の深浅にかかわらず使用出来る万能型の竿先の形である。しかし、体力的にはかなりキツく、長く続けて使用する形としては向かない。

〈ぬき竿〉 船の舳先に左構えで立ち、膝を折り、腰を降ろし止まった形で、竿を河底へ差し、腕・背筋を使い、同じ動作を続ける。この時、河底からどれだけ素早く手繰り寄せられるかがポイントとなる。くだり竿や押し竿などと異なり、船に左右ブレを起こすことなく、前進させることができる形で、船幅ほどしかない狭い場所を素早く通過する時に適している。素早い反復動作を何度も繰り返すため、体力的には消耗度は激しい。

〈しき竿（すくい竿）〉 基本的にはぬき竿と同じで、舳先に腰を降ろし、止まった状態で竿を指す形。ぬき竿に比べ、体

写真９：しき竿（すくい竿）

写真10：おい竿

写真11：とも竿

は心持ち川の方へ向け、両膝を竿ヅレ（舟外郭枠）に乗せる形で竿を指す。この時、体が舟の左舳先より川の方へ乗り出し、竿を船底より内側へ射し込み、手前へに引っ張るように指す。この動作で舟が左へ向きを変えることが可能となる。S字型の川形状など複雑な流れの箇所を通過するときに用いられる差し方で、細かい動きの方向移動が必要なときに適している。

〈おい竿〉　通常左岸側で差す竿を、逆の右岸側へ回して差す竿を「おい(老い)竿」と呼ぶ。この呼び方は、船頭用語で川の左岸を「愛宕（あたご）」、右岸を「老い」と呼ぶことに由来する。舟の舳先を大きく左側へ向けるときに使用する。たとえば、川中の岩を巻き込む形で方向転換したい場合などによく使用される。細かい動きはしき竿が向いている。

〈とも竿〉　舟の最後部を「とも」と呼ぶことから付けられた名前で、舵場で差す竿。左右側どちらかに位置取り、後ろハリに足を乗せて背中と足の屈伸力を利用して差す形の竿で、前進力の強い竿。二人で操船する（櫂ひきと舵持ちのみ）「二人流し」で使用されたもので、二〇年前まで行われていたが今では廃止した操船方法で「幻の竿形」といわれている。

〈止め竿〉　走行している舟を停めるために使用する竿。竿さしは正面を向き、表のハリに足を掛け、自分の体の後ろへ竿を差す。体に強い力がかかるため、竿差しの体が浮き上がることもある。また、停める時、左岸や右岸へ着岸する時にも使用する。

山本支部はしき竿の技術ではなくおい竿で操る。

従前組（三支部）は前に進めるために細かくぬき竿、しき竿を使う。また、瀬で加速をつけるために、ぬき竿で勢いをつける人より早く船を進める技術がある。

②舵の技術編

保津川下りの操船の要はこの舵持ちである。川幅が狭く、岩が点在するうえ流れが複雑な保津川の操船では、流れに合わせた正確な舵操作が求められる。舵持ちは舵場と呼ばれる舟の最後尾で操作し、舵場には右上がりの斜めに「足場」と呼ばれる板を張り、左舷船べりに左足、足場に右足を乗せ、前方を向いて構える。足場に乗ることにより高い位置から前方を広く俯瞰することができる。舵操作には舟を右舷と左舷へ向ける二つの舵操作がある。この二種類の舵さばきは「控え舵」と「抑え舵」と呼ばれている。

控え舵は、舟を左側（愛宕べら）へコース取りする時に使用する。舵を舟内側の水中に入れ、手前に引っ張りながら小さな円運動を行う。舵羽根も内から外へ向け水をかき回すことで舟の方向変化に影響を与える。

抑え舵は、舟の方向を右側（老いべら）へコース取りする時に使用する。舵を舟外側の水中へ入れ、大きく上から被せるように円運動を行う、舵羽根も外から内側へ向け、水をかき回すことで、舟の方向変化に影響を与える。

「テラシ」は舵を大きく動かすことなく、舵羽根を水中に左右斜めに固定して入れておく流し方。斜めに入れた舵羽根と水の抵抗により舟を安定させる。胸の方へひっぱると左へ舳先が動く（＝「カジをひかえる」という）。また、「テラシカジ」とは水面に対する舵の羽根角度で水の抵抗の大小を左右することをいう。

③櫂の技術編

櫂は反動を利用してひく。羽根を水に深く入れると強い力が必要になるが回数は少なくて済み、浅いと回数を多くひかねばならない。年配者は浅く入れ、体力消耗をおさえる。また、身体の傾きを利用して櫂を引く船頭もいるなど、自分の体型や体力に合うひき方を各

写真12：控え舵

写真13：抑え舵

自で工夫している。

急流部やカーブの湾曲度が高い場所では合い櫂という動作をすることがある。合い櫂には舵と同様に「抑える」「控える」という二動作がある。なお、合い櫂は棹が届かない水深の場所や増水で棹の効き目が少ない場所でも行い、櫂が舟の舳先を左右へ動かす棹の役割もする。

櫂引きとは主に船長が担当。進行方向に対して背中を向けて櫂を漕ぐ動作をする。この時前方の川の状態や船の状況を、後ろ向きでありながら正確に判断している。

（3）操船方法の伝承——育成方法——

荷船から観光業へ移行した保津川下りだが、基本的な操船技術については大きな変化はなく伝承されている。保津川という複雑な流れの形状を有する川を、安全に操船するための技術伝承には、独特の教育方法が存在し、新人船士を育成している。

①新人船頭の教育方法

新人の船頭は先綱として乗り込み、船長と中綱の二人の師匠に付いて、二年間かけて基本的な操船技術を学ぶ。この場合、船長と中綱は固定されている。新人先綱の教育係ともいえる船長と中綱は、各所属の支部総会で選考委員から指名され、両名の承諾を受け、決定される。指名された船長と中綱両名は操船技術の指導はもちろん、操船に必要な道具の製作や代々保津川船頭が培ってきた精神性にいたるまで、責任を持って教育することが求められる。入社すれば新人船頭は「櫂」→「竿」→「舵」の順を追って持ち場を覚えさせる実践主義で、二年間みっちりと厳しく指導される。櫂は比較的簡単で三か月もあれば習得出来るが、操船に関わる竿と舵の操作の習得は簡単ではなく、川底の岩や水量の増減による水路や流れの変化など、あらゆる自然条件で、安全に対応できる操船技術を習得するまで一〇年以上の歳月が必要だと実感する。

新人船頭は基本、川の上の実践指導の中で技術を教育していくが、「丘の上」つまり舟から上がってからも独特の指導方法が存在する。保津川には細部にわたり川の場所の名前が付けられている。「小鮎の滝」や「獅子ヶ口」など急流部はもちろん、四季の花が咲き、流れ緩やかで華やかで美しい「女淵」など、それぞれの箇所で地形や風景にちなんだ名前がつけられている。新人船頭はまず保津峡内のそれらの場所の名前を覚える必要がある。そして覚えたら、その場所でどのような仕事をしなくてはいけないか、口頭で指導を受ける。竿であれば、どのような角度で竿差す必要があるのか、また舵なら、どのようなコース取りや流し方が求められるのか、きめ細やかに指摘を受ける。

時には師匠の家へ呼び出され、晩御飯を食べながら「今日の反省点」などのレクチャーを受けることもある。この時は箸立てを舟に見立て、箸で川の水路をこしらえ、お猪口が川の岩になるなど、お膳に並ぶモノを使用して具体的な操船方法を学ぶ。そして翌日、レクチャーを受けた場所での仕事が、実際にできるようになるかをチェックする。このように操船に必要な知識の習得と現場での実践により技術を身につけていく。

②船頭に必要な精神――川根性――

保津川の船頭には伝統の「川根性」「舟根性」と呼ばれる精神が存在する。新人船頭にも精神的な教育としてこの「川根性」を涵養することが求められる。四〇〇年の長きにわたり、喜びも悲しみも川とともに〝生きてきた〟保津川船頭にとって、自然という畏怖すべき存在の前に立ち向かっていく心の支えともなるものだ。

新人船頭は当然、舟をスマートに流す技術を身につけてはいない。川の上の現場では、先を行く先輩たちが乗り込む舟や後ろから追ってくる先輩たちの舟に挟まれると、面白いように弄ばれる。わざと追いつくのを待って、追いついた途端に引き離して行く舟。遠い後方からじわじわと追い上げてくる舟など。これら先輩たちの舟に遊ばれることで、みずからの技術のなさを痛感させられる上に、同乗する師匠たちから叱咤が飛ぶ。新人船頭を精神的に追い詰めることで、肉体的運動能力を極限まで引き出させるのだ。これは真夏の炎天下であろうと容赦はない。一見、古風な精神主義のようにも見える指導方法だか、ここでみずからを鼓舞し、必死の力を出し切ることで、新人の技術は飛躍的に上達していく。そして、この指導方法の本当の狙いは、極限までみずからの力を出し切ることで、激しく波打ち増水する川、荒れる強風時に遭遇しても「お客様を安全に嵐山まで送り届けられる」確かな操船技術と冷静沈着な不動心を身につけることにある。

自然と対峙する保津川船頭は、長い操船経験の中でその精神の必要性を知り、独自の教育方法で次世代を担う船頭へと伝授してきたのだ。この「川根性」というみずからを鼓舞し、技術の向上へ研鑽をやまない精神こそ、保津川船頭の伝統を支えてきたといえる。

二　角倉伝来の伝統的航路整備と復旧作業技術

(1)　水寄せという石バネ水制工

峡谷の複雑な河床形状に富んだ保津川では、ただ自然の流れに任せるだけでは舟は座礁するか転覆する。そのため保津川では、河川内に人工水制工を整備し、河流や水深を作り出す工夫が施されている。この人工水制工のことを船頭用語で「水寄せ」と呼んでいる。

水寄せは石積み構造物で、内側に小石を積み上げ、包むように外側を大きな岩で囲んで組み合わせる「野面(のづら)つみ」という構造で、主に川の瀬に約三〇〜五〇mの長さで整備されている。水深は川底から約四〇cm〜一m近いものもある。水寄せを整備することで、川底の形状のまま広がる水を一か所に寄せ集め、舟の浮力に必要な水深の確保と、速い流れを生み出す役目を果たしている。四〇〇年前の角倉了以が手がけた舟運航路開削工事は、この「水寄せ」の整備に重点が置かれたと考えられる。

保津川の数ある水寄せの中で開削当時の形を残している唯一の水寄せとしては、保津川下りの航路のほぼ中間区域に設置されている「朝日ヶ瀬」の水寄せがある。朝日ヶ瀬の水寄せは、四〇〇年間でほとんどの水寄せが劣化や破損により補修修繕が加えてある中で、唯一、角倉開削当時の石積みが現存する貴重なものだ。朝日ヶ瀬は、河床形状によって右岸に大きく湾曲し、水が外側へ広がろうとするため、石積みにより水を跳ね返し、内側へ取り込む役割を果たしている。もともと水中にあった大きな岩を利用し、湾曲し始める上流部に一か所、湾曲最後部に一か所、その間に二か所の計四か所の水寄せが整備されている。詳しい構造と水流への影響については二〇〇五年から二〇一一年に石垣泰輔らにより実験調査が実施され、結果が詳しく発表されている(2)。

朝日ヶ瀬の水寄せが整備されていることで、舵に力を加えることなく緩やかにコース取りができる。通常、川が湾曲している場所での舵操作は、湾曲する手前で大きく舵を切り、その湾曲の形状に従い小さな舵操作を繰り返し流していく。しかし、朝日ヶ瀬では水寄せにより、湾曲した流れが人工につくられるので、舵を「控え舵」に固定しておいても自然に舟は曲がっていく。水寄せの本来の役割は水の方向を変え、流れを速くするものだが、ただ、湾曲部の外側に沿って石積みを積めばいいというものではない。たとえば車道のガードレールのように外側を石積みで囲えば、水は逃げ場をなくし、瀬の中で強い

写真14：獅子ヶ口の水寄せ

写真15：鳶の瀬の水寄せ

渦を生む。瀬の中に強い渦が生まれれば、舟は簡単に回転してしまう。朝日ヶ瀬の水寄せはそのような渦を生まないように、上流部と下流部の水寄せの途中に小さな二つの水寄せが設置されている。上流部で抱えた水の勢いを途中で一度、開放し、右岸側へ下がった場所に設置された二つの水寄せで抱え直しているのだ。この二つの水寄せにより、水は緩やかに湾曲し下流部の水寄せへと集められる。湾曲中央部で一度、水を逃がすことで水流の勢いを緩め、舟がその流れに乗り、大きな舵操作を必要とせずに緩やかに曲がることが可能となる点で、優れた設計技術を垣間見ることができる。

写真16-1：朝日ヶ瀬の水寄せ

写真16-2：同上(中間部)

写真16-3：同上(下流部)

(2) 川復旧作業

保津川下りの操船条件はいつも同じではない。雨が降れば翌日は必ず増水するし、日照りが続けば川の水位は下がる。航路にさほど変化はないが、舟の操船に必要な浮力や流力は一定ではなく、自然環境に左右される。なかでも、洪水後に流石や土砂の堆積、また渇水時の浅瀬などの現象が起こると、船頭が航路確保のための復旧作業に従事する。この復旧作業のことを船頭用語で「川作（かわさく）」と呼ぶ。川作には「臨時川作」と「本川作」の二種類があり、重機類を寄せ付けない峡谷内ではすべての作業を船頭の手作業で行っている。ここにも先人の船頭から受け継いだ伝統の河川整備技術が生かされている。

安全な操船可能となる川の安定状態を維持することが、舟運の基本条件であるため、遊船組合では運営の重要事業に位置づけ、川作作業だけの担当理事職を設け、対応できる体制を整えている。

①臨時川作

「臨時川作」とは洪水や渇水で荒れた河床状態を復旧するもので、年中頻繁に実施される。主に渇水時に実施されることが多い。作業内容は、河川水位の減少により川底から突き出した岩の撤去や堆積した土砂の浚渫で、船体を守り、浮力を確保するのが目的。

ただし、岩には撤去できるものとできないものがあり、撤去可能な岩は船頭が川中へ飛び込み、その岩にワイヤー

写真17：流木撤去作業

写真18：流石取り作業

写真19：本川作

ロープを掛けて、陸上からチルホールや三股の櫓を組んで撤去する。

また、川底に根を張る元から存在する岩（ネンシ）は、撤去することが不可能なため、岩の川上と川下の両側に胴木（どうぎ）と呼ばれる丸太を二本挟むようにして、水中に設置する。この水中の二本の胴木は、岩（ネンシ）の面より高い位置に設置することで水中に階段状の微妙な落差をつくることで、舟が岩（ネンシ）に当たることなく、胴木の上を転がるように流れることで船体を防護する役割を果たしている。

胴木は川底に根を張る岩（ネンシ）がある場所に施す性格上、設置する箇所も昔から決められており、胴木左右の端を引っ掛けるための「台」も水中に施工されている。この台のことを「台付け」と呼んでいる。

②本川作

「本川作」とは長年の河川氾濫等で劣化や破損した「水寄せ」の石積みを修繕する作業で、事前に年間計画を立てて実施箇所を選択し掛かる大規模な修繕工事である。

毎年、渇水期となる冬に実施されることが多かったが、近年は水中に潜り石積みを修復する作業が多くなってきたため、夏期に行うように変わってきた。

しかし、事業予算などの関係で、開削当時から施工されてきた伝統の石積み工（野面積み）ではなく、石積みの間にコンクリートを流し込む簡易的な作業になっているため、伝統の修復技術の継承が危ぶまれる状況になっているのは残念である。

おわりに

四〇〇年前に角倉了以により開かれた保津川舟運について、実践者の立場から紹介した。開削当時に開発され、途絶えることなく伝承されてきた「伝統の技」は四〇〇年間、日々川とともに生きてきた保津川の船頭たちにより守られてきた。

保津川の船頭たちがどのような技術を保持し、その技術の何を残してきたのか。日々姿を変える川という生き物と対峙しながら、安全運航の責務を果たすために必要となる「心構え」にも言及した。

伝統技術の継承が「一度も途絶えることなく引き継がれているもの」と定義するなら、保津川の船頭たちに伝わるこれらの技術は間違いなく「伝統の技」と呼ぶにふさわしいものであると考える。技術が一度でも途絶えてしまい、継承者が次世代の者へ直接、引き継げなかった場合、いくら後年に再興されたとしても、それは創業当時のものと呼ぶことは適わない。保津川船頭の技術は角倉開削当時に生み出された当時の技術を、今も途絶えることなく、船頭たちが継承してきたという点で文化的価値があるのではないだろうか。

先人の経験と知恵が、保津川という河川形状に沿った形の操船技術として生み出され、今も安全運航の土台となり、年間約二五万人という観光客を魅了し続けている。角倉了以の舟運事業で生み出されたこれらの技術は、保津川という悠久の流れが存在する限り、舟運事業の中で継承し続けられることだろう。なお、曳き舟や二人流しなど、現在では失われつつある保津川下りの伝統技術については紹介できなかった。いつか紹介できる機会があれば、嬉しい限りである。

（1）　現在の保津川遊船企業組合は四つの支部から構成されている。四つの支部は舟運が始まった時に流域の村単位で構成されていた舟組に由来する。保津村には「従前組」と「保津組」（今の一支部）、上流域の河原林村に「勝林島組」（今の二支部）、下流域の篠村に「山本組」（今の山本支部）がある。操船技術や名称などは各支部によって微妙に異なり伝承されている。

（2）　石垣泰輔「角倉了以の保津川航路開削時に設置された「水寄せ」に関する調査」（『土木史研究　講演集』二六、二〇〇六年）三四三～三四六頁。

第二節　保津川下り――江戸時代に観光としての保津川下りはあったのか――

上林ひろえ

はじめに

保津川は、京都府西部を南東に流れる川である。河川法では桂川と総称されているが、亀岡盆地の東南端から嵐山までの区間を保津川と呼ぶ。保津川下りは、ＪＲ亀岡駅の少し北側にある乗船場から、山間の峡谷約一六㎞を流れて、天下の名勝嵐山に到着する。保津川下りは年間約三〇万人の観光客が乗船し、多い時には二四人乗りの船が、一日一〇〇艘以上も川を下っている。この保津川下りの見どころは、険しい峡谷に咲く四季折々の花、猿や鹿などの動物、数々の石や岩の景観、そして、スリルのある急流である。

そもそも保津川は、その水流を利用して下流にある京都・大阪に物資を輸送することに利用されていた。この歴史は古く、まだ京都に都が造営される以前、長岡京に都があった時代から行われていた。上流の丹波から木材を輸送し、都の造営や寺の建立、城の造営・修築に保津川の水運を利用してきたのである。特に豊臣秀吉は、朱印状を与えて諸役を免除するなど、筏を流す筏師の保護を行っていた。しかし、平安時代から江戸時代にいたる八世紀あまりの間、この流れを下るのが材木を運ぶ筏に限られてきたのは、その深い峡谷が原因であった。

今日のように保津川に舟が通るようになったのは、江戸時代初期のことである。嵯峨の豪商・角倉了以によって保津川は開削され、舟によって物資を運ぶことが可能になった。

では、物資を輸送していた川下りが、いつから観光としての川下りとなったのか、その背景をみていくことにしよう。

（1）日本人観光客

角倉了以の開削後、保津川の水運は嵯峨角倉家が支配していた。寛政六年（一七九四）にまとめられた丹波地域の地誌「丹波志」[1]には、荷舟には米・薪・炭・砥石・綿種などが載せられていたと書かれている。明治に入り、荷舟は角倉家の支配を離れるが、物資輸送の需要自体はすぐに減ることはなかったと思われる。この輸送需要が変わっていくのは、明治一六年のこと。山陰道の難所であった老ノ坂峠（おいのさか）が、トンネルをともなった新しい道に付け替えられ、馬車などの運行が容易になったことがきっかけであった。明治二二年（一八八九）には、京都—宮津間の車道が開通している。また、明治三二年（一八九九）には京都—園部間で京都鉄道が開通。これにより、観月と保津川下りをセットにした観光もアピールされ始めた。

『保津川下り船頭夜話』[2]によると、同じく明治三二年（一八九九）に城丹運送株式会社が設立され、保津川遊船が開始されたと書かれている。そして、明治四〇年（一九〇七）には保津川遊船株式会社が設立され、これによって物資輸送から観光へと本格的に変わっていったのである。

その頃から文学やガイドブックなどにも保津川下りは登場しはじめた。明治四〇年には、夏目漱石によって書かれた新聞連載の小説「虞美人草」[3]に保津川下りが登場。漱石自身が保津川下りを体験し、その様子が克明に記述されている。そして、明治四二年（一九〇九）には、鉄道院が刊行した「鉄道院線沿道遊覧地案内」[4]に保津川下りの紹介が掲載された。これらにより、保津川下りは国内に広まったと考えられる。

（2） 外国人観光客

明治後期になると、海外でも保津川下りの様子が語られるようになった。明治四三年（一九一〇）、イギリスの写真家・ハーバード・ジョージ・ポンティングは保津川下りを体験した様子を*IN LOTUS-LAND JAPAN*[5]に写真とともに記した。「この世の楽園・日本」という意味の原題からも分かるように、日本への深い愛着が見て取れる。中でも京都はお気に入りであったようで、保津川下りの終盤を、

船は極楽浄土を流れる神話の川の上を漂っているかのようだった。

と賛美している。これにより、観光としての保津川下りは国内だけでなく、海外にも広まったのではないかと考えられる。

しかし、ここで興味深い新聞記事を紹介したいと思う。「京都新聞」の前身である「京都日出新聞」の大正九年（一九二〇）四月一一日に、保津川遊覧について書かれている記事がある。「遊船として客を下す事は、明治七年始めて南桑田郡篠村字山本の浜より西洋人を下したるが始まりにて（後略）[1]」と書かれているのである。つまり、実際は会社設立よりも二〇年も前に、しかも西洋人を乗せて船下りをしたという事実があったのである。

現在の保津川遊船企業組合のホームページによると、明治二八年頃から遊船として観光客を乗せた川下りが始まったと書かれているし、船の上での船頭による保津川下りの紹介でも、明治三二年に開通した鉄道により、筏や物資の水運は徐々に減り、それと相反するように観光としての保津川下りが開始されたと説明されている。

実際に明治七年（一八七四）に「西洋人」が川を下ったのならば、どうやって保津川下りのことを知り得たのか疑問であるが、残念ながらその詳細を得ることはできなかった。それならば、それ以降に外国人が下ったという記録はない

のか調べてみると、明治一四年（一八八一）にイギリスの王子たちが保津川下りをしたという記述を見つけることができた。その様子を紹介してみたいと思う。

当時の京都府知事であった北垣国道の日記「塵海（じんかい）」[1]によると、明治一四年一一月七日の午前、保津川を船で下ったと記録されている。ヴィクトリア女王の孫であるアルバート・ヴィクター王子とジョージ王子の兄弟が来日し、イギリスのヴィクトリア女王の孫であるアルバート・海外との国交が再度開かれて間もない時期である。先ほども紹介した *IN LOTUS-LAND JAPAN* が発行されたのは明治四三年のこと。それよりも三〇年も早い明治一四年にイギリスの王室がなぜ保津川下りを知っていたのか。まずは、その謎を解明したいと思う。

この王子たちの京都旅行には、当時イギリス駐日公使館に勤めていたアーネスト・サトウという人物が同行していた。彼は、*A Handbook for travelers in central & northern Japan*[6]という一冊のガイドブックを出版している。これは、日本に来ている外国人のための日本のガイドブックで、京都の項目でいうと、金閣寺や清水寺の有名どころから、桂川の急流、すなわち保津川下りのことも掲載されていたのである。その一部を紹介しよう。

・川下りの船を調達する山本（これは当時の船の乗船場である）まで三条大橋から三時間かかる。
・大き目の船を貸切ると川下りは三円である。
・川下りは平均二時間ぐらいかかるが、水量によって異なる。

これらの情報が約一頁にもわたり詳細に記されていた。このガイドブックはベストセラーとなり、その後三〇年にわたり第九版まで出版されたが、その第二版には、時間に余裕のない人向けの京都と滋賀の巡り方として、一日目に京都御所・西本願寺・知恩院・清水寺を巡り、二日目に保津川下り、三日目に琵琶湖とその周辺を巡るとよいと書かれている。京都にはいくらでも見どころはあるはずなのに、しかも保津川下りを入れるとまるまる一日費やしてしまうにも関わらず、それでも体験した方がよいと推奨されているわけであるから、筆者がどれほど絶賛していたかがうかがえる。

このアーネスト・サトウによって、王子たちに保津川下りが勧められたのではないかと考えられるわけだが、明治一四年といえば、鉄道どころか車道も開通していない。先ほどのガイドブックの通り、一日費やしてしまう観光となる。また、急流を下るということは、寺社を見学するのとはまったく違い、危険がともなうものである。しかし、実際に保津川下りをしたということは、少なくとも京都府と宮内省がその安全性を認めていたということになる。事故が起これば国際問題となってしまうからだ。つまり、京都市内からずいぶん離れたこの地に、わざわざ足を運ばせたということは、すでに安全な観光として定着していたとしか考えられないのである。しかし、一朝一夕でその観光が定着するものではない。確かに荷舟としては江戸時代初期から行われてきたが、米や薪などの荷物と、人を乗せることはまったく違う。ましてや、海外の王族を乗せるということは、それまでに実績があり、絶対的な安全が保障されていたということになる。すなわち、江戸時代には荷物を乗せるだけではなく、すでに観光としての保津川下りもあったのではないかと疑問が出てくるのである。

さて、江戸時代の文献の考察に入る前に、ここで今回、筆者が考える「観光」の定義をしておきたい。今まで、お話しをうかがった方々は、観光としての保津川下りは明治になり、会社設立頃から始まったものであるといわれた。すなわち、人を乗せることで事業が成り立つ、イコール観光という考え方なのだろう。しかし、今回筆者が考える保津川下りの観光とは、単なる交通手段としてではなく、景色を楽しむ、花を愛でるなどの目的で川を下ることと定義したい。

二　江戸時代の文献

では、江戸時代に刊行された文献から、観光としての保津川下りは行われていたのか、謎をひも解いてみたいと思う。まず、第一にあげるのが、嵐山の千光寺の「河道主事嵯峨吉田氏了以翁碑銘[7]」である。これは、林羅山撰文による碑を建立したものだが、この中には、了以が開削した時の様子が克明に記されている他、慶長一八年（一六一三）、了以の息子である素庵が、近世儒学の祖といわれる藤原惺窩とともに保津峡を舟で遡ったことが記載されている。その際、藤原惺窩は一〇の景色に名前を付け、中国の西湖十景に対して、嵯峨十境を定めた。その十境は次の通りである。

「浪花隅（ろうかわい）」「叫猿峡（きょうえんきょう）」「群書巌（ぐんしょがん）」「鳥船灘（ちょうせんだん）」「観瀾盤陀（かんらんばんだ）」「石門澗（せきもんかん）」「蒙山（もうざん）」「気象巌（きしょうがん）」「鷹巣（ようそう）」「鏡石（きょうせき）」

次は、元禄七年（一六九四）に刊行された井原西鶴の「西鶴織留[8]」である。保津川下りが物語として登場するのは、この「西鶴織留」が初めてではないだろうか。その巻二に「保津川のながれ山崎の長者」が登場する。京都・山崎に住んでいる油商人が、丹波に行商をした帰りに保津川の舟に乗って川を下る途中、鉄砲で狙われていた一匹の猿を救うというお話である。もちろん、浮世草子なので実際に起こった話ではないが、保津川には人を乗せた舟が存在していたからこそ、この物語が書かれたのではないかと思われる。その中の挿絵には、船頭らしき人物が一人と、お客さんが三人乗っている。一度下った舟は、曳いて上流まで戻ってくるので、当時の船頭が一人であったとは考えにくいが、江戸時代中期には、すでに荷物だけではなく、人をも乗せていたのではないかと考えられるのである。また、この「西鶴織留」には、保津川のことがこう書かれている。

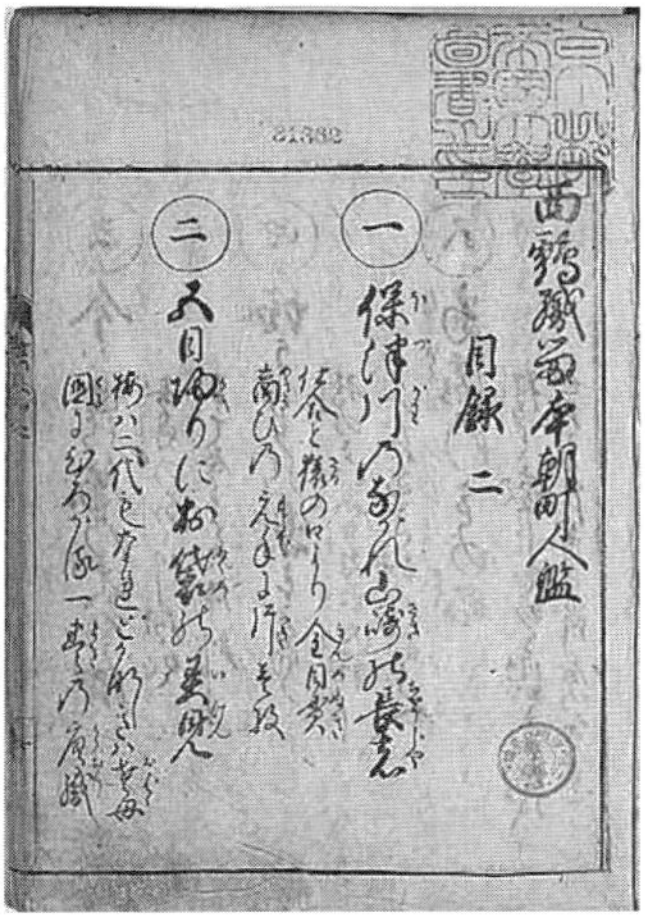

図：「西鶴織留」巻２　目録
（京都大学附属図書館蔵）

ひだりは愛宕、右は老の坂、此山間の詠め、松嶋をちかふして見るぞかし

保津川を下ると、左にあるのは愛宕山、右にあるのは老ノ坂であるが、この山間の眺めが、日本三景の一つである松嶋をいながらに見るようであると書かれているのである。もしかすると、井原西鶴は保津川下りを楽しんだ一人であったのかもしれない。

少し時代は進み、安永一〇年（一七八一）。この年に保津川下りについて残された文献が二つある。まず、一つ目は儒学者の皆川淇園が残した「嵐峡紀行」[1]である。実は、皆川淇園は安永四年（一七七五）と安永一〇年、二度にわたり保津川下りをしているようなのだが、この文献は安永一〇年三月に下った様子をまとめたものである。亀山藩士らの勧めで峡谷の花を愛でようといわれ、下ったと書かれていることから、単なる交通手段としてではなく、観光として下ったということが分かる。途中、砂地のあるところで一同は舟を下り、漢詩を作っている。

また、舟を曳いて上がる様子を見た一人が、帰る舟に乗せてもらうと書かれており、下るだけではなく、曳舟にも人を乗せていたということが分かる。

さて、もう一つは、亀山藩本町に住む山形屋安左衛門が残した「保津川山間谷川之記」[1]。安左衛門は嵯峨の法輪寺のご本尊開帳を見に行く際に保津川下りをしたようで、その様子を書き記している。これは単なる交通手段として利用したとも考えられるが、多くの岩や淵などの名所が登場し、現代のものと比較する上で、大変貴重な文献といえる。舟下りの行程に沿って、名所や地名などが記されていることで、読み手が舟下りをしているかのような気分を与えてくれる。名所以外にも、舟下りの当初は備前出身の船頭一〇人が下しはじめ、嵯峨にその末裔がいたということも記されている。

また、亡くなった年齢から、この舟下りをしたのは、安左衛門が六九歳の頃だと分かるのだが、当時の年齢としては高齢である。そんな年齢でも舟下りできるほど、安全性が確かなものであったのかもしれない。

寛政六年（一七九四）「丹波志」には、保津川の上流から来る荷物の種類や量、運賃などが細かく記載されている。また、その中には「保津ノ浜ヨリ人ヲモ乗セ下ス」という一文が登場し、「保津ヨリ嵯峨マテ一人一升ナリ」と書かれているのである。これにより、確かに舟には荷物以外に人をも乗せており、その運賃は一人米一升であったことが分かった。

江戸時代末期の安政四年（一八五七）に、熊本藩士である中島広足によって残された日記「花のしたぶし」[9]には次のようにある。

嵯峨より丹波の保津に、炭をつみにかよふ舟のこゝよりのぼるを、それにのりてなほ川上とほく行見んと一貞がいふにそれはた、いとよかなりとて出たつ

今までのものと少し違い、出発地点が嵯峨嵐山となっている。空の舟で保津まで遡り、炭を積んだ同じ舟で嵯峨まで下っていると記載されている。また、

よどふねにいくらますらん大井がはいは瀬引のぼるつなのくるしさ

と過酷な曳舟の様子も詠んでいる。

さて、保津川下りは漢詩の中にも登場している。江戸中期の備前生まれの詩人・武元登々庵は、「嵐山のふともに宿す。つとに舟を買ひ堰河をさかのぼる。保津に至りて帰る。詩をもってこれをしるす」[10]と題して、五言古詩を詠んでいる。長いので大意を記すにとどめる。

嵐山のふもとに宿泊し、夜明けと共に保津川を遡る。切り立ったがけに挟まれた幽渓に見とれつつ、また時には肝を冷やして、青く澱む淵、白く波立つ早瀬を乗り切って、やっと正午近くに保津に着く。渚に舟を泊め、昼食に一献傾け、今度は元来た道を下る。上りとは異なる急流を矢のように運ばれ、瞬く間に嵐山に至る。すると、桜は昨日より一段と咲き誇り、ついに帰りそびれて日暮れになってしまった。

こちらも出発地点は嵐山であり、保津川を遡り、保津で休憩をしたのち、今度は急流を下っている。

他にも、江戸後期の詩人・梁川星巌（やながわせいがん）も「嵐峡を遡り宝珠（ほづ）に抵（いた）る」[10]と題して、登々庵と同じく、保津峡を遡った漢詩を詠んでいる。

梁川星巌の詩は頼山陽と並んで「天下の双璧」と評されるほど有名であった。美濃出身であるが、京都鴨川のほとりに移住し、その地で没している。

高槻藩士の市村水香は、「保津峡月に泛ぶ」[10]と題し、わざわざ月夜に渓谷を遡って、幻想的な風景を詠んだ漢詩を残している。ただでさえ足場の悪い中、夜に舟を曳くということは信じられないことだが、そこは船頭さんに頼み込んだのだろうか。

以上、六つの文献と、三つの漢詩から考察すると、現在のような定期の観光船が出ていたわけではないが、観光を目的とした個人客が確かにいたことが分かった。

三　江戸時代の保津川下り

（1）観光で一番人気のあった季節

では、これらの文献をいろいろな角度から考察してみたいと思う。

紹介した文献の中に季節が登場するのは五つ。「嵐峡紀行」と「保津川山間谷川之記」「花のしたぶし」は三月、武元登々庵の漢詩は、桜が咲き誇っているという書き方から春、そして市村水香の漢詩には、秋の気配が濃いとある。『新修亀岡市史』[1]によると、江戸時代の筏や荷舟は運航できる期間が、旧暦の八月一五日から四月八日までの間、新暦でいうと一〇月二日から五月一日と定められていた。保津川の上流では、稲作の時期に灌漑用水が確保されるため、渇水となり舟を下すことは不可能であったからである。また、「丹波志」によると、年間およそ一万四〇〇〇石の米が川を下ったと書かれているが、特に米の収穫後である一一月と一二月は荷物が集中していたようだ。五つの文献のうち四つが春に下っていることからも、荷物としては比較的少なく、春の花が咲く頃が観光としての人気があったのではないかと推察できる。

(2) 舟と船頭

江戸時代には、荷舟以外に観光船があったという記述は見当たらないので、荷舟に人を乗せていたと考えることにする。「嵐峡紀行」では、八人乗船しており、一艘を貸切ったのではないかと考えられるが、「花のしたぶし」には、炭を積んだ舟で下るとあることからも、貸切りの舟以外にも、荷とともに人を乗せていたことが分かる。のちの明治三三年(一九〇〇)の「京都日出新聞」には「一艘に五人乗り、金三円より五円半まで。荷舟は一人金十銭[1]」と書かれていた。京都丹運送株式会社が設立されたのは前年の明治三二年のことであるから、明治に入ってからの会社設立時の乗船料金と考えることができ、明治に入ってからも荷舟を使用していたことがあるということが分かる。

次に船頭についてだが、観光ができる時期が限られていたことから、観光専門の船頭はいなかったと考えられる。しかし、調べた文献には、多くの岩や淵、滝などの名所が登場している。またそれを客に説明したり、途中で舟を止めたりと、客の要望に応えていることから考えて、現在のサービスともいえる観光が成り立っていたのではないだろうか。

（3） 乗船料・乗船客

先述の通り、寛政六年（一七九四）に成立した「丹波志」には、保津から嵯峨までの運賃が一人一升と書かれている。この少し後に刊行された十返舎一九の「東海道中膝栗毛」[11]には、「江戸の米が百文で一升一合から一升二合買える」とあることから、一升が約一〇〇文であったと考える。旅籠の一泊の料金はそれの倍の二〇〇文、大井川の蓮台での川越しは二人で四八〇文となっていることから、一升がそれほど高い金額ではないと分かる。この金額は先ほど述べた通り、荷舟に人を乗せた場合の金額であったのかもしれない。

では、どのような人が舟下りをしていたのか。記録に残っているのは、儒学者や武士、商売人などである。特に文人たちは、一首詠じあいながら、保津峡の景色を楽しんでいる。そもそも、庶民が乗船していても記録に残っていないとも考えられるが、徒歩での移動が当たり前だったこの時代に、保津川下りは交通手段ではなく、一種の娯楽であったことから、一般庶民が頻繁に舟下りをすることはなかったのではないだろうか。

（4） 文献に登場する景色

川には瀬と淵がある。瀬は、水の流れが速く水深は浅くなっている場所であり、水深が深く水面が穏やかで流れがよどんでいる場所を淵と呼ぶ。川はこの瀬と淵を繰り返しながら流れているわけだが、保津川には多くの地名が付けられている。その一部を紹介すると、「朝日ヶ瀬」「練戸の瀬」「小鮎の瀬」などの瀬、「女淵」「千鳥ヶ淵」などの淵、そして「書物岩」「オットセイ岩」などの特徴のある岩などである。[12]では、これらの地名は、いつ付けられたものなのだろうか。

保津川が開削されてすぐ、藤原惺窩は保津峡の一〇の景色に名前を付けている。その一〇か所は、現在の名称とは違うものもあるが、最近になりほぼ特定されている。また、「保津川山間谷川之記」には、多くの岩や淵、滝などの名称が登場している。その数は全部で三四か所。一つ一つを調べた結果、現代と同じ名称、ならびに名称は違うが、同じ場所を指しているだろうと思われる場所が二九か所あった。独特の名前の中には、筏師や船頭が使う言葉が地名になった場所もあり、当時の景色と若干の違いはあれども、ほぼ開削当時の景観が残っているということが立証されたのである。また、岩盤の一点を繰り返し棹で突くことでへこんだ「棹の跡」からは、悠久の歴史を感じることができる。

保津川の地図を見れば分かるのだが、トロッコ亀岡駅付近から険しい渓谷へと入っていく。川の近くにはほとんど道がなく、川岸には切り立った岩場が繰り返しあり、歩くことは至難の業である。こうした地形のため、容易に川に入ることはできず、川岸の自然は守られてきたのかもしれない。

(5) 下るだけが観光ではなかった?

嵐山まで下った舟は、昭和二四年(一九四九)にトラック輸送へと変わるまで、人力で曳き上げていた。曳舟をしていた船頭の話によると、船頭は四人ずつ乗り、そのうちの三人が綱で引っ張り、一人が空舟に乗り舵取りをしたそうである。石積みを設けた綱道(つなみち)と呼ばれる道に沿って舟を曳いていた。舟着場から曳き始めるとすぐに小さな橋へと続く。この橋の名前は地獄橋と言い、辛く厳しい綱道の始まりという意味で名付けられたそうだ。また、川幅が広くて深い場所は、舟に乗って向こう岸に渡ることもあり、約四時間かかって舟を曳き上げていた。[12]

話は文献に戻るが、素庵と惺窩は保津川を遡っているし、「嵐峡紀行」でも曳舟に乗って帰ると書かれている。また、紹介した三つの漢詩はすべて遡っている。つまり、江戸時代には下るだけではなく、遡ることも観光の一つであったということが分かる。しかし、曳舟は川の流れに逆らって舟を上げること。一度の曳舟で二足の草鞋を履き潰すほど大変な作業であったにも関わらず、人を乗せて曳き上げていたという事実が分かるのである。武元登々庵の漢詩に「舟を買い堰河を遡る」とあるように、遡る際もいくらかの乗船料をとっていたものと考えられる。

しかし、なぜわざわざ遡っていたのだろうか。下っても景色は同じはずなのにと疑問であったが、これこそが盲点ともいえる。亀山城下（現亀岡市）に住む人たちにとっては、保津川は下るものであるが、京都からの観光客にとって、保津川を下るためには亀山までわざわざ歩いて行かなければいけない。亀山藩本町に住む山形屋安左衛門の記録では、下っているが、熊本藩士や高槻藩士などの記録では遡っているというのは、そうした理由のためだと思われる。特に、嵐山を拠点としていた角倉家が保津川を遡るのは当たり前のこと。一〇の景色の名前も遡りながら付けたわけだが、近年になりこの場所を探した方に話をうかがうと、何度保津川下りをしても一か所も見つけることができなかったそうだ。ある時、下りながらふと後ろを振り向くと、ようやく探していた景色に出会うことができた。つまり、「十境」は、下流から上流を見たものであり、ただ下るだけでは発見できなかったというわけである。曳舟に乗り、そして下る。そうすれば、どちらからの風景も楽しむことができる。現代では叶えることのできないうらやましい観光であったといえる。

ここまで江戸時代のいろいろな文献を紹介してきたが、これらはすべて個人の記録である。一方、「京童」「京雀」をはじめとする江戸時代に刊行された三七の京都の地誌[13]を調べてみたところ、大堰川や角倉に関する内容は書かれているものの、保津川下りに関する記述は見当たらなかった。すなわち、観光として確立していたわけではなく、現代でいう口コミが広がったものだと考えられるのである。

おわりに

明治一四年（一八八一）にイギリス王室の王子たちが保津川下りをしたことを手がかりに、江戸時代にも観光を目的とした客を乗せていたことを明らかにしてきた。明治以降も、オーストリア皇太子、ドイツ皇帝の弟、のちのルーマニア国王など、多くの著名人が下ったという記録が残されており、アーネスト・サトウによって書かれたガイドブックや、イギリスの写真家によって書かれた紀行文などから、広まったものだと考えられる。

しかしながら、日本のガイドブックに保津川下りが登場するのは、アーネスト・サトウのガイドブックより約三〇年も後の明治四二年（一九〇九）のことである。明治六年（一八七三）に、山本覚馬によって京都博覧会に訪れる外国人のためにガイドブック[14]が作成されているが、そこには保津川下りは掲載されていなかった。つまり、明治の日本人にとっては急流を下ることや、保津峡谷の景色の美しさは当たり前のことであり、観光としては考えていなかったのに対し、外国人にとってそれは新鮮なもので、わざわざ出かけてでも行きたい観光であったと考えられる。

平成二五年（二〇一三）一月から四月の保津川下りの外国人客は四〇〇〇人弱で、前年同期に比べると約六割も伸びたそうだ。現在でも多くの外国人が川下りを楽しんでいるのである。

角倉了以の開削から四〇〇年。江戸時代から積み重ねられてきた川下りが、今後も国内外の多くの人に愛される観光であることを願っている。

〔参考文献〕

［1］亀岡市史編さん委員会『新修亀岡市史』資料編第二巻（亀岡市、二〇〇二年）。
［2］小谷正治『保津川下り船頭夜話』（文理閣、一九八八年）。
［3］夏目漱石『虞美人草』（新潮社、一九五一年）。
［4］『鉄道院線沿道遊覧地案内』（鉄道院運輸部、一九〇九年）。
［5］ハーバート・G・ポンティング著、長岡祥三訳『英国人写真家の見た明治日本』（講談社学術文庫、二〇〇五年）。

[6] Ernest Mason Satow, A.G.S. Hawes, *A Handbook for travellers in central & northern Japan* (1881).

[7] 吉田周平「保津川通船四〇〇周年」(『角倉同族会報』二〇号、二〇〇二年)。

[8] 井原西鶴著、麻生磯次・冨士昭雄訳注『西鶴織留』〈対訳西鶴　全集十四〉(明治書院、一九七六年)。

[9] 駒敏郎・村井康彦・森谷尅久『史料京都見聞記』第三巻(法藏館、一九九一年)。

[10] 生田耕作・坂井輝久『洛中洛外漢詩紀行』(人文書院、一九九四年)。

[11] 十返舎一九著、麻生磯次校注『東海道中膝栗毛』〈日本古典文学大系六十二〉(岩波書店、一九五八年)。

[12] 丹治圭『保津川下りの今昔物語――綱道に残る船頭の記憶――』(保津川の世界遺産をめざす会、二〇〇九年)。

[13] 新修京都叢書刊行会『新修京都叢書』全二五巻(臨川書店、一九六七~二〇〇六年)。

[14] Kakuma Yamamoto, *The celebrated places in Kiyoto &, the surrounding states for the foreign visitors* (1873).

第三節　嵯峨嵐山の薪炭商小山家について

鈴木久男

一　調査の契機

嵐山の渡月橋から桂川の北岸を東へ行くと臨川寺や角倉家の旧跡（現・花のいえ）が立ち並んでいる。さらに東へと進むと道は、三叉路となる。左は三条通、右へ行けば松尾橋の東詰へと出ることができる。この交差点から三条通へ入ると道は急に細くなる。それを少し東へ行くと閑静な佇まいの旧家がある。このお宅が、今回紹介する小山家である（京都市右京区下嵯峨伊勢ノ上町）。この付近は、住宅が三条通に面して軒を連ねているためほとんど目立たないが、道路の南側には、西高瀬川が道と平行しながら千本通りへと流れている（図1）。

写真1：小山家の現況（敷地南東角の土蔵）
（筆者撮影、以下同）

小山家の調査は、平成二三年（二〇一一）五月三日の出会いから偶然始まった。そして、数回の聞き取りから、小山家は一七世紀後半からつづく薪炭商であることを知った。調査の進展にともなって、小山家には先祖から受け継がれてきた材木や薪炭商関連の貴重な文化財が保存されていることがわかった。

二回目の調査のとき、小山家の文書の一部が京都市から刊行された『史料京都の歴史』第一四（右京区）[1]に紹介されていることを知った。これ以降、小山家の調査は、筆者が担当する京都産業大学文化学部の演習の一環としてつづけることとなった。さらに平成二三年一〇月頃からは、京都産業大学むすびわざ館ギャラリーでの展示を視野に入れた調査も開始した。このころより、小山家の全面的な協力を得て調査内容を一段と充実させることができた。

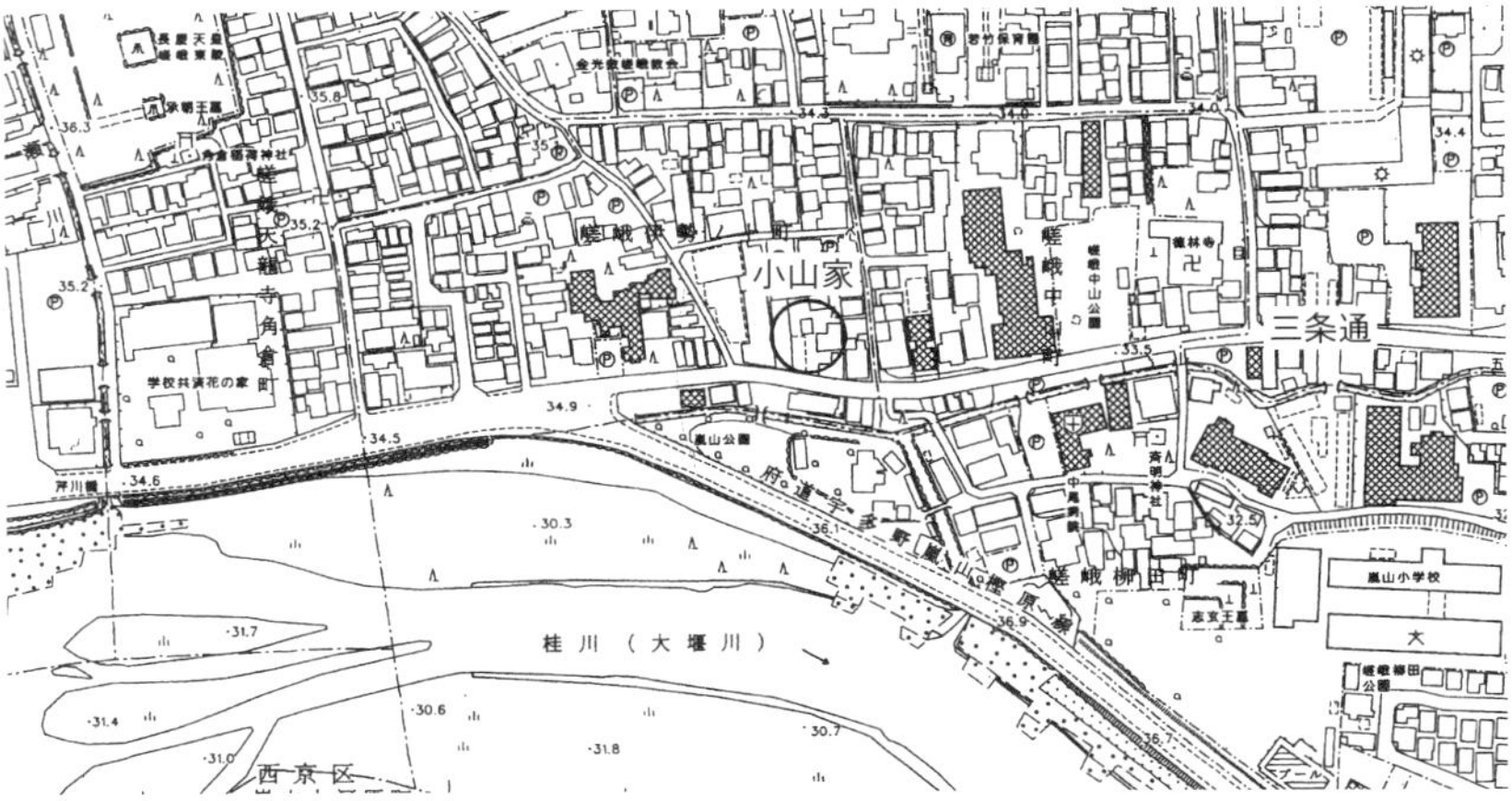

図１：小山家位置図

その成果の一端を公開するために、平成二五年（二〇一三）一一月二〇日から平成二六年一月一八日にかけて、京都産業大学ギャラリーで「第六回企画展　京都下嵯峨薪炭商小山家の歴史」と題した展示会を開催した。さらに平成二六年三月には、小山家に伝世されてきたひな人形や雛道具の展示を行った。

一方、ギャラリーでは、博物館学芸員課程の実習として、小山家から借用している資料の調査も実施している。

二　周辺部の歴史的環境

小山家について述べる前に、小山家の歴史と密接に関係する歴史的環境について簡単に触れておく。

この地域に人びとが暮らし始めたのは、縄文時代まで遡る。古墳時代以降、秦氏の拠点となった地域である。秦河勝が造営したとされる広隆寺はその旧跡としてよく知られている。大規模な開発がなされたのは、平安京が造営され始めたころからである。史料によれば、承和年間（八三四～八四八）に嵯峨天皇の皇后、橘嘉智子が檀林寺を建立している。この檀林寺は、どこに造営されたか定かでないが、天龍寺周辺部が有力な候補地となっている。また、天龍寺旧境内東側、大堰（おおい）

川の北岸との間において、檀林寺とほぼ同時期の遺物や庭園遺構が発掘調査によって発見されている。これらの事実から、この地は平安時代前期には、天皇や有力貴族が所有していたことをうかがい知ることができる。

一方、この地は新都造営に不可欠な建築資材を集積した重要な場所の一つであった。すなわち、丹波地域の優秀な材木を筏に仕立て、大堰川の水流を利用して平安京へ供給した中継地であった。また、平安京の人びとの生活に不可欠な生活用燃料の加工あるいは中継地としても重要な役割を果たしていた。以上のように嵯峨嵐山地域は、平安京に隣接する景勝地であり、また、京造営の資材や燃料集積など経済的にも重要な地位にあった。この二面性は、明治時代まで変わることがなかった。

鎌倉時代になると、天龍寺周辺部に亀山殿が営まれた。そして、大堰川を眺望できる北岸には豊かな景観と一体化した桟敷殿が造営された。最近、亀山殿の建物や庭園遺構が発掘調査によって渡月橋の北西で発見されている(2)。

室町時代になると、足利尊氏によって亀山殿跡に後醍醐天皇の御霊を安んじるために、天龍寺が造営された。そして、後醍醐天皇を鎮魂する霊廂廟を大堰川や平安京を望むことができる場所に建立した。一方、天龍寺所蔵の「応永鈞命絵図(おうえいきんめいえず)」には、臨川寺門前の大堰川沿いに船や筏などを係留するための施設と思われるものが描き記されている。

江戸時代になると角倉了以・素庵は、徳川家康の許可を得て大堰川の開削に着手し、慶長六年(一六〇一)にそれを完成させた。これにより、船による物資輸送が可能となり大堰川を利用した水運が以前と比較にならないほど発達した。その結果、筏問屋・材木問屋が、丹波の山国・黒田と京都の嵯峨・桂に仲間を作って多いに発展した。

一方、古くから景勝地として著名であった嵐山や大堰川では、四季折々に花見や船遊び、魚取りなどで大変にぎわったようで、『都林泉名勝図会』『拾遺都名所図会』などに描かれている。

ところが、時代が江戸から明治へと移ると、嵯峨嵐山地域の経済活動に変化が生じた。明治三二年(一八九九)、鉄道の開通により大堰川を利用した木材の水運は、急速に衰退した。さらに、大正から昭和になるとトラックによる木材輸送が発達し、ついに千数百年に渡る水運による木材輸送は消滅した。

さらに、大正から昭和になると経済成長にともなって庶民生活も次第に変貌した。なかでも、家庭用燃料は著しく変化し、昭和二〇年（一九四五）以降、家庭用燃料の中心であった薪・炭・練炭は各家庭から姿を消すにいたった。そのため、数百年の歴史をもつ嵯峨嵐山の薪炭商は次々廃業に追い込まれた。

三　小山家の沿革

小山家の歴史について、現当主の小山勝之氏と祖父にあたる第一四代、小山弥兵衛（治三郎）氏が昭和一七年（一九四二）に著された『目録』から見てみよう。

家祖は自休院（じきゅういん）（戒名）といわれ、もとは伊勢国北畠家の一族であったようで、北畠家が滅亡した時に、京都嵯峨野の地へ移り住んだとされている。この時に小山家は、武士を捨て農業と商いを生業とするようになった。

次の二代目宗裕（むねひろ）は、元和七年（一六二一）五月に現在の地に移り住み、地の利を得た材木商を営むようになったとされている。そして豊臣秀吉が伏見城を築城する際に、天守閣の用材調達が小山家に命じられた。その功績を認めた秀吉から「御墨付」の書状と「上木屋（あげきや）」（揚木屋）の屋号を賜ったといわれている。これにより三代目から小山家の当主は、弥兵衛を代々襲名するようになったと伝えられている。

この後、商いの材木商は多いに繁盛したようである。ところが元文二年（一七三七）に、横町からの出火により、小山家の建物や家財、とりわけ大切な家宝の御墨付を焼失してしまった。さらに安政三年（一八五六）には、小山家からの出火により、建物と家財のほとんどが灰燼に帰したようである。しかしながら、幸いにも三条通に面する土蔵一棟は消失から免れたようである。

小山家は直ちに焼亡した薪炭倉庫の再建に取り掛かった。また居住用の建物（離れ屋敷）として、小山家から東方に所在する車折（くるまざき）神社に建立されていた建物を曳家（ひきや）して、これに充てたようである（後述）。なお再建にあたっては、火元が小山家であったことから、住まいは決して華美にしないが、商い用の薪炭倉庫は、しっかりしたものを建築したと伝えられている。

ところで後述するように小山家史料の多くは、江戸時代後半に属する。これにより小山家は、材木や薪炭以外に不動産による経済活動にも携わっていたことをうかがい知れる。

明治時代以降も、江戸時代同様、材木や薪炭を商っていたが、商品流通や燃料の変化によって経営は次第に衰えていったようである。しかし第二次世界大戦中は、石油不足のため木材燃料の需要は統制を受けながらも一時的に見直された。なかでも、ガソリン自動車にかわって木炭自動車が活躍した。そのため小山家では、クヌギ材を加工した木炭自動車用の燃料を加工し商っていた。また、五条坂周辺部にあった京焼の窯元に陶器焼成用の薪を供給したこともあった。

その後、燃料は根本的に変化したため薪炭商は廃業をよぎなくされ、現在にいたっている。そして代々継承してきた「上木屋弥兵衛」の屋号も、第一五代（勝太郎氏）の時に廃された。

次に、京都市によって刊行された『史料京都の歴史』第一四（右京区）に小山家史料の一部が掲載されているので、ここに紹介する。

調査された小山家文書はおよそ一四〇〇点あり、その多くが田畑屋敷地や金銭に関する買券・借用証文類であった。文書の年代は享保年間（一七一六〜三六）より明治期にわたるが、幕末期に属するものが多い。その概略は以下のとおりである。

［証文類］田畑屋敷地・山林蔵地の売渡・譲渡証文、金銭の借用証文

「本物返シニ売渡申田地作職之事」享保六年（一七二一）
「売渡シ申田地作職之事」享保一〇年（一七二五）
「借用申銀子之事」天保四年（一八三三）
「奉拝借御銀子之事」安政五年（一八五八）
［薪炭商経営に関する文書］
「応対為取替」文化二年（一八〇五）
「筏御税木払下ヶ御願」明治六年（一八七三）
「御税薪御払下ヶ御願」明治八年（一八七五）
［土地・年貢関する文書］
「屋敷地子米勘定帳」天保九年（一八三八）
「貸地年貢取立帳」安政三年（一八五六）
［記録・日記類］
「歳日記」元文元年（一七三六）
「永代記録帳」元文元年
「御得意方出火御見舞帳」元治元年（一八六四）

四　現存する江戸時代の遺構

現在の小山家の屋敷は、現母屋一棟、旧母屋一棟、離れ座敷一棟、土蔵二棟、旧薪炭倉庫（小屋）二棟から構成されている。建物のなかで最も古いとされているのが、旧母屋の東側に位置する土蔵で、安政の火災を免れたものである。
次に古い建物は、現母屋の北に位置する離れ座敷である。また安政三年（一八五六）の復興時に新築されたのが、薪炭倉庫である（写真２・３）。倉庫の柱には「安政三年十月」の墨書が残されている（写真３・４）。現在この建物は、自動車の修理場として再利用されているが、それでも、壁や柱、それに棟木や垂木などの部材のなかには、当時のものが少なからず見受けられる。

小山家には、戦時中に薪炭倉庫の前で撮影された家族写真が残されているが（写真５）、写真の背景になっている瓦葺建物が、現存する薪炭倉庫である（写真２・３）。

さて小山家には、建物配置を記した屋敷図が複数保存されている。その中の一点が『京都嵯峨材木史』[3]に掲載されている。現状を紹介する前に、その屋敷図を再録し（図２）、小山家の旧状を聞き取り調査の情報を参考にしながら復元的に見てみたい。

『京都嵯峨材木史』ではこの図を先述した安政三年の再建にともなう図面として扱われている。離れ座敷が記されてないことは不審であるが、ここでは、安政年間のものとして扱うことにする。

写真２：旧薪炭倉庫（一部）

写真３：旧薪炭倉庫の天井部

写真４：「安政三年十月」の墨書

写真５：薪炭倉庫の旧状

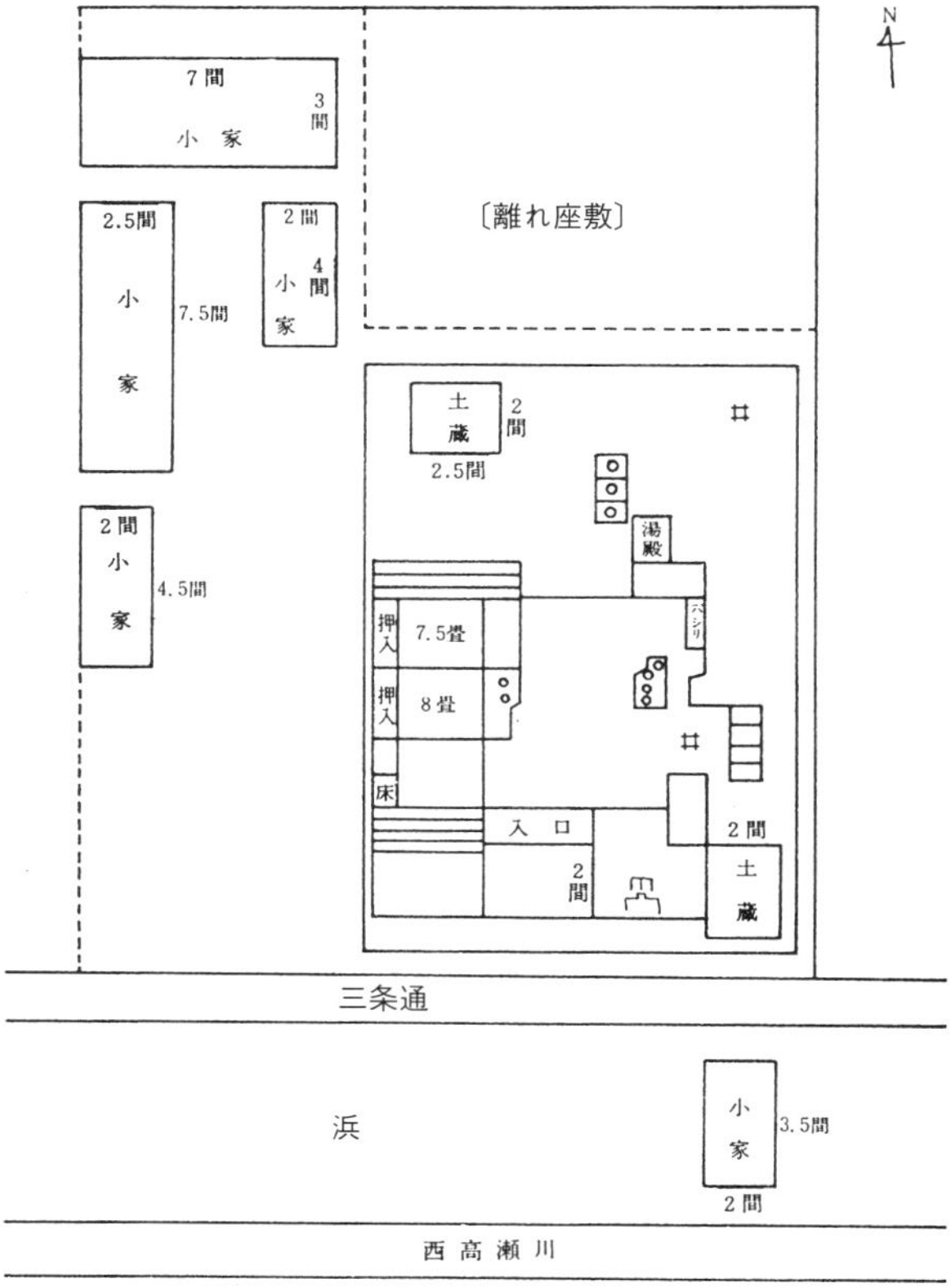

図２：江戸時代の小山家遺構配置
（『京都嵯峨材木史』所収図に一部加筆）

では、図2を見てみよう。まず最下段に記されている西高瀬川は、今も流れている。しかしながらこの流路は、現在ある西高瀬川ではなくそれ以前のものである。その様子は、天龍寺に所蔵されている「応永鈞命絵図」に描かれている。この流路と小山家の南側の三条通との間にある空き地は、材木などを荷揚げするための浜であった。浜の東には、商品や諸道具を収める三・五間×二間の倉庫（小家）があった。

三条通北側の敷地は、南北にやや長い方形で、東半は居住空間、西半は薪炭などを収納する小家が四棟ほど建てられていた。敷地南東角の土蔵は、現存している（前掲写真1）。また敷地北西に見られる東西七間、南北三間の小家と、その南西の東西二・五間、南北七・五間の小家は、改変されているが現存している薪炭倉庫である。他の小家は、一九

写真６：離れ座敷の現状

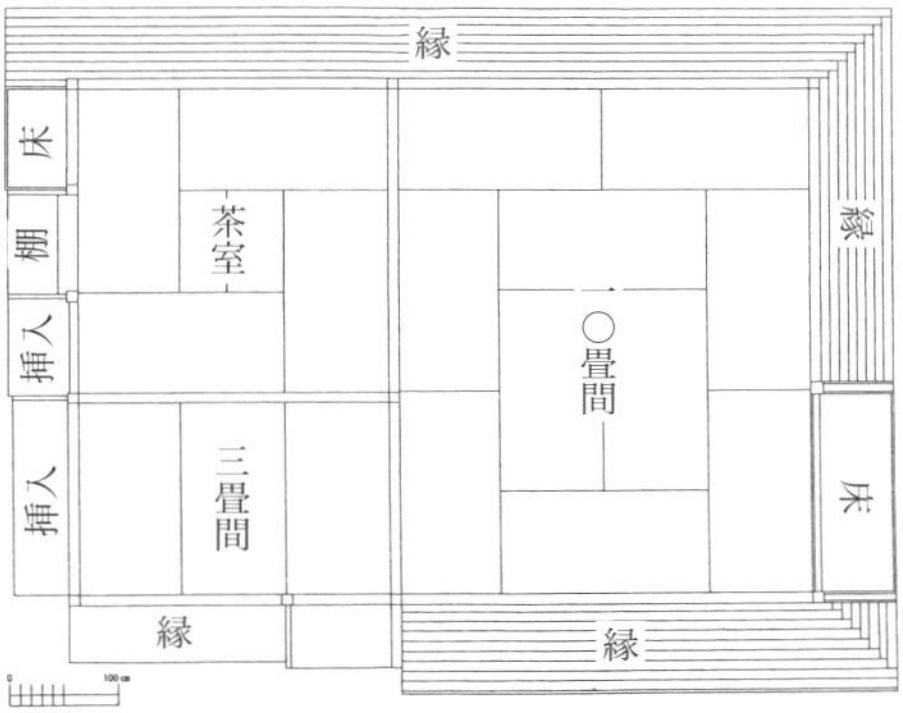

図３：離れ座敷平面見取り図
（平成26年１月に奥見裕梨・菊池美帆氏が作成）

七二年ころまでは、遺存していたようであるが、その後解体されたようで、今は見ることができない。

ところで『京都嵯峨材木史』によれば、先述した東西七間、南北三間の薪炭倉庫には、薪が約一四〇〇束入るといわれている。小山家は、これ以外に四棟の小家を所有していた。これだけ見ても、小山家の繁栄ぶりが想像される。

次に離れ座敷について見てみよう（写真6）。この建物は数寄屋造で、現在の間取りは、三畳・四畳半・一〇畳の三室からなっている（図3）。そして、南・東・北には縁が付く。小山家の伝承や『郷土の今昔』[4]によれば、建物は江戸時代後期に、俳諧の嵯峨丈翠が車折神社境内に建てた落柿舎であったとされている。安政三年の火災後に、小山家へ移築されたといわれている。

五　展示資料紹介

平成二五年一一月二〇日から平成二六年一月一八日にかけて、京都産業大学むすびわざ館ギャラリーで「京都下嵯峨薪炭商小山家の歴史」と題した第六回企画展を開催した（写真7）。この展示では、小山家の沿革、生業に使用された道具類、日常生活品や調度品など二九点を紹介した。

ここではそのなかで注目された資料について述べる。嵯峨嵐山における小山家の社会的立場を示すものとして、「安政二年」と箱書きされた衣装箱に収められた、火事装束があげられる（写真８）。箱内には、未使用と思われる羽織、胸当（家紋付）、野袴（のばかま）、帯、革製白足袋などが納められていた。

この衣装は、武家火事装束とほぼ同じもので、保存状態は極めて良好である。この衣装は小山家の力を物語るばかりでなく、嵯峨嵐山地域における消防組織を知る上でも極めて重要である。

企画展に合わせて、戦中・戦後の石油事情悪化にともなって製造された、木炭自動車の燃料を小山勝之氏の指導を得て復元・展示した（写真９）。小山家で製造されていた燃料は、表皮付のクヌギの割木を約五㎝の厚さに切り揃えたものであった。小山氏によれば表皮が付いているため着火しやすいとのことである。当時子供であった小山氏はこれを俵に詰める手伝いをしていたという。

写真７：第６回企画展の様子

写真８：火事装束

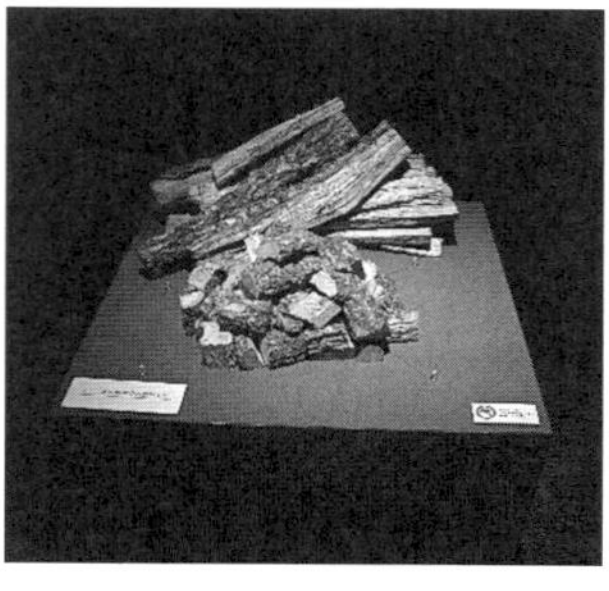

写真９：復元した木炭自動車用燃料

また、日常生活で使用されていた行燈や携帯用の燈火器なども展示した。これらの諸道具に見られる工夫やデザインには驚かされるものが多くあった。また、極限の細さまで削り込んだ竹ひごで作った虫籠は、伝統工芸技術の高さを再認識することができる貴重な資料である。

小山家の調査は、二〇一四年度から目録の作成と並行して資料調査も開始した。今後は資料整理・調査の進捗にともなって、成果を公開する予定である。

(1)『史料京都の歴史』第一四(右京区)(京都市、一九九四年)。

(2)内田好昭『史蹟・名勝嵐山』(財団法人京都市埋蔵文化財研究所、二〇〇四年)。

(3)京都嵯峨材木史編纂委員会編、藤田叔民・藤田貞一郎『京都嵯峨材木史』(嵯峨材木、一九七二年三月)。

(4)山口慎六ほか『郷土の今昔』(嵐山学区郷土誌研究会、一九七九年一月)。

第四節　富士川舟運について

石川武男

はじめに

富士川は、熊本県球磨川、山形県最上川と並ぶ、日本三大急流のひとつとして知られ、近世では東海道随一の暴れ川として名を馳せてきた。また、下流域は『平家物語』、『吾妻（東）鑑』で語られる「富士川の合戦」の舞台としても有名である。しかし、この川が近世～近代に信州・甲州・駿河を結ぶ水上交通路として、隆盛を極めていたことはあまり知られていない。この富士川を開闢し、その礎を築いたのが、京都の豪商である角倉了以であった。ところが富士川流域での角倉の痕跡は極めて薄く、当該地域に詳細な資料が残っていない。

本稿では、富士川舟運の成り立ちから終焉までの概略を中心に筆を進め、角倉家が行った事績の一端を紹介できればと考えている。

一　富士川の自然環境と歴史的環境

（1）自然的環境

拙稿「富士川舟運と岩淵河岸について」（文献[14]）でも触れているが、「富士川舟運」の話を始める前に、まず、富士川の自然環境と歴史的環境に触れておきたい。富士川は現在の山梨県、長野県境に位置する南アルプス鋸岳を源流とする釜無川、秩父山地の甲武信ヶ岳（こぶしがだけ）に端を発する笛吹川の両川が甲府盆地を南下し、山梨県南巨摩郡富士川町で合流する。その後、早川（はやかわ）、波木井川（はきいがわ）、佐野川などの小河川を取り込んで、静岡県に入り、さらに芝川が合流し、駿河湾に注ぐ。

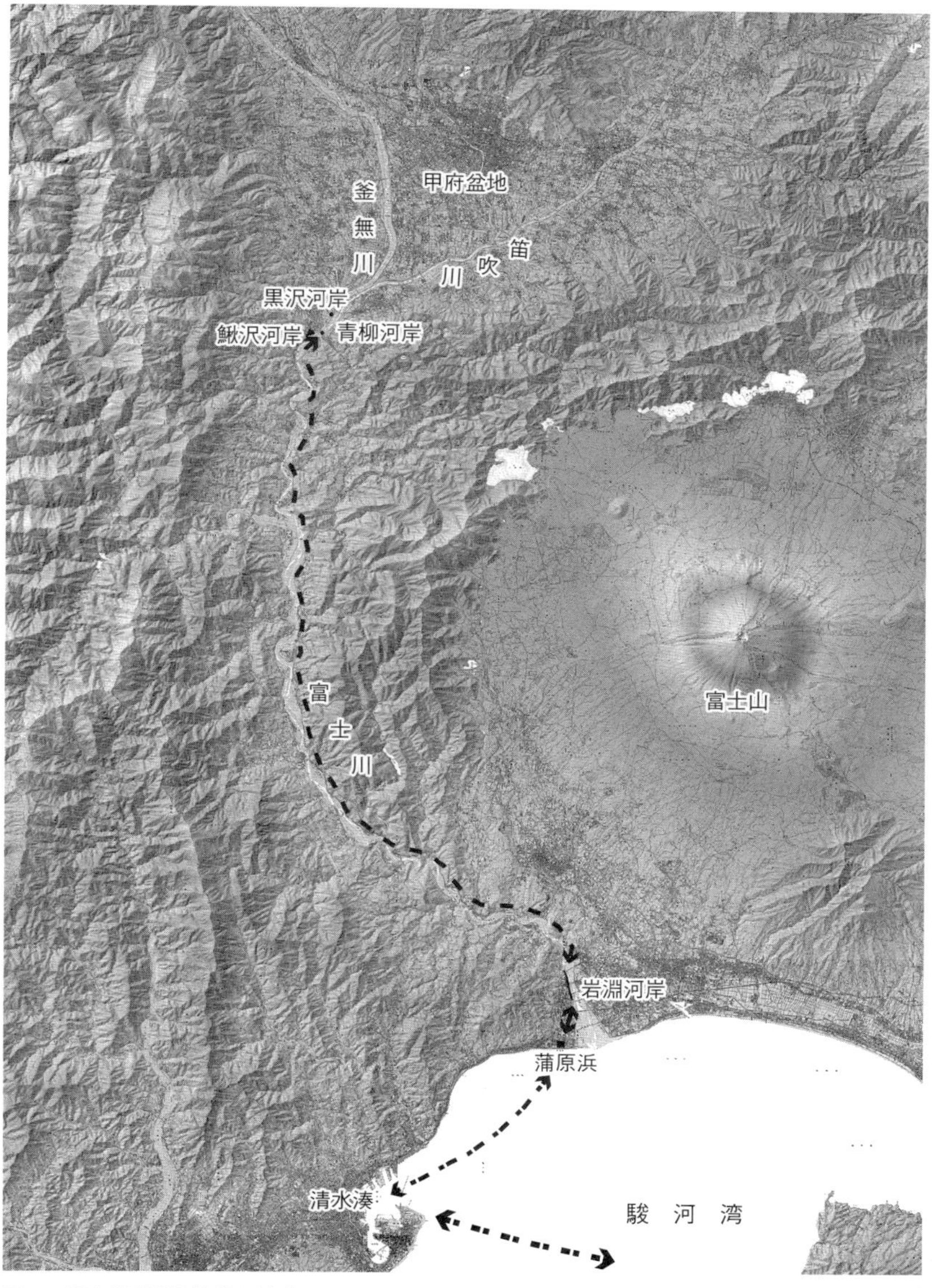

図１：富士川舟運各施設と輸送ルート
（国土地理院発行数値地図50,000分の1カシミール3Dを基に筆者が作成）

源流からの全長一二八㎞、面積は三〇〇〇㎢に及ぶ。現在、富士川と呼称されるのは山梨での合流地点から静岡県の河口部まで全長で約七一㎞である。また、三〇〇〇m級の山々に源流をもつことから、三大急流の名にふさわしく河床は急傾斜となっている。また、上流域から中流域にかけて急峻な山々に囲まれ、両岸域で河岸段丘を形成し、河床と周囲の高低差が大きいことも特徴といえる。

富士市立博物館「第四七回企画展　富士川を渡る歴史」（文献[13]）の中でも触れているが、富士川が急流であったことは、古くから文献に記録がある。『類聚三代格』には「浮橋ニ処　駿河国富士河　相模国鮎河　右、二河流水甚速、渡船多難、往還人馬、損没不少　仍造件橋」とある。要約すると駿河国富士川と相模国鮎川（現相模川）が急流で渡船の難が多く、往還の人馬が危険にさらされるため、浮橋を造ることを命じたものである。中世に記載された『海道記』においても富士川が急流であったことが触れられている。「……この川は川中によりて石を流す、至峡の水のみ何ぞ船を覆さん……」とあり、江戸時代に尾張藩士高力猿候庵が著した『東海道便覧図略』では、「……わが国に名を得たる大河は数あれど、ことに富士川は海道第一の急り（流）うなりと見へたり」とあり、各時代を通じて富士川が急流として認識されていたことがわかる。

（2）　歴史的環境

富士川は現在、東西に国道一号線と東海道本線が、南北には川沿いに県道身延バイパスが通り、交通路の結節点となっている。このため、各時代を通じて川の流域が流通路として使用されていた。

縄文時代中期（四〇〇〇～五〇〇〇年前）に甲信地域でみられる狢沢（むじなざわ）・眞道（あらみち）式、曽利（そり）式と呼ばれる縄文土器が、静岡県東部域を中心に多く認められ、この時期に地域間交流があったと考えられる。

奈良・平安時代でもこの傾向は認められ、甲府盆地で流通する甲斐型と呼称される土師器が静岡県東部の遺跡で数多

図２：富士川身延道往還図（個人蔵）
流れの中に高瀬舟が描かれている。

く出土している。

鎌倉時代になると前述した「富士川の合戦」のように、富士川の下流域は戦略的な拠点として捉えられていた。鎌倉幕府を開いた源頼朝は、駿河湾沿いに街道を整備し、田子の浦（現富士市田子）に吉原湊を作り、ここを物流の要所とした。

戦国時代になると甲斐の武田、駿河の今川、相模の後北条が、この地で衝突を繰り返し、のちに三河の徳川もこれに加わっている。吉原湊を中心とする富士川の流域を戦略上の重要拠点と捉えていたものと考えられている。

これを制した徳川家康が富士川やこれに続く駿河湾を物流路として整備し、近世から近代への富士川での水上交通の発展につながった。詳細については文献[13]を参照されたい。

他方、富士川は信仰の道としての側面もある。鎌倉時代に日蓮宗を起こした日蓮は、富士川中流域に所在する身延の地に宗派の本山たる「久遠寺」を開基する。このため、ここにいたる川沿いの道が「身延道」として整備され、各地から宗徒が彼地に参詣に赴いた。近世には街道だけでなく、舟運も参拝の路として利用していた（図2）。このように原始古代から富士川沿いは東西南北の交通の要所として重要な役割を担っていた。この役割をさらに発展させたのが、江戸時代における徳川幕府の政策と角倉了以・玄之（素庵）による川の開鑿・整備であった。

二　角倉家と富士川の開鑿

富士川が交通・輸送路として最も脚光を浴びたのが、江戸時代である。この時代は織豊時代からの経済発達・流通の拡大の流れを受け、その後、江戸幕府が成立したことで政権が安定し、さらなる商品市場が繁栄した時代でもあった。この要因の一つが、幕府が進めた交通・輸送路整備に起因することはいうまでもない。

幕府は主要道であった五街道の整備にとどまらず、大量の物資が輸送可能な海上、河川の整備を押し進め、北上川、最上川、利根川、淀川、阿武隈川といった大河川で水運の開発を行った。富士川の整備もこれら主要河川整備の一端として行われた。

富士川の開鑿については、稿末に掲げた青山靖の優れた論考がある。詳細については文献［3・6・7］を参照いただきたいが、ここではその概略について触れる。京都嵐山大悲閣に建立された「河道主事嵯峨吉田了以翁碑銘」の碑からその様子がうかがえる。この銘文は了以の子玄之が、親交のあった林羅山の子道春に撰文を依頼し、弟長因（ながより）が書写したものである。

碑は慶長一九年（一六一四）、了以没後一七年目に建立されたものとされる。この銘文中に「十二年春了以奉鈞命、通船於富士川、自駿河岩淵挽舟、到甲府……」とあり、了以みずから、慶長一二年春に幕命を受け、現地に赴き、富士川の開鑿の陣頭指揮をとったようである。

つづいて「十九年富士河壅瞼、舟不能行、鈞命召了以、有病玄之代行治水、又能通舟、三月始役、七月成之……」とあり、慶長一九年（一六一四）に、船の航行に支障を来たす難所があることから、再整備の幕命を受けたものの、了以は病により実行が困難であったため、その子玄之が整備にあたり、三月に工事を着工し、七月に完了させたと記されている。

他にも右の碑文を模したとされる寛政九年（一六七七）の鰍沢河岸富士水碑では慶長一二年、同じく鰍沢の西酒家文書では鰍沢・黒沢河岸で慶長一二年、青柳河岸で同一四年に通船が開始されたとされている。現在では慶長一二年以後を舟運の開始時期とする説が一般的である。(1)

区間について大悲閣碑文では「駿河岩淵より舟を曳き甲府に到る」と記載される。『富士川町史』（文献［4］）に掲載された富士市岩淵にある大村家文書ではより具体的に、甲州鰍沢・黒沢・青柳河岸を開き、万沢村まで舟を通し、諸荷物を運送したが、駿州から万沢までの陸地は山坂が多く不便なので、岩淵河岸まで川筋を開き、通船を始めたと記されている。

この富士川整備にどのような目的があったのであろうか？

三井高陽は『日本交通文化史』を引用し、「幕府に自ら積極的に保護し、これが交通上に於ける便宜を助けたのは、幕府直轄の米を江戸へ廻送するに際して、費用の多き陸路運路よりも低廉なる富士川を利用した事が主なる理由であつた」としている。廻米については後述するが、確かに富士川舟運成立後、この交通路が年貢米を江戸、駿府に運送路として主要な役割を果たしたことは間違いない。

これに対して鈴木英文はその論文「富士川舟運と甲州三河岸」（文献［11］）において、史料にみられる廻米の記録が、寛永二年（一六二五）に甲州、駿河、遠江の三国を領有した徳川忠長が年貢米を富士川にて川下げし、清水湊へ搬送したことを最初とし、忠長改易以後、甲州の領主が在地した頃には年貢米の江戸への搬送は少なかったとしている。江戸への搬送が多くなるのは、むしろ享保九年（一七二四）八代将軍吉宗の享保の改革後、甲州が幕府直轄地になってからであるとしている。さらに廻米の開始が舟運開始から二〇年近く経過してからであることと、廻米の増加が一〇〇年以上たってからであることをあげ、先に物資輸送路が確立し、のちに廻米輸送が、舟運を発展させたと考察している。ま

図３：掛額「水行直仕形図会」（七面堂絵馬）（七面堂保存会蔵）

た、青山は文献[7]の中で、「甲斐國誌」に「旅客商人ノ船賃等ハ皆角倉氏ノ所レ定ニシテ今ニ旧貫ニ仍ルト云」とあることをあげ、幕命を兼ねているものの、了以と角倉家が物資大量運送の運賃収益を目的として、富士川開鑿と舟運を行ったと推察している。

現在、各研究者ともに概ね、同様な見解を示しており、筆者も同様な意見をもっている。

では、実際に富士川の開闢と舟運はどのように行われたのか。前述の富士水碑には「其ノ滝ノ如キハ高キヲ鑿チテ之ヲ平ラニシ、其ノ広クシテ浅キハ石ヲ積ミテ之ヲ狭クシ、其ノ石ノ水上ニ出ズルハ焼爛シテ之ヲ砕ク、其ノ潜リテ伏スルハ径尺長サ二丈ノ錘頭杖ヲ作リ、浮楼ヲ構エ以テ之ヲ下シ、轆轤ニ因ツテ以テ之ヲ挙ゲ、必ズ砕テ後チ之ヲ舎ツ、財力労費ノ多少厭ズ、是ヲ以ツテ舟ヲ通ズ」とある。また、了以の開鑿以後であるが、当時の開鑿を知る資料として鰍沢七面堂にあった文化一四丁丑年（一八一七）二月、天神滝玄石難舟除け「水行直仕形図絵」（図3）および「水行難場有形図絵」の絵馬があり、その状況をうかがい知ることができる。絵馬には天神ヶ滝の改修工事の状況が描かれている。天神ヶ滝は川中に突き出た岩場にあたる「うなぎヶ淵」と川瀬に隠れた「人喰岩」とで形成され、富士川下り舟の第一番目の難所で、了以の開鑿以後、何度も改修工事が行われている。この改修工事は文化一三年（一八一六）一二月から翌年の二月まで行われたが難工事であったとされる。

了以は、先の碑文にみられるようにみずから現地に赴き、工事監督を任じた。これを裏付けるように角倉文書の中にある幕臣大久保長安からの書簡でも「貴殿御出候て普請なられ候段云々」とある。この背景には幕命によるものも大きいが、富士川の前年に京都嵯峨の大堰川開鑿工事に成功し、利益を得たこともあって、富士川の開鑿の成功に商業的利潤を見出していたことが推察される。

三　近世における富士川舟運

富士川舟運は甲州三河岸（現山梨県南高麗郡富士川町）から駿州岩淵河岸（現静岡県富士市岩淵）までの道程一六里の区間で行われていた。舟運ではさまざまな物資が運ばれていた。物資は甲州や信州からの物資が甲州三河岸に集積され、そこから高瀬舟を使って物資を岩淵河岸へ輸送した。下りには一日程度で済んだが、川の遡上には四〜五日かかったようである。岩淵河岸からは蒲原浜（現静岡県静岡市清水区蒲原）までは牛馬を使って陸路で運ばれた。そこから一〇〇石前後の小廻船で清水湊（現静岡市清水区）まで回漕され、菱垣廻船等の大型輸送船で江戸や他地域に運ばれた。また、甲州や信州への物資は、逆の行程を辿っていた。

舟運で運送された物資はさまざまであった。品目について時期は降るが諸荷物口銭を定めた「岩淵河岸仕法」（岩淵齋藤家文書）を例としてあげる（表1）。表1で示したように明和五年（一七六八）の項目をみると多様な物資の中で、特に塩の項目が多い。塩は「下げ米、上げ塩」という言葉があるように舟運の主要輸送品であった。表にみる塩（上方塩）は主に瀬戸内海産のものを指す。江戸時代初期はいわゆる地塩と呼ばれる地元駿河湾産の塩を運んでいたが、中期から後期には良質な瀬戸内産の塩にとって代わられた。

表１：明和５年　岩淵河岸仕法

上がり荷		
品目	口銭	内訳
塩関連		
上方塩	両替銀60文	１俵に付き　鐚46文３分３厘　清水止め　蒲原、岩淵迄
岩淵村口銭	塩１俵に付き鐚12文(但３俵に付き壱駄ニ付)	入口７文　出口５文
塩	１俵に付き銀３分	
賄塩	１俵に付き銀１分５厘	賄費
塩	１俵に付き鐚４文	拵賃
地塩	１俵に付き同１文	拵賃
竹原井塩	１俵に付き同４文	小出費
同	１俵に付き同３文	縄代、印墨代
塩其外　諸荷物	(甲州金、甲金)１分	甲州え登運賃　之又銀19匁３分５厘　但甲州三河岸商人立会改申候
その他荷物		
甲州河内上賃	公金壱分何俵ト定	岩淵払
茶	四本付　壱駄付き　鐚77文	村口銭12文、小出賃12文、菰代29文、蔵敷24文
瀬戸物	箇数見合　壱駄付き　鐚48文	村口銭12文、小出賃12文、蔵敷24文
合羽荷	壱駄付き　鐚48文	村口銭12文、小出賃12文、蔵敷24文
苦塩	壱駄付き　鐚48文	村口銭12文、小出賃12文、蔵敷24文
藍玉	壱駄付き　鐚48文	村口銭12文、小出賃12文、蔵敷24文
海草類	壱駄付き　鐚48文	村口銭12文、小出賃12文、蔵敷24文
上方酒	壱駄付き　鐚48文	村口銭12文、小出賃12文、蔵敷24文
肴荷	壱駄付き　鐚50文	村口銭12文、小出賃12文、蔵敷26文
布太物類	壱駄付き　鐚72文	村口銭12文、小出賃12文、蔵敷48文
下り荷物		
村口銭	壱駄付き　鐚７文	入口２文　出口２文
穀物類	三俵付　弐俵付　壱駄　鐚64文	村口銭７文、小上賃29文、蔵敷28文
多草粉(煙草)	四個付　三個付　壱駄　鐚54文	村口銭11文、小上賃19文、蔵敷24文
炭	八俵付き　壱駄に付　鐚31文	村口銭７文、賄費24文
板木類	壱駄に付　31文	村口銭７文、小上賃19文
江戸廻り茶	壱駄に付　50文	村口銭７文、小上賃19文、蔵敷24文
同油	壱駄に付　50文	村口銭７文、小上賃19文、蔵敷25文
菰出荷物	壱駄に付　50文	村口銭７文、小上賃19文、蔵敷25文

注：『富士川町史』(文献［４］)より作成。

表2：岩淵河岸廻米陸揚量

年号	廻米俵表（単位：俵）	岩淵河岸着初	皆払月日（翌年度）
享保12	69,644	11月14日	7月4日
20	47,051		7月5日
延享3	90,700		
4	33,359	11月14日	6月9日
宝暦10	48,606		
11	53,450		
安永9	53,800		
寛政8	51,515	10月25日	4月15日
9	51,119	10月17日	3月晦日
10	50,683	10月26日	4月晦日
11	48,298	11月16日	5月
12	57,234	12月27日	5月12日
享和元	62,869	10月29日	5月晦日
2	27,500	11月2日	3月晦日
3	39,350	11月8日	5月22日
文化元	8,869	12月29日	4月9日
2	44,200	11月1日	3月12日
3	53,872	11月11日	3月15日
4	43,660	11月14日	2月10日
5	19,600	11月12日	1月24日

注：『富士川町史』（文献［4］）より作成。

江戸時代末期には岩淵河岸に半年間で六万俵の塩が集積されたといわれているが、その大部分が竹原塩（安芸国）、波止浜塩（伊予国）で、文政年間以後は才田塩・赤穂塩（播磨国）が多くみられた。この塩は岩淵・蒲原塩仲間の依頼を受けた清水湊問屋によって清水湊へ買い入れられ、蒲原、岩淵河岸を経由し、甲州三河岸へ送られた。その後、甲州の塩問屋が買い付け、一円に流通していった。ただし、塩の輸送は必ずしもこの輸送路を通っていたわけでない。その一部が、駿河湾から江浦（現静岡県沼津市）、小須（現富士市田子の浦）を経由し、岩淵河岸対岸の岩本、松岡村（富士市岩本、同松岡）へ輸送されることもあった。(2) 塩の輸送については西野和豊「富士川による塩の道」（文献[10]）に詳細な記述があるので参照されたい。

次に「下げ米」について触れたい。富士市立博物館「第三四回企画展　富士川の舟運」（文献[9]）に詳細な分析があるが、ここでは概略について記す。下げ米とは甲州一帯の年貢米をいう。米の川下げは前述したように寛永二年（一六二五）記録が初見である。その後、寛永九年（一六三二）に甲州一帯が天領となり、この年貢米は下りの行程を辿り、江戸へ輸送された。これを御廻米といった。なお、年貢米の一部は「御城米」と呼ばれ、駿府城御蔵へも納められた。岩淵河岸での荷揚げを例に廻米輸送量をみてみると表2のようになる。岩淵河岸に陸揚げされた廻米は年間五〇〇〇〜六〇〇〇俵あった。

ただし、すべてが、岩淵河岸に陸揚げされたわけではない。文化二年（一八〇五）を例にとると、甲州三河岸から川下げされた廻米の総量は一三九、〇〇〇俵あったが、岩淵河岸に陸揚げされた廻米は四四、〇〇〇俵程度しかない。塩の輸送でも触れたように岩淵河岸以外の河岸場でも陸揚げされたことがうかがえる。なお、廻米の川下げは天候などによって異なるが、一日に平均で四〇～五〇艘、多い日では一五〇艘（米輸送料四二〇〇俵）から二〇〇艘（米輸送料五八〇〇俵）の船によって行われることもあった。通常船一艘で三二俵を積み、渇水時に二四～二五俵積みで川下げする決まりがあった。また、廻米の運賃は文化年間に一艘三二俵積みで七八〇文であった。(3) 富士川舟運については若林淳之「清水湊と富士川舟運」（文献[8]）にも詳細な記載があるので参考にされたい。

物資輸送のほか、日蓮宗の総本山身延山久遠寺への参詣者など多くの旅人も甲州と駿州の行き来に舟運を利用していた。「甲斐國誌」では「旅客商人ノ船賃ハ皆角倉氏ノ所定」とあり、当初から舟運に運賃が課せられていたことが分かる。

四　河岸場施設の概要

富士市立博物館「第三四回企画展　富士川の舟運」（文献[9]）にて詳説したが河岸場がどのようなものであったか、概略をまとめた。

（1）　甲州三河岸

河岸場上流域の起点となる甲州三河岸はそれぞれ、鰍沢・青柳・黒沢に河岸場が作られた。これらの河岸場は「元河岸」とも呼ばれ、下流域の岩淵河岸と併せて舟荷の積みいれ、積み下ろしが行われた。特に廻米は幕府の公用運送で、大きな特権でもあった。三河岸は幕府に運上金を納めることによって特権を認可され、独占的な地位を築いていった。なお、運上金は舟数によって三河岸で分担された。「甲斐國誌」（文献[2]）では文化九年（一八一二）に鰍沢河岸で高瀬舟一〇八艘所有に対して運上永三三貫七五〇文を、黒沢河岸では舟一〇五艘に対し運上永三〇貫三八五文を、青柳河岸では舟四〇艘に対して、運上永一二貫七五〇文を上納していたとある。

それぞれの河岸には御蔵台または御蔵屋敷と呼ばれた問屋会所、米蔵などの施設があり、廻米に関わる御米詰敷地と河岸場は除地（よけち）として免租されていた。

甲州三河岸の中で、最も繁栄したのは鰍沢河岸のようである。「鰍沢明細帖」（文献[3]）には舟運が鰍沢より始まったとされている。延宝三年に（一六七三）には諏訪藩領の御米蔵が設置され、甲州だけでなく、信州諏訪領、松本領の年貢米についてもここから川下げされている。

また、河岸下流に口留番所（くちどめばんしょ）をもち、駿信往還の宿場であったことから、旅籠、船頭宿などの施設も多く所在し、隆盛を極めた。「鰍沢村明細帖下書」（文献[3]）には御蔵屋敷について詳細な記述がある。御蔵屋敷は四反歩、南北四〇間、東西三〇間、石垣により一段高く土盛りされ、周囲は矢来（やらい）によって総囲になっており、御米蔵は一棟で桁二〇間、梁四間、高さ一丈と記されている。

青柳河岸は鰍沢河岸の上流に位置し、甲州差配の市川代官所の貢米詰所が設置されていた。廻米の輸送は村請けとして、廻米問屋である小河内家が代々世襲していた。「甲斐國誌」（文献[2]）によると御米蔵は敷地が東西二八間、南北二六間、矢来に囲まれ、寛永一五年（一六三八）に建てられたとある。

黒沢河岸は鰍沢河岸の対岸にあった。問屋は当初村松家が世襲で勤めていたが、その後、村役人と隔年ないしは村役人による年番制となった。「甲斐國誌」（文献[2]）では御米蔵の規模を二〇間×四間、敷地一反二畝部で、石和（いさわ）代官所支配の貢米詰所があったとしている。

（2）岩淵河岸

前述の『富士川町史』（文献[4]）、若月正巳「岩淵河岸の変遷」（文献[12]）にも触れているように慶長七年（一六〇二）より富士川渡船役を担っていた岩淵が河岸場とされた。このため、渡船場・舟運河岸場の両機能を有した岩淵は富士川下流域の交通要所として隆盛を極めた。

岩淵河岸については、拙稿「富士川舟運と岩淵河岸」（文献[14]）でも触れたが、諸荷物の水揚げ、蒲原浜までの陸運の人足稼ぎなどの利益から、もうひとつの役目であった渡船役を存続することができたと考えられる。

岩淵河岸の施設は度重なる川の氾濫を避けるため、簡易な施設のみであったようである。「富士川渡船道絵図」（常盤家文書／図4）では西岸壱番出し（だ）とその対岸から綱で引かれた高瀬舟が描かれている。舟運に関わる施設は「出し」と通船以外は描かれていない。廻米等に関わる施設はむしろ川の西側にある段丘に設置されていた。宝永五年に描かれた「御検地之事岩淵間口割繪入氏神祭禮桟敷割」（大村家文書／図5）には光栄寺という寺院の東、身延道と富士川の間に「城米場」、清源院の左下に「御廻米蔵場」がある。この「御廻米蔵場」は「岩淵河岸場絵図」（文献

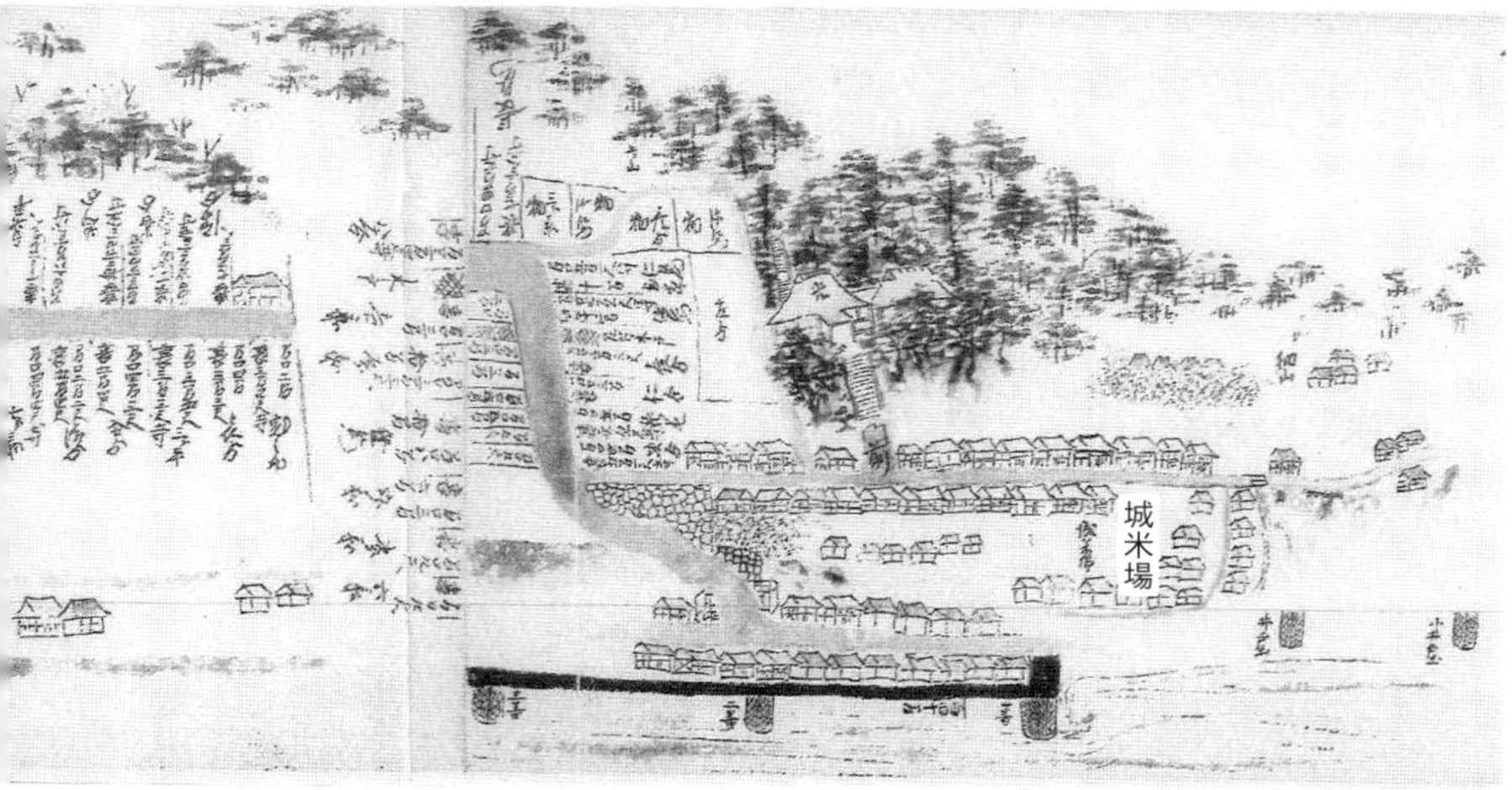

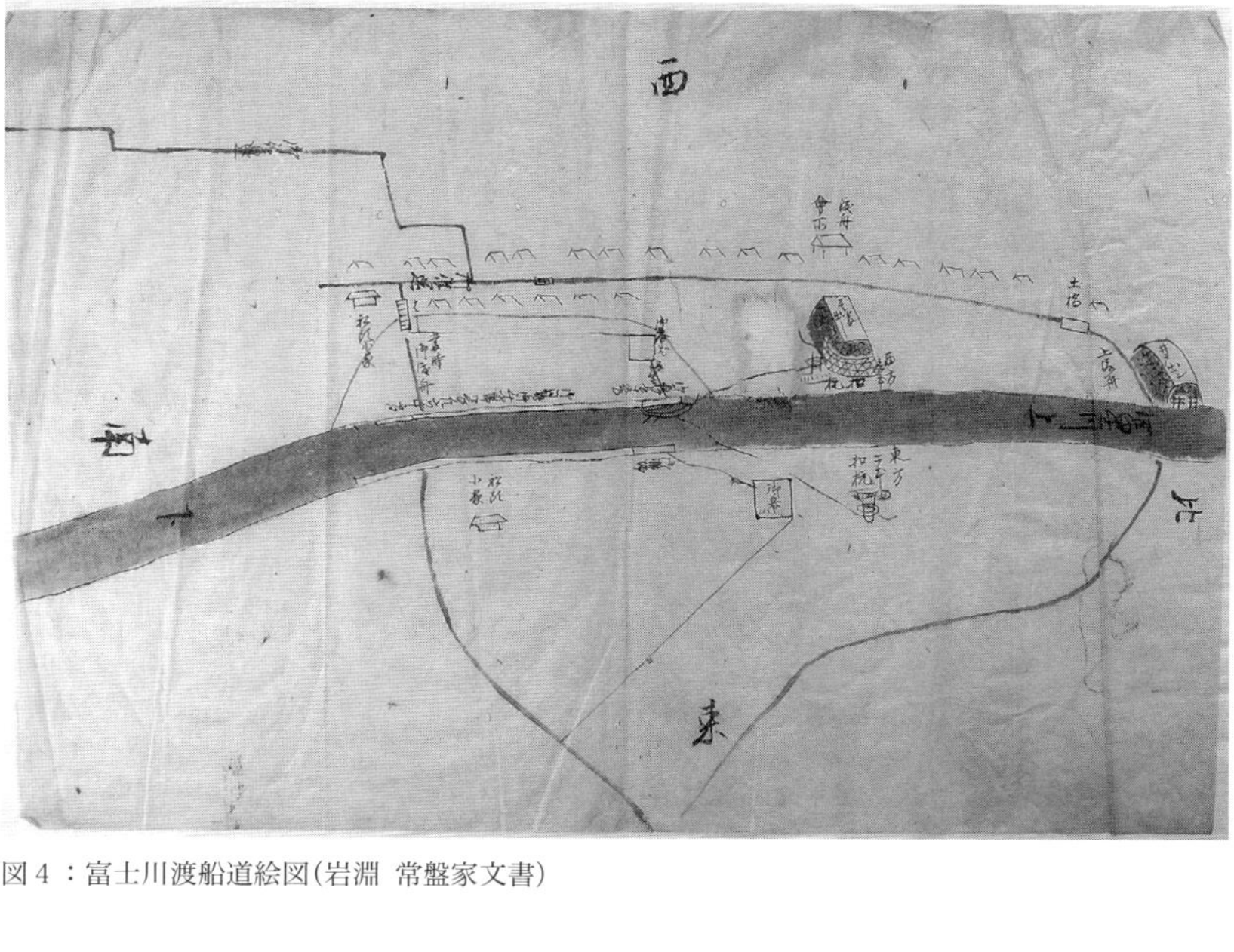

図４：富士川渡船道絵図(岩淵　常盤家文書)

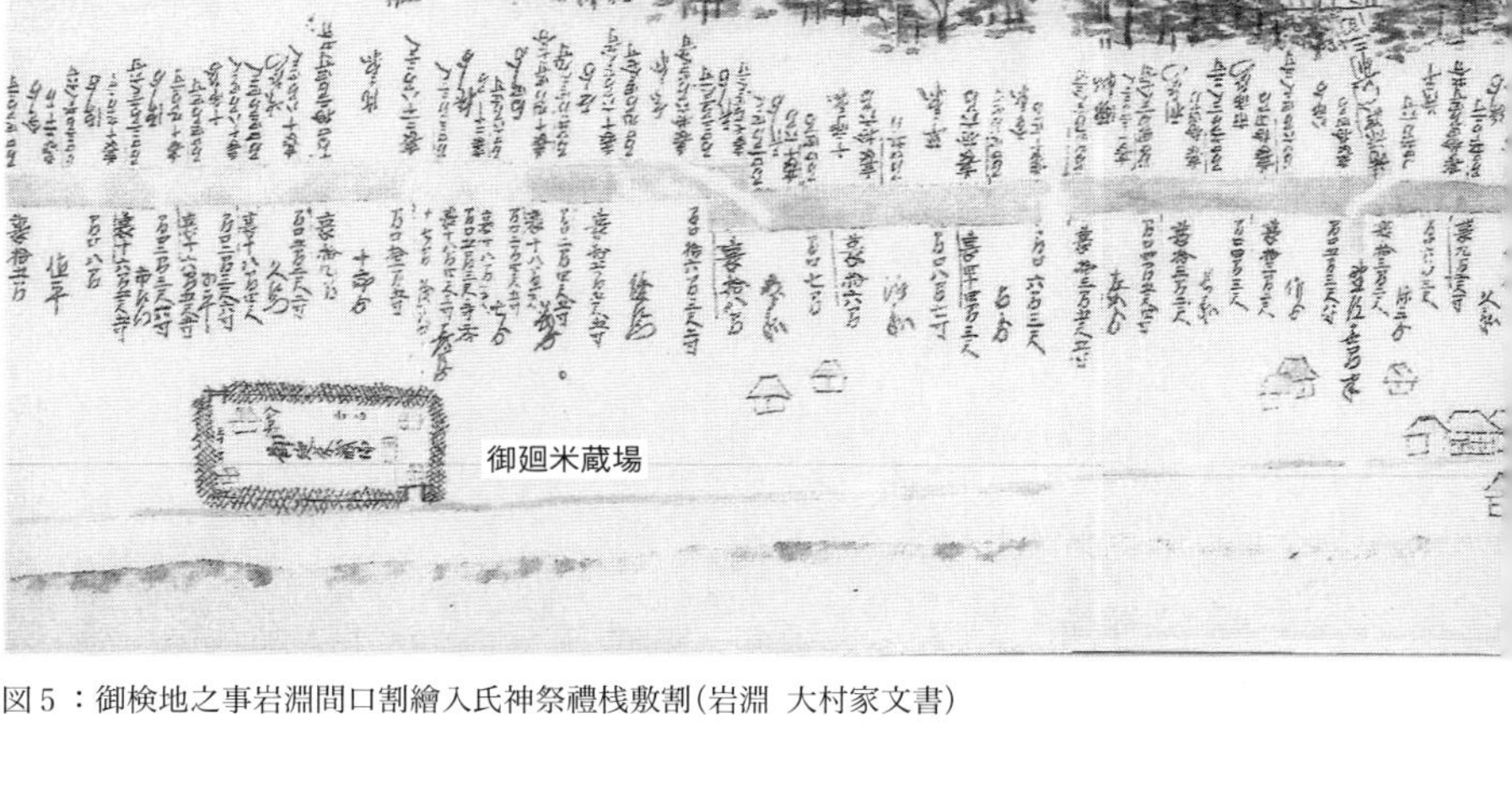

図５：御検地之事岩淵間口割繪入氏神祭禮桟敷割(岩淵　大村家文書)

[9]）中の「御米水揚場」と位置的に一致するため、同じ施設である御蔵台を示すものと考えられる。御蔵台は南北二〇間、東西三〇間の規模で会所があり、矢来で囲まれている。甲州三河岸から川下げされた年貢米は、一時「城米場」に積み置かれ、一定数の俵を積んで、貫目と升目をはかる「お改め」と呼ばれる検査が行われ、その後、御蔵台へ運送され、御米蔵へ納められた。

五　近代における舟運とその終末

塩と廻米輸送を中心としていた富士川舟運であるが、明治維新により幕府が瓦解すると、その役割と機能が大きく変化する。明治には舟運の許可も容易に得られたことから、経営も特権を独占していた甲州三河岸の問屋や岩淵河岸から、富士川運輸会社、富士川拡達会社等の民間会社に切り替わった(4)。

文献[14]でも書いたが、明治になると特に幕府の統制下にあった塩流通が自由化したことによる上り荷が増加した。このため、この時期に舟運は活況を呈した。明治二一年当時の富士川の運行船数は、富士川運輸会社三八一艘、拡達会社二二〇艘、駿河船一一五艘の計七一六艘を数えている。明治二〇年代後半～三〇年代の物資の移出入量をみると、舟運の歴史の中で最盛期を迎えている。しかし、鉄道等の陸上運送、交通網の整備による陸路での大量輸送は、舟運に大きな影響を及ぼしていった。特に明治三六年に中央線新宿―甲府間が開通したことで多数の貨物はこれを利用することになり、舟運は衰退の一途を辿り、大正九年の富士―身延間の身延鉄道の開通、昭和三年の甲府―富士間の全面開通によって、富士川舟運はその役割を終えることとなった。

おわりに

以上、富士川舟運について概観したが、最後に富士川舟運の今後の課題について触れ、結びとしたい。富士川舟運は甲州三河岸を中心とした研究、岩淵河岸を中心とした論考、廻米や塩の輸送を題材としたものはあるが、上流部、下流部を含めた包括的な研究が行われていないのが現状である。理由としては地方文書を中心とした研究が主体となっていることがあげられよう。例えば京都角倉文書や各差配代官所文書と地方文書との比較、検討等のアプローチを得て、富士川舟運の実態を解明することが課題と考えられる。

(1) 開鑿と舟運の開始時期には諸説あるが。原因は江戸時代中期にすでに地元で開鑿に関する文書が失われていたためで、当時から諸説が入り乱れていたようである。この問題については、『鰍沢町誌』に青山靖による詳細な論考（文献[3・6・7]）がある。

(2) 岩淵河岸についてはその特権が近隣の村々にも問題視され、さまざまな訴訟沙汰が起こっている。拙稿「富士川舟運と岩淵河岸について」（文献[14]）。

(3) 齊藤良一「富士川水運考」（『鰍沢町誌』一九五九年）。

(4) 実態は甲州三河岸と岩淵河岸がその設立に大きく関わっていた。また、岩淵河岸の利権が大きかったことから甲州、岩淵河近隣の村を中心として岩淵河岸を通さず、直接蒲原浜や東海道岩淵駅（現ＪＲ富士川駅）へ舟運を繋ぐ堀川運河が作られた。

〔引用参考文献〕

［1］ 三井高陽『日本交通文化史』（一九四二年）
［2］「甲斐國誌」（『甲斐叢書』甲斐叢書刊行會、一九三五年）
［3］ 青山靖「富士川水運史」（『鰍沢町史』鰍沢町、一九五九年）

〔4〕富士川町『富士川町史』（一九六九年）
〔5〕山梨県日々新聞社『山梨百百科事典』（一九九二年）
〔6〕青山靖「第三章　富士川水運」（『鰍沢町誌　上巻』一九九六年）
〔7〕青山靖「第四章　富士川舟運と河岸の機能について」（『鰍沢町誌　上巻』一九九六年）
〔8〕若林淳之「清水湊と富士川舟運」（『静岡県史　通史編三　近世一』静岡県、一九九六年）
〔9〕富士市立博物館「第三四回企画展　富士川の舟運」（一九九七年）
〔10〕西野和豊「富士川による塩の道」（『特別展　もうひとつの塩の道（富士川舟運）』フェルケール博物館、二〇〇五年）
〔11〕鈴木英文「富士川舟運と甲州三河岸」（『特別展　もうひとつの塩の道（富士川舟運）』フェルケール博物館、二〇〇五年）
〔12〕若月正巳「岩淵河岸の変遷」（『特別展　もうひとつの塩の道（富士川舟運）』フェルケール博物館、二〇〇五年）
〔13〕富士市立博物館「第四七回企画展　富士川を渡る歴史」（二〇〇九年）
〔14〕石川武男「富士川舟運と岩淵河岸について」（『平成二四年度　館報』富士市立博物館、二〇一二年）

〔付記〕　末筆ながら、本稿をまとめるにあたり、菊池邦彦先生、若月正巳氏には資料紹介等、御指導、御助言をいただいた。また、掲載資料については、大村正敏氏、常盤憲衛氏、富士川町教育委員会、山梨県南巨摩郡富士川町明神町区長の御厚意により掲載をお許しいただいた。感謝の意を表したい。

第五節　近世オランダにおける水運事業と測量

中澤　聡

はじめに

そろばんの伝来と吉田光由の『塵劫記』を源流とする和算は遺題継承というプロセスを通じて江戸時代の間にテクニカルで抽象的な知識体系へと発展した。しかしこのような「知的遊戯」だけが和算という文化を成り立たせていたわけではない。今日和算家と呼ばれる人びとは平素、職業として測量や治水といったより実用的な技術に携わっており、もう一つの側面である「実学としての数学」を常に意識していた。和算という知的営みはこのような技術的実践を背景として初めて成立しえたのであり、それを抜きにしては理解できない(1)。

日本で一七世紀初頭に成立した新しい測量術には西洋諸国からの影響が顕著に見られることが報告されており、特にオランダからは幕府主導による「技術移転」が存在した可能性が指摘されている(2)。周知のように、のちに江戸時代の日本では「阿蘭陀」流を称する測量術の諸流派が生まれた。

一方では角倉による高瀬川開削などの水運事業と『塵劫記』の出版、他方ではオランダからの測量術の伝播がほぼ同時期に起こっている。ここには何か必然的な関連性があるのだろうか？　このような問いの立て方はやや漠然としているが、比較の対象として、同時代のオランダにおける数学、測量術、そして水運事業三者の関連を検討することは考察のための手がかりを与えてくれるだろう。

本稿では、主としてオランダで発表された先行研究に依拠しつつ、一七・一八世紀のオランダ連邦共和国において水運振興や測量がどのような社会的基盤のもとに行われていたかを紹介する。

一　江戸時代に日本人が交流をもった「阿蘭陀」

　今日のオランダは北海に面する立憲制の王国である。その領域の総面積は約四一、〇〇〇㎢だが、そのうち陸地面積は約三四、〇〇〇㎢であり、残りの約七〇〇〇㎢を領海、湖沼および河川が占める。標高が平均海水面以下の土地は国土の約二五％を占めている。オランダの南西部ではライン川、マース（ムーズ）川、スヘルデ（エスコー）川という西ヨーロッパを流れる三つの大河が北海に流れ込み、広大なデルタ地帯を形成している(3)。

　このオランダが一つの国家として歴史上に姿を現すのは一六世紀末のことである。スペイン・ハプスブルク家の「圧政」に対する反乱から始まった八〇年に及ぶ戦争の結果、この地域には、近世ヨーロッパでも珍しい、「君主を戴かない」国が誕生した。それがオランダ連邦共和国（De Republiek der Verenigde Nederlanden）である。江戸時代の日本人が平戸や出島を通じて「阿蘭陀」と交流した二五〇年余りの期間の大部分は、ほぼオランダ史における「共和国」の時代に重なっている。

　「共和国」の成立は世界史的に見ても非常に大きな意味をもっていた。この時代以降、西欧諸国は経済成長と人口増加に関するいわゆるマルサスの罠を脱していくことになるのだが、その先駆けとなったオランダ連邦共和国は「史上初めて持続的な経済成長を成し遂げた国家であり、最初の近代経済であった」（J. de Vries & A. van der Woude）のであり、スペイン、イギリスやフランスなど並み居るライヴァルを抑えて「世界経済システムが誕生して最初のヘゲモニー国家になった」（I. Wallerstein）と評される。当時総人口一〇〇万人程度で、強力な中央政府も存在しなかった小共和国にこのような離れ業がなぜ可能であったのか。その疑問を解く一つの鍵となるのが、この国がヨーロッパ経済圏のハブとして機能することを可能にした、当時としては効率的な内陸水運システムであった。

ライン川はオランダに入るとワール（Waal）とネーデル・ライン（Neder-Rijn）という二つの川に分かれる。このうちネーデル・ラインからはさらにアイセル川（IJssel）が分岐し、こちらは北上してゾイデル海（Zuider Zee）に流れ込む。ネーデル・ラインはその後西に向かってレック川（Lek）と名称を変え、ユトレヒト州とホラント州南部の境界線となり、最終的にはラインデルタに流れ込む。一方ワール川は、フランスから流れてくるマース川と合流、分岐を繰り返しつつ、北海に流入していた。マース川との合流点より下流はメルウェーデ（Merwede）と称し、ドルトレヒトの方角へ流れていた（図1）。

中世盛期よりヨーロッパでは商業が復活したが、当初は航海技術が未発達であり、外海を航行するリスクを避けるため、河川を用いた内陸水運ルートが発達した。これにより北部ネーデルラント地域は北海・バルト海沿岸地域、ドイツのライン川沿岸地域、そして南のフランドル、ブラーバントを結ぶ交易路の結節点となっていった。ライン川上流地域とゾイデル海（そして北海）とを結ぶ交通路として早くから栄えたのはアイセル川沿岸で、カンペン、デーフェンテルといった諸都市がドイツ・ハンザと協力関係を結びつつ発展した。しかしライン川の本流が南のワール川に移ったことでアイセル川の流量が減少し、堆砂によって交通が妨げられるようになると、このルートを通る水運は次第に衰退していった。

これに代わって登場するのが西部のホラント州を通るルートである。ここでは自然河川による内陸水運に加え、本来干拓地の排水用に敷設された水路も交通手段として使われるようになった。この地域では人口増加にともなって九世紀ごろから泥炭地の干拓が行われていたが、干拓地の地盤沈下に際して築堤が行われ、堤防やそれに付属する水門、水路

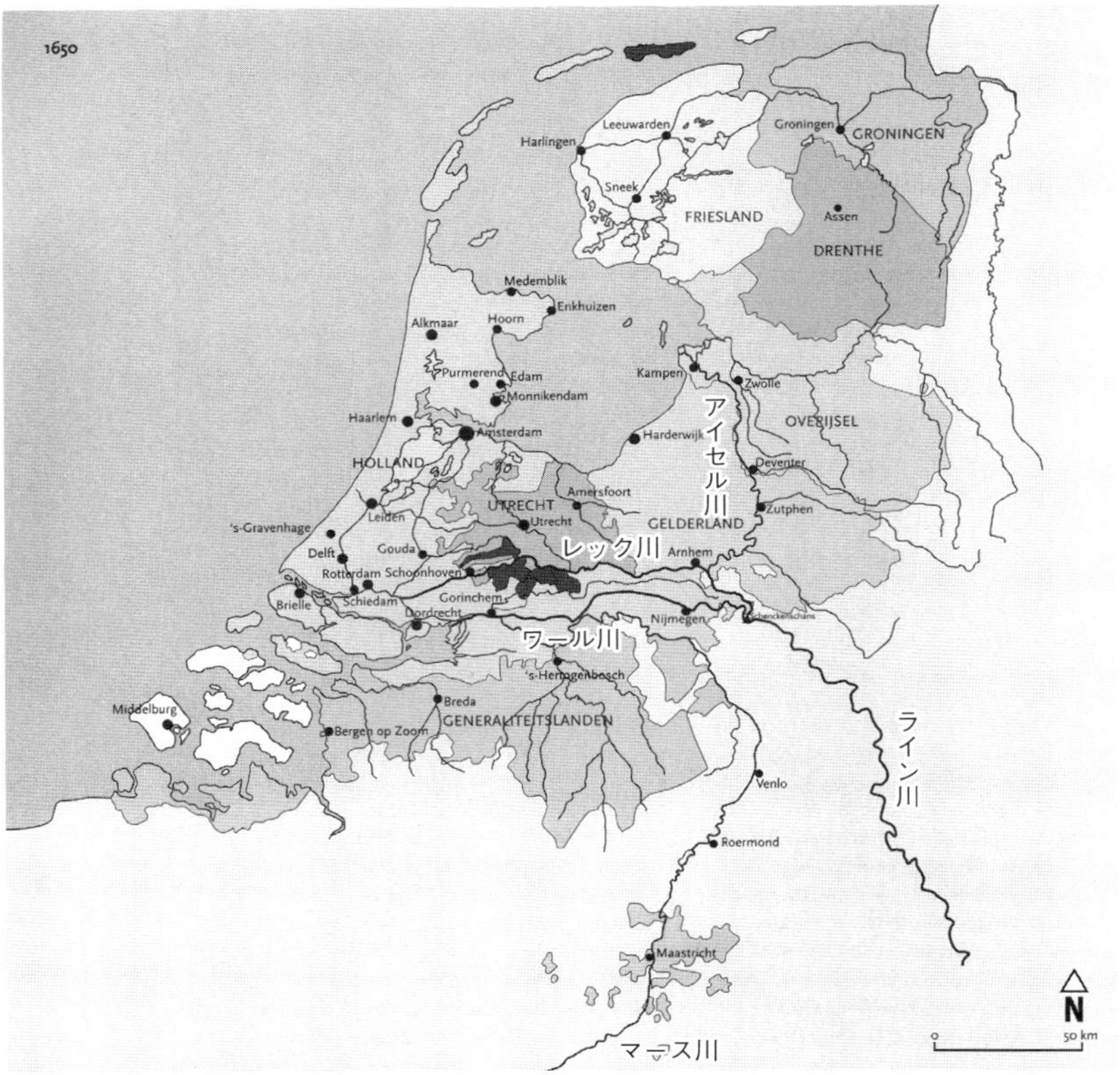

図１：オランダ連邦共和国を流れる河川（出典：注19 Ven 書）

などの維持管理を行う共同体が自然発生的に誕生したと考えられている。[4] 治水施設を管理する共同体は干拓地の排水のため新たに多くの水路を開削し管理していたが、これら排水用の水路は定められた幅と水深に保たれており、水運のための交通路としても用いられるようになった。[5] こうして一四世紀後半にはホラント州を通って、アイ川からハールレム、ハウダを経由してラインデルタにつながる水上交易ルートが成立した。[6]

一六世紀になると、一五二九年に始まったアムステルダム—ホールン間の定期運航便を皮切りに、主要都市を結ぶ定期的な水上輸送サービスが始まる。[7] 一五八〇年代以降の数十年で定期運航便は急速に拡大し、一七世紀半ばまでには水路で到達可能な都市をほとんど網羅した（図２）。[8]

しかし本来排水用に敷設された水路には堰や水門が設置されており、これらは船の通航にとっては障害となった。さらに古くからの水上ルートには中世以来の既得権が確立されており、輸送コストを押し上げる要因となっていた。[9] 地域間交易の輸送量が増大するにつれ新たな運河の開削が検討されたが、既得権を有する諸都市によってことごとく妨害された。

このような利害対立に加え、帆船による定期運航便には固有の技術的難点もあった。風や気象の条件に左右される帆船での航行は遅れや追加の経費がつきものであり、予測可能性を欠いていた。[10]

これらの問題の打開策として導入されたのが曳船航路（trekvaart）である。旅客輸送専用の水路網を新たに敷設することで利害対立を解消するとともに、馬に引かれた曳船を導入することで天候に左右されない水運が可能になった。最初の曳船航路は一六三〇年代初めにアムステルダム—ハールレム間に敷設されたものであったが、ほどなく他の主要な都市の間にも広がり、その後三〇年のうちに三〇の都市や町を結び、年間運航件数百万件以上のネットワークを生み出した。[11]

新たな曳船航路は二つの都市を最短経路で結ぶためできるだけ直線となるように計画された。幅はどこでもたいてい

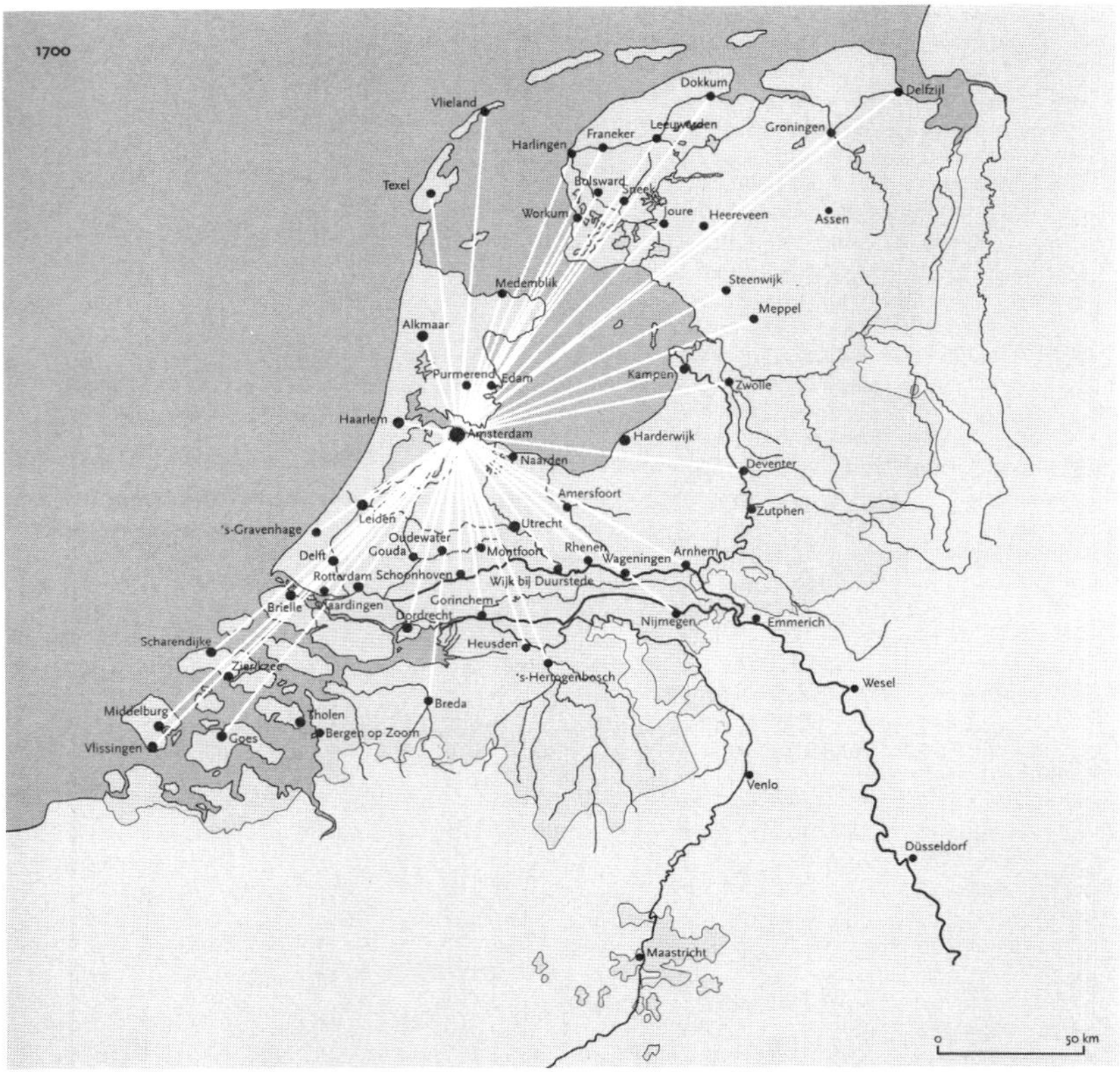

図２：1700年頃のアムステルダム発定期便(出典：注19 Ven 書)

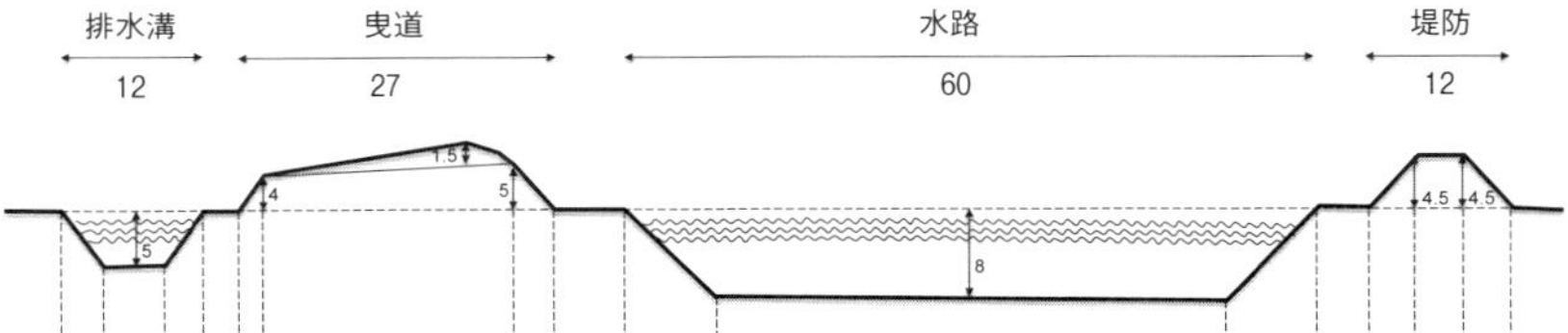

図３：ライデン–ハーレム間曳船航路断面図(注８De Vries 書をもとに筆者が作成、単位はアムステルダム尺[1尺＝28.3cm])

一五～一八ｍで、地域間で系統的な違いはなかった。曳き道の幅は六・四ｍで、曳き道を挟んで水路の反対側には排水溝が掘られていた。開削で出た土砂の一部は曳き道の反対側の堤防を作るのに利用された（図３）。曳船以外にこの水路を利用できたのは小型船舶のみで、既存の水路で利用されていたより大型の船は寸法が合わず航行できなかった。これは既存の水運ルートの利害に配慮して曳船航路では一般的に重い貨物の輸送が禁止されていたこととも関係していた。[12]

曳船は細長い艀で、乗客は舷側に沿って設けられたベンチに座った。曳船には短い可動式のマストが付いており、それに取り付けられた綱を曳き道の馬が曳いた。初期の曳船の全長は約一〇ｍ、客室の長さは四・八ｍほどであったが、のちに作られたものは大型化し、全長一二・五ｍ、客室の長さは六・八ｍになった。客室は木製の覆いがつき、窓には最初は帆布が、のちにはガラスが用いられた（図４）。[13]

曳船一艘の運航には、艀を操る船頭一人に助手一人、曳き道で馬と騎手一人の、合計三人のクルーと馬一頭必要だっ

図４：曳船の船室（Simon Fokke (1712-84) 作／Collectie Atlas Splitgerber, Stadsarchief Amsterdam）

図５：曳船の運航（Matthijs Pool (1670-?) 作／Provinciale Atlas-Prenten en Tekeningen, 部分, Noord-Hollandsarchief）

た。船ができるだけまっすぐ進むよう引き綱は長さが二〇ｍもあり、すれ違うとき綱がもつれないように、上りと下りでは引き綱をマストにつなぐ位置の高さを変える工夫も施されていた（図５）[14]。

曳船での旅行は快適であり、比較的安価であったといわれている。時速は約七㎞と速いとはいえなかったが、時刻表に従って定期的に運航されていた。たとえばアムステルダム―ハールレム間では一時間ごとに便があり、教会の鐘の音を合図に出航していた。所要時間も二時間一五分と決められ、船頭は出航と同時に砂時計を逆さにする規定になっていた。冬に水路が凍結すると、そりを走らせたり、曳船道に馬車を入れたりして対応した。路線によっては夜行便も運航されていた[15]。

当時の旅行手引きは水上交通網の繁栄ぶりを生き生きと伝えている。「航路は一部は自然によって作られ、一部は人間の労働と多くの費用と手間をかけて開削されたものである。ここでは、少なくとも曳船が航行できるだけの幅と深さのある水路を念頭においている。ネーデルラント連邦……の諸州はそのような航路や水路で貫かれており、そこでは都市でも村でもほとんどあらゆる場所へ水上で行き来できる。」「ハールレム航路は国中で最も重要である。なぜならこれは南ホラントの最も広大な部分そして、ハールレム、ライデン、ハーグ、デルフト、ロッテルダムなど、その主要な都市を通っているからである。……この水路はアムステルダムのハールレム門の外から出発し、一直線に西へ進んで……ハールレム市の……アムステルダム門で終わる。すべて開削された水路で四二九五ラインラント丈の長さである。」「ユトレヒト航路はもっともにぎわっている航路の一つでたいへん重要である。というのもアムステルダムからドイツやオーストリア領ネーデルラント諸国に向かう旅客の多くはユトレヒトを経由するからである。この水路は……ほとんどまったく自然によって作られ、わずかに一か所で約四〇〇丈の長さの掘られた航路でつながれている……」[16]。

曳船航路がもっとも発達していたホラント州での交通量はおそらく当時全ヨーロッパでも他に類を見ないものであったと思われる。アムステルダムとハールレム、ホールン、およびザーンダムとの間には、日の出から日没まで、一時間おきに便があった。デルフトとロッテルダムの間にも一時間おきに便があり、ハーグとデルフトの間には一時間に二便あった。ハールレムとライデンとの間には毎日往復一〇便、ライデンとハーグとの間には毎日往復九便があった。主要な路線における曳船航路の旅客数は一六六〇年代にピークに達し、ハールレム―アムステルダム間では年三〇万人、ハールレム―ライデン間では年一三万人、そしてライデン―デルフト間では年一七万人が利用した。[17]

しかしながら、このように極めて先進的な性格を有していた曳船航路システムも、一方では既存の利害との関係からくる制約を逃れることができなかった。上述のように、従来の河川航行の利害と対立しないよう、曳船で輸送できるのは旅客と信書に限ることが取り決められていたため、近隣諸国で道路網が整備され、馬車による旅客や郵便事業が普及すると、スピードで劣る曳船航路は次第に時代遅れとなっていった。[18] 今日、共和国時代の曳船道は、オランダを訪れる人が称賛する自転車専用道に転用され、往時の面影を残している（図6）。

一方一八世紀の初頭になると、自然河川の水流を改善するための大胆な試みも行われた。それが一七〇七年に行われたパネルデン水路開削である。上でふれたように、古代から中世にかけて時代とともにライン川は流路を変え、次第にその本流は南のワール川に移っていったが、それにともなって一方では古ライン川の河口が閉塞し、他方ではアイセル川とネーデル・ライン川の水運が水量の不足に悩まされるようになっていた。このためヘルデルラント、ユトレヒト、オーフェルアイセルの三州の利害関係者はスペイン継承戦争のさなか、ネーデル・ライン川とワール川の間のパネルデンに敷設された塹壕線を拡幅してライン川の新たな河道を開削するという大規模な土木工事を決行する（図7）。その後、同水路は次第に通水能力を増し、アイセル川とネーデル・ライン川の流量の減少に対する懸念はひとまず解消されることになった。[19]

図6：アムステルダム郊外の元曳船航路（Weespertrekvaart）（著者撮影）

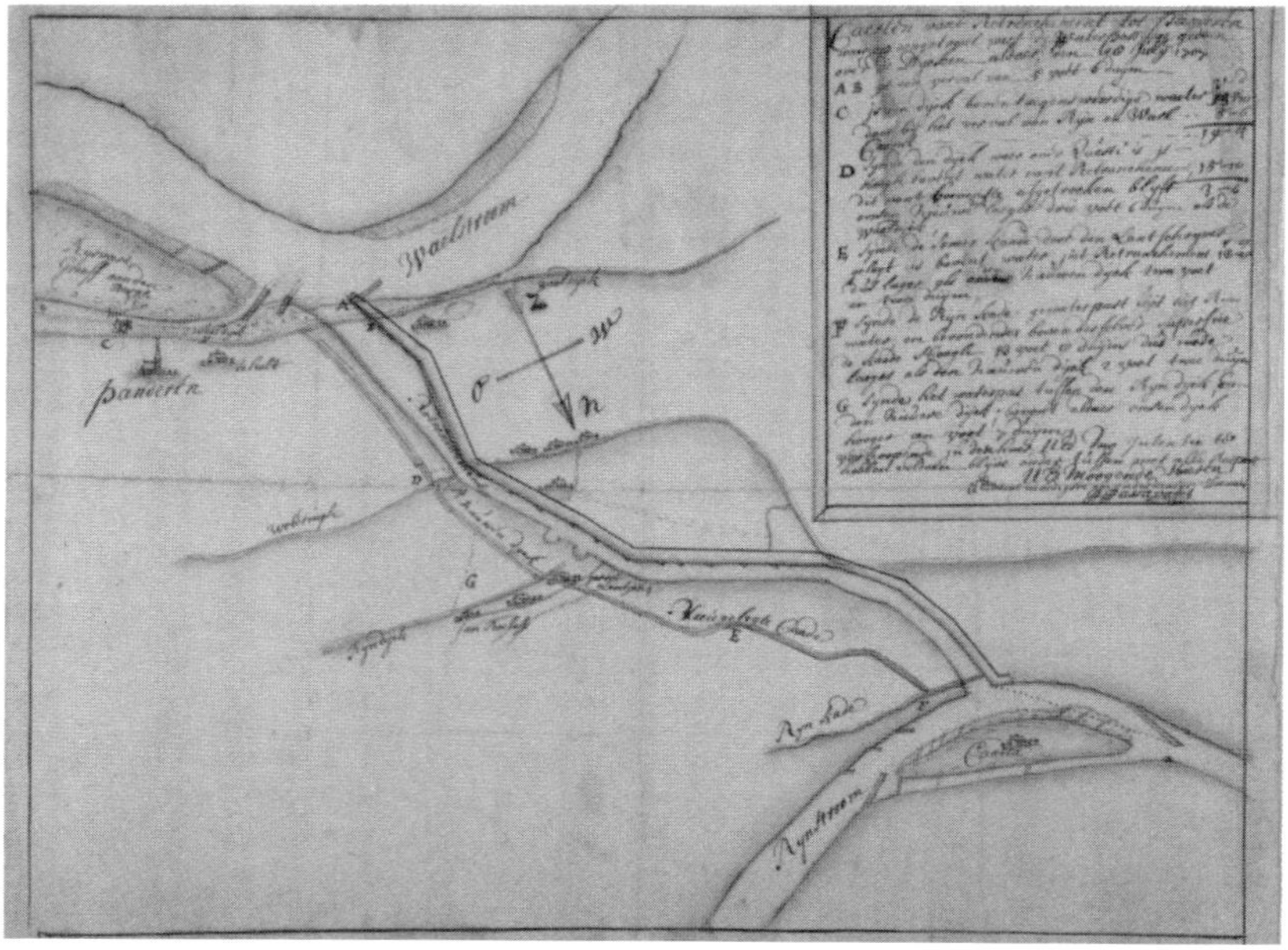

図７：パネルデン水路(所蔵：Gelders Archief, Arnhem／出典：注19 Ven 書)

三　測量と測量士認定制度

曳船航路やパネルデン水路などの水運インフラの設計と建設にあたったのはどのような人びとだったのだろうか？　この問いに答えるカギは共和国時代の認定測量士制度が与えてくれる[20]。

公職としての測量士の起源は中世にまで遡る。徴税や土地の売買を行うためには法的な効力を有する適正な測量記録を作成する必要があり、その役割を担った測量士は次第に専門職としての社会的地位を確立していった。

オランダ連邦共和国が成立する頃までには、近代的な測量士認定制度も整備されるようになる。従来の制度では測量士は各都市の行政当局や治水組織などによって認定され雇用される官吏であったが、次第に認定を与える権限はより上位の組織である法廷や州議会に移譲され、それと同時に測量士の能力を証明するための試験が行われるようになった。

測量士として認定されるため、候補者はまず各州の行政当局に教育歴や実務経験を証明する書類を添付した請願書を提出することになっていた。書類審査だけで済むこともあったが、必要な場合には大学教授や著名な数学者、現役測量士らによる試験が課された。合格者には認定が与えられ、本人による宣誓とともに有効とされた。こうして資格を得た測量士は宣誓測量士、あるいは認定測量士と称した。認定を受けていない測量士の活動は原則として禁じられていた。

認定制度が整備されるとともに、測量士の教育プロセスにも変化がみられるようになった。従来測量士の専門知識は年長の経験者から実地で教授され、彼らの間にはしばしば何世代にもわたる親族関係が存在していた。しかしながら共和国時代になると、学校教育が測量士養成課程の一部を構成するようなった。また東インド貿易に従事していた航海士も基本的には同様の課程で教育されていた。(21)

これとほぼ同時期にオランダ語で書かれた測量術の教科書も登場する。その嚆矢となったのはヤン・ピーテルスゾーン・ダウとヨハン・セムスによる『測量の実際』と『測量器具の用法について』である。これ以後も、スタンダードとなる教科書が一七・一八世紀を通じて出版され続けた。これらの教科書から認定測量士に要求された知識の内容をうかがい知ることができる。

当時の教科書で教えられた理論的知識は主として算用数字による計算法と初等的な平面幾何学であり、より実践的な知識は現場で先輩測量士から実地に教育されたと考えられる。この時代の測量士が現場で必要とした器具のもっとも基本となるものは長さを測るための測鎖(そくさ)であり、これはそれまでの間縄(けんなわ)に代わって、より高い精度を求められる測量のため、他の地域に先駆けて一六世紀半ばころから普及し始めた。これに続くのは面積の計算で必要とされる直角器(winkelkruis)、およびコンパスであった。さらに一六世紀後半からはその後主流となる平板測量が導入され、これにより測量と地図作製が同時に行えるようになった。(22)

高度(仰角)測定のためにはヤコブの杖(いわゆるクロススタッフ)が用いられた。これは長い棒に直交する横木を取り付けた器具であり、水平にした棒の一端から横木の先端を見通すことで、視線の先にある対象物の仰角を測ることができた。横木は可動式で、その位置を変えることでさまざまな角度を測ることが可能であった。これは本来天体の高度測定用の器具であったが、一五世紀頃から測量や航海術にも用いられるようになった。航海用の杖には横木の位置に対応する角度が記されていたため、分度杖（graadstok, graadboog）と呼ばれた(23)。

最後に、新たな水路の開削のような土木工事の際には水準測量が必要となった。ホラント州のような平坦な土地において排水路を設置するためには非常にわずかな高低差を正確に測ることが要求された。当初測量士たちが用いていたのは、古代から知られていたような、錘（すい）を用いた単純な水準儀であったが、一七世紀末には水管水準儀が導入された。

これらの比較的単純な知識と測量器具を用いて、共和国時代の測量士は地積測量や水路の開削など多様な活動に従事していたのである。

むすび

近世初頭の日本と同じく、同時代のオランダでは曳船航路開削などの水上交通網整備が活発になされていた。またこのような測量技術の需要を背景として、測鎖や平板測量の導入などのイノベーションも行われ、さらにそれが測量士認定制度や新たに出版されたオランダ語の教科書を通じてそれまでにない速さで普及した時代でもあった。

これと比較してみると、日本における和算の始まりやいわゆる「阿蘭陀」測量術の普及、そして高瀬川開削などのインフラ整備事業も、当時の世界経済の流れに呼応し、それと同時進行的に生じていた現象ととらえられるのではないか。欧米の学会でいわゆるグローバルヒストリー研究が盛んに行われている今日、近世の日本における和算、測量術、そして水運事業の展開は大きな視点からとらえなおすことでさまざま示唆に富む事例を提供できる可能性を秘めているように思われる。

（1）佐藤賢一「江戸時代の日本人は「科学」を知っていたのだろうか?」（中根美知代他著『科学の真理は永遠に不変なのだろうか』ベレ出版、二〇〇九年）；"SEKI Takakazu, His Mathematical Works, and His Social and Historical Contexts," *Historia Scientiarum* 18 (2009): pp.185-212. なお、和算の遺題継承については本書第五部の諸論文を参照。

（2）Kenichi Sato, "Surveying in Seventeenth-Century Japan: Technology Transfer from the Netherlands to Japan," *Historia Scientiarum* 23 (2013): pp.92-112.

（3）Ven, G. P. van de (ed.), *Man-made Low Lands: History of Water Management and Land Reclamation in the Netherlands*, 4th Edition (Utrecht: Matrijs, 2004), p.15.

（4）Arne Kaijser, "System Building from Below: Institutional Change in Dutch Water Control Systems," *Technology and Culture*, 43 (2002): pp.521-548. 築堤と干拓は一三世紀頃には系統的で大規模な事業となり、広大な地域が堤防で囲まれ、干拓され、耕地となり、集中的に殖民が行われた。この結果、特に北部ネーデルラント諸国では、人口とそれにともなう活動の重心が低地帯、そしてやはり特にホラントへと移動した。「ヨーロッパと他の世界を驚かすことになる、北部ネーデルラント諸国の到来の基礎が敷かれた」のは、まさにこの築堤と干拓の時代であった。Jonathan Israel, *The Dutch Republic : Its Rise, Greatness, and Fall, 1477-1806* (Oxford : Clarendon Press, 1995), pp.9-11.

（5）輸送用水路の敷設を促進したもう一つの要因は当時主要な燃料であった泥炭輸送のための需要であった。Jan de Vries, *The Dutch Rural Economy in the Golden Age, 1500-1700* (New Haven and London: Yale University Press, 1974), p.204. 一方高瀬川開削の直接の理由は方広寺大仏再建のためであるが、その後は嵩高い貨物、とりわけ薪炭などの燃料の需要が高瀬川水運を支えたとされる。石田孝喜『京都高瀬川：角倉了以・素庵の遺産』（思文閣出版、二〇〇五年）。この点は泥炭輸送の必要性から発展したオランダの内陸水運とも、石炭産業が輸送ネットワーク構築の原動力となった一九世紀のヨーロッパの事例とも共通しているように思われる。

（6）J. de Vries & A. van der Woude, *The First Modern Economy : Success, Failure, and Perseverance of the Dutch Economy, 1500-1815* (Cambridge ; New York : Cambridge University Press, 1997), pp.13-14［大西吉之・杉浦未樹訳『最初の近代経済』（名古屋大学出版会、二〇〇九年）、一一～一二頁］. このルートの成立によってアイ川河口に位置するアムステルダムが国際貿易港として台頭することになった。

（7）前掲注（6）書の邦訳一六六頁では「アムステルダムとハールレム」となっているが、原書および次注にあげた文献に準じて訂正した。

（8）Jan de Vries, *Barges and Capitalism: Passenger Transportation in the Dutch Economy, 1632-1839* (Utrecht: HES Publischers, 1981), pp.17-18.

（9）干拓地の排水のために発達した水路網は堰や水門、遊水池、そしてのちになると排水用の風車も組み合わせたきわめて複雑なシステムであり、これを維持する費用を賄うためにも航行する船舶からは通行料を徴収する必要があった。ホラント州内のアイ川からハールレム、ハウダを経由してラインデルタにつながるルートを通る場合は両市付近の水門で通行税を支払わなければならなかった。またさらにワール川とマース川の合流点下流に位置するドルドレヒトは、そこからワール川を遡ってドイツのライン川沿岸地域へ、あるいはデルタの水路を南下してフランドルやブラーバントへむかう船舶に対する指定市場特権を有していた。A. F. J. Niemeijer, “De moeizame integratie van een network” *Tijdschrift voor Waterstaatsgeschiedenis* 3 (1994): pp.22-36.

（10）前掲注（8）書、一九～二〇頁。

（11）Kaijser、前掲注（4）論文。

（12）前掲注（8）書、四五～四七頁。

（13）前掲注（8）書、四八頁。

（14）前掲注（8）書、五〇頁。

（15）Kaijser、前掲注（4）論文。

（16）Jan Christiaan Sepp, *Nieuwe geographische Nederlandsche reise- en zak-atlas* ... (Amsterdam, 1733), p.29.

（17）前掲注（5）書、二〇八～二〇九頁。

（18）前掲注（6）書、三四～三五、一八七頁［邦訳、三〇～三一、一七〇頁］。

（19）G. P. van de Ven, *Verdeel en beheers!: 300 jaar Pannerdens Kanaal* (Diemen: Veen Magazines B.V., 2007).

（20）測量士認定制度の記述について詳しくは中澤聡「ラインラント尺度に見る中世，近世ヨーロッパの計量標準制度」（『哲学・科学史論叢』一六、二〇一三年）を参照。

（21）アムステルダムで学校を経営していた認定測量士たちは連合東インド会社および西インド会社の船長や航海士の試験官も務めていた。

（22）H.C. Pouls, *De Landmeter : Inleiding in de geschiedenis van de Nederlandse landmeetkunde van de Romeinse tot de*

Franse tijd (Alphen aan den Rijn: Canaletto/Pepro-Holland, 1997).

(23) Pouls, 前掲注(22)書。江戸時代の日本でもこの器具が「ガラートボーコ」の名で知られていた。Sato, 前掲注(2)論文。

【第三部】

第三章　御土居藪（おどいやぶ）と角倉与一

中村武生

はじめに

中世都市発展の指標として小島道裕の先駆的研究以来論究の多い惣構（そうがまえ）（聚落を囲う市壁・環濠など）であるが[1]、それが徳川時代にはどのような存在であったか、考究された例が少ない。さまざまな近世絵図をみれば、実に多くの城下町に惣構が存在していたことが知られる[2]。当然、近世史においても惣構は論点のひとつにとりあげなければならない。

まず中世都市史研究から引き継がなければならないのが、なぜ惣構は破壊される（囲郭は開放される）のかである[3]。たとえば宮本雅明[4]は「市場交易の原理が貫徹する平和領域を、周辺の封建社会から守護する機能を果たした」が、「公権力が確立し、平和領域が城下町外にも及ぶと、総構えの意義は失われる」とのべた。が、それは事実といえるのか。それに答えるためにも近世都市の惣構の実態解明は必要である。

本稿では豊臣権力が構築した首都京都の惣構（洛中惣構、京都惣曲輪（そうぐるわ）、御土居堀、御土居）をその題材としてとりあげる。

一　問題の所在

「洛中惣構」[5]が構築されたのは、天正一九年（一五九一）初頭である。豊臣期京都防衛のための施設と評価するなどした西田直二郎[6]の先駆的成果をはじめ、治水のための鴨川堤防の役割に注目した魚澄惣五郎[7]、豊臣公儀による聚楽城を中心とした京都城下町化の外郭という足利健亮[8]の評価のほか、近年では同時期の京都西郊での位置づけ[9]、朝鮮出兵の政治過程のなかで捉えるなどの研究が行われ[10]、筆者は豊臣期の実態復元[11]などを試みたことがある。

しかし豊臣以後の論及が極端に少ない。極限すれば徳川時代以後においては等閑視されつづけ、研究対象にすらなっていない感さえある。林屋辰三郎は、聚楽城破壊後、「いたずらに残骸をさらすことになってしまった」と消極的に評価したが(12)、ほんとうにその後の京都において、軍事施設としての意識は消失していたといえるのであろうか。一八八九年（明治二二）の仮製二万分の一地形図によれば、東部・南部の一部をのぞいてほぼ全域土居の痕跡を見いだせる。約三〇〇年も長大に「残骸をさら」せるものではなかろう。徳川時代における洛中惣構の意識が奈辺にあったのか、軍事も含めての検討が必要であろう。

近衛信尹（のぶただ）の手記「古今聴観」(13)などによれば、豊臣期において洛中惣構の土居には竹が繁茂していた。徳川時代にも引き継がれ、そのため「御土居藪」（土居藪）と呼ばれ、藪地として認識された。

洛中洛外にはこのほかにも多くの藪が存在し、京都町奉行の職掌のひとつにその管理があったが、面積の上で最大のものが土居藪であった(14)。

土居藪に繁茂した竹は、徳川公儀にとって重要な資材であった。徳川中期に編纂された「京都御役所向大概覚書」三によれば、禁裏や院御所の普請、禁裏周囲の矢来（やらい）、禁裏御用水溝筋の笧（しがらみ）、天皇陵周囲の竹垣、二条城外側の矢来、同城内で使用の桶の輪替（わがえ）の竹樋、同城の煤掃（すすは）きの飾竹、葵祭に使用する矢来、稲荷社・今宮社の神事の注連竹（しめたけ）、鴨川の水除（みずよけ）の蛇籠（じゃかご）、死刑の執行、牢屋敷で使用の樋の輪替、各空地の矢来、施行（せぎょう）の際の矢来などとあるほか(15)、将軍が喫する宇治茶を江戸へ運ぶ茶壺保管所の矢来(16)などにも使用された。

西川幸治は『京都の歴史』五巻で、寛文九年（一六六九）以後、土居藪の「支配」を角倉与一が命じられたことを紹介し、その竹が都市民に適宜払い下げられ、その把握は町奉行所の財政上重要な意義があったと指摘した(17)。しかし自治体史という場であったためか、一二〇年にわたる角倉氏「支配」の全体像は未解明であった。

安国良一は、町奉行役人の職務の考察のなかで、土居藪御用（御土居藪掛）をとりあげたが、御土居藪御用そのものの考察はせず、しかもそれは角倉氏解任後の徳川後期に限定された。徳川時代全体の解明が必要であろう[18]。

近世京郊の竹利用については、洛東山科の竹仲間の訴訟を論じた藤田彰典の研究が数少ないひとつであるが[19]、御土居藪についてては検討されなかった。

本稿では、徳川時代の洛中惣構の解明を目的として、寛文九年から寛政三年（一七九一）までの一二〇年にわたった、角倉与一による「御土居藪支配」（「御土居藪奉行」）」の実態を考察する。

二　角倉氏以前

角倉与一（玄恒）が御土居藪支配（奉行）に任じられる以前、豊臣・徳川移行期といえる慶長五年（一六〇〇）から、寛文九年（一六六九）までの七〇年間、それはどのような管理体制下にあったのか、これまで明らかにされていない。まず角倉以前の状態をまとめておきたい[20]。

（1）　北野地域と公儀

関ヶ原の戦いの翌年、慶長六年（一六〇一）五月二八日夜、北野社祠官松梅院禅昌は「土手ノ竹切人足ノ事奉行より」達しがあり、「在所へ申付」け、翌日出張せよと命じられた[21]。これはおそらく北野社境内にあった惣構の土居に植えられた竹の伐採について何らかの通達があったことと思われる。同年九月一一日には、「惣土居ノ竹」を公儀が切っており、北野社境内の竹でも奉行の管理下にあったことがわかる[22]。これに関連してか、同年六月二日には奉行衆が洛中の外郭を巡察している（「京惣まハり被遊候由被仰候」[23]）。

同じく慶長六年一二月一五日、「馬ふせき（防ぎ）の木」を設置することについて、その伐採地のひとつとしてあげられた

「一条道ち下長土居西京廻」は、西京村傍に存在した一条通以南の惣構の土居であろう。が、ここには枯木がないため、北野別当曼殊院良恕（りょうじょ）親王と目代との兼帯地の木を切るよう公儀が指示をしている。(24) これについては、豊臣期の文禄四年（一五九五）四月、秀吉が洛南伏見の向島に大規模な桜植樹を行おうとした際、桜木の支柱として惣構の土居の枯竹

図：「京都惣曲輪御土居絵図」による洛中惣構

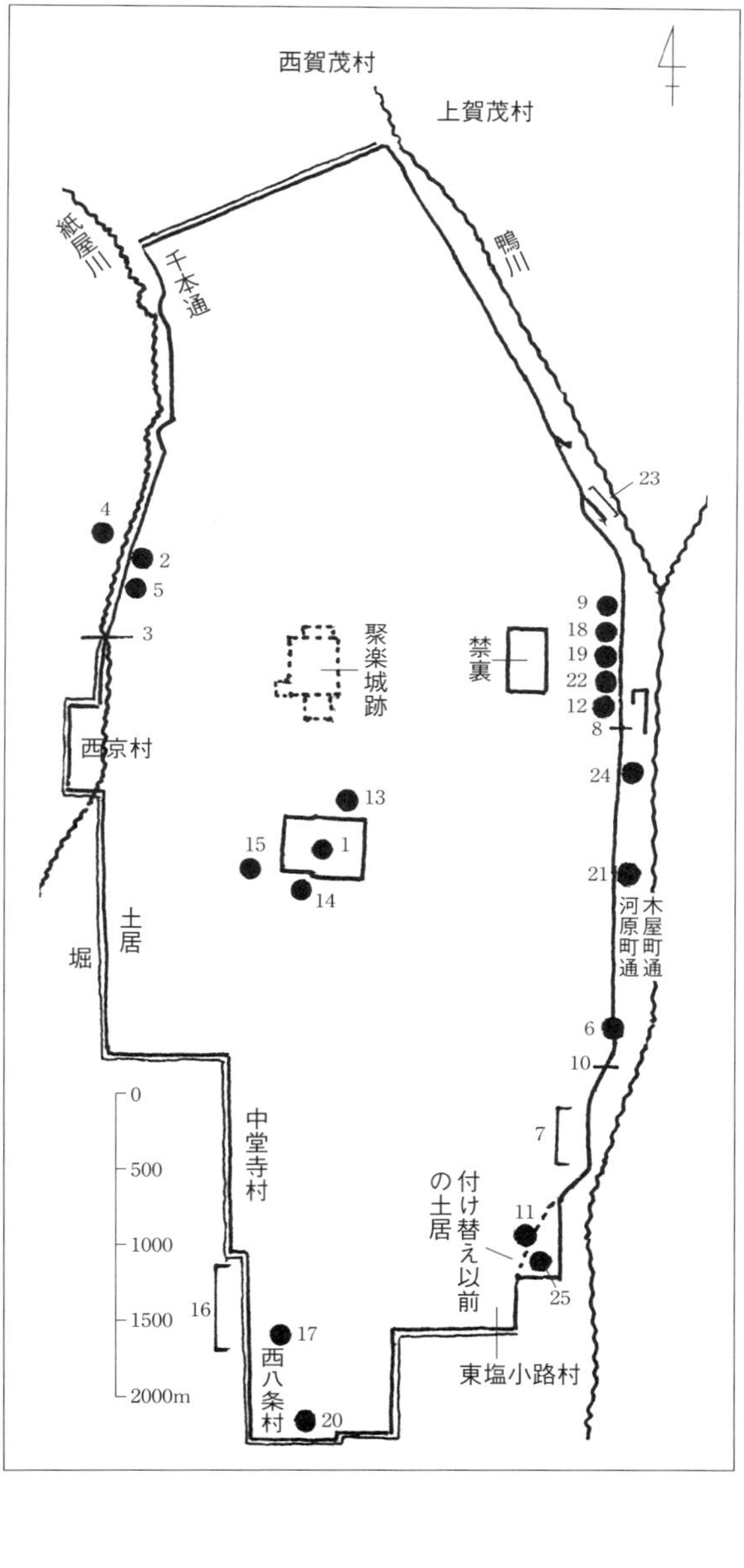

凡例：①二条城、②北野社、③一条通、④平野社、⑤観音寺、⑥四条口、⑦松原通・五条通間、⑧荒神口通、⑨真如堂、⑩五条坊門通（仏光寺通）、⑪枳殻邸、⑫百万遍知恩寺、⑬所司代上屋敷、⑭東町奉行所、⑮西町奉行所、⑯七条通・八条通間、⑰遍照心院、⑱本禅寺、⑲浄花院、⑳東寺、㉑角倉与一本邸、㉒寺町清和院上ル、㉓「源性院殿裏より十念寺裏道迄刎出土居」、㉔出水町、㉕七条舟入

注：元禄一五年（一七〇二）以前の消失部分も明示している。煩雑になるため原則出入口は省略した。

が使用されたことが想起される。この際は京都所司代前田玄以と関白秀次の祐筆駒井重勝がさかんに交渉し、約二万本の枯竹が供出された[25]。このあたり豊臣公儀体制が崩れ徳川時代に入っても惣構の扱いに変化がないように感じられる。

　これは角倉与一が「支配」を命じられる寛文九年に近くなっても基本的には変わらなかった。明暦二年（一六五六）三月二八日、平野社において勧進能を催すにあたり、同社祠官伊藤主水が北野目代に対して見物人の往来のため北野社境内西端に構築されていた土居（「天神ノ森ノ土居」）を通りたいと希望した。当該地には当時特に出入り口がつくられておらず、都市民は便宜的に土居を乗り越えて通行していたらしい。しかし北野目代は、この「土居ノ道」は先年徳川公儀から閉鎖せよと達しがあったため塞いでおり、通行困難だと応じた。

　翌四月一五日、所司代牧野親成から福持六郎左衛門と天野勘右衛門が派遣され、あらためて「天神西ノ方ノ土居ノ道」を「人ノ通り兼」るよう「道ヲキリタテ」るよう指示した。これに対して目代は、これは別当曼殊院や祠官松梅院の意向であるか、それとも所司代牧野のものかと問うた。すると福持らは牧野の家老朝野五郎右衛門から松梅院友世に通達せよと派遣された、だから曼殊院および松梅院にも申し入れると答えたため、その晩のうちに「通りにくき程ニキリタテさせ」た[26]。このように土居の往来にも徳川公儀が深く関与していた。

　万治三年（一六六〇）八月、大風のため北野社境内の森の木が多く倒れたが、南と西に接する観音寺の境界にあった木も倒れ、「観音寺預りノ土居へころひ（転び）かゝ」った。そこで目代は観音寺へ使者を送り、「土居へ人(を)あけ（上げ）」ようかと述べたところ、観音寺は「土居奉行と立合て(木を)取」りのぞくよう返事があった[27]。公儀に「土居奉行」なる職掌があり、その立ち会いがなくては土居に立ち入れないと認識されていたことがわかる。

　なお「観音寺預りノ土居」という表現にも注目したい。境内の西に接するためか惣構の土居は、公儀から観音寺に預けられていた。そしてその西門前である観音寺門前町は、明暦二年（一六五六）三月ごろ、「観音寺につか（使）ハれ申、又御公儀ノ土居ノ竹伐・垣結なとニまてつかハれ」ていた。すなわち観音寺から土居の竹伐りや、立ち入りを妨げる垣結を命じられていた。[28]

このように洛中西部の北野地域の土居は公儀の厳重な管理下にあり、土居が崩されることはもちろん、新たな出入り口がつくられることも簡単には許されなかった。しかしこれに対して東部の鴨川沿いは少し様相が異なっていた。

(2) 東部の変化

洛中東部では、天正一九年(一五九一)の惣構築造以来封鎖されていた四条口が、慶長六年(一六〇一)に開かれた。[29]これが史料に残る構築後最初の新道である。その後も開口は続く。「古今聴観」の記載を信じるなら、構築当初の出入り口は全域にわずか「十ノ口」であったが、[30]寛永元年(一六二四)以前の景観を描いたとされる「京都図屏風」をみると、すでに四〇口以上見いだせる。[31]

ついで古い景観を示す「寛永十四年洛中絵図」では、全域でさらに出入り口が増加しているうえ、東部の松原通北—五条通南間、荒神口通の南、真如堂の東隣地では土居が描かれていない。そのうち五条通南の跡地には「町屋」や「八幡宮」が、同じく荒神口通の南にも「町屋」が建てられている。[32]真如堂に接する跡地はその境内に取り込まれ、その東隣地にはあらたに「川よけ」が設置されている。その後の絵図類にもこれらの部分の土居はまったく描かれないので、おそらく寛永元年ごろから同一四年までに消失したといえる。西部北野地域に比して東部のこの大きな変化は違和感があるが、おそらくは同時期に進められていた鴨川西河原の埋め立てによる新地開発と関係があると思われる。

前述の「京都図屏風」によれば、荒神口通以南—五条坊門通(仏光寺通)以北の土居の東の鴨河原に、河原町通・木屋町通を中心とした新市街地が建設されていることが分かる。[33]おそらく慶長一九年竣工の角倉了以による高瀬川開削が契機となったものであろう。[34]これに応じて公儀は北野地域とは異なる柔軟な対応をした。

たとえば寛永一八年、東本願寺が六条河原に接して別邸枳殻邸(きこくてい)の建設を許されるが、それにともない末慶寺など五条通以南の寺町寺院や北小路村などが公儀より強制退去を命じられた。このとき惣構の土地も対象となり、土居は枳殻邸建設地に取り込まれる。しかし土居はあらためて境内東外の高瀬川ぞいに再構築された[35]。

また万治四年（一六六一）の内裏火災の際、百万遍知恩寺など被災した寺町広小路付近の寺院がこの地を離れるが、その跡地に同じく被災した東福門院徳川和子が下屋敷を建設し、当地の惣構の土居も敷地に囲い込まれた。しかしこのときも鴨川側へ張り出した新土居が屋敷地の東外に構築された[36]。これをいずれも公儀は再生した惣構の土居として認識していたことが、のちに製作された絵図の描写でわかる[37]。

当然のことながら市街地の形成により人口は増加し、住民の洛中洛外の往来は頻発化する。出入口が増えるのは、往来の不便を訴える住民の要望に公儀が抗しきれなくなったということであろう。しかし公儀は土居の改変を認めつつも、破棄はせず、その維持に努めている。当然のことながら総延長二〇余㎞にわたる長大な土居への対応は全域画一なのではなく、地域の事情により差異があるのである。

くわえて東部で無視できないのが、徳川時代に入っても続いていた鴨川洪水により、堤である土居の崩落がたびたび起きていたことである[38]。たとえば慶長一九年（一六一四）五月一九日の「五畿内大雨洪水」では「賀茂川堤切」、町屋が流されている。この「賀茂川堤」は惣構の土居であろう[39]。これら損傷の状態を公儀は把握しかねた[40]。いや把握することに消極的だったのではなかろうか。というのも、すでに土居の東に形成された新市街地の治水のため、新堤防が構築されていたはずで、そうするとすでに惣構の土居は堤防の役割を失いつつあり、土居の現状を把握し早急に修築しなければならないという必然性が失われていたと思われる。

その結果、市街地に飲み込まれ、町屋裏に潜むように存在する土居残墟[41]は放置され続けることになった[42]。とはいうものの、この土居は重要な資材である竹を有する藪地である。もし藪地としての活用を停止するならば、あらたな用途を決め適切に運用すべきで、可能ならば実態を把握したかったと思われる[43]。

そんなおりの寛文八年、板倉重矩（しげのり）が京都所司代に就任し、京都の制度整備が開始された。京都町奉行が設置されるなど微細な都市経営が可能になった段階で、惣構の土居の現状を把握し、今後より厳しい監視下に置くことが望まれた。それが角倉与一の起用となったのであろう。

三　角倉氏の土居藪奉行（支配）

（1）寛文九年の土居調査

寛文九年（一六六九）、「洛中惣曲輪土居・内藪検分下刈」および稲荷山と深草山の検分、絵図製作が公儀より命じられた。担当したのは所司代板倉重矩の与力青木半兵衛・戸田彦左衛門、東町奉行宮崎重成の与力木村瀬兵衛、西町奉行雨宮正種の与力本多新左衛門で、七月二七日から一二月二二日まで行われた(44)。このとき製作されたと思われる土居絵図の控えが二種類残されているが、いずれも切絵図（部分図）である。ひとつは同年八月一五日、北野社目代法橋友世による同社境内の土居を描いたもの(45)、もうひとつは同年九月二日、葛野（かどの）郡西八条村庄屋平兵衛による同村に立地した七条通―八条通間の土居図である(46)。惣絵図は稲荷山と深草山のみで、土居や内藪は製作されなかったのではなかろうか。

ちなみに西八条村の切絵図が「遍照心院預り之土居絵図」で、これを同村庄屋が製作したというのは、前述した観音寺門前町の事例と同一といえよう。つまり土居に接する寺社が、公儀よりそれを「預」けられ、さらに門前の町や村が諸役を義務づけられていたことを知れるのである。

くわえて両絵図ともに、土居の長短のほか、生育していた植物の記載のあることから、公儀が土居の何を重要視していたかをうかがい知れる。北野社の「御土居指図」には「土居之雑木大小合百弐本」や「是ゟ何方迄かしら竹何寸〳〵真竹・はちく（破竹）と書付」、西八条村の土居図には「土居立木之覚」とあり、榎・藪椿が八本あったことを記している。

もう一点指摘しておきたいのは、西八条村の土居図には堀が描写されていることである。若干の水が描かれ、「沼」「芝」「少畑あり」のほか、幅（九間半）の記載がある。豊臣期には「土居堀」[47]とあった洛中惣構が、徳川時代に入って「土居」や「御土居」とのみ記され、「堀」が話題に上らなくなっていることを想起したい。考古学の成果でも、徳川前期に断続的に埋まった堀が少なくとも三か所で検出されており[48]、徳川公儀が堀を軽視していることがわかる。絵図に「少畑」を描写したのは、それを庄屋が隠すべきことと認識していないことを示している。堀の農地利用は問題視されていなかったのである。

ただし「掘られてから一〇〇年ほどで完全に埋没していた」にもかかわらず、「埋没後も排水の機能は必要とされたようで、新たに溝が掘られていた」[49]というのは注目される。すなわち構築当初よりかなり浅くなっていたとはいえ、堀割はながく存在していたのである。徳川時代の洛中惣構の景観を知るうえで無視できないことである。

この調査によって、惣構の土居が当時「五里十六町五拾間壱尺」残存していると明らかにされた[50]。

（2）角倉与一の就任

調査のさなかの同年一〇月二八日までに、角倉与一玄恒が「京惣廻り土手奉行」（「京洛惣廻り土居藪之支配」）を命じられる。ただし若年のため、その代理を叔父市之丞玄順が務める。同日、その誓詞（五か条）を所司代板倉重矩と西町奉行雨宮正種に提出した[51]。誓詞には「惣土居藪地内外、其外河原面土居江附候地面等」を「入念相改」ること（二条）、「土居藪之竹木弁私用」（三条）しないことがあげられており、角倉氏の主たる任務が土居およびそれに接する土地の調査、竹木の管理であったことを示唆している。

この年以後、惣構の土居の変容は公儀に仔細に把握された。後述する元禄一五年（一七〇二）一一月製作の「京都惣曲輪御土居絵図」（以下、御土居絵図）や、角倉氏解任ののちの寛政六年（一七九四）二月製作の「御土居麁絵図」には、寛文一一年以後の土居の譲渡（売却）・拝借地がほとんど余すことなく記載されている。たとえば寛文一一年には、荒神口の南に接した南北四九間二尺の土居が長徳寺・常林寺の境内とともに公家に渡されたこと、少し南側では土居を横断する幅三間五尺五寸の新切通のつくられたことが記載されている（御土居絵図六巻）。

ところが前述した東部の松原通北―五条通南間や、枳殻邸、東福門院下屋敷などによって消失した土居部分については、時期や事情などがまったく記載されない。寛文一一年以前と以後で管理体制に画期的な変化があったことを示している。

寛文一〇年かそれに近い時期の三月四日朝五ツ、角倉市之丞玄順・与一玄恒が与力衆を同行して「千本星野市郎兵衛領ち」土居巡見を行うことを同一（市）郎兵衛・西賀茂甚兵衛・上賀茂御役者に通達した文書が残っている。それによれば土居内外の際（きわ）に田畑を所持している百姓は、庄屋や年寄を召し連れ、水帳（みずちょう）（検地帳）を提出し自身の預り所まで出向くことを指示している。(52) 土居際の田畑を所持している百姓とは、常時土居に接している者の意で、おそらく個々に土居を「預」っていたのであろう。それは万一巡見中に事故が判明した場合、早急に事情聴取を可能とするためと思われる。

事故が判明した場合は、角倉与一はその責任を厳しく当事者に問い、原状回復を求めた。たとえば延宝四年（一六七六）六月、寺町一条上ルの本禅寺は、その境内東に隣接する土居際に、南北長さ一六間の高塀を無許可で建設した。これを知った与一玄恒は、「京廻御土居之内三間は公儀地」であること、「寺町筋御土居地いまた御検地不相極」状態であるから、「御僉議之上、公儀え被仰上、早速塀壊取」るよう命じている。(53)

元禄一〇年五月七日には、本禅寺の南隣の浄花院（清浄華院）でも事件がおきた。塔頭「良樹院屋敷之間」の「土手藪」の「竹之子十六七本盗取たる跡」を「角倉藪廻り」が発見したのである（角倉が寛文以後も適宜「藪廻り」をしていることが分かる）。これに対して角倉側は「盗人詮義いたし出申候へと申帰」ったため、「当院ニて詮義いたし候へ共盗取候者聢（しか）と知レ不申」ゆえ、それを角倉側へ伝えたところ「中々承引無之」であった。そのため再度詮議したところ

「若小者長次良と申者」が容疑者に上がったので、「せつかんいたした」が「いたし不申」と窃盗を認めなかった。困り果てた浄花院側は、角倉与一に「慈悲御了簡ニて御済シ被下候様ニとさま〳〵侘申候」と泣きついたところ、「然旨一札被成候様可被申候故良樹院一札龍泉院加判」することで、ようやく決着している。(54)

とはいえ寛文九年以前と同様に、これら近隣の寺院などの希望により土居の改変や売却も適宜認めている。

元禄八年、前述の浄花院が、境内の東に接する土居から敷地外への抜け道設置を願っている。これは塔頭常行院（念仏堂）における同年三月九日から七日間の常行念仏二万日廻向法要に際して、境内が狭いうえ、同院がその東北角の奥まった位置にあり、参拝者が群集すると危険なためである。あわせて法要期間中、土居際に水茶屋の出店も願った。まず二月二六日、役者であった塔頭良樹院が、抜け道の許可を求めて角倉へ使者を送ると、「とかく御公儀次第ト返事」があった。判断は角倉ではなく、公儀（東町奉行）が行うというのである。そこで翌二七日、良樹院が東町奉行所へ出頭し、新家方（しんやがた）役人と思われる大塚藤兵衛・石崎喜右衛門・神沢与兵衛らに話しをすると、「此願ハ成間敷候而無用」と拒否された。それでも常行院講中から強く求められていると重ねて願うと、中村という役人が「土手藪ハ二条御城之構之内ナレハ」、そのような願望は大願の極みであると応じた。土居藪は二条城の防衛施設のひとつであるといわれたわけだ。この発言は注目に値する。

通常洛中惣構は、豊臣期においては城郭聚楽城を中心とした首都京都の防御施設として認識されるが、徳川時代に入ってはそのような意識がなかったと理解されてきた。この発言はそれを否定するものといえる。すなわち元禄期において、徳川公儀は未だ土居藪を京都の軍事施設の一部と理解していた可能性が指摘できよう。

そこで大塚は「雁は八百矢三文」、すなわち許可される可能性は低いが一か八か挑戦してみよと、「御前」（東町奉行松前伊豆守嘉広）への出頭を申し渡した。これを受けて、昼過ぎに良樹院は松前嘉広のもとに出向き、「浄花院境内事之外せばく、足よわき老人共参詣致候節ハ押合、痛候義有之候へハ却而御公儀様へも御苦労掛り、手前も難義仕候間幸古堂之裏平藪ニ而候此江抜道ニ被仰付候ハ、忝可存候」と改めて希望した。土居部分ではなく「平藪」部分に抜け道を希望したこと、怪我人が出れば公儀に迷惑がかかるという点が功を奏したのであろうか。松前嘉広は、「四方土居藪之義、角倉与一預り、奉行所之支配ニも難成也」と、角倉の「預り」であるから奉行所が判断できないといったん述べたものの、抜け道使用は廻向の期間中だけか、常態化したいのかと前向きに尋ねた。良樹院は廻向期間中だけであると答えた上で、先年の一万日廻向の際も許可を貰っていると述べたところ、「伊豆殿堅ク其例有哉、中々分明之御事ニ御座候、しからハ見分遣し可申候哉其見分次第」で判断すると応じた。先例があったことにより一転して現場の検視を約束した。

四日後の三月二日昼前、神沢与兵衛と越江安右衛門が「古堂之廻り藪之平地共」を検分した。翌三日、その礼に東役所に出頭した良樹院は、神沢から「角倉与市家之八木九郎右衛門」に引き合わされ、抜け道の許可を得る。その上で土居藪の保護は「大切之事ニ候へとも群集人痛候へハ及難儀」ぶので「願之通ニ角倉ゟ人足ヲ入候而藪切抜」けられるよう伝えられた。水茶屋の許可は改めて翌四日に降りる。

同月五日、「角倉与一之手代衆八木九郎右衛門・松山勘兵衛両人」が浄花院に入り、「道幅一間半」分の竹を切り払って道をつくり、竹簀と竹垣を設置した。

このやり取りから得られることは多いが、土居藪改変は、建て前の上では「角倉与一預り、奉行所之支配ニも難成」としながらも、東奉行自身が応じて決済し、そののちその指示によって角倉氏が措置していることをまずは指摘しておきたい(55)。

なおこのように土居の竹が伐採されると、適宜都市民に入札されていたことは前述した。現存最古の竹入札の触は、玄懐当主時代の元禄五年（一六九二）一〇月二日であるが、これによれば中堂寺領・東寺領・河原町裏三か所の「御土居竹・雑木・柴・笹枝等」が入札対象となり、希望者は同年一〇月四日もしくは五日、角倉宅（河原町二条下ル）へ家持請人を同行し根帳（根本台帳）を写すよう達せられた[56]。このときの竹木などの量は不明だが、別のときには二万七〇〇〇本余もの竹が対象になった（享保四年〈一七一九〉一〇月）[57]。

以後も不定期に同様の触が発せられるが、その都度角倉方は入札の際の台帳の設置場所とされる。ときには売却対象の竹も置かれたようで「竹見届」けるよう達せられている（享保四年一〇月）[58]。原則入札場所は東町奉行所であったが、ときには角倉方でも行われた（宝暦一一年一一月）[59]。町触をみるかぎり、当初角倉が関わったのは、土居藪の竹木などの入札のみであった。が、享保一五年（一七三〇）二月以後になると、御用地として収公された御土居筋の寺社・町方の畑地の地子年貢の納金先にも角倉が指定されている[60]。これはそれ以前の享保一二年一二月や同一三年一月には藪方御役所（町奉行所）が担当していたものである[61]。

享保一八年一一月、河内屋市次郎に寺町清和院上ルの土居西際への建家許可が下りたときも、年貢額などを記した同人の請書は角倉与一に提出している[62]。時期によって権限に変化があるのかもしれない。

さて前記本禅寺や浄花院は、いずれも上記の事件のあと、隣接の土居を取得する。前者の経緯は不明だが、延宝六年（一六七八）九月に実現した[63]。ただしその請書は、角倉与一（玄恒）ではなく、西町奉行所与力の小川甚左衛門、東奉行所与力の塩津又左衛門に宛てている[64]。

後者の浄花院は、「日鑑」など所蔵文書によって詳細が知れる。概説すれば、境内墓地の宮家と庶民との混在状態を問題視するも、境内狭小のため適切な処置がとれず、元禄一六年から宮家墓地を「西猪熊替屋敷北ノ明屋敷墓地之分打余地」へ移転することを希望した。しかし公儀より却下されたため、隣地の土居藪の譲渡を求めたのである。これは五年後の大火のあと、宝永五年（一七〇八）一一月二一日に実現した。「此度類焼仕候ニ付何とそ寺内広ク被為成下候ハヽ難有」という一言が加えられた。防災を理由とされると公儀も抵抗しづらかったのであろう。この場合も対応したのは角倉ではなく、奉行所の新家方である。この時期の角倉は、藪の維持を中心とした現場監督的な役割は果たすものの、土地売却など不動産処理の権限はなかったようである。[65]

いずれにせよ当所の東には、寛文一〇年以後石垣による新堤が構築されていたため、惣構（惣曲輪）土居の鴨川堤防としての役割は事実上終わっており、手続きさえ踏めば公儀は隣接する寺院や公家への譲渡に前向きであったといえる。とはいえ公有地である限り不法行為は許されず、たとえば正徳四年（一七一四）、土居への侵入、竹木伐採などを禁止する高札が立てられている。ただしこの場合も角倉ではなく、東西両奉行の名で掲示された。[66]

(3) 元禄一五年の「御土居絵図」

これら変容する土居藪の全体把握のため、惣絵図の製作が不可欠だったのであろう。おそらく初の惣絵図が前記元禄一五年の「御土居絵図」と思われる。これは消失部分も含めて総延長五里二六町余（約二二・五km）の土居堀を、縮尺二〇〇〇分の一によって描き、全七巻の折本に仕立てたものである。[67] 全巻各所に貼紙がなされ、土塁の消失や位置の付替え、切通しの開削、堀水の増減など元禄一五年以後の変化を示している。

この絵図は、次の三点から角倉与一玄懐が製作し、使用したものと考えられる。[68]

〈一〉当絵図と同時に製作されたと考えられる「内藪絵図」[69]の「源性院殿裏より十念寺裏道迄刎出土居」に、

此切通シ道ゟ南之分不残宝永五子年六月廿八日、荒神口之東吉田領幷田中領之内犬之馬場此両所非人小屋之替地幷畑地として悲田院年寄共へ渡ル。但安藤駿河守殿与力四方田重之丞、中根摂津守殿与力松井善右衛門、中井主水棟梁岡山杢右衛門、此方手代八木九郎右衛門裏書連印之絵図外ニ有之

とあり、東町奉行（安藤駿河守次行）および西町奉行（中根摂津守正包）の与力、大工頭中井主水の棟梁とともに

絵図に裏書連印した「此方手代八木九郎右衛門」という表記に注意したい。当然のことながら「此方」とは御土居絵図製作主体であろう。先述した元禄八年三月五日、浄花院の抜け道開通に立ち合った角倉手代の一人が八木九郎右衛門であったことを想起したい。これについて、「御土居絵図」六巻の河原町通荒神口下ル（出水町の西隣地）の描写部分にある以下の貼紙が注目される。

八年以前丑年、東園大納言(基量)殿江相渡り候屋舗地御返上ニ付、今度右地面弐ツニ割、西ノ方上北面赤塚土佐守(正逸)、東御土居際之屋敷地同松尾出雲守(相匡)へ拝借被仰付候、右屋敷割余之地所北ニ而御土居垣縁ゟ西へ幅弐間五尺、南者垣へ取付筋違ニ長弐拾間弐尺、如此図致縄引此分御土居垣内へ仕込候、是ニ付与一方へ請取之右縄引之通垣申付則絵図出来、立会之面々水谷信濃守与力棚橋八郎右衛門、同心森内仲左衛門、安藤駿河守与力西尾甚右衛門、同心中川伴右衛門、中井主水棟梁石井伊右衛門、角倉与一手代松山勘兵衛

元禄十七申年三月十日

ここに東西奉行の与力や中井主水棟梁とともに、角倉与一手代松山勘兵衛が立会人として記されていることに注目したい。松山は同じく浄花院の抜け道開通に八木九郎右衛門と立ち会った手代であった。

〈二〉本絵図に貼られた最も新しい年次は、元禄一五年から八〇年後の天明元年（一七八一）で（一巻、中堂寺道付近）、少なくともこの時期までの継続使用が確認できる。天明元年は角倉解任の寛政三年以前で、本絵図を角倉与一が土居支配の一環で使用したものとしても矛盾はない。

〈三〉土居が唯一高瀬川と接する部分（「御土居絵図」七巻）、とりわけ七条舟入（内浜）部分の表記が他に比して詳細である。「御土居絵図」は全体を通じて土居に接する堀幅を一切記さないにもかかわらず、当該部分は「七条舟入

筋」の幅や土居の内溝幅まで記す。製作者が高瀬川やその舟入に大きな関心を持っていることを示している。以上の点から本絵図は角倉与一が製作したものと判断されるのである。そうすると気づかされることがある。当絵図は土居の幅や長短は記すものの、高さについては一切記さない。角倉与一にとって土居は藪地として把握すべきものであり、その面積さえ知ればよく、高さは不必要な情報であった。ゆえに記さなかったと判断できる。(70)

なお「御土居絵図」と表題しながら、寛文九年の西九条村の切絵図と同じく、接する堀も描写していることも見落とせない。ただし同じく堀地に「田畑」などと記載がある場所があり（一巻など）、堀の存在はつよく意識しつつも、堀底に営まれた田畑を容認しているのである。堀は竹木と無関係であることが理由であろう。(71)

(4) 角倉与一の解任

寛政三年（一七九一）四月二三日、角倉与一玄寿は「京都惣曲輪御土居藪奉行」を免じられる。(72) 町触をみるかぎり、前年寛政二年五月の土居藪および内藪の笋皮の入札は、角倉方で行われている。(73) しかし同年一二月では、同じく土居藪の「はい木・枝葉」などの希望者の出願地と入札場所は、いずれも東奉行所とされている。(74) この間に何かあったのであろうか。

解任の翌月、気になる触が出されている。これまで土居藪に関する禁令がたびたび達せられているにもかかわらず、いまだ不徹底であることをとがめたもので、以後は東町奉行所に「懸り被仰付」たので、組与力・同心らが「御藪筋見廻らせ、烏乱成もの及見候ハヽ召捕」と宣言した。そこに「御藪下預り村々町々寺社役人等内にも、心得違」いの者がいるとある。(75) このなかに角倉氏が含まれていたと考えるべきなのだろう。その具体は分からない。

むすび

本稿は、寛文九年（一六六九）から寛政三年（一七九一）までの歴代の角倉与一（玄恒・玄懐・玄篤・玄義・玄寿）による「御土居藪奉行」（「土居藪之支配」などとも）の実態解明を試みたものである。紙数の都合もあり、網羅的な検討ができなかった。今後の課題としたい。さらに角倉解任後、東町奉行主導体制になってからの土居藪管理についても、明らかにされなければならない。

最後に徳川時代の惣構全体の研究課題について少しふれておく。たとえば(1)都市発達史（まちの拡大）と不可分となるのが、変容（解体）過程の解明である。どの部分からどのような事情で消失するのか、無視してよいことではない。(2)惣構の土居・堀が町内（村内）に構築されると地域景観は一変するうえ、公儀の施設であるため生活形態もその存在に左右される。地域において惣構はどのような存在だったのであろうか。そこに存在していたであろう被差別民との関係の解明も必要となる。(3)治水施設（堤防）としての意識はどう維持されたのか。洪水などによって崩落した際は、どのように修築されたのであろうか。このあたりは美濃の輪中地帯のそれとの比較が求められる。(4)軍事施設としてどの程度意識されていたのか。通例は、「はじめに」でもふれたように、太平の世に不要となり、徐々に解体されてゆくと理解されている。しかし本稿でも指摘したように、元禄期において洛中惣構は「二条御城之構之内」だと東町奉行所の役人に認識されていた。これは京都のみのこととは思えない。たとえば城下町は武家の府であるのに、有事が想定されていなかったのであろうか。幕末動乱や戊辰戦争で市街戦を経験した都市は、惣構をどう活用したのか、あるいは破棄したのか。

以上、課題は山積しており、今後も徳川時代惣構研究を継続する所存である。

（1）小島道裕「戦国城下町の構造」（『日本史研究』二五七、一九八四年）。
（2）小和田哲男「城下町囲郭論序説」（『歴史地理学紀要』九、一九六七年）。矢守一彦『都市プランの研究』（大明堂、一九七〇年）二四七～二八五頁。
（3）玉井哲雄「集大成としての〈江戸〉——都市計画の日本史——」（『週刊朝日百科日本の歴史』七二、近世一—六、江戸の都市計画、一九八七年）七—一九〇頁。
（4）宮本雅明編『朝日百科日本の国宝別冊』（国宝と歴史の旅五、城と城下町）（二〇〇〇年）一八・五〇頁。
（5）天正一九年四月二五日付瀧川忠征宛浅野長吉書翰（佐藤進一・三鬼清一郎「名古屋大学文学部所蔵瀧川文書」『名古屋大学文学部研究論集』六八、一九七六年）一二頁。
（6）西田直二郎「御土居」（『京都府史蹟勝地調査会報告』第二、一九二〇年）七頁。
（7）魚澄惣五郎『京都史話』（復刻版、西田書店、一九八一年。初出は一九三六年）二三六～二三七頁。
（8）足利健亮『中近世都市の歴史地理』（地人書房、一九八四年）一六二頁。
（9）拙稿「豊臣期京都惣構の復元的考察——「土居堀」・虎口・都市民——」（『日本史研究』四二〇、一九九七年）。同「豊臣政権の京都都市改造」（日本史研究会編『豊臣秀吉と京都』文理閣、二〇〇一年）。
（10）三枝暁子「秀吉の京都改造と北野社」（『立命館文学』六〇五、二〇〇八年）。同「豊臣秀吉の京都改造と『西京』」（吉田伸之・伊藤毅編『伝統都市』①イデア、東京大学出版会、二〇一〇年）。
（11）福島克彦「京の町屋域を囲い込む外郭線——京都を巡る『惣構』御土居——」（『信長・秀吉・家康の城』別冊歴史読本、新人物往来社、二〇〇七年）。藤井讓治『天下人の時代』（日本近世の歴史1、吉川弘文館、二〇一一年）一〇四～一〇五頁。
（12）林屋辰三郎『京都』（岩波書店、一九六二年）一八七頁。
（13）近衛通隆・名和修・橋本政宣校訂『三藐院記』（続群書類従完成会、一九七五年）一四九頁。
（14）明治二年（一八六九）一一月には「八万有余坪」に及んだという（『京都府史』三、第一編政治部第二〈拓地類、開墾事要〉。京都府立総合資料館蔵）。
（15）「御土居藪竹渡り方之事」（岩生成一監修『京都御役所向大概覚書』上巻、清文堂、一九七三年、三九一～三九二頁）。
（16）若原英弌・吉村亨「茶師仲ケ間と茶壺道中」（林屋辰三郎・藤岡謙二郎編『宇治市史』三巻、宇治市、一九七六年）一八〇～一八一頁。
（17）西川幸治「町の変貌」（『京都の歴史』五、京都市史編纂所、一九七二年）一六三～一六四頁。
（18）安国良一「町奉行所の役人」（京都町触研究会編『京都町触の研究』岩波書店、一九九六年）一八〇頁。

(19) 藤田彰典『京都の株仲間――その実証的研究――』（同朋舎出版、一九八七年）一五二〜一七五頁。ただし藤田の関心のなかに御土居藪は含まれている（同書、一七三頁）。
(20) その概略については、拙著『御土居堀ものがたり』（京都新聞出版センター、二〇一五年）で紹介したことがある（六九〜七四頁）。
(21) 竹内秀雄校訂『北野社家日記』第六（続群書類従完成会、一九七三年）六〇頁。
(22) 前掲注(21)『北野社家日記』第六、七四頁。
(23) 前掲注(21)『北野社家日記』第六、六〇頁。
(24) 前掲注(21)『北野社家日記』第六、八五頁。
(25) 藤田恒春校訂『駒井日記』（文献出版、一九九二年）一九二〜二〇三頁。瀬田勝哉「秀吉が果たせなかった花見――伏見向島の植樹とその後――」（高橋康夫編『中世のなかの「京都」』〈中世都市研究一二〉、新人物往来社、二〇〇六年）一二二頁。
(26)「目代諸事留書」（北野天満宮史料刊行会編『北野天満宮史料』目代記録、北野天満宮、一九八四年、二六五〜二六六頁）。
(27)「目代諸事留書」（前掲注26『北野天満宮史料』目代記録、二八九頁）。
(28)「目代諸事留書」（前掲注26『北野天満宮史料』目代記録、二六一頁）。
(29)「祇園社記」二三（八坂神社社務所編『八坂神社記録』上、八坂神社社務所、一九二三年、八六八〜八六九頁）。
(30) 前掲注(13)『三藐院記』、一四九頁。
(31) 髙橋康夫・吉田伸之・宮本雅明・伊藤毅編『図集日本都市史』（東京大学出版会、一九九三年）一三四〜一三七頁。
(32) 大塚隆編『慶長昭和京都地図集成』（柏書房、一九九四年）一七・一九頁。
(33) 前掲注(31)『図集日本都市史』、一三五〜一三六頁。
(34) 朝尾直弘「『洛中洛外町続』の成立」（京都町触研究会編『京都町触の研究』岩波書店、一九九六年）二三頁。
(35) 前掲注(9)拙稿「豊臣政権の京都都市改造」、九五〜九六頁。
(36) 石田孝喜「京洛・お土居と賀茂川・高瀬川」（『月刊古地図研究』三一〇、二〇〇二年）四頁。
(37) 元禄一五年（一七〇二）一一月製作の「京都惣曲輪御土居絵図」六・七、寛政六年二月（一七九四）製作の「御土居麁絵図」（ともに京都大学総合博物館蔵）。前掲注(20)拙著、二五三・二六一・二六三頁）、および拙稿「豊臣秀吉がつくった御土居堀」（鈴木康久・大滝裕一・平野圭祐編著『もっと知りたい！水の都京都』人文書院、二〇〇三年、九七頁）に現地比定図や麁絵図の写真を掲載した。
(38) 前掲注(15)『京都御役所向大概覚書』上巻、二四六頁。

(39)「駿府記」(国書刊行会編『史籍雑纂』第二、続群書類従完成会、一九七四年)二五八頁。
(40)前掲注(15)『京都御役所向大概覚書』上巻、二四六頁。
(41)「扁額規範」三は「此辺後世に至て所々町家となりて封堤ハ人家の裏に残れり。或老人の話云、御旅丁通河原町の西に土居の石垣東西にありしが今ハ其地にも家連して見へずと云へり」(新修京都叢書刊行会編著『新修京都叢書』八、臨川書店、一九九四年、四九〇~四九一頁)と記す。
(42)「京都御役所向大概覚書」は「寺町・川原町裏は前々ニ切狭メ置候所有之、委細難記」と記す(前掲注15『京都御役所向大概覚書』上巻、二四六頁)。
(43)高橋康夫「御土居による京都改造」(『二条城』歴史群像シリーズ11、学習研究社、一九九六年)三四頁。
(44)「京都町奉行所書札覚書」(京都町触研究会編『京都町触集成』別巻一、岩波書店、一九八八年、三六~三八頁)。
(45)「御土居指図」(北野天満宮史料刊行会編『北野天満宮史料』古文書、北野天満宮、一九七八年、二九一頁)。
(46)「西八条遍照心院預り之土居絵図」(大塚隆氏所蔵文書。京都市歴史資料館架蔵写真)。端裏書に「土居御改之時如此致絵図、御公儀へ上ヶ候留」とある。このトレース図は前掲注(20)拙著、一七九頁を参照されたい。
(47)「豊臣秀吉朱印知行目録」(前掲注26『北野天満宮史料』古文書、一五七頁)。
(48)丸川義広「御土居の発掘調査」(前掲注9『豊臣秀吉と京都』)一一三~一一九頁。
(49)前掲注(48)丸川論文、一一七頁。
(50)鎌田道隆校注「京都覚書」(原田伴彦編『日本都市生活史料集成』一〈三都篇〉、学習研究社、一九七七年)二三五頁。
(51)前掲注(44)「京都町奉行所書札覚書」(『京都町触集成』別巻一、二六~二七頁)。
(52)「燈心文書」(林屋辰三郎『角倉素庵』朝日新聞社、一九七八年、二一六頁)。
(53)「本禅寺文書」(京都市『史料京都の歴史』七〈上京区〉、平凡社、一九八〇年、一四八~一四九頁)。
(54)清浄華院蔵「日鑑」一(清浄華院史料編纂室研究員松田健志氏の高配・教示を得た)。
(55)清浄華院蔵「日鑑」一。翻読は中村武生歴史地理研究室くずし字研究会の作業による。
(56)前掲注(44)『京都町触集成』一巻、八頁。
(57)前掲注(44)『京都町触集成』一巻、三一三頁。
(58)前掲注(44)『京都町触集成』一巻、三一三頁。
(59)前掲注(44)『京都町触集成』四巻、一六〇頁。
(60)前掲注(44)『京都町触集成』二巻、一〇四・一九七・二七七頁。

(61) 前掲注(44)『京都町触集成』四巻、一六〇頁。
(62) 「中御霊裏町文書」(前掲注53『史料京都の歴史』七、一五二頁)。
(63) 前掲注(53)「本禅寺文書」(『史料京都の歴史』七、一四九頁)。
(64) 両者が東西奉行所の与力であることは、「京都御役所向大概覚書」五(前掲注15『京都御役所向大概覚書』下巻、五頁)によって分かる。
(65) 清浄華院蔵「日鑑」二、宝永五年五月二七日条など。
(66) 前掲注(15)『京都御役所向大概覚書』上巻、五三二〜五三三頁。
(67) 拙稿「京都惣曲輪御土居絵図の基礎的考察——近世京都における御土居の存在意義をめぐって——」(桑原公徳編『歴史地理学と地籍図』ナカニシヤ出版、一九九九年)二八五頁。
(68) 西田直二郎は「或ハ角倉氏ノ伝領シタルモノナルベシト思ハル」と指摘しているが、その根拠は示さなかった(前掲注6「御土居」、二六頁)。
(69) 前掲注(67)拙稿、二八六頁。
(70) 「御土居絵図」の製作者を角倉与一とする見解は、二〇〇九年一〇月二四日、京都大学総合博物館主催「御土居プロジェクトスペシャルレクチャー(シニアレクチャー)『京の御土居』」における、高井多佳子の講演「御土居絵図を読む」に多くを学んだ。
(71) 堀を描写するのは、地域によって土居と同じく至近の農民などの年貢地になるからかもしれない(時代は下るが、たとえば葛野郡東塩小路村庄屋若山要助日記の嘉永四年一二月三日条に「御土居拝借地幷堀地御年貢取集候」、同じく安政三年一一月二九日条に「今日ハ例年の通御土居幷堀地御年貢取集」とある(伊東宗裕編『若山要助日記』上、京都市歴史資料館、一九九七年、六三・三一四頁)。
(72) 寛政一一年一〇月、角倉与一玄匡による「系譜」、吉田周平氏蔵。石田孝喜氏の高配を得た。
(73) 前掲注(44)『京都町触集成』七巻、九三頁。
(74) 前掲注(44)『京都町触集成』七巻、一二五頁。
(75) 前掲注(44)『京都町触集成』七巻、一四四〜一四五頁。

【第 四 部】

海外貿易と船の技術

清水寺の角倉船絵馬と角倉氏寄進の石灯籠についての考察から始まる。朱印船貿易は寛永一三年、幕府の朱印船渡航禁止指令をもって幕を閉じる。坂井は、近世初頭の不安定な朱印船貿易制度と対外関係の中で、ともかく渡航を果たした喜びと謝意が込められていると推察する。佐久間の論文では『徳川実紀』を中心に朱印船貿易の歴世的変遷を追う。葉山は、了以と素庵のひととなりを歴史的背景から考察しつつ、のこされた碑や文書を読み解く。朱印船にまつわる事件や、『舟中規約』にも触れつつ、嵯峨の地からヴェトナムへと父子の足跡をたどる、エッセイ風の論考である。最後に金子の論文では南シナ海、東南アジアの造船事情の考察により、角倉船の技術的背景を推測する。

（森）

【第四部】

第一章　清水寺の角倉船絵馬

坂井輝久

はじめに

清水寺が蔵している絵馬「渡海船額角倉船」（以下、角倉船絵馬と呼ぶ）は絵馬「渡海船額末吉船」三面（以下、末吉船絵馬と呼ぶ）とともに近世初期の朱印船貿易史にかかわる史料として、あるいは日本絵画史の近世風俗画の史料として国指定重要文化財にも指定され、つとに広く知られている。これらの渡海船絵馬についての紹介は近世に始まり、近代に入って種々の研究書に写真をともなって言及されてきた。しかしながら、渡海船絵馬がどうして清水寺に蔵されるにいたったかについてはほとんど記述がないように思われる。さらに清水寺が蔵する朱印船貿易史にかかわる角倉氏寄進の石灯籠について言及する研究書は皆無といってもよい。そこで角倉船絵馬を中心に、絵馬や石灯籠が清水寺に奉納されるにいたった経過を追いながら、角倉氏と清水寺のかかわり、さらには角倉氏と寺院との関係を明らかにしてみたい。

一　角倉船絵馬の研究小史

角倉船絵馬は縦二六七cm、横三六〇cmの板地濃彩画の大作で、画面に角倉氏が派遣した朱印船を大きく描いている（図1）。船の甲板には無事に帰朝したことを喜んで日本人、アジア人、欧州人が宴を催すさまを写し、船の背後の余白を金箔地で埋める豪華な絵馬となっている。銘記に「奉掛御宝前」「東京」「角倉船本客中」「寛永拾一年九月吉日」「宿坊義観坊」（図2）とあり、安南国の首都東京と交易した角倉朱印船に乗り組んだ角倉氏や客商が寛永一一年（一六三四）に清水寺本堂に奉納した絵馬とわかる。

図１：角倉船絵馬（清水寺蔵）

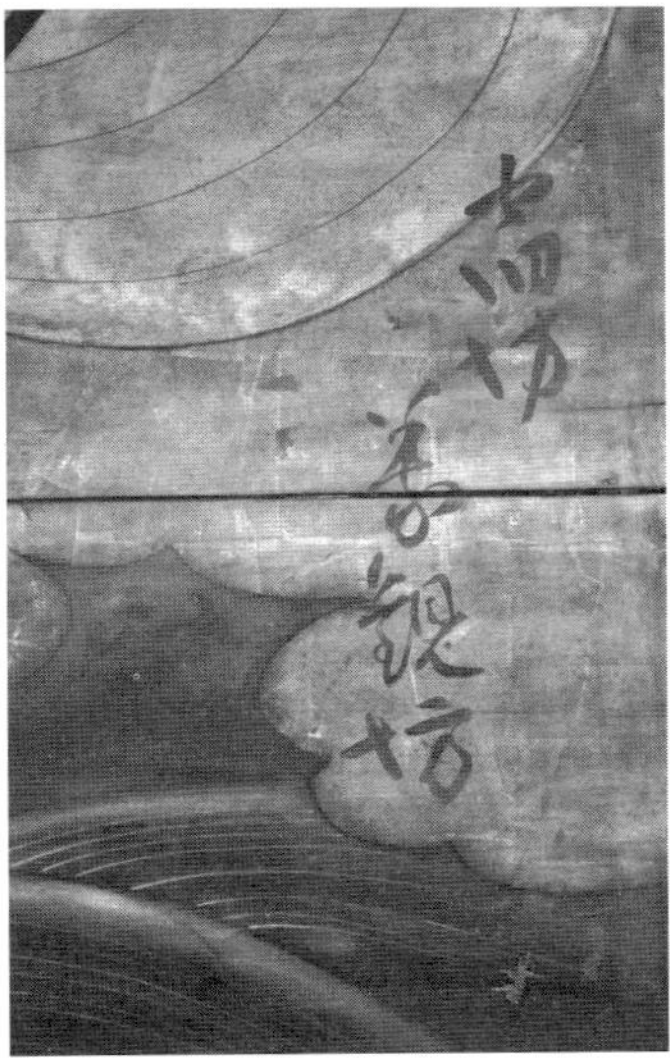
図２：同上拡大

奉納の直後から京都で評判の絵馬であったと思われるが、具体的な紹介は末吉船絵馬が先んずることとなる。京都の著名な古絵馬二二面を縮図に写して集録した文政二年（一八一九）刊の『扁額軌範』[1]に末吉船絵馬が収められたのである。末吉船の渡海船絵馬の考証は同四年刊の同書二編付録に記載され、朱印船貿易についての考察は欠けているが、西川如見が著した地誌『長崎夜話草』[2]に記す角倉船などの日本から派船された朱印船九艘を列記し、それらが寛永の外国渡海禁止によって停止されたことを述べる。それに続けて角倉船絵馬も含めて渡海船絵馬の紹介がなされる。すなわ

ち、

> 清水寺本堂に掲る処、角倉船の図、末吉船の図、又奥院にも末吉船の図の絵馬あり（割注略）。
> 本堂の外陣北面に掲る船の絵馬、寛永十一年東京船、角倉船持中とあり、此絵馬に画く処、其頃の風姿を見べきもの多かり。　（ルビ原文ママ）

と角倉船絵馬が近世風俗画として貴重であることを説く。これ以後、清水寺の渡海船絵馬は海外貿易史と風俗画史の二つの点から注目され続けることになる。

明治二六年（一八九三）刊の渡辺修二郎『世界ニ於ケル日本人』(3)は日本の南方進出を説く啓蒙書ではあるが、「朱印船ノ記」として長崎の清水寺に奉納された末次船絵馬が朱印船の実態を示す扁額であることを指摘するのに併せて、「（京都の）清水ノ観音堂ニ角倉氏ノ船図アリ。其船中ニアリシ人ノ奉納セシ所ナリ。（割注略）角倉氏ハ当時九艘ノ大船ヲ総テ監司セシト云フ。此図ノ模様ハ長崎ノ図ト大同小異ナリ」と記述する。

明治四〇年、清水寺の蔵する角倉船絵馬一面と末吉船絵馬三面が一括して旧国宝（現在の重要文化財）に指定されるに及び一層広く知られるところとなる。同四四年刊の日本歴史地理学会編『日本海上史論』(4)に収める「江戸時代初期の海外交通」で辻善之助は末吉船絵馬三面に続いて「角倉の出しました船も同じく清水に額になつて居ります。此の角倉船と称して居るのは之は寛永十一年頃で矢張り東京へ行く前に祈願を掛けて居つて、御礼の為に上げたのであります」と記し、絵馬奉納にいたった理由にも考察を加える。辻はつづいて大正六年（一九一七）刊の『海外交通史話』(5)でも角倉船絵馬の写真を掲載し絵馬に触れるが、論述はほとんど角倉了以と子素庵がなした土木事業と海外貿易の業績に割かれる。大正五年刊の川島元次郎『徳川初期の海外貿易家』(6)も角倉船絵馬の写真掲載のみであり、昭和一九年（一九四四）刊の林屋辰三郎『角倉了以とその子』(7)も角倉氏が展開した安南国貿易の華麗な風姿がうかがえる絵馬であると指摘するにとどまる。

　こうした角倉船絵馬についての言及は、戦後の研究書においてもほとんど変わらない。岩生成一の『新版朱印船貿易史の研究』(8)は「朱印船が無事帰朝の際、まず神仏に謝意を表して、絵馬などを献納した」と奉納の動機を述べ、朱印船の構造を知るうえで「京都の清水堂に納めてある国宝末吉船の絵馬三面と角倉船の絵馬一面、長崎清水寺に納めてある末次船絵馬一面、また大阪杭全神社所蔵末吉船の絵馬一面、名古屋の情妙寺の茶屋船交趾貿易の絵巻中の茶屋船の図、ならびに長崎市森氏旧蔵荒木船の図は、いずれもかなり図案化されているが、朱印船の実情をつかんだもの」と着目している程度である。

　一方、近世絵画史からの研究は、大正三年の『書画骨董雑誌』第七五号(9)で野村重治が「其の画工は角倉氏の記録によりて狩野山楽たる事を知れり」と絵師を推定し、「清水観音堂に船舶の図を献納せしは全く航海者が航海の安全を祈願せしものにて、今日当時の船舶を知る唯一の史料なり。宗教の力は斯の如き所にも大いなるものあるを認めざる可からず」と奉納の意図を述べる。しかし、本格的な絵画史からの研究は『日本美術工芸』昭和三九年一月号(10)の土居次義「京都清水寺の絵馬」を俟たなければならない。

　いずれにしても、海外貿易史と風俗画史のいずれにおいても角倉船絵馬が朱印船貿易の貴重な資料であり、奉納の銘記によって風俗画の基準となることを指摘するが、角倉船絵馬を奉納するにいたった角倉氏と清水寺との関わりには論考は及んでいない。

二　角倉氏と清水寺

清水寺には角倉船絵馬のほかに朱印船貿易にかかわる角倉氏寄進の石灯籠が現存する（図３）。現在、境内西門下の広場南西隅に安置されているものである。一対をなし、高さ二四〇㎝、灯籠の竿に銘文が刻まれる。今日では風化によって判読がかなり難しくなっているが、横山正幸の『清水寺の信仰――縁起と石文――』[11]に解読文があるほか、『清水寺史』第三巻史料編[12]にも下坂守の解読文がある。すなわち、

奉寄進　　　　　　　東京渡海船立願

清水寺石灯籠幷石壇

　　　　　　　　　　願主　角　蔵

寛永二乙丑年九月吉日　宿坊　義観坊

　　　　　　　　　　本願　周仙上人

と刻まれる。

石灯籠一対のうち一基は笠がかなり割れ欠けている（図３下）。その理由は文政一三年（一八三〇）七月に京都を襲った天保の大地震に被災したことによる。『成就院日記』[13]文政一三年八月一四日条に、

一、先月大地震ニ付、転倒候石灯籠之内、角蔵屋鋪ゟ寄附之内、在之候故、今日相届候書付左之通、

御届申候口上書

従当御屋鋪、寛永年中、東京御渡海之節、当清水寺観世音江石灯籠壱対、被為在御寄附刻、仁王門前両脇ニ建置、当院護持罷在候処、当七月二日大地震ニ付、致顚倒、壱対之内、壱台石壇下江転落、笠・火袋・中台等破砕候、尤壱台者無難ニ在之候、此段御届申候、可然御修補之御沙汰、被成下度奉存候、以上、（以下略）

と角倉家役所に届けている。このため翌日、角倉家役人が内見に訪れている。寄進は清水寺観世音へのものであるが、石灯籠に成就院一〇世住職周仙上人の名が刻まれているように、石灯籠の「護持」は代々清水寺本願職を継承する諸院の成就院の管轄下に置かれてきたのである。

ここで石灯籠の刻文と角倉船絵馬の銘記に共通して表れる「宿坊義観坊」が重要である。これこそが角倉氏と清水寺の密接な関わりを示すからである。

大寺院の宿坊は、檀信徒が帰属する諸院をいうが、信徒が願主となり種々の寄進や奉納を行う時、この宿坊が窓口となって仲立ちする。江戸時代初期、清水寺は三職・六坊という寺内の主要な諸院の組織によって運営・維持・管理がなされていた。三職とは寺主である執行、その補佐役である目代、堂舎の維持修理や山林管理などの財務・渉外を担当す

図3：角倉氏寄進の灯籠(筆者撮影)

る本願を言い、宝性院住職が執行職を、慈心院住職が目代職を、成就院住職が本願職をそれぞれ世襲した。六坊は本堂の護持をあずかり、光乗坊・智文坊・蓮養坊・義観坊・義乗坊・真乗坊の六諸院をいった。このうち真乗坊は織田信長が石山本願寺と石山合戦をしているとき、本願寺に呼応して大坂籠城を訴える廻文を送ったことから、信長の怒りを買って取り潰され、成就院が真乗坊の遺跡を継承していた。以上で明らかなように義観坊は六坊の一つである。

この義観坊と角倉氏の深い関わりがいつごろに始まったのかは明らかでないが、慶長年間（一五九六〜一六一五）の初め頃に角倉氏の出身者が義観坊に入寺しているのが判明するのである。吉田氏・角倉氏の系図の一つである『角倉源流系図稿』(14)に、

守養　洛陽清水寺義観坊守珍の猶子と為つて義観坊を継ぐ。元和五年己未十月十二日死す。妻は慶安二年十月十五日死す。法名林誉永寿。（原漢文）

とある。守養は角倉了以の従兄弟友佐の子であり、友佐の兄栄可は角倉宗家を継いだ人である。栄可の娘は了以の妻となっているので、守養は了以の義理の従兄弟ともなる。

守珍は安土桃山時代から江戸時代初期にかけて義観坊の住持をつとめた僧で、守養が守珍の猶子になった時期はわからないが、慶長一二年（一六〇七）には住持に就いている。(15) さらに守養の兄道益の娘の項に、

女子　義観坊覚元の妻と為る。寛永廿年九月八日死す。法名西生妙易。（原漢文）

と記す。つまり守養の姪が義観坊の僧覚元の妻となっているのであり、『角倉源流系図稿』は守養の子として覚元を記

している。すなわち、

覚元　清水寺義観坊。寛文六年六月二日死す。寿六十二。

妻は吉田道益の女。寛永廿年九月八日死す。法名西生妙易。

道益、男子無し。故に覚元を以て猶子と為す。女を以て之に妻せ跡職を譲る。

古者、清水寺六坊、各妻帯を以て之を住持す。故に義観坊の前住、宗什・宗賢・胤賢・宗芸・恭畏・守珍・守養・覚元八代の間、各妻帯を以て之を勤む。然りと雖も中古より六坊相議し、各後住を清僧に改む。之に依りて覚元、嗣子有りと雖も、後住に勝へずして、義観坊を退く。是に於いて覚元、山田治部の庶子を以て後住と為す。又義観坊、延命院と改む。（割注略、原漢文）

と記述する。覚元は角倉家出身の守養の後を受け義観坊住持となった。この背景には守養の兄道益の娘をめとり血縁関係にあることが作用しているものと思われる。覚元と道益の娘の間には跡継ぎの男子もあったが、六坊の新たな法規で妻帯の住持を認めないことになり、覚元は義観坊を退寺したのである。

絵馬と石灯籠の奉納は覚元が義観坊に住持していた時代であり、覚元が宿坊の役割を果たしたのである。このように角倉氏と清水寺の僧は一族であるという親密な関わりがあった。だからといって、角倉氏から清水寺に朱印船絵馬と石灯籠が献納される必然性が血縁関係によってのみ生まれるわけではない。角倉氏一族が出家して入寺している寺院は清水寺に限ったことではなかったのである。

三　角倉氏と寺院

角倉氏の家祖吉田徳春は近江から京都に移り住み、室町幕府の足利義満・義持に仕え、晩年、医術をたしなんで嵯峨に退隠した。この徳春の代から家の宗旨は嵯峨の二尊院を菩提寺とする浄土宗であったと林屋辰三郎の『角倉素庵』[16]は述べる。墓は代々二尊院に築かれ、二尊院が応仁の乱の兵火に焼亡した時は徳春の子宗臨が堂宇門廊一切を再建したという伝承を同氏の『角倉了以とその子』は記す。了以という名も早くから珪応了以という法号を二尊院からうけていたことによる。現在、二尊院の墓地にある了以とその子素庵の墓は著名で、訪ねて行く人も多いのである。

二尊院と角倉氏の関係はこれだけにとどまらない。二尊院の塔頭として運善院が創建され、その開基に角倉了以の叔父光茂（六郎左衛門）の子常舜が入ったことが『角倉源流系図稿』に記されている。この運善院には光茂の曾孫である久永と宗俊が次々入院して住持を務めることになる。さらに光茂の孫賢澄と曾孫舜弘が塔頭の観月院に、栄可の曾孫良盛が篤昉院に、角倉氏一族の堀氏の是春が戒光院にそれぞれ入っている。二尊院と角倉氏は単に菩提寺と檀家というにとどまらない深い結びつきがあったのである。

角倉氏は禅宗とのかかわりも深かった。了以の父宗桂は角倉氏一族の家業である医術をもって知られた。二度にわたって明に渡り医術の名声を現わしたが、入明するにいたったのは天竜寺で薙髪し、天文八年（一五三九）と同一六年の室町幕府遣明船に天竜寺長老策彦周良が入明使僧となったのに随伴したからである。この天竜寺にも角倉氏一族が出家し入寺している。栄可の孫の古岸と曾孫の瑚月璉公、栄可の弟幻也の子伊仲仁公がそれぞれ塔頭の南芳院に入っている。さらに招慶院でも栄可の孫の乾嶺周元と曾孫の梅林周保が僧となっている。

天竜寺と同じ臨済宗の竜安寺と角倉氏の関係については加藤正俊の論考がある。[17]妙心寺第六二世伯蒲慧稜は天皇の紫衣勅許をめぐって天皇側と徳川幕府が抗争した紫衣事件のとき、抗議派である大徳寺の沢庵宗彭らほどは知られていないが、親幕派の頭目として日本仏教史上重要な地位を占めた人物である。この伯蒲は了以の叔父光茂の子であり、六歳にして先に竜安寺の養花院に入室していた叔父松嶺寿筠のもとで出家した。俊才の誉れ高かった伯蒲は学徳すぐれた禅僧として竜安寺第一二世住持に就き、さらに紫衣を賜って宗門の最高位にすすんで妙心寺にのぼり法灯を継いだ。紫衣事件の発端は寛永四年（一六二七）であり、角倉氏が朱印船絵馬と石灯籠を寄進する時期と重なるのである。

竜安寺には伯蒲の弟寿印、甥の岐山寿昕、従兄弟の周三も入っているが、ほかにも了以の弟宗恂の孫に南禅寺金地院に入り同寺第二七八世に出世した竺隠崇吾などもあり、角倉氏一族と禅宗寺院との関係は深い。

仏教寺院とのかかわりは、このような人的なつながりばかりではない。保津川を見下ろす嵐山にある千光寺大悲閣は、了以が舟運開通の事業を成し遂げ工事に殉じた人たちの菩提を弔うため清涼寺の西にあって衰微していた同寺を現在地に移して二尊院の道空了椿を請じ中興開山とした寺である。大悲閣の一室には遺命で刻まれた了以像が安置される。また高瀬川と鴨川に挟まれた地にある瑞泉寺は、了以の高瀬川開削にからんで創建されたものである。豊臣秀次は関白秀吉の怒りにふれ高野山で自害し、首級は三条河原にさらされ、ここで殺された妻妾らの遺骸とともに石塔の下に埋められたが、了以は運河開疏工事の際、塚が崩壊しているのに遭遇し、墓所の再興をはかって一寺を建てた。仏寺の建立、再興に尽くしたのは了以ばかりではなく、二尊院の南に立つ常寂光寺は栄可が日蓮宗の日禛上人に小倉山の敷地を提供したことにはじまる。

このように角倉氏一族は宗派を問わず仏教に深く帰依する信仰心を持っていた。しかしながら、角倉氏が他の寺院ではなく清水寺に角倉船絵馬と石灯籠を献納するにいたった経緯には、仏教の教理に基づく確かな信仰があったはずである。

四　渡海を守護する観音

角倉船絵馬には「諸願成就」「掛奉御宝前」と大きく墨書されている。絵馬が清水寺本堂に掛けられてきたことから明らかなように「御宝前」とは本堂本尊十一面千手観音菩薩の御前に奉掛されたことを意味する。石灯籠が天保の大地震で転倒し破損した時、清水寺から角倉家役所へ届けた口上書に「東京御渡海の節、当清水寺観世音へ石灯籠壱対、御寄付なし在られた」とあることからも明白である。観音菩薩に朱印船渡海の無事を立願し、その願いが成就した御礼に絵馬を奉納したと多くの研究者がすでに指摘しているところである。では、渡海の安全と観音菩薩にはどのような結びつきがあるのだろうか。

渡海守護を願う人たちの観音信仰については山内晋次の論考がある。[18] 承和五年（八三八）六月一七日、遣唐使船に乗り組み博多を出発した円仁は、洋上にあった六月二四日、遣唐大使藤原常嗣が観音菩薩を描き航海の安全を祈ったとき、同じく乗船していた留学僧の円載らと読経して祈願し、六月末には暴風雨に遭い漂流し一行が口々に観音菩薩の名を称えたことが『入唐求法巡礼行記』[19]に記されている。

円仁は九年間にわたる入唐求法の旅を終えて帰国すると、嘉祥元年（八四八）比叡山に横川（よかわ）中堂を創建し聖観音像と毘沙門天像の二尊を安置する。これは入唐求法の際に大風に遭い難破しそうになったとき、観音力を念じたところ毘沙門身が現れ嵐が静まった霊験によるという。[20] 毘沙門天像が観音菩薩像と祀られるのは、清水寺本堂本尊千手観音像の脇侍に毘沙門天像が安置されていることでもわかるように観音菩薩の教化を助ける神とされるからである。

了以の父宗桂が天文八年、入明使僧の天竜寺長老策彦周良にしたがって遣明船に乗り組んだときには、博多を出船して直後の三月一八日の観音縁日に船中祈禱として『観音経』を読誦すること三三巻に及んだ。[21] これらは特に清水寺の観音菩薩に祈ったというわけではないが、幕末の弘化二年（一八四五）に阿波の幸宝丸が漂流遭難したときは、船員たちがたびたび清水寺の観音菩薩に祈願して御くじを引き、取るべき方策について伺いを立てていることが『幸宝丸漂流記』(22)に記される。

渡海守護神としての観音信仰は『観音経』と『華厳経』に説かれている経説による。『観音経』は『妙法蓮華経』巻八・観世音菩薩普門品第二十五(23)をいう。その中に、

> 若し百千万億の衆生有つて金・銀・瑠璃・硨磲・碼碯・珊瑚・琥珀・真珠等の宝を求むるを為て大海に入らんに、仮使黒風其の船舫を吹いて、羅刹鬼の国に飄堕せん。其の中に若し乃至一人有つて観世音菩薩の名を称せば、是の諸人等皆、羅刹の難を解脱することを得ん。是の因縁を以て観世音と名く。（原漢文）

とあり、さらにその偈に、

> 或は巨海に漂流して、龍魚諸鬼の難あらんに、彼の観音の力を念ぜば、波浪も没すること能はじ。（原漢文）

と説かれる。また『華厳経』入法界品(24)には求道遍歴の善財童子が南方の海上に観音菩薩が住まう補怛洛迦山があると教えられ、訪ねて行ったその山のありさまを次のように描いている。

> 其の西面の巌谷の中を見るに、泉流縈映し樹林蓊欝し香草柔軟にして右に旋りて地に布き、観自在菩薩は金剛宝石の上に於て結跏趺坐したまひ、無量の菩薩は皆宝石に坐して恭敬して囲遶し、而して為に大慈悲の法を宣説して其

をして一切の衆生を摂受せしむ。（原漢文）

補怛洛迦山は補陀落山とも表記され、観音霊場であり、海上にあって航海の安全を祈る霊地であったとされる。清水寺の創建は宝亀九年（七七八）に大和子島寺の僧延鎮が観音の霊地を求めて山城の東山にいたり、観音菩薩の化身たる人物に出会い、この地を託されたことによると伝える。その『清水寺縁起』(25)は延鎮が霊地にいたったときのありさまを、

翠嶺囲繞して自ずから炉峰の雲を移し、瀑泉飛流して銀漢の浪を倒さにするが如し。渓辺に草庵の居有りて、庵中に白衣の人有り。（原漢文）

と記し、霊地のありさまはあたかも補陀落山の如くである。以来、清水寺の地は観音の聖地として、殊に平安京が遷されてからは都に近い観音霊場として人びとの絶大な信仰を集めることになる。

角倉氏は二尊院を菩提寺とする浄土宗の信者ではあったが、一宗一派にこだわらず仏教に篤い信仰を抱く面があったことはすでに述べた。しかしながら観音信仰は特別であったという。角倉宗家の当主だった角倉平治氏は角倉同族会会報『すみのくら』(26)に「角倉の観音信仰の度合は並はずれていて、私の家の仏壇も古くから千手観音一体だけです。そして毎月十七日には朝早く清水寺の観音さまへお参りするのがしきたりでした」と記している。了以が保津川舟運開通の功なって嵐山に千光寺大悲閣を創建し、恵心僧都源信作と伝える千手観音像を本尊として移し安置したのも、舟の安全を守護する観音菩薩への信仰が込められていたからだと思われるのである。

五　掉尾を飾る角倉船絵馬

角倉船絵馬が清水寺本堂に奉納されたのは先に述べたように寛永一一年（一六三四）である。奉献したのは角倉了以の子素庵から同四年に朱印船貿易の安南国回易大使司、大堰川舟運管理などの家職を継承した次男の厳昭である。この家系は嵯峨角倉家と呼ばれる。

徳川家康が角倉了以らの商人や諸大名、在留外国人らの商船に海外渡航の許可状である朱印状を発給し東南アジアとの貿易を始めたのは、金地院崇伝が控えを残した確実な記録である『異国渡海御朱印帳』[27]によれば慶長九年（一六〇四）である。しかし『徳川実紀』[28]慶長八年の条に「角倉了以光好仰を蒙りて安南国に船を渡して通商す」と記され、角倉素庵と了以の弟宗恂が同年一〇月一五日付で認めた「安南国に遣す書」が紹介されており、この年一〇月に角倉了以にすでに異国渡海朱印状が発給されていたと推定されている。いずれにしても徳川幕府の朱印船貿易制度がこのころに開始されたのである。

この時から清水寺への角倉船絵馬奉納まで三二年間、角倉氏は一貫して安南国東京に渡海船を出し交易を続けた。岩生成一の研究[29]によれば慶長九年から寛永一一年まで派船は一六回に及んでいる。岩生は「朱印船が無事帰朝した際、まず神仏に謝意を表して、絵馬などを献納した」と指摘するが、それでは仏教に篤い信仰を寄せていた角倉氏の絵馬奉献が清水寺の角倉船絵馬の一度のみで、しかも朱印船派船を始めて三一年後というのは何を物語っているのだろうか。絵馬の前に寛永二年に石灯籠の寄進を行っているが、その寄進まででも朱印船派船開始から二二年後のことである。

神社仏閣に奉納された朱印船の絵馬・絵巻・衝立絵は全国で一〇点ほどが報告されている。献納の年が明確なもののうち、氏神の杭全神社に末吉氏一族とされる平野屋源左衛門尉が奉った末吉船絵馬が寛永四年（一六二七）と一番早い[30]。

つづいて清水寺の同九年・一〇年の末吉船絵馬があり、同一一年には清水寺の末吉船絵馬と角倉船絵馬、長崎清水寺の末次船絵馬の三面が数えられる。あとは正保四年（一六四七）に日牟礼（ひむれ）八幡宮に奉納された西村船絵馬、安政五年（一八五八）の杭全神社の末吉船図衝立などがある。清水寺は寛永六年にほぼ全山が焼失する大火に見舞われ、奉掛の絵馬が失われた可能性もあるが、寛永一一年に献納された絵馬の集中ぶりが注目されよう。ここに徳川幕府が切支丹禁教や武器輸出禁止などの取り締まり強化をはかって順次推し進めた鎖国政策に対し、朱印船貿易家が抱いた危機感があったように思われるのである。

元和六年（一六二〇）に私貿易および宣教師潜入をはかった平山常陳の船と海賊行為をしていた外国船との間で起こった平山常陳事件以降、幕府は海外渡航にさまざまな制限を加える。寛永八年六月には従来の朱印状に加え老中の奉書を長崎奉行に差し出し渡海船を下す奉書船制度を設け一層統制を厳しくし、同一〇年二月に第一回の鎖国令が発せられ、その翌々年五月の第三回の鎖国令で日本人および日本船の海外渡航が禁止された(31)。つまり寛永一一年に奉納された朱印船絵馬の渡海船が最後の航海の姿を描くものとなってしまったのである。絵馬には航海守護の神仏への報謝とともに厳重な制限取り締まりの中で無事渡海できたことへの謝意が込められていたと考えられる。

付け加えていえば、角倉氏が寛永二年に寄進した清水寺石灯籠にはもう一つ別な願いがあったように思われる。角倉氏が交易した安南国は現在のベトナム北部、ハノイを中心とした地域である。一六世紀、安南国は黎（レ）王朝が衰微し、宮廷の内紛などから一時莫（マク）氏に帝位を奪われるが、のち黎氏の外戚で重臣の鄭（チン）氏と阮（グエン）氏が黎氏の後裔を擁立して黎王朝を再興し政治の実権を握り、北方山地にこもる莫氏と抗争する状態になる。鄭氏は国王を擁し東京（トンキン）、現在のハノイを中心とする地域を統一し、阮氏を順化（ソンハ）、現在のフエに駐屯させるが、一六〇〇年ごろから阮氏は独立を目指し北緯一七度以南の地域を領有した。外国からは交趾（コーチ）国と呼ばれた。

一六一九年、安南国王神宗が即位し永祚と改元し、みずから大元帥統国政清都王と称し国家の中興をはかる。そのときに幕府の海外渡航統制強化の中でしばらく休止していた角倉船の派船が再開される。そして五年後の寛永元年に角倉朱印船が安南国に渡海した時は、折しも前年七月に徳川家光が征夷大将軍に任じられた時期に重なり、清都王は来航の角倉船と末吉船に託し親しく幕府に書を贈った。これに対し幕府は将軍家光の復書を準備するが、将軍の親書回答に異議が出され、かろうじて老中三人の連署で答えることにとどまる。こうした事態に角倉素庵はみずからも安南国王に宛てた書簡をつくり併せて贈ることにした。寛永二年一月一一日付の書簡下書きが角倉家に伝えられており[32]、寛永二年派遣の角倉船がいかに重要な意味を持っていたかが分かる。石灯籠の寄進はこの角倉船が無事帰朝した時期と重なる。奉献には清水寺の観音菩薩に報謝すると同時に、記念碑的な意味も込められていたと思われる。

こうして見てくると、角倉船絵馬と石灯籠の奉納には単に朱印船が無事帰朝し神仏に表した謝意だけにはとどまらないものがある。近世初期の不安定な朱印船貿易制度と対外関係にあって、角倉氏ら朱印船貿易家は危機感を抱きながら、かろうじて渡航を果たした喜びと謝意に加えて、朱印船貿易の永続という切なる願いを絵馬に込めていたと考えられる。

（1）『扁額軌範』（『新修京都叢書』八、臨川書店、一九六八年）。
（2）西川如見『長崎夜話草』（岩波文庫、一九四二年）。
（3）渡辺修二郎『世界ニ於ケル日本人』（経済雑誌社、一八九三年増補再版）。
（4）辻善之助「江戸時代初期の海外交通」（日本歴史地理学会編『日本海上史論』三省堂書店、一九一一年）。
（5）辻善之助『海外交通史話』（東亜堂書店、一九一七年）。
（6）川島元次郎『徳川初期の海外貿易家』（朝日新聞合資会社、一九一六年）。
（7）林屋辰三郎『角倉了以とその子』（星野書店、一九四四年）。
（8）岩生成一『新版朱印船貿易史の研究』（吉川弘文館、一九八五年）。
（9）野村重治「京都清水観音堂の扁額海外渡航船の図に就きて」（『書画骨董雑誌』七五、一九一四年）。
（10）土居次義「京都清水寺の絵馬」（『日本美術工芸』三〇四、一九六四年）。

(11) 横山正幸『清水寺の信仰――縁起と石文――』(機関紙共同出版、一九八八年)。
(12)『清水寺史』第三巻史料(清水寺、二〇〇〇年)。
(13)『成就院日記』清水寺文書。横山正幸「江戸時代末期の京都の地震」(『清水』一二三、一九九六年)。
(14)『角倉源流系図稿』角倉家文書。
(15)「清水寺の諸院・諸寺、並びに門前諸寺の歴代」(前掲注12書)。
(16) 林屋辰三郎『角倉素庵』(朝日新聞社、一九七八年)。
(17) 加藤正俊「角倉氏と竜安寺――伯蒲慧稜とその出自をめぐって――」(『禅文化研究所紀要』八、一九七六年)。
(18) 山内晋次「航海守護神としての観音信仰」(大阪大学文学部日本史研究室創立五〇周年記念論文集『古代中世の社会と国家』清文堂出版、一九九八年)。
(19) 円仁『入唐求法巡礼行記』(『大日本仏教全書』七二、財団法人鈴木学術財団、一九七三年。『国訳一切経』史伝部、大東出版社、一九六三年)。
(20) 武覚超『比叡山諸堂史の研究』(法蔵館、二〇〇八年)。
(21) 策彦周良『策彦和尚入明記』(『大日本仏教全書』七三、財団法人鈴木学術財団、一九七三年。前掲注19『国訳一切経』史伝部)。
(22)『幸宝丸漂流記』(石井研堂編『異国漂流奇譚集』新人物往来社、一九七一年)。
(23) 鳩摩羅什訳『妙法蓮華経』七巻。後世八巻に改められた。一般に略して『法華経』と呼ぶ。観世音菩薩普門品第二十五は後半本門の流通分に配される(『法華経』岩波文庫、一九六七年、『国訳一切経』印度撰述部、大東出版社、一九二八年)。
(24)『大方広仏華厳経』。漢訳では旧訳六十巻本の仏駄跋陀羅訳『六十華厳』と新訳八十巻本の実叉難陀訳『八十華厳』があり、後者は七処九会三十九品からなり、入法界品は第九会に配される。引用は『八十華厳』による(『大正新脩大蔵経』一〇、大正新脩大蔵経刊行会、一九二五年、『国訳一切経』印度撰述部、大東出版社、一九三一年)。
(25)『清水寺縁起』(『大日本仏教全書』八三、財団法人鈴木学術財団、一九七三年)。
(26) 角倉平治「角倉船」(『すみのくら』四、一九七一年)。
(27)『異国渡海御朱印帳』(『異国日記』東京美術、一九八九年)。
(28)『徳川実紀』(『新訂増補国史大系』吉川弘文館、一九七六年)。
(29) 前掲注(8)岩生『新版朱印船貿易史の研究』。
(30)『平野区誌』(平野区誌刊行委員会、二〇〇五年)。『杭全神社宝物撰』(関西大学なにわ・大阪文化遺産学センター、二〇一〇年)。

(31) 中田易直『近世対外関係史の研究』(吉川弘文館、一九八四年)。永積洋子『朱印船』(吉川弘文館、二〇〇一年)。
(32) 川島元次郎『朱印船貿易史』(内外出版、一九二一年)。前掲注(16)林屋『角倉素庵』。

【第四部】

第二章　角倉家と朱印船貿易

佐久間貴士

一　角倉家の朱印船貿易の研究

角倉家の朱印船貿易の本格的研究書は、一九一六年川島元次郎の『徳川初期の海外貿易家』である。この研究は、貿易家ごとにその業績が記述されている。[1] その中に「角蔵父子」の項目を立て、角倉家の朱印船貿易について解説している。川島の研究は貿易家の子孫の家を訪れ、所蔵の古文書を読むことによってなされている。川島は角倉家と安南国（現在のヴェトナム）との書簡や朱印船貿易関連の角倉家文書を翻刻・紹介しており、角倉家の朱印船貿易の実態を知る上で、貴重な研究となっている。川島は秀吉が文禄元年（一五九二）朱印船制度を制定した時に、角倉家も朱印船貿易を開始したと考えている。

一九四四年、林屋辰三郎は『角倉了以とその子』[2] を刊行。角倉家の全体像を示す初めての本格的研究書である。林屋は、徳川政権下における角倉家の朱印船貿易の始まりを『徳川実紀』の記述から慶長八年としている。川島説は慶長八年の記述は、渡海朱印状が一斉に交付された慶長九年の誤りと解釈している。この問題は後でとりあげたい。

一九五八年、岩生成一は『朱印船貿易史の研究』を刊行。[3] 徳川政権は慶長九年（一六〇四）に朱印船制度を制定し、寛永一二年（一六三五）まで三一年間、渡海朱印状を交付したが、翌年廃止。岩生はこの間の朱印船の朱印状交付者と年度別の交付数、行き先別の船数を明らかにした。渡海朱印状の交付については『異国御朱印帳』『異国渡海御朱印帳』とこれに記載されていない記録を精力的に探索した。この研究によると、船主の数は一〇五人、派船数三五六隻である。渡海朱印状は基本的には一年一通一隻で、役目を終えると幕府に返納されるのが原則であった。派船数第一位は角倉家で一六隻、第二位は大坂の末吉家で一二隻、第三位は京の茶屋家と長崎の船本家で一一隻である。この研究により、角倉家が派船数の最も多い朱印船貿易家であることがわかった。岩生の研究は角倉家に焦点をあてたものではないが、角倉家の置かれた状況を知る上で貴重な研究となっている。

一九六九年、脇田修は『京都の歴史』４の「京都町人と貿易」を担当。[4] 慶長から元和年間までの角倉家の貿易活動をまとめた。

一九七八年林屋辰三郎は『角倉素庵』を刊行。[5] 前作の改訂版ともいえる研究である。ここでは秀吉政権下の朱印状は角倉了以宛でなく、角倉本家に交付されたのではないかと推測している。朱印船貿易については慶長九年までを記しており、寛永年間までの全体像は示されていない。

これまで、研究の概略を述べてきたが、本稿の目的は、年次を追って角倉家の活動状況を知ることであり、その時々の角倉船の果たした役割を明らかにすることである。

二　豊臣政権の朱印船貿易と角倉家

豊臣政権下の朱印船貿易については、江戸時代の地誌類に記述が見られる。宝暦一〇年（一七六〇）の自序のある田辺茂啓の『長崎志』に豊臣秀吉政権下で、角倉家が文禄初年から朱印船を派遣したことが記されている。『長崎志』によれば、

文禄初年より長崎・京都・堺の者、御朱印を頂戴して広南・東京・占城・柬埔寨・六昆・太泥・暹羅・台湾・呂宋・阿嗎港などに為二商売一渡海すること御免有レ之
長崎より五艘
末次平蔵二艘、船本弥平次一艘、荒木宗太郎一艘、糸屋随右衛門一艘

京都より三艘
茶屋四郎次郎一艘、角倉一艘、伏見屋一艘
堺より一艘
伊勢屋一艘

類似した史料は、長崎の朱印船貿易家荒木宗太郎家にも伝えられていた。これは江戸時代後期の宮崎成身『視聴草』に収められており、次の通りである。

長崎西築町乙名荒木作三郎所蔵するところの古文書に云、文禄の初め従㆓日本国㆒異国に通商のため渡海為㆑成御免、京都より三艘、堺の浦より一艘、長崎より五艘の船主は、東京・交趾・柬埔寨・太泥・六昆等の国々へ渡海仕候。右のうち一艘は私の先祖荒木宗太郎と申す者ニテ、元和八年壬戌年台徳院御朱印頂戴仕、広南往来仕候

また天明八年（一七八八）筆写の奥書のある『長崎拾芥』は、文禄元年から寛永一一年までの四三年間、朱印状による貿易がなされたとしている。

これらの記述はいずれも江戸時代のものであり、秀吉の時代のものではない。また秀吉の交付した朱印船への朱印状は現在まで発見されていない。川島は江戸時代の記述と貿易家の家に残る家伝から、朱印船貿易の始まりを文禄元年とした。しかし同時代史料が未確認の状況から、豊臣政権下に朱印船貿易制度はなかったという説が中田易直によって唱えられた(6)。

岩生はこの問題をフィリッピンの文書から検討した(7)。フィリッピン（日本側は呂宋と呼んだ）当局は日本と通商条約

締結のため、豊臣政権と交渉をしていた。一五九三年（文禄二）八月、使節が朝鮮出兵中の秀吉と本陣の名護屋で会い、通商条約案を提示した。この案には、年に数隻呂宋に貿易船を送ること、船長には帝（秀吉）の印章と署名のある特許状を与えることが明記されていた。秀吉はこのことを喜んだとされており、通商条約はこの使節への回答をもって、大筋合意したものと思われる。

また一五九五年三月（文禄四年正月）のフランシスコ会宣教師ジェロニモ・デ・ジェスズの長崎発の書簡に、秀吉の側近が呂宋に行きたい日本人の船に無数の認許状を与えているという報告があることを紹介している。このことから岩生は文禄元年には呂宋との朱印船貿易は成立していないが、文禄四年正月以前に呂宋渡海の朱印状が下付されたと主張した。

岩生はまた文禄五年（慶長元）七月一五日付の秀吉御伽衆(おとぎしゅう)山岡道阿景友の書簡を紹介している。(8) これは景友が肥後の領主加藤清正のために、秀吉の外交文書を担当している豊光寺承兌宛に呂宋渡航船への朱印状調整を依頼したものである。書簡には「呂宋へ御朱印の事」と記されており、朱印状について記された日本側の史料としては、今のところ一番古い。

岩生の研究により、文禄年間に豊臣政権の朱印船貿易制度が成立したことが実証された。

川島は「(角倉了以は）文禄元年豊臣秀吉の朱印状を得て安南に通商し巨利を得たり」と記している。朱印船貿易の開始は「文禄初年」と『長崎志』にあり、文禄元年は『長崎拾芥』にも記され、安南国の東京・広南も朱印船の渡航先となっている。ただ、豊臣政権下の角倉家の渡航先が安南であると特定した史料は、江戸時代の地誌類にはない。川島の角倉家の歴史記述を見ると、史料が示されていないものがあり、おそらく川島の調べた家伝の中に安南の記述があったのだろうと推測している。

筆者は、角倉家の朱印船貿易を示す同時代史料はないが、江戸時代の地誌類から、角倉家も豊臣政権下で朱印船貿易を行ったと考えている。

三　徳川政権の朱印船貿易開始と角倉家

徳川家康は安南国に通商を求めて白浜巌貴を遣わし、国王に書簡を送った。その返書が、安南国天下統兵都元帥瑞国公から弘定二年五月五日付で返って来た。[9] 弘定二年は日本の慶長六年（一六〇一）である。返書には安南に日本の船が来航している事が記されており、兄弟の邦になろうと、親交を歓迎する内容であった。家康はすぐに朱印を押した返書を送り、朱印のない船には貿易を許さないように申し入れた。『徳川実紀』によれば、慶長七年に安南国から書簡と方物が献上され、家康は返書と答礼品を送っている。[10] 加賀の前田家には同年七月一五日付の安南国渡海朱印状が下付されている。[11] 慶長八年一〇月五日（『徳川実紀』）にも安南国から家康宛の書簡と方物が献上された。家康は金地院崇伝に返簡を書かせ、長刀一〇柄を答礼品として安南国に送った。朱印状の下付はこの年も行われ、前田家と相国寺に計三通ある。[12]

角倉了以が徳川政権下で朱印船貿易に携わるのも慶長八年である。『徳川実紀』慶長八年是年の条に角倉了以の記事が載っている。

『徳川実紀』は文化六年（一八〇九）に稿をおこし嘉永二年（一八四九）に完成した徳川将軍一代ごとの実録である。将軍の動向は月日に従って記述され、月日の不明な事柄はその月・年の最後に「是月」「是年」としてまとめて載せられている。

慶長八年是年の条の冒頭は、家康と初めて拝謁した人の名前が列挙されている。最初の六組は御家人とその子供である。次に「角倉光好子與一玄之」とある。角倉了以父子が同時に拝謁している。次に織田・武田など他家に仕え、新たに御家人となった武士三人である。角倉了以は新規御家人より先に記されており、家格が高いことを示している。

慶長八年二月一二日、家康に征夷大将軍の宣下があった。二一日家康は伏見城から入洛し、二条城に入った。四月一六日には伏見城に帰り、一〇月一八日伏見城を発って江戸に向かった。角倉了以父子が家康に初めて拝謁したのは、家康が二条城か伏見城に在城していた時であろう。

角倉了以の記事は是年の条にもう一か所あり、「角倉了以光好仰せを蒙りて安南国に船を渡して通商す」と記されている。

角倉家に安南貿易を命じた記事はさらにもうひとつ『徳川実紀』慶長一九年一〇月一二日の条にある。この日、角倉了以死去の記事と「慶長八年はじめて仰せをうけ、安南に渡海して交易し」とある。この条は角倉家のことがやや詳しく書かれており、『徳川実紀』編集時には角倉家に関する史料があったと推測される。

家康が命じたのは、豊臣政権のもとで、角倉了以が朱印船貿易を行っていたことを知っていたからだと考えられる。

この時に安南国に渡した書簡の草稿が角倉家文書にある(13)。差出人は角倉了以の子与一(号素庵・玄之)と了以の弟宗恂である。日付は慶長八年一〇月一五日。宛先は「安南国大人足下」とし、未だ官姓名を知らずと注記している。与一は「日本国回易大使司　貞玄之間伎元」と署名し、日本国の正式な使者であることを示し、国命で来たと記している。宗恂は「大医局法眼　邨宗恂意安」と署名し、医師であることを示している。書簡の内容は二国の友好と交易を求めたものので、今回は書籍と薬剤がほしい事が記されている。与一は了以に代わって対外文書を担当しており、書も本阿弥光悦に習った名手であった。宗恂は実家の吉田家（角倉は屋号）を継ぎ、朝廷や幕府からの信頼が篤い医師で、角倉家の初期の朱印船貿易にかかわっていた。

三　角倉家の慶長九年の朱印船

徳川政権の渡海朱印状の下付は慶長九年から本格的に行われた。その状況は慶長九年から一六年までの『異国御朱印帳』、慶長一七年から元和二年までの『異国渡海御朱印帳』に記録され、金地院崇伝の写しが残っている。(14)慶長九年は二九隻の朱印船に渡海朱印状が下付されている。

前述のように川島は渡海朱印状のこうした交付状況から、『徳川実紀』の慶長八年の角倉家の記述は、慶長九年の誤りとした。この見解は角倉家だけが特別でないという、角倉家の評価に関わる問題なので、少し検討しておきたい。

慶長九年の渡海朱印状の交付状況は『異国御朱印帳』と『徳川実紀』に記載されている。そこで、渡海朱印状が角倉了以に下付される八月までの朱印状の下付状況を見てみると次の通りである。

一月一三日　安南　二通
四月一一日　占城　一通
六月　一　日　呂宋　一通
七月　五　日　呂宋・信州　各一通
八月　六　日　安南　一通
八月一一日　安南　一通
八月一八日　呂宋　一通
八月二五日　暹羅　一通
八月二六日　安南・東京・呂宋・大泥・順化・西洋　各一通

角倉了以は八月二六日に東京行きの渡海朱印状を下付された。受け取ったのは三〇日と『異国御朱印帳』にある。東京は現在のハノイで、日本では安南国の首都と認識していた。またこの日家康は先の安南国からの贈物献上の返礼として書簡と刀・脇差を贈った。安南国の宮城は東京の昇龍(タンロン)にあり、この書簡と贈物はただ一人東京行きの朱印状を下付された角倉了以に託されたはずである。

慶長九年の渡海朱印状の交付日は、各月ごとの定まりはなく、渡航先もさまざまである。これは下付願いに対して逐次対応していた状況をうかがわせる。角倉船に対しては安南国への返礼品を託して、初めて首都東京への朱印状を下付したと考えられる。

角倉了以への慶長九年の東京渡海朱印状下付の状況は、慶長八年の家康拝謁と「仰せ」の状況とまったく異なっており、角倉船は慶長八年、九年と渡海したとするべきであろう。

角倉家文書によると、(15)慶長九年の角倉船は秋に日本を出航し、東京近くの港に入った。翌年の弘定六年三月二六日付で衙官義良男から船長に書簡が届き、文理侯が四月中旬に京に戻って来ると連絡があった。(16)文理侯は乂安(ぎあん)処総大監掌監事の職名を持っている。東京は紅河の下流にあるが、海には面していない。東京に向かう朱印船はまず海側の乂安の港に入った。文理侯はこの乂安の長官で、異国船に対応する安南国の高官と考えられる。角倉船の船長は、公的な任務を持っていたので、文理侯に会う必要があったと思われる。その後の角倉船の動向は史料がないのでわからない。

四　角倉家と慶長年間の朱印船貿易

角倉家の朱印船の貿易先は、現在のヴェトナムである。江戸時代、ヴェトナムは北部・中部がヴェトナム族の安南国、南部がチャム族の占城国であった。安南国の正式な国名は大越で、黎氏が皇帝である。しかし、重臣の鄭氏と阮氏が台頭して対立、鄭氏は東京を含む北部を支配して安南王の位にのぼり、阮氏は中部の広南（現在のカンナム省）を支配していた（『大越史記全書』）。

金地院崇伝写しの『異国御朱印帳』『異国渡海御朱印帳』には、渡航先別に朱印状の下付年月日と下付者が記録されている。岩生はこの史料と独自の調査史料から慶長九年から寛永一二年までの渡海先別の派船数を調べた。渡海先は一九か所あり、派船数は三五六隻である。このうち安南国に向かった船は、交趾七一隻、東京三七隻、安南国一四隻、順化一隻、合計一二三隻である。[17]渡航先の「安南国」の表記は慶長一七年以降使われなくなる。代わって慶長一三年までは使われなかった「交趾」と表記される。交趾は、本来首都東京を含む北部地域のことだが、安南国の表記が使用されなくなった後は、『華夷通商考』に「一国ノ総名」とあるように、安南国全体を指すようになった。順化（現在のフエ）は中部の都市である。

角倉家の渡航先をみると、慶長九年・一〇年・一一年と三年連続して東京である。一二年は朱印状を執筆していた豊光寺承兌が死去したため、下付を受けなかった。慶長一三年の行き先は安南国だが、寄港地は乂安の興元県復礼社江津。[18]一四年東京、一五年安南国、一六年東京、一七年推定で東京、[19]一八年東京である。慶長一九年に角倉了以が死去すると、元和五年まで角倉家の朱印船貿易は中断された。

角倉家の慶長年間の朱印船貿易は東京に特化しており、安南国でも皇帝を擁した北部政権鄭氏と結びついていた。幕府の御用商人だった茶屋家は慶長一七年に一回渡海朱印状を下付された記録があるだけで、この時期朱印船貿易をほとんど行っていない。

中部の朱印船の主な寄港地は会安（現在のホイアン）で、日本人町と唐人町があった。日本の商人は日本橋や松本寺を建設し、聖地五行山の復興に尽力した。[20]会安は広南地方にあり、阮氏政権の最も重要な港であったが、渡海朱印状の行き先には書かれなかった。角倉船も北部政権と敵対している広南には行かなかった。ホイアンは東南アジアのシルクロードの拠点といわれ、世界遺産に登録されている。

次に角倉船の活動状況を見てみよう。慶長一〇年の角倉船は安南国関白への献上品を積んでいた。慶長一〇年一二月一日付の「留」には意安分として、水晶珠・琥珀珠・白檀・薬器やけん・白紙、了以分として水晶珠・馬鞍・長刀・甲冑・弓・矢・硫黄・砥石が用意された。献上品の記録は慶長一一年もあり、この時は関白に硫黄・銅・刀・琥珀・水晶・懸硯・挟箱、文理侯に懸硯・硫黄・刀・琥珀・水晶・銅が献上された。[21] 献上品の贈り先が皇帝ではなく、最高権力者の関白であることが、東京貿易の特徴である。

関白は日本側がつけた名で、実際は皇帝に代わって権力を掌握し、王位にあった鄭氏を指すと思われる。

角倉船の船長は角倉一族がなった。船長は「艘主」「艘長」と呼ばれ、安南の商人とも親交を結んだ。角倉家文書には安南商人㬎山から「艘主角倉五右」宛の書簡が残っている。[22]

慶長一四年は角倉船遭難の年であった。翌年の弘定一一年安南国都元帥平安王令旨、文理侯達書や舒郡公・広富公など、複数の安南国高官の書簡が幕府に届き、角倉船の遭難を伝えてきた。[23] 角倉船は六月一六日（書簡によっては一一日）、乂安で交易を終えたあと丹涯海門で急に風波に遭い遭難。角倉艘長以下一三人が溺死。安南国は兵士を差し向けて、艘長の弟庄左衛門以下百余人を救助したという。これらの書簡は慶長一五年六月一二日、将軍秀忠の命で金地院崇伝が読み上げた、と『徳川実紀』にある。角倉家はこの遭難にも挫けず、慶長一五年も角倉助次右衛門を艘長として角倉船を送り出した。角倉船の船長は以後寛永年間まで角倉助次右衛門が務めた。[24]

慶長一六年の渡海御朱印状は角倉与一宛になった。慶長八年以来、角倉家の朱印船貿易は与一が担っており、名実ともに与一の時代に入った。慶長一七年八月一八日、角倉与一は駿府に赴き、家康に安南の貿易品を献上した。『駿府記』に「京都角倉与一、紅茶・緋紗・綾・沈香・薬種・縮砂・斑猫・葛上亭等を献ず」とある。『異国渡海御朱印帳』によれば、二〇日、与一は翌年の慶長一八年一月一一日付の朱印状を下付された。この時慶長一七年一月一一日付の朱印状を持参したが、これは返却された。慶長一七年と慶長一八年は朱印状が下付されたが交易はできなかった。与一の元和五年の書簡に「壬子歳自レ有レ事二於貴邦一以往不レ通二我商舶一」とあり、壬子歳（慶長一七年）、安南国に行ったが兵乱があって交易できなかったと記している。[25] 慶長一八年はそのため渡航しなかった。

慶長一九年（一六一四）、九月六日安南国王より贈物が献上され、書簡が披露された（『徳川実紀』）。この年角倉了以が死去し、角倉家の朱印船貿易は慶長一八年から元和五年（一六一九）まで中断された。

五　角倉家と元和・寛永年間の朱印船貿易

角倉了以の死去した慶長一九年は大坂冬の陣の年であった。京は翌年の夏の陣まで、豊臣方が捕縛されたり、多数の軍勢が出入りして騒然としていた。この時期に渡海朱印状の下付を願った京の商人はいなかった。

元和五年、角倉与一はひさかた振りに朱印船貿易を開始した。この時の安南国に提出した文書の草稿が角倉家文書にある。[26] 日付は元和五年一二月一七日。与一は「回易大使司　貞順」と署名している。文書には、長い間交易を続けていたが、一旦中断した事、また交易を行いたい事が記されている。与一は源貞順や子元という名称も慶長八年の書簡の草稿に残しており、慶長年間には貞順の号を使う時もあったのではなかろうか。「回易大使司」の職名は慶長八年の草稿と同じである。

元和六年から九年までは史料がないので不明である。『異国渡海朱印帳』の記録は元和二年で終わっており、渡海朱印状の交付状況はわかりにくくなっている。

寛永元年（安南の永祚六年）五月二〇日付で安南国王大元帥統国政清都王が将軍家光に書簡と献上品を贈った。[27] この書簡には角倉と末吉の船がよい交易を行っているとして、献上品を二艘に託して送る事、友好を深めたい事、武器がほしい事などが記されていた。清都王の書簡を託されたのは角倉船であった。清都王の書簡と献上品は乂安処の高官華郡公阮相公の六月五日付の書簡が付されて[28]、角倉船に積込まれ、与一のもとに届けられた。この清都王の書簡と献上品は江戸城に送られ、一二月二二日に金地院崇伝が返簡を書いた（『徳川実紀』）。与一は回易使貞子元として、華郡公に寛永二年正月一一日付の礼状を書き、帯剣・大刀・長刀・硫黄・鉄を贈った[29]。この礼状から角倉家は寛永二年にも渡海し、乂安に赴いていることが判明する。

引き続いて寛永三年・四年と安南に渡海した。四年には清都王が将軍家光に宛てて、五月二二日付の書簡と献上品を送った。書簡・献上品は角倉船に託された。書簡の内容は先年角倉船に託して献上品と書簡を送ったが返信がほしいというものであった[30]。幕府は文面が無礼だとして老中土井利勝・酒井忠世と金地院崇伝が協議し、一二月八日、献上品と書簡を押し返した（『徳川実紀』）。

寛永五年（永祚一〇）、安南国に兵乱がおこった。安南国都統官は四月二五日付で茶屋四郎次郎清次に書簡を送り、「外姪」が兵を興し、国境を侵したが、賊徒を敗走させたと知らせてきた。ついては東京・乂安・清華に日本の船をいれないでほしいと依頼し、礼物を贈ってきた。また同日付でほぼ同じ内容の書簡を徳川幕府に出した[31]。敵の名が「外姪」と記されているが、明らかに首都東京を中心とした勢力を指している。東京は鄭氏が政権を握っている。このことから安南都統官は東京の鄭氏政権と対立している広南の阮氏と考えられる。茶屋家は中部の広南と交易をしており、阮氏は茶屋家に書簡と礼物を託した[32]。これに対する幕府の対応は不明であるが、寛永六年のみ東京に朱印船が入っていない。しかしこの前後の年、東京渡海の朱印船は一・二隻ともともと少なかったので、幕府の対応であったかどうかわからない。

角倉家については寛永五年から八年の史料がないので、この間の活動は不明である。角倉家は寛政七年（一七九五）に茶屋家から寛永七年の茶屋家の交趾行朱印船に関する問合わせがあった時、「古記録類が焼けて分からない」と答えている。[33] 角倉家は史料がないこの期間にも安南貿易を行っていた可能性があろう。

寛永九年、角倉与一が死去した。六二歳であった。角倉家は、与一の子の巌昭が継いだ。

同じ寛永九年（徳隆四）四月二五日、安南の文清王は、日本人が押買いをするので、「義子艘長」角倉花遊らに禁令を示した。[34] 寛永一一年（徳隆六）六月九日、王府の高官派郡公は「義商艘長」角倉助次右衛門に出航許可状を与え、翌年も来航することを期待した。[35]

角倉船は、寛永一二年までの間、前半は、安南国王の委託を受けて国書と献上品を幕府に届ける役割を果たしていた。後半は信頼の篤い義商として、安南国の法令を日本商人に広める役割を期待され、再び来航を望まれるようになっていた。

角倉家の朱印船貿易は、寛永一三年幕府の朱印船渡航禁止令をもって終焉した。

（1）川島元次郎『徳川初期の海外貿易家』（朝日新聞合資会社、一九一六年）。
（2）林屋辰三郎『角倉了以とその子』（星野書店、一九四四年）。
（3）岩生成一『朱印船貿易史の研究』（弘文堂、一九五八年）、『新版朱印船貿易史の研究』（吉川弘文館、一九八五年）。
（4）『京都の歴史』４（学芸書林、一九六九年）。
（5）林屋辰三郎『角倉素庵』（朝日新聞社、一九七八年）。
（6）中田易直「朱印船制度に関する諸問題」（『中央大学史学科紀要』一四・一六、一九六九・一九七一年）。
（7）前掲注(3)岩生書　新版、五〇〜五三頁。
（8）前掲注(3)岩生書　新版、五三・五四頁。
（9）前掲注(1)川島書、四五〜四七頁。
（10）『徳川実紀』東照宮御実記慶長八年一〇月五日の条。
（11）前掲注(3)岩生書　新版、六一頁。
（12）前掲注(3)岩生書　新版、六一頁。

(13) 前掲注(1)川島書、四八~五〇頁。
(14) 異国日記刊行会編『影印本異国日記――金地院崇伝外交文書集成――』(一九八九年)。『異国御朱印帳』と『異国渡海御朱印帳』も収録している。
(15) 前掲注(1)川島書、五一~五二頁。
(16) 前掲注(3)岩生書 新版、一二七頁。
(17) 『異国御朱印帳』東京の項。
(18) 前掲注(1)川島書、五八頁。
(19) 『異国渡海御朱印帳』東京の慶長一八年の朱印状の付記に慶長一七年に下付したことが記されている。
(20) 佐久間貴士・門暉代司・松本吉弘・菊池理夫「松坂・ホイアンの交流の過去と現在(一・二)」(『三重中京大学地域社会研究所報』二一・二二、二〇〇九・二〇一〇年)。
(21) 前掲注(1)川島書、五三・五四・五七頁。
(22) 前掲注(1)川島書、五六頁。
(23) 『異国日記』慶長一五年の条、五八~六一頁。
(24) 前掲注(1)川島書、六一頁。
(25) 前掲注(1)川島書、六三頁。
(26) 『異国渡海朱印状』東京の項。
(27) 『異国日記』寛永元年の条。
(28) 前掲注(1)川島書、六五・六六頁。
(29) 前掲注(1)川島書、六六・六七頁。
(30) 『異国日記』寛永四年の条。
(31) 『異国日記』寛永五年の条。
(32) 前掲注(1)川島書、一〇九、一一〇頁。
(33) 前掲注(1)川島書、一〇七頁。
(34) 前掲注(1)川島書、六八・六九頁。
(35) 前掲注(1)川島書、六九頁。

【第四部】

第三章　了以・素庵父子の生涯

――安南貿易と治水事業を軸にして――

葉山美知子

はじめに

角倉了以・素庵父子が海外交易に乗り出したのは、豊臣秀吉が文禄元年（一五九二）に計九艘分の異国渡海朱印状を長崎・京都・堺の商人に与えた時に遡るとされている。その京都の商人の一人が角倉で、『長崎根元記』をはじめとして「角ノ蔵　一艘」に「文禄元年秀吉公御朱印被下（くだされ）」たとしている。しかし、『長崎根元記』は文禄年間から一〇〇年後の史料であり、該当の朱印状も確認されていないので秀吉の朱印船交易は憶測の域を出ていない。

現段階では角倉の海外朱印船渡海は、江戸時代になり慶長九年（一六〇四）に徳川家康の御朱印状が発布された年を始まりとするのがふつうである。『異國御朱印帳』には、渡海先の国名と交付日付が人物名とともに記され、

東京（トンキン）

慶長九年辰八月廿六日　角蔵ノ了以此朱印請取

となっている。『異國御朱印帳』は慶長九年から記載が始まるが、すでにその前年、『東照宮御実紀』巻七、慶長八年の条に「角倉了以光好仰蒙安南国舟渡通商」と記されているのである。

すなわち、角倉船は慶長八年に幕府の仰せをいただいて安南に向かった第一回公認朱印船のうちの一艘である。以後『異國御朱印帳』に記載されていくのであるが、実は慶長六年に家康は安南国と交易を促す文書をやりとりしている。安南国都元帥瑞国公に日本からの渡海船には「印状」を持たせるという旨の書を送った。『異國日記』および『異國近年御書草案』に、その返事に応えて家康が瑞国公に答書した文面が記載されている。

日本國　源家康　復章安南國統兵元帥瑞國公信書落手巻舒再三　自本邦長崎所発之商船於基地逆風破舟　凶徒殺人者　國人宣教誠之足下至今撫育舟人者　慈恵深也

さらに、今後は印状を持参させると伝えている。

本邦之舟　異日到基地以此書之印可為證據無印之舟者不可許之

右の文章は、慶長六年一〇月に発布、印状携帯により交易が可能であることを謳い、印状なき船は交易を許可されないことになる。この書で日本と安南国の公的交易が開始され、海外渡航禁止令の寛永一二年まで朱印船交易が行われるのである。その間三〇年であった。

角倉朱印船は慶長八年以来、渡航禁止いわゆる鎖国にいたるまで計一六回の朱印船交易を果たした。渡海一六回のうち、一三回目の寛永三年（一六二六）は、行先は暹羅から中天竺に及んだ。あとの一五回は安南・東京（トンキン）である。角倉船の最後の交易は寛永一一年（一六三四）である。この年、角倉家は安南朱印船の諸願成就を寿いで、京都の清水寺の本尊十一面千手観世音菩薩の宝前に朱印船大絵馬を奉納している。角倉一族にとっては了以から素庵、そして息子厳昭に移譲され、若い世代のあらたなる朱印船交易時代が始まるはずであったが、幕府の鎖国政策により終焉を迎えた。このときすでに了以は世を去り、素庵も没している。この鎖国にともない角倉一族の安南交易が途絶えたことを父子は知らない。

本章では、交易船の寄港先と碇泊地の割り出しに主眼を置いて調査を進めた。その上で、角倉一族を牽引して一六世紀末から一七世紀前半を駆け抜けた了以・素庵父子の歴程を辿る。

なお、冒頭で述べた「文禄元年秀吉公御朱印被下」たとする家康に先がけた文禄年間の秀吉の海外渡航朱印状発行説については、後日、別稿で論じる所存である。

一　角倉一族の安南交易を辿る

まず、角倉一族の安南交易の全航海を記す。

〔回〕	〔年号〕	〔西暦〕	〔交付先国〕	〔出典〕
1	慶長8年	（一六〇三）	安南	東照宮御実紀
2	〃9年	（一六〇四）	東京	異國御朱印帳
3	〃10年	（一六〇五）	東京	〃
4	〃11年	（一六〇六）	東京	〃
5	〃13年	（一六〇八）	安南	〃
6	〃14年	（一六〇九）	東京	〃
7	〃15年	（一六一〇）	安南	〃
8	〃16年	（一六一一）	安南	〃
9	慶長17年	（一六一二）	東京	〃
10	元和5年	（一六一九）	東京	〃
11	寛永元年	（一六二四）	東京	異國日記
12	〃2年	（一六二五）	東京	〃
13	〃3年	（一六二六）	暹羅	天竺徳兵衛日記
14	〃9年	（一六三二）	東京	清都王文書
15	〃10年	（一六三三）	東京	〃
16	〃11年	（一六三四）	東京	〃

鎖国政策としては寛永一〇年（一六三三）の奉書船以外の渡航禁止令に続き、一二年（一六三五）幕府は、

日本異国渡海の船御停止
一、異国え日本の船これを遣わすの儀、堅く停止の事
一、異国え渡り住宅これ有る日本人来り候ハ、死罪申し付くべき事

との禁止令を公布した。渡海および帰国の厳禁である。この禁令により「是より長崎より御免許の御朱印船給はりて年々異国へ渡航せし船も留りぬ」（西川如見編輯『長崎夜話艸』一之巻、異国渡海禁止之事　享保五年）ようになり、交易の実績の有無を問わず、日本から海外への往還はことごとく御法度、ここに朱印船交易は幕を閉じた。

翻って角倉一族の朱印状交付先はほとんどが安南および東京である。東京は現ベトナムの北部、ハノイ近辺になる。本稿の記述は、長崎を出帆して無事交付許可の地に到着し、交易を首尾よく終えて帰帆にいたるまでの寄港地、とりわけ碇泊した場所の特定に的を絞りたい。その決め手の一つに六回目の交易で起きた海難事故がある。行き先は安南の都・東京であった。このときに日本と安南、双方の国を巻き込んで多量の情報が行き交ったのである。

本節ではこれら海難事故の情報も手がかりとしながら『異國日記』に収録されている書状や書翰などに記述されている事柄を分析し、筆者の現地調査も踏まえて角倉船の碇泊地について検討する。

（1）丹涯海門遭難事故の顚末

角倉朱印船は、慶長八年以来、慶長九年から一一年までと一年抜けて一三年が安南行きで計五回。朱印状発給申請の紹介状は「本上州状」「本状」であることが多い。この「本上州」および「本」とは幕府の内政外交担当筆頭の年寄・本多正純を指している。

安南渡航の朱印状は、その前年の秋から冬にかけて発布されていたが、一三年以降その年の正月一一日が定例になっ

た。第六回目の慶長一四年も例年どおりであった。そこには、

　東京　　安南の京也
　自日本到東京國舟也

とだけ記される。そして「角蔵了意拝領御朱印、後藤庄三取次、本上州状あり、八月六日於駿府書之」および「慶長十四年己酉正月十一日」の日付が明記されている。この第六回角倉船は、後述の安南国諸侯からの書簡によると長崎（福田）出航の日付は不明ながら一四年五月一一日（安南国・弘定一〇年）に乂安（ゲアン）に無事到着した。朱印状に指定されている東京（トンキン）での交易をつつがなく済ませ、一か月余りのちの六月一六日に乂安を出航、丹涯海門の海峡を抜けて南シナ海から日本へ出帆した直後に遭難した。乗組員のうち、艚長（船長）以下一三人が「遭風波其角蔵等共十三人投身跨浪、不幸倶逝」と遭難、あるいは「到丹崖門（ママ）海外、忽被浪漂散、令得壹百五人」という状況であった。

安南国側から幕府に次々と知らせが届く。一〇五人は救助され、地元の数か所に分散して手厚く保護された。彼らは翌年、新しく船を仕立てて日本に帰国することが出来た。この遭難船は、相互の国公認の朱印船であり、ことに安南国にとっては目の前の自国の海域で起きた衝撃的事件であった。そこで各地の長官や王の名で幕府に報告書が寄せられたのであろう。主なものを次に掲げる。

①安南国平安王令旨　弘定一一年（慶長一五・一六一〇）正月二六日
②安南国廣富侯文書　弘定一一年二月二〇日
③安南国文理侯達書　弘定一一年二月二五日

④安南国舒郡公文書　弘定一一年四月三日

これらの報告により事故の詳細および安南国のいき届いた救助活動を知ることが出来る。海難事故は角倉朱印船にとって悼ましい悲惨事であったが、安南国からのさまざまな情報によって東京で交易が終了するまでの間、朱印船がどこに碇泊していたかを解明できるのではないか。

（2）角倉朱印船の渡航地

さて、角倉朱印船は慶長一四年六月に乂安の丹涯海門で遭難し、艚長以下一三名が犠牲になったわけであるが、前項に記した『異國日記』①～④の角倉船遭難に関する史料のいずれもが、船は乂安にいたと記している。角倉船の交易買売地や碇泊地に関わる文言は次のようである。

①五月五日に「乂安處興元縣復禮社」にいたって交易をおこない六月半ばまでいた。
②五月一一日に安南乂安處地に分宿住し、庸舍で交易をした。
③④五月一一日安南乂安道地方で艚長や客商は交易した。

これら角倉船の遭難の経緯の報告以前にも弘定七年（一六〇六）に角倉船が乂安處の役人に査問を受けた時、「一艚到本處、住在興元縣復禮社江津、応往前項艚住處」と答えていることや、弘定九年（一六〇八）にも乂安の鎮官の査問にあい「茲有日本商艚、到興元縣復禮社地分江津應往前項縣社作艚處」と返答している。その後、遭難の翌年にも角倉船は安南国への朱印状を受けた。③の安南国文理侯は角倉船が「乂安處興元縣華園社」を本拠にする申し出を受けているが、角倉船と乂安の結びつきはそれ以前から続いている。たとえば艚長や客商の販売交易が滞りなくおこなえるように慶長一〇年、一一年には朱印状を受けた後、安南国の執政官や文理侯に水晶や琥珀、長刀や甲冑、硫黄などを献上している（『異国御朱印帳』）。

ここで安南交易のさいの南シナ海からトンキン湾にいたるルートをかいつまんで述べる。この慶長一四年から二四年後の寛永一〇年に角倉船の舵手に雇われたオランダ人のクーケバッケルの報告書に基づいて推測してみる（永積洋子『朱印船』一五二頁）。

角倉朱印船は中国南端の海南島を南下して西北西へ進路をとる。▼乂安の外港の小島（シャンペロ島らしい、一九世紀発行『同慶御覧地輿誌図』には乂安の港あたりに小島が四つ記されている。このうちどの小島に該当するかは不明）に碇泊する。▼興元縣の長官（国王の息子）に朱印船の到着を知らせ、荷物を積み込む小舟を用意し、碇泊地まで藍河を遡る許可を得る。ここで二週間ほど待機して東京の都ケチョウ（現ハノイ）にいる国王の交易許可状を持参する大きなチンサ船を待つ。▼ケチョウの宮廷から許可を得たチンサ船と貨物船と商人たち（角倉一行）は乂安からトンキン湾を二〇〇km以上北上して紅河（ソンコイ）の河口にいたる。▼そこからまた紅河を一〇〇km近く遡上してケチョウにいたり王宮近くに碇泊する。東京は他国からの交易船が都に滞まることを禁止しているので、定住の住まいを設けず、あてがいぶちの仮の庸舎（簡便宿舎）で商いをすます。▼交易が終了すると直ちに王宮からの護衛はなくなり、荷物船がケチョウを下り乂安の小島まで戻る。▼一方、乂安の港から藍河を遡った地（ここが碇泊地であろう）に長々二か月近く待機していた朱印船は、荷物船が戻ったのを受けて河口の小島まで戻ってきて合流する。▼取引をすませた荷物船から交易品を朱印船に積み替え、一路日本をめざして帰国する。

長崎の出帆から帰港まで数か月を要する旅であった。その海外雄飛は、一六世紀から一七世紀初頭にかけてわずか四〇年ではあったが、日本の大航海時代といえるのではないだろうか。

以上、安南国の書状やクーケバッケルの報告書から角倉朱印船が東京または安南に渡航する際の碇泊地は「乂安處興元縣復禮社・華園社」であったと考えられる。また丹涯海門とは、復禮社・華園社のある興元縣の南端を西から東へ縣境を流れる大河、藍河が河口にいきついた先の海峡ではないか。

一六〜一七世紀の安南国の行政区割は、鎮・處―府―縣―総・社―村となっている。果たして一六〇九年（慶長一四）に角倉朱印船が碇泊した場所と遭難地を二一世紀の現代に特定することが出来るであろうか。岩生成一著『新版朱印船貿易史の研究』には「朱印船の渡航地」が第五章に出てくる。岩生が述べているように「朱印船の渡航地は……川島元次郎教授をはじめ先学の考証もかなり発表されてほとんどの地名の比定もできてはいるが、多くは国名または地方名の考定に留まっていて……朱印船の渡航碇泊した港湾の的確な地点については必ずしも明らかにされていない」のである。角倉船の碇泊地も興元縣福禮社・華園社であったという記述は日越両国の資料にあるが、その地名が現代の地図上でどこの村名に該当するかまでは記していない。

問題は乂安處が四〇〇年前の地名であることだが、慶長一四年に角倉船が遭難した地点が「乂安處」の「丹涯海門」と明記されていることから、この二地点を手がかりに岩生成一の指摘する「渡航碇泊」地の考定を試みた。

一七世紀前後のアジア航海図（林原美術館蔵・神宮徴古館蔵・東京国立博物館蔵等）には「乂安」は「儀安」とも書かれ、「ぎあん」「ぎやん」「がいあん」等と表記されている。「乂安」の中心は現代の Vinh（ヴィン）市であり、かつての真禄縣および興元縣復禮社に当たる。両県は東西隣り合わせでいずれも南端は藍河に接していて、南シナ海に流れ出る。その河口は「会海口（クアホイ）」と呼ばれ、かつては「丹涯海門」と称されていたと古老はいう。

さて、筆者は四〇〇年の時空を超える手段としてアジア航海図の安南国部分・日越双方の公的資料・拝領品・伝承伝説・郷土史と郷土史家の話などを手がかりにヴィンに向かった。

（3）　ヴィンは夜汽車に乗って

あろうことか夜行列車に乗ってしまった。午後一〇時ハノイ駅発ヴィン行、両脇上中下三段、左右六寝台がワンボックスである。筆者は天井部分上段の乗車券（学生時代によく利用したものだ、もうかれこれ四〇年が過ぎた）。それはよいとして、この寝台車には各段いずれもカーテンがない、ホントにない！　六名スッパラパンの丸見えである。いや、正確には八名、中段はまともな二人、下段の左右は抱き合った若い男女一組と片側はおばあちゃんと孫という陣形である。とにかく上段であったことに感謝しよう。

二〇一三年（平成二五）三月。日本を出る時も肌寒かったが、三六〇〇km南西に下ったベトナム・ハノイも薄ら寒い、そして空の色が悪い。ハノイから南下したフェフォは、いや今はホイアンと呼ぶ、そのホイアンは明るくカラリンとしていた。海の色も違う。南シナ海、私の訪ねるべき海は四〇〇年を経た今こそ眠りから覚め、筆者を角倉船にいざなうのだ。小学生に立ち返り、数十年前NHKラジオ連続冒険小説「風雲黒潮丸」さながら、

黒潮騒ぐ海越えて　　風にはためく三角帆
目指すは遠い夢の国　　ルソン　アンナン　カンボジア
遥かオランダ　エスパニア　　面舵いっぱい　オゥオオ　オー

といつしか口ずさんでいた。列車は延着して朝六時ヴィン駅に到着。同行二人、一人は辣腕通訳氏、あと一人は越南社会科学院宗教研究所の若手ドクター氏、彼は研究者でありつつ、ベトナムの町村に分け入る海外からの研究者の便宜をはかり、筆者など同行の者が思想的に危険人物でないことを証明する役割をも負う人物である。三人一座で行動開始。

まず駅近くの食堂小屋で腹ごしらえの朝食。テント張りの模擬店風。朝六時過ぎですでに青壮年の労働男子で満員、

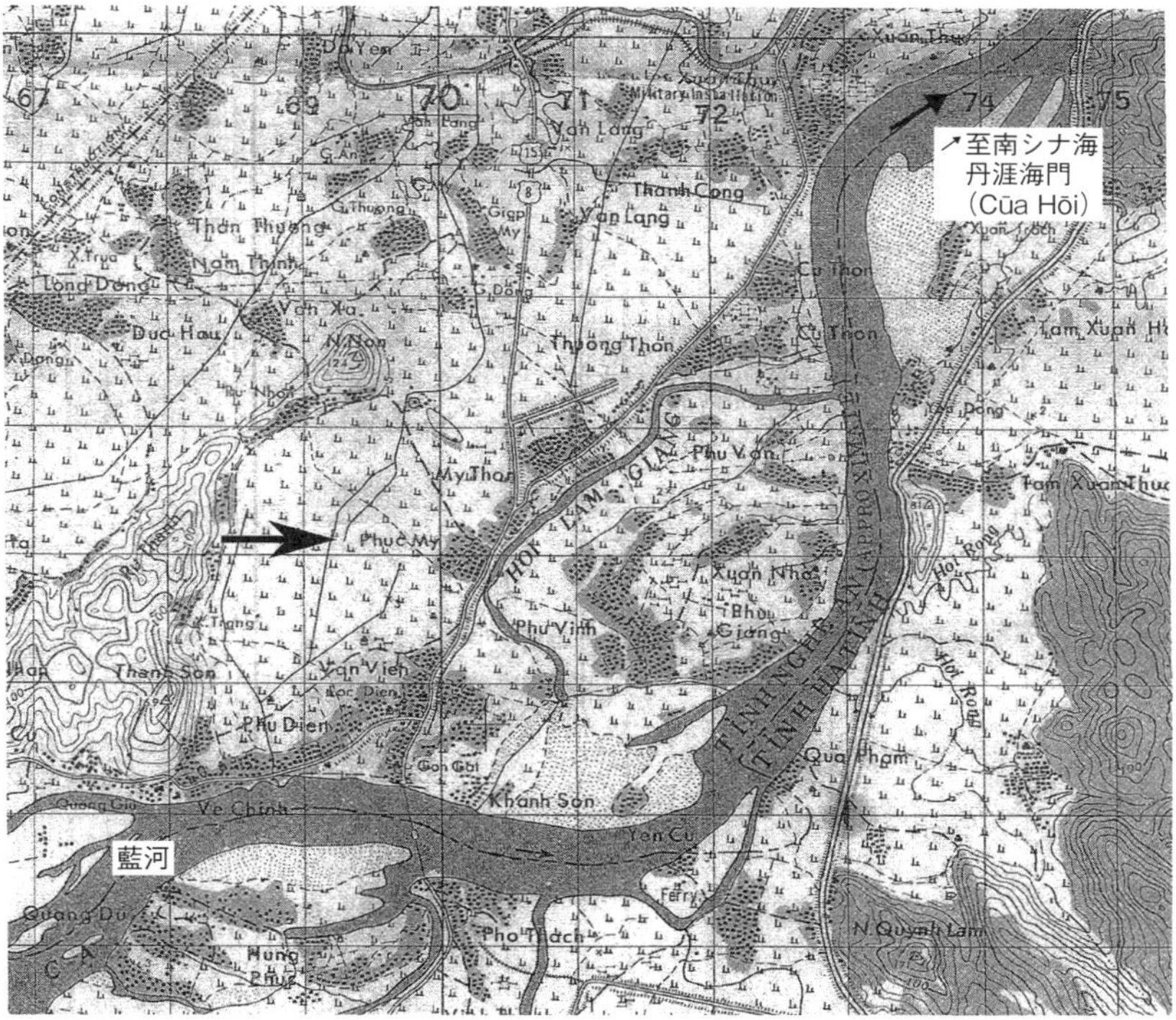

図１：福美村周辺図(中央の矢印 Phūc My が現プック・ミ村)

四人掛の縁台椅子に隙間をみつけて我が身を押し込む。注文は近くの藍河で獲れる田鰻雑炊、小型のドジョウで二寸くらい、なにやら地場野菜たっぷりで好ましい味であった。八時を過ぎている、あわただしい一日の始まりは、ヴィン市革命遺跡博物館で藍河に沈没していた大砲を見る。前年秋、引き揚げられた大砲で、四〇〇年前の朱印船に関係するかと期待したらしいが、調査からは、一九世紀頃のものという。それより一刻も早く、件の村に行きたい。ハノイ宗教学院院長とヴィン革命博物館副館長の双方の情報によると、いまの福美(ブックミ)村が興元縣復禮社に該当する村名らしい。角倉船の碇泊地に限りなく近づいている予感、めざす村の名が頭の中で一気にズームアップ、福美村！ Xã(村) Phūc(福) My(美)

（4）乂安處興元縣福美村にて

二〇一三年三月二日（土）午前一〇時、ヴィン市を国道沿いに南下、藍河支流に面する福美村に到着。革命遺跡博物館副館長を含め、ワゴン車から降りたった六名。現地福美村で招集をかけられて集まったらしき村民、古老や家刀自、女子供といった人びとほぼ一〇人、皆でゾロゾロ歩く。河を引きこんだ船渠（ドック）をはさんで仏教寺院と儒教の祠がある。まずご挨拶、「Nam Mô　A-DI-DA-Phât」（南無阿弥陀仏）で双方の友好距離が縮まる。この一帯、言い知れぬ強い郷愁の気を肌に感じる。通訳氏は我々が福美村の寺や藍河のこと、村の言い伝えなどの調査にきたことを告げる。そこへどこからともなく人びとの歌声が湧き上る。歌詞の大意を聞く。

昔むかし　日本人が植えたガジュマルの木
今は無いその木のかたわらに
中国人と日本人の商人がいた

らしきことを謳っているという。この村に到着早々ベトナム語ながら、「日本人の商人」という願ってもない歌詞が耳にとびこむ。村に伝わっている古謡という。筆者の僥倖の始まりであった。

儒教の祠に吸い寄せられて解説員の話をうかがう。この周辺は仏・儒の他に道教、道祖神を祀っているようで、地域の婦人会代表のものしり女史が解説におよぶ。ざわめいた祠内に色褪せた緑色の人民服を着込んだ先程の古老が現れる、しばらく座をはずしていたと思ったが、今度は小脇に筒状の包みを大事そうに抱え込んできた。なにやら副館長と合意に達したらしく、古老はその包みを解く。床に布を広げ、神の使いのごとき恭々しさで包みの中の巻物を広げていく、囲りから感嘆ともつかぬどよめきが起こる、ベトナム語を解せない筆者はこの時点ではまったく感動なし。ともかく一二枚の大ぶりの書状（図2）を眺めていたが、解析の即戦力からはずれた筆者は寸法を測る係になった。いずれも縦五〇cm内外（誤差二cm以内）、横一三〇cm内外（誤差三cm程度）の極めて精巧に作成された官製勅許状らしい。この上質紙や絹布で作製された書状の重要性と希少価値が採寸を通じて徐々に伝わってくる、エライ物を見ているのかもしれない、いや、見ていたのである。帰国後、安南の勅許状を調べると国相互の親書・書簡ではないが、領主にその地域を安堵する書という。一八〇〇年代の署名がある。「勅」を目にし手に取ったこと、これが第二の僥倖である。とりあえずは通訳氏が映像に収める。

緊張が解け周囲の壁を見まわすと、絵図が掛かっている。目を凝らすと一九五七年に描かれたこの福美村界隈にあった寺院の配置図である（図3）。寺の名称は「福慶寺」と称していたというが現在は廃寺。寺院の塔頭にはすべて名称の書き込みがあり、入場門には左右に衛兵が立ち、貴人を乗せる馬や象が待機している。門のはずれにはなんと漢字で「下馬」と記された小さい門もある。それと先程、皆で歌ってくれたガジュマルの大木が塔頭のまわりを取りまいている。寺院は彎曲した藍河支流の流れに沿って建てられている。

いつのまにか我々一団に加わったヴィン市の建築家が、「ヴィンは一九六五年のベトナム戦争の戦場地であったがため戦争前の面影はない、この図は戦争が起こる数年前の一九五七年にこの村の風景を描いた貴重な作品である」と我々に教えてくれた。その建築士も小脇に抱え物があり、知らせを受け、その抱え物を見てもらうつもりで駆けつけてきたという。中身はベトナム戦争で破壊されたこの寺院一帯の戦争前の建築物の復元設計図であった。復興再建を夢みて設計図を作製し、常に携帯しているそうだ。志ある人をみつけては夢の実現を熱く語る語り部でもあった、もちろん日本人の筆者にも協力要請があり、日本から資金援助があれば日越友好の証になると熱弁をふるう。

お昼が近づき、村人たちも三三五五に引き上げていく。あとは筆者が南シナ海に臨み、四〇〇年前に丹涯海門に沈んでいった角倉朱印船の霊を鎮めることであった。

勅大乾國家南海四位聖娘尊神
護國庇民稔著功德經有歴朝
封贈奉我
世祖高皇帝統一海宇慶被神人肆
今丕膺駿命光紹鴻圖緬念神
庥盍隆恩典可加贈含弘光大
至德上等神準許興元縣復禮社
依舊奉事神其相佑保我黎民
欽哉
明命[illegible]初[illegible]日

図２：安南国の勅許状(現プック・ミ村長老家蔵)

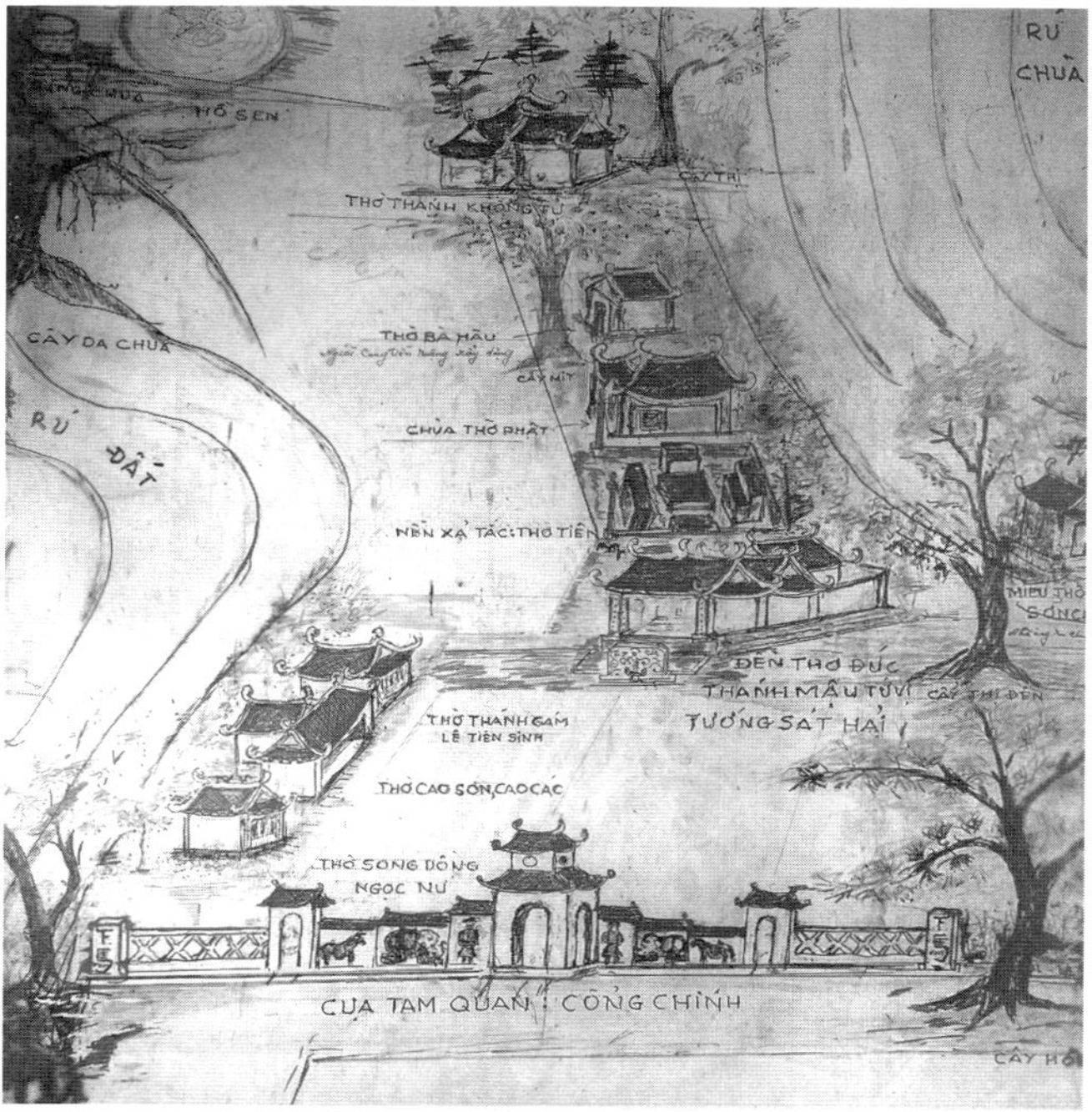

図３：福慶寺の配置図(1957年作成／部分)

車に乗り込み、福美村を離れ、一路南シナ海へ走る、やはり藍河の支流をつかず離れず北北東に走向、途中下車して土手をのぼり河を見下ろす、土地の人はこの河の水深は九mもあるという、聞きなおしたがやはり九mという、深い。ゆるやかに蛇行している河のはるかかなたに先程までいた福美村の船着き場がかすんで見える。行き交う船はわずか、昼下がりの土手に山羊が草を喰む。

もう一息、三〇分も走ると河から海の匂いにかわる。藍河の河口に到着。大きい、広い。南蛮船も朱印船も悠々航行可能であろう。今にも四〇〇年前の光景がよみがえるようである。慶長一四年六月の遭難は不幸な出来事であった。この河口は現在「会海口・CüaHöi」と呼ばれ、古来から河口港として知られている、「その昔、丹涯海門と呼ばれていた」と土地の人はいう。筆者は大海原に向かって進む。時折、波が足元を洗う、ここは「丹涯海門」の波打ち際である、四〇〇年前に救助された人びとが救い出された場所の可能性もある。細長い白と茶の斑点文様の小さな巻貝を手のひらにのせた。そして叫ぶ。

南シナ海さーん、きましたー。
角倉朱印船を連れて日本に戻りまーす。

(5) 角倉朱印船の寄港碇泊地と福美村

日本に戻って筆者のなすべきことは嵯峨嵐山の角倉了以・素庵父子の両碑に安南帰りの報告をすることだけではない。訪問した福美村が四〇〇年前の「乂安處興元縣復禮社・華園社」であることを証明する責務がある。

まず、角倉朱印船の寄港碇泊地が四〇〇年前の書翰から「興元縣復禮社」であることはすでに述べてきた。次に筆者が訪れた場所の現在の地名は「乂安省興元縣福美村」である。この「興元縣復禮社」と「乂安省興元縣福美村」の両地名が同一であることを証明するために、四〇〇年の時空を埋めてくれる資料は次の二点である。

(1)福美村の古老が開帳した一九世紀の勅書（図2）

(2)福美村の一九五七年以前の福慶寺絵図（図3）

(1)古老が持参して開帳した書状は一二点で、すべて仕様は同一である。福美村を安堵したベトナム王朝は嘉隆帝が興した阮朝であり、二代明命帝から始まって三代紹治帝以下、四代嗣徳帝・五代同慶帝・六代成泰帝・七代維新帝・八代啓定帝の七帝が勅書を下している。古老持参の書状のうち、筆者が確認した最も古い書状は明命帝の明命五年（一八二四）一二月一日付で「興元縣復禮社」宛、次の紹治帝は一八四三年に「興元縣復禮社」、成泰帝は一八九四年に「乂安省興元縣福美社」に、維新帝は一九〇九年に「乂安省興元府福美社」の地を安堵している。二〇一三年の古老の住むこの場所・福美村と同じ場所である。

地名の呼称に関しては古称「鎮」は現「省」、「府」「縣」は現「縣」であり、「総」は現「町」、「社」は現「村」に該当する。これらの地名を突きあわせていくと福美村は一八〇〇年代の書状の「復禮社」ということになる。

また先述の『異國日記』に記載されている一六〇〇年代の角倉朱印船の寄港碇泊地の「興元縣復禮社」は、一八二四年の「復禮社」と同一と考えられ、またその地が七〇年後の一八九四年には「福美社」として安堵されているので、現在の福美村が四〇〇年前の福禮社であったといえるのではないか。そして一九世紀編纂の『各鎮総社地名備覧』には筆者は未確認だが、この福美村は「乂安鎮英都府興元縣華円総復禮村」となっていること、「復禮社」がのちの「福慶社」であること、福美村にあったという寺院も「福慶寺」と呼称されていたことがわかった。

南蛮・朱印船交易の時代にあった「乂安省城」は、興元縣ではなく東に隣接する真禄縣、現ヴィン市にあった。(2)

の絵図に描かれている福慶寺界隈に通じる藍河支流の船着場は、興元縣と真禄縣の南端を下って河口の「会海口」、四〇〇年前の丹涯海門にいたる。碇泊地から南シナ海に航行するルートはまさしく角倉朱印船が日本に向けて帰帆するルートで、その寄港碇泊地が四〇〇年前の興元縣復禮社であるなら、それは現在の「興元縣福美村」に該当すると推論した。

二　角倉了以　その人

角倉了以（一五五四～一六一四）は、京の人である。中世から近世へと移行する激動の時代を生きた。

角倉了以は、慶長一九年（一六一四）七月一二日、六一歳で没する。この年の了以は病のため、幕府の命による富士川通船事業には息子の素庵が代理で甲府富士川に詰めていた。富士川の事業は三月に補修開始、七月に終了し、了以危篤の報に素庵が急ぎ都に戻った時にはすでに没していた。了以は病を得た時に「須作二我肖像一置二閣側一、捲二巨綱一為レ座、挐為レ杖、而建二石誌一」と言い残している。了以は、没する直前に建立した大悲閣の傍に我が肖像を制作し、石碑を建てよと遺言したのである。

現代の角倉了以の人物像としては、まず京都の豪商であり、海外に雄飛して朱印船貿易で、財をなした。それに加えて国内では京都保津川、高瀬川、山梨の富士川を開鑿整備して船を通し、官・民双方に益をもたらした人物というものであろう。

さて次に筆者が掲げるテーマは、了以による嵯峨嵐山の千光寺建立と遺言に託した本人の肖像と石碑の造立、碑文の内容についてである。

（1） 大悲閣は寺の山名か

了以は七月に没する直前、「此年夏営二大悲閣于嵐山一」と石碑に記されているように、旧暦の夏四〜六月頃に大堰川対岸の嵐山に大悲閣を建立した。すでに了以は嵯峨角倉家の当主として大覚寺門前あたりに屋敷を構え、保津村や大堰川の船付き場に管理屋敷があり、かつ洛中の二条にも邸があったが、最期をすごした場所は、先祖が近江吉田（現・豊郷町）から移り住み、了以が生まれ育った嵯峨の地であった。大悲閣はこの地に営まれた。なにより了以が心血を注いだのは保津川の開鑿であり、難工事続きで命を落とした村民の供養のためにもこの地は好ましかったであろう。「大悲閣」は「山高二十丈許、壁立谷深、右有瀑布、前有亀山、而直視洛中、河水流亀嵐之際、舟舼之来去居然可見」という立地である。

ところで、この大悲閣は寺である。「大悲閣・千光寺」という。この名称の由来を知ることは了以の生き方を照らし出す。もともと千光寺は、一三世紀は後嵯峨天皇の祈願所で清涼寺釈迦堂の西、中院という二尊院の北側にあった寺の一つであった。一六世紀後半から慶長の時代には廃寺さながらであったという。それを了以が官允（国の許可）を得て嵐山の元禄山中腹に移したのである。「大悲閣」が山号である。「元禄山」も「嵐山」も山号ではなく周辺地域の呼称である。了以は嵯峨天皇の皇子・恵心僧都（九四二〜一〇一七）の作といわれる立像三尺ほどの千手千眼観世音菩薩（ちなみに千光寺の千眼は千手の手のひらに縦長に描かれている）を本尊として創建した。当時は境内三万余坪を有していたという（『嵯峨誌』大悲閣の項参照）。

本来「大悲閣」とは「大悲」すなわち「観世音菩薩」を安置する堂（閣）を意味する。角倉一族は二尊院を墓所にもつ浄土宗であるが、朱印船交易を営む家業柄、観音信仰が強い。観世音菩薩、とりわけ千手千眼観音は渡海の守護神である。観音様を安置する堂の名を山号にして、千手観音を本尊に祀ったのは了以の見識である。そもそも了以が千光寺の山号を「大悲閣」にしたのは深い思惑がある。近江の吉田家が嵯峨に居住し、医家としての吉田家、土倉・海運貿易の角倉家に枝別れするが、一族は当初より非常に文化度が高く、潤沢な財力を背景に、貿易や中国留学を通じて膨大な中国書を蔵していた。ここでは息子素庵の木碑にも記されている中国書『鶴林玉露』に注目したい。宋の羅大経撰のこの書に「大悲閣記」の項目がある。「東坡大悲閣記云、観世音由聞而覚、始於聞、而能無所聞」で始まる羅大経のいわんとするところは、千手千眼観世音菩薩の大慈大悲の御蔭で世界はあまねく平穏無事なのだということである。

ところで、その東坡の「大悲閣記」(蘇軾文集第二冊「成都大悲閣記」所収)がいうには観世音は民衆に「左手で斧を振り、右手で削りとり、目で飛ぶ鳥を数え、耳で鼓のなるを聞いて時を知り、人の話にうなずき、足ではしごの段を確かめる」ようにしむけたと言い、撰者羅大経自身は皇帝とは「高い地位について遠方まで心を配り、宮廷から出ずとも天下の事がわかり、国を統治できる。見えないところはなく、行っていないところもないという立場におわす尊いお方」と考え、ゆえに中国の天子たる人は「自九族睦、百工時極、而至於兆民安、萬物育、四夷来、天地両間裁成参賛、無一欠缺、非干手干眼乎」という存在である。大意は、「諸民族が互に睦み、労働者は働き場所があり、国の民が安らかに暮らせ、あらゆるものはよく育ち、異民族は貢物をもって恭順であり、天地はほどよく調和し、一つとして欠けることがないのも、皆千手千眼のおかげと言わずしてなんであろう」。

これが東坡『大悲閣記』の千手千眼大悲の御加護観であり、羅大経をして「皇帝が世の中を泰平に治めるのも、これ観音菩薩のおかげであろう」といわしめる。了以は、自分の人生の歴程に重ねあわせて一つ一つにうなずき、涙し、「九族」を角倉吉田一族に置きかえ、「四夷来」は南蛮異国民との交易を思い浮かべ、水運業や金融業で国の内外を支え、よく治めるのは、これ皆千手千眼観音菩薩のお導引きであるとうなずいたことだろう。了以の持仏は恵心僧都ゆかりの千手千眼観世音菩薩である。これを千光寺の本尊に奉り、没するまでわずかな時であったが、嵐山元禄山の中腹、大悲閣から了以みずから開鑿した保津川に艜船(たかせぶね)が往来するのを眼下におさめ、息をひきとった。死去の知らせは直ちに江戸に伝えられ、『時慶卿記』(七月一四日条「天晴涼気至了以遠行一昨日十二日」、『当代記』同日条「嵯峨角倉了以入道俄死、此者非徒者」、さらに同日の『台徳院殿御実紀』に記載されている。

繰り返すことになるが、了以は「須作我肖像置閣側、捲巨綱為座、犂為杖、而建石誌」という遺命を言い置いた。しかし、素庵がこれを果たしたのは了以一七回忌の時であり、実に一七年の歳月が経過していた。しかもその二年足らず後に素庵はハンセン病で没するのである。父親が用意周到にお膳立てした像と石誌をつくるのが何ゆえ一七年後になったのであろう。自分の死を確実に予測するまで、三・七・一三のいずれの回忌にも素庵は遺命を果たすことはなかった。

(2) 了以の肖像――犂と綱――

了以の肖像は、観る者に了以の強烈な意志を伝える。此岸（しがん）（現世）の了以さながらありのままの姿である、彼岸に旅立つ出で立ちとは言い難い。高さ七〇cm程、右手で犂（すき）を杖がわりに握りしめ、三〜四寸はありそうな太綱を巻いた円座に右膝を立てた法衣姿である。その像はなんとも突飛で奇天烈ではないか。世の常識人のように没後の自分を偶像化するどころか、この世を駈け抜ける自我の権化のような顔貌・容貌を晒すとはやはり了以は『当代記』に記す如く「此者非徒者」（この者、ただものならず）の人物であった。石碑に「其疾病時謂曰」と記されているので没年時の慶長一四年七月に先がけて年明け早々に言いおいたのであろう。

了以の一生は多種多様な事業を国家規模で完遂したが、胸に去来した最期の光景は丹波と都を船で結び、大坂まで通す水運の開鑿を成功させ、保津川（大堰川・桂川）・鴨川・高瀬川に艜（高瀬舟）が往還する情景ではなかったか。了以の故郷は嵯峨であり、土倉業を家業とする角倉にとって丹波から伐採される木材をいかに効率よく都に転送するかは重要な課題であった。了以はそれまでの筏と人馬による運搬法に代わる船輸送を編み出し、工事を決行した。丹波の山奥で切り出された良質の木材を船と筏で保津川に流して土倉のある嵯峨に運び込むまでには幾多の難所がある。四〇〇年前のこと、それを乗り越えるための技術に加えて精神的支えがいる。了以はその支えを、水運の守護神「千手千眼観世音菩薩」と丹波の村々に祀られている「大山咋神（おおやまくいのかみ）」に求めた。

「大山咋神」はそもそも丹波の地を作りあげた神である。『大日本地名辞書』第三巻、丹波桑田郡・桑田神社の項に「上古此国湖海なりし時、出雲大神御伴の神八神を率て此に至り、水を治る事を議り給ふ、大山咋神即ち鋤（すき）（犂）を以て山を鑿ち磐を劈き水を決給ひしかば　湖涸て国成りき、後人其鋤を霊形として之を祭る、大山咋神は所謂御伴八神の一也（参酌鍬山神社記　請田社伝説　羅山文集土人伝説）」と記されている（丹波の湖水説は、二〇一三年一〇月篠町桑山神社に参詣した折り、散策中の老夫婦から付近の山でアンモナイトの化石が出たと教えられたので、「太古の昔は海」という伝説も無視できない）。

また、『篠村史』（上田正昭・林屋辰三郎編）、『南桑田郡誌』によると碑文には「世伝邃古（すいこ）之世、丹波國皆湖也、其水赤、故曰丹波、大山咋神穿浮田、決其湖於是丹波水枯爲土、乃建祠而祭之以鋤為神之主大山咋神、所謂御伴八神一也」と記述している。了以が陣頭指揮した実際の開鑿現場では、石碑の文面に記されているように、また「慈舟山瑞泉寺縁起絵巻」に描かれているように大石は先の鋭い鉄の棒を太綱に巻いて数十人で移動させ、打ち砕き太綱に巻いて撤去する。『篠村史』の「保津川の水運」の項に千代川村の人見銀三郎所蔵の『川筋諸事記』が掲げられ「慶長十年、周山村宇野・森野・下中などの大巖石切りに石工二七〇人、人足一五〇人を要し、寛永五年、大ねぢ・まがり中などの巨石切りに石工七五人・人足五〇人を用いた」という実態が記され、開削工事中は障害物を除去しながらの筏流しであったが、ついに筏流しを舟運に替える時が来る。慶長一一年（一六〇六）三月～五月にかけて角倉了以は世木・殿田の村から保津を通り嵯峨までの保津川運搬船開通に成功するのである。この自然相手の工事では、吉田一族の真骨頂たる算学的知識を駆使しながらも基本は『川筋諸事記』にある人海戦術に終始したであろうし、記録に残っていないが多数の犠牲者を出したに違いない。

了以はみずから犂と綱で丹波から嵯峨に流れる保津川を開鑿して船運を可能にしたのである。その成功に続いて富士川にも船を通し、順風満帆であったが、天竜川はさしもの了以も失敗におわり、家康が熱望した駿河湾への水運は成就できなかった。都に戻って鴨川の疏通の実現をめざしたが、名にし負うあばれ川で困りものの川である。了以が考え抜いた策は、鴨川を制御するのではなく、バイパスを通して運河を造り、そこに底の浅い艜船を流して輸送するというものであった。この船で都と淀川さらには瀬戸内海までをつなぐ。ついに海のない京の都は海に行きついたのである。

了以は、丹波の「大山咋神」を自分に重ねあわせたのではないか、犂は大山咋神の霊形である。みずから犂を振り上げ綱を巻き山川を打ち砕く姿は大山咋神そのものであり、了以でもあった。その象徴として了以は太綱を巻いた円座に立膝で座し、犂を担ぎ、あたかも作業着のような法衣を着した姿を残したのであろう。

四〇〇年の時が過ぎても、我々みる者を圧倒する了以のエネルギーは絶えることがない。肩に立て掛けた犂は歩行補助の杖ではない、率先して立ち上り、綱を曳いて犂を縦横無尽に打ちおろせる姿、現場に即刻出動可能な姿なのである。ただし、近年の補修で彫像は仏像のように黒漆色に鈍く輝き柔和な光沢を放っている。あの、今にも眼下の峡谷にむかって蹴たてていきそうな、あふれ出んばかりの勢いが削りとられた感がしないでもない。

▼試論：「烏」か「爲」か

ところで石碑に刻されているある一文字が「烏」か「爲」かについて、瑣末なことではあるが考察した。

石碑の碑文中、「丹波國皆湖也其水赤故曰丹波大山咋神穿浮田決其湖於是丹波水枯烏土」の部分である。本文中に掲げた文献は『篠村史』『南桑田郡誌』『請田社伝記土人記伝』『丹波志』いずれも「丹波水枯爲土」となっている。また嵯峨自治会が一九三二年に発行した『嵯峨誌』も同様である。川島元次郎著『朱印船貿易史』では碑文をもとに「渓谷を開き其の水を疎通す、依りて豊沃の原野を得たり」と記し、土質に関する解説が後に続き、神話伝説を土木地質学的に解釈している。

ともかく先行諸研究の碑文紹介はいずれも「爲土」である。しかし、筆者が「水枯〇土」という〇部分を凝視したところ、爲ではなく烏に読める。千光寺住職も「烏」であると確認する。「爲」の意味は「なす」「なる」「すなはち」などである。一方、「烏」はカラス、黒の意味である。筆者は大山咋神が丹後の丹（朱）の湖を犂で穿って水を涸らし烏土（黒い地面）になったと解釈したが、諸本の大山咋神が浮田を穿って「湖」を「土」になしたと解釈した方が無理がない。ただし、「爲」と「烏」は字の形状は似ている。この碑には爲という字が他に八か所あり、どれも同字であり、同形状である。しかし烏土の烏だけが明らかに他の爲の八文字とは異なり、爲とは読めない。やはりこの了以の石碑の文字は「水枯爲土」ではなく「水枯烏土」であると主張したい。碑の撰文は林羅山であるから「烏土」をみずから選字したのであろうか。

読み返すと「丹波」の丹（に）は赤で波は水、赤い水となり、丹波の山からアンモナイトの化石が出土することからも丹波は太古は海であったらしい。赤水は現在の保津川峡谷の地名にもある。「烏土」は黒い土、「白圭」は白い尖玉器、「黄熊」は鯀（こん）の霊獣である。臆測が過ぎるが、碑文はあたかも五行説の色を散りばめたような様相をなしている。

（3）了以の石碑と「了㠯」

この石碑は了以一七回忌の年、寛永七年（一六三〇）七月一二日の祥月命日に嗣子角倉素庵によって建碑された。石高六尺七寸、石幅三尺の堂々たる石碑で、材は黒色砂岩である。人の背より高い石碑であるが、今は残念ながら三七〇年前の形状を保っていない。長らく荒廃していた千光寺は、昭和五三年（一九七八）に本堂は修復不可能ということで解体されたが、建材や大木が石碑を直撃してしまい、碑の左上部分五分の一から斜め下四分の三あたりまですっぱり割れたのである。その後、平成一五年（二〇〇三）に大修復をしたが接着面の斜線は残ってしまった（千光寺住職談）。

砂岩はきめが細かく細工しやすいが硬度は低い。了以はみずからの像に丹波の大山咋神由来の犂と巨岩を動かす太綱を取り入れるなど、丹波へのおもいは特別であった。その意を汲んで素庵は嵯峨に近い梅ヶ畑の砥石（砂岩）こそ父の碑にふさわしいと決断したのではないか。その上、その石材は素庵の芸術集団の仲間である本阿弥光悦（一五五八〜一六三七）から調達できる。光悦は刀砥ぎ師の家系であるから砥石は必須品、日本一といわれる梅ヶ畑産砥石を切り出し、素庵の要望に応じたのではないだろうか。

碑文は「法印羅山子滕道春撰」（林羅山）、「法眼大膳亮源長因書　幷篆蓋（ならびにてんがい）」（長因は素庵弟）で「近世凡（なべて）墓誌銘及碑（ひ）碣（けつ）之類必加書撰人幷篆蓋」（『聴雨紀談』）の書式に則っている。碑の篆額部分の爵里姓氏は篆書で記し、下部の本文は楷書で書き連ねている。上部の篆額は、

嵐山源姓吉田氏了㠯翁碑銘

であり、碑文を作成した林羅山は了以の爵里姓氏を「嵐山住人、源姓吉田氏、了㠯翁」としている。ところで了以はあくまで佐々木源氏の出自、古くは宇多天皇に遡る。近江豊郷の吉田姓であり、我々が通常呼び慣わしている角倉は単なる屋号にすぎない。なお、「了㠯翁」の「㠯」は「以」の異体字である。

ともかく了以没後一七年ではあったが、撰文は当代随一の官儒学者林羅山、書は後水尾天皇の皇后東福門院かかりつけ医師である素庵の弟、長因が担当した。素庵と羅山・長因、この錚々たる三人によって了以の石碑が大悲閣千光寺に建てられたのである。

碑の本文については、了以の肖像の項で既述したように「犂」と「綱」に焦点をあてたが、羅山は本文の見出しとして了以の呼称を「河道主事嵯峨吉田氏了以翁」としている。了以を河道主事と命名したのは、いかにも羅山・素庵両儒学者の好む名称であった。「河道」は『宋史』河渠志によると「鑿レ河開レ渠」のことで「運漕のため掘り割って通じた

水路、運河を意味する。「主事」は、中国の官名で漢代に始まる。諸省各部に置かれ、長官の命に従って補佐する役割を担ったが、唐・宋の時代になると司官や郎官と同列の権限をもつ役職になる（『大漢和辞典』による）。

角倉一族は河道主事として徳川幕府の許可・認可をとりながらもあくまで独自の方式で事業をやりとげる。羅山にすれば幕府のふところを一切あてにせず独力で開鑿を推し進め、河川開発を次々に成し遂げていった了以こそ「河道主事」の肩書に最適の人物であったに違いない。その上で了以に捧げた最後の文面は「笑彼化黄熊、嵐山之上兮、名不朽而無窮」である。

なお、大堰川から千光寺にのぼっていく入口の左右に石柱が立っている。左石柱には「禹（う）」という字句が刻まれている。中国の古代夏の国の禹王は黄河の治水事業に成功して初代皇帝となったといわれる。了以は治水に失敗した禹の父・鯀（こん）の黄熊（おうゆう）どころか、日本の治水王・禹に化したのであろう。

三　角倉素庵　その人

角倉素庵（一五七一～一六三二）は、了以の息子である。素庵を語るとき、その人物が宿痾（しゅくあ）による身体的変貌とそれに伴う精神的重圧をひしひしと感じていたことを抜きには語れない。素庵の呼称は父・了以と同じく千光寺境内に建つ屋根付きの碑に「公姓源、氏吉田　諱（いみな）玄之　後改　貞順　字（あざな）　子元　小字（こあざ）　与一　別号（べつごう）　素庵」と記されている。すなわち諱と字と小字、それに別号、あわせて五通りある。ここでは素庵を通称とする。

（1）素庵の木碑

墓誌が刻されている素材は木製、朱印船交易でもたらされた安南産のタガヤサン（鉄刀木）といわれていた。東南アジアに分布し、材は褐色で堅く板目模様が美しく細工用材に適している。キリシタン弾圧に加えて海外渡航禁止が発令される前年に建てられた素庵の墓碑材が安南産であったことは日本の海外貿易の終焉にふさわしいが、後述するように正しくは鉄刀木ではなく、チーク材と思われる。縦六尺、横二尺七寸、素庵没後一年足らずの寛永一〇年（一六三三）四月に建立された。撰文は、儒学者で林羅山や素庵と深い交友関係にあった堀杏庵である（墓誌本文の文字数二一五二字、総文字数二一九六字）。

墓誌に記される二一五二字から素庵の「ひととなり」を語ることはおよそ不可能である、あまりに人間的な間口が広く奥行が深く筆者の筆力では迫りようがない。素庵は碑の篆額の爵里姓氏に刻す「儒学教授」と「轉運使（てんうんし）」、本文に記されている書や古典籍をめでる「芸術愛好支援者」、少くとも三つの顔をもつ。

墓誌が刻されている素材を、川島元次郎は、「安南より得たる鉄刀木の平板」としているが、『嵯峨誌』は「彫刻用材はチークで熱帯、亜熱帯に産出する。木材は帯褐蒼白色にして軽くかつ堅く木理緻密にして永く腐朽することなく之を磨けば光沢ありて美麗なり、多く船材とし、また建築用及汽車の車体等に用いらる。一種の油を含む」と解説している。筆者もチーク材とみたい。マレーシアで実際に筆者が目にした鉄刀木はどれも赤ワインのように赤味の濃い強い褐色であった。それに比して素庵の碑は肌色に近い、四〇〇年の経過を考慮しても鉄刀木の色味と手触りには程遠く、黄味がかった薄茶なのである。

①儒学教授

素庵の文学好きは幼少からで、彼を取り巻く陣容は叔父儒学者侶庵・藤原惺窩・林羅山・堀杏庵など当代最高の教養レベルを持つ面々である。「教授」は中国の宋代以降、諸州・郡・王府に置かれた役職で、明・清代は府学の教官を「教授」と呼ぶ。

この碑にいう、素庵二〇歳代のこと、秀吉の文禄慶長の役で慶長三年（一五九八）朝鮮から捕虜として日本に連行されたなかに儒学者姜沆（カンハン）がいたが、肥前名護屋から都送りになった。彼は伏見の城下町で著名な朝鮮の儒学者として見出され、播磨竹田城主、赤松氏の肝入りで惺窩に儒学とそれにまつわる釈奠儀を伝授した。またある日、二人は素庵に招かれ嵯峨嵐山で保津川下りを愉しんだのであった。

後日談として姜沆は手厚く遇され、二年後には惜しまれながら、祖国に帰還した。時を経て慶長一九年（一六一四）、林羅山は藤原惺窩を長とした儒学の「学校屋敷」を設立したいと素庵に協力要請している。実現はしなかったが素庵は終生、儒学の人であった。

続けて碑は「通舶於安南国」、いわゆる朱印船交易に言及するが、素庵が師の惺窩に儒教思想を根底においた商船規約、いわゆる「舟中規約」五条を請うたと記すのみである。すでに秀吉の朱印船交易の実態は遠のく。それどころか三〇年に及ぶ徳川の朱印船交易の件さえ語られない。幕府は海外渡海を厳禁する意志を固めていた。

②轉運使

やはり中国の官名である、轉運の名は唐代各道の財賦を京に輸送したことに始まる。宋の太宗は諸道水陸に轉運使を置いて利権を総べさせた。宋の轉運使の多くは重臣で水陸の物資運輸のみならず辺防・刑獄・財政の任務を兼ねた。本来、都に米を運ぶことのうち水運を遭運といい、陸運を轉運という。とすれば素庵はむしろ轉運使より遭運使の肩書がふさわしかろうが、日本では遭運使は使用されていない。

さて、素庵は「両河轉運使」を名乗る。碑には豊臣家滅亡を導く大坂冬夏の両陣の戦役を「難波兵起」と記し、素庵は徳川方の兵站を担い、京と大坂を結ぶ水路を東軍有利に導いて一つ目の「淀河轉運使」を拝した。しかし両河のもう一つの河名は記していない。富士川開鑿では舟を見たことのない住民が「非魚而走水」と舼船に肝をつぶしたが、「富士川轉運使」の役職にはついていない。あるいは鴨川を水運疎通させるための次善の策として鴨川沿いに用水路を築きなおして運河にした。二年の歳月を費やして慶長一九年（一六一四）に二条から伏見まで高瀬川運河を完成に導き、淀川に合流させた。ついに都と大阪は水運でつながったのである。了以はそれを見届けてその年の七月一二日に没した。私見ではあるが、了以の両轉運使の一つが大阪の淀川ならば、あと一つは京の「高瀬川轉運使」と提唱したい。

（2）素庵と「舟中規約」

先述したように、江戸時代の角倉朱印船の始まりは慶長八年（一六〇三）である。このときの角倉船は了以が幕府の仰せをいただいて長崎から安南へ船を出し、翌九年六月に帰国した（『藤原惺窩文集』）。朱印状発布はすでに秀吉の時代に始まっていたであろうが、ともかく家康が覇権を握って徳川幕府は開幕した。角倉了以・素庵父子が新政権下で、角倉一族の新たなる理念のもとに交易を始めたのが慶長八年である。

父子は儒学者藤原惺窩を相談役に、了以の弟の医師吉田宗恂と「舟中規約」五条を掲げ、素庵はみずから「回易大使司」を名乗って交易部門に進出する。元来、角倉・吉田一族は土倉業、医家の家柄であるが、南蛮貿易の隆盛は長崎・堺から伝わってくる。了以の父宗桂も医家として明に二度渡っている。海外渡航の機運に乗じて角倉家の水運交易業への規模拡大は一族の期待に応えたものであった。川島元次郎が調査した「角倉文書」によると慶長八年一〇月に回易大使司・素庵と大医局法眼・宗恂の連名で安南国執事へ遣わした書がある。内容は、慶長八年の夏に「我国商船が遠く貴国より帰来したが、その船は日本からの朱印状を持たないまま貴国と取引をし、帰国の際も貴国からの簡牘（かんとく）（公文書）を賜らなかったので残念ながら交易の内容が不明であり、事件が起きても対処が出来ない。この際新たに相互の勘合符印を定め、回易使を遣わして友好のため善隣国宝の外交にならって善き交易をする所存なり」というもので、安南国執事に送っている。

この奉書は、角倉一族が正式に海外交易に参画するその心構えと決意を安南国に語り、朱印状で確認しあうことで安全性が高まること、交易が利益追求のためだけではないことを伝えている。そしてその文面から、すでに慶長七年か八年早々に朱印状の類を持たずに安南に行き、無事に八年夏に帰国した商人が存在していたことを知るのである。

ところで船に乗って渡海する人びとの生活倫理規範を儒者の藤原惺窩が五条にまとめあげたことは大いに価値がある。もっともこの規約には先行する法度があった。前代の室町時代、日明勘合貿易は和寇や近海の海賊の出没に悩まされていた。たまりかねた山口周防の戦国武将大内義隆（一五〇七〜五一）は、天文一六年（一五四七）臨済宗の僧策彦周良（さくげんしゅうりょう）を明に遣わすにあたり、「渡唐船法度二十六条」を定めて海上の安全・安心を図り、通商の成就を願ったのである。この法度二十六条は船中・船外の日常のこまごました生活訓である。これを基にして「舟中規約」五条は精神論と実際の海上生活規約を加えて凝縮させたものである。

（3）素庵と『鶴林玉露』

素庵にとって羅大経撰『鶴林玉露』（唐宋史料筆記叢刊）の影響は測りしれない。生涯の愛読書であり、臨終の際まで手離さなかった。

『鶴林玉露』は中国宋の時代に下級官吏の羅大経が職務の合い間に書き綴った随筆集である。紀行文あり、文学論あり、古典籍の解釈論ありの四九〇篇で間口が広い。大経の生没年は不明だが、一二二六年に科挙に合格し進士になっていることと、この書は一二四八年から一二五一年にかけて記述したことが判明している。我国では江戸前期、寛文二年（一六六二）に翻刻され、その後、江戸時代を通じて好まれ、各学者の著述に引用された。ということは、一六三二年に没している素庵の『鶴林玉露』は日本の翻刻版ではなく、舶来本であろう。請来した原書である。吉田・角倉一族は「医家」「土倉」いずれの家業からも中国の古典籍を入手することは可能である。朱印船貿易を待つまでもなく、すでに了以の父・宗桂（一五一二〜七二）は天龍寺僧・策彦周良とともに二度（天文八年〈一五三九〉と天文一六年〈一五四七〉）明に入国して膨大な書籍・経典を持ち帰っているので、この時期には角倉家に『鶴林玉露』は蔵書されていたと考えられる（ただし、現代に及ぶ吉田称意館旧蔵書目録には記載されていない）。ともあれ素庵が書き記す公的な書状などには中国の古典籍からの影響が強いのである。

（4） 素庵と「回易大使司」

素庵は、朱印船交易に当初から深く関わった。徳川幕府の意向もあり毎年確実に交易船を安南方面に送った。角倉船は安南国でも他の交易商のように中部ツーラン・フェフォに日本町を営み、そこで暮らす商人にはならず、東京（トンキン）に往き中国書籍、医薬関連品、生糸などを交易すると日本に戻った。それゆえ、いっそう互いの国の友好を重んじた。角倉一族特有の結束と素庵自身が傾倒する儒学の思想から、安南国への信頼を確認するための信書や、航海中の生活規範たる「舟中規約」を作成した。当初朱印状を受けたのは「角蔵了以」であり、のちに素庵も「角蔵与一」「角倉与一」として朱印状を受け取る。

海外へ書状を発信する際の素庵の身分は「日本国回易大使司」であった。角倉船以外の朱印船貿易家でこの「回易司」（交易担当管理官）を名乗る人物は見当たらない。これは中国の官職名であって日本では用いられないが、幕府の黙認があって使用していると思われる。素庵は、安南国へ交易の書を少なくとも四度は遣わしており、その草稿や控が伝わっている。

①慶長八年一〇月一五日　奉書草稿（角倉家蔵）
②慶長一七年一月三日　信書控（滋賀・正眼寺蔵）
③元和五年一二月一七日　交易草稿（角倉家蔵）
④寛永二年正月一一日　信書草稿（角倉家蔵）

①は「異國御朱印帳」に記載されている。東京行きの慶長九年八月二六日の「角蔵了以此朱印受取」(「異國御朱印帳」)に先がけて、前年に安南に遣わす書を起稿した文書である。奉書の差出人は、

日本國回易大使司貞玄之閒篗元源貞順子元

である。ここに素庵は「日本國回易司」を名乗り、交易を以下のように解釈している。

新議定二國勘合府印而此年容回易使脩鄰好則非二國萬世之大利哉、是乃先聖市貨交易舟楫利済之遺訓、尚象制器之微意而古人善鄰國寶之謂歟、有土省豈可廃哉、這回交易之要専在書籍薬材……

この慶長八年の奉書草稿ののちに、慶長一七年正月三日に安南國文理侯に送った素庵直筆の信書控(滋賀・正眼寺蔵)が②である。

日本國回易大使司貞子元
謹啓書
安南國文理侯足下

に始まり、二国万世之大利は安南国の功績があったからこそと述べ、交易したい薬名を列記(降真香・沈香・棧香・黄熟香・麝香・芫青)している。

この年の交易は悉く実施され、翌年一八年用の朱印状も一月一一日に受け取るが、幕府が禁教令を公布したため、諸般の事情を考慮して慶長一八年以降角倉氏は朱印船航海を自粛・中止している。

再開は七年後、素庵は善隣国宝を旨として友好的交易を呼びかけ、元和五年一二月一七日、西暦では一六二〇年に③（角倉家所蔵）の草稿でもやはり素庵の呼称は「日本國回易大使司貞順」となっている。素庵は、慶長一七年に禁教令発令が発生せられたことで一八年以降は交易が中止してしまった事実を記し、その間、朱印状を持たない船が横行しているので取り締りを要請している。この草稿は、素庵が日本の回易司として交易再開を果たすという熱意が伝わる文面であり、加えて末尾に安南国の執事への日本土産品を船長に託すと記し、幕府側の素っけない交易の取り組みを民間人が補うという図式を展開している。

④は寛永二年一月一一日、安南国大監に送る信書草稿（角倉家所蔵）である。その前年に安南国清都王の勅旨が乂安處の阮氏を通して角倉船代表者島田政之宛に送られたことに対する答書である。素庵はこれまで通り「日本國回易使貞子元」の肩書きを用いている。実はこの時期、素庵は自身の体調にただならぬ変調をきたしている。ハンセン病であった。この答書の文字は寛永の三筆と謳われた素庵の直筆であるが、草稿とはいえ行のゆがみやギクシャクした金釘流の字体に切迫した事態を予感する。また禁教策の強化にともない交易を取りまく状況は、イギリスやイスパニアの締め出しが始まるなど、年々厳しくなっていた。素庵はこの年寛永二年（一六二五）九月に、京都清水寺に石灯籠一対を寄進した。その寄進文は次のとおりである。

奉寄進　東京渡海船立願
清水寺石燈籠幷石壇　角蔵
寛永二乙丑九月吉日　宿坊　義観坊

（5）『鶴林玉露』と「老卒回易」

素庵はみずからを「日本國回易大使司」「回易司」と称したが、「回易」とは中国宋代に用いられた言葉で使臣が外国に往く時、自国の産物を携帯して相手国の首長に贈り、帰国の時、先方の産物をそれと交換して戻ることを意味する。また「大使司」は、本来は国公認の命を受けて公式に派遣され、その役目を司る使者を指す。素庵は公的な任務を請負っていたとはいえないが、家康の旨をいただき朱印船を出航させる所以の意志表明をしている。また儒学者の藤原惺窩や林羅山に深く傾倒していたことを考え合わせれば、この中国式役職名こそ素庵にふさわしかった。『鶴林玉露』に素庵が「回易司」を用いるきっかけになったと推測される「老卒回易」の話が載っている。意訳をすると次のようになる。

宋の張循王に一老卒（年をとった下僕・老僕）が仕えていた。なにするでもなく眠りこけていたところ、循王にとがめられ得意な分野を訊かれる。老卒は「回易之類」ならば十分に出来ると応え、循王は老卒に請われただけの巨額の資金を渡す。老卒は一か月の間に巨艦を造り、歌舞音曲の得意な美妓一〇〇人と楽士一〇〇人ばかりを調達する。艦を美しく飾り立て、山海の珍味を取り揃え、選び抜かれた器物を購入し、サマになる官吏、有能な書司を雇い、客商を数十人、水夫など一〇〇人ばかりを一同に会して士気を鼓舞し、仲間意識を高めようと艦上で飲めや歌えの大宴会を催した。一か月もすると艦は忽然と出帆してしまった。そして一年がたった頃、港に戻ってきた。なんと、宝石、犀の薬、駿馬などを持ち帰り、循王が渡した軍資金の幾十倍にもして凱旋した。循王はいかにしてこの成果をあげたかを問うと老卒は、夷国に「大宋の回易使」とふれこんで乗り込み、錦の布や珍しい器物を貢ぎ、女を侍らして大いに夷国の君臣を満足させた。夷国の君臣は我が分身ともいえる名馬を老卒に惜し気もなく渡して美女と取り替え、異国では手にすることもかなわぬ大宋の錦綾布や器物を自分の領地のどこにでも転がっている犀の薬や玉に交換したまでだと老卒に答えたという。循王は十分に老卒をねぎらい、また機会があったら回易するかと尋ねるが、老卒は「たまたまの成功だった、もう終わったこと」と返答して身を隠してしまった。

この内容は素庵にとっては説得力のある実践向け筋書きである。大宋を幕府、老卒を素庵となぞらえ、双方に利をもたらす事業が回易である。そこで素庵は「大宋」ならぬ「日本国」回易大使司をみずから名乗ったのである。公的意味あいをもつ「回易司」に、幸運を呼んだ老卒を兼ねあわせて命名した含蓄のある呼称ではなかろうか。特に老卒が巨艦で夷国に交易に行き「大宋の回易使」と名乗り、幾十倍の利益をもたらしてキッパリと隠居の身になるところ――積極果敢な投資と莫大な利潤に執着しない潔い引際――が素庵の琴線にふれたのであろう（なお「老卒回易」「大悲閣記」の解釈に関して立命館アジア太平洋大学孔子学院院長神戸輝夫先生に適切なご教示をいただきました）。

▼試論：「老卒回易」と「朱印船絵馬」の関連性

一三世紀半ば、科挙に合格はしたが宋のしがない地方官吏で謹厳実直な羅大経が輯集した『鶴林玉露』は、勤務の先々で記した随筆や紀行文で、その一篇が「老卒回易」である。文中、老卒はみずからを「大宋回易司」と名乗って夷国との交易に乗り出した。老卒が取り揃えたものは、前述したが飾りたてた巨艦をはじめ美妓や楽士、乗組員、客商などと山海の珍味、陶磁の器である。老卒は出帆セレモニーの大宴会を催す。

さて、これらの人や物を所狭しと巨艦の甲板に配置してみれば、京都清水寺に現存している「朱印船絵馬」に描かれている構図そのものに見紛う（本書三二七頁）。こうした絵馬は、朱印状を請けた角倉・末吉・末次・荒木などの交易船主が、航海の安全と無事を祈願して地元の寺社に奉納したものである。しかし、その製作期間は一七世紀初頭から航海厳禁の鎖国にいたるまでわずか二〇〜三〇年間であった。これに先行する「南蛮屏風」は、日本の港に着いた南蛮船との交易が題材であるが、屏風の面ごとにストーリーが展開される。一方、この「朱印船絵馬」は「老卒回易」の絵画版の如き艦上の宴会場面が額仕立の枠いっぱいに描かれる。

『鶴林玉露』は中世の日明貿易で請来したであろう中国古典籍の一つにすぎない。また刊行年も朱印船の時代と隔たりが大きい。それであっても角倉一族の来し方を辿れば、筆者は羅大経の「老卒回易」の艦上宴会場面の描写が「朱印船交易」の絵馬を描く際の題材に何らかの影響を与えたという推論を捨て難いのである。

（6）『鶴林玉露』と「臨終不乱」

素庵の碑文は、もとより素庵が書き遺したものではないが、父・了以と違って没後一年ののちには、堀杏庵の撰文によって早々と建碑されたものである。

素庵の生涯六〇年のうち臨終に向かう一〇年間は宿痾の発病とその療養に費やされたと思うが、一方では夥しい蔵書を愉しむことや頼まれた古典籍の校注や模写にも忙しかった。とりわけ素庵が好んだ書籍は、前項で述べた『鶴林玉露』で、死の床に持ちこんでいる。この書に「臨終不乱」の項があり、欧陽脩の談として「翛然（ゆうぜん）として定慧あれば臨終は安んじて迎えられる。また操を守り涵養たれば人が生き、人が死するをみるに際して、昼あれば夜が来るのをみるのと同じではないか」と説き、朱文公の高弟である靖春が臨終の折り、「自分は慮（おもんぱかり）をすっかり取り払っているので澄みきった最期である」と言い抜けて逝ったことを紹介している。

果たして素庵は如何なる心情で最期を迎えたか。すでに莫大な動産・不動産は一族に分配し、書籍だけを持って父・了以ゆかり清涼寺門前の西隣、旧千光寺跡に庵を建てて移り住み、死にいたるまでの二年を門人の宗允を侍らせて校注、訳注などを口述してすごした。この動向については、森銑三が『素庵角倉與一』のなかで記している。すなわち素庵没後三四年に野間三竹が江戸の儒学者人見竹洞を訪れ、その話題に三竹が素庵訪問の際の状況を語った内容である。

「嵯峨大井川上に隠士素庵あり。後悪疫あり」と書き出しから風雲急を告げるが、素庵の立居振る舞いを淡々と描写する。「廂の一間に紙衾を置き、これを宿客に備ふ。傍らに一室を構え、悪疫あるを以て常に紙帳の中に座して人と相面せず」の素庵であった。これを痛ましいとみるべきか、あるいは達観と諦観か、それ以上に素庵の現実を直視する勇気と命をまっとうする気迫を感じる。しかも死後の扱いは一族の眠る二尊院ではなく、化野念仏寺に独り葬ることを遺言するのであった。そして儒者としての最期を迎える。ここに妻の姿はない。「掛先聖影于枕上、儒者案奠祭器、扶起危坐焼香再拝」（素庵の臥した頭上には孔子像が掛けられ、儒者が用いる祭祀器具が台に置かれている。素庵は助け起こされて台の前に膝まずき、焼香して聖像を再拝する）、そして息子玄紀と厳昭の二人、弟長因、最期まで素庵に仕えた和田宗允の四人と永訣した。

おわりに

吉田・角倉一族の足跡を辿るという筆者の目論見は、角倉了以・素庵父子の事跡を追いかけることにとどまった観がある。しかし同時に碑に遺された二人のメッセージは、四〇〇年を越えた今なお筆者に父子の追跡を続行せよと耳元で囁くのである。

すでに出版されている角倉の父子に関する主な書籍の著者は、第二次世界大戦前の川島元次郎、岩生成一、森銑三、戦後の林屋辰三郎（昭和一九年初版の改訂版が昭和五三年）などであろうか。それら著書のテーマは父子の「朱印船交易」「国内の河川治水開鑿」「芸術活動・出版とその支援」が軸になっている。

了以没後四〇〇年を迎え、筆者は保津川・高瀬川・富士川開鑿現場に足を運び、吉田・角倉一族出自の近江豊郷と坂田郡吏時代の屋敷趾・草津を訪れ、また一族の朱印船交易の目的地である安南ベトナムに飛んで歩きまわった。省れば、父子の墓碑に刻された事どもを追いかけ、文献史料や先行研究を道連れにしてテーマを押し進めたのだが、つまるところその目的は一六世紀から一七世紀にかけてのめまぐるしい時代のなかで為政者に仕え、国への奉仕を惜しむことなく、ひいては一族の繁栄をも見極める目をもつ了以と素庵、それぞれの生き方を辿ることにあった。嵐山千光寺に建てられた了以の石碑と素庵の木碑からは多くの示唆を得ることが出来た。碑文の内容は、父子の没後、それぞれ当代最高の儒者、林羅山と堀杏庵の撰文で出自、生涯の功績、ひととなりが刻されている。それは父子の生きた証であるが、二〇〇〇字に籠められた奥深い真意や寓意を読み解く愉しみも含んでいた。

一方、嵐山千光寺から渡月橋をこえた対岸には二尊院がある。その小高い場所の一叢に角倉・吉田一族の墓所がある。その脇に別格にしつらえた了以・素庵の夫妻墓四基があるのだが、その墓型はどこか五輪塔の最上五番目の空（くう・宙）を表わす擬宝珠か、禅僧の墓に多い卵型墓を連想させる。また嵐山大悲閣の千光寺の了以像は、了以の遺言どおりに犂を肩に担ぎ、太い荒綱を巻いた円座に片膝を立て座している。丹波を治水した大山咋神になぞらえたのであろうが、いっそ寺入口の門柱に刻された禹（中国夏の皇帝治水王）の日本版になったか、それにあらずば石碑に記す黄熊（禹の父、鯀が誅されて黄熊と化すがこれを祀れば凶が吉に転じるという）となって嵯峨嵐山から日本の治水の行く末を見守っているのであろう。

今一度、父子のそれぞれの像に目を向ける。烈烈たる士気がみなぎる嵐山千光寺の了以像に比して、三条瑞泉寺の素庵像には儒学者の野間三竹が「淡泊にして隠士の風あり」と晩年の素庵を評した雰囲気が漂う。坐する姿も了以の「迸」に対して、素庵の「寂」であろうか。墓碑に了以は「河道主事嵯峨吉田」と明記されるが、素庵にはまず「儒学教授」を冠に置き、続いて「両河轉運使吉田子元」と記されたのである。素庵が最期まで愛でた手沢本は『鶴林玉露』と思われるが、四九〇篇の項目の中でも「大悲閣記」「臨終不乱」は東坡、欧陽脩の思想につながり、「老卒回易」や「碑銘」の項目はいずれも素庵の思考回路に深く影響を与えている。特に晩年の一〇年間は悪疫に命を削られながらの月日であったから「臨終不乱」をめざして我が精神を鼓舞したり鎮めたりの日々であったろう。

角倉了以と素庵、父・了以は「犂と綱」を肩に黄熊と化して治水事業に命をかけ、息子・素庵は『鶴林玉露』の諦観を胸に国家的事業を遂行した生涯であった。

〔文献一覧〕（五十音順）

［1］異国日記刊行会編集『影印本　異國日記上・下、異國渡海御朱印帳・異國近年御書草案・異國御朱印帳・異國日記御記録雑記』（東京美術、一九八九年）
［2］石井謙治『図説和船史話』（至誠堂、一九八三年）
［3］石井研堂校訂『天竺徳兵衛物語』漂流奇談全集（東京博文堂、一九〇〇年）
［4］石井米雄『世界各国史5』東南アジア史①大陸部（山川出版社、一九九九年）
［5］石田孝喜『続・京都史跡事典』（新人物往来社、二〇〇六年）
［6］岩生成一『南洋日本町の研究』（南亞細亞文化研究所、一九四〇年）
［7］岩生成一『朱印船貿易史の研究』（弘文堂、一九五八年）
［8］岩生成一『朱印船と日本町』（至文堂、一九六二年）
［9］岩生成一『新版朱印船貿易史の研究』（吉川弘文館、一九八五年）
［10］岡本良知『増訂版　十六世紀日歐交通史の研究』（六甲書房、一九四二年）
［11］川島元次郎『徳川初期の海外貿易家』（朝日新聞、一九一六年）
［12］川島元次郎『朱印船貿易史』（内外出版、一九二一年）
［13］九州国立博物館編集「大ベトナム展　カタログ」（九州国立博物館、二〇〇三年）
［14］京都府教育委員会南桑田郡部会編纂『南桑田郡誌』京都府郷土史叢刊第一四冊　復刻版（臨川書店、一九八五年）
［15］孔凡禮點校『蘇軾文集』第二冊（中国古典文学基本叢書）
［16］貞方堅吉『長崎拾芥』（純心女子短期大学長崎地方文化史研究所編、一九八七年）
［17］下浦康邦『吉田角倉家の研究』（近畿和算ゼミナール、一九九九年）

[18] 田辺茂啓編輯『長崎志』（宝暦一〇年）（「長崎実録大成」巻一二、長崎文献叢書、長崎文献社、一九七三年）
[19] 近松文三郎『西村太郎右衛門』（太郎右衛門顕彰会、一九四一年）
[20] 外山卯三郎『南蛮貿易史』（東光出版、一九四三年）
[21] 長崎市編『長崎市史』通交貿易篇　西洋諸国部（一九六七年）
[22] 中田易直『近世対外関係史の研究』（吉川弘文館、一九八四年）
[23] 永積洋子『朱印船』日本歴史学会（吉川弘文館、二〇〇一年）
[24] 西川求林斎『華夷通商考』（宝永五年）（『日本経済大典』第四巻、啓明社、一九二八年）
[25] 西川如見『長崎夜話艸』（享保五年）（「長崎叢書」復刻版、一九二六年）
[26] 西洞院時慶『時慶卿記』（天正一五年自筆本のみ天理大学附属天理図書館蔵、他は西本願寺蔵、未刊）
[27] 野村重治「京都清水観音堂の扁額――海外渡航船の図に就きて――」（『書画骨董雑誌』七五号）
[28] 林源吉「丸平印御朱印船について」（『長崎談叢』三一輯、一九四二年）
[29] 林屋晴三編『光悦』日本の美術一〇一（至文堂、一九七四年）
[30] 林屋辰三郎『角倉了以とその子』（星野書店、一九四四年）
[31] 林屋辰三郎『角倉素庵』朝日評伝撰一九（朝日新聞社、一九七八年）
[32] 林屋辰三郎・上田正昭編集『篠村史』（篠村史編纂委員会、一九六一年）
[33] 広川獬『長崎聞見録』（寛政一二年）（長崎文献叢書第一集第五巻、長崎文献社、一九七三年）
[34] 堀永休編『嵯峨誌』（嵯峨自治会発行、一九三二年）
[35] 松田毅一訳『フロイス　日本史』1巻・2巻豊臣秀吉篇（中央公論社、一九七七年）
[36] 宮崎成身輯『視聴草』第五三冊（内閣文庫所蔵史籍叢刊、史籍研究会、一九八五年）
[37] 森銑三『素庵角倉與一』森銑三著作集人物篇二　歴史と地理（中央公論社、一九三二年）
[38] 箭内健次編『鎖国日本と国際交流』上・下巻（吉川弘文館、一九八八年）
[39] 山口幸充『嘉良喜随筆』巻四　日本随筆大成第一期（吉川弘文館、一九七六年）
[40] 大和文華館編『没後三七〇年記念 角倉素庵展』（大和文華館、二〇〇二年）
[41] 吉田東伍『増補　大日本地名辞書』中国・四国　巻三（冨山房、一九八九年）
[42] 弄古軒萱秋『長崎虫眼鏡』（元禄一七年）（長崎文献叢書第一集第五巻、長崎文献社、一九七三年）
[43] 宋・羅大経撰『鶴林玉露』唐宋史料筆記叢刊（中華書局、一九八三年）

〔44〕「京都民報」二〇一三年一〇月一三日記事　治水神禹王
〔45〕『慈舟山瑞泉寺縁起絵巻』（京都瑞泉寺蔵・元禄年間に成立か）
〔46〕『すみのくら』二一・二六・二七号（角倉同族会事務局、二〇一〇年）
〔47〕著者不明『長崎根元記』（元禄頃）（新村出監修「海表叢書」巻四、更生閣書店、一九二八年）
〔48〕「同慶御覧地輿誌図」興元縣部分
〔49〕『邦訳日葡辞書』（土井忠生・森田武・長南実編訳、岩波書店、一九八〇年）
〔50〕『HUNG NGUYÊN NHỮNG TRANG LỊCH SỬ』（一九九七年）

【第四部】

第四章　朱印船時代における「日本前」船と南シナ海の造船事情

金子　務

一　海のシルクロードと南シナ海

東南アジアの帆船交易ルートを見れば、マレー半島の重要性が一目でわかる。すなわち西へ向かうインド航路は、マレー半島の西海岸からインド・アフリカにいたるのだし、中国・日本などへ向かう東アジア航路はマレー半島の東海岸を経てタイやベトナム沖の南シナ海を縦断する必要がある。この二大ルートをつなぐのがスマトラ島を挟んで長く伸びるマラッカ海峡と、その要衝マラッカである。

ところがこの南シナ海の交易ルートは、強力なモンスーンの季節風による規則性に縛られてきた。このため、元王朝を一二七五〜九二年に訪れたマルコ・ポーロがすでに記しているように、西からの船なら往路は夏、帰路は冬がよい。すなわち、七月初めから九月中頃にかけては南西からの風が吹き、一一月末か一二月初めから三月初めにかけては北東からの風が吹くからである。

さらに貿易になると、考慮すべきは風の都合ばかりではない。たとえばインドからの品を入手するには、中国の貿易商人は、まず春頃までに北東からの風に乗って二大ルートの接点である港、マラッカやアユタヤやトンキンに到着して、夏の終わり頃にかけて南西風に乗ってやってくるインドからの船を待つ必要がある。つまり接点となる港に、交易船は数か月は風待ちのため投錨をする必要があるのだ。そういう東南アジアの有力な港では、現地諸国が自国産物を交易船に売り込むほか、交易品の仲介業に乗り出したり、港湾施設を整備して、倉庫やドックや宿泊慰安施設を提供し、さらには交易品や商人に課税することで、経済発展を遂げてきた。東南アジアと南シナ海は、東西の文物が行き交ういわゆる「海のシルクロード」なのである。

五世紀にはもうインド―中国交易ルートが海上にできていたことが知られる。それは、六年をかけて中央アジアの砂漢を越え、インドで仏典収集と仏蹟巡礼をした中国僧法顕が、帰りは海路で、ベンガルからスリランカへ、二年の修行後にスリランカからスマトラへ、スマトラから中国北部へ、と三回も二〇〇人以上を乗せたインドの船を乗り継いで母国に辿り着いたことにもうかがえる。

当時すでにインドでは、マレー半島の港町はよく知られていたのだ。古くはケダ、のちにはマラッカ、パハン、テレンガヌ、ティオマンなどである。北ボルネオ海岸も重要だった。とくに一五世紀にはフィリピン諸島に行くのにこのルートが不可欠となる。アラブやアナトリアなどのイスラム商人たちが、八、九世紀には海から中国に現れ、一〇世紀までに広東のイスラム人口が急増していた。宋王朝の中国は造船技術の発達で外洋航海に積極的であったが、それはつづく元王朝も引き継いた。

次の明王朝では初代の洪武帝以来、北はモンゴル族、南は和寇という「北虜南倭」の外患を怖れ、海外貿易を禁じ、「片板の下海をも許さず」といわれる海禁政策をとっていた。一四〇二年から一四三三年までの短い期間、永楽帝らの積極政策で、鄭和の大艦隊をジャワ、マラッカ、スマトラからスリランカまで送るなどして諸国に朝貢貿易を促した。鄭和の大遠征は七次に及び、ホルムズ、メッカなど、アフリカ東海岸に達した。とはいえ、永楽帝すら私的海外貿易を禁止し続けた。そうした明朝への反動が、海外に散った中国人たちの密貿易や海賊行為を招いたといえる。ポルトガル人を乗せて日本に鉄砲を伝えたジャンク船の頭目王直たちが、中国沿岸部を一五五〇年代まで荒らし回る結果をもたらした。この後期倭寇、嘉靖倭寇の実態は倭を引き入れる「引倭」、倭と結ぶ「勾倭」、倭を誘う「誘倭」というように、新安（徽州）商人の王直はじめ、徐海・陳東・毛海峰など中国密貿易商人が主で、当時の和寇には日本人は一割程度しかいなかった。

この間の一四一四年、マラッカ王国の第二代国王ムガト・イスカンダル・シャーが、インドのイスラム商人らに薦められて、ヒンズー教からイスラム教に改宗する。これ以降、マラッカは東南アジアのイスラム化の中心勢力になり、一五世紀末にはイスラム化の波はジャワ島全体に及んだ。またヴェトナムは、二〇年に及ぶ明の支配を駆逐して、一四二八年に独立を回復する。このレ・ロイの独立闘争を助けた名参謀がグエン・チャイ（阮廌）であった。

二　一七世紀のオランダとシャム

東アジアと東南アジアの諸海域は、現代世界においてもっとも厳しいシーパワーの角逐する海洋になっているが、一七世紀に朱印船が活躍した時代の海域もそれと重なっている。

一六世紀末から一七世紀初頭の東南アジアの海では、強国オランダ海軍の台頭で、ポルトガルやスペイン勢力は後退していった。オランダの主力艦は、シャムのアユタヤ王朝がいまだかつてお目にかかったこともない軍艦だった。一五九五年にピーター・ヤンツ・リオルネが発明したオランダ軍帆船「フルート」(fluit) 型は小ぶりで吃水が浅く操舵しやすいため、スペインやポルトガルの重いカラック帆船やガレオン帆船の側面にすばやく廻り、圧倒的な一斉砲撃をくわえて撃破したのである。一六〇〇年までにはアムステルダムは造船力において世界をリードしていた。

のちの一八世紀に、タイ駐在のポルトガル大使が詩人官僚プラクラン (Phrakhlang, ?-1805) にアユタヤで嘆いた話がある。オランダはタイ産の良質な船材（チーク材）を大量にジャワのバタヴィア（いまのジャカルタ）に運び、頑丈な軍船を造っている。タイが供給をやめてくれれば、オランダは海峡の制海権を失い、ポルトガルの貿易船は年に四〇隻もチャオプラヤ河を遡って取引できるのに、と。(1) 香辛料貿易の要衝マラッカは一五一一年来ポルトガルが占拠していたが、あとからやって来たオランダにそこから放り出されたのは、一六四一年である。

木造の大型帆船を造る上で、洋の東西を問わず最大の問題は、長くて欠陥のない良質の木材を入手することである。とりわけ重要なのは二本の木材、竜骨（キール keel）と船尾の主帆柱 (stern-post) の確保である。主帆柱は一本の硬く丈夫な木であってほしいし、竜骨は長い三、四本を堅く結合して使いたいのである。木材選びが船匠の最大の仕事であり、森を歩き回って木の胴回りを測り、位置を見定め、なるべく節や傷の少ない最長の木を選び出すのだ。(2) したがって豊かな森林資源国アユタヤ王朝が注目されたのである。アユタヤ王国自体の造船事情はあとで触れるが、一七世紀前後の時期は、ヨーロッパでもまだ造船理論など存在していなかったことは忘れてはならない。船の排出量の評価法もないし、多くの場合、最終的な形を予測するのも困難であり、経験だけがものをいったのである。(3)

またオランダ商人は商売に巧みであった。クローブ(丁字)やナツメグ、メース(香味料の一種)をバタヴィアから持ち込み、タイからはココナツ油を大量に求め、バタヴィアにオイル・ランプ用灯油として供給した。これらの大量の荷をシャム湾東海岸に運び込み、さらに日本を目指していた。日本からは銀と銅を持ち込み、銀でアユタヤの産物を買い込み、銅は売って仏像や大砲に鋳造させ、インドに持ち込んだ。

一六世紀後半から一七世紀前半の一〇〇年間にオランダ商人がこの日本貿易ルートで失った船はわずか二隻であった。その間、シャムや中国の商人たちは、パッタヤ海岸だけでも数多くの難破船を出していた。アユタヤ王朝は東にカンボジャ、西にビルマの敵対勢力があり、王領南部では反乱勢力が競い合い、王朝にとって外国貿易による収入だけが頼りであった。プラーサートトーン王はオランダ東インド会社に鹿その他の角や獣皮の独占輸出権を与え、さらに赤染料材のスオウの売買契約を結んで、オランダの軍事力と経済貿易力に頼った。オランダ人は数百万頭もの鹿を殺し、日本で多くを売り捌いた。その利益は三〇〇%といわれた。(4) したがって歴代アユタヤ王朝の王たちは、西欧の技術革新に関心を寄せていた。

アユタヤ王朝は一七世紀に後半期の全盛期を迎える。西隣のビルマ、東隣のクメールなどの外圧を排して、外国貿易と版図拡大に努めた。王宮のあるアユタヤの町はチャオプラヤ川沿岸にあり、周りを本流や支流が囲み、船なら自由に出入りできる水の都である。東西貿易の中心地であった(図1)。琉球と日本が主要な貿易のパートナーであって、一

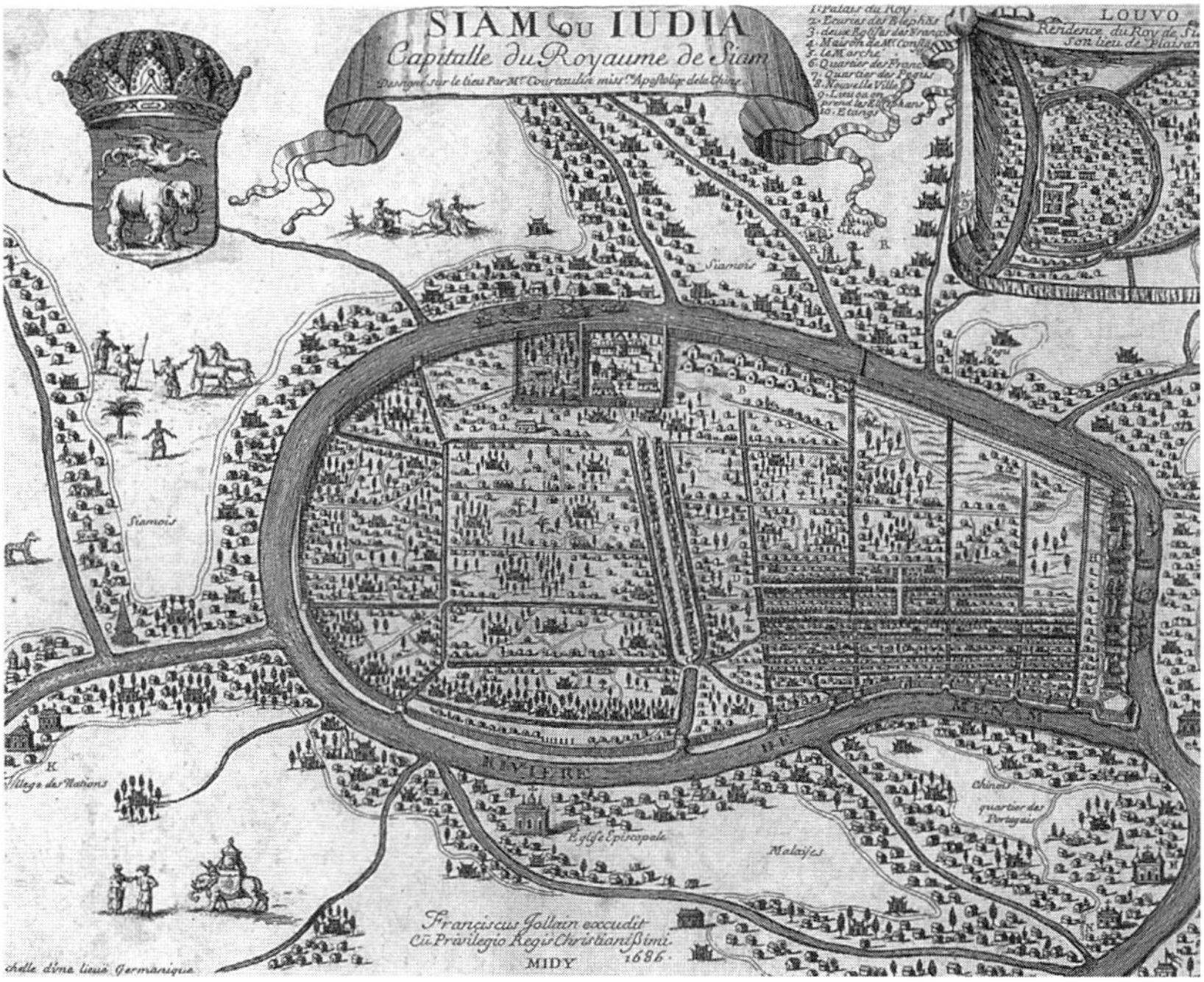

図１：水都アユタヤの地図（IUDIA がアユタヤの綴り）、1686年

五世紀末以来、琉球からは毎年一〜三隻、一五〇年間に一六八隻がアユタヤに入港し、日本からは朱印船時代の短い三〇年間（一六〇四〜三五）に東南アジアに向かった三五五隻中五五隻がアユタヤ行きであった（次はルソン（五四）、トンキン（三七）、台湾（三六）の順）[5]。

アユタヤ王朝は一三六八年以来、明の朝貢国になり、毎年のように朝貢貿易が行われた。調教済みの象や象牙、六本足の亀、黒熊、白猿や孔雀の尾羽、銅・鉛・錫といった特産品など、明の記録によれば多いときで四四品目に達した。この数は朝貢国で最大であり、インドや西欧からの輸入品も一四品目含んでいた。中国への朝貢品目では次に多いマラッカ（二六）の二倍近く、マレー半島南端のジョホール（一五）やインド南部のアラビア交易の拠点カリカット（一四）の三倍であった（窮迫したカンボジャは記載なし）[6]。

三　「ミスツイス造り」のシャム船と「日本前」の朱印船——石井謙治の問題提起——

長崎の天文地理学者西川如見が、「外国出シノ船」と題して「シャム」船（図2-A・B）について記している。(7)「ミスツイス造りの船」という呼称が初めて現れる。

二帆ノ諸具旌旗[せいき]何レモ唐船ニ同ジ。船ノ造リ底深ク舵ハ入ナル鉄ノ肘ヲ数[ケ]所ニ打テ、其肘ヲ受タル所ニ又大ナルツボヲ打テ舵ヲハムルナリ。其ノ外福州潭州ノ船ニ多クハ替リ無シ。昔長崎ヨリ天竺ニ渡航セシ船モ皆此ノ船ノ造リニ同シ。コレヲミスツイス造リノ船ト号ス。大ナル者百五六十万斤、小ハ荷物百二十万斤也。又舳先[へさき]ニ遣出[やりだし]トテ短キ檣[しょう][マスト]アリ。外国ノ海上遠キニ往来スル処ノ唐船ハ皆遣出ノ檣有テ帆ヲ掛ル。又高帆ト云アリ。本帆、弥帆ノ上ニ又帆ヲ掛ル也。高帆モ遣出ハ皆木綿帆ナリ。船ノ長サ十五六間ヨリ二十間マテ大小段々アリ。此図ハ今

図2-A：シャム船Ａ　西川如見『増補華夷通商考』所収「ミスツイス造りの船」

図2-B：シャム船Ｂ　ワット・クルアワン（バンコック）の壁画（「ジャータカ物語」から）

ノシャム出〔だし〕ノ船ナリ。舟ノ上廻リヲ赤ク丹土色ニ塗ル、又ハ白木ニ油ヲ引タルモアリ。舟底水ニ入ル処ハ油石灰ニテ悉ク塗故ニ白キ也。

（句読点、［ ］、傍線は筆者、以下同）

これについて、和船造船史の権威石井謙治は、如見の書物にある「ミスツイス」船の挿絵がより写実的な『唐船図巻』（松浦史料博物館蔵）にあるシャム船図とよく符合するので、この図と朱印船図とを比較して日本の朱印船形式はシャム船よりも一段と西欧船の利点を取り入れたものであるとした。さらに石井は、日本で発達した船型呼称について、この手のものを『綺陽〔きよう〕今昔物語』[8]では「日本前」と呼んでいることから、意味不明な「ミスツイス船」よりも「日本前船」と呼ぶことを提案している。その後、石井は、「ミスツイス」の語源について、地中海帆船のミスチコ型にも触れた上で不明としていたが、南欧ポルトガル語やスペイン語の‘mest-izo’（「インディオ、混血、合いの子」を指す）に、「ミスツイス」の語源があることを読者からの指摘で知った、と訂正している。[9] すなわち、ミスツイス＝ハイブリッドなのである。

石井はシャム船の位置づけとして、「中国系ジャンク技術に西欧の技術がミックスした船」として注目する。さらに「両技術の接点がシャム（タイ）というのは、地理的に自然であろう。ただし西欧的技術は船尾構造と舵およびスプリットセール程度で、末次船などの日本前型とは比較にならないが、日本前型のベースになったことは確かであろう」としているが、シャム船ないし東南アジアの造船問題に踏み込んではいない。

さらに石井によれば、長崎の朱印船主末次平蔵が地元の清水寺に奉納した末次船図（寛永一一年〈一六三四〉）（図3）や同系の荒木船図を見ると、基本は中国のジャンク船（図4）で、これに船尾構造や舵構造に西欧のガレオン船の技術を導入したものという。そしてこの折衷船はまずアユタヤで出現したとする。[10] 帆装は中国ジャンク式の網代帆を主に、船首に遣り出し（斜檣、バウスプリット）と遣り出し帆（スプリットセール）を伸ばし、後檣に大三角帆（ラテン・セール）を張るガレオン式帆装（後の図5参照）である。こうしたシャム船がオランダ東インド会社用に買われてもいるから、航洋船としての評価が高かったと見られる。これにさらに日本の軍船の櫓を踏襲した大きな船首楼が乗っているが、これもガレオン船の先駆系カラックの大船首楼を取り入れたものかもしれない。大きな船首楼の設置は曳舟のない港湾でも、自力で漕いで出入りできる配慮のためとされる。石井の見解を簡潔な図にすれば、次のようになろう。

中国ジャンク型＋西欧ガレオン型↓シャムの「ミスツイス」型↓朱印船「日本前」型

石井の見解は主として日本の史料調査からの結論であって、「船型・構造・艤装のわかる技術資料、たとえば図面や寸法書といった一等資料は皆無で」あり、あるものといえば、「朱印船の絵馬とか朱印船関係史料のなかに散見する大

図３：清水寺末次船絵馬下絵（長崎歴史文化博物館収蔵）

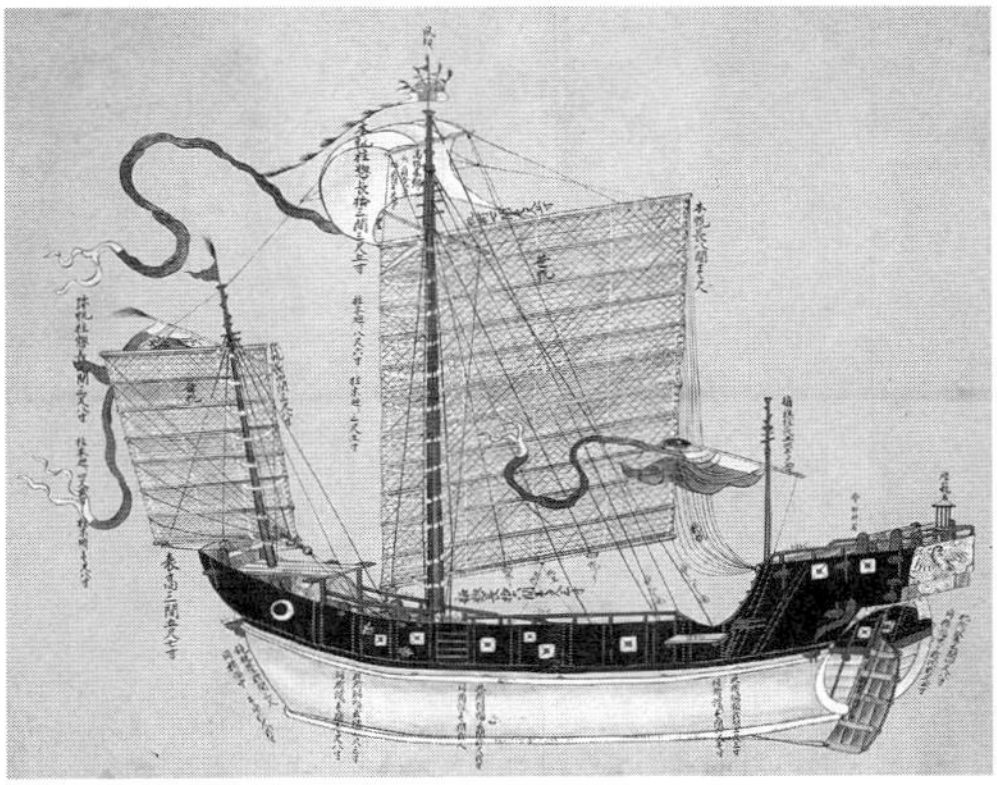
図４：「唐船図巻」寧波船（松浦史料博物館蔵）

雑把な寸法などでしかない」と嘆いている。数十年後のわれわれ研究者の立場も、石井の嘆きを共有するのだが、それでも近年目覚ましい東アジアや東南アジアにおける沈没船の考古学的調査（海洋考古学）によって、各種遺物からもう少し微細に、独自な東南アジアの造船事情の一端がわかり始めている。たとえば、中国ジャンク型も一様でなく、南の福州船などは底部に竜骨をもつV字形だが、北は平底船で真の意味の竜骨を持たないという違いがあることもわかってきた。東南アジアの船型にも独自なものがあり、造船所によって地域差が見られる。一六、一七世紀の沈没船調査から、「南シナ海ハイブリッド型」という呼称も海洋考古学側から提案されている。以下、石井の問題提起を受けて、論点を整理していこう。

四　朱印船は日本で造ったのか――造船水準についてのアダムス（三浦按針）の証言――

朱印船制度の創設は、秀吉の九州平定直後の天正一五年（一五八七）六月一九日の禁教勧商の大方針に由来する。天主教禁制令は二〇日以内にバテレンの国外退去を命じ、バテレンの手にあった長崎を没収公領としたが、同時にポルトガル人の通商貿易は少しも拘束せず、翌天正一六年七月八日の海賊禁制令によって、海上往来の平安を確保して、日本人の海外雄飛をも督励することになった。

さらに国力を高め、富力を培養するには、大資本を持つ富商を選抜して海外貿易に当たらせるのが捷径として、文禄元年（一五九二）、初めて海外貿易の特許となる朱印状を与えた。富商八人に計九隻分である。内訳は、京都三隻（茶屋四郎次郎、角倉与一、伏見屋）、堺一隻（伊予屋良干）、長崎五隻（末次平蔵二隻、船本弥平次、荒木宗太郎、糸屋随右衛門）である。

この時、「いづれも長崎にて唐船造りの大船に作りて皆長崎の津より出帆す」、と西川如見の『長崎夜話草』にある。

この記述を信じれば、当初の朱印船はみな国内で自製したことになる。しかし朱印船時代を通して、朱印船のなかには購入した記録もあるから、臨機応変に内外から調達していったのだろう。朱印船主は競って大船を造りあるいは購って、航海安全と貿易量の拡大に努めたのである。

その後、大商人以外の渡航も認められ、加藤清正が慶長九年（一六〇四）に新造した大船は、これを見物した舟橋秀賢の『慶長日件録』によれば、長さ二〇間、幅九間あり、座敷を三重に設け、一六畳の広間、風呂もあった、という。三重の座敷とは、朱印船乗組員のために艫（とも）の楼閣に三階建てで設えてあったのだろう。別の武将、亀井茲矩は、黒船すなわちポルトガル船型の積載量六〇万斤の帆船を長崎で造る計画を立てた。船材には硬くて美しい楠を使い、仕上がったら赤土で赤く塗り、その上に魚油を塗って腐食を防ぎ、七尋（ひろ）の櫂を備えて港などの進退に備えるつもりで、唐船同様の鉄釘も長崎に送る準備までしたが、その計画は頓挫した。すると茲矩は、今度はシャム在住日本人に、八〇万斤積みの大船を買うよう依頼した。しかしそれに相当する大船はちょうど中国に派遣されたばかりで、もっと小さな船なら可能、との返事を得たものの、これも実現しなかった(11)。

朱印船のような木造大型帆船出現の背景には、木割（きわり）術の普及によって規格化された造船用材が大量に入手できるようになったことがあげられる。一六世紀末、豊臣秀吉の朝鮮出兵にともない大量の軍船や輸送船が日本各地で造られ、そのことがこの規格化を推し進めた。部材の寸法を割り出す基準として、船底材なら長さ一尋を基準とする尋掛かり、櫓一丁を基準とする櫓掛かり、帆一枚を基準にする帆掛かりの三方式である(12)。それまでは、他の技術同様、諸流派が競っていたが、西日本を中心として、軍船の代表である安宅船（あたけぶね）や関船（せきぶね）の造船技術が進み、標準化されていった。

海洋を横切る朱印船には、竜骨が不可欠である。大型船になるほど部材と接合部が増えるが、船首（舳（へ）、舳先（へさき））から船尾（艫（とも））にかけて底部に太い軸材（竜骨）を通せば、それだけ構造的に船の強度が増す。さらに三角帆の導入によって、船を風上に向けてジグザクに進める逆風帆走、「間切り走り」が容易になった。その際底が平らでは風下に流されやすいが、底に突出した竜骨があると、横流れを防ぐ効果が大きい。

帆も莚帆（むしろほ）から木綿帆へと技術革新した。莚帆よりも木綿帆は高価だが、帆走性能がアップし帆の操作も楽になった。莚帆では上下に二本の帆桁を必要とする。しかし木綿帆では下の帆桁が省略でき、帆面に大きなふくらみを持たせることによって大推進力が得られる。この場合の木綿布は二枚重ねて刺し子にした刺帆で、朱印船時代は幅三尺、のちに強度を増すために二・五尺になって、その分刺帆数を増やした。弁才船（べざいせん）では天明五年（一七八五）の松右衛門帆の出現で、刺帆から織帆へと変わる。これは太い木綿糸を縦糸・横糸ともに二筋にして織った厚手の帆布地で、値段は二倍と高いが刺帆より遙かに丈夫だったので、普及していった(13)。

一七五〇年（寛延三）に中国福建省に漂着した二五〇石積み「神力丸」（一六端帆）の乗組員六人の「口書」がある(14)。唐船とその網代帆の操り方を比較して、木綿帆の「日本船よりハ甚手ぬるく候」とし、唐船では、帆を一旦引いたら、どんな風にももう下げたりしないので、その乗り方は危く見えた、という。日本の木綿帆は下げたいときには帆耳に付いている小綱を時々ゆるめてやれば、帆裏に回る風を横切ることができるのでより安全、という。唐船の網代帆は中国南部や東南アジアで普及した竹その他植物性の編み帆で、軽くて丈夫なので朱印船もこれを併用している。

当時の日本では、適切な造船経験を持つ外国人指導者さえいれば、西洋式帆船を造る資源的技術的制約はまずなかったと考えられる。実際、江戸初期に家康・秀忠に仕え、八〇t積みと一二〇t積み二隻の西洋式帆船を伊豆で造った体験を持つ、英国人パイロット、ウィリアム・アダムス（三浦按針）（図5）の証言、伊達政宗による遣欧使節船「サン・ファン・バプティスタ号」の建造実績もある。スペイン司令官セバスチャン・ビスカイノ一行の指導下に伊達藩はガレオン船型洋船を造って、慶長一八年（一六一三）に出発、この船は結局、太平洋を四回も横断した。頑強な船体構造をしていたのだ。

アダムスは、家康に小船を一つと所望されて、再三「予は船匠ならざれば其の心得なし」と答えたが、家康は「宜し、良好ならずとも、差し支えなし」ということで、伊豆の船大工たちを指導して八〇tの洋帆船をまず造った。「悉く皆英国風に造りしが、帝［家康］は乗船検分し頗る気に入り」、一、二回航海して、いっそうの寵愛を受けた。「次いで帝は、予に更に他の一船を造ることを命ぜられ」、すなわち一二〇t積みの一隻を造った。「予は此の船にて都［京都］より江戸まで航海したり。其の距離ロンドンよりリザルド又は英国の北端まで位なり」と。(15) この船は、慶長一四年（一六〇九）九月に房総沖で遭難したスペイン使節船の代わりに家康によって提供され、「サン・ベナベンチュラ号」と命名されてメキシコのアカプルコまで太平洋を横断し、その後マニラのスペイン艦隊に入った。これも十分、堅牢であったのだ。

そのアダムスが、日本における造船能力について、自信を持ってこう証言する。それは、北西航路発見を意図して、蝦夷（北海道）探検を英国東インド会社に提案したものであった。アダムスは、当地に船を派遣せずとも、命令だけ出してもらえば、「当地に於いて船舶は閣下の望み通りに建造せらるべし」と書く。

図５：リーフデ号(復元模型)
慶長５年(1600)九州豊後沖に漂着したオランダのガレオン船。このパイロットがイギリス人のアダムス。

> 当地にては不足品なし。即ち、船匠、材木、厚板、及び鉄、其の他建造及び糧食に必要なる品は、英国におけると同様に優良にして安価なり。人手も予が二十人内外を望むならば、聊かの心配もなく雇い入れ得べし。蓋し当地にては日本人の供給十分にして、海員も、彼等の為すべき所を、一寸日本人に指導激励すれば可なり。但し日本に於いては綱具類、及び烟脂其の他、羅針盤、地球儀、航海用具等不足せり。(16)

これらの綱具類や烟脂類（おそらくタールの類か）も実は十分自製

可能であったろうし、一部の航海用具の模作も始まっていた。

五　朱印船図と角倉船の問題

朱印船交易については岩生成一、川島元次郎その他、先人たちの詳細な研究がある。それらを総括すれば、徳川期の慶長九年（一六〇四）から鎖国令の出る寛永一二年（一六三五）までの三二年間に、計三五六回の渡航があり、内訳は、安南（アンナン）一四、暹羅（シャムロ、シャム）五五、東京（トンキン）三七、交趾（コウチ）七一である。安南・東京・交趾をあわせてヴェトナムとすれば、一二二回になり、朱印船交易ではシャム（タイ）を二倍以上も上回る。

朱印船貿易家について、三二年間、計三五六回渡航した内訳を見ると、まず大名一〇人による朱印船派船が三七回（島津忠恒八回、松浦鎮信七回、有馬晴信七回、鍋島勝茂三回、亀井茲矩三回、加藤清正三回など）、そのほか武士四人計一〇回である。さらに商人六五人による計一七〇回の派船中、角倉氏（角倉与一、京）は少なくとも一六回であるから、隔年一回のペースである。ほかの商人は末吉孫左衛門（大坂）一二回、茶屋四郎次郎（京）一一回、船本弥七郎（長崎）一一回、木屋弥左衛門（堺）一〇回、末次平蔵（長崎）一〇回、西類子（堺）六回、荒木宗太郎（長崎）六回、平野藤次郎（京）五回、橋本十左衛門（大分？）四回などである。中国人は一一人計四三回、李旦（平戸）一二回、五官八回、林三官五回、華宇（長崎）五回、三官（長崎）三回など、欧州人は一二人計四〇回、耶揚子（ヤン・ヨーステン、長崎）一〇回、三浦按針（アダムス、逸見）七回、カラセス（不明）六回、ゴンザルベス（長崎）五回などである。(17)

朱印船時代末期の寛永期（一六二四年から鎖国令の一六三五年まで）については、一〇点ばかりの朱印船図が残されており、これらから船の構造について推定することが試みられてきた。とくに末次船の絵馬と荒木船の図（図6）がかなりリアルに描かれており、中国式ジャンク船と西欧式ガレオン船の合体構造を示していて、シャム船の西欧化を一段と進めたのが後期朱印船、といえるとする石井謙治らの根拠になった。すなわち、シャム船と末次船・荒木船を比較すれば次のとおりである。

①基本構造は、シャム船と同じく末次・荒木両船とも中国ジャンク方式で、多数の隔壁（末次船の解体記録では一六仕切りの関板）を竜骨の上に差して並べ、その外側に外板を張るという中国伝統の船構造である。西欧式は竜骨にまず直接、外板を取り付ける外板張りである。

②両朱印船とも両舷側は洋式船なみに竜骨に届く外板張りになっているが、シャム船はジャンク船のように差板式構造をしている。

図６：異国渡海船図（長崎歴史文化博物館収蔵）

③帆装は六分四分で中洋折衷である。つまり前檣と主檣にはジャンク式の網代帆を掛け帆柱の保持法も同じだが、船首にはシャム船同様、ガレオン型の遣り出し（バウスプリット）と遣り出し帆（スプリットセール）をもち、後檣にはシャム船にない大三角帆（ラテンセール）を張る。

④船首にはガレオン型の先駆であるカラック型に似た異様に大きな船首楼をもつ。これはシャム船にもジャンク船にもない。この末次船が優秀であったことは、延宝三年（一六七五）に太平洋を踏破して無人島（小笠原諸島）の調査に成功したことにも示されている。船の航洋性と、船頭嶋谷市左衛門の航海術がともに優れていた証である。しかし当主末次平蔵が密輸の罪で壱岐に流され、船ごと家財一

切没収され、船は延宝九年に長崎で解体された。

角倉船については、詳細は不明だが、京都清水寺に角倉船の絵馬（三二七頁参照）が残っている。寛永一一年（一六三四）九月にトンキンからの帰国を賀して奉納したもの、である。

この画は船の専門家には評判が悪い。船そのものは末次船のような舵構造は不明だし、写実的とはいえないからだが、登場人物は生き生きしている。帆装から日本前型と見られるが、どの朱印船にもある船首楼がなく、代わりに小さな楼台を設けている。シャム船を含む南シナ海ハイブリッド船（後述）の多様性を考えれば、こういう楼台も現実にあったのかもしれない。船尾楼は大きな宮殿風の建て屋に描かれていて、これは末吉船、西村船、茶屋船などとも共通する。

さらに目を惹くのは、朱印の赤印の旗や吹き流し、「角」の字を黒丸に白く抜いた旗と家紋入りの旗、船体を白地に塗っていてそれに吉祥文の飾りを描き、甲板の宴会場には葵紋の垂れ幕を巡らしていることである。二つの主帆は、多くの朱印船同様に、網代帆で木綿帆ではない。目に付く船体の白地塗りは、石膏や漆喰に油を混ぜて煮た塗料によるのだろうが、中国南部やシャム船の好みで、日本系ではない。吉祥文もそうで、吉祥文は同地でよくみられる竜鳳凰融合文だろうか。

船尾楼の建て屋で角倉家の船主[18]と並んで手に望遠鏡を持って座る外国人が、オランダ東インド会社から角倉家に貸された腕利きのパイロット、フランソワ・ヤコブス・フィッセル[19]であろう。船首の船員は宣教師らしき外国人（バテレン追放後だから宣教師を乗せていたとすれば問題だが）で、長いもの（キセルか望遠鏡か）を手にしていて、ほかに楼台に黒人の船員を二人描き、一方が望遠鏡を手にしている。

角倉船についての記録を残した天竺徳兵衛が角倉船に乗ったのは、この絵馬奉納の八年前だが、そのときの水夫（水主（かこ））は八〇人いて、役割は、舵取役、両帆手縄役、碇役、柱立て役、上縄三筋役、荷物積役、物書役、総監役の八種に分かれていた、という。徳兵衛は物書役であった。

その徳兵衛の記録『天竺徳兵衛物語』に、角倉船について次のように述べられている。この時徳兵衛は一五歳、角倉与一の朱印船の船長前橋清兵衛の物書役として雇われ、寛永三年（一六二六）一〇月一六日に長崎を発ち、翌年三月三日シャムのマカダ国流砂川ハンテビヤに達した。このハンテビヤで船の朱印状を検査したのはシャムの国政を執るハンテビヤ城主の山田長政であったという。ハンテビヤは河口から遡ること三〇〇里、王宮にいたる川の関所に当たった。一行はこの地で滞在一年、寛永五年四月三日に流砂川を出港し、同年八月一一日に長崎福田に帰着している。この角倉船と乗員乗客について、徳兵衛はこう記す。[20]

角蔵与一殿商船、長さ二十間横幅九間の船にて人数三百九十七人乗[り]、船仕立渡海仕候、船頭前橋清兵衛、大坂塩屋道薫に出入[り]、大坂町年寄淀屋幸庵、大塚屋心斎なり、私儀は清兵衛の書役に雇はれ参り申[し]候、水主（かこ）八十人、案内巧者なるを吟味いたし参り申[し]候

この時、徳兵衛は現地から持ち帰ったタラヨウ（多羅様）の木の葉の経文を、播州高砂の十輪寺に寄贈し、明治四三年に歴史家川島元次郎が現物の所在をその寺で確認している。

問題の角倉朱印船だが、石井謙治は、長さ二〇間を竜骨の長さとすると、横幅九間では縦横の寸法比が二・二で、異常に太くなり、中国製ジャンク船の平均寸法比三・五に比べてもおかしい。たぶん転写のさい、幅五間を九間と読み違えたのではないか、と推論している。幅五間なら寸法比は四となり、慶長九年に加藤清正が造った朱印船とほぼ同じ寸法となり、この寸法から推定される容積は約五五〇ｔと計算している。[21]

このほかの朱印船図については、茶屋船図（情妙寺所蔵「茶屋交趾貿易渡海絵図」）と九州国立博物館所蔵「朱印船

交趾渡航図巻」の比較研究が進み、この二つの朱印船の比較がなされている。[22] 両図とも精細とはいえないが、共通しているのは、三本の帆柱、網代帆と木綿帆、主帆先の赤い吹き流し、船尾の二層の楼、船首の二つの錨である。違うのは帆柱の建て方である。情妙寺本の茶屋船では甲板上に舷側から突きだして渡されている大きな四本の梁を三本の帆柱が貫通して立つが、九博本船では二本の梁が舷側を突き出ない姿で描かれ、船首側にある弥帆だけが梁を貫通している点である。

六　当時の朱印船の建造費用

ところで角倉の朱印船はどのように準備されたのか、自製か購入か。

安鼎福の『趙完璧伝』によれば、角倉家は草創期の慶長九、一〇、一一年（一六〇四～一六〇六）の三か年に安南ルソンを目指す朱印船を用意するにあたり、日本船は小さくて大海を渡れないとして、唐船を一艘、白金八〇両で購った、この時船主（舡主）に中国人を雇ったという。[23] 白金は銀のことで、銀一両は四匁三分の重さだから、八〇両だとすると三四四匁、一貫を一〇〇〇匁とすれば、唐船一隻の値段が一貫の三分の一強という少額となって、疑わしい数字である。記述が一桁間違えて八〇〇両だとするなら三貫四四〇匁となって、一隻四貫という別の記述（後注29の林喜右衛門のジャンク船購入費）ともあうのだが、よくわからない。ただこの時、角倉が朱印船として中国ジャンク船を買ったことは事実であろう。

当時行き交った中国ジャンク船にも大小があるが、外航用帆船でいえばたとえば英国東インド会社の平戸商館が二〇〇t積み中古ジャンク船を一隻購入し、修繕および艤装のため一〇〇〇ポンド余の費用を要したという。「シー・アドヴェンチャー号」がこれである。[24] しかし英商館の会計簿によれば、一六一四年八月二五日付で購入船価二〇貫目、同年一一月一日付で艤装費二三貫一二九匁五分、総額四三貫一二九匁五分と記載されている。すると先の修繕・艤装費一〇〇〇ポンドという記述は通貨換算すると約四〇貫となり、簿価の二倍に誇張して報告していることになる。あるいは、船価二〇貫を加えた総費用が一〇〇〇ポンドだというのなら、簿価に近い[25]。

オランダ人商人ヤン・ヨーステンから、シャム行き第七航海のジャンク船シー・アドヴェンチャー号の勘定として受け取った額、日本銀貨で七貫四八〇匁を皮袋に入れて本社に送った、と平戸英商館長のリチャード・コックスが説明している。この額は、船に荷を預ける商人に課せられる航海諸経費の負担金である。シー・アドヴェンチャー号には、アダムスがキャプテンおよび船主として乗り込む手筈になっていた。

なお二〇〇t積み中古ジャンク船の船価二〇貫、艤装費をあわせて総額四三貫余の貨幣価値について、一言するに、当時の英国東インド会社平戸商館の倉庫一棟の新築見積もり総工費が一二貫三八〇匁〇分、うち木材ほかの材料費六貫八一〇匁〇分、大工賃金は一人一日一匁半で二五三〇日分の三貫七九五匁〇分、人夫賃金は一日五分で二七五〇日分の一貫三七五匁〇分、左官賃金は一日二匁で二〇〇日分の四〇〇匁〇分であったというのが参考になる[26]。

外洋帆走中古ジャンク船一隻の値段二〇貫は、新築洋式倉庫一・六棟分、大工の手間賃なら一万三〇〇〇人余分の日当に相当する。いまの大工の相場が日当二万円とすれば、いま買えば一隻二億六〇〇〇万円、総額なら五億六〇〇〇万円になる。なお、大坂冬の陣を前にして、家康にアダムスを介して大砲五門（長いカルベリン砲四門、セーカー砲一門）を一四貫目（先のジャンク船購入費の七割）で、さらに銃砲弾用の鉛六〇〇本重量一万一五一〇斤を六貫九〇〇匁（一斤あたり六分）で買い上げてもらった、とコックスは東インド会社に報告している[27]。

ちなみに江戸時代の大型廻船の値段はというと、天保末期までは、大雑把には一〇〇〇石積み廻船一艘の価格は船体・諸道具を含めて一〇〇〇両といわれていた。一石＝一両である。内訳は船体（舵・帆柱・帆桁・伝馬船など）が約六五〇両、諸道具（帆・碇・綱など）が三五〇両程度で、船体価格は積石数に比例するので大型になるほど高くなるが、道具類は大きさに関係なく、乗組員数も大型化してもそれほど増えないから、船が大きくなると乗り組み員一人あたりの積石数が高まる効果がある。[28] ちなみに、三二万石大名の参勤交代一回の経費は約二〇〇〇両（鳥取藩、一行四〇〇人、二一泊）だから、一〇〇〇石積み廻船二艘が買えることになる。

朱印船をシャムなどの東南アジアで造るとしたら、かなり安くなろう。一六六一年（寛文元）三月、安南国北部の日本人町フェフォ近くで難破したオランダのヤハト船の代替船として、日本人頭領キコこと林喜右衛門が、ジャンク船を四貫目で購入艤装して提供したとの記録がある。[29] ジャンク船の規模にもよるが、最大で一桁違った可能性もある。

七　海洋考古学から、中国ジャンク船と沈没船調査

一九七〇年代以降の海洋考古学の進展は新たな地平を開きつつある。

一九四〇年代以降のスキューバ・ダイビングの普及で、宝探しから始まった調査が、いまや海中・海底・沿岸の考古学的発掘調査へと展開していて、これを「水中考古学」underwater archaeology と呼ぶが、近年多用される marine archaeology の訳語としても両用できる「海洋考古学」の呼称をここでは使う。

海のシルクロードの航路上で沈没船の多くは見つかっている。一四世紀から一六世紀にかけて南シナ海で沈没した船の調査から、中国の造船家たちが東南アジアに散らばっていた可能性が指摘されている。伝統的に、中国船は温暖性風土の木材（杉や松など）を使い、四角頭の鉄釘で竪めるが、各地で活躍した彼らは現地の生産方式をとって、熱帯産船材で鉄釘なしの東南アジア系ハイブリッド船を造ったり、注文したりしたと見られる。

一般的に東アジアや東南アジアの海において沈没船の陶磁器に注目した研究が多いのは、陶磁器の種類、形状、文様、酸化剤の種類、色の濃度等からその産地の窯と製作年代が特定しやすいためである。この手法は博物館の学芸員たちが

得意とする専門的研究手法だが、海洋考古学の進展でこの手法は再検討を迫られている。なぜなら、沈没船の発掘陶磁器は同一種が大量に数千個、数万個と出てくることが多いが、それらを総体的に調査すると一時期に同じ地域の窯で焼いたにもかかわらず、巧拙、色の濃淡、形状の違い等がかなりあることもわかってきて、伝統的分類手法や年代決定法（従来の時代推定では、一〇〇〜三〇〇年の幅があった）への反省をもたらしている。これに対し、大量の陶磁器と同時に出てきた木材破片を用いた放射性炭素（C14）年代決定法によれば、一〇年刻み以下でその木材の年代を細密に決められる。これは海洋考古学にとって決定的利点となる。[30]

わが国の陸上で出土報告された東南アジア産の近世陶磁器遺物点数は、東南アジア考古学会の報告（二〇〇四年）によれば、総数一二四七点、うちベトナム産七九三点と最も多く、次いでタイ三六七点、その他一五点、不明七二点である。[31] これだけでも、日本がヴェトナム交易とタイ交易を盛んに行っていたことが推測される。

中国側の海洋考古学による沈没船の位置・年代と陶磁器出土記録は次のとおり。[32]

①「白礁一号」福建省江定海、宋代：白磁碗など福建陶磁器。
②「南海一号」広東、宋代：徳化窯の青白磁、磁竈窯の黒釉磁・緑釉磁、閩清義磁および青窯の白磁。
③「華光礁一号」西沙諸島、宋代：徳化窯の青白磁、磁竈窯の黒釉器・緑釉器、武夷山遇林亭窯の黒釉器、閩清義磁および青窯の白磁。
④「日本寺社料船」韓国新安、元代：建窯の黒釉盞、南太平洋窯の黒釉器、閩清義磁および青窯の白磁、大量の銅銭ほか。
⑤「SAN DIEGO（聖迭戈）号」フィリピン、明代末期：漳州窯の青花磁器。
⑥「BIN THUAN 船」ベトナム、明代晩期：漳州窯の青花磁器・五彩器。

図７：泉州の沈没船（泉州湾宋代海船陳列館）
船艙の防水隔壁がよくわかる。

⑦「WITTE LEEUV（白獅）号」同右、明代晩期：漳州窯の青花磁器。

⑧「HATCHER（哈徹）号」同右、清初：漳州窯の青花磁器、徳化窯の乳白釉器。

⑨「TEK　SING（泰興）号」同右：徳化窯および華安東渓窯の青花磁器。

右の①~⑨の他に、泉州湾宋代海船陳列館には一九七四年泉州の外港・后渚で発見された南宋代沈没船（年代は遺物銅銭から南宋末の一二六五~七四年頃）が保存復元されている。杉材で、一部松材、残存全長二四・二m、幅九・一五m、隔室一三、外板はV字形の尖底部分と舷側部分は三重、船底部分は二重に鉄釘で貼り付けられている（図7）。韓国南西部多島海の新安沖沈没船（④、年代は遺物竹簡にある元代一三二三年上限）はそれよりも三年後に発見され、韓国国立海洋遺物展示館（全羅南道木浦市）に保存復元されている。后渚と同じ構造のもので、長さ約三四メートル、幅約一一m、排水量推定二〇〇t。慶元（寧波）から日本の博多に向かう途中の遭難で、東福寺造営料を含む多数の陶磁器類、八〇〇万枚二〇tに及ぶ銅銭、その他が出ている。[33]

かくして、宋元時代からの中国ジャンク船の構造が明白になった。

ここで伝統的な中国ジャンク船構造の基本をまとめれば次のようになる。[34]

①竹を二つに割った構造に似て、船首（bow）と船尾（stern）の間を竹節のように隔壁（bulkhead）で区切る。

②三層にもわたって厚い外板（plank）で覆って舷側とし、水密な隔室を確保する。

③外板は四角錐の鉄製の釘や金属製の締め具（clamp）で固定する（遅くとも八世紀以降）。

④船底は二重で、北方系では平らか丸形で、真の意味での竜骨（keel）を持たない。南方系は尖底で竜骨をもつ。しかし船体強度は水密な隔室を生むことで確保する。

⑤船尾中央に回転軸の付いた舵がぶら下がり、巻き上げ機で浮き舵の深さを調整できるので、浅海でも船を動かせる。これは二世紀以降にみられる（西欧で浮き舵を採用するよりも一〇〇〇年ほど早い）。

⑤四角帆（lugsail）に水平に竹の宛て木をして、荒天でもしっかり張らせる。

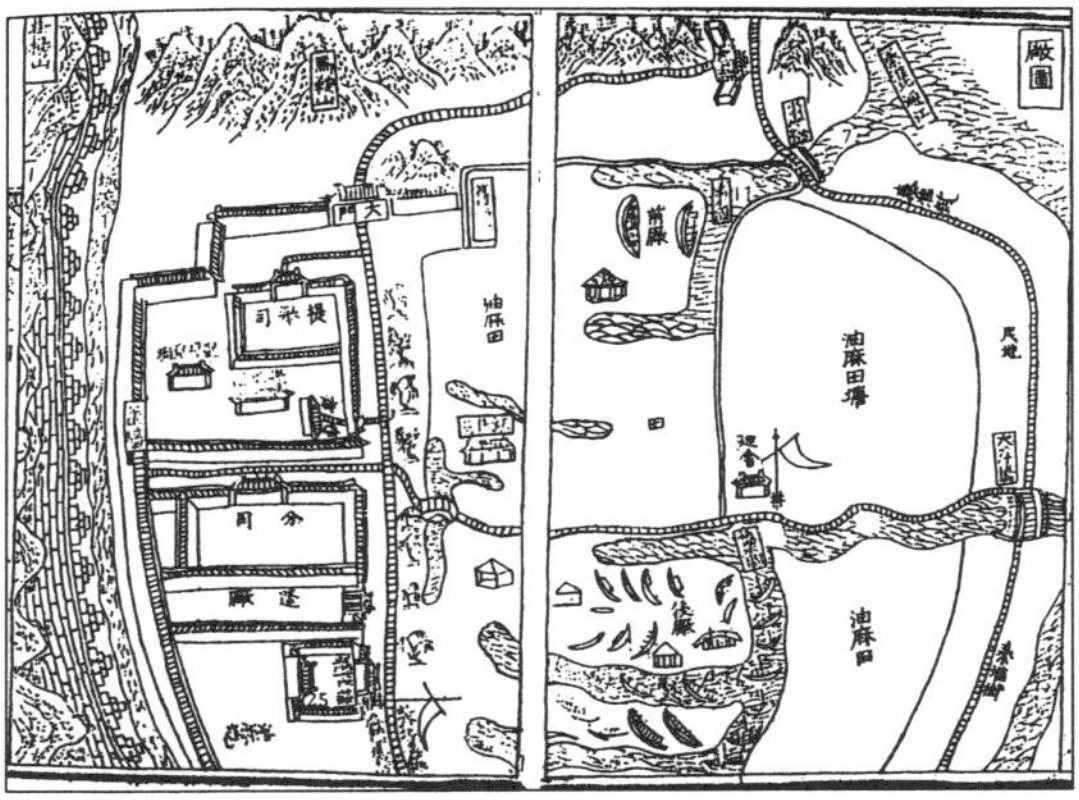

図８：明初期、鄭和遠征貿易船を造った龍江造船所
向かって左が管理棟、右がドックと進水用滑水路。

しかし中国では、こうした造船技術は、当初、川船や沿海船に適用されていただけで、外洋航海可能な強力な海洋ジャンク船を造るのは、一〇世紀の北宋期まで待たねばならなかった。そして、大型ジャンク船の建造は元、明初期にピークを迎える。マルコ・ポーロは四本マストで全長三〇mのジャンク船を目撃している。

一五世紀初期の明代鄭和の大遠征艦隊（全七回、各回約六〇隻、二万八〇〇〇人）は南シナ海を通って遠くアフリカ東部沿岸まで達し、朝貢貿易を促進した。船はスワトウ（汕頭）近くの龍江（Longiang）造船所（図８）で製作された。龍江は九竜江の支流で東に流れ、西渓・竜首河・螺文（らぶん）江となるが、宋代に龍江と改名され、さらに東に流れて履門湾に入る。最大の船は全長一五〇m、幅六二m、八〇〇〇t相当（ヴァスコ・ダ・ガマの旗艦が一二〇t）の帆櫂両用船とされ、二〇〇〇t積載できた。このサイズは世界で群を抜いていた。櫂の長さだけでも三六フィートあって、これはのちのコロンブスの旗艦の長さに相当する。

鄭和の外洋船は外海の荒海に耐えるよう工夫された[35]。各船室は水密構造で、隔壁は数kgもある青銅のピンで締められ、チークの竜骨には三層の堅い外板を釘留めし、外板にはコイア（ココヤシの実の外皮繊維）を詰めて水漏れを防ぎ、桐油（アブラキリの種油、麻油も使われた）と石灰を沸騰させて造った塗料で船体を被覆した。さらに、角形船首を強化し、船首両脇に内部室に通じる導水路が設けられ、ピッチ（縦揺れ）ごとに水を吸い込んだり吐き出したりして、ピッチを緩衝した。南方チーク材で全長にわたる竜骨を造り、鉄輪（かなわ）で結合部を締め、さらに長方形の切石や粘土玉を竜骨の周りに詰めてバラストにした。さらに竜骨両端に上下できる予備竜骨を設けて安定性を保つ工夫をした。嵐の時は、半可潜性の錨を船の甲板上に投げてローリング（横揺れ）を軽減した。

海洋考古学の調査で、一九九八年にマレーシア東海岸沖で発見されたツリアン号は、一四世紀の中国明代に造られたジャンク船であることがわかった。厚さ六cmの柔らかな温帯性中国産船材おそらくマツの外板の一部などが見つかったが、それらが四角い頭部の大きな鉄釘で止められていた。このことが、中国産ジャンク船と判断する決め手になった（後注43参照）。

ところで、この「ジャンク」の呼称についてだが、西欧諸語ではjunk, junco, jonqueと呼ぶが、この語源は中国語ではなく、マレー語やジャワ語（ポリネシア系言語）の「ジョング」jong, jungに由来するようだ[36]。以下に示すように、中国船「ジャンク」と南シナ海船「ジョング」は相互に影響を与えながら平行進化していったのかもしれない。

東南アジアで独自に造られた船では、一九二三年マレー半島南バハン州沖の浅い海底から発見されたポンティアン号（三〜五世紀）がよく知られている（図9）。堅い熱帯産船材で、厚い外板同士の合わせ目は裏側から穴を空けてしっかり植物性の繊維（砂糖ヤシなどの毛）で縫う（stitch）ように緊縛し（表からは縫い目が見えない）、裏側に出した耳（中空の突出部、マレー語でタンブクtambuku）に心張り棒を通して縛り、隙間を押さえる、いわゆる「隙間なき縫合外板法」（lashed-lug and stitched plank）であった。鉄釘は高価な上、強い日差しで高熱になりよくないとされた。原始的な丸太を刳り貫いたカヌーから進歩した、独自な造船技術を確立していた。イエズス会宣教師が広東からズンダ海峡を抜けてジャカルタに行く途上、島々の間を滑るように行く幅一m、長さ七m足らずのパラウ（漁船）の群れを目撃し、船の舷側板の内も外もすべすべで、麻くずやタールといった詰め物を必要としないほどうまくきれいに接合されている、と証言している。[37]

図9：ポンティアン号の発掘部材
「隙間なき縫合外板法」が見える。

ポルトガル人が初めてマラッカ海峡に入ってきて、スマトラの交易船「ジョング」（jong）と戦ったとき、彼らはアル

図10：末吉船図（京都・清水寺蔵）

ブケルケ提督船「フロール・ドゥ・ラ・マール号」よりも「ジョング」の甲板が高いのに驚愕した。この時の南シナ海「ジョング」船の特徴[38]は次のとおり。

①排水量三五〇～五〇〇ｔ、時に一〇〇〇ｔに及び、一〇〇〇人乗船できた。

②鉄釘を使わず、木製のペグ（棒状突出部）と枘（ほぞ）で外板の緊密結合をしていた。

③「ジョング」特有な船尾両脇に舵を突き出した二個側舵（two lateral rudders）方式。

④帆柱は二～四本で、船首にガレオン型のバウスプリット（斜檣）がある。

この大型「ジョング」の造船所は、当時南シナ海に三か所あった。ジャワ島北東港湾のレンバン（Rembang）・シレボン（Cirebon）地区、ボルネオ南海岸の港湾地区、マルタバン湾口近くのペグ（Pegu、現在のパゴ）地区である。[39]「ジョング」特有の二個側舵方式は中国ジャンク船などと違うので注目されねばならない。その点、朱印船図にもこの形式のものがある。末吉船図（京都清水寺に末次船と同じ年、一六三四年に奉納された絵馬／図10）で、この朱印船は船尾脇に舵をもつ姿で描かれており、「ジョング」系と見られる。さらにこの図では、片側六門の砲門をもつから、軍船でもあったろう。

これとは別に、「ジョング」から発展した南シナ海ハイブリッド船とも言いうる船の存在が、一四世紀末から一五世紀初頭の二隻の沈没船ナンヤン号とロンクアン号から明らかになった。明らかに明の海禁政策の影響で、一四世紀以来、明の造船関係者や貿易商人が大量に南シナ海を渡って東南アジアに散っていった。そこで彼らは現地調達の堅い南洋船材を使って、南シナ海「中国系」ハイブリッド船を造り出したと見られる。

以下、マレーシア半島周辺沈没船（発掘地点）の船型、所属、年代、発掘品（一七世紀まで）を年代順に列挙しよう。[40]

①ポンティアン（Pontian）号（南パハン州）：マレー半島船、三～五世紀、南ヴェトナム産の陶器。

②タンジュン・シンパン（Tanjung Simpang）号（サバ州北端沖）：北宋船、九六〇～一一二七年、宋代の陶磁器その他を満載。

③ツリアン（Turiang）号（マレー半島東部突端ジョホールの陸地から一〇〇海里先、深さ四二m、一九九八年発見）：明初の中国船、一三七〇年頃。中国陶磁器三八％、ヴェトナム器八％、タイ器五七％（シサッチャナライ窯一一％、スコータイ窯四六％）。タイ陶磁器が見つかった初例。

④ナンヤン（Nanyang）号（半島東部ジョホール北部一〇海里沖、深さ五四m、未発掘）：南シナ海中国系ハイブリッド船、一三八〇年頃。タイのシサッチャナライ窯初期の青磁皿などタイ陶磁器遺物四〇〇点。

⑤ロンクアン（Longquan）号（半島東部テレンガヌ一二〇海里沖、深さ六〇m、未発掘）：南シナ海中国系ハイブリッド船、一四〇〇年頃。海底には一〇万個以上の陶磁器等の遺物があると見られ、中国陶磁器四〇％、シサッチャナライ窯四〇％、スコータイ窯二〇％と推定。

⑥王室ナンハイ（Royal Nanhai）号（半島東部テレンガヌ四〇海里沖、深さ四六m、発見一九九五年、発掘完了一九九八年）：南シナ海中国系ハイブリッド船、一四六〇年頃。二万一〇〇〇個の陶磁器、大半はシサッチャナライ

窯のもので、タイ中央部のマエナムトイ窯産が次に多い。初期の中国青花（染め付け）陶磁器が出たのは、この調査が東南アジアで初めて。中国明王朝から送られたらしい象形の青銅印（図11）から、「王室」（Royal）が冠せられた。

⑦ホイアン（Hoi An）号（ヴェトナム・ホイアン旧港近くの海で、一九九〇年代初期に発見。一九九七〜一九九九年に発掘）：大帆三、副帆二を備えたヴェトナム・ジャンク船、一五〇〇年頃。陶磁器類二〇万点、多くが北部ヴェトナムのチュダウ（Chu Dau）窯のもので、南部ヴェトナムのビンディン（Bin Dinh）窯産と中国広東産の陶磁器が少量混ざる。

⑧シュアンデ（Xuande、宣徳）号（半島東南部パハン六〇海里沖、深さ五二m、一九九六年発見）：一五四〇年頃。海底土深さ一・五mまで発掘するも船材の木片見つからず。温帯産の木材のため海底土が腐らせたか。「宣徳」銘入りの皿五つ、水注ぎ一つを含む中国陶磁器の破片が多数を占め、タイの陶磁器破片は極少。陶磁器のほか二基の青銅砲。

⑨シンタイ（Singtai）号（半島東北部プラウレダン島から一二海里沖、深さ五三m、二〇〇一年発見）：南シナ海中国系ハイブリッド船。一五五〇年頃。全長二二m。木製枘（ほぞ）継ぎの隔壁をもつ。主要荷はタイの多様な形の蓋付き陶磁容器。

⑩ワンリ（万里、Wanli）号（半島東部テレンガヌのタンジョンハラ沖六海里、深さ四〇m、二〇〇三年発見、二〇〇四年発掘）：南シナ海ポルトガル系ハイブリッド船、一六二五年頃。回収陶磁器は七四三四個。中国景徳鎮窯や広東のスワトウ（汕頭）などの陶磁器三万七三〇〇個を積んでいたと推定される。オランダの東インド会社の要請で、一六〇五年以降、陶磁器の裏底に青で皇帝治世名や窯元名などを入れるようになった。こうした銘をもつものがワンリ号では二〇〇〇個見つかっている。

ここに列記した南シナ海ハイブリッド船の特徴をまとめておこう。[41]

①南シナ海伝統の「隙間なき縫合外板法」から進歩した、特有な「ペグ枘結合外板」に特徴がある。頭が四角の鉄釘（中国由来）も併用する。

②舵は、西欧式、インド洋式、中国式に共通である一個で中央軸回転舵（a single axial rudder）方式、ときに複数

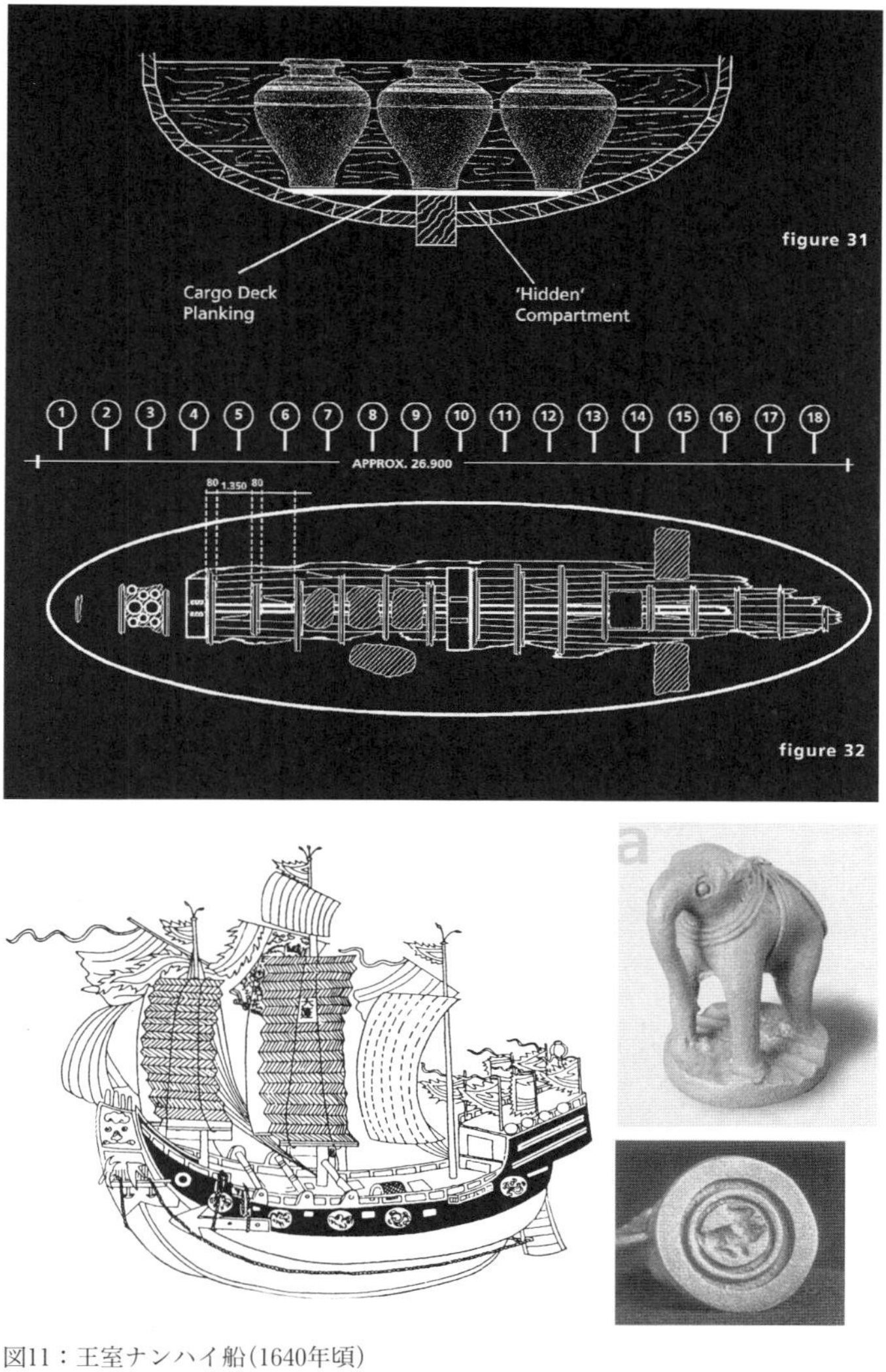

図11：王室ナンハイ船(1640年頃)
南シナ海ハイブリッド船の一例。復元想像図と平面図・断面図。船底の隠し部屋に象型王印があった。

個の四分舵（quarter rudders）方式もある。二個側舵のものもある。

③船底はV字形で、竜骨をもつ。

二〇世紀末に発掘された王室ナンハイ船（前掲⑥／図11）は、南シナ海の古名ナンハイ（南海）を冠した南シナ海中国系ハイブリッド船の典型と見られる。船材はマレーシア森林研究所の調査で、ホペア（Hopea）属の仲間とわかった。マレーシア、インドネシアでは現地語で「ギアム」（Giam）、フィリピンでは「ヤカル」（Yakal）と呼ぶフタバガキ科の熱帯地方の高木で、重く堅い材質の材がとれ、中国の温帯地方には自生しない木材である[42]。調査に用いられたのは外板の一部で船体に付いたままのものは見つかっていないが、外板の厚さ八〇ミリ、中国ジャンク船の伝統的隔室が並び、典型的な東南アジアのペグ枘連結法が用いられた、明らかに南シナ海中国系ハイブリッド船である。船尾隔壁は竜骨の部分が見つからないが、想定される場所にそっくり沈んでいた。この船の建造時期は、放射性炭素測定から一三七〇〜一四七〇年に絞られ、さらに発掘された中国とヴェトナムの陶磁器（回収破片一一t）のうち中国特産の「青花」の様式から、およそ一四六〇年と推定された。王室ナンハイ船は、竜骨全長二八m、幅長七〜八m、隔室数一八、二個側舵式、船底部に隠し収納室があり、そこから象の形をした高さ三・五㎝の青銅王印が出てきた[43]。

一七世紀初頭の沈没船ワンリ（万里）号（前掲⑩）は南シナ海に進出したポルトガル商人が、現地調達して造った南シナ海ポルトガル系ハイブリッド船の一つである[44]。沈没オランダ船はウイッテ・レーウ（Witte Leeuw）号（一六一三年）、バンダ（Banda）号（一六一五年）などが発掘されているが、ワンリ号は南シナ海で初めて発掘された沈没ポルトガル船とされる。

以上、「ジョング」の南シナ海ハイブリッド船を検討してきた。船の構造について、海底の破船からは、多くの場合、その細部まではわからない。木材の多くは腐食して残らないことが多い。ただ積み荷の多くが陶磁器など腐食に耐えるものの場合は、その海底の分布状況から、ほぼ正確に船型がわかり、その隔壁構造や、船材が残っていればその材質や四角頭の鉄釘の有無などで中国系か否かもわかる。ワンリ号のように、広範に船載品や船材が散らばっている場合は、砲撃などを受けてバラバラになって沈んだと推定できる。(45)

いずれにせよ、中国ジャンク型でない、南シナ海ジョング型の流れを汲んだハイブリッド船の存在が明確になってきた。シャム船といわれてきたものも南シナ海ハイブリッド船の一種である可能性は高い。「日本前」朱印船の誕生には、この祖型を考慮に入れる必要があるだろう。

そうだとすれば、先の石井によるアジアにおける造船技術の流れは、次のように考え直さねばならないだろう。

南シナ海ジョング型＋中国南部ジャンク型
　↓南シナ海中国系ハイブリッド型（シャムの「ミスツイス」型を含む）
　　＋西欧ガレオン型
　　　↓朱印船系「日本前」型

おわりに

朱印船時代は鎖国令と大船禁止令によって終焉を迎え、文字通り外洋船の活躍する余地はなくなった。こうなると、造船技術の維持も難しい。一八世紀後半の一七七三年、大坂から長崎に銅を運ぶ内航船の遭難が続いたので、造船技術導入計画が幕閣の間に持ち上がった。オランダ商館長イザーク・ティチングに奉行久世広民が、船建造の指導のためにバタヴィアから船大工を連れてきて教育してほしい、と頼んだ。商館長はそれなら一〇〇名ほど日本人をバタヴィアの造船所に送り込んではどうか、と応じたが、海外渡航禁止令がその実現を阻んだ。[46]

そうはいっても幕末にかけて、国際情勢がさらに緊迫してくる。文化六年（一八〇九）のことだが、長崎奉行が長崎港の防護強化のため、「五〇〇石以上の大型軍船御制禁なれど」と断った上で、関係各藩に、古来からの軍船が伝来していないか、あるいは製作方法や図面を保持していないか、と通達を出している。おそらく薩摩藩がこれに応えて安宅船の設計図面を提出し、それが長崎県立図書館蔵になっている。[47] まさに幕府の泥縄式対応の一端がわかる。

嘉永六年（一八五三）、ペリー艦隊浦賀来航後、やっと諸藩による大船建造の禁が解かれた。鎖国令で朱印船交易が止まってから、実に二一八年後である。安政大地震で沈没したロシア使節艦「ディアナ号」の不幸は、代替スクーナー洋船「ヘダ号」の造艦体験（安政二年〈一八五五〉）を上田寅吉らの船大工棟梁七人が積む結果を生んだ。彼らが、のちに石川島造船所や長崎海軍伝習所に派遣され、日本造船界の発展に寄与するのである。

（1） G.V. Smith, *The Dutch in 17th Century Thailand*, Centre for Southeast Asian Studies, 1974/1977, p.79.

（2） Fred W. Walker, *Ships & Shipbuilders*, Barnsley, 2010, p.12.
そのためよい帆柱を破船から盗み出すものも出る。天保一二年六月、長崎唐人屋敷に検使が出向いて盗んだ三人に「入れ墨と敲き刑」を申し渡した記録がある（『唐阿蘭陀申渡』上、長崎歴史文化博物館、二〇〇八年、一三二頁）。

（3） F. Wallker, *op.cit.*, p.13.　造船史に記憶される一六二八年のスウェーデン王旗艦ヴァーサ号進水直後の沈没事件は、砲門を開いたまま進水するというミスから始まり、水の進入によって起こる船の重心移動や復元力が考慮されていない時代の悲劇であった。三三〇年後の二〇世紀後半にこのヴァーサ号はそっくり引き揚げられ、いまはストックホルムの博物館に展示されている。

（4） Derick Garnier, *AYUTTHAYA-Venice of the East*, River Books (Bangkok), 2004, p.89.

（5） D. Garnier, *op.cit.*, pp.15-17.

（6） 同右。

（7） 西川如見『日本水土考・水土解弁・増補華夷通商考』（飯島忠夫・西川忠幸校訂、岩波書店、一九四四年）一六六～一六七頁。

(8) 石井謙治「船と航海術」(『探訪大航海時代の日本』第四巻、小学館、一九七八年)一二三～一三四頁。
(9) 石井謙治『海の日本史再発見』(日本海事広報協会、一九八七年)七五頁。同著『和船Ⅱ』(法政大学出版局、一九九五年)七二～七八頁所載の「ミスツイス造りの朱印船」を見よ。
(10) 前掲注(9)石井『海の日本史再発見』、七二～七八頁。
(11) 川島元次郎『朱印船貿易史』(巧人社、一九一九年)九八～九九頁。
(12) 豊田武・児玉幸多編『交通史』(体系日本思想史叢書二四、山川出版社、一九七〇年)三九七頁。
(13) 同右書、三九九頁。
(14) 「宝暦元年　唐国福建省江致漂着候奥州南部之者六人口書」(『長崎関係史料選集』第一集、長崎市学習会、二〇〇六年、一～三九頁)。前掲注(11)川島書、九八～九九頁。
(15) 『慶元イギリス書翰』異国叢書(岩生成一訳注、雄松堂書店、一九二九年、一九六六年改定復刻版)二〇頁以下、「未見の同邦宛一六一一年一〇月二二日付け」より。
(16) 同右書、一一〇～一一一頁、「キャプテン・ベスト宛一六一三年一二月一日付け」より。
(17) 岩生成一『朱印船貿易史の研究』(弘文堂、一九五八年)一八五頁挟み込み表七。
(18) 角倉船では一族の者を船長にすることが多い。慶長一一年五月に安南国客商顕山と契約する船長は角倉五右衛門、慶長一五年に安南沖で遭難した角倉船の船長と補佐役人は角倉姓で、弟は角倉庄左衛門である。前掲注(17)岩生書、一九五頁参照。
(19) François Jakobsz Visser　パイロット(水先案内人)として松浦氏の朱印船にも雇われていたオランダ人。のちにアーベル・タスマン(Abel Tasman)とともにオーストラリア沿岸を調査している。前掲注(17)岩生書、二一一頁は、Frans Jakobssen Visser としているが、オランダ側の史料、Leonard Blusse, 'Three Japanese shipowners', *In the wake of the Liefde*", Museum voor Volkenkunde Rotterdam, 1986, p.45 にある表記を採った。
(20) 前掲注(11)川島書、二五七頁。
(21) 石井謙治「船と航海の歴史」(『朱印船と南海雄飛』図説人物海の日本史第五巻、毎日新聞社、一九七八年)一四八頁。
(22) 菊池誠一編『朱印船貿易絵図の研究』(思文閣出版、二〇一四年)。とくに同書所載の情妙寺所蔵絵図と九博本図巻についての黒田泰三と藤田励夫の論考参照。
(23) 『趙完璧伝』については『東洋学報』第六号、一二頁参照との記述が前掲注(17)岩生書、二〇〇頁にあるが、現物筆者未見。
(24) 英国平戸商館長コックスより本国の東インド会社宛一六一四年一一月二五日(慶長一九年一一月五日)付報告書翰(前掲注15書、二九六頁)。

(25) 同右書翰中に、コックス自身が為替相場の数字を、一〇匁＝五シリング、一匁＝一〇分＝六ペンス（一シリング＝一二ペンス）、と注記している。一貫は一〇〇〇匁だから、一貫＝五〇〇シリング＝二五ポンド（一ポンド＝二〇シリング＝二四〇ペンス）、したがって、一〇〇〇ポンドは四〇貫、となる。なお、会計簿の内訳表にある数字について、前掲注(17)岩生書、一一七〜一一八頁では、「貫」とあるべきところが「両」（当時、金一両は銀五〇匁であったが）になり、桁数の点の位置が二桁ずれて意味不明だが、本文中には正しい数字があるから、単なるミスと思われる。

(26) コックスよりウイッカムに宛てた一六一四年一一月二五日付書翰（前掲注15書、三一八頁）。当時のおもな日本への輸入商品価格は、大幅羅紗日本尺で一間（二英ヤード強）が一二〇〜一五〇匁、生糸一〇〇斤が二貫三〇〇匁、染料用蘇木（スオウ）一〇〇斤が四〇匁、鹿皮一〇〇枚が三〇〇匁、、水牛角一〇〇本が二〇〇匁である。

(27) 『リチャード・コックス日記』中其の二三（前掲注15書、五五九頁）参照。

(28) 前掲注(12)豊田・児玉書、四二五頁。

(29) 岩生成一『南洋日本町の研究』（南亜文化研究所、一九四〇年）五一頁。

(30) Roxanna Brown & Sten Sjostrand, *Maritime Archaeology and Shipwreck Ceramix in Malaysia*, Department of Museum & Antiquities, Kuala Lumpur, 2004, pp.17-21.

(31) 柴山守「東南アジア陶磁器交易と貿易船の関係」（『経済学雑誌』一〇七巻三号、二〇〇七年）二三〜三四頁。

(32) 栗建安「中国福建地区古代貿易当時の生産と輸出」（上田秀夫・氣賀澤保規・杉本憲司・鶴間和幸・森達也監修『東アジアの海とシルクロードの拠点・福建』愛知県陶磁資料館、二〇〇八年）一六〜二〇頁。

(33) 門田誠一「沈没船資料と日元貿易」、放生育王「福建省の博物館」、森達也「福建沖の沈没船」（前掲注32上田ほか書所載）参照。

(34) Pierre-Yves Manguin, ‘Trading ships of the South China Sea’, *Journal of the Economic and Social History of the Orient*, vol.36, 1993, p.266.

(35) Gavin Menzies, *1421 The Year China Discovered The World,* London, Bantam Books, 2002, pp.93-94.

(36) P-Y. Manguin, *op.cit.,* pp.253-280. R. Brown & S. Sjostrand, *op.cit.,* pp.41-59.

(37) 『イエズス会士中国書簡集』5紀行編（矢沢利彦編訳、東洋文庫、平凡社、一九七四年）八頁。

(38) P-Y. Manguin, *op.cit*, p.267.

(39) P-Y. Manguin, *op.cit*, p.266.

(40) R. Brown & S. Sjostrand, *op.cit.,* pp.50-51.

(41) P-Y. Manguin, *op.cit*, p.271.

(42) 「ホペア」については、熱帯植物研究会編『熱帯植物要覧』(大日本山林会、一九八四年)一〇一頁。濱屋悦治氏のご教示による。

(43) Sten Sjortrand, Adi Taha, Samsol Sahar, *Mysteries of Malaysian Shipwrecks*, Department of Museums Malaysia, 2006, pp.68-71.

(44) Sten Sjostrand & Sharipah Lok Lok bt. Syed Idrus, *The WANLI Shipwreck and its Ceramic Cargo*, Department of Museums Malaysia, 2007.

(45) ステン・スジョストランド(Sten Sjostrand)を中心とするマレーシア海洋考古学者らの報告(前掲注30・43・44の三書)参照。

(46) ティチング「開国の胎動」(岩生成一編『外国人の見た日本 一南蛮渡来以降』筑摩書房、一九六二年)二〇二頁。

(47) 久留米藩士吉田秀文筆『異国船渡来雑記』(江越弘人・浦川和男校訂、長崎文献社、二〇〇九年)二四二頁。

〔図版出典一覧〕

図1 水都アユタヤの地図(Derick Garnier, *Ayutthaya: Venice of the East,* Bangkok, River Books, 2004)

図2-A シャム船A(西川如見『増補華夷通商考』)

図2-B シャム船B(Garnier, *Ayutthaya*)

図3 清水寺末次船絵馬下絵(長崎歴史文化博物館収蔵/『朱印船と南海飛雄』図説人物海の日本史第五巻、毎日新聞社、一九七八年)

図4 「唐船図巻」寧波船(松浦史料博物館蔵)

図5 リーフデ号(復元模型)(*In the Wake of the Liefde: Cultural Relation Between the Netherlands and Japan, Since 1600,* Amsterdam, De Bataafsche Leeuw, 1986)

図6 異国渡海船図(長崎歴史文化博物館収蔵)

図7 泉州の沈没船(泉州湾宋代海船陳列館/『東アジアの海とシルクロードの拠点福建——沈没船、貿易都市、陶磁器、茶文化——』図録、二〇〇八年)

図8 龍江造船所(李昭祥『龍江船廠志』/Gavin Menzies, *1421: The Year China Discovered the World,* London, Bantam Books, 2002)

図9　ポンティアン号の発掘部材（*Maritime Archaeology and Shipwreck Ceramics in Malaysia*, Kuala Lumpur, Department of Museumus & Antiquities, 2004）

図10　末吉船図（京都・清水寺蔵／清水寺史編纂委員会『清水寺史』第四巻図録、清水寺、二〇一一年）

図11　王室ナンハイ船（*Maritime Archaeology and Shipwreck Ceramics in Malaysia*）

【第五部】

算術

現在「数学」というと西洋数学を指し示すのが一般的であるが、江戸時代にすでに「数学」という言葉はあった。つまり、それは今でいうところの「和算」を指し示したことばである。明治の教育制度改革の流れにおいて「和算」は「洋算」へ取って代わられた。しかし、この円滑な西欧化を可能とした背景には、皮肉にも、近世からの高いレベルの「数学」の知識があった。その和算の源流に角倉一族が関わっている。『塵劫記（じんこうき）』である。

小寺は「和算」とはなにかを明解に示し、その原点に『塵劫記』があることを解説する。つづいて鳴海が『塵劫記』と吉田光由、また、その後の歴史的な変遷を解説する。特に土木技術の根底には和算があることが具体的に示されている。次に小林は、吉田光由による『古暦便覧』に始まる暦と天文学の歴史について解説する。最後に、日本の数学と西洋の数学の思想的違い、和算の現代における位置づけについて森の一考察を載せた。

（森）

【第五部】

第一章　『塵劫記』から和算へ

小寺　裕

はじめに

江戸時代の数学・和算は、吉田光由（一五九八〜一六七二）が書いた『塵劫記』（一六二七年）以後隆盛をきわめ、明治維新まで続いた。専門の算師から一般庶民にいたるまで算術が浸透しており、ヨーロッパなどには見られない日本独特の数文化（和算）を形成していたのである。本稿では和算の特徴を五項目に分類し解説していく。そして和算の根底にある『塵劫記』の役割を再考してみたい。

一　和算の特徴

和算の特徴を五つに分類するのは少し乱暴であるが、和算の特質を知る上で重要な五項目（1）流派（免許状）、（2）算額、（3）遺題継承、（4）天元術、（5）点竄術を順にあげ、それらをもとに和算を考察することにする。

（1）流派（免許状）

誰がやっても同じ答えになる数学に流派があるのはおかしいが、解き方や記号を少し変えて、流派間で競っていた。最大流派は関孝和（一六四〇?〜一七〇八）を始祖とする関流で、関流に対抗していたのが、会田安明（一七四七〜一八一七）の最上流である。その他、中西流、宮城流、宅間流など枚挙に暇がない。一地方のみの流派、一人で一派を名乗る者などもあり、流派に関する系統的研究はまだ未開拓である。なお主な流派の系譜は文献[1]（章末参照）にある。

ところで、関流と最上流の二大派閥の争いは〈二田の争い〉として、今日まで伝えられている。山形出身の会田安明が当時関流総統の藤田貞資（定資とも書く）に入門を請うたところ、「愛宕山に奉納したあなたの算額に誤りがある。それを訂正してからでないと入門させない」といわれた。この一言が会田のプライドを傷つけ、以後、事あるごとに会田は藤田や関流に対して論争をしかけた。これを藤田・会田の「二田の争い」と言い、二〇年ほど続いた。その様子は以下の書物に詳しく書かれている。算額の誤りを指摘されたことに対して、会田は藤田が書いた『精要算法』にケチをつけ、『改精算法』を書いた。それに対して藤田の弟子である神谷定令が『非改精算法』を書き、それに対する反論として会田が『解惑算法』を書き……、と続いた（表1）。会田は、この関流への反発からみずから最上流を名乗ったのである（『解惑辧誤』『撥乱算法』も神谷の著）。

算法が上達するとその流派の免許状がもらえた。現在でも芸事などで免許状をもらうにはそれ相当の金額がかかる。和算の免許状にはどれくらいの費用がかかったか、不明であるが、それらの金が流派の運営費となっていたことであろう。もともと派閥好きの日本人であるから、和算に流派があっても不思議ではないが、文献[2][3]によると、免許制度が確立したのは関孝和以降の弟子松永良弼（一六九二？～一七四四）、山路主住（一七〇四～七二）の頃からとされている。

表1

会田・最上流	藤田・関流
改精算法(1785)	精要算法(1781)
改精算法改正論(1786)	非改精算法(1787)
解惑算法(1788)	解惑辧誤(1790)
算法廓如(1795)	撥乱算法(1799)
算法非撥乱(1801)	

(2) 算額

和算の問題を解き、絵馬にして神社仏閣に奉納したものを算額という。現在全国で九〇〇面以上が確認されている。このような風習がいつ頃から始まったのかは定かではないが、江戸中期寛文年間（一七世紀中頃）といわれている。村瀬義益が書いた『算法勿憚改』（一六七三年）には次のような算額奉納批判が書かれている（文献[4]）。

惣而爰(そうじてここ)かしこの神社に算法を記掛け侍る事多し。絵馬のことくならば諸願成就の文有るべし、さなきときは勘智自讃か、いかなるゆへぞや、はかりがたし。（中略）算術も此心にて、その人の勘智よりもよき工夫也とて、其師匠是をゆるしてかけさせ侍るか、その益有事をしらず。

なかなか辛辣な記事だが、この頃には算額がもうすでに流行っていたことがわかる。算額は祈願成就というより、村瀬がいうように勘智自讃（数学自慢）の要素が大きいように思える。奉納理由がはっきり書かれているものとして大阪府枚方市意賀美神社の算額（一八六一年）がある。奉納者の岩田清庸（一八一〇〜七〇）は高名な和算家であるが、「病に罹り、枚方で療養に努めていたが、幸い全快でき、これも神の加護によるものである。自分が日頃から勉強している算法の絵馬を掲げて、ほんの少しの志としたい」（原文は漢文、筆者訳）と書いている。江戸時代の算額一覧は文献［5］にある。文献［6］には明治以後の現存・復元と、紛失した算額一覧も載せられている。筆者のウェブサイト「和算の館」（文献［11］）では算額の画像を公開している。

算額は、誰でも直接目にできる貴重な文化財であるので、大切にしたいものである。

（3） 遺題継承

和算では算法書の最後に読者向けに答をつけない問題（遺題）を載せ、それらを解いた人が解答を出版し、その最後にまた遺題を載せた。その遺題を解いた人がまたまた遺題を載せるという風潮が流行した。このように遺題をリレー式に解いていくことを遺題継承という。遺題継承は寛永一八年（一六四一）版の『塵劫記』に載った一二問がそもそもの発端である。吉田光由は遺題提出の理由を次のように述べている。

世に算勘の達者数人有といへ共、此道に不入して其勘者の位をよのつねの人見分がたし。只はやければ上手といふ。是非が事也。故に、其勘者の位を大かた諸人の見わけんがために、今此巻に法を除て出之処、十二ヶ所有。勘者は此算の法を註して世に伝べし。然共註するに軽重有や。或は本算にあらずして、其身の心にあふといふとも、類をもって是をわれば相違可有。又勘の器用たりといふ共、師にあわざる勘者はふかき事を不知。我此外に製する所の算書十五巻有。まして算芸に名ある人は六芸の一つに備て不庸と云事なし。

遺題継承には系図に示したような四系統がある。

このうち重要なものは礒村吉徳著の『算法闕疑抄』で、これまでにない多くの遺題（百題）を載せ、これが刺激となり遺題継承に拍車がかかった。そして『算法闕疑抄』の遺題を解いたものに『算法根源記』があり、さらに百五十問の遺題を残した。次に、沢口一之は『古今算法記』で『算法根源記』の遺題を全部解き、さらに十五問を遺した。この遺題十五問は実に難問で解くのは至難のわざであった。この難問に挑んだのが関孝和である。関は『算法闕疑抄』などの遺題を解き、さらに『発微算法』で『古今算法記』の遺題を全部解いた。

塵劫記の遺題から第十問〈円截積〉とよばれる算題を紹介する。

さしわたし百間のやしきを三人へわりて渡す時、一人は二千九百坪、一人は二千五百坪、一人は二千五百坪。北より矢のひろさ弦（つる）の長さはなにほとぞ。又中の矢のひろさ弦の長さおのおのなにほとと問。

直径一〇〇の円の面積を二九〇〇、二五〇〇、二五〇〇

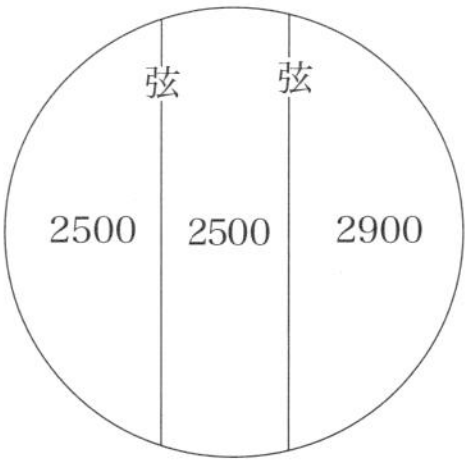

図 1

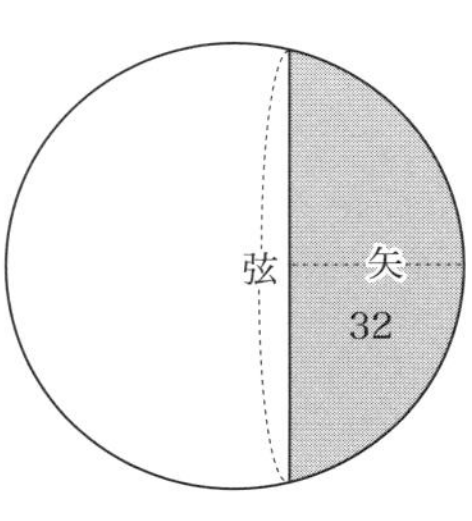

図 2

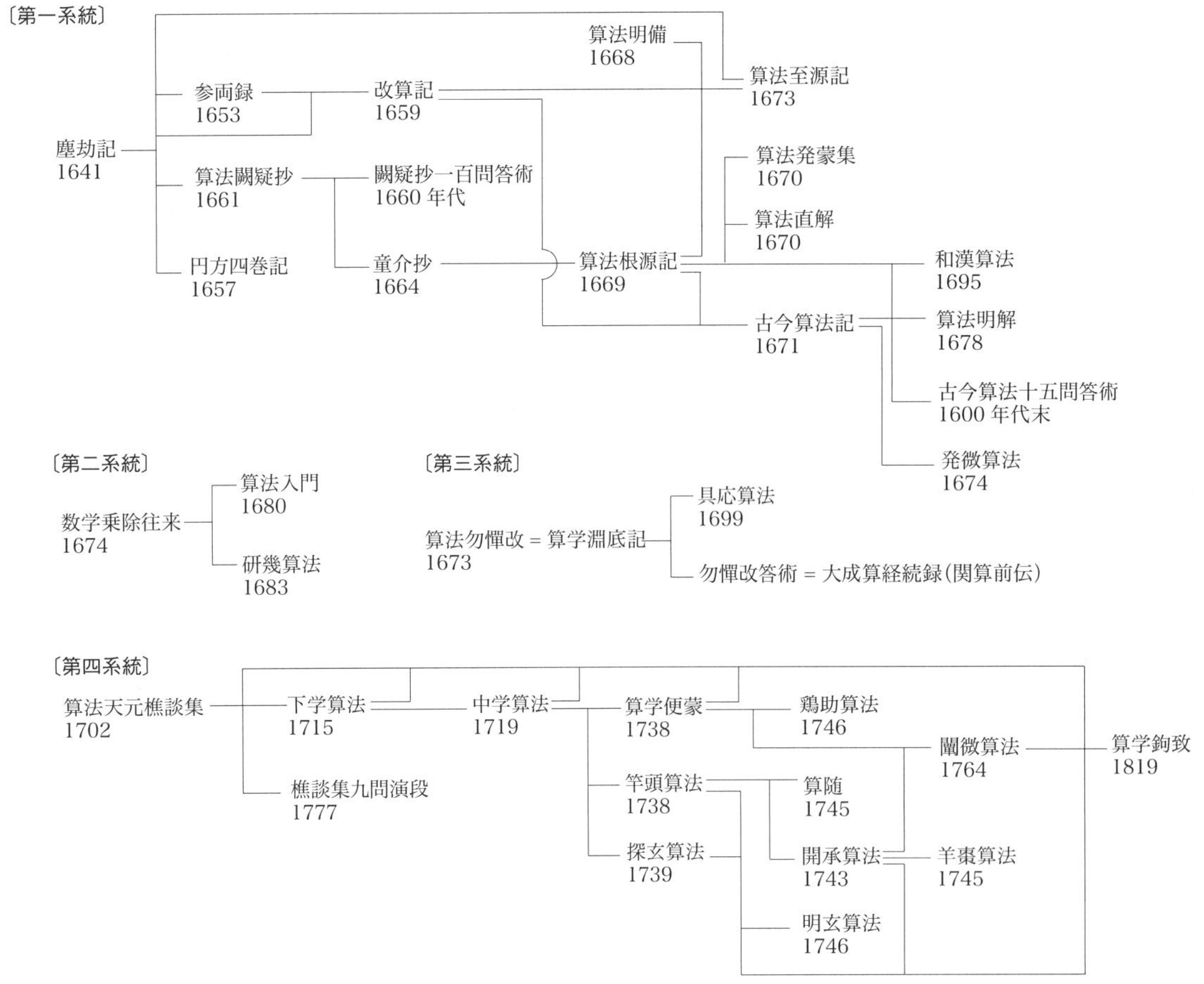
〔第一系統〕
塵劫記 1641
参両録 1653
改算記 1659
算法闕疑抄 1661
闕疑抄一百問答術 1660年代
円方四巻記 1657
童介抄 1664
算法明備 1668
算法根源記 1669
算法至源記 1673
算法発蒙集 1670
算法直解 1670
古今算法記 1671
和漢算法 1695
算法明解 1678
古今算法十五問答術 1600年代末
発微算法 1674
〔第二系統〕
数学乗除往来 1674
算法入門 1680
研幾算法 1683
〔第三系統〕
算法勿憚改＝算学淵底記 1673
具応算法 1699
勿憚改答術＝大成算経続録(関算前伝)
〔第四系統〕
算法天元樵談集 1702
下学算法 1715
樵談集九問演段 1777
中学算法 1719
算学便蒙 1738
竿頭算法 1738
探玄算法 1739
鶏助算法 1746
算随 1745
開承算法 1743
明玄算法 1746
闡微算法 1764
羊棗算法 1745
算学鉤致 1819

の三つに分割するとき、弦と矢の長さを求めよ、という問題である（図1・2）。

$$2\int_a^{50} \sqrt{50^2 - x^2}dx = 2900$$

を解くことになるので、相当な難問である。光由はこれが解けたのであろうか。寛永一一年版『塵劫記』の跋文で光由は「我まれにある師につきて、汝思の書をうけて、これを服飾とし、領袖としてその一二をえたり」と述べている。汝思は明の数学者・程大位のこと。すなわち、程大位の書いた『算法統宗』をある師に教わったといっている。これと同じ次のような算題が『算法統宗』（一五九二年）にあるので、〈円截積〉の出典は『算法統宗』であることがわかる。直径十三歩の円から弧積が三十二歩となるように切るときの矢の長さを問う、というのが『算法統宗』の問題で、術文には、矢に関する四次方程式、

$$5\,矢^4 - 4\,径\cdot矢^3 - 4\,積\cdot矢^2 + 4\,積^2 = 0 \qquad (径 = 直径,\ 積 = 弧積)$$

が書かれている。これは『九章算術』以来使われている近似式、

$$弧積 = \frac{1}{2}矢\,(弦 + 矢)$$

と径矢弦の術、

$弦^2 = 4矢(径-矢)$

から導かれる。下平和夫は文献［8］で「この算法統宗の公式を頭において、吉田光由が遺題第一〇問を提出したことはまちがいあるまい」と述べているが、筆者には光由が四次方程式を理解出来たとは思えない。実際この遺題を解いた『算法闕疑抄』『円方四巻記』『算法至源記』はいずれも、方程式ではなく、まったく別な解法（算術）によっている。この時期、天元術はまだ理解されていなかったからである。

（4）天元術

中国・元の朱世傑が一二九九年に著した『算学啓蒙』によって、算木による計算法、および数字係数の方程式を解く天元術が初めて我が国に入った。建部賢弘（たけべかたひろ）は元禄三年、この『算学啓蒙』に詳細な注釈を施し、『算学啓蒙諺解大成』を著した。本書により、天元術がよりわかりやすく理解されるようになった。

（5）点竄術

天元術では未知数が一つで数字係数なら何次方程式でも解けた。さらに複数の未知数にも対応できるようにしたのが点竄術である。点竄術により文字式が扱えるようになり、現在とほぼ同じ問題が解けるようになった。そして和算解析学とでもいうべき〈円理綴術（えんりてつじゅつ）〉にまで発展した。

二　和算の三術

和算には大きくわけて三種類の術がある。算術・天元術・点竄術である。この節では同じような算題をこれら三様の術で解いてみる。

【算術】「問積百九十二歩有り。是を縦より横は四間短し。縦横幾何と問」　『諸勘分物』（一六二二年）より

題意：面積が百九十二の長方形で、縦が横より四だけ短い。縦と横は幾らか。

術文には図3を使って、次のようにある。

面積を四倍し、縦横の差の自乗十六を加え七百八十四となる。これを平方に開くと二十八となる。このうちから差の四を引いて二で割れば横の十二が得られる。

【天元術】「今有縦横平寸平積一十五歩只云縦横和而八寸問縦横各幾何」　『算法天元指南』（一六九八年）より

題意：面積が十五の長方形で、縦と横の和が八のとき縦と横は幾らか。

佐藤茂春著『算法天元指南』は初心者向けに懇切丁寧に天元術を解説した書で、天元術の普及に貢献したとされる名著である。本問の術文には次のように書かれている。

術曰立天元一為縦㊀、以之減只云数餘為横㊁、以縦乗之為直積寄左㊂、列積㊃、輿寄左相消得開方式㊄、平方飜法開之商得縦、亦以之減和餘即横也。合問。

（図4別掲）

【和解術曰】立天元一為従○――

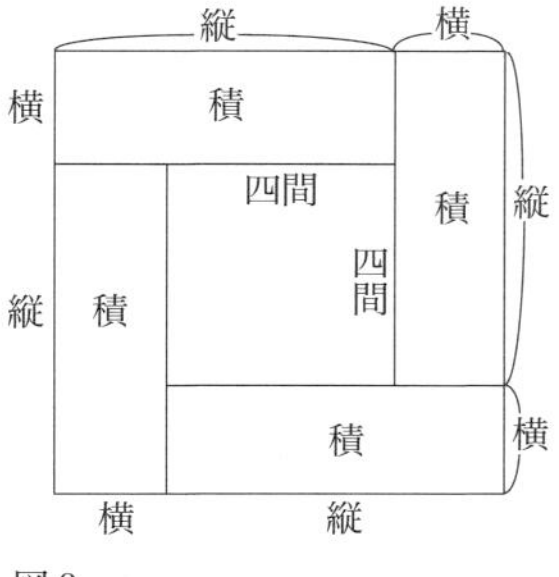

図3

太極ノ下ニ一算ヲ立ルヲ天元ノ一ト云ナリ
天元ノ一ヲ立テ縦トスルユヘ此図式縦ナリ
此術ノ終リマデ縦ト云ニ用ユルナリ
曰天元ノ一ヲ立テ縦トスレバ開方ノ式ヲ得テ
コレヲ開クトキ商ニ縦ノ寸ヲ得ルナリ

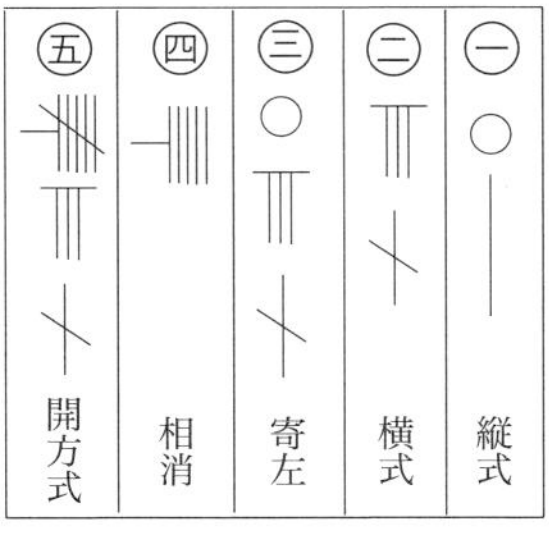

図４

算木の図（図４）で斜線は負の数を表す記号である。現代式に書き直すと、

㊀縦 $= x$,　㊁横 $= 8 - x$,　㊂面積 $= 8x - x^2$,　㊃面積 $= 15$,　㊄方程式　$-15 + 8x - x^2 = 0$

この後、開方式（方程式）$-15 + 8x - x^2 = 0$ の解き方が示されている。ここでは省略するが、現代の組立除法にあたるものである。このように未知数（天元ノ一）を決めて方程式（開方式）を立て、それを解くまでの一連の手立てを天元術という。

【点竄術】「直あり図の如し。只云積二十一歩又云長平差四寸。平何程と問」　『算法点竄指南録』（一八一五年）より

題意：面積が二十一の長方形で、長が平より四だけ長い。平は幾らか。

坂部広胖著『算法点竄指南録』は二百問近くの算題に点竄術による詳解を付けたもので、文字通り点竄術の指南書である。本問の術解（解）には次のように書かれている。

【術　解】

一算を立平とす |平| |又| |平| は |長| 也

長を置平を掛 |又平| |平巾| は |直責| 也 左によす

|只| は |直責| 也

左に寄と相消 |又平| |平巾| |只| 空数

右空数を以平を得る式を求

点竄は添竄とも書き、字句を書き直すこと。このように数字ではなく文字式に書き直して立式し、方程式を解くことを点竄術という。あるいは傍書法ともいう。「只云積二十一歩又云長平差四寸」とあるので、只で面積二十一を、又で差四を表している。巾は自乗のこと。したがって、最終的に得られた平に関する方程式は、

$$\text{平}^2 + \text{又}\cdot\text{平} - \text{只} = 0$$

となる。これは術解四行目の「左に寄と相消〜空数」の〜部分に書かれているものである。この後、これを平について解くと、$\dfrac{\text{又}}{2} = \text{天}$ とおき、

$$平=\sqrt{天^2+只}-天$$

数字に直すと $天=2$ だから $平=\sqrt{2^2+21}-2=3$ となることが書かれている。現在の解の公式と同じものである。これは【算術】で使った図3から導かれることがわかる。文字式が使えることから、現在とほぼ同じ問題が解けるようになった。点竄術により、中国の天元術から脱却し、日本独自の和算へと進化したのである。

三　安島直円の円理

(1) 帯直弧積

天元術では未知数が一つで、数値係数の高次方程式しか解けない。しかし『古今算法記』の遺題は天元術では解けないものばかりであった。いずれの算題も未知数が複数の高次方程式になり、一筋縄ではいかない。関は傍書法により補助の未知数を設け、複数の方程式を立て、補助未知数を消去する方法を開発した。そこには行列式と同じ術が使われていることで有名である。関はこれ以外にも多くの業績を残しているが、その一つに円理がある。円弧（弧背）の長さや面積に関する問題を総称して円理という。関の弟子・建部賢弘の円理も有名である。

関流四伝に安島直円（あじまなおのぶ）（一七三一〜九八）がいる。安島はそれまでの円理を改良し、現在の区分求積法に相当する術を編み出した。それまでの円理は円弧（弧背）を等分するのであったが、安島は直径を等分したのである。図5のような円の一部を帯直弧積と言い、弦を n 等分して長方形に分割し、それらを加え、$n\to\infty$ とすることで、

$$帯直弧積 = 弦 \cdot 径\left(1 - \frac{率}{3\cdot 2} - \frac{率^2}{5\cdot 8} - \frac{3\,率^3}{7\cdot 48} - \frac{15\,率^4}{9\cdot 384} - \frac{105\,率^5}{11\cdot 3840} - \cdots\right)$$

$$\boxed{率 = \frac{弦^2}{径^2}}$$

が得られる。

$$弧背 = \frac{2\cdot 帯直弧積 - 直積}{径}$$

だから、

$$弧背 = 弦\left(1 + \frac{率}{3\cdot 2} + \frac{3\,率^2}{5\cdot 8} + \frac{15\,率^3}{7\cdot 48} + \frac{105\,率^4}{9\cdot 384} + \frac{945\,率^5}{11\cdot 3840} + \cdots\right)$$

となる。

（2） 和算中興の祖

安島の術の根底にあるのが $\sqrt{1-h}$ の級数展開である。$\sqrt{1-h}$ を級数展開することを〝平方綴術に開く〟という。『円理乾坤之巻』は作者も年記もない書物であるが、松永良弼（まつながよしすけ）の頃の完成で、関流の秘伝とされていたものである。そこには、

$$\sqrt{1-h} = 1 - \frac{1}{2}h - \frac{1}{2\cdot 4}h^2 - \frac{1\cdot 3}{2\cdot 4\cdot 6}h^3 - \frac{1\cdot 3\cdot 5}{2\cdot 4\cdot 6\cdot 8}h^4 - \cdots$$

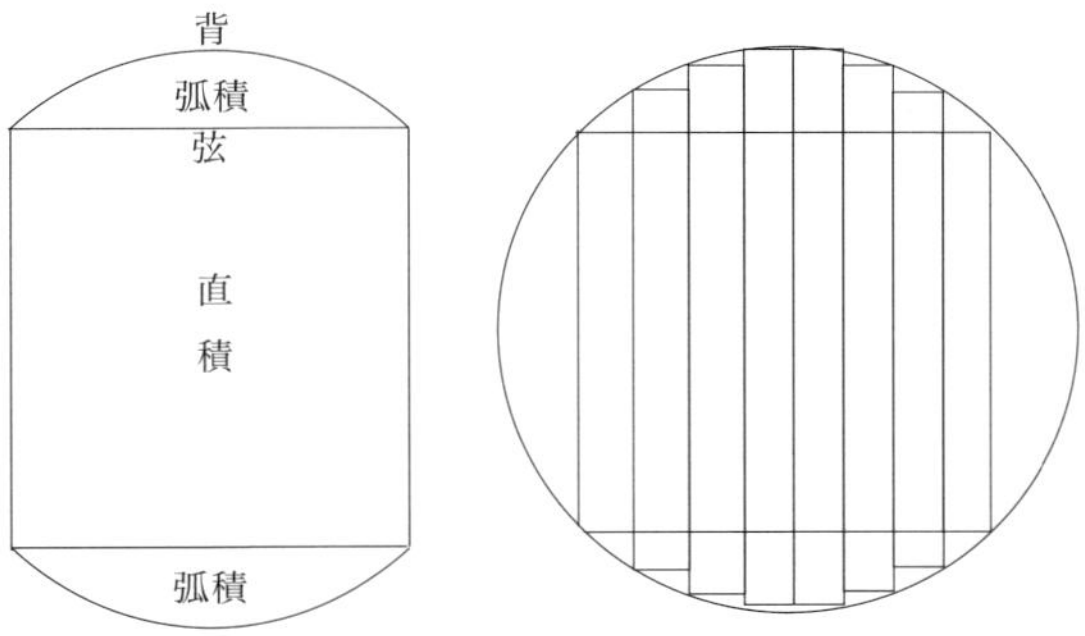

図5：帯直弧積

が示されている。安島直円はこの「平方綴術に開く」術を巧みに使い、帯直弧積から弧背を求める展開公式を作ったのである。

安島の円理を受け継ぎ発展させたのが和田寧（一七八七～一八四〇）で、彼の『円理豁術』は多くの弟子たちに伝授された。安島直円はこれらの業績により〈和算中興の祖〉とよばれている（文献[7]）。

四　『塵劫記』からの流れ

(1)　和算書三品

『塵劫記』以後の和算書を再度見直してみると、次の三つのタイプが見えてくる（図6・7・8）。

(A)一つは天元術、点竄術、円理などを駆使した専門的和算書である。これらは『塵劫記』の遺題継承から発展したと見られる。主に漢文で書かれており『発微算法』、『研幾算法』（一六八三年）、『括要算法』（一七一二年）などに代表される。

(B)他の一つは『塵劫記』の通俗読み物としてのスタイルを踏襲したもので、〈塵劫記系〉〈往来物〉〈重宝記〉などと呼ばれる初等教科書である。そろばんの計算法から始まり、身近な実用的算題を集めた、仮名書きによるハウツー本である。この手の本は枚挙に暇がないが、塵劫記系通俗書の代表として『新撰改正算法稽古図会大成』（一八三一年）をあげておく。なお、このような通俗書には著者名がないことが多い。

(C)もう一つは(A)と(B)を合体したもので、八算見一（はっさんけんいち）から円理までを網羅し、これ一冊読めば和算が一通り学べるという、和算を最も特徴づける書物である。松岡能一『新編算学稽古大全』（一八〇六年）、千葉胤秀『算法新書』（一八三〇年）などが有名である。

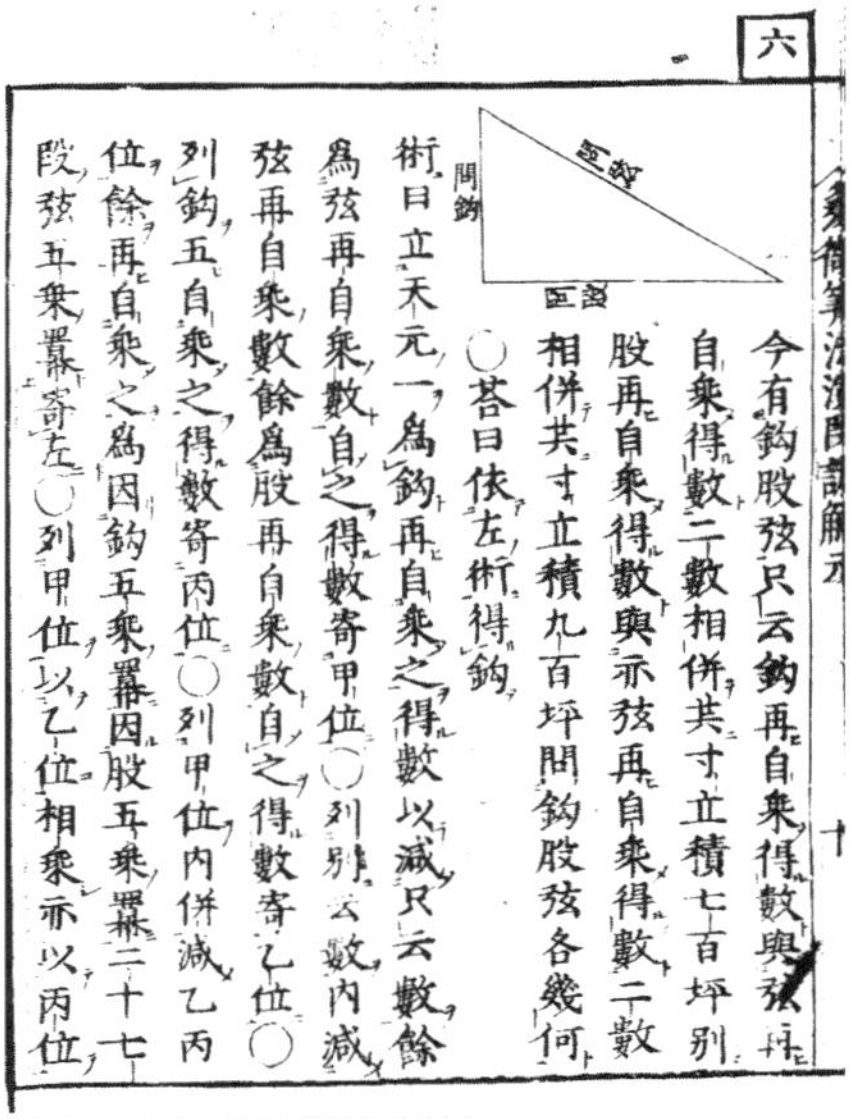

図6：タイプ(A)『発微算法』

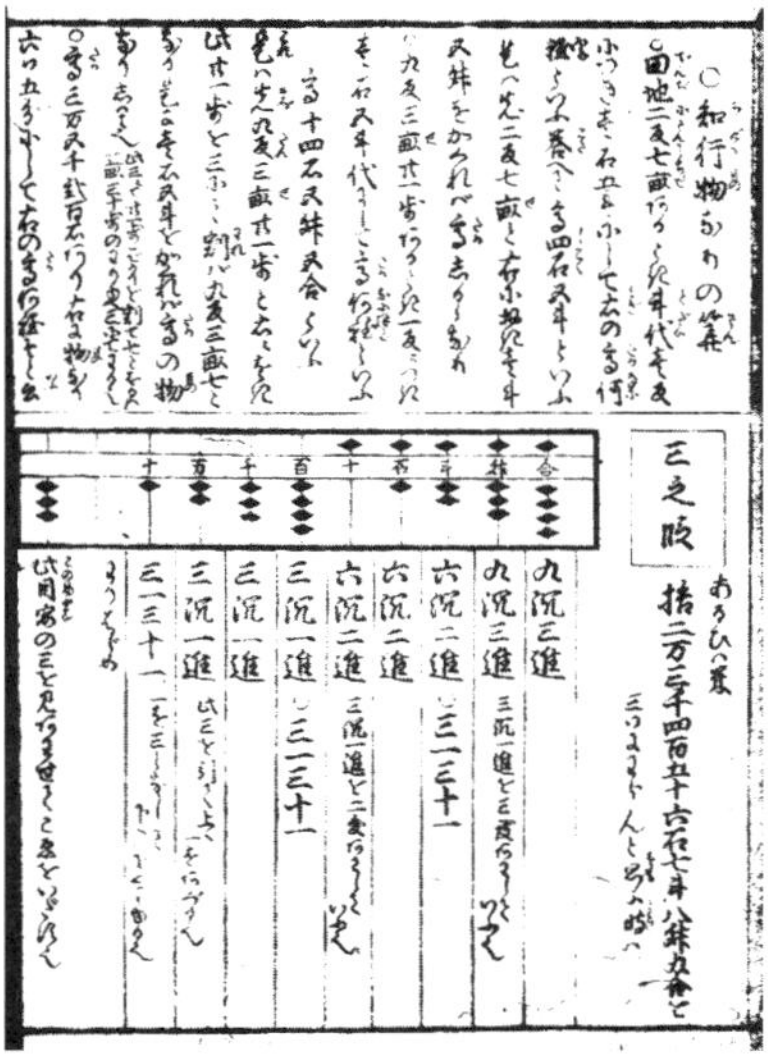

図7：タイプ(B)塵劫記系の定番算盤図『算法稽古図会大成』

図8－1：タイプ(C)『算法新書』の九九

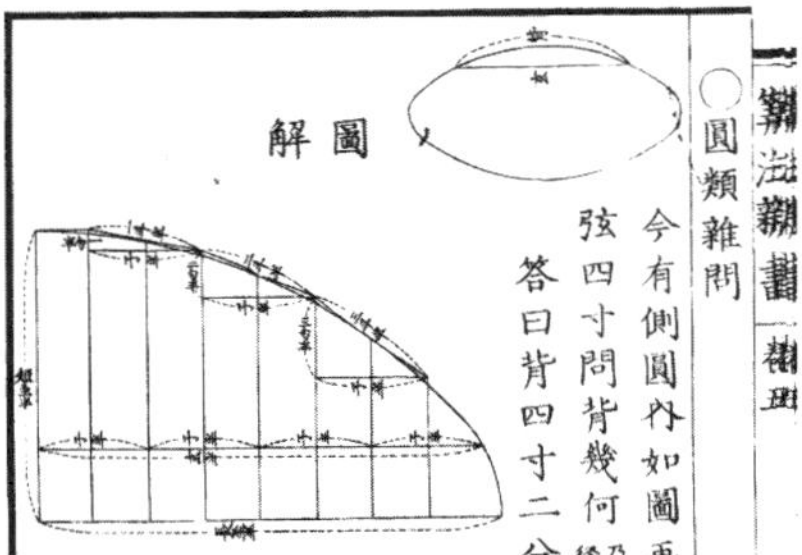

図8－2：タイプ(C)『算法新書』の円理

和算は自然科学からの要請がないために、実用性から乖離し、遊芸的になり、難問奇問を解くことがメインとなった、といわれている。専門的和算家はタイプ(A)ばかりに目がいき、実用数学にあまり興味を示さなかったようであるが、庶民は庶民でタイプ(A)の良い所だけを取り入れ、タイプ(B)の実用算術書を数多編み出していたといえる。藤田貞資は『精要算法』で仮名書きによる実用算題を載せ、「今ノ算数ニ用ノ用アリ、無用ノ用アリ、無用ノ無用アリ」とし、いたずらに奇に走り、ことさら複雑にした問題を「無用の無用」としてこれを排除している。「無用の用」はすぐさま役に立つものではないが、勉強することによって、いずれ有用の助けとなる、といっている。『精要算法』の以後、和算書はタイプ(A)からタイプ(C)へ変遷していった。

タイプ(A)からは和算家の数学的発想がわかり、タイプ(B)からは一般庶民の数感覚が見て取れる。和算には(A)(B)(C)のタイプがあるが、その源流は『塵劫記』であることが再確認できた。

(2) 数学遊戯

タイプ(B)から派生したものとして〈遊戯系〉がある。日本には古くから遊戯的数学問題があったが、『塵劫記』に再登場して、脚光を浴びることとなる。〈継子立て〉〈百五減算〉〈目付字〉などである。このようなゲーム系算題を採用したことが、『塵劫記』をベストセラーにした大きな要因である。その後、遊戯系算題ばかりを集めた本なども出版されている。中根彦循『勘者御伽双紙』(一七四三年)が有名である。中根彦循はタイプ(A)に属する和算家であるが、序文では「今梓にちりばめて勘者御伽雙紙と号しておさな子のもて遊びとす。見る人此書にもとづきなばなんぞ、あさきより深きにいたらざらんや」と述べて、庶民の算術教育にも貢献しようとしている。和算後期にはこのようにプロの和算家が初等教育に関わるようになり、タイプ(C)の出版が多くなる。これが、和算が世界に例がないほど一般庶民にまで広がり、江戸時代の文化とまでいわれるようになった一つの要因である。その源は『塵劫記』なのである。

（3） 遊戯算題一品

最後に、ちょっと珍しい遊戯系算題を紹介して、本稿を閉じることにする。大坂の和算家・武田眞元（一七八九～一八四六）が書いた『眞元算法』（一八四五年／これはタイプ(C)の本）と友鳴松旭『多門直入算法重宝記』（一八五一年／これはタイプ(B)の本）に載っている一筆書きの問題である。和算で一筆書きの問題はこの二冊にしか見えない。しかしどちらも同じ問題なので、武田眞元のオリジナルである。大坂にある図のような橋を一度だけ通り、すべての橋を渡りきれるか、というものである。

これはオイラーの〝ケーニヒスベルグの橋〟と同じ一筆書き問題として有名である。橋の名前もす

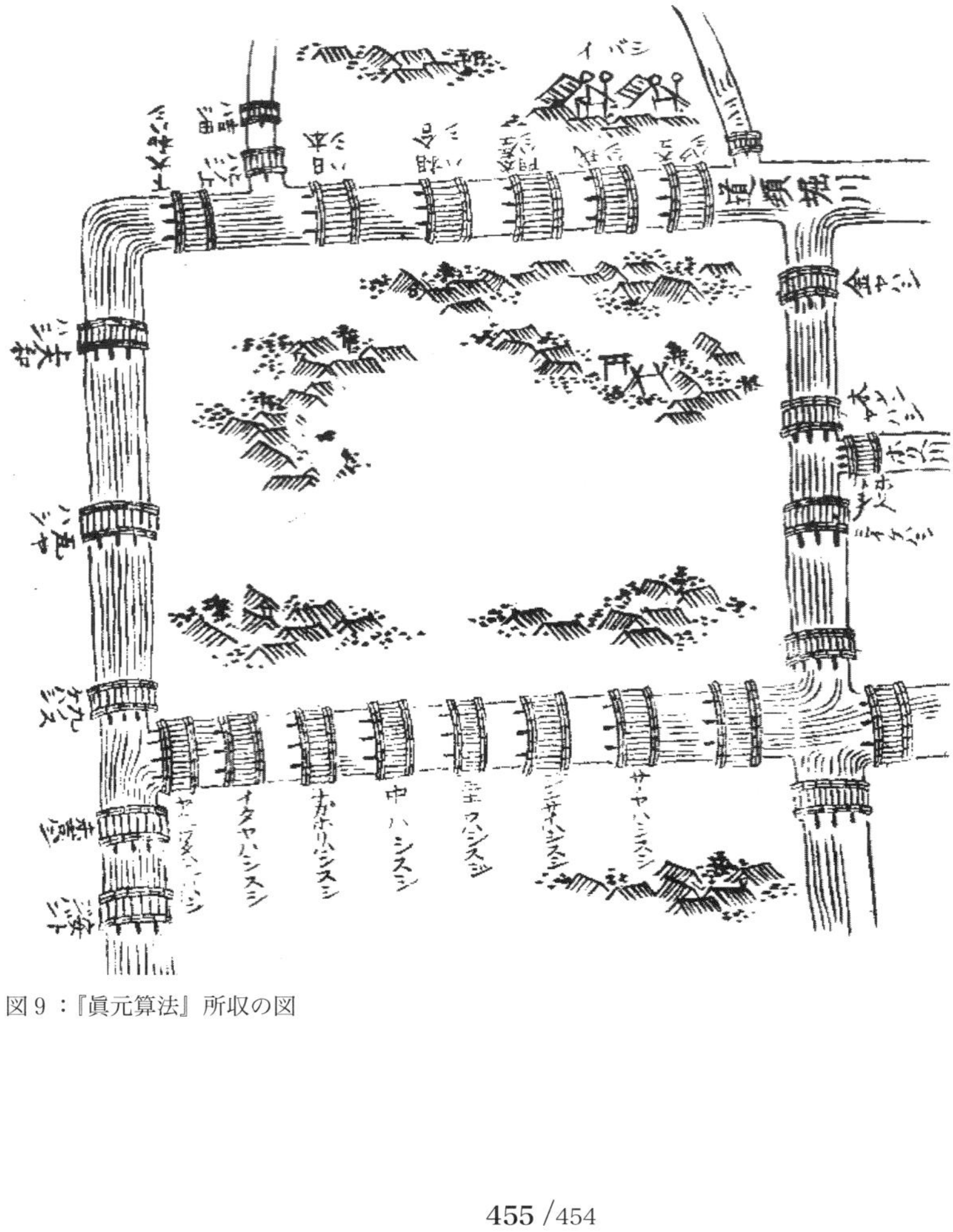

図９：『眞元算法』所収の図

べて書かれているので、それらを図9・10に示しておく。

東横堀川、西横堀川、道頓堀川、長堀川で囲まれた一画が島之内で、長堀川の北側が船場である。なお南北が現在の地図とは逆になっているので注意されたい。戎橋は阪神タイガースが優勝したときのダイビングで有名になった。西横堀川と長堀川が交差したところにある四つの橋、上繋橋、下繋橋、炭屋橋、吉野家橋は所謂〈四ツ橋〉で、現在は地下鉄の駅名にその名前が残っている。西横堀、長堀川は埋め立てられ、高速道路や地下街になっており、現存する橋は当時の半分以下である。

よく知られているように、一筆書きができる条件は、〈すべてが隅点〉か〈奇点が二個のみ〉である（奇点は奇数本の線が集まる点）。これらの川に

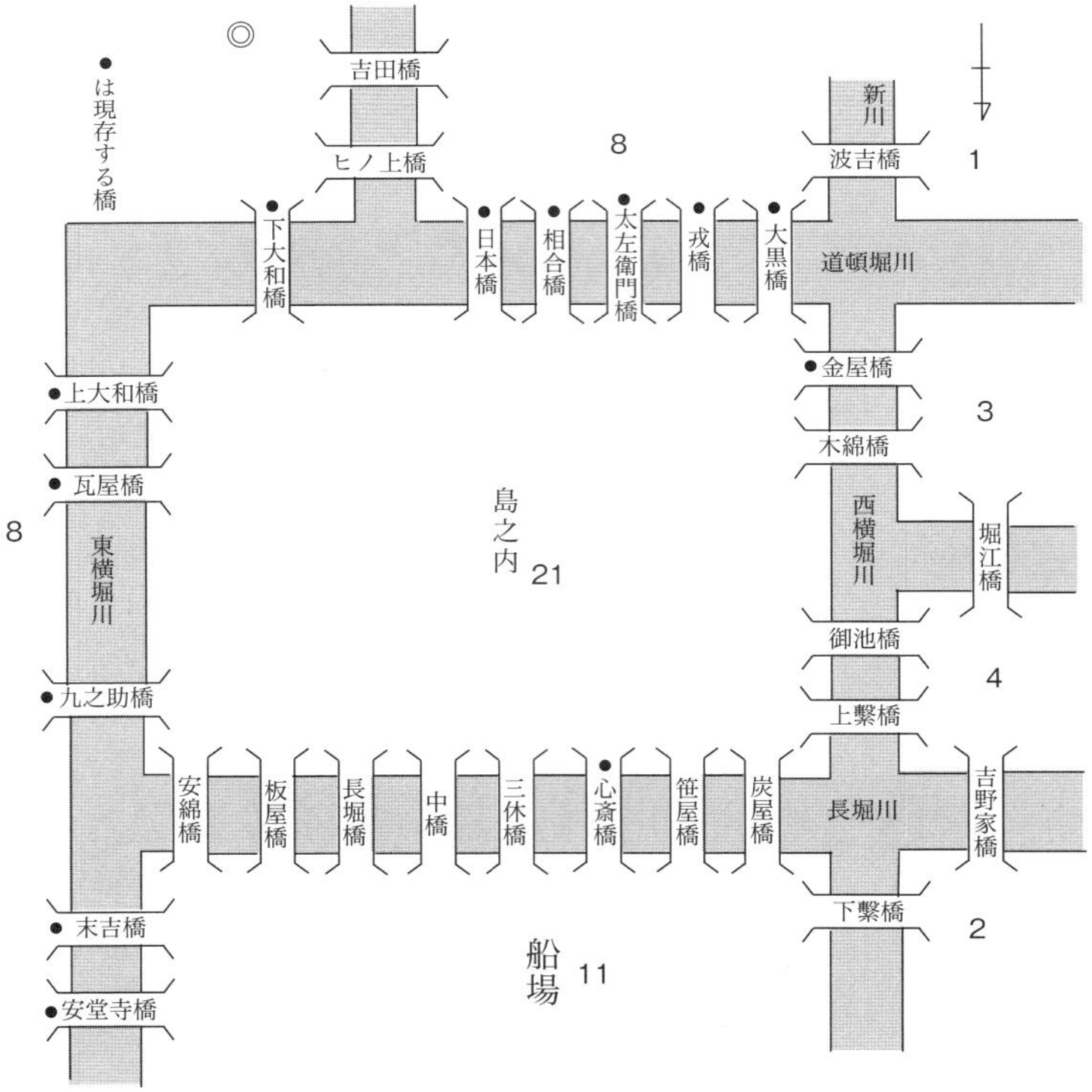

図10

よって全部で八個の区画に別れており、それぞれの区画に架かる橋を数えると図10のようになり、奇点が四個になる。したがって、これは一筆では書けない。本問に対するこれまでの解答は以上のようなものであった。しかし、筆者の考えは少し違う。本問の算題文は次のようになっている。

浪華二十八橋智慧渡
今図の如二十八橋あり。いづれの橋より成共、渡りはじめ、同じ橋を二度渡らぬやう、道はいかやうに廻るとも苦しからず。元のはしづめへかえり来るやう工夫有たし。但し、此渡りやう別に、でんじゆ書なくとも、浪華の地理をよくよくかんがへ渡るときは、自然とわたれる也。

橋の数は二十八とあるが、図の橋は二十九ある。これは図を画くときに、誤って一つ多く画いてしまったことによるものと思われる。筆者は安堂寺橋がその誤入した橋と考える。算題文の最後に「浪華の地理をよくよくかんがへ渡るときは、自然とわたれる也」とあるので、武田眞元は渡れることを想定して出題したはずである。大阪の地理をよく知っておれば渡れますよ、といっているのである。ところで、図四の◎あたりに筆者の実家の寺（大覚寺）があり、その隣の寺（光明寺）に武田眞元の墓がある。筆者が子供の頃にはこれらの川や橋がまだ存在しており、たいへん懐かしく郷愁を感じさせる問題となっている。昔よく通った川や橋を思い出しながら本算題を考えるとき、眞元先生がいわれるように、これらの橋を渡りきることができることがわかった。詳しくは文献[10]を参照されたい。

まとめ

本稿の目的である「和算の原点は『塵劫記』にある」は確かめることができたと思う。〝和算でわからないことがあれば塵劫記に当たれ〟、これが筆者の座右の銘である。実は和算の原点と思える算書がもう一冊ある。寛永一六年（一六三九）に今村知商（?〜一六六八）が書いた『竪亥録』である。今村は吉田光由と同じく毛利重能の弟子で、ライバル同士ではないかと思える。『竪亥録』は漢文で書かれ天元術などは使われていないが、初学者向きではないので、タイプ(A)の本である。本書に用いられた術語はのちの和算書に踏襲されたものが多い。光由は『竪亥録』を意識し、あえて逆のタイプ(B)を目指したように思われる。難解な遺題を載せたのも今村への挑戦状ではなかったのか？　このあたりの考察は今後の研究課題とする。なお和算をタイプ(B)の往来物から論じたものに文献[9]がある。本稿を書くについておおいに参考にさせていただいたので、最後に記しておく。

参考文献

[1]　田村三郎「数学者ランキングと和算家の系譜」(『近畿和算ゼミナール報告集』一三、二〇〇八年)
[2]　日本学士院編『明治前日本数学史』(一九七九年)
[3]　平山諦『関孝和』(恒星社厚生閣、一九七四年)
[4]　村瀬義益『算法勿憚改』(江戸初期和算選書第三巻〈西田知己校注〉、一九九三年)
[5]　『国史大辞典』【算額】の項、平山諦執筆（吉川弘文館
[6]　深川英俊『例題で知る日本の数学と算額』(森北出版、一九九八年)
[7]　加藤平左ヱ門『和算中興の祖安島直円の業績』(名城大学理工学部数学教室、一九七一年)
[8]　塵劫記刊行三百五十年記念顕彰事業実行委員会『塵劫記論文集』(大阪教育図書、一九七七年)

[9] 川本亨二『江戸の数学文化』(岩波科学ライブラリー七〇、一九九九年)
[10] 小寺裕「浪華二十八橋智慧渡」(『数学史研究』通巻二〇三号、日本数学史学会、二〇〇九年)
[11] 和算の館、http://www.wasan.jp

〔付記〕本稿に使用した和算書画像はすべて筆者蔵によるものである。

【第五部】

第二章　吉田光由と続く数学者

鳴海　風

はじめに

和算のルーツは中国から入ってきた数学である。しかし、江戸時代になって、鎖国政策がとられていたこともあり、和算は中国数学から飛躍して日本独自の発達をした。

数学としては、部分的に同時代の洋算と同等あるいは先行した研究もあった。また、中国や西洋の数学には見られない数学文化が生まれた。

筆者は吉田光由を「和算発展の導火線の火付け役」と呼んでいる。

具体的には、光由が著した一連の『塵劫記』が多くの人たちに数学の知識を広め、まるで連鎖反応のように、彼らの中から優れた数学者が生まれ、同時に和算の特徴ともいうべき習慣のいくつかが広まっていったからである。

一　吉田光由と角倉一族

角倉一族の祖というべき人物は、室町幕府の第三代、四代将軍だった、足利義満、義持父子に仕えた、吉田徳春である。近江佐々木氏の流れをくむ武士だった。

徳春は、京都の嵯峨で土倉と呼ばれる金融業を始めた。徳春の子宗臨は足利義政の侍医となり、孫の宗忠は酒屋も兼ねて事業を大きくし、吉田本家は宗忠の長男光治、孫の栄可と引き継がれていった。

一方、宗忠の次男宗桂の家系は、本家以上の繁栄を見せた。宗桂自身は、第一二代、一三代将軍だった、足利義晴、義輝父子の侍医を務めながら、天龍寺の塔頭妙知院の住職策彦周良に随って、天文八年（一五三九）、一六年（一五四七）と二度、明に渡った。明を相手とする勘合貿易のための遣明船に同乗したのである。

学者であり文化人でもあった宗桂は、現地での多くの見聞とともに、医学書や数学書を大量に持ち帰ったという。それらは、吉田家の書庫ともいうべき吉田称意館に収蔵され、一族の者は閲覧できた[1]。

宗桂には子供が三人いた。医業は次男の宗恂が継ぎ、三男の侶庵は学者になった。長男の了以は金融業を継ぎ、屋号でもある角倉を姓とした。角倉家の誕生である。

了以が生まれたころには勘合貿易は事実上終了していたが、今度は東南アジアを相手とする朱印船貿易が始まった。了以は、朱印状を受けて安南（ベトナム）等との海外貿易を積極的に推し進めた。これにより、京都では、茶屋、後藤、灰屋などと肩を並べる豪商になった。

吉田光由は、慶長三年（一五九八）、京都嵯峨で生まれた。角倉了以の父と光由の曽祖父は兄弟だった。年齢が離れているように思われるかもしれないが、光由が生まれたとき、了以は四五歳、了以の長男素庵は二八歳だった（本稿ではすべて数え年を使用）。

一方、了以・素庵父子は、多くの河川開削工事を歴史に刻んだ。最初の開削事業である保津川（大堰川）の難工事に着手したとき光由は八歳、最後の高瀬川を開通させたときは一六歳だったから、光由は一族の一人として、それらの開削事業を見聞していただろう。

また、角倉一族の朱印船は、慶長八年（一六〇三）を最初として、禁止される寛永一二年（一六三五）までに、一七回も仕立てられたという。これも光由の生きた期間（一五九八〜一六七二）と重なっている。

実は、吉田光由も角倉一族に連なる者らしく、後世に残る土木工事「菖蒲谷隧道」を完成させたといわれる。そして、光由に続いた数学者らの中にも、和算の知識を土木工事に生かした者が何人もいた。

そして、光由の名を不滅にした『塵劫記』の成立は、角倉一族と朱印船貿易がもたらした中国数学の影響なしには語れない。同様に、続く数学者らの数学的な業績や彼らが作り出した独特の数学文化にも、直接、間接にその影響が見られる。

次節で光由の数学学習過程を述べた後に、光由に続く数学者らを(1)水利・土木工事での貢献、(2)独自の数学文化形成、(3)中国数学からの飛躍という三つの切り口で解説することで、光由と彼の一連の『塵劫記』の影響を論じてみたい。

ところで、のちに算聖と呼ばれた関孝和（せきたかかず）の登場で、日本の数学は中国数学から大きく飛躍した。つまり、関孝和以降は、彼の影響がきわめて大きい。したがって、ここでは、光由に続く数学者らを、関孝和以前に限定して紹介する。

二　吉田光由の数学学習過程

吉田光由はどのようにして数学の知識を身につけたのだろうか。

光由の嗣子光玄（みつはる）が記録したとされる『角倉源流系図稿』によれば「光由弱年より算学に志ざす。初め毛利勘兵衛の尉(重能（しげよし）)に従って学ぶ。然（しか）れども九章の法全（まった）からざるなり。後に吉田素庵に親炙（しんしゃ）して、新安汝思が算法を学ぶ」とある。つまり、光由の最初の数学の師は毛利重能である。その後、角倉素庵から新安汝思（安徽省新安に住んでいた程大位（ていだいい））の『算法統宗（さんぽうとうそう）』を学んで『塵劫記』を作ったという。

まず、毛利重能である。

重能は、生没年は不詳だが、元和八年（一六二二）に『割算書（わりざんしょ）』という本を出している。ただし『割算書』というのは仮の名称で、残っている原書は表紙がないため正式な書名が分からない。序文に続いて、「割算目録之次第」と書かれている。昭和二年（一九二七）与謝野寛（よさのひろし）、正宗敦夫（まさむねあつお）、与謝野晶子（あきこ）編集の『古代数学集』の中で『割算書』と命名されてからそれが愛用されている。分量的には、現存する最古の『塵劫記』である寛永四年（一六二七）版の三分の一にも満たない。

その『割算書』の中で、重能は自分のことを、摂津国武庫郡瓦林の住人で、現在は京都に住んでいて割算天下一と号している、と書いている。

再び『角倉源流系図稿』によれば、重能は戦国時代の武将池田輝政の家臣だったが、故あって国を去り、京都二条京極あたりで「天下一割算指南之額」を出したという。入門する者は数え切れないほど多く、光由もその中の一人だったようだ。

二条京極がどこなのかは、はっきりしない。角倉家の屋敷の一部を塾として提供していたという説もある。そうでなくても、塾は決して遠くないところにあって、光由は熱心に通ったのではないか。

また重能には、豊臣秀吉の家臣になって明へ留学したという説がある。しかし、重能の『割算書』は、奈良・平安朝時代に伝わってきた数学の知識がベースになっており、留学説は疑わしく、『算法統宗』の影響を受けているとは考えにくい[2]。

重能が『割算書』を出したとき、光由は二五歳だった。菖蒲谷隧道工事を完遂したのは、二七歳から二八歳のころといわれる。現存最古の『塵劫記』を出したときは、三〇歳だった。

ということは、光由は、かなり早い時期に重能の『割算書』レベルの数学は卒業していた可能性がある。

ちなみに現存する最も古い数学書は、慶長五年（一六〇〇）ころ刊行された著者不明の『算用記』（龍谷大学蔵）である。内容に類似点が多く、『割算書』は『算用記』を参考にしている可能性が指摘されている[3]。どちらも室町時代末頃に伝わってきたといわれるそろばんを使って解く計算問題を扱っている。光由は『算用記』も学んでいたかもしれない。

前述の『角倉源流系図稿』にも、光由は師の重能を追い越して、互いに教え合う関係になったことが書かれている。そして、光由が『算法統宗』を学んだのは、角倉素庵からだという。

次に、『算法統宗』について考える。

吉田称意館には、かつて勘合貿易で宗桂が入手した、中国の数学書があったはずだ。

『算法統宗』は明の程大位が、一五九二年に出版した。光由が生まれる六年前のことである。勘合貿易はすでに終了していたし、宗桂もこの世になかった。そうなると、『算法統宗』は慶長八年（一六〇三）から始まった角倉一族の朱印船貿易でもたらされた可能性が高い。

その『算法統宗』の中身だが、明朝はそれ以前に確立された天元術（てんげんじゅつ）（方程式を立てて未知数を求める代数計算法）が忘れ去られるなど、高等数学が衰退した時代である。そのような中にあって、民間数学者の程大位は、各地をまわって数学を研究した。

基本的に『算法統宗』は、そろばんによる計算法を教えるもので、古代中国の数学書『九章算術』を手本にしている。『九章算術』は著者不明で、紀元前一世紀から紀元後二世紀の間に作られたと推定されている。問題集形式だが、『算法統宗』のモデルになった証拠ともいえる、田畑の面積計算、土石量などの土木計算、利息の計算、税の計算から開平法、開立法などが扱われている。ちなみに、『塵劫記』では採用しなかったピタゴラスの定理に関する問題も含まれていた。

『算法統宗』は、その後も版を重ね、一〇〇年以上のちの清朝になっても復刻があり、類似書は数十種にのぼっていたという。『塵劫記』のように挿絵は多くなかったが、難法歌といって、問題と解法がふしに合わせて歌えるように記述されていた。『算法統宗』独自のものでなく、それ以前にもあった形式だが、語呂がよく暗記しやすいのである。これもベストセラーになった一因であろう。

次に、素庵がその『算法統宗』を光由に教えたという『角倉源流系図稿』の記録を検証してみる。

江戸時代中期の歴史考証学者、木村高敦が幕府に献上した『武徳編年集成』の慶長一一年（一六〇六）の部分に、「玄之父、吉田光好、暦算術も能く通達せり」とある。玄之は素庵の諱である。光好は了以の諱なので、吉田光好とは角倉了以のことになる。実は、了以は数学に通じていたのである。さらに同書は、了以の著述として、『塵埃記』という一二巻の算書や、神武天皇から正親町天皇の頃までの毎年の干支、月の大小を記した『古暦便覧』などがあると記録している。

時代は下るが、佐藤蔵太郎の『西国東郡誌』（一九一四年刊）には、「光由は角倉了以の門弟にして、角倉は其宗家なり」と明記してある。

また、『群馬県史』資料編一六近世八（一九八八年刊）の中の「慶応三年二月吉田流算術開平法口伝」に、「吉田流算術元祖は京東山住吉田三好（三好は光好の間違いで了以のこと）で、元和三年（一六一七）三月一〇日、門人吉田七兵衛（七兵衛は光由の通称）へ伝授された」とある。しかし、了以は三年前の慶長一九年に亡くなっているので、直接何かが手渡されたわけではない。了以が亡くなったとき、光由は一七歳である。晩年の了以から手ほどきを受けたとしても、それほど長期間ではなかったろう。とすれば、一つの可能性として、了以の興した吉田流算術が、その後、素庵を介して光由へ伝授されたということが考えられる。数学の知識を必要とする了以の開削工事すべてに関わった素庵なら、それほど不思議なことではないだろう。

さらに、了以の他に数学に長けている人物が、一族の中にいた。

前述したように、宗桂には子供が三人いた。医業を継いだ次男の宗恂と学者になった三男の侶庵である。

了以の弟である宗恂は、蔵書家で著述も多い人物だった。実は、その著述の中に、注目すべきものがある。吉田宗恂校、吉田如見考となっているが、事実上宗恂が著したと推定されている『三尺求図数求路程求山高遠法』で、測量の本である。数学の公式と計算表からなっている。また、『漏刻算』という水時計に関する本もあり、どちらも宗恂が亡くなった慶長一五年（一六一〇）以前の成立で、我が国最古の数学関係書に数えられている[1]。

宗恂の『三尺求図数求路程求山高遠法』は、『算法統宗』の測量に関する部分と似ている。宗恂も『算法統宗』を読んでいた可能性がある。もしかすると、了以の河川開削工事にも関わっていたかもしれない。

宗恂が亡くなったとき、光由は一三歳だった。宗恂の数学の知識も、おそらく素庵を通じて光由に伝授されたのだろう。

三　吉田光由に続く数学者

（1）水利・土木工事での貢献

角倉了以が取り組んだ最後の土木工事は、みずから引いた鴨川（かもがわ）水道に並行する新しい運河、高瀬川の開削である。これは、慶長一八年（一六一三）から工事を開始し、翌年の秋には開通したが、その四か月前に了以は亡くなった。享年六一だった。

了以の長男素庵は、それまで父がおこなった保津川、富士川、天竜川、鴨川、高瀬川すべての開削工事に協力していた。了以没後は、朱印船貿易を継承しながら、大坂の陣で淀川における軍需物資の運輸に従事するなど、幕府のさまざまな仕事を担った。そして、元和七年（一六二一）ころに病気で引退するまで幕府の公職にあり、新しい工事には取り組めなかった。

角倉一族の中で、了以の遺志を唯一継いだのが吉田光由だった。

当時北嵯峨一帯は水利が悪く、農民は干害に悩まされることが多かった。地元大覚寺（だいかくじ）から対策の要請があったが、素庵は多忙で対応できなかった。それで、光由の出番である。

光由は素庵から『算法統宗』を与えられ、すでに理解していたはずである。つまり事業を任せられるだけの知識と信頼を得ていたのである。

光由の計画は、了以・素庵父子が実施した河川や運河の開削とはまったく異なり、斬新な発想と緻密な計算に基づく土木工事である。それは、長尾山（ながおやま）の北に人工の池を作り、傾斜のついた約二〇〇ｍのトンネルを掘って、たまった水を南側へ流すという、古今東西に類を見ないものだった。

幕府の許可を得ておこなった保津川や高瀬川の開削では、莫大な費用はすべて角倉一族でまかなったが、のちに通行料を徴収して収入を得、投資の回収をしていた。それに対して今回の工事は、費用を負担しても後からの回収が望めない。慈善活動的な色彩があったから、なおのこと失敗は許されなかった。

一族の承認を得るのは並大抵のことではなかったろうが、素庵の後押しがあって、計画は実行に移された。そして光由は、医師でもあった長兄の光長（みつなが）の協力も得て、見事にこれをやってのけた。

今でも残る菖蒲谷池と菖蒲谷隧道である。

この工事は、寛永元年（一六二四）から二年（一六二五）ごろに完成したらしく、現存する最も古い『塵劫記』の出版より、二年か三年前のことである。光由は二七歳か二八歳だったことになる。

勉強したことを書物にするより先に実際に生かした。光由が単なる理論家でなく実務家でもあることを物語っている。

菖蒲谷隧道工事を成功させた光由は、事業家としての可能性を証明したともいえよう。三男だった光由は、すぐに妻帯させられたのではないだろうか。豪商同士の縁組は、大名同士のそれと同様に、政略的である。相手は、豪商灰屋一族と思われる灰屋与兵衛（よへえ）の娘だった。

関孝和以降の数学の著しい発展は、一方で実際の役に立たない数学というそしりも受けた。荻生徂徠（おぎゅうそらい）の『学則』の附録の一節「数学も亦（また）、不佞（ふねい）未（いま）だこれを学ばず。然（しか）れども今の数学者流を観るに、種々奇巧を設け、以て其の精微を誇る、其の実は世に用無し」や藤田貞資の『精要算法』の凡例「今の算数に用の用あり、無用の用あり、無用の無用あり」といった具合である。

しかし、水利・土木工事には数学の知識が必要であり、『塵劫記』には「河普請のこと」と題して堤防や蛇籠の計算など多くの応用問題が含まれていた。そして、みずから菖蒲谷隧道という象徴的な大工事を成し遂げた。

実際、幕府も諸藩も普請方という職務を設け、幕末まで治山・治水工事に取り組んだ例は多いのである。

光由と同時代から少し後の数学者らの土木工事について見てみよう。

光由の師といわれる毛利重能の門下で名前が知られているのは、光由の他に二人いた。

一人は今村知商という。河内国の人で、生没年ははっきりしないが、寛文八年（一六六八）に死んだという説もあるから、その四年後に死んだ光由と大きな年齢差はなかったのではないか。

知商はのちに東下して奥州磐城平藩に仕官し、郡奉行として常陸国那珂湊から涸沼、利根川にいたる運送路を調査し、巴川の中流、下吉影村から川口の串挽までの開削工事をした。涸沼から巴川へは、のちに勘十郎堀として知られる難工事があり、内陸の水路工事はこの地方の重要課題だった。

また知商は、下総国佐倉生まれで水戸藩士の平賀保秀を弟子にしたが、保秀は普請奉行となり水戸の用水事業に従事した。この用水は笠原水道と言い、保秀は地形や地質を調査し、その設計を担当した。水源の笠原から途中までは、岩石で作った樋を地中に埋めた水路すなわち暗渠とし、その先の城下までは内側に銅を貼った木製の樋でつなぐというもので、全長一一㎞弱に及ぶ。

毛利重能のもう一人の弟子は、高原吉種といって、人物像ははっきりしない。しかし、その吉種の弟子儀村吉徳は奥州二本松藩に仕え、元禄一三年（一七〇〇）、安達太良山の中腹石清水から水を引く難工事をした。これは二合田用水と呼ばれ、城下の防衛・防火・農業用水さらに生活排水の浄化など多目的用水路である。吉徳はこの工事のため作事奉行として採用され、測量や設計を担当したという。

こうしてみると、初期の数学者、少なくとも毛利重能の門下は数学の知識を水利・土木工事に生かしたといえる。

（2） 独自の数学文化形成

和算にはそのルーツである中国数学や、交流がほとんどなかった西洋数学には見られない独特な習慣がいくつか生まれた。算額奉納や遺題継承、遊歴算家、免許制度や流派の発生などである。

算額とは数学の絵馬のことで、神社や寺に奉納された。数学の問題と答そして解法を書き、神仏への感謝とともに数学の上達を祈願した。研究発表の意味もあった。遺題継承とは、数学の本に解答のない問題をつけ、それを解くと本にし、また新たに解答のない問題をつけるということが繰り返されたことをいう。遊歴算家とは数学を教えながら旅をした数学者のことである。また、江戸時代の数学には、武芸や稽古事のように、流派や数学の上達の段階に応じて与えられた免許があった。

それらの中から、特に遺題継承は、光由が数学者らに与えた影響が大きいので詳しく見てみよう。

角倉素庵は、文化人でもあった。吉田宗桂の三男侶庵も、父の宗桂と同様に天龍寺の策彦周良から学んだ学者で、素庵に儒学を教えた。素庵は一八歳のとき、侶庵に相国寺に連れて行かれ、のちに近世儒学の祖と呼ばれた藤原惺窩と出会い、その薫陶を受けることになった。

素庵は三四歳のとき、二二歳の林羅山にも出会った。惺窩に羅山を引き合わせたのは素庵だといわれる。同じころ素庵は、書画工芸で名高い本阿弥光悦とも出会って書を学ぶようになり、やがて能書家として知られるようになり、角倉流を興した。

また、光悦らの協力で慶長四年（一五九九）の『史記』を皮切りに、数々の古典を刊行した。これらは嵯峨本と呼ばれる典雅なもので、慶長一五年（一六一〇）ごろまで続けられた（本書第六部参照）。

素庵から『算法統宗』の教えを受けたのなら、吉田光由は、同時に、文化的な薫陶も受けたに違いない。

光由は、宗桂の弟光茂（みつしげ）の家系である。この家系も、医業、金融業、貿易業、学者のいずれかに従事していた。

身の回りには朱印船貿易で輸入された珍しい品々があふれ、異国の話題が日常的に語られている。有名な僧侶や武士、公家たちが頻繁に訪れてくる。

一族の人びとは、単なる成金ではなく、高い教養と志を持っていた。そのような環境の中で、光由は育っていたのだ。

菖蒲谷隧道工事の二年か三年後に、光由は『塵劫記』を出版した。素庵の嵯峨本刊行のような芸術文化的事業ではないが、了以や宗恂の著書出版と同様に、この一族としてはごく普通の行動だったろう。

ところが、『塵劫記』出版は、光由を再び角倉一族らしい土木事業に戻ることを許さなかった。それは、光由の『塵劫記』が出版と同時に評判となり、海賊版が続々と出てきたからだった。光由は、真似をされないように、次々に改訂版を出さなければならなかった。

光由の『塵劫記』がよく売れたのは、中国でもベストセラーとなった『算法統宗』をモデルにしながら、漢文ではなく和文で書き、さらに問題や挿絵などに工夫を加えたからだ。

ところで、『塵劫記』以外に、『算法統宗』をモデルにしたような数学書はなかったのだろうか。

水利・土木事業の貢献のところでも述べた今村知商は、光由と同門だからか、その著書が興味深い特徴を備えている。

寛永一六年（一六三九）刊行の『竪亥録（じゅがいろく）』は、数学の例題と解答集である。翌年刊行した『因帰算歌（いんきさんか）』は、その解答を三十一文字（みそひともじ）の歌にしたものである。『算法統宗』も例題と解答集で『算法統宗』には難法歌という特徴があったことを考えると、知商もまた光由と同様に、『算法統宗』をモデルにしたことが推定される。

ただし、現存する最も古い『塵劫記』より、どちらも一〇年以上新しい。そして『竪亥録』は漢文だったため、多くの庶民には受け入れられなかった。

話を元に戻す。海賊版に対抗して、光由は改版を重ねた。

まず、ねずみ算や継子立など、こんにち『塵劫記』を象徴する、遊戯的な問題を追加したのである。さらに二色刷りの『塵劫記』も出した。寛永八年（一六三一）の大形三巻本がそれである。ただし、色刷りのページは、中巻の扉の植物の絵だけだったようで、八つの花のうち三つに赤色が塗られていた。色刷りは世界初の試みといわれるが、素庵の嵯峨本で培った印刷技術の成果であろう。

しかし、この二色刷りもすぐに真似られたという。光由は、今度は、寛永一一年（一六三四）に『ちんかうき』を出した。これは小型の四巻本で、紙質はやや落としているが挿絵はしっかり入っており、普及することを狙ったようだ。現代でいえば文庫版である。

和算の発展にエポック的な役割を果たしたのは、寛永一八年（一六四一）に出版された『新篇塵劫記』（小型の三巻本）である。今村知商の『堅亥録』『因帰算歌』の直後というタイミングは少し気になるが、一二問の遺題を仕込んだ光由の狙いは、下巻の冒頭に書いた文章から推し測ることができる。

光由は下巻の冒頭に「……今此巻に法を除て出レ之処十二ケ所有、勘者ハ此さん（算）の法を注して世に伝べし。（中略）勘の器用たりといふ共、師にあわざる勘者はふかき事を不レ知」と挑発的に書いたのである（図1参照）。

著作権保護のなかった時代である。単に真似されることを嫌ったのではなく、実力のない者が海賊版を使って教えたりすることにも、光由は耐えられなかったのだ。

光由は四四歳になっていた。頑迷な老数学者と呼ぶには早過ぎる。むしろ円熟味を増して、油の乗り切った、数学者としての誇りが、光由に『新篇塵劫記』を出させたのではないだろうか。

ところが『新篇塵劫記』は、光由の予想をこえる現象をひきおこした。数学者がこの問題に挑戦し、解答ができると

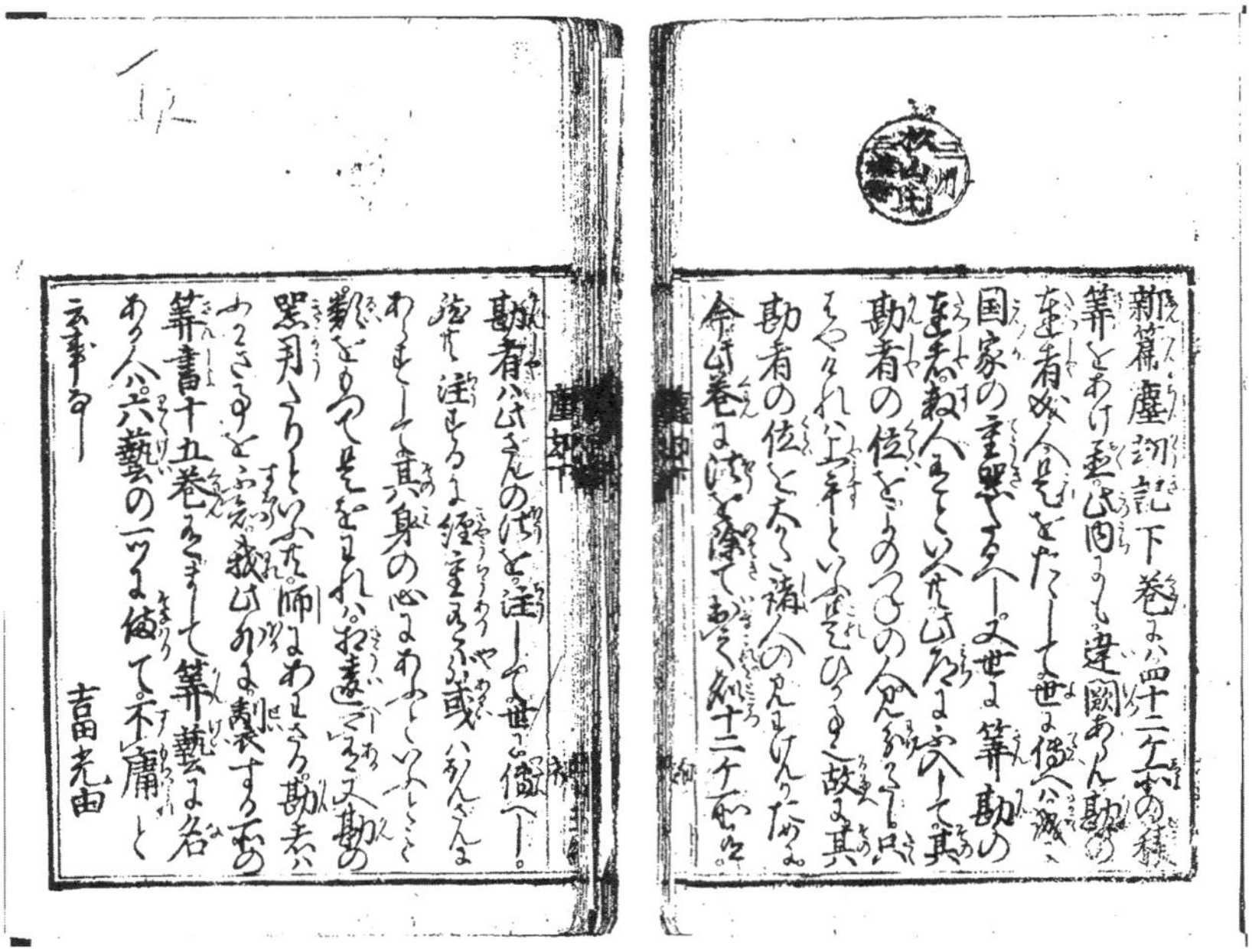

図１：東北大学附属図書館『新篇塵劫記』寛永18年跋下巻（藤原集書001）序文（110丁表裏）

それを著書の中に入れただけでなく、著者自身も光由を真似て答えのない問題をつけた。すると、その問題に触発された別の数学者が挑戦して著書にし、解法を自慢しさらに工夫した問題をつけるという習慣が繰り返されるようになった。遺題継承である。

遺題継承が日本の数学のレベルを向上させたのはいうまでもない。『新篇塵劫記』は、その後一七〇年間も続いた遺題継承の嚆矢となった。

しかし実際のところ、光由の挑戦状にすぐ応える数学者はいなかった。

最初の解答本は、榎並和澄の『参両録』で、『新篇塵劫記』の出版から一二年後の承応二年（一六五三）のことである。光由にならって答えのない八問をつけ、のちにその解答本も出たから、遺題継承が始まったといえる。

和澄については生没年などがよくわかっていないが、序文の中で、数学を勉強したくても、これまで師と呼ぶべき人と出会っていないこと、出版された数学書には間違いが多く役に立たないこと、『塵劫記』は改訂版が出て改善されているようだがまだ不十分だと批判しつつ、自分を二〇代だと明かしているから、相当な自信家である。確かに『参両録』は『新篇塵劫記』の遺題に解答することだけが狙いの本ではなく、一連の『塵劫記』と同様に大数小数やそろばん九九から始まって、さまざまな問題とその解法を示している。構成が『塵劫記』と似ている。

『参両録』の後塵を拝したのが、初坂重春（はつさかしげはる）の『円方四巻記』である。明暦三年（一六五七）の出版で、『参両録』に四年遅れた。これも『参両録』と同様に、『新篇塵劫記』の遺題に解答することが主目的ではない。構成がいきなり体積の計算から入り、開平や開立も早く出てくるなど、実用の意識がやや薄い。『新篇塵劫記』より高度な数学書であると見栄を張っているのかもしれない。遺題五問をつけたが、これに応える本は出なかったようだ。

なお、初坂重春については、通称が宇右衛門尉ということしか分かっていない。生没年も未詳である。

三番目と思われるのが、これも水利・土木事業での貢献で解説した礒村吉徳の『算法闕疑抄（さんぽうけつぎしょう）』である。刊行年には諸説あり、国立天文台所蔵のものが最も古いと思われ、万治元年（一六五八）である。

『算法闕疑抄』の特徴は、そろばんを基礎とした当時の数学の集大成といった完成度が見られること。そして、新たにつけた遺題一〇〇問には難問が多いことである。

寛文四年（一六六四）に出た『童介抄（どうかいしょう）』は、それら一〇〇問に対する解答と新たな遺題一〇〇問だけという完全な遺題継承本だった。他にも『算法闕疑抄』の遺題に解答した数学書がいくつかあり、遺題継承が盛んになるきっかけになった。

初期の遺題継承本の中では、四番目と思われる山田正重の『改算記』も注意しておきたい。万治二年（一六五九）に出たこの本は、先行した数学書の誤りを正すと主張した上で、『新篇塵劫記』と『参両録』の遺題に解答し、みずからも一一問の遺題をつけた。そして評判になり、その後何度も版を重ねている。つまり、『塵劫記』ほどではないにしてもベストセラーだった。当然、遺題に解答した書も出ている。

山田正重は大和国郡山の住人だが、生没年は未詳である。しかし、『改算記』には普請に関する問題が多く、父とともに普請関係の役人をしていたと語っている点は興味深い。

図2に『新篇塵劫記』から『発微算法』まで年代順に配列した遺題継承系統図を示す。初期の三四年間だけでも、年の経過とともに遺題継承本が急激に増加している様子が見てとれるであろう。

（3）中国数学からの飛躍

海賊版を含めた一連の『塵劫記』を読んで数学愛好家となり、上達して遺題継承に挑戦したり、遺題に関係なく数学書を著わそうとしたりする人びとが増えてきた。

彼らは、『塵劫記』のルーツである『算法統宗』をはじめ、中国や朝鮮の数学書を漁った。そして、算木と算盤を使って問題を解く方法、現代式にいうなら、未知数を立てて代数方程式を解く方法天元術と出会うのである。

天元術は決して新しい数学ではない。どちらかというと中国南部で発達したのがそろばんで、北部では算木と算盤による計算法が発達していた。勘合貿易では、船が出入りした寧波だけでなく首都北京でも交易がおこなわれたし、勘合貿易以前から朝鮮半島との交易（一部倭寇による略奪）もあったから、算木と算盤による天元術は日本に伝来していたのである。ただ、それを必要とする人、興味を抱く人が少なかったから、ほとんど知られていなかった。

当時の日本の数学者に天元術を伝えた本は『算学啓蒙』である。『算学啓蒙』は、元の朱世傑が一二九九年に出版した。中国では失われてしまったが、朝鮮に伝わって一五世紀ころに復刻された。日本へも伝わった。秀吉が朝鮮に侵攻したときに略奪してきた書籍の中に『算学啓蒙』があったといわれている。

日本では、万治元年（一六五八）に、紀伊国出身の久田玄哲と土師道雲が訓点をつけ、『新編算学啓蒙』として復刻

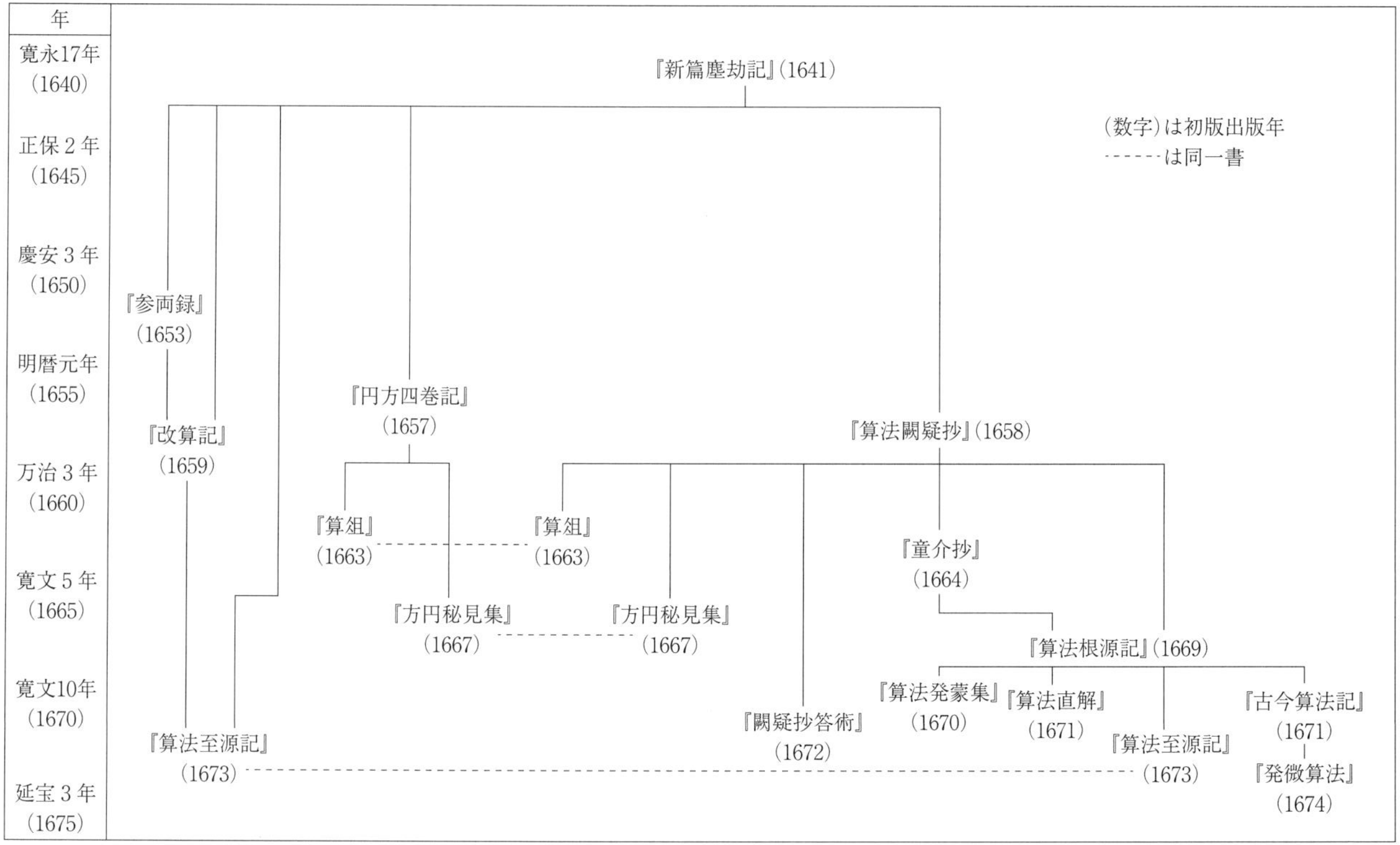

年
寛永17年 (1640)
正保2年 (1645)
慶安3年 (1650)
明暦元年 (1655)
万治3年 (1660)
寛文5年 (1665)
寛文10年 (1670)
延宝3年 (1675)
『新篇塵劫記』(1641)
(数字)は初版出版年
------は同一書
『参両録』 (1653)
『改算記』 (1659)
『円方四巻記』 (1657)
『算法闕疑抄』(1658)
『算俎』 (1663)
『算俎』 (1663)
『童介抄』 (1664)
『方円秘見集』 (1667)
『方円秘見集』 (1667)
『算法根源記』(1669)
『算法発蒙集』 (1670)
『算法直解』 (1671)
『古今算法記』 (1671)
『闕疑抄答術』 (1672)
『算法至源記』 (1673)
『算法至源記』 (1673)
『発微算法』 (1674)

図2：遺題継承系統図(『新篇塵却記』～『発微算法』)

された。原本は、久田が京都の東福寺で発見した。

『算学啓蒙』には天元術が扱われているが、算木を使った方程式の解法までは記されていない。本当に天元術を理解して本にしたのは、大坂の鳥屋町に住む沢口一之（かずゆき）で、『古今算法記』がそれである。『改算記』と『算法根源記』の遺題に天元術を用いて解答した。寛文一一年（一六七一）の出版だった。

沢口一之は、大坂の川崎に住む橋本正数（まさかず）の弟子で、天元術を最初に理解したのは橋本正数だったといわれている。残念ながら、二人とも生没年が未詳である。実は、『算学啓蒙』に訓点をつけて復刻した、久田も土師も生没年がわかっていない。

くどいほど生没年に触れているのは、この時代は多くの優れた数学者が登場したが、素性のよくわからない人が多く、特にそれが京都や大坂地方で活躍した数学者に見られることを注意しておきたいからだ。

沢口一之の『古今算法記』に話を戻す。

『古今算法記』は、天元術で遺題に解答した最初の本である。専門的な表現をすると、天元術では数係数の代数方程式を立てて数値的に解く。『古今算法記』にも遺題が一五問つけられていたが、通常の天元術では解けない難問が含まれていた。

ところで、『古今算法記』が出た翌寛文一二年（一六七二）一一月二一日に、吉田光由が亡くなっている。中国から伝わった数学が、いよいよ日本独自の進化を始めることを象徴するような出来事かもしれない。『角倉源流系図稿』によれば、晩年には視力を失い、素庵の子玄紀（はるのり）と孫玄通（はるみち）の厄介になっていたという。

また、この年は、星野実宣（さねのぶ）の『新編算学啓蒙注解』が出され、天元術における算木の動かし方がようやく示された。

それでも、『古今算法記』の遺題に答える数学書は、容易には出てこなかった。通常の天元術では解けないからだ。

それを果たしたのが関孝和の『発微算法（はつびさんぽう）』である。延宝二年（一六七四）つまり『古今算法記』の出版から三年後で、彼にとっては生涯唯一の出版物となった本である。

『発微算法』には中国からもたらされた天元術から飛躍した内容が含まれていた。未知数を含む係数の方程式を解く方法で、傍書法（ぼうしょほう）と呼ばれる。江戸時代の日本の数学を飛躍させる、画期的な発明だった。

関孝和は江戸で活躍した数学者である。京都で産声を上げ主に西日本で成長してきた和算が、関孝和の突然の登場によって舞台が江戸へ移った印象がある。

しかし京都には、橋本正数の系統で田中由真（よしざね）という数学者がいた。関孝和にわずか遅れたが『算学紛解』の中で行列式を導く方法を述べている。残念ながら沢口一之も田中由真も跡が絶えたのである。

おわりに

本文の中で詳しく語ることができなかったが、和算の習慣で最も有名なのは、算額奉納である。ほぼ日本全国で見られ、今でも一〇〇〇面近くが現存しているといわれる。

ほとんどの算額には問題となる図形が描かれ、表記は漢文で「今有如図……、答曰……、術（または法）曰……」とスタイルが決まっている。このスタイルは、『塵劫記』の手本になった『算法統宗』や光由に続く算学者らが出会った『算学啓蒙』の記述と同じである。もっとさかのぼれば、『算法統宗』の手本となった『九章算術』のスタイルである。

明治初期までに出た『〇〇塵劫記』とか『塵劫記〇〇』といったタイトルの本だけで、四〇〇種類も出版されたという。とにかく塵劫記と付け加えるだけで「楽しく学べる実用数学」を意味し、その本はよく売れた。塵劫記は数学の代名詞でもあった。

あらためて書くまでもないかもしれないが、吉田光由と彼の一連の『塵劫記』は、明らかに和算隆盛の導火線（続く数学者）に火を付けたといってよいだろう。

〔参考文献〕

［1］　下浦康邦『吉田・角倉家の研究』（近畿和算ゼミナール報告集第参輯、一九九九年一月）。
［2］　平山諦『和算の歴史』（至文堂、一九六六年一一月）。
［3］　田村三郎、田中延佳「「算用記」と「割算書」の対比」（『大阪産業大学論集　自然科学編』九七・九八号、一九九五年）。

【第五部】

第三章　近世の暦と天文学

小林龍彦

はじめに

近世日本の算学は、天文・暦学や測量術と深い関連性をもちながら発展してきた。

その一方で、暦学の研究は、一七世紀前半にあっては、歴史学の研究にとって欠くことのできない学問として位置づけられていた。寛永四年（一六二七）に『塵劫記』を発刊して時代の寵児になっていた吉田光由（みつよし）は中世末期からの暦を編輯して『古暦便覧』を梓行した。その背景には国史の正確な理解に精確な暦が必要であるとする認識が存在していたのである。他方、測量術は、早くから天文学と密接な関係性をもって研究されてきた。天を測ることと地を量ることは双対の関係にあった。ことに、天象の正確な観測とそれにもとづく計算は暦の精度に直結していたのである。

近世日本の暦学史にあって、一七世紀後半の『宣明暦』から『貞享暦』への転換は一大事件であった。したがって、暦算家はこれの精度を確かめるための観測や計算を繰り返し実行したのである。会津藩士安藤有益は『宣明暦』の研究に専心していた一人である。その一方で、会津藩主の庇護を受けた渋川春海は『授時暦』の研究に傾倒した時の人であった。

一八世紀に入り、享保五年（一七二〇）正月、八代将軍徳川吉宗はイエズス会士が関与する書籍に対する禁書政策を部分的に緩和したが、その結果として西洋の新しい天文学体系とそれに付随する計算法の三角法が伝わると、近世暦学研究の様相は一変することになった。

この小論は、右記のような一七世紀後半から一八世紀初頭における近世日本の天文・暦学研究の転換点を簡潔に描くことを目的とする。

一　吉田光由の『和漢編年合運図』と『古暦便覧』

吉田光由（一五九八～一六七二）が暦学や歴史に関心を抱いていた事実は、あまり知られていない。光由は正保二年（一六四五）に『和漢編年合運図』(1)、慶安元年（一六四八）に『古暦便覧』を刊行しているが、前者は「洛下埜釈　円智撰、山城国嵯峨住　吉田光由集」として、「大日本国帝系略図」「大日本国帝王年代目録」「大日本国帝王略記」に「漢年代」を併合した完全な歴史年表であった。どのような年表であるのか一例を引いてみよう。

> 慶長　丙申　人王ヨリ二千二百五十六年ニ成　伏義ヨリ二万二千七百二年ニ成　万暦二十四
> 　正保二年ヨリ五十年ニ成
> 　家康(イエヤス)任(ニンス)二内大臣(ナイタイシンニ)一○高麗(コウライ)ノ遊撃(ユウケキ)将
> 　軍来テ請レ和ヲ○天下大霾閏七ノ十
> 　二ニ大地震逾(コエテ)レ月ヲ不レ止(ヤマ)○京師畿
> 　内関東諸国降レ毛長サ四五寸

年表にいう「慶長丙申」は慶長元年（一五九六）のことである。この年は、日本の人王から数えて二二五六年、中国の伝説の皇帝伏義より二万二七〇二年、明朝万暦二四年（一五九六）、正保二年から五〇年隔たる年にあたるという。このような経年に続けて、この年の出来事が略記されるが、「閏七ノ十二」は閏七月一二日を意味している。光由の『古暦便覧』によればこの「慶長丙申七月」は「壬小一日」とあって閏七月があったことが分かる。そして年表は、この日大地震が発生して、月を越えても止まなかった、と誌す。記事からは余震が長く続いたことも推測できる。円智や光由はこうした過去の記録を諸書から採取してきたのであろうが、それらを年表として公にするとなれば、過去の事実が発生した日時と事象を正確に把握する必要がある。ここに暦の持つ役割の一斑が明確にある。

後者の『古暦便覧』を見てみよう。慶安元年といえば吉田光由は、寛永四年に『塵劫記』を板行したことで、算学者として高名になっていた。では、なぜ算学者の光由が暦書を開板するに及んだのであろうか。その理由を光由は同書の序文でつぎのように開陳している。序文は漢文であるが、以下の引用では翻字にして示す。ルビと送り仮名は原文のままである。なお（　）のルビは、読者への便宜として、筆者が書き加えたものである（以下同様）。

古暦便覧序　　光由編

夫レ暦ノ書為ルヤ、上（か）ミ羲皇、唐虞ヨリ、下（し）モ漢唐宋元ニ至マデ、世トシテ作有ラザルト云コト無シ。其ノ世教ニ預ルコト大ナリ。而モ本朝ノ伝フル所ロ、纔（ワツカ）ニ長慶ノ宣明暦ノミ。粤（ココ）ニ小冊アリ、名テ古暦ト曰。是レ暦家ノ致所ト雖、而モ又タ易道ノ一助ナリ。其ノ自（より）テ来ルコト尚（ヒサシ）。然ト雖モ算術ノ差（たが）ヒ、雕（テウ）刻ノ誤（アヤマリ）、勝（アゲ）テ計（かぞ）フベカラズ。世、其ノ弊（ツイヘ）ヲ承ルコト、已ニ久シ。予、不才ナリト雖、徒ニ数学（すうまな）フノ名負ヘリ。故ニ、已（コト）ヲ得ズシテ、焉（これ）ヲ是（シ）正ス。聚（あつめ）テ両巻ト為（ナシ）、更ニ名テ、古暦便覧ト曰。戊午ニ始テ、甲子ニ終フ。抑々、歳星、納音、月宿、支干、夫ノ気節、滅没ノ刻限、晦朔、弦望ノ星禽ノ如キニ至マテ、之ヲ考ヘ、之ヲ訂テ、纂輯（サンシウ）セザルト云コト莫シ。是レ高明ノ士ノ筮ヲ探リ、経ヲ考テ、而シテ悔吝（リン）、憂虞ヲ知ル者（モノ）ノ為メニ非ス。惟（タヽ）、童蒙ノ輩ノ年ヲ問ヒ、卦ヲ尋テ、而シテ吉凶、得失ヲ占フ者ニ助アラント欲スル而已（ノミ）。且ツ若シ闕誤、差舛（させん）有ラハ、則チ博雅ノ君子、重テ之ヲ正サハ幸甚ナラン。

慶安元祀戊子仲夏穀旦

雒隠士久菴　謹書

この序文で光由が主張したことを要約すれば、つぎのようにいえよう。

古代中国ではさまざまな暦法が作られてきたが、我が国では慶長年間に作られた『宣明暦』のみが長きにわたって使用されている。その『宣明暦』にもとづいて作られた『古暦』と称する暦書がある。これは暦家の作成した暦であるが、易道にとっても有益なものである。『古暦』は作られて久しいが、その『古暦』をよくよく調べてみると、計算の間違いや彫刻の誤りをたくさん指摘することができる。そのため世間に弊害が生じることもたびたびである。私光由は、そんなに才能があるわけではないが、『塵劫記』を開板したことで数学者として名前が知られるようになっている。そこで『古暦』の錯誤を見過ごすことできず『古暦便覧』二巻として修訂版を出すことにした。戊午から始まり甲子に終わる。また、暦注もことごとく校勘修正して掲載した。それらは暦家の研究に益することを目的としたものではなく、ひとえに市井の人びとの年齢を確かにし、運勢、吉凶、得失を占う人のための助けになることを願ったものである。

以上が序文の要約である。これによって『古暦便覧』開板の目的が『宣明暦』に起源をもつ『古暦』の全面的な改訂にあったことが判明する。『宣明暦』は、長慶二年（八二二）、唐の徐昂が撰じたもので、我が国では貞観三年（八六一）六月に改暦の勅許を得たが、実際には翌年から用いられるようになった。[2]『古暦便覧』が開板される慶安元年（一六四八）までには七八七年ほどの時間が経過していた。『宣明暦』は優れた暦法であったが、歳実（一太陽年）の長さが三・五分（〇・〇〇二四日）ほど長かったため、長年使用していると暦予報と天文現象にずれが生じるようになっていた。そのことを光由は理解していたのであろう。「算術ノ差ヒ」の一言がそのことを示唆している。

先に触れた『和漢編年合運図』に立ち返れば、不正確な時間軸にもとづく正史の記述はおぼつかないことになろう。然らば、新たな計算による正確な時間を記録した暦が求められることになる。その計算を担うのは「不才ナリト雖、徒ニ数学フノ名負」う自分でしかない、と断言するのである。おそらく光由は『宣明暦』を再検討し、過去の暦書に載る月の大小、節気、時刻、閏月などの誤りを訂正したのであろう。その結果が『古暦便覧』であったのである。

ただ、吉田光由が序文でいう干支の「戊午」に始まり「甲子」に終わるとする意味はよく分からない。光由の『古暦便覧』は「戊午永禄元」年（一五五八）から「戊子慶安元」年（一六四八）までの九〇年間をもって終わりとする。たしかに、同書には慶安二年以降の暦日も一七丁にわたって付けられているが、月日や時刻はほとんど空白で暦注などもないに等しい。「永禄元年戊午」を始まりとして、つぎに来る甲子の歳は「甲子永禄七」年（一五六四）であり、また、「戊午元和四」年（一六一八）を起点にすれば甲子は「甲子寛永元」年（一六二四）になることになる。どちらの場合であっても光由のいう干支に従えば、わずか六年のみの暦日になってしまうのである。これではあまりにも短い。また、『古暦便覧』は第一巻を「戊午永禄元」に、第二巻は「甲子寛永元」を始めとするが、上下巻による始めと終わりでもない。あるいは戊午の月に検証作業を始めて甲子の月の七か月で終わった、というのであろうか。戊午の日から甲子の日に終わったのでは、いくら計算達者とはいえあまりにも短いだろう。

『古暦便覧』は一定の評判を得たようで、光由在世中の明暦二年（一六五六）京都田原二左衛門板、万治二年（一六五九）京都西村又左衛門板などが続刊された。その一方で、洛陽（京都）の暦学者の研究意欲も駆り立てたようで、光由が『古暦便覧』を刊行したあと、延宝元年（一六七三）、洛下の逸士森氏胤による『精選古暦便覧大全』[3]、貞享二年（一六八五）、中根元圭（一六六二〜一七三三）の『新撰古暦便覧』（北斗城書肆梅村弥右衛門梓、武昌城書林清兵衛店）、さらには元禄二年（一六八九）、洛陽の易学隠甫冨岡秀将による『古暦便覧大全』（京二条服部太兵衛、江戸日本橋藤本兵左衛門）などがあいつで上梓された。いずれも『古暦』や『古暦便覧』の影響のもとに編まれた暦書であった。

特に、中根元圭による『新撰古暦便覧』は、いわば『宣明暦』から渋川春海（一六三九〜一七一五）の手になる『貞享暦』への移行期に誕生した暦書であったから、両方の暦法が採用されるユニークな一面をもつことになった。元圭は、暦学を渋川春海に学び、算学は田中由眞に師事していた。その渋川は元の郭守敬の『授時暦』を用いた観測結果によって、江戸幕府に『宣明暦』を廃止して『貞享暦』の採用を上申していた。渋川の改暦運動は貞享二年頒布の『貞享暦』

として結実することになった。元圭はそのような改暦運動の最中に暦算家の一人として、新暦頒布の年の一〇月『新撰古暦便覧』を開板したのであった。そのため貞享元年以前は『宣明暦』を用い、貞享二年以降は『貞享暦』を用いて開板することを公言したのである。その理由については、同書の凡例でつぎのように述べる[4]。

丙申慶長元年ヨリ甲子貞享元年ニ距（へだたる）マテハ古ヲ覧（み）ント欲スル者ノ為メニ旧本ニ随ヒ、其ノ乙丑已後ハ新暦ヲ用フ。

新暦による過去のすべての暦日の改変は、読者の混乱をもたらす恐れがあることを理由に見送られることになったのである。元圭の『新撰古暦便覧』では新たな試みも行われていた。それは、予報の精度はともかく、貞享二年以降の暦日に日食と月食の発生日時と食分を加えたことであった[5]。元圭以前の暦書にはない新しい「暦注」となり、以後の暦書に継承されることになった。

ちなみに、安永六年（一七七七）、洛東の後学中西敬房が開板した『増続古暦便覧』は光由の『古暦便覧』や元圭の『新撰古暦便覧』を『貞享暦』に代わる『宝暦甲戌元暦』に依拠して改編に及んだものである[6]。まさしく、吉田光由の暦研究は江戸時代後期にまで影響を与えたのである。

二 『宣明暦』対『授時暦』――改暦と歴史研究のはざまで――

渋川春海に師事して天文・暦学を修めた土佐の谷秦山重遠（一六六三〜一七一八）が師などからの伝聞を記録した写本に『秦山集』がある。重遠によるこの記録を読むと江戸時代前期の天文・暦学者の動向が垣間見えて、実に興味深いものがある。『秦山集』三三「雑著壬癸録一」にはつぎのような記事が載る[7]。

天和年中、尾張大納言ノ儒臣某渾天儀ヲ作ル。概ニシテ謂フ、此レ但、日月、星辰在所ヲ知ノ器ニシテ三光ヲ運転スルノ器ニ非ト。乃チ又別ニ一器ヲ造ル。大抵弾丸ノ如シ。外、二十八宿ヲ布キ、内、日月ヲ転シ、北極ノ上、自鳴鐘ノ環ヲ設ケ、日夜、天行ニ随テ運転ス。当時皆以奇ト為ス。其ノ渾儀、日光山ニ納ル。……、又、紀伊大納言天文生久田玄哲渾儀ヲ造リ、自鳴鐘ヲ設ケ、日夜運転シ、某ノ星出テ、某ノ星中シ、某ノ星没シ、又、子ノ時鼠ヲ出テ、丑ノ時牛ヲ出シ、二六時中ノ神、豪末差ズ。其飾千金ヲ費ス。（以下略）

冒頭にいう天和年中とは一六八一～八四年を指す。この天和年間に、尾張藩徳川家の儒臣が渾天儀を作った。それは日月や星々の位置を測るものではなく、弾丸のような形をしていて、外側に二八宿を描き、内側に日月が転回し、自鳴鐘（歯車時計）付きの天の運行にしたがって運転する珍しいものであった、という。さらに続けて、紀州藩徳川家の家臣久田玄哲（未詳）も精巧な渾天儀を作った、と伝えるのである。

紀州藩士の久田は、万治元年（一六五八）、土師道雲とともに元の朱世傑が著した『算学啓蒙』に訓点をつけて出版した算学者でもあった。この時代、今日のように天文学あるいは暦学と数学が学問領域として明瞭な区分を持っていなかったことに鑑みれば、久田を天文生と呼ぶよりは暦算学者と称するほうが適切かも知れない。そのことは兎も角、一七世紀後半の時代は、先にも触れたように『宣明暦』の暦としての精度が大きく注目されるようになった時代であり、改暦に向けて渾天儀による観測が各地で頻繁に実施されていたのである。

渋川春海も渾天儀を造り、観測を行っていた。そのことは『貞享暦』の中でつぎのように述べられている。(8)

銅ヲ鋳シテ小儀ヲ経営ス。平ニ単環（内ノ径二尺四寸、闊（かつ）一寸、厚四分）ヲ置キ、上ニ水平池闊四分、深一分五厘有リ、以テ平準ヲ定メ、地平ヲ為シ、雙環（径二尺四寸、闊五分、厚三分、周天度ヲ刻）ヲ立テ、其ノ半、地上ニ出、半、地下ニ入テ使シム。而シテ其ノ子午之位ヲ結ヒ、以テ天経ト為シ、斜ニ単環〔径二尺三寸八分、闊四分、厚二分半〕ヲ倚リ、腹ニ周天度ヲ刻シ、以テ天腹ヲ平分、横ニ天経ヲ繞シ、而シテ其ノ卯酉ヲ結ヒ、以テ天緯ト為ス。三環表裏相結テ動セズ。其ノ天経ノ環、則チ、南北二極皆円軸ヲ為シ、

北極、地上ヨリシテ三十五度半強（以下略）

渋川は、銅製三環構造の渾天儀を造り観測に及んだのである。こうした渾天儀を用いた観測のみならず、長さ八尺の「表」を立てて、江戸と洛中の冬至と夏至の南中時の太陽の影の長さも計測していた。(9)

関孝和の高弟建部賢弘（たけべたかひろ）（一六六四～一七三九）も渾天儀を製作したことが知られている。『建部彦次郎賢弘伝』には「先年桜田ノ営ニ陪仕セシ時、渾天儀ヲ制シテ家ノ伝器トナシケルヲ、如何シテ聞食ケン、急キ進スヘキ由命有ケレハ、即チ是ヲ奉ル」(10)と伝えている。桜田の営に陪仕していた時と書くことから、徳川綱豊（後の六代将軍家宣）が江戸城西丸に入城する以前の元禄の末年頃を指しているのであろうか。『授時暦』にもとづく『貞享暦』の採用は貞享二年であったが、建部の渾天儀はこれの精度確認のために作製されたのかも知れない。このように、一七世紀後半はまさに渾天儀や「表」による観測の時代が幕を開けていたのである。

その一方で、『宣明暦』の研究に固執し、その計算結果から国史に見える暦日の是正を試みようとする暦算学者がいた。先に紹介した『秦山集』三五「雑著壬癸録三」にはつぎのような記事もある。(11)

安藤市兵衛有益、八百年之暦ヲ作リ、日本統暦ト号ス。後、予、神武帝以来ノ暦ヲ作ト聞キ、便チ（すなは）復タ宣明暦ヲ以テ、人皇以来ノ暦ヲ作リ、林氏序ヲ作レリ。日本紀ノ歳時、月日、何ソ宣明ニ合ン。世、不勘之書多シ。皆此類ナリ。

同様の発言は、若干の語句の出入りを認めるものの『新蘆面命』と題する暦学備忘録にも書き残されている。[12] この「壬癸録」において谷秦山が批判したものは、会津藩士の安藤有益が編纂した『日本統暦』そのものであったが、その根底には『宣明暦』にもとづく歴史考察に対する不信感があった。

その安藤有益は『宣明暦』に執着しながらも、刊本として頒布し普及が始まっていた元代の暦法の『授時暦』にも関心を寄せていた。谷重遠が批判した『本朝統暦』は貞享四年（一六八七）に著されているが、そこには『授時暦』にも関心を寄せる安藤の姿が見えるのである。『本朝統暦』の凡例にそのことが述べられている。[13]

授時暦曰、日ノ出ハ昼ヲ為シ、日ノ入ハ夜ヲ為ス。毎暦一昼一夜ヲ以テ百刻ト為シ、今、宣明暦ノ日、法ヲ勘ニ八千四百分也。（後略）

ここには『授時暦』を読む安藤の姿がある。先の谷重遠の発言にも見えていたように『本朝統暦』の刊行には儒学者が一役買っていた。この暦書の後序は林鵞峯（一六一八～八〇）の子鼇真（とうほん）が寄せたものであったが、ここにおいて鼇真は暦と歴史研究の重要性をつぎのように指摘してやまなかった。[14]

凡、暦無レハ、則チ晦朔ヲ辨ルニ能ス、年月ヲ分ニ能ス。干支ヲ知ニ能ス。（中略）会津士人安藤有益モトヨリ算術ヲ好ミ、頗ル暦数ニ達シ、往年始テ長暦ヲ造リ、貞観三年辛巳ヨリ寛文八年戊申ニ至ル。時ニ亡夫鵝（ママ）峰叟国史ヲ編輯、以テ考覧ニ便ス。其ノ志ニ感シ、其ノ趣ヲ記シテ之ヲ序ト為、以テ全備ニ期シ、且、之ヲ名テ本朝統暦ト曰フ。（後略）

貞享四年丁卯季夏

初五侍講学士　整宇林韀真民甫序

後序の冒頭、林は「暦無レハ、則チ晦朔ヲ辨ルニ能ス、年月ヲ分ニ能ス、干支ヲ知ニ能ス」と述べて、暦がなければ歴史における時間を明確に断定することはできず、歴史の研究では正確な暦が不可欠である、と公言するのである。加えて、父の鵞峯が国史を編輯するにあたって安藤の作成した『長暦』が極めて有用であったことから、名付けて『本朝統暦』とする、というのである。すなわち、林韀真は父鵞峯の遺訓のもとに、わが国の歴史研究の正統性を継承していく立場から『本朝統暦』に対する期待を表明したのであった。

また、安藤有益は延宝四年（一六七六）に『東鑑暦算改補』を刊行しているが、これは鎌倉幕府の史書『吾妻鏡』に見える暦日の当否を検証したものであった。これに序文を寄せた山崎闇斎（一六一八〜八二）も「竊ニ倭鑑ヲ脩ント欲シ、国史之外、博ク雑史ヲ検フ。日之干支、月ノ大小ノ閏、日月ノ蝕、或書シ、或否ス。或差異ス。嘗テ、一ニ定メ難キコトヲ憂フ」と述べて、国史の暦日に多くの誤りがあることを慨嘆した上で、安藤が『吾妻鑑』の暦日を改補したことに感謝の意を表すのである。これに応えて安藤もつぎのように迎合する。(15)

東鑑ハ高倉ノ院治承四年庚子ニ起ル。亀山ノ院文永三年丙寅ニ尽ス。凡テ八十七年ノ事ナリ。月ノ大小、日ノ干支及ヒ閏月、日月ノ食、皆唐ノ長慶宣明暦ヲ以テ書ス。今、其法ヲ以テ私ニ之ヲ考ルニ、間、差フコト有リ、此ノ如シ。其ノ闕ハ之ヲ補ヒ、誤ハ之ヲ改メ、後来覧者ノ参考ニ備フトシカイフ。

ここでも安藤は『宣明暦』にもとづく暦日の誤りを修正することの必要性を強調するのである。では、その修正の結果がどうであったかは『東鑑暦算改補』の本文冒頭でつぎのように示されることになる。

年ノ闕者　十三
月ノ闕者　三十七　誤者　九　重出者　二
月ノ大小闕者　百十七　誤者　二十一
日ノ支干闕者　四百十二　干闕者　一
干闕支誤者　一　日誤者　四
支干誤者　百八十一
支誤者　九十四　干誤者　六十五
日重出者　三
日食闕者　五十三　差者　十二
月食闕者　六十二　差者　二十六

安藤有益は『吾妻鏡』に載る暦日を丁寧に検証したのである。その結果は、年が闕けるもの一三か所、誤るもの九か所など夥しい箇所の修正を迫られることになった。こうした修訂はまさしく林鵞峯が望んでいたものにほかならなかった。

『授時暦』の暦理論の研究は、一七世紀後半の暦算家にとって喫緊の課題であったことはいうまでもない。いや、江戸時代全期に跨がる研究対象であったといっても過言ではない。それは暦学や算学という領域を越えたところの研究課題として存在していたのである。

この節の最後に算学者田中由眞による『授時暦』の研究を紹介することにする。京都在住の算学者として高名であった[16]田中に暦術の写本がある。『授時暦経算法』である[17]。奥付はないが写本の劈頭に「授時暦経算法巻之　田中由眞述之」と書かれることから田中の著作であることが知られる。また、「月蝕算元禄十五年丁丑歳九月望之月食ヲ以テ之ヲ記ス」と誌されるから、元禄一五年（一七〇二）九月の望月に発生した月食に触発されて著述に及んだ一冊であることも分かる。したがって、内容は元禄一五年九月の月食に関わる計算とその解説にすべてが充てられることになる。全部で七問とりあげられ、最後に目録を加えて終わるが、その目録は田中が計算して得た暦計算上の常数になっている。第一問の「月食限数之秘事」を見ておこう。

〇月食限数之秘事
入交汎ノ数ニ依テ月食ノアル無シヲ知ル法アリ。其入交汎ハ右月食算ノ所ニ悉ク之記ナリ。
一日　一千五百五十七分已下
一十二日　四千五百零四分已上
一十四日　七千六百十八分已下
二十六日　零一百六十五分已上
右四条ノ外者月食アラス。前ニ求タル入交ノ内、九月望ノ入交汎ハ空日七千三百一十分〇八十六秒半ナリ。是右四条ニ記ス一日一千五百五十七秒ヨリ已下ナリ。故ニ月食ヲ求ルナリ。

要約すれば、太陰太陽暦では、朔日の時に日食が起こり、望日の日に月食が発生する確率が高い。しかし、食は絶対的に発生するものではなく黄道と白道における入交前の太陽と月の位置に関係する。「月食限数之秘事」はその計算結果を示したものである。もっともこの種の研究は田中由眞が初めて行ったものではないが、多くの暦算家が関心を抱いていた一事であった。

三　漢訳系暦算書の船載と三角法

享保五年（一七二〇）正月、八代将軍徳川吉宗は、寛永七年（一六三〇）に発布されていたイエズス会宣教師に関わる天文暦学書籍の輸入禁止（禁書令）を部分的に緩和した。幕府書物方奉行にあった近藤正斎（一七七一〜一八二九）は、将軍吉宗による禁書緩和の目的が「天文暦数ノコト御穿鑿」するためであって、その必要から「西洋天文書ノ禁ヲ弛ラ」れた、と指摘している。[18] 吉宗による緩和令以後、中国を経由して漢訳西洋暦算書が相次いで船載され、一八世紀後半以降の近世日本の天文暦学研究は大きな転換を迎えることになった。

ただ、禁書に指定されていたイエズス会士系の天文・暦学書が、緩和令発令以前に我が国に持ち込まれていた事実も看過してはならないであろう。たとえば、尾張徳川家は寛永九年（一六三二）に『天学初函』を中国商人より買本していた。また、渋川春海は、禁書に指定された多くの天文暦書を参考文献にする『天経或問』を読んでいたことを『貞享暦』で明らかにしている。さらには、『西洋新法暦書』にもとづく中国暦の『時憲暦』の研究も盛んに行われていた。京都の暦学者井口常範が元禄二年（一六八九）に板行した『天文図解』は、『授時暦』を文献としながらも、利瑪竇(Matteo Ricci, 1552-1610）の『両儀玄覧』や、『月令広義』などに著されていた太陽や地球という新しい天文・地理用語を用いて天体事象を解説していた。一八世紀初頭に建部賢弘と邂逅したと思われる中根元圭も『宣明暦』や『授時暦』を学ぶ一方で、東漸する西洋の新しい天文学の息吹に触れる一人であった。[19] 一七世紀後半はまさしく新旧の天文情報が交錯する革新の時代でもあったのである。

徳川吉宗はみずからの手で『貞享暦』を改暦する強い意欲を持っていた。それはまた、京都の土御門家を中心とした朝廷勢力がもつ改暦権を江戸幕府に移譲させることも意図していた。前時代に主張された正しい暦が歴史研究を確実なものにあらしめるとする考え方とは次元をまったく異にするもので、吉宗による禁書の部分的緩和はまさにこの目的を完遂するための手段として導入されたものに他ならなかった。その結果として、舶載の経緯は不明ながら、享保一一年（一七二六）、梅文鼎の遺著『暦算全書』（雍正二年鐫、柏郷魏念庭輯刊、『兼済堂纂刻梅勿菴先生暦算全書』）が舶載されるにいたった。

吉宗は『暦算全書』の訓点和訳を建部賢弘に命じたが、建部は暦学と漢学に造詣の深い中根元圭に携わらせた。また、雍正二年鐫の目次に「割円八線之表　巻一　続出」と誌された未収録の三角関数表も享保一二年春に舶載されたが、これも直ちに建部に貸し出された。元圭による『暦算全書』の訓点和訳は享保一三年の冬に終わった。そして享保一八年（一七三三）正月、建部は『新写訳本暦算全書』（四三巻）、『新写割円八線之表』（二巻）に『新写訳本暦算全書叙』（一巻）を添えて吉宗に献上するに及んだ。[20]この叙文の冒頭で建部は『暦算全書』に対する印象をつぎのように述べた。

宣城ノ梅文鼎カ書三十種、題シテ暦算全書ト曰、専西洋ノ暦学ヲ言フ、筆算、籌算、三角線、割円八線ノ諸法有、最モ其奇ヲ見ル、割円八線、特ニ暦家ノ捷径ト為ス。（以下略）

叙文にいう「三角線」は測量術、「割円八線ノ諸法」が今日の三角法を指すことはいうまでもない。そして、特に三角法を「暦家ノ捷径ト為ス」と強調したことは、その後の天文・暦学研究における三角法の役割を決定づけたという点で極めて重い発言であった。

『暦算全書』の翻訳を終えて帰洛した中根元圭は、直ちに三角法研究に着手した。元圭の『八線表算法解義』（成立年不詳）は三角法を『授時暦』の研究に応用することを試みた最初の論文である。これにおいて元圭は六桁の三角関数表をもとに議論を進めていくが、たとえば、三角関数表の一分間隔の数値間の積差は『授時暦』の立成表の積差と同じであり、正弦値は益分、余弦値は損分を表す。よって、分以下秒数の値は積差によって比例計算で求めればよい、というのである。

『暦算全書』の訓点和訳を終えた中根元圭に新たな吉宗の聖命が下った。それは太陽と月までの距離を求めよ、とするものであった。享保一七年五月、中根は伊豆下田において太陽高度の観測を実施した。八月から一〇月にかけて相州鎌倉で月の影の長さも計測した。[21] それら観測データを用いて地球から太陽と月までの距離を計算し、『日月去地面実数一巻』にまとめて吉宗に献上した。[22] この計算で元圭が三角法を用いたことはいうまでもない。この年仲夏、弟子の幸田親盈（一六九二〜一七五八）は『八線表解義術意』を著すが、これは元圭の『八線表算法解義』を解説した小論である。このような幸田の小論は三角法が我が国において普及し始めたことを教えてくれるのである。

まとめ

貞享二年、渋川春海が上呈した『貞享暦』は郭守敬の『授時暦』にもとづく新暦であった。それは一七世紀後半の暦算家の軸足が『宣明暦』から『授時暦』へ移る契機になった。一方で安藤有益に代表される旧守派は、依然として『宣明暦』に固執していた。一七世紀後半はまさしく新旧の暦法が衝突する時代でもあったのである。

一八世紀前半に『暦算全書』が伝わり新しい算学としての三角法が移植された。建部賢弘の「暦家ノ捷径」とする発言は時代の要請に応える認識を示していた。享保一八年（一七三三）、『西洋暦経』（『西洋新法暦書』）が長崎に伝わった。[23] これはテイコ・ブラーヘ（Tycho Brahe, 1546–1601）の離心円論で体系化された西洋天文学書であったが、近世日本における西洋天文学の本格的な吸収はこれの学修に始まったのであり、以後の漢訳系西洋暦算書伝来の先鞭となったといえることになる。

（1）藤原松三郎は『明治前日本数学史』第一巻（新訂版、一九七九年）の一九二頁において、慶長八年から一〇年までに「洛下埜釈　円智撰、山城嵯峨住　吉田光由集」として開板した『和漢皇統編年合運図』に、正保二年、吉田光由が改訂して出版したものが『和漢編年合運図』であるとする見解を示している。しかし、京都大学附属図書館が収蔵する谷村文庫の『(重撰)和漢皇統編年合運図』(http://hdl.handle.net/2433/999)は「洛下埜釈　円智撰」とのみ書かれているから、慶長一〇年頃開板の円智撰本を改訂して両者による「撰」と「集」本として開板したものが正保二年本『和漢編年合運図』と考えることもできる。

（2）広瀬秀雄『暦』日本史小百科五（近藤出版社、一九七九年）七五頁。

（3）筆者未見。

（4）『新撰古暦便覧』、凡例、五丁ウ。

（5）詳細については、小林龍彦「中根元圭の研究(Ⅱ)」、数理解析研究所講究録『数学史の研究』（掲載予定）を参照されたい。

（6）同書の序文によれば、中西敬房が考案した新暦は『観象暦』と呼ぶとしている。なお、中西の息子某が父没後に板行した『寛政増続古暦便覧』（加賀屋卯兵衛蔵板）は、中西敬房の『懐宝長暦便覧』（加賀屋卯兵衛蔵板）とともに「京都にて絶板申渡の書に付、流布之本不残奉行所え取上闕所絶版申渡、売買禁止」とする処分を受けている。この一件については小林龍彦「近世日本の暦算書籍の出版事情とその値段について」（『和算研究所紀要』一三、二〇一三年）一五頁を見よ。

（7）『秦山集』三三、一丁オ～一丁ウ。

（8）『貞享暦』巻三。ここでは浅見恵・安田健編『日本科学技術古典籍資料／天文学篇【一】』（科学書院、二〇〇〇年）七七～七八頁を参照した。

（9）小林龍彦「関孝和の暦学をめぐって」（『数学文化』一〇、二〇〇八年）八八頁。

（10）『六角佐々木山内流建部氏伝記』（日本学士院蔵：請求番号三九七二）上巻の『建部彦次郎賢弘伝』を参照。

（11）『秦山集』三五、九丁オ。

（12）ここでは、『新蘆面命』（国立公文書館内閣文庫蔵：請求番号二一一－一八二）、一七丁オを参考にした。

（13）『本朝統暦』（国立公文書館内閣文庫蔵：請求番号一四一―二三二）、一巻二丁オ。

（14）前出『本朝統暦』、一二巻後序。

（15）『東鑑暦算改補』、一丁オ～ウ。

（16）元禄一〇年刊行の『国花万葉記』（早稲田大学図書館蔵：請求番号ル〇三　〇一三五一）の「算者」の項に、田中由眞は「算者　田中吉実　椹木町室町東」と記録されている。

（17）東北大学附属図書館藤原文庫蔵：請求番号藤原集書二〇〇。

(18)『近藤正齋全集』第三（国書刊行会、明治三九年）「好書故事」巻第四二撰集二二、一四六頁。
(19) 小林龍彦「中根元圭の『新撰古暦便覧』と漢訳系西洋暦算書」（『科学史研究』二六四、二〇一二年冬号、二二〇〜二二五頁）を参照。
(20) 現在これらは宮内庁図書寮に保存されている。
(21) 最上徳内の『測量算策書』（東北大学附属図書館岡本文庫蔵：請求番号岡本写〇八九五）による。
(22) 後年、幸田親盈の弟子千葉歳胤が残した『大議天文地理考序』（宝暦九年冬、東北大学附属図書館林文庫蔵：請求番号林文庫二七四二）に、この書名は「元圭先生所述之也」と記することに従った。一般には『地径算法』『日月高測即高低里数之術』『天高計術』などの書名で流布している。
(23) 大庭脩『江戸時代における唐船持渡書の研究』（関西大学東西学術研究所、一九六七年）七三六頁。

【第五部】

第四章　西洋数学と和算

森　洋久

一　円錐曲線

暗い夜道、懐中電灯を歩いている先にかざしてみると、さまざまな曲線が照らし出される。懐中電灯を平坦な地面に向けて鉛直方向下向きに照らすと、灯りの形は円形となる。少し懐中電灯を傾けてみると、傾けた方向に灯りの形は延びて楕円形となる。ゆっくり、傾きをもう少し前方に、少しずつ遠くを照らしていくと、徐々に楕円形は平たく、細長くなっていく。

ある角度になると、その楕円形の遠くの一端が切れ、灯りが無限遠点にむかって広がっていく状態になる。ちょうど、懐中電灯の光の一番上の端が地面に対して平行になる時である。このときの地面の灯りの広がりは、放物線と呼ばれる。しかしこのとき、懐中電灯の光軸は地面に平行ではなく、すこし先の地面を向いている。こんどは、この光軸をすこし上げてみよう。光の開き具合はすこし広がる。これを双曲線という。

双曲線というからには、曲線が二つあるはずだ。懐中電灯を二つ背中合わせに持ったとしよう。放物線のときは、一方の懐中電灯の光線の上端が地面に平行であると、他方の懐中電灯の光線の下端が地面に平行になる。したがって、一方の懐中電灯の灯りが地面にあたることはない。曲線は一本なのである。すこしでも、傾きを変えると、光線の下端は地面に平行ではなくなり、両方の懐中電灯の灯りが地面にあたることになる。したがって、二つの曲線が地面に現れるのである。

懐中電灯の光は円錐状に発散する。この光と地面の織りなす現象は、円錐（つまり光）を平面（つまり地面）で切ったときに出来る図形の変化である。円錐を平面で切った場合に出来る曲線は、切る角度によって、円、楕円、放物線、双曲線の四つに分類できる（文献[1]下、五二頁）。

話はかわる。台の上に釘を一つ打ち、そこに紐の一端をかける。もう一つの端に鉛筆をつけ、テンションを掛けながら台の上を回転させると円が描けることはお分かりだろう。台の上に釘を二本打ち、輪になった紐をこれに掛ける。輪のなかに鉛筆を入れ、紐にテンションを掛けながらぐるっと軌跡を描くと、これが楕円になる（図1）。円は、二本の釘の位置が一致した場合と考えれば楕円の特殊な場合と捉えることが出来る。数学的にいうならば、楕円の軌跡上の点からそれぞれの焦点（＝釘）までの距離の和が常に一定になるのが楕円（または円）である。

楕円が「和」であるならば、双曲線は「差」である。これを鉛筆で描くのは少々難しい。図2は二つの焦点（＝釘）F、F'を通り、鉛筆Pに固定されている二本の紐の長さが常に一定、しかも左右で長さが異なるような仕掛けである。誰かに鉛筆を引っぱり紐にテンションを掛けてもらいながら、手前に紐を引くと、双曲線が描ける。

放物線は、図3のように準線OSを用意し、OSからPまでの距離SPと、焦点Fからの距離FPの長さの差または和が一定となる曲線である。これを楕円や双曲線のように鉛筆と紐でうまく描くのは難しいが、双曲線は、楕円のまた

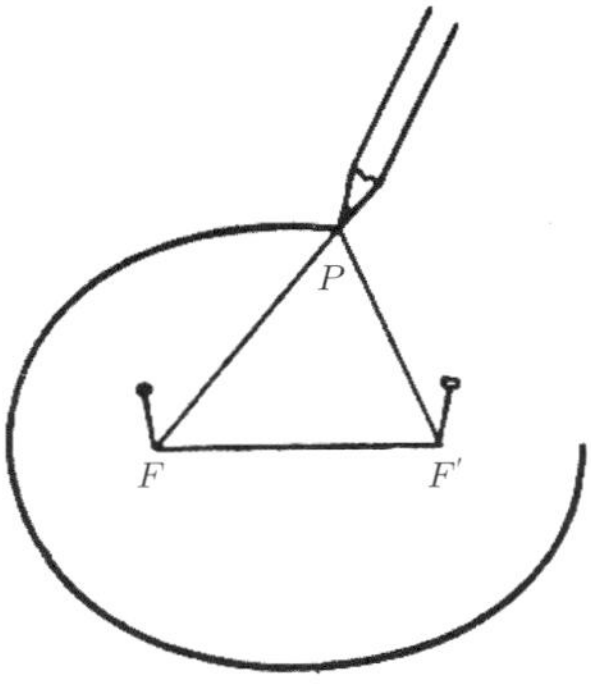

図１：楕円の描き方(出典：文献[１])

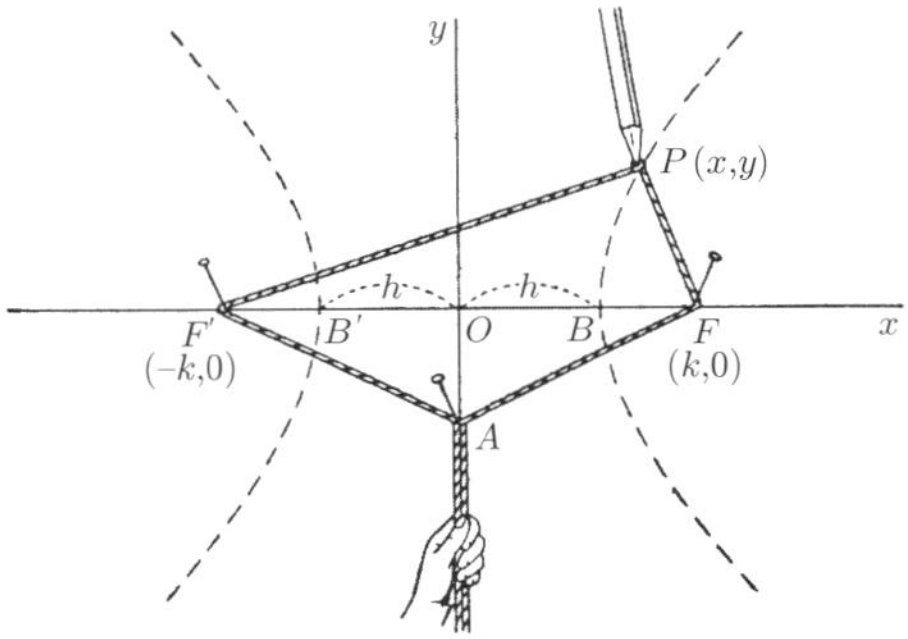

図２：双曲線の描き方(同上)

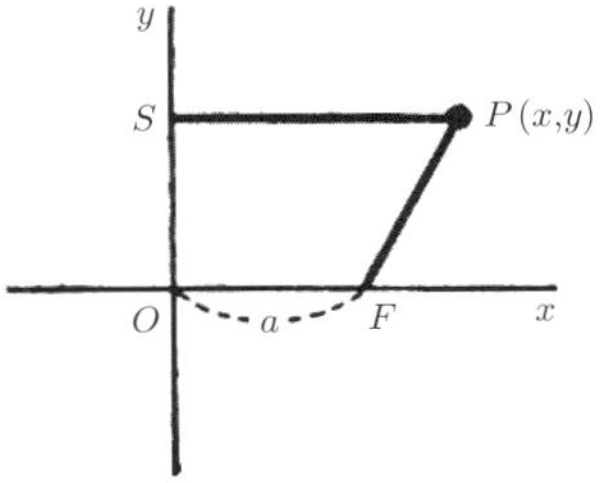

図３：放物線の性質(同上)

は放物線の一方の焦点を無限遠点に移動した、特殊な場合と考えることが出来る。

二つの焦点からの距離の和、差が一定という性質によって、円、楕円、放物線、双曲線が分類できることが分かったが、まだこれらの図形には面白い性質がある。いままで釘を打つ位置を焦点と呼んできた。これらは鏡の性質を持った曲線なのだ。楕円形の鏡の壁で囲われた部屋の、その楕円の一つの焦点の位置に電球を灯すと、その光は、楕円形の壁に反射し、もう一つの焦点の位置にあつまる。これは図1の線分FPと$F'P$は、楕円の軌跡の接線と同じ角度で交わっていることを示している。一方、放物線は、パラボラ（放物面）アンテナと呼ばれるように、平行光線を焦点F（図3）に集める。では、双曲線はどうだろうか。双曲面の鏡は、一つの焦点F（図2）から発した光をあたかもF'が光源の光のように反射する。いわゆる凸面鏡、凹面鏡の性質である。

そして最後に、これらの曲線は、次に示すxとyの方程式で、統一的な数式で表すことが出来る。

$$Ax^2 + By^2 + Cx + Dy + E = 0 \qquad \text{ただし } A \neq 0 \text{ または } B \neq 0 \tag{1}$$

これは逆も真であり、右の二次の二変数方程式（陰関数とも呼ぶ）で表される曲線は、上述の四つの曲線以外にはない。

楕円の方程式は、

$$\frac{x^2}{a^2} + \frac{y^2}{b^2} = 1 \tag{2}$$

である。$a = b$であるとき円になることは自明である。また、双曲線は、

$$\frac{x^2}{a^2}-\frac{y^2}{b^2}=1 \qquad (3)$$

となる。放物線は、

$$y=ax^2 \qquad (4)$$

である。

式(2)〜(4)は、式(1)の特殊な場合であることはわかるが、式(1)にどんな係数が与えられていたとしても、それが表す図形に回転と平行移動を加えると、$x\,y$平面上で、式(2)〜(4)に帰着させることが出来る。

円錐を平面で切る、あるいは、紐と釘で描く、また、光の反射という幾何学的な方法や現象によって分類される曲線、そしてその分類は、式(2)〜(4)で示されるような代数的二次方程式による分類とピタリと一致しているという、この事実を最初に発見し、研究したのは紀元前のギリシャ人アポロニウスであった。ギリシャの数学にはすでに、このように性質を分類し体系づけるという考え方があった。

二　かけ算と正多角形——複素数——

西洋数学においても、負の数はもとより、−1の平方根というものを数の一種として認めるためにはかなりの時間がかかった。実際に虚数や複素数が認められるのは、一八世紀もう終わりに近づいてからである（文献[1]上、一八八頁)。しかしこれ以降の虚数や複素数の扱いは急速に変化をみせ、この得体の知れないものが、幾何学と代数学の関係を最も美しい形で結びつける、西洋数学史上の立役者となった。まずは複素数とはなにか、代数学の世界から入ろう。代数学といえば方程式である。未知数 x に関する以下の方程式は、n 次方程式である。

$$a_0 + a_1 x + a_2 x^2 + \cdots + a_n x^n = 0 \tag{5}$$

この n 次方程式は x を実数解と限定するならば、解がまったく存在しない場合から、最大 n 個まで解の数はさまざまである。だが、ここに虚数、複素数という新たな数を導入すると、この方程式は必ず、重根を含めて n 個の解を持つようになる。虚数を定義するには、まずは、以下の方程式を考える。

$$x^2 = -1 \tag{6}$$

これは二次方程式であるが、実数の世界では解は存在しない。しかし、無理矢理この方程式に解はあるとし、この解の一つを $i = \sqrt{-1}$ と名付け、これを虚数と呼ぶ。(6)の解は、$x = \pm i$、合計二つの解を持つことになる。さらに、この虚数と実数の一次結合、

$$z_1 = a_1 i + b_1 \qquad (a_1, b_1 \text{は実数}) \tag{7}$$

を複素数と呼ぶ。この複素数を持ってすれば、方程式(5)には、必ず重根を含めて n 個の解がある。ちなみに、$a_0 \sim a_n$

が実数ではなく複素数であっても、解は必ずn個となる。たしかにこれだけでも美しい結果であるが、これだけでは、存在しない解を無理矢理作ることで、〝埋め合わせ〟をしただけ、ともいえる。我々がめざすは幾何学との関係である。複素数の代数的な演算が幾何学的な関係を持っている。まず、複素数の四則演算の方法を述べなければならない。

複素数z_1（式(7)）とともに、同様の方法で、複素数z_2を以下のように定義しよう。

$$z_2 = a_2 i + b_2 \tag{8}$$

最初にz_1とz_2の足し算を考える。答えは簡単で、

$$z_1 + z_2 = (a_1 + a_2)i + (b_1 + b_2) \tag{9}$$

それぞれの、虚数部と実数部を別々に足したものになる。図4はこれを図示したものである。これは、複素平面と呼ばれるもので、虚数部と実数部を直交する軸とし、複素数をその座標系上に二次元的に配置したものである。ベクトルの足し算と同じように、z_1の始点をz_2の位置まで平行移動したものである。では、かけ算はどうなるのであろうか。一つの手がかりは、虚数iの累乗である。$i^2 = -1$となることである。また、$i^3 = i \cdot (-1) = -i$、$i^4 = i^2 \cdot i^2 = 1$である。これを複素平面上にプロットしてみると、図5となる。これをじっくり観察すると、乗数が1増えるごとに原点の周りに90°ずつ左回りに回転していることが分かる。そして、4乗で1に戻ってくる。

この回転を一般化して考えると、複素数z_1の絶対値をr_1、実数軸と成す角をθ_1とし、同様に、z_2についても、r_2、θ_2を決めると、図6のように、かけ算をした結果z_3では、その絶対値は$r_3 = r_1 r_2$のように実数のかけ算となるが、角度で

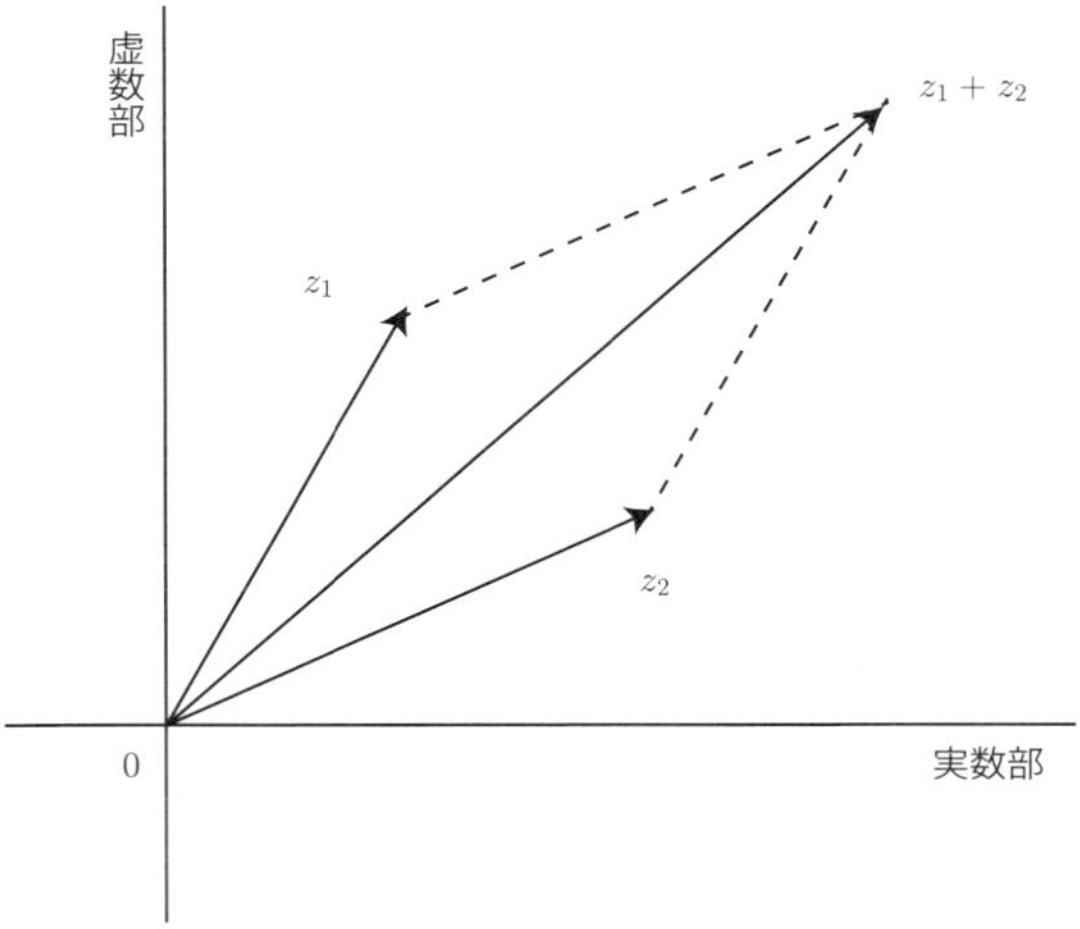

図４：複素数の足し算

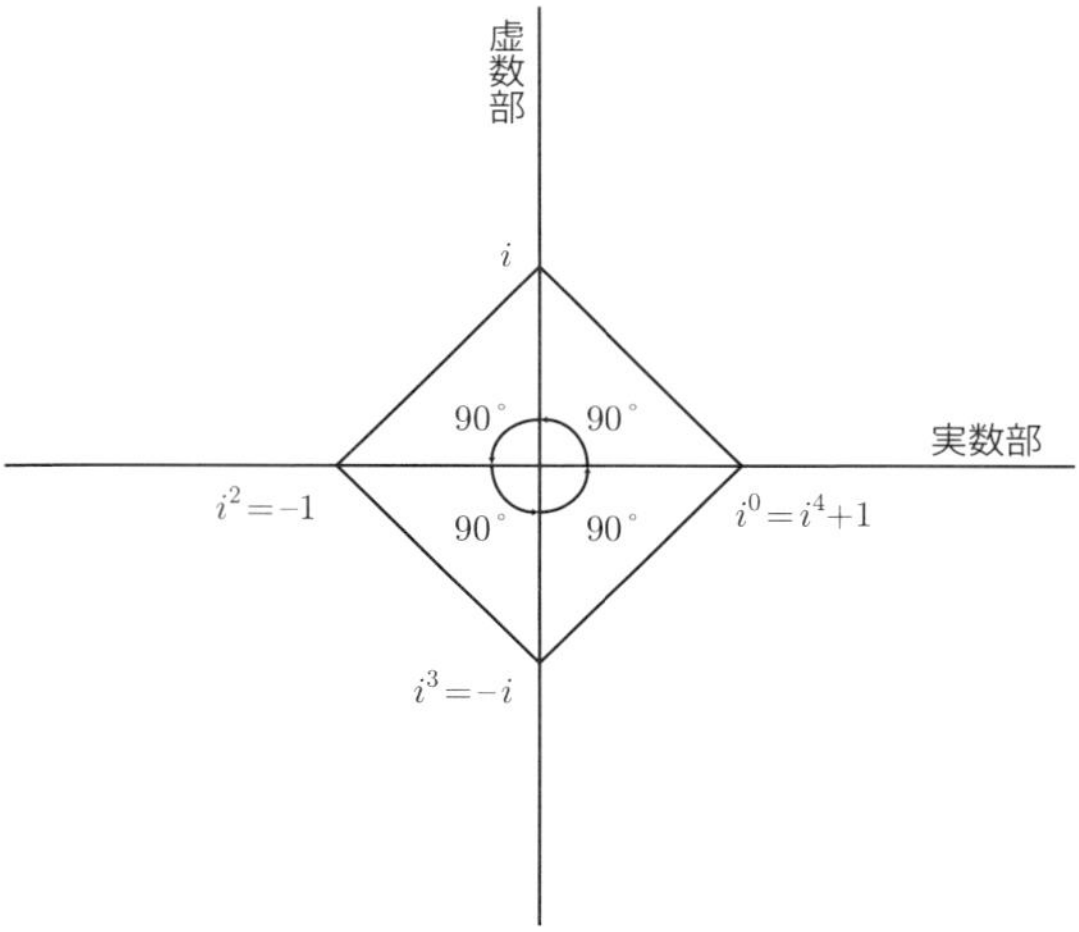

図５：虚数 i の累乗

は、$\theta_3 = \theta_1 + \theta_2$ と足し算になる。このように、複素数のかけ算は複素平面上での回転へと変換される。ここですでに演算と幾何学的な問題が関連性をもっている。この事実をふまえて、次のような未知数 z の n 次方程式にかえってみよう。

$$z^n = 1 \tag{10}$$

この方程式の複素数解は n 個あるはずである。z の絶対値を n 回かけると１であるということであるから、z^n が実数軸と成す角は360度の整数倍であることを示している。つまり、z の解のもつ角度は、

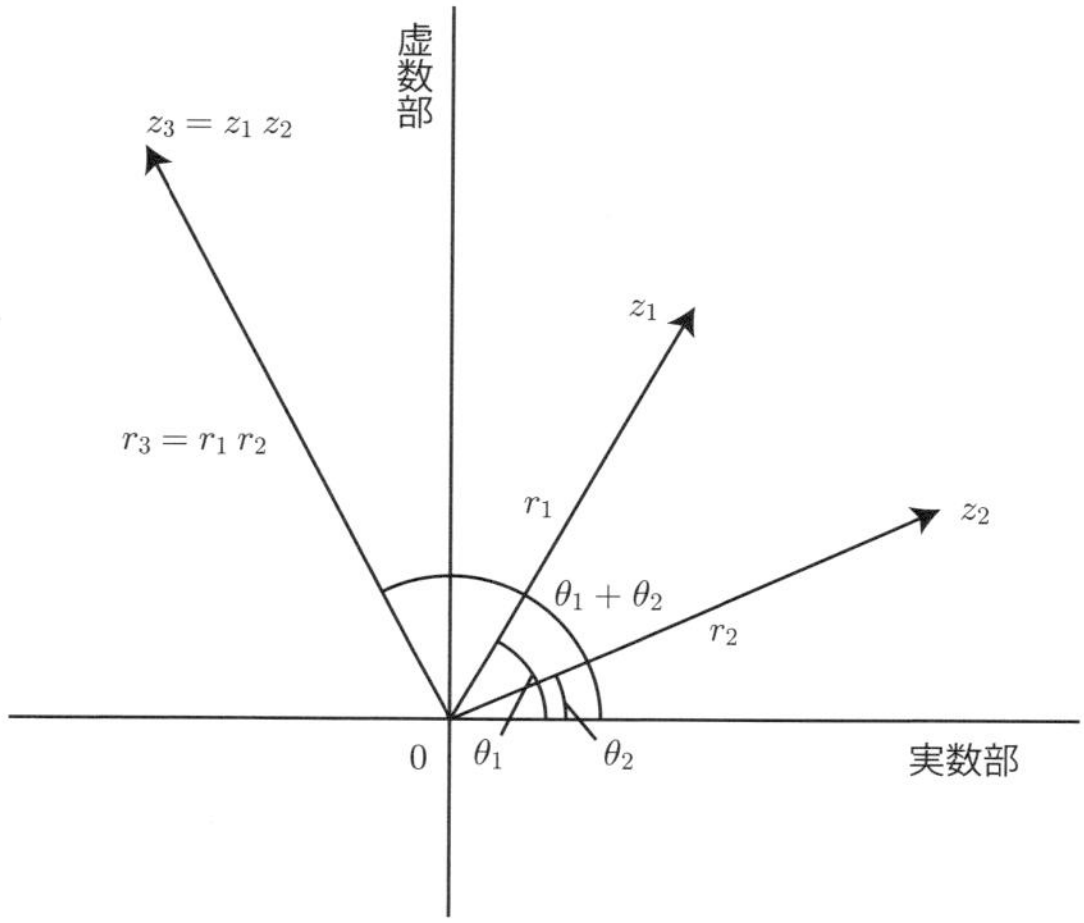

図6：虚数 i の累乗

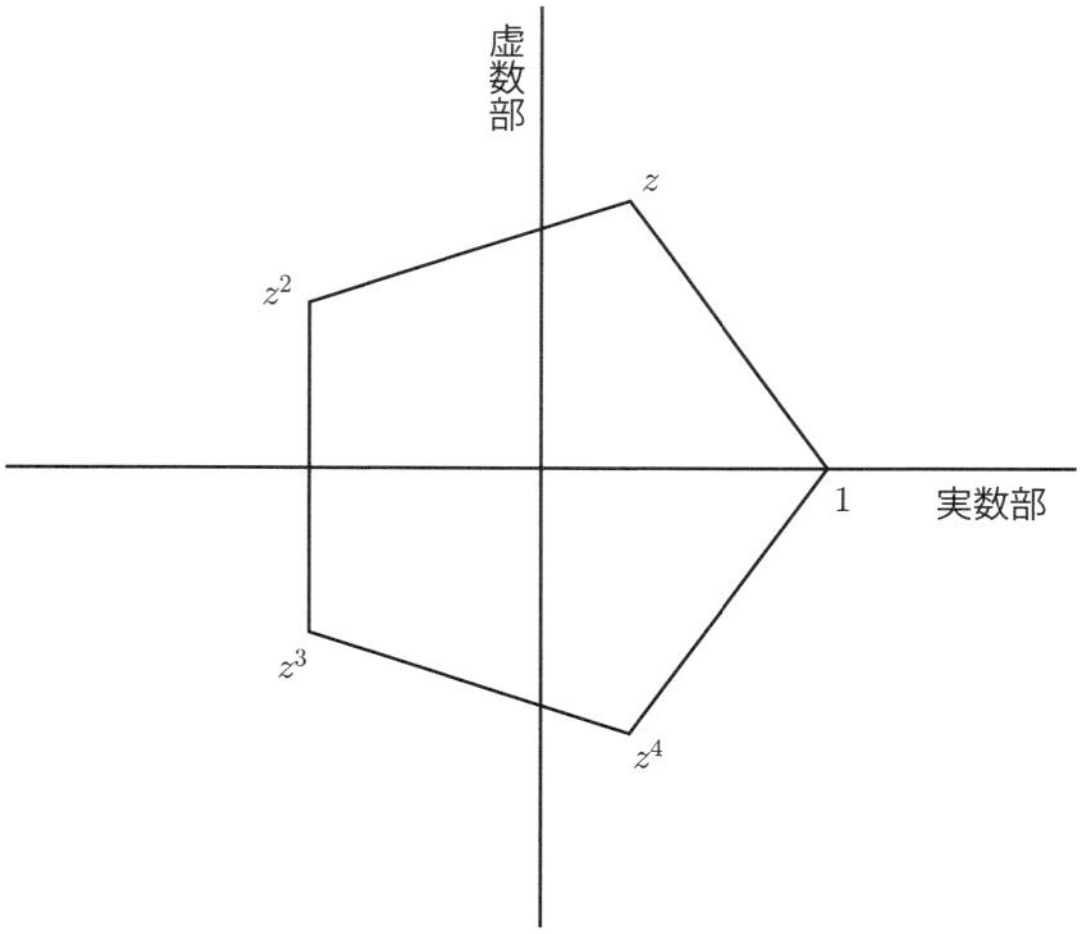

図7：z^5=1の解

$$\theta = \frac{360}{n}, \frac{360\cdot 2}{n}, \frac{360\cdot 3}{n}, \ldots, \frac{360\cdot(n-1)}{n} \qquad (11)$$

ということになる。これは、z の解は、正 n 角形の頂点をなすことを示している。図7は、方程式 $z^5=1$ の解である。このような複素数によって幾何学的性質が代数的性質と結びつく。この事実を応用し、ガウスは著書『整数論の研究』（一八〇一年）において、正 n 角形が定規とコンパスだけで作図可能であるための必要十分条件を見いだした。

三　解析学――視点の変換――

西洋数学の最高峰はといえば、いろいろな意見がありそうだ。筆者は解析学であろうと考える。解析学とは連続性を扱う学問である。人間の認知の基底には連続と非連続の戦いがある。連続性の中から推論され、直感が生まれる。そのような根源的な性質を数学の上で体現したのが解析学である。ところが、ここでも複素数は、解析学と代数学、幾何学を結びつける。さまざまな連続性の性質のなかでも特に正則という性質について述べよう。

連続という性質は平たくいうと、つながっているということ、すぐ隣の点はもとの点のすぐ近くにあるということである。さらに、連なったもの、たとえば紐のようなものを想像すると、その連なり方にもいろいろな性質がある。糸のように自由自在に形を変えられるもの、ゴムひものように長さも自由自在に変化するもの、一方で千歳飴のように反発力があり、糸やゴムのようには自由自在にいかないものもある。糸やゴムでは、その自由度の故、連続とはいっても、一点の位置や状態が決まっても、他の場所の位置は予測しにくい。一方、千歳飴のようなものは、ある点の位置が決まると、他の位置は制約を受ける。このように連続といってもいろいろな性質があるのだ。これから述べる正則という連続の中の一つの性質は、関数の性質として、かなり強力な性質である。

複素数 x から y への関数 $y=f(x)$ が点 $x=x_0$ で正則であるとは、この点で無限回微分可能であるという性質である。f が定義域すべての点で正則であるとき、f 全体の形状や性質は、原点 $x=0$ の点での f の性質で決まる。いってみれば1点での性質が全体を決めてしまう。かなり強力である。しかしこのようなきつい条件にも関わらず、有用な正則関数が多数ある。たとえば、多項式関数、$y=a_0+a_1x^1+a_2x^2+\dots+a_nx^n$ であったり、指数関数 $y=e^x$ であったり。真音を表す正弦関数 $y=\sin x$ といったものは正則関数である。原点での性質で正則関数全体の形を具体的に記述すると以下のようになる。

$$f(x)=\frac{f^{(0)}(0)}{0!}x^0+\frac{f^{(1)}(0)}{1!}x^1+\frac{f^{(2)}(0)}{2!}x^2+\cdots=\sum_{n=0}^{+\infty}\frac{f^{(n)}(0)}{n!}x^n \qquad (12)$$

この式は、原点 $x=0$ の周りでのテーラー展開と呼ばれ、n 階微分 $f^{(n)}(0)$ を係数にもつ無限級数である。このテーラー展開により、複雑な関数の値を、かけ算と足し算からなる無限級数に展開可能であるため、たとえば、円周率の計算などに使うことが出来る。

だが解析学の妙技はここからだ。複素平面全体の中で、所々正則でない極とよばれる点が存在したとしよう。このような関数を有理型関数と呼ぶ。たとえば、$y=1/(x+1)$ という関数は、$x=-1$ に極を持つ有理型関数である。この極の周りでは、さまざまな興味深い現象が起きる。

比較のため極のない関数を考えてみよう。正則関数 $y=e^x$ の定義域に一周するパスをとり、そのパスの上を積分する。たとえば、$x=-a$ から実数直線上をまっすぐ $x=+a$ まで通り、$x=+a$ から、原点を中心に弧を描き、$x=-a$ まで戻ってくるパスを考える（図８）。このパス上で関数 $y=e^x$ を積分するとその値は０になる。一方、このパスでかこわれた領域の中に極がある関数では積分値は０にならない。そしてその値は、パスの中に含まれる極の性質によって決まり、極以外の部分で関数がどのようにふるまっているかはまったく関係しない。

もし、弧の部分の積分値が $a\longrightarrow+\infty$ で、０に収束することが示せるならば、実数直線部分だけのところの定積分を求めることが出来る。この性質を応用すれば、実数だけの世界では解けなかった定積分を複素数に拡張することで出来るようになった（文献[２]）。

たとえば、

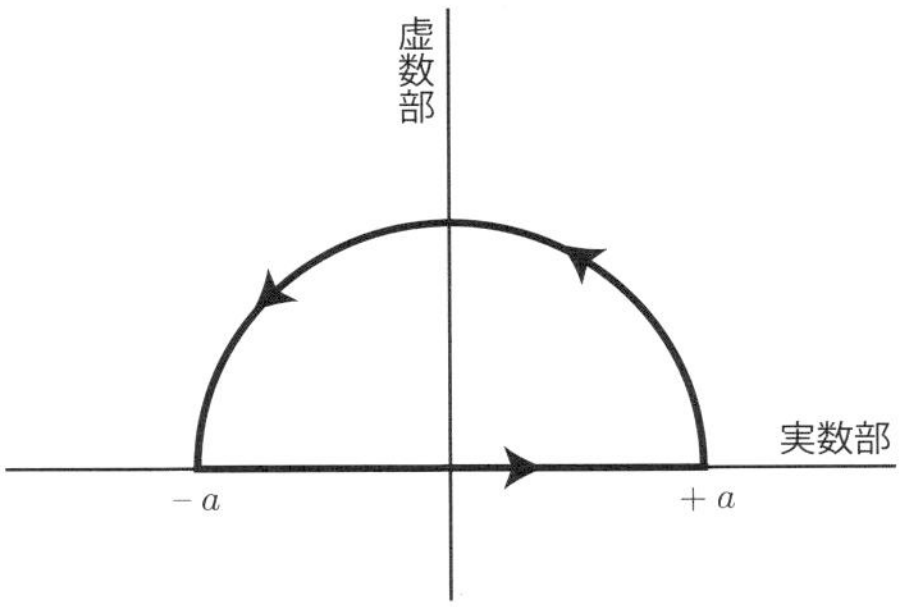

図８：複素積分のパス

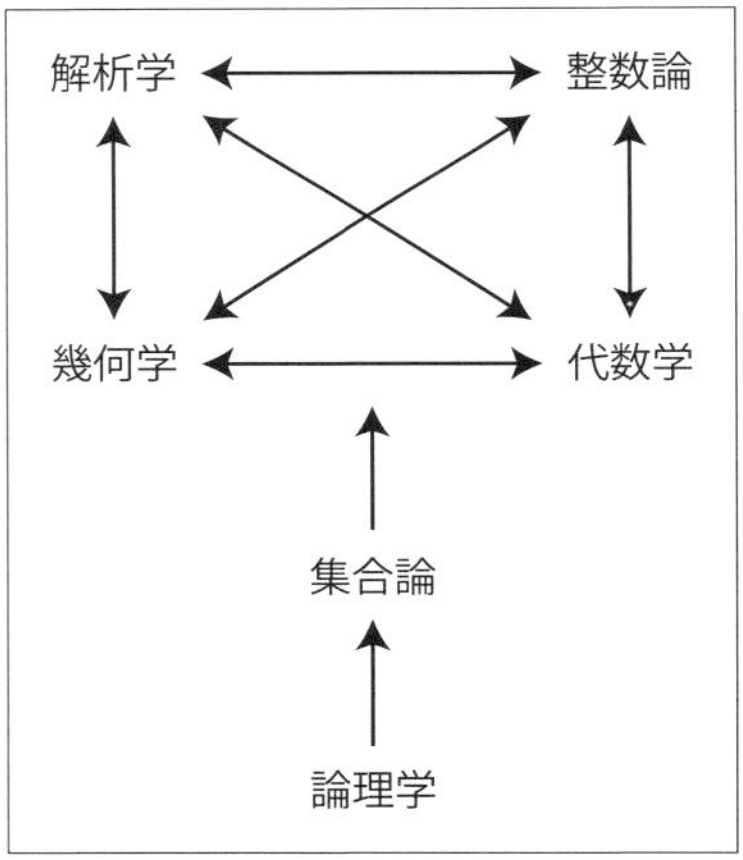

図９：西洋数学のスキーム

$$I = \int_{-\infty}^{+\infty} \frac{\sin\ x}{x}\ dx = \frac{\pi}{2}$$

といった計算が可能となる。

　複素数の世界と解析学を結びつける複雑な世界のひとつに楕円関数論がある。楕円形の周囲の長さは楕円形の長軸と短軸の複雑な関数となる。この関数も楕円関数の一種である。楕円関数の定義は、複素平面上でそれぞれ別々の方向を向いた（平行ではない）二つの複素数ω_1、ω_2を周期としてもつ二重周期型の有理型関数と定義される。楕円関数は、複素平面上で、ω_1の方向と、ω_2の二つの方向にそれぞれ波打っている。一重周期型の関数としては、おなじみ sin や cos といった関数が代表例である。e^xも実は、虚数$2\pi i$方向に周期をもった関数である。一重周期型の関数では、完全に正則な関数が存在するが、二重周期型の関数では、完全に正則な関数は定数しかない。どんな楕円関数も周期の幅のなかに極を二個以上の有限個保持している。

アーベルやガロアによって、代数方程式の一般解の公式について、有理式の形で書けるものは、四次方程式までであることが示されているが、さらに、この楕円関数を利用すると五次以上のすべての解の公式が得られることが示されている（文献[3]）。

このように、複素数を通じて、代数学の問題を解析学の問題に置き換えて解決することが出来る。西洋数学の全体的な構造を図示すると、図9になる。論理学、集合論をベースとして、幾何学、代数学、解析学、整数論が相互に結びついた世界を構成している。いずれかの分野で問題が与えられたときに、その問題を他の分野に置き換える＝視点の変換によって、見通しを良くすることが出来る。こういった相互関係の構築こそが西洋数学の基本原理である。

四　和算における円周率へのアプローチ

円周率とは、円の直径と円周の比率である。西洋数学において円周率を求めようとするならば、この幾何学の問題を解析学の問題へ視点を変える。

$$\frac{\pi}{4} = \tan^{-1} 1 \quad (14)$$

というのは、図10において、高さが1の三角形 POQ が切り取る円周 RP の長さ、これは円周の八分の一、つまり、π/4を得る式である。$\tan^{-1}$ を解析学的に捉え、テーラー展開し、そこに1を代入すれば、

$$\frac{\pi}{4} = 1 - \frac{1}{3} + \frac{1}{5} - \frac{1}{7} + \cdots \tag{15}$$

という結果を得る。式⒂は解析学的に導かれたものであるから、これが幾何学的にどういう意味があるかは、即座には分からない。では和算の世界ではどうなるのだろうか。建部賢弘は日本で始めて、円周の幾何学的な計算から円周率を求める無限級数を導き出した（文献[4]）。円周率の無限級数はその他にもさまざまなものが和算家たちによって編み出されている。そのなかの一つ、以下式⒃に示す級数が『算法少女』（一七七五年）に載っている。これについて文献[5]の明解な解説文にそって紹介しよう。

$$\frac{\pi}{3} = 1 + \frac{1}{3!}\cdot\frac{1}{4} + \frac{3^2}{5!}\cdot\frac{1}{4^2} + \frac{3^2\cdot 5^2}{7!}\cdot\frac{1}{4^3} + \cdots \tag{16}$$

導出の戦略は、図11に示す直径dの円弧の長さsを、多角形で分割していき、その多角形の周囲の長さによって近似

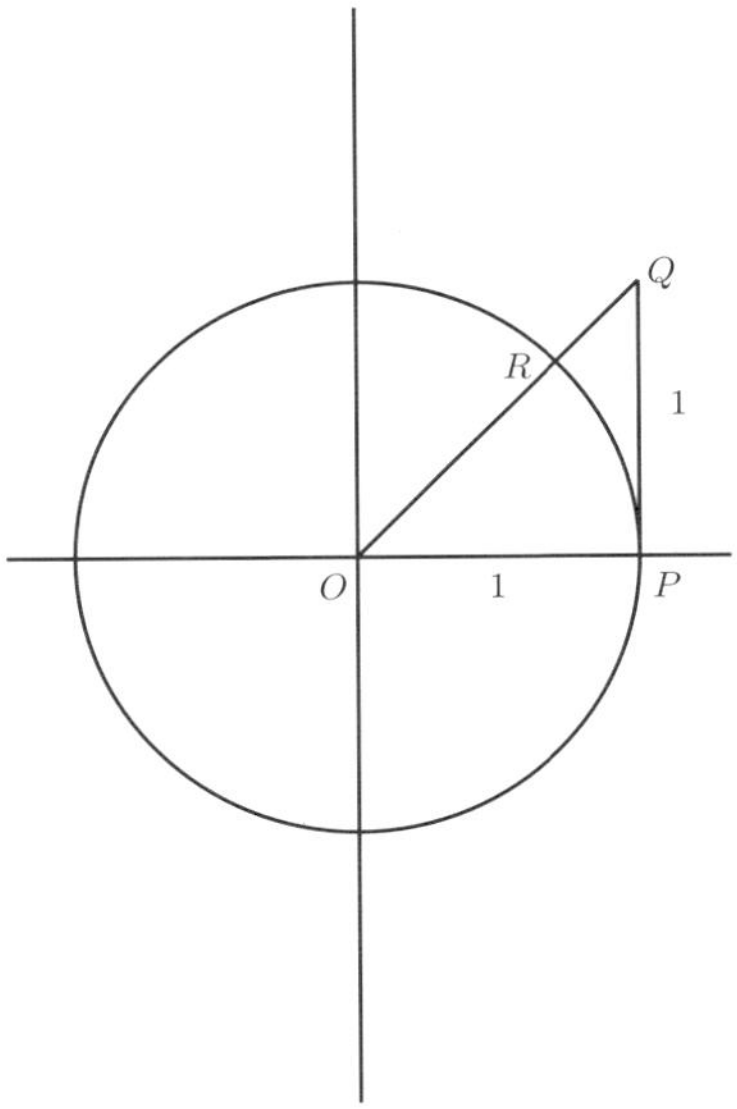

図10：$\frac{\pi}{4} = \tan^{-1} 1$

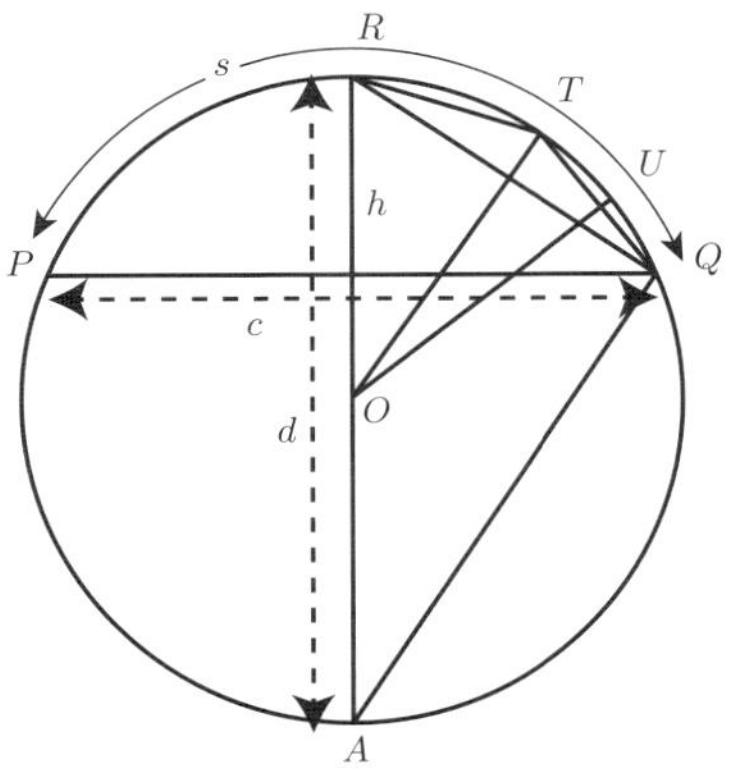

図11：円周の分割

的に求める方法である。最初、$s \simeq PQ = c$ とする。次に、$s \simeq 2RQ$, $s \simeq 4TQ, \dots$ というように細かくしていけば実際の円弧の長さに近づいていくはずだ。円弧の高さを h として、$h : RQ = RQ : d$ であることから、

$$RQ^2 = hd, \qquad h^2 = RQ^2 - \frac{c^2}{4} \tag{17}$$

h を消して、$x_1 = RQ^2$ と置くと、式(17)は次のように変形できる。

$$x_1 = \frac{c^2}{4} + \frac{x_1^2}{d^2} \tag{18}$$

この方程式の解を求める方法として、$X_0 = 0$ として、漸化式

$$X_{n+1} = \frac{c^2}{4} + \frac{X_n^2}{d^2} \tag{19}$$

の収束値を求める反復法がある。この漸化式が収束すれば、その値が方程式(18)の解の一つである。その解は、

$$x_1 = \frac{c^2}{4} + \frac{c^4}{16\,d^2} + \frac{c^6}{32\,d^4} + \frac{5c^8}{256\,d^6} + \cdots \tag{20}$$

である。

x_1 と同様に、$x_2 = TQ^2$, $x_3 = UQ^2$, ... と置く。同じ方法を使って、一般に式(20)は以下のような漸化式に書き換えられる。

$$x_{n+1} = \frac{x_n}{4} + \frac{x_n^2}{16\,d^2} + \frac{x_n^3}{32\,d^4} + \frac{5x_n^4}{256\,d^6} + \cdots \tag{21}$$

式⒇を式(21)に代入し、x_2 以降についても x_0 と d の級数展開を得ることが出来る。つまりこうだ。

$$\begin{aligned} 4x_1 = (2RQ)^2 &= c^2 + \frac{1}{4}\cdot\frac{c^4}{d^2} + \frac{1}{8}\cdot\frac{c^6}{d^4} + \frac{5}{64}\cdot\frac{c^8}{d^6} + \cdots \\ 16x_2 = (4TQ)^2 &= c^2 + \frac{5}{16}\cdot\frac{c^4}{d^2} + \frac{21}{128}\cdot\frac{c^6}{d^4} + \frac{429}{4096}\cdot\frac{c^8}{d^6} + \cdots \\ 64x_3 = (8UQ)^2 &= c^2 + \frac{21}{64}\cdot\frac{c^4}{d^2} + \frac{357}{2048}\cdot\frac{c^6}{d^4} + \frac{29325}{262144}\cdot\frac{c^8}{d^6} + \cdots \end{aligned} \tag{22}$$

そして、ここが和算の真骨頂である。これら三つの係数を見比べ、c^4/d^2 の項の係数、1/4, 5/16, 21/64, ... というのが、1/3 に収束すると予測できる。

同様にして、c^6/d^4 の項は 8/45, c^8/d^6 の項は、4/35 へ収束するだろう。となれば、

$$s^2 = c^2 + \frac{1}{3}\cdot\frac{c^4}{d^2} + \frac{8}{45}\cdot\frac{c^6}{d^4} + \frac{4}{35}\cdot\frac{c^8}{d^6} + \cdots \tag{23}$$

これを平方に開き、s の式を求める。

$$s = c + \frac{1}{3!}\cdot\frac{c^3}{d^2} + \frac{3^2}{5!}\cdot\frac{c^5}{d^4} + \frac{3^2\cdot 5^2}{7!}\cdot\frac{c^7}{d^6} + \cdots \tag{24}$$

式(16)は、$c=1, d=2$としたときである。このとき図11によれば、$s=\pi/3$であることが分かる。この式は、

$$s = 2\arcsin\left(\frac{2c}{d}\right) \tag{25}$$

のテーラー展開を得たのと等価である。西洋的手法では関数arcsinのテーラ展開という解析的手法で式(24)を得てしまうため、式(24)が幾何学的にどのような意味を持っているのか分からない。しかし上述、和算のプロセスをたどれば、この式が、円弧に内接する正多角形の長さの近似級数である式(22)の極限値(23)から導出されるということがわかる。二重極限であり、正多角形の長さの極限値という単純化は出来ないという、一筋縄でいかない面白さもある。西洋数学が抽象的であるとするならば、ここに存在するのはリアリティーである。

ところが、この和算の方法には問題がある。実は、無限級数の和という解析学的問題が意図されず潜んでいる。まず、式(20)が収束するかどうか。また、式(22)から式(23)を得るときに、係数の収束という極限処理が施されている。しかも、式(22)はそもそも無限級数の列である。つまり無限級数の二重極限が使われている。一般にこのような複雑な極限を扱う場合は、有限の世界のような分配則や交換則が必ずしも成り立たないので注意を要する。同様に、式(23)から式(24)を得る過程は、同様の理由で必ずしも自明でない。西洋数学においても、微分積分学を発見したニュートン、ライプニッツは類似の無限級数の処理を曖昧なまま扱っていた。そのためさまざまなパラドックスをまねき、解析学者は多方面から論争攻撃の的となった。極限の厳密な議論はのちのディリクレらによるϵ–δ法を待たねばならなかった（文献[6]）。この

円周率の和算的解決法では、たまたま問題が発生しなかったといえる。

五 「和算」とはなにか

$$e^{\pi i} = -1 \quad (26)$$

これは、オイラーの関係式と呼ばれるものである。πは円周率。eは自然対数。iは虚数。また同時に、円周率は幾何学的な定数。自然対数は解析学、虚数は代数学、整数論における定数である。四つの世界を結びつける図9を表す関係式である。しばしば、西洋数学ではπやeがどんな値を取るのか、不問に付しながら議論を進める。実際の値より、お互いの関係が重要なのだ。一方、和算においては、お互いの関係よりも実際の値が対象となる。

江戸時代、一般庶民の間でも和算が盛んであった。寺子屋や塾で子供から大人までが和算の面白さを享受した。師匠からお題をいただき、それを解く。お互いに問題を出し合ったかもしれない。多くの人びとは解けた問題を、算額に書き記し神社に奉納した。西洋のキリスト教会のステンドグラスにこのような光景はない、文献[7]で、トニー・ロスマンはそう述べる。目の前に現れる挑戦者に、背負い投げ、大外刈り……多彩な技を使って打ち倒していく柔道のように、目の前に現れるお題を、鮮やかに切り返す和算愛好家たちの姿が目に浮かぶ。勝負がつくと礼をするのが柔道の習わしである。同じように、解けた問題を宮に奉納する。挑戦者同士の関係性よりも、一つ一つのシチュエーションに対してどう立ち向かうかだ。

算額は問題と答えだけが書かれ、あたかも、これを解いてみよといわんばかりに途中のプロセスがないものが多い。最近、和算学者の小寺裕氏に西洋数学にあるようなパラドックスは和算にあるのか尋ねてみた。そのようなものは出てこないそうだ。和算は論理ではなく術だという。式(23)から(24)へ平方を開くことも「平方綴術に開く」という関流の秘伝だったそうだ。

「術」というのはEngineeringである。第三節で、代数方程式のすべての解の公式は、楕円関数があれば記述できることを紹介した。しかし現在、楕円関数を使って方程式を解こうとする人はまずいないだろう。実際にやってみたとしても、公式の複雑さが故に、誤差が入り込み実用的な結果が得られない。現代では、高速なコンピュータを使った、反復法を利用し、方程式から解の値を直接導き出す方法が取られる。このような、現実的な解法の、組織的かつ大規模なものがシミュレーションである。たとえば、台風の進路や、温暖化予測などの気象シミュレーションでは、対象を微分方程式で表現した後、方程式の数式処理で解いたりはしない。有限要素法などの近似的手法を使って解いていく。このような現代のシミュレーション技術は多くの科学技術分野で欠かせない技術となっている。シミュレーションで得られた結果は可視化することが出来、リアリティーと直結しているのである。

筆者は、一連の算額や定石集のような和算書の特徴に、「数え上げ」というキーワードを提示したい。幾何学という分野の中に、どれだけの問題があるのか、手当たり次第数え上げる。また、その解を数え上げる、というのが和算である。「四色問題」というのがある。世界地図のように、平面上に埋め尽くされた領域を区別するために色分けする時、少なくとも四色あれば塗り分けられると、昔から多くのカルトグラファーたちが何となく分かっていた。だが、本当にどんな領域分割でもそうなのか、誰も厳密に答えられる人はいなかった。技術者たちは「塗り分けられるかどうか、手当たり次第やってみれば良い。それで塗り分けられていたらば、特に実用上は問題ない」というだろう。これに対して数学者は、「それでは厳密な答えになっていない。もし五色ないと塗り分けられないパターンが出てきたらどうするのだ。正しく数学的に証明するべきだ」というだろう。技術者は「そのときはそのときで考えれば良い」と反論する。西洋においても、よくある数学者と技術者の問答である。

目の前にある具体的な問題に対して具体的に解き解をだす。これがシミュレーションであり、問題が変われば、過去の定石をふまえつつ、シミュレーションを繰り返すことが「数え上げ」である。「数え上げ」はどこかで反例をみいだし、破綻するかもしれない。だが、破綻しない限り続く。

SETI (Search for Extra-Terrestrial Intelligence) home というプロジェクトがある。カルフォルニア大学バークレー校 Space Sciences Laboratory が運営しているプロジェクトである。地球外生命体が宇宙に存在するかしないかを数学的に証明することはむろん出来ない。確かに、いそうな場所に目星を付けることはできるかもしれないが、基本的に、手当たり次第探すしかないのだ。そこで、アレシボ天文台の膨大な観測データの分析を、多くの宇宙マニアにやってもらうというプロジェクトとなった。宇宙にロマンを抱くボランティアたちが、SETI ホームページからスクリーンセーバなどに扮した解析ツールをダウンロードし解析をする。

ゲーデルは数学的証明を「数え上げる」ことを考え出した。すべての命題に番号をつけ、番号と番号の関連性から、証明できる問題、無矛盾の問題を割出していくことによって、数学全体の無矛盾性を証明しようとした。しかし結果は、証明できない問題があり、数学全体の無矛盾性は保証できないというものだった。結果として、証明の正しさを証明する方法は、異なる解法をためし、数え上げるしかない。反証が見つからなければ、数え上げは永遠に続く。いわば現代の数学は「和算的」なのだ。

コンピュータ技術において、アルゴリズムは一つの「術」である。コンピュータを使って絵を書く方法について考えてみよう。絵を書くというお題に対して、どのようなアプローチがあるか、プログラマーはさまざまな数学的なアプローチを検討しベターな解を出していく。このお題に対して、たとえばフォトショップというプログラムは一つの解であるが、必ずしもこれだけが解ではない。お絵描きツールというお題が興味深いものであれば多くのプログラマーがしのぎを削って解答を出すだろう。結果として沢山の算額＝アプリケーションがインターネット上に奉納される。昨今のインターネットやオープンソース・コミュニティーは、アプリケーションという解を数え上げている。

体系を作り、論理的な隙間を与えないよう対象を一網打尽に捉えるというのが西洋数学である。しかし体系と論理によって捉えることのできる対象は限られていることは現代の科学技術自身がよく知ることである。隙間のある対象に対して柔軟に対応する、これがリアリティーであり、数え上げの手法である。数え上げの最も広大無辺なものが生物進化の過程である。環境に対してどのように生物が適応していくか、普遍的な方法論がある訳ではない。突然変異という方法をつかって数え上げていく手法が四〇億年続いた生物進化の過程である。人間社会、文化も、必然性では説明しきれない隙間を、歴史という数え上げの手法でゆらりゆらりと交わしてきた結果である。

一、十、百、千、万、億、兆、京、垓、……恒河沙、阿僧祇、那由他、不可思議、無量大数。『塵劫記（じんこうき）』の数え上げに始まる和算の歴史は、明治に洋算に取って代わられたが、実は、現代の科学技術の中に息づいていると考えてもよいのではないか。

〔参考文献〕

［1］　遠山啓器『数学入門』上・下（岩波書店、一九五九・一九六〇年）。
［2］　L・V・アールフォルス著、笠原乾吉訳『複素解析』（現代数学社、一九八二年）。
［3］　梅村浩『楕円関数論』（東京大学出版会、二〇〇〇年）。
［4］　小川束「円理の萌芽――建部賢弘の円周率計算――」（『数理解析研究所講究録』一〇一九号、一九九七年、七七～九七頁）。
［5］　小寺裕『和算書「算法少女」を読む』（ちくま学芸文庫、二〇〇九年）。
［6］　杉浦光夫『解析入門』Ⅰ・Ⅱ（東京大学出版会、一九八〇・一九八五年）。
［7］　深川英俊、トニーロスマン『聖なる数学：算額』（森北出版、二〇一〇年）。

【第六部】

嵯峨本と古活字

王羲之によって完成されたといわれる漢文の書体は構築的であるが、対照的に日本の仮名書の特徴は散し書きの妙趣にある。それは木活字にはみとめにくい。当時も同様な批判にさらされたのではないか。技術者にしてみれば痛い指摘である。そう考えるのは筆者の邪推であろうか。だが、歴史の結末から俯瞰すると、技術とは、時として冷酷非道である。対象の特徴までをばっさりと切り捨てるところは恐ろしくもあり、鮮やかでもある。

林の論文では、素庵と「利を共にする」職人、技師たちが浮き彫りになる。一人の著名人による「書」ではなく、連綿と職人の技がからみあう新しいかたちが、多くの定本を世に出した。のちに広がる「刊本」といわれる摺物の礎となったと考えられるのではないか。つづいて高木が嵯峨本の伝本についての分類解説、伊海は謡本の解説をする。嵯峨本は当時のさまざまな分野において定本となった。その技術水準の高さは、その後の日本の木版出版の基礎を成し、レベルを押し上げたことは間違いない。最後に、森上は嵯峨本以前の古活字版について論じる。

（森）

【第六部】

第一章　嵯峨本の特徴と魅力について

林　進

一

嵯峨本とは、どのような特徴をもつ本なのか、その魅力は何なのか、日本の出版史の上で如何なる意義をもつのか。本稿ではその概要について、稿者の考えを述べる。

嵯峨本を一言で定義すると、次の通りである。

嵯峨本とは、近世初頭の慶長年間（一五九六〜一六一四）に、洛西・嵯峨に住む豪商で儒学者、能書家の角倉素庵（一五七一〜一六三二）が出版を企画し、書目を選定し、大堰川河畔、臨川寺東隣りの角倉本邸屋敷内に設けられた造本工房（印刷と装訂の仕事場）において、素庵みずからがデザインした木活字フォントを用いて、また素庵の筆跡を版下にして刊行した、美麗な装訂に成る一群の平仮名交り文の日本古典文学書のことである。なお、従来、嵯峨本は本阿弥光悦が主導し、みずから版下を書き、装訂に美術的意匠を施した本であるという通説には、確証がない。

二

嵯峨本には刊記がない。刊行した場所、刊行年、刊行者について、本そのものから知ることはできない。そのことを示す同時代の文献史料も確認されていない。昭和女子大学図書館所蔵の嵯峨本『撰集抄』三冊には、各冊巻末に、元和八年（一六二二）、豊松庵法橋玄伯なる人物が嵯峨の角倉素庵から直に賜ったことを記した同じ文章の「識語」（墨書）が記されている。[1]しかし、その文言にはいくつかの疑問点があり、なお慎重な検討を要する。今後、素庵が嵯峨本に関わったことを記した識語が見出されることを期待したい。

嵯峨本『伊勢物語』（初刊本）と嵯峨本『伊勢物語聞書（肖聞抄）』には、校訂を行った当代を代表する和学者で公家の中院通勝（号は也足叟・也足軒、法号は素然、自得、一五五六～一六一〇）の「跋文」がある。前者の跋には慶長一三年（一六〇八）の年紀があり、後者の跋には通勝没年の前年に当たる慶長一四年（一六〇九）の年紀がある。嵯峨本『伊勢物語』（初刊本）が慶長一三年に刊行されたと見ても差し支えないが、本稿では「慶長一三年跋本」とよぶことにする。その理由は後で説明する。この二つの嵯峨本の跋文は、本文の底本、校訂および本の特色について述べている。嵯峨本『伊勢物語』（慶長一三年跋本）の跋文には、「伊勢物語新刊就余需勘校（伊勢物語を新たに刊するに、余に就きて勘校を需(もと)む）」の文言があり、新刊『伊勢物語』の刊行者某氏（稿者は角倉素庵と見る）が通勝に底本の校訂（勘校）を依頼したことがわかる。跋文（整版印刷）の最後に「也足叟」の署名（整版印刷）があり、下に通勝の自筆の花押（墨書）が記されている。写本に順じた体裁をとっている。

刊記がないことから、当初、嵯峨本の初刊本は、刊行者が貴顕や知友に贈与することを目的とした少部数の私家版であったと思われる。おそらく初版は五〇部から一〇〇部位であろう。以後の再刊本や第三版も、主に贈呈本と思われるが、なかには刷り代を取って頒布した本もあったであろう。一時にすべて装訂しないで、希望や注文に応じて、そのつど、すでに摺刷(すりさつ)を終えて保管してあった刷り本を整理棚から取り出して装訂したと推察される。嵯峨本書目の一つ、嵯峨本『観世流謡本(うたいぼん)』は、三、四種類（上製本、特製本、色替り本ほか）の謡本百番の組み本である。大部の本であり、詞章に観世流宗家による節付けがあるので、観世流宗家と共同して刊行したものではないかと思われる。『観世流謡本』は嵯峨本を代表する本であるが、特殊な出版物ではないかと思われる。主に頒布本と見られるからである。

嵯峨本の先駆的研究に、大正時代の和田維四郎『嵯峨本考』（一九一六年）、昭和時代の川瀬一馬『嵯峨本図考』（一誠堂書店、一九三二年）、同『増補古活字版之研究』（ＡＢＡＪ、一九六七年。初版、安田文庫、一九三七年）がある。現在の嵯峨本研究は、すべてこの二人の研究業績を基にして始まる。和田、川瀬両氏の学説は、すでに一〇〇年、八十余年の長い時が経っており、いまだ多くの書誌学的意義を有するが、今日の目から見ると検討すべき余地も少なからずある。現在、その検証作業が行われている。謡本研究の表章（故人）、版本書誌学研究の森上修、書誌学研究の岡崎久司、印刷史研究の鈴木広光、日本中世文学研究の小秋元段、同じく高木浩明、同じく本多潤子、近世文学研究の牛見正和、書誌学研究の村木敬子、美術史研究の川崎博、私立大学図書館協会西地区部会・阪神地区協議会・書誌学研究会（川崎安子ほか）等による嵯峨本の実証的研究が著しく進み、私たちはその成果から多くの新知見を得ている。(2)

現在、稿者は書誌学研究者が今まで関心をもたなかった嵯峨本の刊行者と目される素庵の筆跡（「素庵書体」と呼ぶことにする）について、もっぱら研究を行っている。素庵の筆跡を追究するなかで、さいわい素庵書体の基準作品（本稿末に掲載した【図版Ⅰ】）を突き止めることができた。(3) その素庵書体と嵯峨本活字フォントを比較、検討した結果、「素庵書体が嵯峨本活字フォントの元になっていること」を知り得た。(4) 稿者は、この新知見から、嵯峨本の真実を解明したい。嵯峨本を作った人間に何よりも興味がある。

従来の近世美術史では、「本阿弥光悦と俵屋宗達と素庵」の三点からなる三角形の思考の枠組みの中で、現在の視点に立って、光悦、宗達、素庵が語られてきた。たとえば、辻邦生の歴史小説『嵯峨野名月記』に登場する三人の主人公、光悦・宗達・素庵は、まさに、現代の《アート・プロデユーサー》、《アーティスト》、《学者》の姿で現れ、それぞれの語り口で物語る。稿者は、新たな視点「天皇（後陽成・後水尾）と素庵と宗達」という三角形の思考の枠組みを設定する。その枠組みのなかで天皇、素庵、宗達を考えることによって、それぞれの真実の姿が見えてくる、と確信する。「嵯峨本」は、その三角形の中心に位置する。現在、文禄勅版や慶長勅版の刊行者である好学の天皇、後陽成天皇（一五七一～一六一七、在位一五八六～一六一一）が嵯峨本の誕生に大きな役割を果たしたのではないかという想定のもとで、古活字版と嵯峨本の研究を行っている。

本稿では、紙数に限りがあり、当初予定していた「素庵書体と嵯峨本活字フォントとの関係について」の考察は、本稿末に掲げた【図版Ⅰ】「素庵書体の基準資料」、【図版Ⅱ-1・2】「嵯峨本『徒然草』活字フォントと素庵補写の書体との比較」、【図版Ⅲ】嵯峨本『伊勢物語』（慶長一三年跋、初刊本）の活字フォントと「嵯峨本『尊円本三十六人歌合（三十六歌仙）』の素庵書体の比較」の各図版を見ていただくことで、説明に代えることにした。

三

嵯峨本の印刷手法には、漢字・平仮名交りの木活字（木製活字）を作ってそれを一台の植字盤（一丁掛け）に植えつけて印刷する「古活字版」（幕末に行われた近世木活字版と区別していう）と、文字や挿絵の版下を裏にして山桜の版木に貼りつけ、文字や挿絵を彫り、その版木をもって印刷する「整版」（木版印刷とも呼ばれる）の二種類がある。

印刷用紙には、紙面（表面のみ、また表裏両面）に白色の具引き（胡粉引き）や淡紅色・水色・緑色・黄色・薄茶色・薄藤色などの色具引きを施した料紙が使われた。素紙のものもある。紙の種類は、間似合紙（ガンピ）・鳥の子紙（ガンピ）・雁皮紙と楮紙で、いずれも上質の和紙である。表紙には、平安時代以来の伝統的な牡丹唐草文様、蓮華唐草文様などの木版雲母刷り文様のほか、身近な動植物や景物をモティーフにした大胆な意匠の木版雲母刷り文様の色具引き料紙が用いられた。その文様は生命の輝きと儚さを象徴したものである。装飾料紙は本文用紙としても使用された。

印刷に用いる墨（インク）は、ごくわずかな胡粉を塡入した具墨で、やや灰色を帯び、具引き地に印刷されると、落ちついた上品な印刷面を見せる。嵯峨本特有のインクで、他にあまり例がない。嵯峨本『伊勢物語』（慶長一三年跋本、古活字版）や嵯峨本『尊円本三十六人歌合（三十六歌仙）』（初刊本、整版）はその好例である。

印刷題簽の版下文字は、すべて刊行者である素庵の自筆になるものである。その変体仮名や当て字の遣い方、書き方は、個性的で遊戯的で嵯峨本装訂の魅力の一つになっている。とくに嵯峨本『源氏物語』五四帖の刷り題簽（木版雲母刷り獅子丸蔓牡丹文様の嵯峨本料紙が使用されている）は、淡い水色や淡い桃色の具引き表紙（全体に細かな雲母が撒かれている）の中央やや上に貼られており、雅な王朝的世界を現出させている。じつに上品な表紙デザインである。刷り題簽に、刊行者である素庵の嵯峨本に対する思いが込められている感を深くする。また『観世流謡本』の多様な刷り題簽（上製本と特製本は異なる）は、現代のブック・デザインに大いに参考になるものである。

装訂（製本）には、袋綴装、綴葉装、巻子装がある。折帖装もあったと思われる。判型は、主に美濃大本であり、また極大本のものもある。嵯峨本は、日本印刷史上、最も美麗な装訂の本であり、今日、印刷本として世界的に高い評価を受けている。

平仮名交り文の古典文学書の出版はこの嵯峨本から始まった。[5] その底本には御所や公家や社寺に秘蔵された貴重書、素庵が蒐集した本が使われた。嵯峨本本文の校訂は素庵のほか、前出の中院通勝や観世流九世身愛（号は黒雪、一五六六〜一六二六）ら、その分野の専門家が行っており、今日の古典文学研究の基礎となる優れた定本である。とくに嵯峨本『観世流謡本』（特製本）は現在、定本として翻刻されている（新潮日本古典集成『謡曲集（百番）』三冊、伊藤正義校注、新潮社、一九八三、八六、八八年）。また嵯峨本『徒然草』は同書最古の印刷本であり、本文は最良の定本である。

使用活字には、単字（主に全格、中には二、三倍格がある）のほか、二字（二倍格）、三字（三倍格、和歌用に二倍格の三字連彫）、四字（四倍格、三倍格の四字連彫）の連彫活字（規格化された字駒に連彫した木活字）がある。それらを適宜、組み合わせ、連綿体といわれる流麗な仮名続け文字を印刷面に再現した。連綿書体の写本に倣った活字本である。この活字印刷は、連綿書体の写本に馴染んだ保守的な公家衆にも好意的に受け入れられ、物珍しさも、彼らの関心を呼んだと考えられる。

嵯峨本の活字フォントには、徒然草フォント、伊勢物語フォント、観世流謡本フォント、源氏物語フォントなど、数セットの専用フォントがある。活字は、大字（謡本）、中字（伊勢物語）、小字（源氏物語）があり、テキストの内容と分量に応じて使い分けされた。他の嵯峨本への活字フォントの流用については、未だ十分解明されていない。和田・川瀬両氏の時代は、電子コピー機やコンピュータがなかったので、活字流用については直感的、印象的、経験的な判断に基づくしかなかった。現在、デジタル処理によるその検証は始まったばかりである。この種の実証的研究には、原寸大の印字の比較検討が必要である。現在、嵯峨本の所蔵機関や個人蒐集家の理解を得ることが難しく、調査・研究はかなり厳しい状況にある。そのようななかで、『観世流謡本』（特装本）の活字フォントが嵯峨本『百人一首』（東洋文庫本）に流用されて印行された事実が、森上の実証的研究によって明らかになった。(6)

嵯峨本活字フォントは、すべて素庵がデザインしたもので、読みやすく、美しい書体である。なお、本稿の末に、「素庵書体」と嵯峨本『徒然草』・嵯峨本『伊勢物語』（慶長一三年跋、初刊本）の「活字フォント」を比較した【図版Ⅱ-1・2】【図版Ⅲ】を掲載しているので、参照していただきたい。

嵯峨の造本工房の字彫り職人（木活字の彫り師）は、素庵書体の漢字・平仮名の単字および連綿体字の文字例を集成した『素庵書体見本帖』（稿者の想定）を手本として、版下を用いず、厳密に規格化された木駒（全格、二倍格、三倍格、四倍格）に、直にその鏡文字を彫ったのではないかと推察される。嵯峨本活字は、他の古活字の遺品（伏見版木活字など）から推測して、薬研彫り（やげんぼ）の彫り方で造られたと思われる。(7)嵯峨本の活字と植字盤等の印刷器材は現存していないので、あくまでも、これは推測である。字彫り職人の目には、木駒の上面にイメージ化された素庵書体の鏡文字が見えていたにちがいない。素庵の版下文字を木駒に一つ一つ貼って、字彫りするという面倒なことは行わなかった。それは、今日のハンコの彫り師が版下を用いず文字を彫ることからの推測である。

従来の書誌学書や辞典類では「嵯峨本は本阿弥光悦の版下を用いて活字が作られた」としているが、現実的でないことは明らかである。素庵の造本工房では、字彫り職人たちの個性や彫造の時期の違いが文字に反映された。鋳造活字と違って、同じ文字でも、字形が微妙に異なるのはそのためである。『素庵書体見本帖』の文字を手本にするが、手彫りであるので、多少の差異が生じるのは当然である。時に、他の書体の文字（御家流と呼ばれるようになった青蓮院流書体や近衛流書体などの文字）が混じるのも自然である。つまり、嵯峨本のために、素庵は活字フォントの基本書体（素庵書体）を示したというのが、嵯峨本活字フォントについての稿者の考えである。

四

鈴木広光は、嵯峨本『伊勢物語』（慶長一三年跋、初刊本、近畿大学中央図書館本）の全活字をコンピュータで調べ、使用された活字の延べ数が一五、七二六字、活字の数が合計二一三一個であることを確認した。嵯峨本『伊勢物語』（慶長一三年跋、初刊本）では、一度しか印刷に使用しない活字が三四四種類あるという。(8)おそらく未使用の活字も相当数あったと想像される。平仮名交りの古活字版というのは、本来、漢籍の漢字活字（膨大な駒数）と違って、ある程度の活字（若干の漢字と平仮名の字母、いくつかの連綿体の基本字）さえ作っておけば、見栄えは別にして、安直な出版が可能である。(9)一台の植字盤を使うので、活字数は少なくて済むはずである。なぜ、大量の活字を作ったのか、嵯峨本最大の謎である。その活字は一駒も現存しない。

稿者は次のように考える。すなわち、素庵は、字木切り職人（木駒を製作する人）や字彫り職人を嵯峨本制作の期間中、雇用し続け、彼らの生活を保障しなければならなかった。彼らに日々継続して専用の活字を作らせ、同時に並行して別の活字フォントも製作させた。そのことが、造本工房内に相当な量の活字を蓄積させた要因ではないか。

活字のもつ汎用性・効率性・利便性の特性を無視する嵯峨本印刷工房のあり方は、現代の経済観念ではとうてい考えられないことである。無駄、非経済的と思えることをあえて素庵が行ったのには、素庵の「利を共にすること」を重視する経済思想があったからだと思う。素庵のこの思想は、師の藤原惺窩が安南国朱印船貿易のために作った「舟中規約」（慶長八年頃作）の中で「凡そ回易は、有無を通じて以て人と己を利するなり。人を損じて己を益するには非ざるなり。利を共にすれば、小と雖も還りて大なり。利を共にせざれば、大と雖も還りて小なり。（後略）」と弟子の素庵に代わって述べている。嵯峨の造本工房の職人たち、すなわち字木切り、字彫り、筆耕（版下清書）、植え手（版組み）、篇返し（返版）、摺り（摺刷）、校正（内校）、装訂（製本）の職人たちは、この素庵の許で安心して仕事を行い、彼らの優れた能力を十二分に発揮することができた。素庵の監修のもと、職人たちの共同制作の結果、美しい嵯峨本が誕生したのである。

なお、造本で最も重要な《紙造り》がどこで行われたか、不明である。大量の間似合紙（『観世流謡本』などに使用）は、生産地域が限定されている。京都の周辺であろう。

五

整版本で印刷された入木道（じゅぼくどう）（書道）の手本書『新古今集抄月詠和歌巻』と同『尊円本三十六人歌合』の版下文字は、すべて素庵自身の筆になるものである。[10] 慶安元年（一六四八）跋刊『本朝名公墨宝』（四巻四冊）の一冊「素庵」は、素庵の真蹟「拾遺愚草和歌色紙（月花を詠む）」二六枚と「瀛奎律髄ほか漢詩色紙（月を詠む）」二六枚を「双鉤塡墨」（文字の輪郭を線描きで写し、その内側に墨を充塡する）の手法で実寸の正確な版下を作り、覆刻した法帖（書の手本書）である。[11] たとえば、『本朝名公墨宝』「素庵」収載の和歌・漢詩にある「月」字は、嵯峨本『新古今集抄月詠和歌巻』の「月」字と共通する。他の文字の書体も共通する。嵯峨本整版本の本文版下が素庵の筆になることは、慶安元年跋刊『本朝名公墨宝』「素庵」の素庵書体によって証明される。

素庵は自身の書体の普及を「版本」という新しいメディアによって初めて行った人である。慶安元年跋刊『本朝名公墨宝』「素庵」を出版した書肆も、同じ意図があったと思われる。これらの出版によって、「素庵書体」は、世に広く知られるようになった。

当時の文献史料は、素庵を「能書」の人として伝える（林羅山撰『河道主事嵯峨吉田了以翁碑銘』寛永七年〈一六三〇〉建碑、嵐山・千光寺大悲閣）。同じく千光寺大悲閣に安置された木造碑『儒学教授兼両河転運使吉田子元行状』（堀杏庵撰、寛永一〇年〈一六三三〉建碑）には、素庵は書法を学び、別に一家を立て、世にその流れを伝えたとある。(12) 素庵流の書法が、すでに素庵生存中、広く行われていたことを知る。彼の書風を慕う公家（阿野実顕）、僧侶（松橋尭円）、町衆（秋場工庵）、連歌師（里村昌通）、能楽師（観世黒雪）らがいた。

晩年、素庵は突然に不幸に見舞われた。寛永四年（一六二七）冬に、素庵は癩（らい）（ハンセン病）を患って角倉家から出され、世間との関係が絶たれた。二人の息子玄紀と厳昭は、父を不憫に思い、世間の掟を破って、父を癩者として放浪の旅に出さず、また清水坂の非人宿にも入れず、密かに嵯峨の清凉寺西門に隣接する千光寺の旧地（藤原定家・為家ゆかりの土地、現在の嵯峨中院）に隠棲させた。のち、素庵は光を失ったが、変わらず学問に専心し、学者としての生涯を終えた。寛永九年六月二二日没、享年六二。以後、素庵は歴史の闇に消えた（消された）。彼の多くの優れた業績も隠された。そのうえ角倉の屋敷はたびたび火災にあい、すべての資料は灰塵に帰してしまった。

素庵が染筆した古歌・古詩などの多くの書跡は、当時の慣例に従って、署名や印章を記さなかった。そのため、後世、「素庵の書」の余白に光悦の落款・印章が入れられ、「素庵の書」は、「光悦の書」に捏造された。たとえば、有名な京都国立博物館所蔵の重要文化財『宗達金銀泥鶴下絵三十六人和歌巻』の和歌本文は、素庵が揮毫したものであるが、後世、巻末に篆書体「光悦」黒文方印が捺され、光悦の書に捏造された。その書が素庵の筆であることは、素庵書体の基準作と対照して、明らかである。また和歌本文のテキストは、藤原俊成撰『三十六人歌合』に追補した近衛尚通増補

『三十六人歌合』を典拠にしている。その「見せ消ち」による訂正は、素庵のやり方と共通する。

嵯峨本制作において、素庵は美しくて読みやすい、肥痩と諧調に富んだ、メリハリのある書体、洗練された紙面構成の《タイポグラフィ》を考案した。植字職人は、素庵の指示に従い、浄書されたテキスト（原稿）に基づき[13]、一台の植字盤を使い、規格化された活字駒（全格、二倍格、三倍格）を、活字駒より高さが低いインテルやクワタの詰め物（余白をつくる器材）を用いて、木駒を密着させ文字間を空けずに組む、いわゆる《ベタ組み》を行った。組版の際に活字を配植する場合、そのページは裏向きになり、植字盤の天地を逆にした状態で、鏡文字の活字を右下から上方へ向かって植えていく。つまり印刷された面とは、すべて逆に活字を配植していくのである[14]。それは、近代活字版の植字法と同じである。植字職人は、活版印刷でいう《文選（ぶんせん）》の仕事を兼ねていたのではないかと思われる。

一台の植字盤（一丁分）を用いて、順次《組版》、《摺刷》、《解版》（組版を解体する）を一丁ずつ繰り返し刷り進んでいく。そのつど、厳しく内校を行った。植字職人は、素庵の指示に従い、また変体仮名をよく変更する素庵の癖や好み（素庵の写本では、一行内で同じ字体の仮名を繰り返さない）、連綿字体をしばしば変える素庵の趣向を汲み取り、活字組みの調整を行った。一丁内で部分的に活字の差し替えを行ったのである。素庵がつくる写本に倣ったものである。高木浩明がいう「部分異植字版」はそうして生まれたと推測される。高木の調査によれば、嵯峨本『伊勢物語』（慶長一三年跋、初刊本）では、全一一五丁のうち四二丁に合計八六か所にわたって「部分異植字」が見られるという[15]。現在確認されている『伊勢物語』（慶長一三年跋、初刊本）一二部の伝本のうち、まったく同じ本はない。当初から同じ本を作らないという意図があったかどうか、わからない。そうならば、すべての丁で部分異植字があってもよいはずである。

古活字版の嵯峨本は、厳しい内校を行い、組版を繰り返し、ゆっくりと確実に印刷を進めて行くという特性をもっている。だから、誤植は少ない。このことは、きわめて重要である。素庵が嵯峨本に古活字版を選んだのには、定本作りに最も適したメディア（印刷技術）であるという認識があったからではないか。写本つくりを数多く経験した素庵は、そのことに誰よりも早く気付いた人である。読みやすく美しい嵯峨本活字フォントは、単に読者のためだけでなく、優れた定本を作ることにも活かされたのである。

さて、装訂の際、落丁が見つかった時は、すでに刷り置きしてあった残葉を差し入れ（大阪青山歴史文学博物館本・嵯峨本『伊勢物語』〈慶長一三年跋・再刊本〉の上巻の七丁目と一一丁目には初刊本の残葉が用いられている）、また改めてその個所の「異植字版」を組み印刷し、落丁分を補った。しかし時には、組版を作らず、素庵みずからが落丁個所の補写を行うこともあった。素庵の補写は、東洋文庫所蔵の嵯峨本『徒然草』下巻（一種本、三Ba・一九）二六丁に見られる【図版Ⅱ-1・2】。この補写は、素庵が嵯峨の造本工房の近くで、あるいはその場所で行ったことを示す。

嵯峨本の特徴の一つ、美麗な装訂の監修も、素庵自身が行ったと思われる(16)。

従来の説では、素庵は富商ということで、出版資金の提供者と見なされ、刊行者と目された。しかし、彼は単なるスポンサーではない。書目を選定し、嵯峨本全般をプロデュースし、実際に活字フォントのデザインも行ったのである。

素庵が出版した嵯峨本は、一九世紀に活躍したイギリスの文学者でデザイナーのウイリアム・モリス（一八三四～九六）がみずから活字フォントをデザインし、特別に手漉き紙を作らせて出版したケルムスコット・プレス（私家版）、五三書目と共通する。素庵とモリスは、理想の書物作りを目指した人たちである。理想の本は、自分の好きな本（テキスト）、意義のある本を出版したいという強い意志、綿密な計画性と印刷職人を統率する力、挿絵や料紙装飾を行う絵師やデザイナーの助力、ゆたかな資金と広い施設、大勢の職人がなければ、とうてい出来るものではない。二人の出版活動は、営利を目的にした事業ではない。事業という制度をもちいた文化活動だったといえる。

六

従来、書誌学や書道史や茶の湯の世界において、江戸初期の刀剣の砥ぎ、拭い、鑑定を家職とした数寄者で能書家・本阿弥光悦（一五五八～一六三七）が嵯峨本出版の主導者と見なされ、版下文字の筆者と目されてきた。しかし光悦が出版に関与したという当時の文献史料は確認されていない。[17] 出版という事業は、四〇〇年前の数寄者が趣味的に行う行為ではないことは、私たちは認識している。しかし、私たちは根拠がなくても、《光悦》をアート・プロデューサー、アート・ディレクターと祀り上げ、嵯峨本の主体者に仮託してしまったのである。それが、私たちの日本文化の不可思議な伝統なのだ。現在、嵯峨本を研究するに当たり、常に、この《光悦》が高くて強固な《壁》となって立ちはだかっている。川瀬が嵯峨本について定義した「光悦が版下を書き、その装幀に美術的の意匠をほどこしたもの、並びに光悦の書風・装幀等の影響を頗る豊富に具備する刻書」（『嵯峨本図考』）にいう《光悦》の呪縛から、私たちは解放されないで、今日にいたった。《光悦》といっている限り、光悦像は濃い霧のなかに立ち尽したままであろうし、嵯峨本研究の進展も望めない。

光悦没（寛永一四年〈一六三七〉）後、江戸中期になって、光悦の末裔や信奉者らによって、光悦の神格化が始まる。最初の入木道の手本書・整版本『本朝名公墨宝』（正保二年〈一六四五〉刊、三冊本）第二冊（中巻）の巻末に、『新古今和歌集』巻第六冬歌（六五八番～六六二番）の和歌五首（散らし書き）の模刻版が掲載されている。手本書の編集者の手で「本阿弥光悦」の名を和歌の前に添えた、この編集者のささいな行為が、《大光悦》を生む物的原因になったのではないか。しかし、その散らし書きされた和歌五首の筆跡は、素庵書体で書かれている。篆書体「光悦」黒文方印の模刻が手本書に掲載されるのも、この頃からである。江戸中期の延宝三年（一六七五）に出版された『光悦手本』二冊

（下冊「延宝三卯歳九月上旬、東洞院通笹屋町、藤河仁兵衛」の刊記がある）の上冊巻末には篆書体「光悦」黒文方印の模刻（真印があったと仮定して）があり、下冊巻末には「徳有斎、光悦書」とある。

清初（江戸前期）に中国から日本に渡来した黄檗宗の禅僧・独立性易（どくりゅうしょうえき）（一五九六～一六七二）は、永暦七年（承応二年：一六五三）、五八歳のとき、商船に乗って長崎に渡来、そのまま亡命、帰化した。独立は我が国に中国風（唐様）の書体を伝え、篆刻においても日本篆刻の祖として称揚される。この篆書体「光悦」黒文方印は独立の影響の下で作られた印章であると考えられる。すなわち、光悦没後の印章ということになる。

江戸中期、元禄七年（一六九四）刊『万宝全書』「本朝古今名公古筆諸流」において、書流系譜の一つとして「光悦流」なるものが打ち立てられた。光悦流の項に、素庵（与市）を掲げて、「随一也、自ら一風有、仍与市流或角倉流と称す」と注す。しかし素庵が光悦の書の弟子であったという同時代の文献史料は確認されていない。『万宝全書』の編集者は、能書として知られた素庵を光悦の弟子の一人に加えることで、光悦を高める意図があったのではないか。江戸中期に、光悦流の手本書『洛陽名筆集』（延宝二年〈一六七四〉刊）、『光流四墨』（延宝三年刊）、『光悦流消息』（元禄一一年〈一六九八〉刊）、『光悦歌仙』（享保一四年〈一七二九〉刊）、『光悦法帖』などがさかんに出版された。しかし、江戸後期になって、その種の手本書は出版されなくなり、光悦流は流行らなくなった。

「光悦の書跡」というのは、前述したように、多くは「素庵の書跡」を捏造したものか、素庵書体に倣ったものかのいずれかである。幕末の古筆鑑定家の中には、そのことに気付いた人もあったようだ。和歌色紙や短冊、古筆切に「角倉素庵筆」と極める人も現れた。古筆了延もその一人である。意外なことに、光悦の基準作は、「光悦書状」と、日蓮宗の妙蓮寺や本法寺から依頼されて書写した日蓮宗関係の聖教類、すなわち元和五年（一六一九）書写の「立正安国論」（妙蓮寺蔵）、元和五年書写の「始聞仏乗義」（妙蓮寺蔵）、「如説修行抄」（本法寺蔵）、「法華題目抄」（本法寺蔵）などを除いて、未だ確認されていない。古歌・古詩の巻子や色紙に捺された大形の「光悦」黒文方印、同朱文方印（慶長一一年一一月一一日の「光悦色紙」大和文華館蔵ほか）は、揮毫者の証明になるものではない。光悦の号である「大虚庵」「徳友斎」の落款も同様である。最近、高橋伸城によって、光悦書体の本格的な研究が始まったばかりである（「本阿弥光悦筆《立正安国論》《始聞仏乗義》について」立命館大学アート・リサーチセンター編『アート・リサーチ』第一二巻、二〇一二年）。

江戸時代中期、宝永七年（一七一〇）刊、中村富平撰『弁疑書目録』のうち「嵯峨本書目」の項に「嵯峨本」「光悦本」「角倉本」の名称がある。そのうち「光悦本」は、光悦の神格化の過程で作り出された概念である。おそらく文字の書体（誰かがそれを光悦流書と見た）より命名されたものである。今日までの書誌学は、嵯峨本に関して、『弁疑書目録』に出る「光悦本」の概念を祖述してきた。書誌学研究の先人たちは、光悦の書の検証すら行ってこなかった。近年、骨董や好事家の世界でしばしば使われる「光悦謡本」や「光悦蒔絵」も、根拠のない不適切な概念である。

七

嵯峨本の意義のひとつは、我が国の文学書として初めて挿絵がある印刷本を世に出したことである。それは、江戸時代以降の挿絵本に大きな影響を与えた。

御所本の歌仙絵入り『尊円本三十六人歌合』をもとにして作った嵯峨本『尊円本三十六人歌合（三十六歌仙）』（初刊本は天理大学附属天理図書館本、以下天理図書館本）、絵入り明版『二十四孝』を覆刻した嵯峨本『二十四孝』（本文の一部は仮名文字で翻刻されている。第一種本、成簣堂文庫本・東洋文庫本）、室町時代の伊勢物語絵巻・絵本を基にして新たに画面構成した絵入り嵯峨本『伊勢物語』（慶長一三年跋本）の三件がある。そのうち『尊円本三十六人歌合』と『二十四孝』の本文版下は素庵の筆であり、また、いずれの絵の版下も元狩野永徳門のキリシタン絵師で永徳没後に京で絵草子屋を営んだ狩野一雲（生没年不詳）の筆になるものである。(18) いずれの絵にも、狩野派の特徴である強い《打ち込み》、《当たり》が見られる。

特に、嵯峨本『伊勢物語』（慶長一三年跋本）の挿絵における天空や雲や霞の表現、つまり木版による「横筋細線」の表現技法は、キリスト教とともに舶載された西欧銅版画の「横筋細線」による天空表現の技法から影響を受けている。(19) 従来の「やまと絵」における《雲》と《すやり霞》の表現は、やまと絵の構図を決める重要モティーフである。それを金銀泥や胡粉で表してきたが、木版墨刷りではそれを行うことは出来ない。西欧銅版画の「横筋細線」の表現技法に出会わなかったならば、絵入り物語文学の出版物は当分の間、現れなかったであろう。嵯峨本『伊勢物語』（慶長一三年跋本）は、西欧文化との出会いがあって誕生した奇跡的な本である。

嵯峨本の魅力は、豪華な木版雲母刷り料紙を表紙や本文に使用していることである。この料紙装飾は、素庵の知友である京都・東山の「六原（ろくはら）」（六波羅）に居住して、絵屋「俵屋」（料紙装飾と扇絵を制作販売）を営んだ元狩野永徳門の町絵師・野野村宗達（野野村知求・江村知求）の意匠になるものである。寛永六年（一六二九）冬、素庵校訂の『本朝文粋』を刊行したその人でもある。また嵯峨本の雲母刷り料紙の上に、宗達が金銀泥の肉筆で動植物や農村の風景などを描き、それを本文料紙として、素庵が謡本や和歌を染筆したものが多く残されている。たとえば、素庵筆になる後藤本・観世流謡本『藍染川』（慶長一一年作、大和文華館蔵）ほか六帖、素庵筆『古今集和歌色紙』（畠山記念館蔵）、素庵筆『後撰集和歌短冊』（五島美術館蔵）がそれである。嵯峨本の雲母刷り料紙と宗達金銀泥下絵が同じ工房でなされたことは、確実である。嵯峨本の雲母刷り料紙も、宗達の俵屋工房で作られたと考えられる。

紙師宗二（生没年不詳）も、嵯峨本の料紙装飾と装訂に関わった人物の一人である。彼は、素庵が揮毫した「蕪城賦詩書巻」（本紙は絹本）を巻子装に表具している。裏面の裏打ち紙に「紙師宗二」の銀泥の長方印が捺されているので、素庵に近い経師職人と推察される。俵屋工房が作った装飾料紙を巻子装に表装するのが、彼の仕事であった。

嵯峨本制作に当たって、素庵は慶長初頭より、すでに自身の古活字版印刷工房に優れた職人集団を擁しており、[20] 新たに京の周辺で見出した無名の偉才の町絵師である一雲や宗達を登用したのである。

八

最後に、嵯峨本の書目をあげる。決定したものではなく、あくまでも仮のリストである。

〔故活字版〕
『徒然草』、『伊勢物語』（慶長一三年跋刊、初刊本・再刊本・第三版がある）、『源氏物語』、『平家物語』、『方丈記』、『撰集抄』、『伊勢物語聞書（肖聞抄）』（慶長一四年跋刊）、『源氏小鏡』、『観世流謡本』（上製本・特製本・色替り本ほか）、『久世舞（三十曲本）』、『久世舞（三十六曲本）』、『百人一首』、『史記』（漢字本）
〔整版〕
『新古今集抄月詠和歌巻』、『尊円本三十六人歌合（三十六歌仙）』（初刊本、天理図書館本、成簣堂文庫本）、『二十四孝』（初刊本、成簣堂文庫本、東洋文庫本）、『古今和歌集』

嵯峨本のうちの整版本『尊円本三十六人歌合（三十六歌仙）』と嵯峨本『二十四孝』の模刻本、また嵯峨本『伊勢物語』（慶長一三年跋刊）の整版「挿絵」を模刻して、いわゆる「被せ彫り」（刷り紙を版下にして彫り直すこと）して印刷した本は、嵯峨の素庵印刷工房で模刻、印刷されたとは考えられないので、嵯峨本の書目から除外する。

慶長一四年跋刊『伊勢物語』（川瀬の分類では、第三種本とされる）の整版「挿絵」は、四九図すべて、慶長一三年跋刊『伊勢物語』のそれを被せ彫りにした精巧な模刻本である。慶長一四年跋本は、慶長一三年跋本とは異なる活字フォントで印行されている。なお、慶長一四年跋本の本文は、慶長一三年跋本の再刊本を元にして組版されている。翻刻すると、本文は同じである。慶長一四年跋刊『伊勢物語』は、嵯峨以外の地で、別の印刷工房で出版されたと考えられる。慶長一三年跋本の後に、その評判に乗じ、需要を意識して商業出版されたものであろう。また慶長一五年跋刊『伊勢物語』（第四種本）の「挿絵」（全四九図）と活字フォントも、慶長一三年跋本と慶長一四年跋本のいずれともまったく異なる。この本も、それらとは別の印刷工房で作られたと思われる。川瀬説では、慶長一四年跋本と慶長一五年跋本を「嵯峨本」に含めているが、稿者は、それらを「嵯峨本」とは認めない。疑似嵯峨本とすべき本である。

山本登朗は、慶長一四年跋刊本について「嵯峨本を模倣し利用した何者かの手によって、早くも商業出版のような段階に入ったのではないか」と指摘した[21]。稿者は、山本の見解に賛成である。慶長一五年跋刊本も、営利目的の出版であると考えられる。なお、従来、「慶長一四年刊本」、「慶長一五年刊本」と表記されているが、稿者は「慶長一四年跋刊本」、「慶長一五年跋刊本」と表記する。というのは、慶長一四年、慶長一五年に刊行された本でない可能性もあるからだ。慶長一三年跋刊本より、それぞれ数年あとに刊行されたかも知れないのである。跋文の内容に不審な点があるのも気になる。二つの書肆（印刷工房）から出版された疑似嵯峨本『伊勢物語』は正しい文章（テキスト）を伝え、古典文学の普及に大いに貢献した。のち、嵯峨本『伊勢物語』を挿絵も本文もすべて整版で印刷した本（嵯峨本の贋物）も、文学を大衆に広く普及させた点で、大きな意義をもつ。素庵の嵯峨本出版のねらいの一つは、そこにあったのではないか。

整版本『尊円本三十六人歌合（三十六歌仙）』については、初刊本（天理図書館本）を覆刻したもの、倣って整版印刷したものなど、多くの類似本が作られた。初刊本は当初、折帖装か、巻子装で装訂されていたと推察される[22]。匡郭の左右の余白が狭く、袋綴装にするには、綴じ幅が少ないからである。天理図書館本は現在、巻子装であるが、かつて三六枚のシートとして伝来したものであるといわれている。それは折帖装や巻子装にする以前の状態と思われる。

近年、国文学研究資料館で開催された特別展「江戸の歌仙絵」(二〇〇九年)で、米国・ワシントンにあるフリーア美術館図書館本『三十六歌仙』(袋綴装、一冊)が出陳された。[23] 特別展図録では、当該本を初刊本とし、天理図書館本をその覆刻本とするが、稿者は天理図書館本が初刊本であり、フリーア美術館図書館本は覆刻本と考える。当該本を天理図書館本の歌仙絵三十六図と比較すると、すべて異なる。フリーア美術館図書館本には、図様が曖昧な個所があり、天理図書館本に見られる狩野派特有の《打ち込み》や《当たり》が弱くなっている。フリーア美術館図書館本は、嵯峨本とは別の印刷工房で、初刊本あるいは類似本から、覆刻整版を作り、摺刷されたものと考えられる。なおフリーア美術館図書館本の料紙には嵯峨本同様の色替り具引き料紙が用いられている。フリーア美術館図書館本は、嵯峨本に似せた本ということができる。この種の「疑似嵯峨本」や「倣嵯峨本」は、入木道の手本書として「素庵書体」を広く普及させた功績は大きい。稿者架蔵の『尊円本三十六人歌合(三十六歌仙)』は、「倣嵯峨本」であるが、一番ごとに、歌仙を左方、右方に相対させ(二歌仙を一紙に表した本紙を裁断して構成を変えたもの)、歌仙を真ん中で二つ折りにする折帖装の縦長の本である。書道の法帖として使われた。

『古今和歌集』は古典文学書の中で最も重要な本の一つである。仮名序や真名序があり、割注があり、和歌の詞書があり、和歌を一行で表すとなると、活字版では大、中、小、極小の活字が必要となる。また組み方が複雑すぎて、当時の活字組版技術では無理である。だから、嵯峨本『古今和歌集』(初刊本)は写本に倣って、整版で印刷するしか方法がなかった。本文版下の筆者について、稿者は、伝素庵筆『古今和歌集』(二冊、慶長一〇年頃書写、俵屋製の木版雲母刷り料紙、若林家本)の文字と比較して、素庵の筆とみる。[24] また、版下を素庵書体をよくした筆耕職人の手とみる研究者もいる。初刊は慶長一〇年代半ばと思われるが、慶長期の遺品は少ない(安田文庫本がそれといわれる。現在、実物は不明である)。現存するものは、元和・寛永期に同版で摺られ装訂された後刷り本である。それは、空刷り丹表紙などから推察される。後刷り本ではあるが、嵯峨本の書目に入れておくことにする。その覆刻版は確認されていない。

一方、国書ではなく嵯峨本の定義のうちの平仮名交り文の条件に合わないが、嵯峨で素庵が刊行したことが明らかな漢字本の中国史書『史記』（古活字版、全一三〇巻・五〇冊）を嵯峨本の書目に含めてよいと考える。[25] 理由は、嵯峨本の組版がこの古活字版『史記』の組版技術に負うところが多いこと、その木版空刷り、木版雲母刷りの表紙が、嵯峨本の装飾料紙と共通することである。また刷り題簽（原題簽）の版下文字が素庵の筆であることも、その理由の一つである（国立公文書館内閣文庫本、学習院大学図書館本など）。

公家の山科言経の日記『言経卿記』慶長八年（一六〇三）一一月二〇日条に、「一、内蔵頭史記全五十冊取寄了、嵯峨ニ有之云々、残而四冊出来次第可送之由申了、艮子（百）五十文渡了」とある。すなわち、言経の息子言緒（内蔵頭）が五〇冊の『史記』を嵯峨（角倉素庵の処）より取り寄せ、うち四冊は（未完成なので）出来次第送る、とある。嵯峨本『史記』（初刊本）の刊行年について、『言経卿記』の記事により、慶長八年一一月二〇日以前にすでに印行されていたことが判明する。おそらく初刊本『史記』は、慶長五年（一六〇〇）頃から慶長八年一一月までに、嵯峨角倉家の古活字版印刷工房において印行されていたと推察される。また、『史記』（五〇冊）の数セットが素庵より後陽成天皇に進上されていたことが、公家の舟橋秀賢の『慶長日件録』慶長一二年（一六〇七）一一月二七日の条「次史記先日拝領、一冊不足、仍今日他本全本被替下之、即御礼申入退出」によって推測される。後陽成天皇は素庵と同じ年の生まれであり、素庵の叔父吉田宗恂（父了以の弟、法印）が天皇の侍医であった関係で、素庵と親交があった。

内閣文庫所蔵の嵯峨本『史記』（別二六／一）第四一冊の前表紙の裏貼りから、嵯峨本『徒然草』（初刊本）の反古（第一〇九段・一〇〇段の一部、素紙の校正刷り）一枚が発見された。[26] すなわち、嵯峨本『徒然草』は、慶長八年（一六〇三）一一月までに、古活字版『史記』を刊行していた同じ造本工房において制作されたことがわかった。嵯峨本『徒然草』（袋綴装）二冊は、嵯峨本書目のなかで最初に印行された平仮名交り古活字版である。その活字フォントや組版、本文料紙に用いられた木版雲母刷り紫苑文様料紙（雁皮紙）や連綿体の文字（素庵書体）の刷り題簽（整版）は、すでに高い完成度を示している。嵯峨本『徒然草』は、素庵の古活字版印刷工房で培われた高い技術に支えられて生まれた本といえる。嵯峨本は、突然に、誕生したものではない。

なお、国文学研究資料館所蔵の古活字版『徒然草』（二巻二冊、美濃大本）は、木版雲母刷り色替り料紙に印刷されたものであるが、活字フォント（素庵書体ではない）として洗練されたものではなく、一見古風に見えるので、当該書を嵯峨本に先行する慶長六年（一六〇一）頃に作られた最古の古活字版と見る説が提示された。[27] ただし「刊記」はない。稿者は、その本は嵯峨本『徒然草』に倣って別の印刷工房で作られた慶長一〇年代の古活字本である、と考える。

（1） 高木浩明「嵯峨本再見——嵯峨本『撰集抄』についての書誌的報告——」（『汲古』四九、汲古書院、二〇〇六年）。
昭和女子大学図書館所蔵の嵯峨本『撰集抄』（三巻三冊）の各巻末には、「此本三冊全部洛西嵯峨角倉与一入道筆蹟板行之即従素庵直賜之此元和第八年孟秋念三　豊松庵法橋玄伯（花押）」という墨書による識語の記載がある。玄伯が当該書の本文を角倉素庵の筆跡と見ていることは注目される。「板行」が整版か、古活字版かどうか、不明であるが、字母が素庵の書体であることを指摘した最初である。「入道」とあるが、素庵は儒者であり、仏教徒ではない。「素庵」の号は晩年の隠棲後（寛永四年以降）に用いたもので、元和八年には「西山」「期遠（子）」の別号を使用した。晩年、知友から「吉田素庵」と呼ばれた。この識語は、素庵没後（寛永九年以降）に書き入れられたものではないか。「従素庵直賜之（素庵より直に之を賜う）」の記述は事実であったのではないかと思う。「豊松庵法橋玄伯」については不明であるが、吉田家（医家）に関係する医師であろう。

（2） 表章『図説・光悦謡本　解説』（有秀堂、一九七〇年）。
森上修「初期古活字版の印行者について——嵯峨の角倉（吉田）素庵をめぐって——」（天理図書館報『ビブリア』一〇〇・一九九三年）。同「嵯峨本『伊勢物語』慶長十三年刊の諸版における連彫活字について——三倍格の活字駒を中心にして——」（近畿大学日本文化研究所編『日本文化の諸相』風媒社、二〇〇六年）。同「大阪樟蔭女子大学図書館蔵　伝嵯峨本『源氏物語』宿木の木活字とその組版」（近畿大学日本文化研究所編『日本文化の美と醜——その形式と融合——』風媒社、二〇〇九年）。
岡崎久司「嵯峨本再考」（ＭＯＡ美術館特別展図録『光悦と能——華麗なる謡本の世界——』一九九九年）。

鈴木広光「嵯峨本『伊勢物語』の活字と組版」(『活字印刷の文化史――きりしたん版・古活字版から新常用漢字表まで――』勉誠出版、二〇〇九年)。同編著『平仮名字体・書体と印刷技術および出版メディアとの関係に関係する歴史的研究』(平成一七・一八・一九年科学研究費補助金、研究成果報告書、二〇〇八年)。同『日本語活字印刷史』(名古屋大学出版会、二〇一五年)。

小秋元段『太平記と古活字版の時代』(新典社、二〇〇六年)。

高木浩明「嵯峨本『伊勢物語』の書誌的考察　上・下」(天理図書館報『ビブリア』一二二・一二三、二〇〇四・二〇〇五年)。

本多潤子「大阪樟蔭女子大学図書館所蔵嵯峨本『古今和歌集』雑考」(関西大学博物館編『阡陵』六九、二〇一四年)。

村木敬子「光悦と出版――嵯峨本雑感――」(五島美術館特別展図録『光悦――桃山の古典――』二〇一三年)。

川崎博「嵯峨本『伊勢物語』の挿絵作者について」(『國華』一二五八、二〇〇〇年)。

私立大学図書館協会西地区部会阪神地区協議会・書誌学研究会編『嵯峨本『伊勢物語』第一種本の考察と検証』(二〇〇六年)。

(3) 林進「角倉素庵の書跡と嵯峨本――素庵書『詩歌巻』と嵯峨本『新古今和歌集抄月詠歌巻』の成立について――」(近畿大学日本文化研究所編『日本文化の諸相』風媒社、二〇〇六年)。同「天理図書館所蔵の嵯峨本『三十六人歌合』――その依拠本と本文版下の筆者について――」(天理図書館報『ビブリア』一二七、二〇〇七年)。同「慶安元年跋刊『本朝名公墨宝』素庵巻(四巻四冊のうち)について――影印と釈文、(附載)同『本朝名公墨宝』中巻所収の「本阿弥光悦」――」(神戸大学美術史研究会編『美術史論集』一二、二〇一二年)。

(4) 林進「嵯峨本『伊勢物語』(慶長十三年版初刊)の誕生　上・中・下」(『日本古書通信』九七三・九七四・九七五、二〇一〇年)。同「嵯峨本活字フォントは、角倉素庵書体から生まれた」(日本印刷学会編『第一三〇回研究発表会講演予稿集』、二〇一三年)。

(5) 豊島正之「日本の印刷史から見たキリシタン版の特徴」(豊島正之編『キリシタンと出版』八木書店、二〇一三年)。豊島は、「日本文学の古典がキリシタン版以前に刊行された例は、皆無である」、「キリシタン版は、日本に於ける国書、同時代書の印刷・出版への転換点に正に位置している」という。キリシタン版で国書『和漢朗詠集』『太平記抜書』が印行された。

(6) 森上修「東洋文庫蔵　嵯峨本古活字版『百人一首』(第一種)の活字駒について」(近畿大学日本文化研究所編『日本文化の中心と周縁』風媒社、二〇一〇年)。

(7) 森上修「近世初頭の古活字版――杏雨書屋所蔵活字版について――」(『杏雨』四、二〇〇一年)。

(8) 鈴木広光編『嵯峨本の印刷技法の解明とビジュアル的復元による仮想組版の試み』(平成一六・一七年度文部科学省科学研究費・特定領域研究「江戸のモノづくり」二〇〇六年)。前掲注(2)鈴木「嵯峨本『伊勢物語』の活字と組版」。

（9）中野三敏『和本のすすめ――江戸を読み解くために――』（岩波書店、二〇一一年）。
（10）前掲注（3）林「角倉素庵の書跡と嵯峨本」。前掲注（3）林「天理図書館所蔵の嵯峨本『三十六人歌合』」。
（11）前掲注（3）林「慶安元年跋刊『本朝名公墨宝』素庵巻（四巻四冊のうち）について」。
（12）林進編・特別展図録『没後三七〇年記念・角倉素庵――光悦・宗達・尾張徳川義直との交友の中で――』（大和文華館、二〇〇二年）。
林屋辰三郎『角倉素庵』（朝日新聞社、一九七八年）。
（13）角倉素庵の業績の一つは、『本朝文粋』の書写と校訂である。素庵は寛永四年に癩（ハンセン病）を患って隠棲、その出版はかなわなかった。友人の野村知求（俵屋宗達）が素庵に代わって、寛永六年に古活字版で素庵校訂『本朝文粋』（一三巻・序目一巻）を上梓した。現在、素庵の校訂になる写本『本朝文粋』が四冊（慶長二〇年本、元和年間本、寛永元年本、寛永初年本）あり、そのうち寛永初年の写本『本朝文粋』（静嘉堂文庫本、松井簡治旧蔵本）は、古活字版罫のある素庵専用の用紙に丁寧に書写され、古活字版印刷直前のものと考えられる。本文と体裁が共通する。嵯峨本の場合も、底本を校訂したテキスト本（原稿）が用意され、組版・校正に用いられたと推察される。
（14）前掲注（7）森上「近世初頭の古活字版」。
（15）高木浩明「古活字版伊勢物語の世界」（山本登朗編『伊勢物語版本集成』竹林舎、二〇一〇年）。
（16）林進「角倉素庵とキリシタン版・古活字版・嵯峨本」（豊島正之編『キリシタンと出版』八木書店、二〇一三年）。
（17）西村礼津子「嵯峨本――成立とその周辺について―― 上・中・下」（『日本美術工芸』四七〇、四七一、四七二、一九七七・一九七八年）。
（18）川崎博「嵯峨本『二十四孝』の挿絵作者について 上・下」（『國華』一二三八・一二四〇、一九九八年・一九九九年）。前掲注（2）川崎「嵯峨本『伊勢物語』の挿絵作者について」。
（19）林進「嵯峨本『伊勢物語』の挿絵における西欧銅版画の影響について」（関西大学博物館彙報『阡陵』五一、二〇〇五年）。
（20）前掲注（16）林「角倉素庵とキリシタン版・古活字版・嵯峨本」。
（21）山本登朗「伊勢物語版本の世界」（山本登朗編『伊勢物語版本集成』竹林舎、二〇一〇年）。
（22）前掲注（3）林「天理図書館所蔵の嵯峨本『三十六人歌合』」。
（23）国文学研究資料館特別展図録『江戸の歌仙絵――絵本に見る王朝美の変容と創意――』（国文学研究資料館、二〇〇九年）。
（24）前掲注（2）表『図説　光悦謡本　解説』。
若林正治氏所蔵の伝素庵書写『古今和歌集』が収載されており、表は書写時期を慶長一〇、一一年（一六〇五、一六〇六）頃と見ている。嵯峨本雲母刷り料紙が本紙に使われている。

(25) 前掲注(2)小秋元『太平記と古活字版の時代』。同「嵯峨本『史記』の書誌的考察」(『法政大学文学部紀要』四九、二〇〇四年)。

(26) 竹本幹夫「現存最古の観世流謡本」(『能楽タイムス』五五九、一九九八年)。
小秋元段「表紙裏の謡本」(『鋏仙』五〇二、二〇〇二年)。

(27) 前掲注(2)岡崎「嵯峨本再考」。

【図版Ⅰ】素庵書体の基準資料

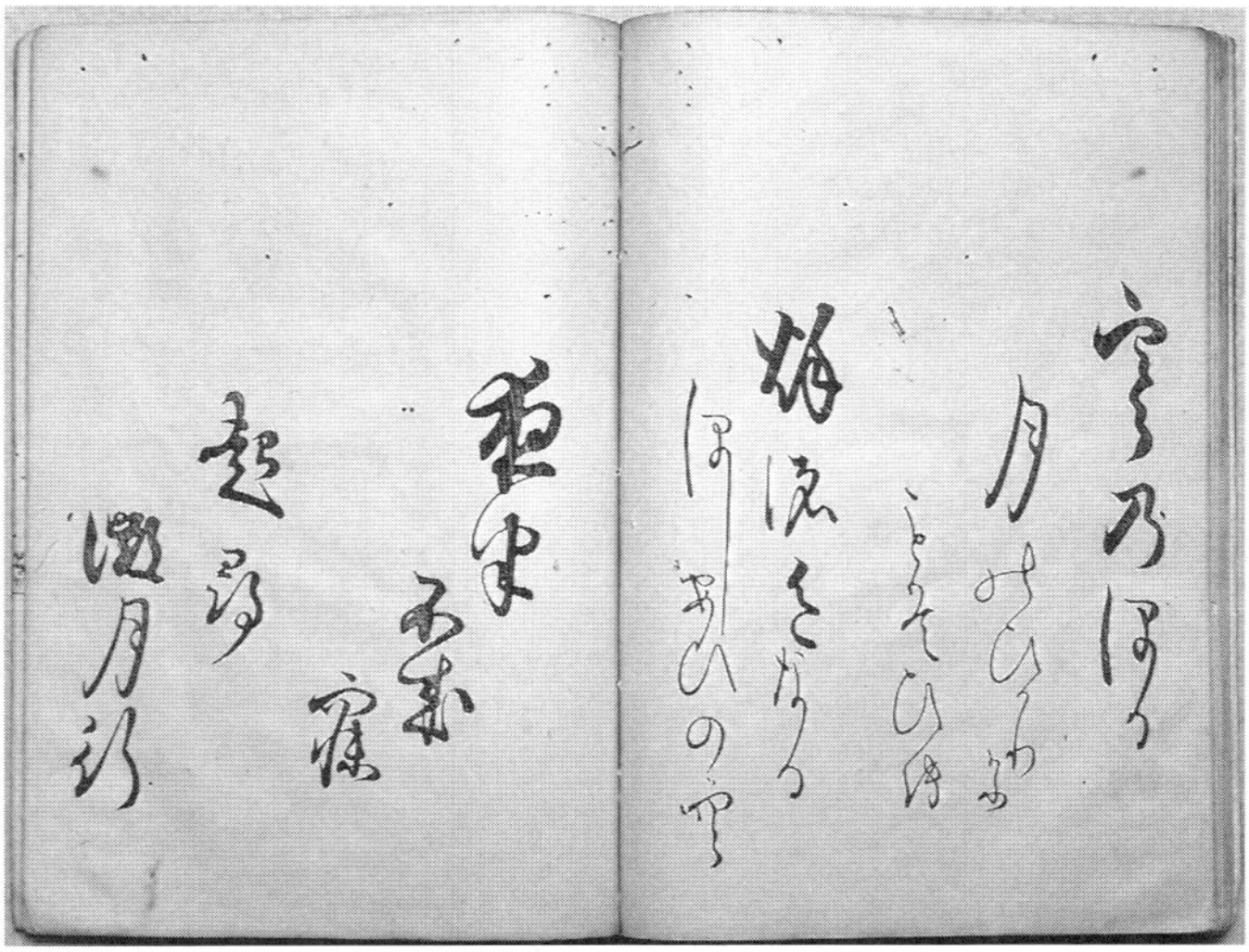

図２：整版本・慶安元年跋刊『本朝名公墨宝』(４巻４冊本)「素庵巻」　個人蔵
　素庵筆「和歌・漢詩色紙」(52枚)の模刻本。その「漢詩色紙」一枚が現存する。

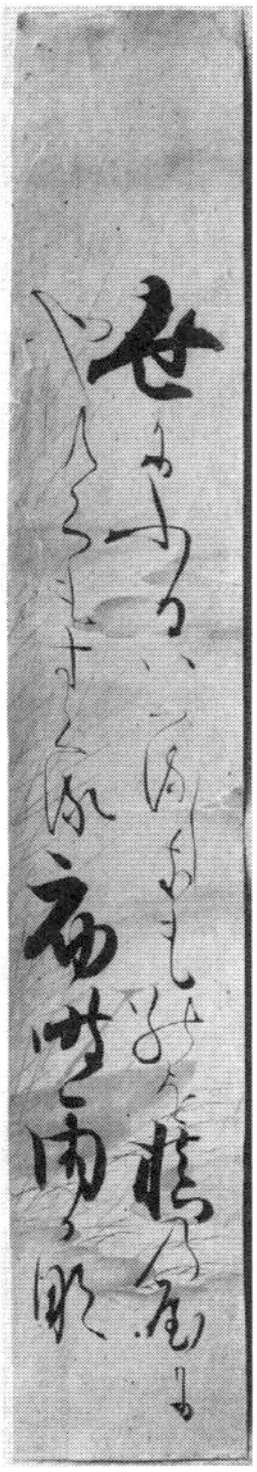

図１：角倉素庵筆「和歌短冊」(二条院讃岐「世にふるは」)　個人蔵
本紙裏書に「角蔵与一殿」とある。染筆依頼者の覚書。

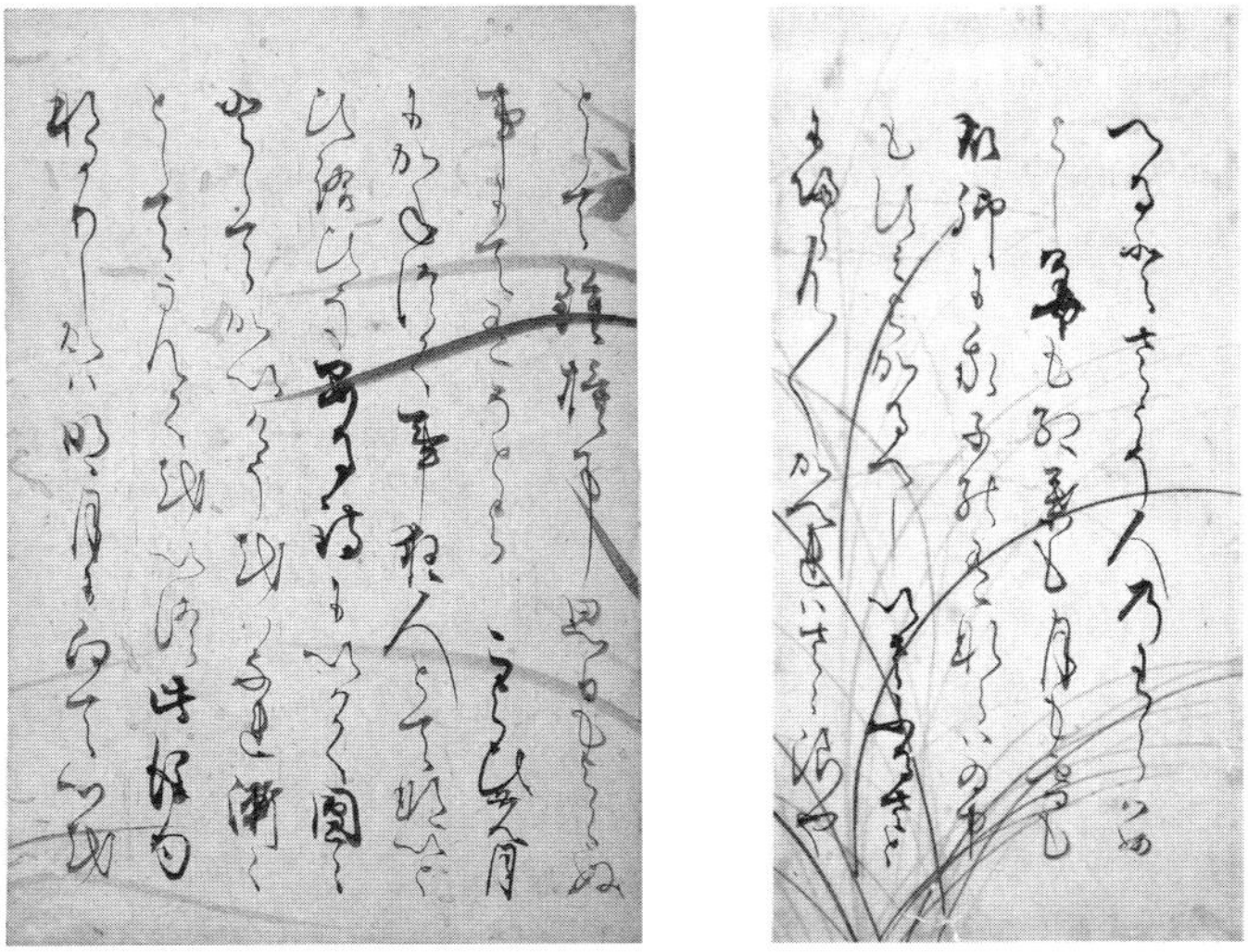

図３：角倉素庵筆　謡本『三井寺』切　２点　個人蔵
　宗達金銀泥下絵草花(蘭、糸薄、メヒシバ)図　慶長８年(1603)頃書写

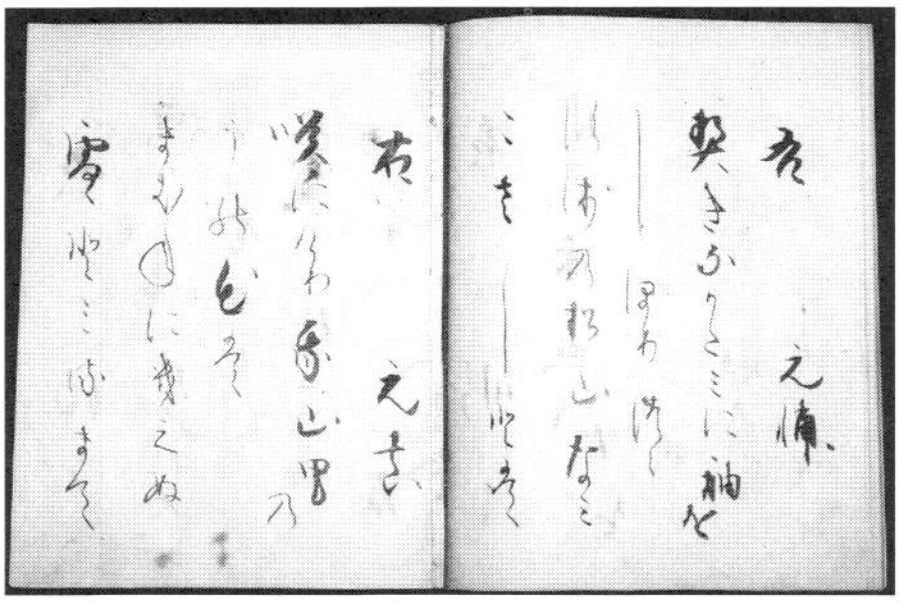

図４：角倉素庵筆『百人一首・尊円本三十六人歌合』
（角倉家旧蔵）　東京国立博物館蔵

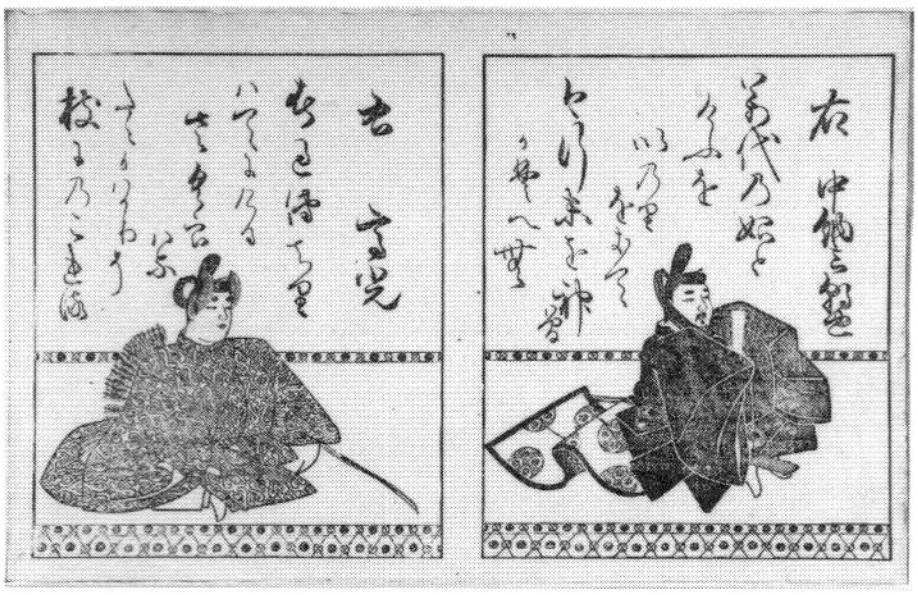

図５：整版本・嵯峨本『尊円本三十六人歌合（三十六
歌仙）』（初刊本）　天理大学附属天理図書館蔵

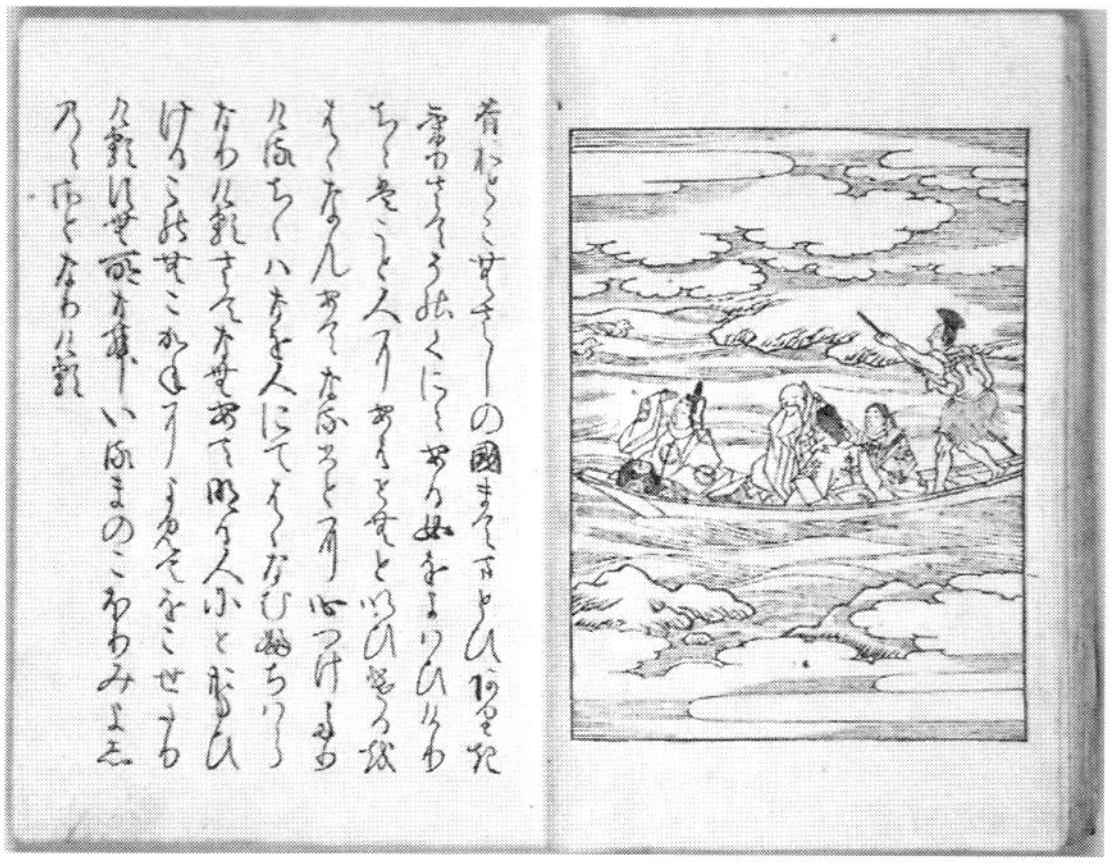

図６：古活字版・嵯峨本『伊勢物語』（慶長13年跋、初刊本）
近畿大学中央図書館蔵

【図版Ⅱ－1】《右》古活字版・嵯峨本『徒然草』〔(公財)東洋文庫、三Ba19、第一種本〕下巻・26丁(第171段・第172段)と、《左》同じ個所の素庵補写〔(公財)東洋文庫、三Ba21〕との比較

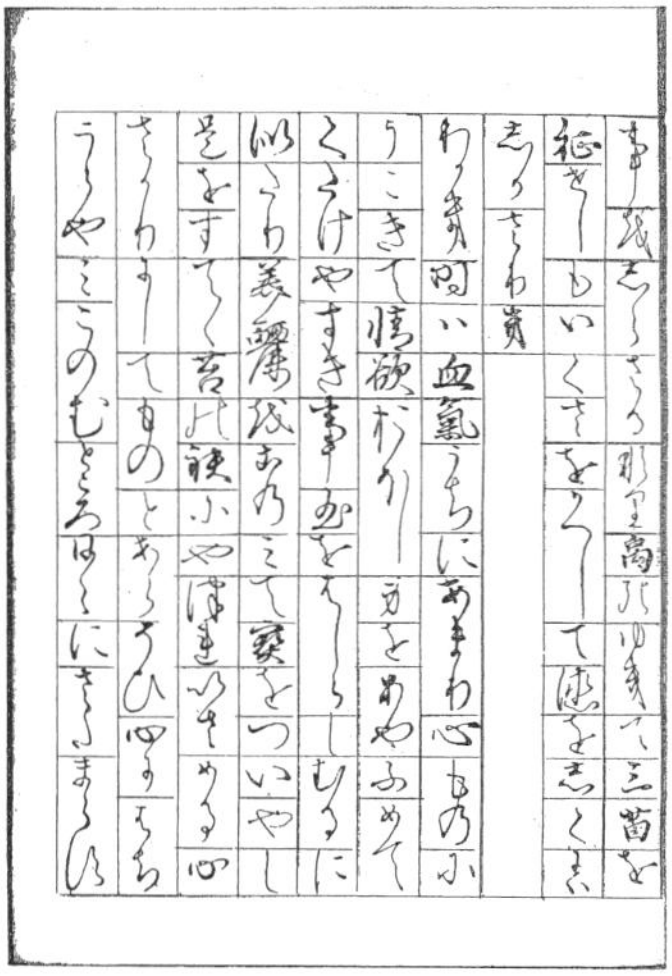

古活字版・嵯峨本『徒然草』下巻(二六丁・オモテ)

※稿者、罫線を引く。

※横罫線を引き、全格、二倍格、三倍格の活字であることを示す。

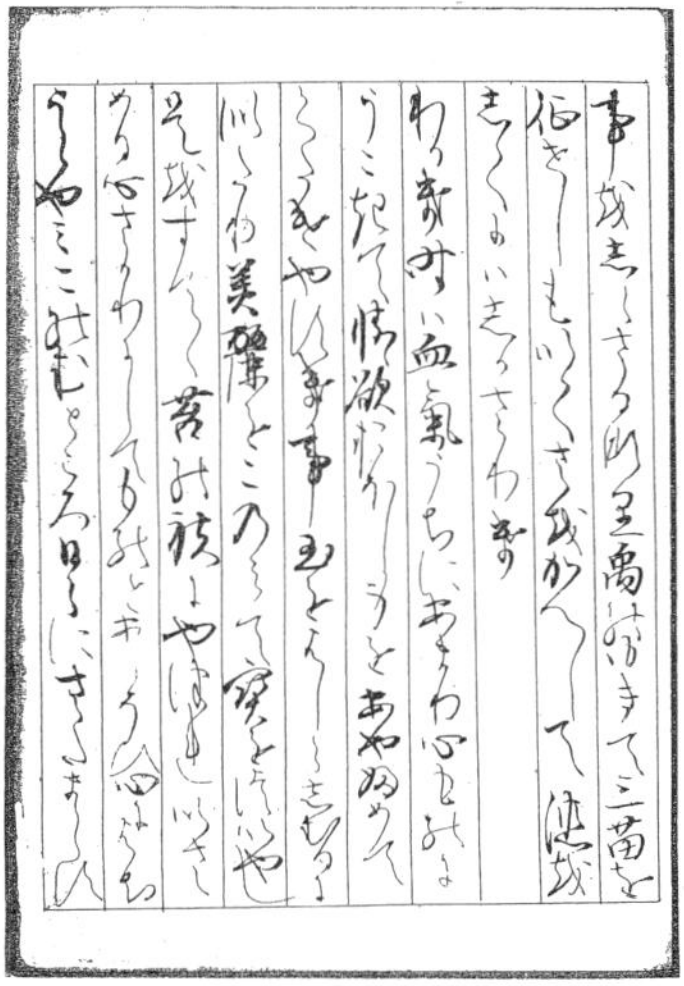

角倉素庵補写『徒然草』下巻(二六丁・オモテ) 罫線を引く。

※補写に用いた料紙は、木版雲母刷り菱文様の料紙(嵯峨本料紙)

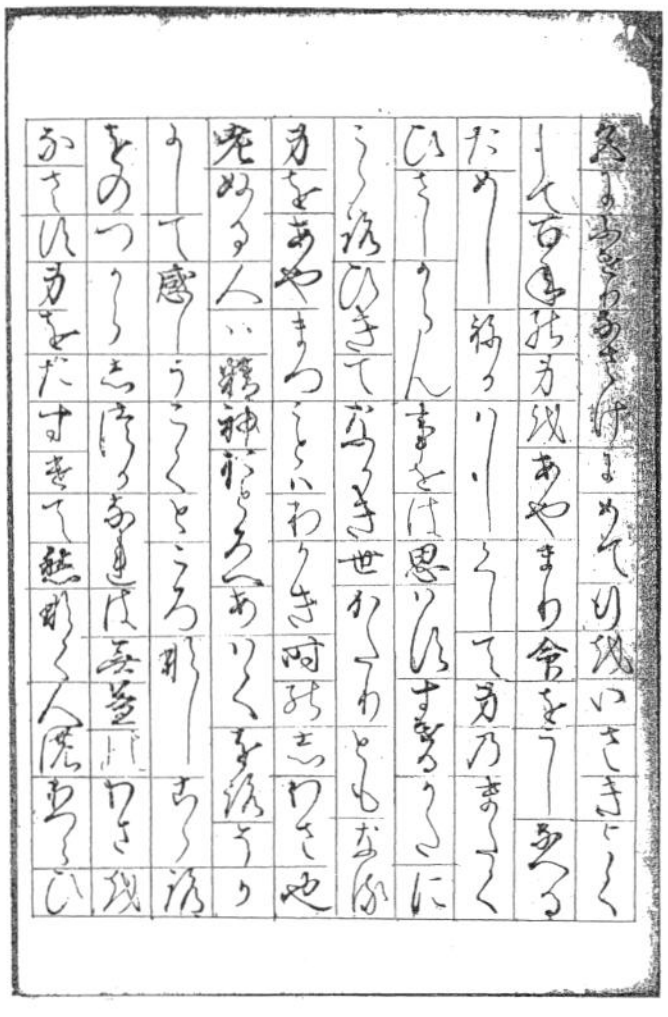

古活字版・嵯峨本『徒然草』下巻(二六丁・ウラ)

※稿者、罫線を引く。

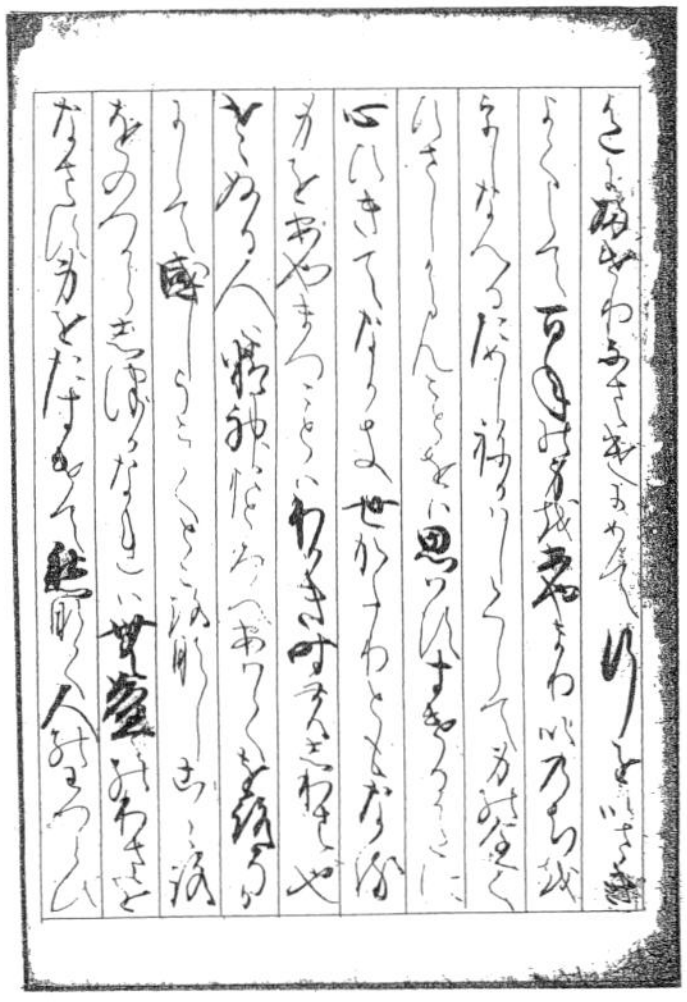

角倉素庵補写『徒然草』下巻(二六丁・ウラ) 罫線を引く。

〔所見１〕「綴じ」の工程の際、26丁目が落丁していることがわかったが、刷り置きの当該丁がなく、すぐに嵯峨本印刷工房の主である素庵が落丁の個所を筆写したものと考えられる。川瀬一馬『古活字版之研究』(安田文庫、1937年)では、「光悦」の補写とする。

〔所見２〕古活字版・嵯峨本『徒然草』の活字書体と角倉素庵補写の書体とは共通する。素庵は嵯峨本をテキストにして補写するが、一部変体仮名を変えて書写している。

【図版Ⅱ－2】Ⓐ嵯峨本『徒然草』（（公財）東洋文庫、三Ba一九＝活字）とⒷ素庵補写『徒然草』（（公財）東洋文庫、三Ba二一＝肉筆）の比較

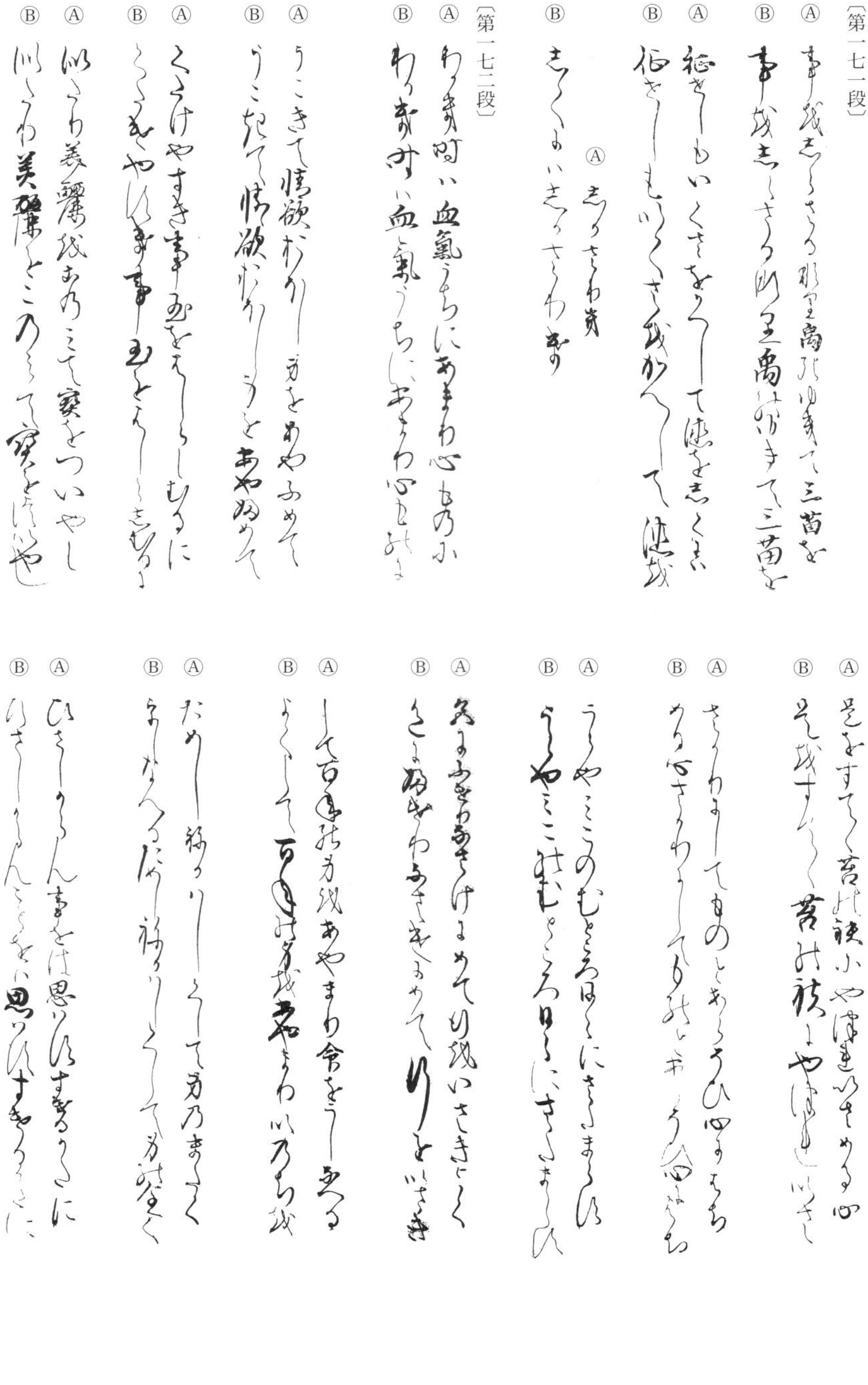

Ⓐ こゝろゆきてなかき世かくわともなほ
Ⓑ 心はきてくだりぬよ世かすわとしなほ

Ⓐ 力をあやまつことはわろき阿ちきわさ也
Ⓑ 力をあやまつことはわろきすへきわさにや

Ⓐ 老ぬる人は精神おとろへありくをはなれり
Ⓑ としぬる人は精神はおとろへおはりくをはなれりか

Ⓐ よりて感しうこくところありしつゝはな
Ⓑ よりて感しうこくところありしつゝはな

Ⓐ をのつからしなはあま道は無益にはわさ哉
Ⓑ をのつからしなはかなしいは世益なきわさそ

Ⓐ かされは力をたすけて結構く人はあらは
Ⓑ なをさらは力をたすけもて結構く人はあらん

【図版Ⅲ】古活字版・嵯峨本『伊勢物語』(慶長13年跋、初刊本、近畿大学中央図書館蔵)の活字フォントと整版・嵯峨本『尊円本三十六人歌合(三十六歌仙)』(初刊本、天理大学附属天理図書館蔵)の素庵書体の比較

〔上段・活字〕嵯峨本『伊勢物語』(慶長13年跋、初刊本)

〔下段・版下〕嵯峨本『尊円本三十六人歌合(三十六歌仙)』(初刊本)

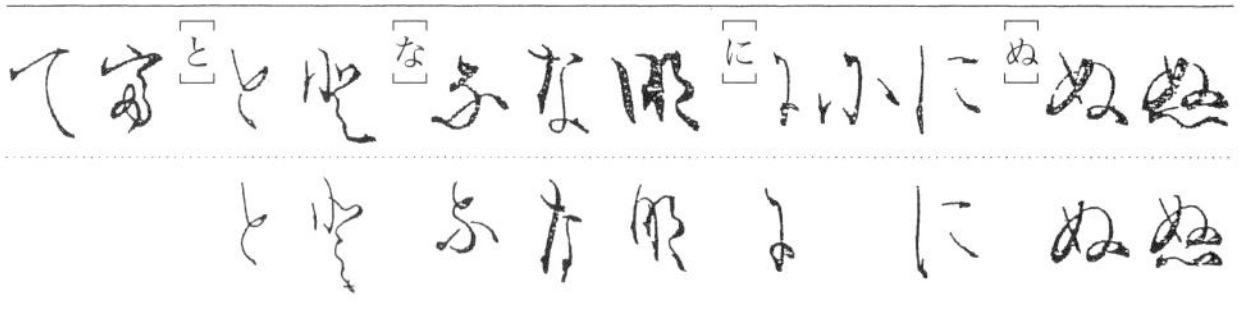

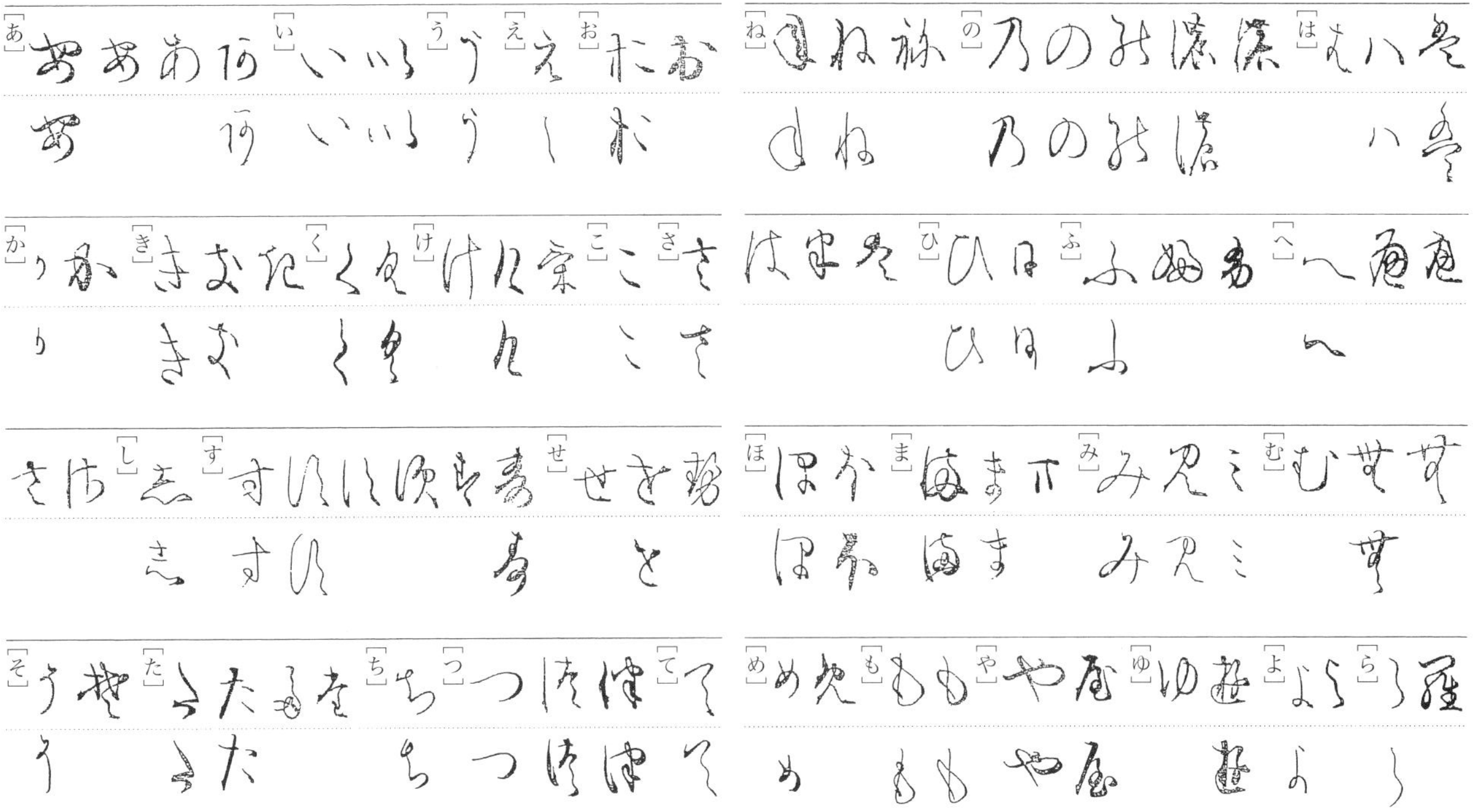

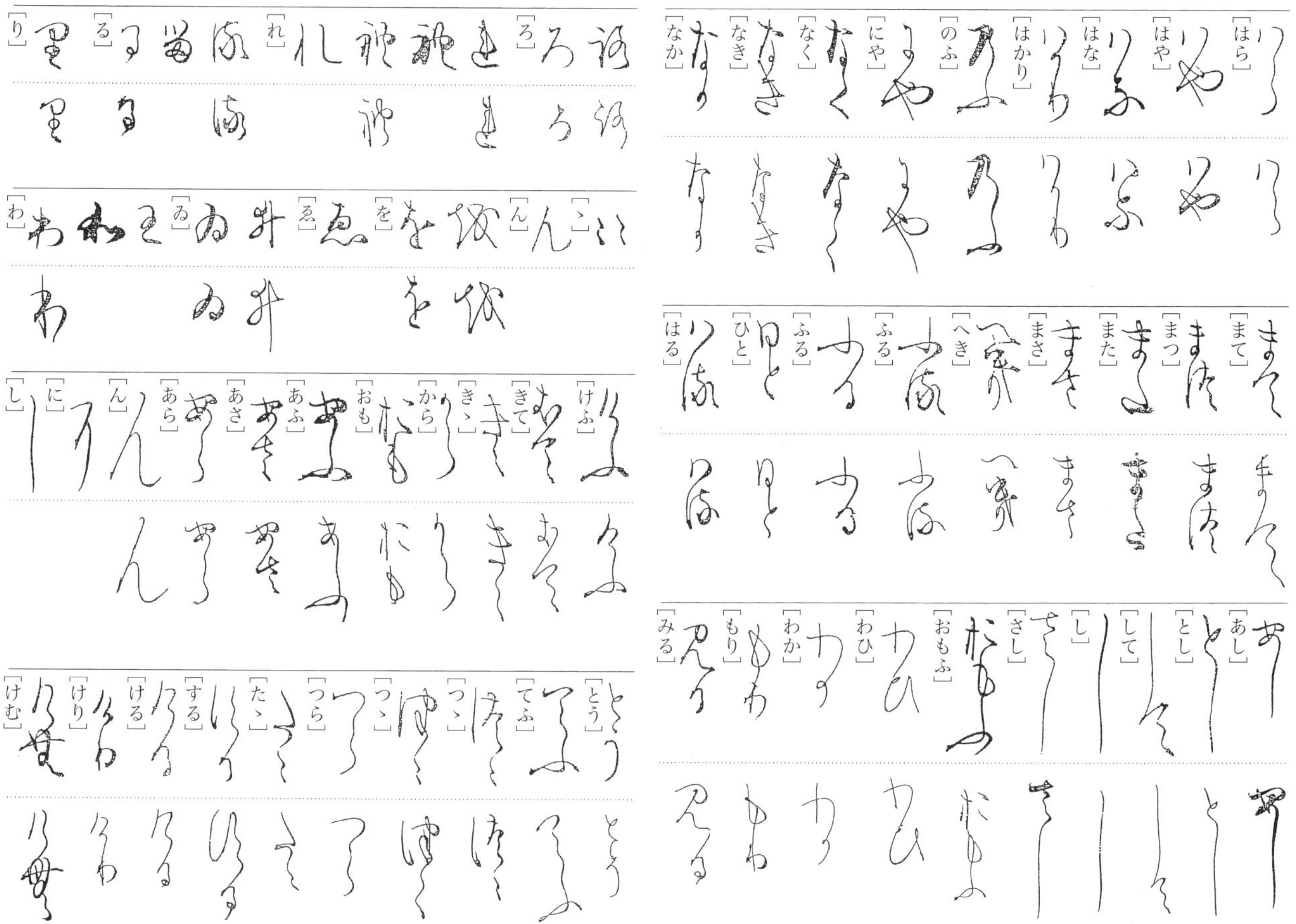
[はら]
[はや]
[はな]
[はかり]
[のふ]
[にや]
[なく]
[なき]
[なか]
[まて]
[まつ]
[また]
[まさ]
[へき]
[ふる]
[ふる]
[ひと]
[はる]
[あし]
[とし]
[して]
[し]
[さし]
[おもふ]
[わひ]
[わか]
[もり]
[みる]
[ろ]
[れ]
[る]
[り]
[こ]
[ん]
[を]
[ゑ]
[ゐ]
[わ]
[けふ]
[きて]
[きゝ]
[から]
[おも]
[あふ]
[あさ]
[あら]
[ん]
[に]
[し]
[とう]
[てふ]
[つゝ]
[つゝ]
[つら]
[たゝ]
[する]
[ける]
[けり]
[けむ]

【第六部】

第二章　嵯峨本の世界

高木浩明

はじめに

角倉素庵は、藤原惺窩に儒学を学ぶ一方で、父の事業にも携わったが、それとは別に角倉家ゆかりの京都嵯峨の地において、主に木活字による出版事業を行った。漢籍・仏書・医書といった漢字主体の書物の他に、漢字に平仮名を交えて印刷された国書の刊行を行い、その後の多くの古典の出版を促すこととなった。その中に、雲母（きら）刷り表紙や色替わりの料紙といった美術工芸的な意匠をこらし、素庵流とも光悦流ともいわれる流麗な書風の活字を用いて印刷された一群の書物が「嵯峨本」である。

「嵯峨本」については、はやくに和田維四郎（つなしろう）[1]と川瀬一馬[2]による研究があるものの、その後は和田・川瀬の体系的、網羅的研究を越えるような研究はない。現在は、「(本阿弥)光悦が自ら版下を書き、其の装潢に美術的の意匠を施したもの、並びに光悦の書風・装潢などの影響を頗る豊富に具備する刻書」と川瀬が定義した次の一三種の本が一般的には「嵯峨本」として認定されている。

(1)伊勢物語　二冊
(2)伊勢物語聞書（肖聞抄）三冊
(3)源氏小鏡　二冊
(4)方丈記　一冊
(5)撰集抄　三冊
(6)徒然草　二冊
(7)観世流謡本　百冊

(8)久世舞（三十曲本）　一冊

(9)久世舞（三十六曲本）　一冊

(10)新古今和歌集抄月詠歌巻　一巻

(11)百人一首　一冊

(12)三十六歌仙　一巻（一冊）

(13)二十四孝　一冊

右のうち、観世流謡本（うたいぼん）については次章の伊海孝充の稿に譲り、本稿では観世流謡本以外の嵯峨本について、現存する伝本の所在を一覧すると同時にいささかの考察を試みたいと思う。

一　伊勢物語

刊行年がはっきりしていて、「嵯峨本」の代表とされるのが、『伊勢物語』である。慶長一三年に初めて刊行され、翌一四年、一五年と続けて刊行された[3]。

川瀬は、慶長一三年に刊行された古活字版の『伊勢物語』を版式に従って、第一種本(イ)(ロ)版、第二種本(イ)(ロ)(ハ)版の二種五版に分類した。上下二冊の袋綴本で、原装本は藤色（他に香色・小豆色などの表紙を用いる）。表紙に、信夫草（しのぶ）（江島伊兵衛・表章著『図説光悦謡本』〈一九七〇年、有秀堂〉の図録篇一二六の「信夫草」の項参照）が雲母刷りされ、その中央上部に「伊勢物語　上(下)」の刷り題簽を貼付する。料紙には楮紙を用い、藤色・薄黄色・薄紅色等の色替わりの料紙に具引きが施された料紙を交える。無辺無界（本文の四周に匡郭（きょうかく）と呼ばれる枠がある場合、枠が一本のものを単辺（たんぺん）、二本のものを双辺（そうへん）、枠がないものを無辺という。また行ごとに区切りの線（界線（かいせん））がある場合、これを有界と言い、ない場合を無界という）九行一八字。二字、三字、四字の連彫活字（連続活字とも）を交える。上巻、本文五一丁、下巻、本文六四丁。整版による挿絵が上巻に二五図、下巻に二四図ある。なお、下巻の巻末には次のような刊語があり、その末には也足叟、中院通勝（一五五六～一六一〇）の自筆の花押がある。花押がない本が多く伝来するが、それは覆刻整版と見て間違いない。

伊勢物語新刊就余需勘校。抑京極黄
門一本之奥書云、此物語之根源古人之説々
不同云々。如今以天福年所被与孫女書正之。
然而猶恐有訂校之遺缺也。更図画巻中
之趣、分以為上下。是雖不足動好女人情、
聊為令悦稚童眼目而已。
　慶長戊申仲夏上浣
　　也足叟（花押）

（句読点、筆者）

第一種本と第二種本では、版式からすでに川瀬が指摘する通り、第一種本が先行する。さらに森上修(4)が第一種本と第二種本の印刷面を精査して、挿絵の匡郭部分に欠損を見出し、先後関係を客観的に証明した。第一種本と第二種本の挿絵は、同一の版木を用いて印刷されているが、上巻二七丁裏と下巻一七丁裏の挿絵の匡郭には、第二種本になると第一種本にはない欠損が見られるようになる。これは明らかに第一種本が先出の初刊本であり、第二種本はその後の再刊本であることを意味する。

よって本稿では以下、第一種本を初刊本、第二種本を再刊本とする。現存が確認できた初刊本の伝本は以下の通りである。なお、川瀬は(イ)版と(ロ)版に分類するが、(イ)版と(ロ)版の間には、部分的に活字を差し替えた部分異植字や異植字版を交えるものの、同一の版である。

①秋田県立図書館蔵本【特—五一】
②東北大学附属図書館狩野文庫蔵本【別置・阿五—一一七】
③国立公文書館内閣文庫蔵本【特六〇—一七】
④大東急記念文庫蔵本【一〇五・五・二】
⑤国立国会図書館蔵本【WA七—二三八】
⑥鉄心斎文庫蔵本【版四】
⑦東洋文庫蔵本【三Ba—三】
⑧天理大学附属天理図書館蔵本【九一三・三二—イ五五】
⑨近畿大学中央図書館蔵本
⑩石水博物館蔵本【千歳文庫一〇—一三】
⑪瑞光寺蔵本【B六二】
⑫大英図書館蔵本(原本未見)

現存が確認できた再刊本の伝本は以下の通りである。再刊本についても、川瀬は、版式に従って(イ)版、(ロ)版、(ハ)版の三つに分類するが、(イ)版と(ロ)版は、初刊本の(イ)版と(ロ)版同様、部分的に活字を差し替えた部分異植字や異植字版を交えるものの、同一の版である。したがって、本稿では二版に分類せずに一版と考え、川瀬のいう(イ)版を甲種本とし、(ハ)版を乙種本として分類し直すことにする。

(甲種本)

①国立歴史民俗博物館蔵本【H—五四〇—一／二】

②東洋文庫蔵本【三Ｂａ—一】

③早稲田大学附属図書館蔵本【へ一二—四三五三】

④鉄心斎文庫蔵本(上巻のみ、下巻は乙種本補配)【版一】

⑤鉄心斎文庫蔵本【版一五九】

⑥中京大学図書館蔵本【九一三・三二—Ｉ六九】

⑦ノートルダム清心女子大学附属図書館蔵本【Ｋ六／二—一(二)】

⑧大阪青山歴史文学博物館蔵本【一四二〇】

(乙種本)

①茨城大学附属図書館・菅文庫蔵本【九一三・三—一／二】

②東洋文庫蔵本【三Ｂａ—四】

③東京大学総合図書館蔵本【Ａ〇〇—六〇六〇】

④東海大学中央図書館蔵本【Ｋ／九一三・三二／Ｉ／一・二】

⑤鉄心斎文庫蔵本(下巻のみ、上巻は甲種本補配)【版一】

⑥鉄心斎文庫蔵本【番号なし】

⑦西尾市岩瀬文庫蔵本【七六—一二】

⑧京都大学附属図書館蔵本【四—三〇／イ／二貴】

⑨陽明文庫蔵本【イ―四八】

⑩ソウル大学図書館蔵本【貴三二〇一・七六】

慶長一三年に続いて、慶長一四年に刊行されたのが、川瀬のいう第三種本である。慶長一三年再刊甲種本（第二種本）を底本にして刊行された。上下二冊の袋綴本で、具引きの料紙を用いているものの、色替わりの料紙は交えてはいない。活字だけでなく挿絵の版木も新しく作り直している。下巻の巻末には次のような刊語がある。

伊勢物語新刊世酷多矣。然京極黄門一本
之奥書云、此物語之根源古人之説々不同云々。
而今以天福年所被与孫女本正之。猶恐有
字畫之差互聊加訂校。又図巻中之趣、而
分為上下。蓋為令好事童蒙悦目也於
戯。予老懶衰惰而不堪辨烏焉。豈無紕繆。
博洽君子改匡焉幸甚。
慶長己酉仲春上浣日

（句読点、筆者）

慶長一三年刊本の刊語を踏襲するものであるが、慶長一四年刊本にはその上に新たに「伊勢物語新刊世酷多矣。然……」という不可解な文言が加わり、その一方で、慶長一三年刊本にはあった中院通勝の名（也足叟）が刊語から消えている。この刊語に従えば、世に多くの伊勢物語が刊行されているが、それらは本文に不十分な所があるので、改めて校訂を施し刊行したということになる。しかし、慶長一三年刊本の本文は、字配りにいたるまで慶長一三年再刊甲種本（第二種本）と同じである。

山本登朗[5]は、慶長一四年刊本の刊語に新たに付加されたこの不可解な文言に着目して、「伊勢物語新刊世酷多矣。然……」と自己の優位性を主張する慶長一四年古活字本の刊語の表現は、整版本伊勢物語の刊語にきわめて一般的に見られる定型表現であることを実例をあげて指摘する。その上で、「慶長十四年古活字本（第三種本）は、慶長十三年古活字初刊本・同再刊本とはまったく別の主体によって、もちろん中院通勝とは無関係に、嵯峨本を模倣しつつ商業出版として刊行された、言わば疑似嵯峨本とでも言うべき本ではなかったかと考えられる。贈与を目的とした嵯峨本伊勢物語が画期的な姿で生み出されてわずか一年後に、伊勢物語の版本は、嵯峨本を模倣し利用した何者かの手によって、早くも商業出版の段階に入ったのではないか」と、興味深い見解を述べている。慶長一四年刊本を慶長一三年刊本同様に嵯峨本の一つに数えるのは再考の余地がある。また、慶長一四年という刊年も疑ってみる必要があるかもしれない。

現在所在が確認できる伝本は以下の通りである。

①鉄心斎文庫蔵本（上巻のみ）【版三】
②鉄心斎文庫蔵本【版一六〇】
③石川武美記念図書館（旧お茶の水図書館）成簣堂文庫蔵本
④実践女子大学図書館黒川文庫蔵本【七四七一七〜八】
⑤龍門文庫蔵本（下巻のみ）【三八九】
⑥神戸市中央図書館蔵本（上巻のみ、下巻覆刻整版本補配）【九一三三二一・A・1／2】

慶長一五年に刊行されたのが、川瀬のいう第四種本である。慶長一三年再刊甲種本（第二種本）を底本にして刊行された。上下二冊の袋綴、下巻の巻末に次のような刊語がある。

抑京極黄門一本之奥書云、此物語之根源古人之説々不同云々。故去慶長戊申仲夏之比、中院也足軒素然、以天福年所被与孫女本正之、幷加画図巻中之趣、分以為上下行于世矣。今亦以其印本正之、再令流布世而已。
慶長庚戌孟夏日

（句読点、筆者）

慶長一四年刊本同様、中院通勝の名前はない。慶長一五年刊本も慶長一三年刊本と比べると格段に見劣りがする。中院通勝の名前がないことと言い、状態の良い伝本が皆無であることと言い、嵯峨本の一つに数えるのはやはり再考の余地がある。

慶長一五年刊本（第四種本）をあらためて刷りの順で分類し直すと以下のようになる。

（甲種）
①国立国会図書館蔵本【ＷＡ七―二八】
②東京国立博物館蔵本【和二二一六】
③大英図書館蔵本
（乙種）

①鉄心斎文庫蔵本【版一六七】

②天理大学附属天理図書館蔵本（存下巻、上巻覆刻整版本補配）【九一三・三二―イ一一】

（丙種）

①国立国会図書館蔵本【WA七―二七】

二　伊勢物語聞書（肖聞抄）

『伊勢物語聞書（肖聞抄）』は、連歌師宗祇（一四二一～一五〇二）の講義を弟子の肖柏（しょうはく）（一四四三～一五二七）がまとめたものである。文明九年（一四七七）成立の初稿本のほかに、文明一二年本、延徳三年（一四九一）本があり、嵯峨本は文明九年本による。

上中下三巻三冊、袋綴。伊勢物語と同じ信夫草が雲母刷りされた薄藤色の表紙（現在は色あせ、薄藤色を表紙の見返しに僅かにとどめるのみ）が掛けられ、料紙は具引き色替わりの料紙を用いている。題簽は中央に「肖聞抄　上（中・下）」とある。無辺無界九行。巻末には次に掲げる通り、夢菴子（肖柏）の奥書に続いて校訂者の中院通勝の刊語がある。伝本によって也足叟の下に「素然」の二字を墨筆で署名し、「自得」の黒印を捺したものとこれを欠くものとがある。「素然」は中院通勝の号である。伊勢物語同様、中院通勝が出版に関与したことが知られる。

此一冊可書進之由、蒙　勅定之時、子
細看之。談宗祇法師、所々令添削畢。
夢菴子

右抄者、肖柏老人所伝之作也。仍号之
肖聞抄。依　後土御門院仰、手自書
進之云々。尓降世皆弄之。猶元凱注左
氏也。彼翁者、予祖之余流庶弟也。今為
校讎。亦有故者乎。新刊之時、作三策了。
慶長己酉季春上浣
也足叟

（句読点、筆者）

川瀬は、第一種本と第二種本に分類するが、伊勢物語同様、部分的に活字を差し替えた部分異植字が見受けられる丁があるものの、全丁を比較すれば同一の版であることがわかる。違いは中院通勝の記名捺印があるかないかだけである。

（通勝記名捺印本）
①国立国会図書館蔵本【WA七―二九】
②国立歴史民俗博物館蔵本【H―六〇〇―一一八〇】
③筑波大学附属中央図書館蔵本【ル―一二〇―一五七】
④石川武美記念図書館（旧お茶の水図書館）成簣堂文庫蔵本
⑤東洋文庫蔵本【三Ba―九】
⑥天理大学附属天理図書館蔵本【九一三、三二―イ一二一】
⑦神宮文庫蔵本（原本所在不明、国文学研究資料館のマイクロフィルムによる）
⑧鉄心斎文庫蔵本（原本未見）

（無記名無捺印本）
①宮内庁書陵部蔵本【五〇二―四〇八】
②大東急記念文庫蔵本【三三―九―一三三】
③東洋文庫蔵本【三Ｂａ―八】
④祐徳稲荷神社蔵本（原本未見、国文学研究資料館のマイクロフィルムによる）
（巻下欠）
国立国会図書館蔵本【ＷＡ七―三〇】

三　源氏小鏡

『源氏小鏡』は、南北朝頃に成った『源氏物語』の梗概書である。

上下二巻二冊、袋綴。原装本は、薄茶色空押草花文様の表紙を掛ける。題簽は左肩に、「源氏小鏡　上（下）」と刻す。無辺無界九行一七字内外。上下巻ともに八六丁。上巻末に「慶長十五年十二月日書之」とあることと、版式から刊行年時もほぼこの頃かとされる。現存が確認できた伝本は以下の通りである。
①東北大学附属図書館（上巻のみ）蔵本【一一四〇一―一】
②石川武美記念図書館（旧お茶の水図書館）成簣堂文庫蔵本
③大東急記念文庫蔵本【三三―九―一三四】
④早稲田大学図書館（中野幸一旧蔵）蔵本【文庫三〇Ａ〇〇二三】
⑤天理大学附属天理図書館蔵本【九一三、三六―イ四一七】

⑥龍門文庫（上巻のみ、高木文庫旧蔵）蔵本【三九七】

四　方丈記(6)

川瀬は、版式に従って第一種本と第二種本の二種に分類する。第一種本は、綴葉装（てつようそう）。白色もしくは薄縹色の表紙に雲母刷の文様（薄（すすき）に満月・水流に紅葉・唐草十字印襷文・籬）が施されている。無辺無界九行一四字内外。料紙は雁皮紙もしくは間似合紙と見られる厚手の紙に具引きを厚く施し、その上に「水流に紅葉」「唐草十字印襷文」「六本竹」「梅立枝」「松林に波」「うさぎ」「二本竹」などの文様が雲母刷りされ、その上から本文が印刷されている。ゆえにずしりと重い。東洋文庫蔵本【三Ｂａ―二六】の後表紙見返しに「慶長十五庚戌七月十三日」という墨書による識語があることから、およその刊行年時が特定できる。部分的に活字を差し替えた部分異植字の見受けられる丁があるものの、全丁を比較すれば同一の版であることがわかる。現在所在が確認できた第一種本の伝本は以下の通り。

①静嘉堂文庫蔵本【一〇四―三三】
②東洋文庫蔵本【三Ｂａ―二六】
③東洋文庫蔵本【三Ｂａ―二七】
④国立歴史民俗博物館蔵本【Ｈ―六三七】
⑤天理大学附属天理図書館蔵本【九一四・四一―イ七】
⑥国文学研究資料館蔵本（安田文庫旧蔵）【九九―一六八】

第二種本は、袋綴。無辺無界九行一四字内外。第一種本の活字の多くを襲用し、第一種本とは活字の配列も本文も同じであり、いわゆる異植字版の関係にある。現在所在が確認できる第二種本の伝本は、以下の二本である。

①東洋文庫蔵本【三Ｂａ―二八】

②石川武美記念図書館（旧お茶の水図書館）成簣堂文庫蔵本

ところで『方丈記』の古活字版には、嵯峨本の第一種本と第二種本とは別に一〇行の古活字本がある。川瀬は、『増補古活字版之研究』では、「其の本文は、同じく通行本の系統には属するが、其の文字の異同に拠つても嵯峨本方丈記と直接の母子関係は無い」として、これを嵯峨本とは認定していないが、その後、『龍門文庫善本書目』で、「在来、九行大字の雲母本の類と混視して、これを嵯峨本と称するものがあつたのは穏当ではないが、なほよく活字の様式を検するに、本書は嵯峨本徒然草（第一種本）のそれを襲用して印刷したものと認められるから、又別種の嵯峨本とすべきものである」として、旧説の補訂をしている。本稿では第三種本と称することとする。現在所在が確認できている伝本は、以下の通りである。

①蓬左文庫蔵本【一〇一―七】

②京都大学附属図書館蔵本【一〇―〇五／ホ／一貴】

③京都大学大学院文学研究科図書館蔵本【ＬｉＩ―ｌ】

④龍門文庫蔵本【六―一・四〇六】

⑤（原本未見）日本大学総合学術情報センター蔵本【九一四・四―Ｋａ四一ｃ】

五　撰集抄(7)

上中下、三巻三冊、袋綴。原装の表紙には雲母刷の文様（松林と藤・唐草十字印襷文）が施され、左肩には香色の刷題簽があり、「撰集鈔上（中・下）」と刻す。内題「撰集抄巻第一　西行記（撰集抄第一～撰集抄第九）」。無辺無界九行一八字内外。ほとんどの伝本の料紙には具引きが施されている。いずれの伝本も同一の版で、上巻八丁裏・八行目の「物こふ」の「こふ」に一部の伝本（成田山仏教図書館蔵本・天理大学附属天理図書館蔵本）で活字の差し替え（部分異植字）が見受けられる程度である。現在所在が確認できている伝本は、以下の通りである。

①日光山輪王寺天海蔵本【一七九八】
②東洋文庫蔵本【三Ｂａ—一七】
③石川武美記念図書館（旧お茶の水図書館）成簣堂文庫蔵本
④昭和女子大学図書館桜山文庫蔵本【桜九一三・四—一一一～三】
⑤実践女子大学図書館黒川文庫蔵本【八五一八五—八五一八七】
⑥成田山仏教図書館蔵本【三—四三—九一】
⑦天理大学附属天理図書館蔵本【九一三・四—イ四七】
⑧吉田幸一氏蔵本（原本の所在不明、古典文庫第三七一冊に影印が収録されている）
（以下、原本未見）
⑨日本大学総合学術情報センター蔵本【一八四—Ｓｅ二一】
⑩大英図書館蔵本【Ｏｒ七四—ｃｃ一六】

なお、昭和女子大学図書館桜山文庫蔵本には、元和八年に豊松菴法橋玄伯（伝未詳）が、角倉素庵から直接贈与されたものである旨が記された興味深い識語が施されている。

〔上巻・五八丁裏〕

此本三冊全部、洛西嵯峨角倉与一入道筆蹟、板行之。即従素庵直賜之。比元和第八年孟秋念三。　　豊松菴法橋玄伯（花押）

〔中巻・六五丁裏〕

此本三冊全部、洛西嵯峨角倉与一入道筆跡也、板行之。即従素庵直賜之。比元和第八年之秋也。　　豊松菴法橋玄伯（花押）

〔下巻・五〇丁裏〕

此本三冊全部、洛西嵯峨角倉与一入道素庵墨蹟、板行之。即従素庵直賜之。元和八年孟秋念三。　　豊松菴法橋玄伯（花押）

（句読点、筆者）

六　徒然草

上下、二巻二冊。袋綴。無辺無界一〇行一七字内外。料紙に紫苑模様などの雲母刷文様が施され、その上から本文が印刷された本（第一種本・第二種本）と素紙に本文が印刷された本（第三種本・第四種本・第五種本）の五種に分類されている。ただし、第一種本と第二種本は巻首丁のみが異植字版で、二種に分類する必要はない。現在所在が確認できている伝本は、以下の通りである。

（第一種本）

①東北大学附属図書館狩野文庫蔵本【別置―阿九―一三二】

②大東急記念文庫蔵本【三三―九―一三五】

③東洋文庫蔵本【三Ｂａ―一九】

④東洋文庫蔵本（下巻のみ）【三Ｂａ―二二】
⑤天理大学附属天理図書館蔵本【九一四・五―イ五】
⑥天理大学附属天理図書館蔵本（上巻のみ）【九一四・五―イ一一】
⑦天理大学附属天理図書館蔵本【九一四・五―イ一五】
⑧龍門文庫蔵本（上巻のみ）【四〇七】
⑨刈谷市中央図書館蔵本（原本所在不明、国文学研究資料館のマイクロフィルムによる）【一〇五〇】

（第三種本）

①東洋文庫蔵本【三Ｂａ―一八】

（第四種本）

①国立公文書館内閣文庫蔵本【特六〇―二二】
②国立公文書館内閣文庫蔵本【特一一九―四】
③国文学研究資料館（下巻のみ）蔵本【八九―二七】
④印刷博物館蔵本
⑤龍門文庫蔵本【四〇八】

（第五種本）

①東洋文庫蔵本【三Ｂａ―二〇】

ところで、川瀬の『増補古活字版之研究』に未載の古活字版が国立国会図書館（請求記号、ＷＡ七―二一九）に所蔵されている。第一種本の活字を襲用しているようにも見受けられ、また第一種本の誤植訂正箇所（第一種本には伝本共通の墨書、切貼訂正がある）がすべて訂正されている点など注目される本である。

七　百人一首

川瀬は、第一種本と第二種本の二種に分類する。第一種本は、綴葉装。白色表紙に雲母刷の文様（下り蔦、波・甲）が施されている（龍門文庫蔵本）。料紙は色替わりの料紙を交え、雁皮紙もしくは間似合紙と見られる厚手の紙に具引きし、「波」「メヒシバ」「梅立枝」「松林に波」「松林に波」「下り蔦からみ蔦」「下り蔦斜蔦」などの文様が雲母刷りされ、その上から本文が印刷されている。歌二行書、一面二首。歌の配列は通行の百人一首とは異なり、『百人秀歌』によるが、『百人秀歌』から三首の歌を除き、俊頼の歌を入れ替え、巻末に後鳥羽・順徳両院の歌を加える。現在所在が確認できている伝本は次の二本だが、龍門文庫蔵本は五〜六丁（伊勢の「難波かた」の歌から紀貫之の「人はいさ」の歌の上の句まで）、一二丁（恵慶法師の「やへ葎（むぐら）」の歌から能因法師の「あらし吹」の上の句まで）、一七〜一八丁（崇徳院の「瀬をはやみ」の歌から後徳大寺左大臣の「郭公」の歌の上の句まで）の五丁分を欠く。本文を比較すると、漢字、仮名の異同が見受けられる。

①東洋文庫蔵本【三Ｂｂ—七】
②龍門文庫蔵本【四五四】

第二種本は、袋綴。料紙は楮紙に具引きが施されている。歌二行書、一面三首。歌の配列は通行の百人一首の通りである。現在所在が確認できている伝本は、東洋文庫蔵本【三Ｂｂ—八】の一本のみである。

三十六歌仙は木活字ではなく、整版で印刷されている。川瀬は、第一種本と第二種本の二種に分類する。第一種本として(イ)種・(ロ)種・(ハ)種の三種をあげる。

(イ)種の伝本は、天理大学附属天理図書館蔵（安田文庫旧蔵、請求番号、九一一・二三―イ一四七）の巻子本（一枚刷り一八葉を近時巻子装としたもの）一本。料紙は厚様の間似合紙で、表裏に厚く白色の具引きが施されている（源順（みなもとのしたごう）・清原元輔（きよはらのもとすけ）の料紙のみ裏面に藤色の具引きが施されている）。中には藤色・薄黄色・薄紅色の色替わり料紙を交えている。

(ロ)種の伝本は、石川武美記念図書館（旧お茶の水図書館）成簣堂文庫蔵本。白色の具引き料紙を袋綴に仕立てた特大本。原表紙を有するが、歌仙絵姿と上げ畳に岩絵具、金泥で補筆と彩色が稚拙に施されているために原刻の描線が隠れてしまっているのが惜しまれる。

(ハ)種の伝本は東洋文庫に所蔵されているが、稿者は未見である。「素紙に摺刷を試みたもの」で「後印と覚しく、大分原版が疲れてから摺刷したものと思はれる」(川瀬)。

第一種本をそのままの形に覆刻したものが第二種本だが、果たして嵯峨本として認定できるのか疑問である。川瀬は安田文庫本と東洋文庫の二本を嵯峨本にあげるが、原刻本に比してかなり劣るようである。筆者も国立国会図書館他でいくつかの覆刻本を見ているが、どれも嵯峨本というには躊躇されるものが多い。

ところで最近、鈴木淳(8)によって、新出の米国スミソニアン協会フリーア美術館・サックラー美術館本（以下、フリーア美術館本）が紹介され、同時に川瀬の分類の見直しが行われた。鈴木は初板・再板・覆刻板の三種に分類し、フリーア美術館本を初板とし、川瀬が(イ)種の伝本にあげた天理大学附属天理図書館蔵本（安田文庫旧蔵）を再板と認定した。鈴木はフリーア美術館本の特徴をあげて、①絵柄が絶妙の均衡を保ち、崩れた印象がないこと。②色替わりの料紙の数が多いこと。③是則の直衣の襟元から左右に、薄墨を二重に重ねたように襟飾りがあしらっているが、再板では、片方だけになっていること。④元真の歌詞「かきね」が「まきね」となっていること。以上の四つを論拠として、フリーア美術館本を初板とするが、三つ目の論拠、「是則の直衣の襟元から左右に、薄墨を二重に重ねたように襟飾りがあしらっているが、再板では、片方だけになっている」点は、皮肉なことにフリーア美術館本が初板ではないことの逆の論拠になる。

直衣の襟元の向かって右側の薄墨は、冠の纓（えい）が下に垂れたもので、襟飾りではない。フリーア美術館本の図版を見ると、確かに直衣の襟元の向かって左側にも同様に薄墨の「襟飾り」のようなものがあしらわれているが、どうにも不可解である。直衣の襟元の向かって右側の薄墨、すなわち、冠の纓が下に垂れたものを誤解したもので、冠の纓が一本なのに左右に二本あるのは明らかにおかしく、冠の纓を理解しない刻工の手による後出の伝本であることをうかがわせる。

以上が、筆者がこれまでに調査ができている嵯峨本である。川瀬の認定する嵯峨本には他に、久世舞（三十曲本）、久世舞（三十六曲本）、新古今和歌集抄月詠歌巻、二十四孝があるが、まだ調査ができていないので、本稿では伝本の現在の所在をあげることで現時点での報告とする。

九　その他

久世舞（三十曲本）の伝本は、東洋文庫蔵本【三Bb―一二】が一本確認できるのみである。川瀬によれば、具引きの厚紙に雲母模様を施し、色替わりの料紙を交えた安田文庫蔵本が知られるが、現在の所在は不明である。

久世舞（三十六曲本）の伝本は、東洋文庫蔵本【三Bb―一一】と大東急記念文庫蔵本【三三―九―一三二】の二本が知られる。

新古今和歌集抄月詠歌巻の伝本は、大東急記念文庫蔵本【一〇五―一九―一】が唯一の伝本である。

二十四孝の伝本には、厚様の色替わり雁皮紙を貼り合わせ、具引き・雲母模様等を施した料紙を用いて、両面摺、帖装としたものと、具引き・色替わりの薄葉料紙を用いて袋綴に仕立てたものがある。前者の伝本は、石川武美記念図書館（旧お茶の水図書館）成簣堂文庫蔵本の一本が知られるのみである。後者の伝本も、東洋文庫【三Bc―二】が一本が知られるのみである。川瀬のあげる神宮文庫蔵本は現在所在不明である。

（1）和田維四郎『嵯峨本考』（一九一六年）。
（2）川瀬一馬『嵯峨本図考』（一誠堂書店、一九三二年）、『増補古活字版之研究』（A・B・A・J、一九六七年。初版、安田文庫、一九三七年）。本稿での川瀬の見解はすべて『増補古活字版之研究』による。
（3）高木浩明「古活字版伊勢物語の世界」・「書誌一覧／古活字版伊勢物語」（山本登朗編『伊勢物語版本集成』竹林舎、二〇一一年）。
（4）森上修「嵯峨本『伊勢物語』（慶長一三年版初刊館蔵）の漢字形活字について」（近畿大学中央図書館報『香散見草』三三号、二〇〇五年）。
（5）山本登朗「伊勢物語版本の世界」（山本登朗編『伊勢物語版本集成』竹林舎、二〇一一年）。
（6）高木浩明「嵯峨本再見――嵯峨本『方丈記』についての書誌的報告――」（『古代中世文学論考』第一八集、新典社、二〇〇六年）。
（7）高木浩明「嵯峨本再見――嵯峨本『撰集抄』についての書誌的報告――」（『汲古』四九号、汲古書院、二〇〇六年）。
（8）鈴木淳「光悦三十六歌仙考」（国文学研究資料館特別展示図録『江戸の歌仙絵――絵本にみる王朝美の変容と創意――』、二〇〇九年）。

【第六部】

第三章　嵯峨本　謡本

伊海孝充

はじめに

能の謡の稽古や伝授に用いられる「謡本」は一六世紀はじめに本格的に書写が始まる。室町時代末期は各座独自の謡本があったわけではなく、そのほとんどが観世系と金春系であったが、前者は大夫系とワキ系という二つの系統に分かれる。大夫系は文字通り観世大夫が書写・節付に関与した謡本群で、六世元広・七世元忠（宗節）関連の謡本が複数現存している。一方ワキ系は観世座脇方関連の謡本である。現在の能における謡のリーダーは地謡の後列中央に座る地頭であるが、江戸時代初期まではワキがその役目を担っており、謡の普及にも深く関与していた。手猿楽（素人の能役者）の堀池・淵田らは、ワキの役者（観世長俊・元頼）の弟子筋にあたるが、彼らの残した謡本も多数現存している。

この二系統が江戸時代のはじめに一つの詞章に統一され、出版技術の向上とともにその詞章をもとにした謡本が刊行されていく。江戸時代初期に刊行された代表的な観世流謡本は、光悦謡本（嵯峨本謡本）・玉屋本・元和卯月本の三つがあったと考えられているが、このうち光悦謡本は観世流の詞章が大きく変化した過程で最初に制作された揃えの謡本であった可能性が高い。光悦謡本は他の嵯峨本同様に豪華な意匠をもつ美術品として注目されることが多いが、観世流謡本史を考える上でも極めて重要な位置にある。

光悦謡本は散文物語とは性質が異なるため、同じ嵯峨本の中でも異なる研究史を築いてきた。本稿では、その研究史を顧みることで、謡本研究が嵯峨本全体の研究に接続するための問題点を示すことができればと考えている。

一　光悦謡本の特徴と分類

嵯峨本観世流謡本は「光悦謡本」と呼ばれている。現在、この名称は能楽研究の場だけでなく、一般的にも広く定着した感があるが、このような異なる名称が用いられていることからも、嵯峨本謡本の研究が他ジャンルの本と比べて独自の展開をしたことがわかる。まず、その研究史を簡単に振り返ってみよう。

先駆的な嵯峨本研究として、和田維四郎『嵯峨本考』（審美書院、一九一六年）、川瀬一馬『嵯峨本図考』（一誠堂書店、一九三二年）・『古活字版之研究』（安田文庫、一九三七年）・『増補　古活字版之研究』（日本古書籍商協会、一九六八年）があり、現在も諸本分類などの中心的研究となっているが、これらの研究を謡本史によりながら見直したのが表章（おもてあきら）の研究である（『鴻山文庫本の研究　謡本の部』〈わんや書店、一九六八年〉、『図説　光悦謡本』〈江島伊兵衛と共著、有秀堂、一九七〇年〉）。

表は「光悦謡本」という名称を採用している。古来、「嵯峨本」は「光悦本」「角倉本」などの名称も用いられていたが、表が「嵯峨本」とはせず、「光悦謡本」とした理由は主に二つある。一つは、最も流布している「嵯峨本」という呼称は「嵯峨で素庵が刊行した本」という意味で用いられているらしいが、その呼称の範疇が曖昧であるためである。前述の和田と川瀬の研究を比べても、どれを「嵯峨本」と呼ぶかという点で一致しているわけではない。また両氏は光悦流書体の和本に限定し、「嵯峨本」と呼んでいるが、素庵が刊行したと断定できる『史記』を除外し、その名称を用いることも適当ではないと表は指摘している。

二つ目は、謡本研究で「光悦」という呼び名が親しまれてきたという歴史があるためである。たとえば丸岡桂（まるおかかつら）は「観世流謡本出版年譜」（『謡曲界』二―一、一九一五年一月）で「光悦本」という名称を用い、嵯峨本謡本の分類を試みた高安六郎『光悦の謡本』（檜書店、一九五七年）、斉藤香村『謡曲文庫別巻第一』（謠曲文庫刊行會、一九七〇年）では「光悦謡本」と呼んでいる。こうした研究状況を踏まえ、「光悦流の書体で書かれた謡本」という意味で「光悦謡本」という名称を採用しているのである。

表が定めた光悦謡本の範囲は次の五つである（『図説　光悦謡本』）。

①江戸初期刊行の古活字版の謡本であること。[1]

②活字書体がいわゆる光悦流であること。

③本の大きさが大阪の半紙本であること。

④内容が江戸初期の観世流の本文・節付であること。

⑤表紙または料紙に雲母模様があることを原則とする。但し雲母模様が無くとも①～④の条件を揃えた本を含める。

以下この表の研究に依拠し、光悦謡本の特質を【版式】【装幀・料紙】【曲目・詞章】【分類】の観点から見直してみる。名称も「光悦謡本」を用いる。

【版式】

光悦謡本の版式はすべて、一行一三字詰め、半葉の本文が七行で、節がある場合、ゴマ点が一行として組まれている。謡本独特の役名変更を示す鉤印（庵点）と句点は、帖装本では墨書し、袋綴本では後で印を押したり、本文の行に刻すなど各種で対応が異なる。

また本文の異同が少ないため、各種の丁数も差異がない（ただし、袋綴本はなるべく行数を詰めて、料紙を節約しようとする意図が見られる〈後述〉）。それどころか、各種は同じ字母の活字を使用しているケースが多く、連彫活字の使用

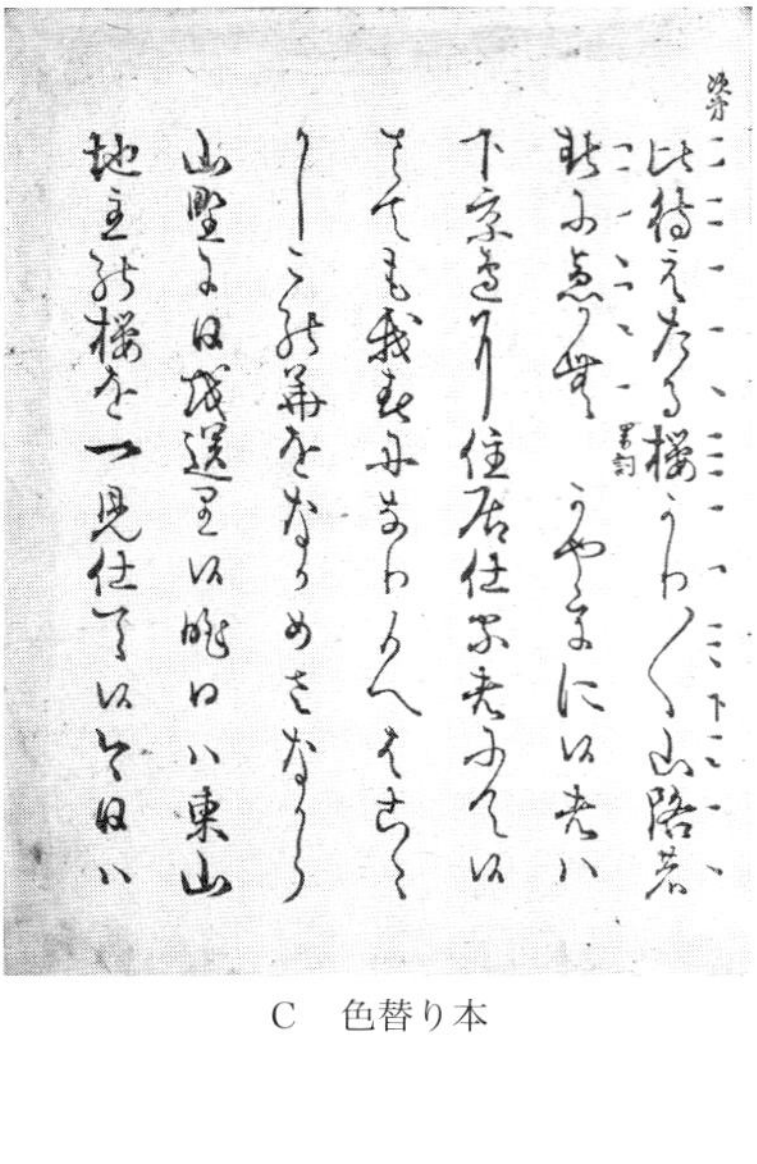

C　色替り本

も近似している（図1）。異なる活字を用いる諸本間にもこうした現象がなぜ見られるのか、という問題は今後の課題である。(2)

【装幀・料紙】

光悦謡本は全種一番綴（とじ）である（後人が三番綴・五番綴に改装した本もある）。嵯峨本の最大の特徴である表紙に雲母刷模様がある豪華な装幀は謡本も同じである。模様は多彩であり、全種の模様は細かな相違も数えると延べ二〇〇種ほど、基本的図柄は一〇〇種ほどになる。また表紙の左肩に長形の刷題簽を付すが、特製本以外はほとんどが同版もしくは覆刻関係にある。

表稿では、帖装本には胡粉を引いた厚手の斐紙（ひし）を用い、一部の種類は色替り料紙を使用していると指摘されているが、別の見解もある（【分類】①参照）。袋綴本は楮紙（こうぞし）を用いる。

【曲目・詞章】

光悦謡本の曲目数は延べ一一七曲になる。前述の通り観世流謡本の詞章は、江戸時代を境に大きく改変されるが、光悦

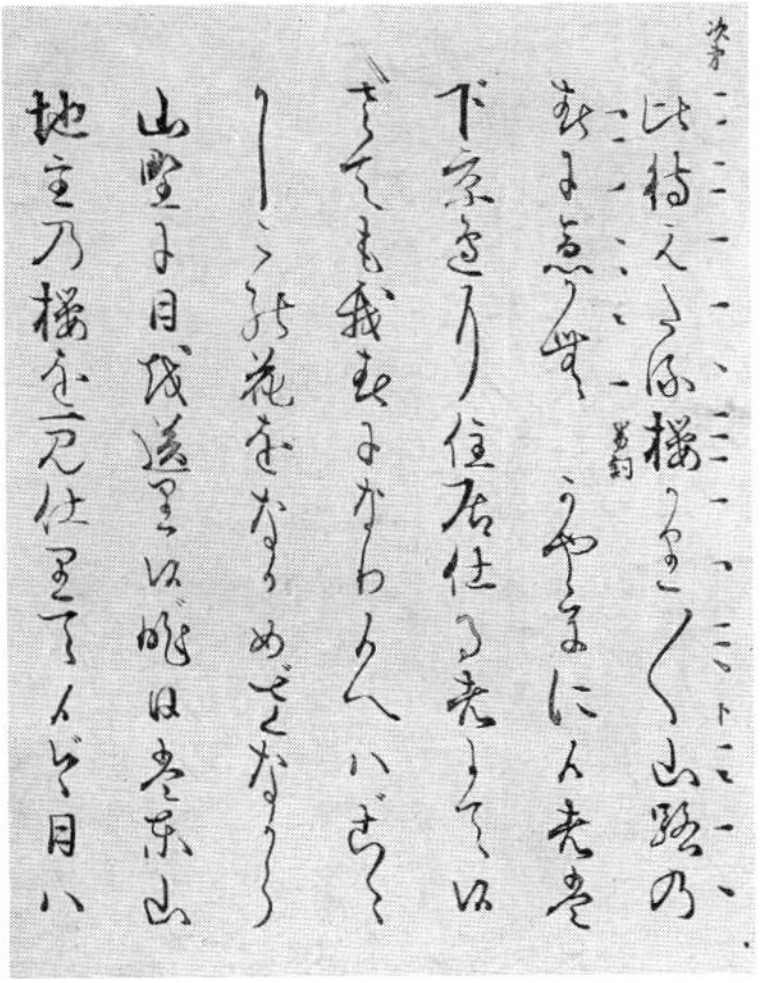
B　上製本

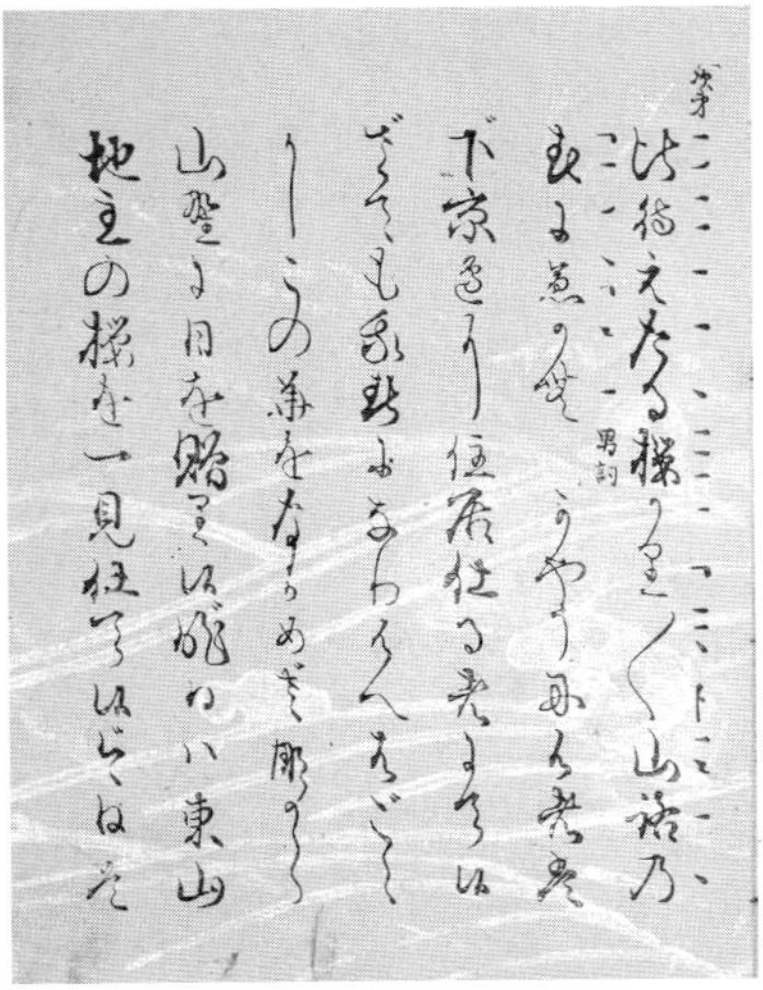
A　特製本

図1：法政大学鴻山文庫蔵「西行桜」

謡本は全曲新しい詞章を採用している。後述する各種を比べると、誤植やコトバ（節がない部分）に小異があるほか異同はない。節付にも小異があり、大別して上製本系と色替り本系の二種がある。①②⑪⑫⑬⑭⑮が前者、⑦⑩⑯⑰⑱が後者に該当する（番号は次の【分類】から）。両者の差異は、上製本系に室町時代謡本で用いていた補助記号「上」が見られるのに対して、色替り本系がそれを用いていない、などである。

【分類】

光悦謡本は、他の嵯峨本に比べて版や種類が多く、高安は五種、川瀬はまず八種、のちに一〇種に分類している。これらの研究をもとに、両者の研究に含まれなかった伝本を加え、各種を厳密に体系化したのが表の分類である。

表の分類は、まず具引きの斐紙を料紙とした帖装本と普通紙の袋綴本に大別し、帖装本は特製本と広義上製本に、さらに広義上製本は上製本と色替り本に分類する。袋綴本は節付の系統の相違、喉（版面内側）に刻される曲名や丁付の有無などにより、別製本と並製本に分類している。

帖装本・袋綴本はともに、これらの基準以外にも装幀・版の違いによって、さらに分類し、表は全部で一七種の伝本を報告している（その後新種本の発見により、現在は一八種）。

（A）帖装本

（a）特製本

①特製本（普通本）

川瀬分類・高安分類ともに第一種とする本。一〇〇冊揃えで刊行された可能性が高い。

使用されている活字、題簽唐紙の質、雲母刷模様の種類などが他種と異なり、厚手の斐紙に全丁雲母刷模様を施した料紙を用いている。なお料紙については、厚手の楮紙を用いているのではなく、雲母刷模様を施した薄様斐紙の裏面に薄様楮紙を張り合わせているという見解も出されている（森上修「館蔵〈光悦謡本〉『矢卓鴨』のことども」『香散見草』二五号、一九九六年五月）。

②特製本異植字本

法政大学鴻山文庫蔵本と若林正治氏蔵本の「姨棄（おばすて）」の一部の丁のみが異版となっている。

（b）広義上製本

③上製本（普通本）

川瀬分類で第三・四種、高安分類で第三種とされる。後述する追加本（⑦）を含めると、一一〇番刊行された可能性が高い。北野天満宮蔵本には五冊（江口・源氏供養・関寺小町・定家・野の宮）の整版本が混じる。

④上製本異装本　⑤上製本異植字本　⑥上製本異版本

上製本（③）と同版であるが、本文料紙に雲母刷模様が刷ってある、一部のみが異版、全丁ともに異植の別版などの本。

⑦追加本

上製本への追加と色替り本への補充の両方の目的に作られた冊。版式・装幀は上製本と同じだが、活字・節付・表紙の雲母刷模様に色替り本との類似性が見られる。

⑧色替り本（普通本）

川瀬分類、高安分類ともに第二種とする。追加本（⑦）と後述する補充本（⑩）を含めると、一一〇番刊行された可能性が高い。本文料紙に複数の有色斐紙を使用する点に特色がある。

⑨色替り本異装本

本文料紙に複数の有色斐紙を使用する点と版式は色替り本（⑧）と同じだが、その全料紙に雲母刷り模様がある点に特色がある。法政大学鴻山文庫蔵「大原御幸」のみ現存。

⑩補充本

色替り本の揃え本に補入されている上製本と同装の本。版式と節付は色替り本の特色を有する。

（B）袋綴本

（a）別製本

⑪別製普通本　⑫別製特殊本

⑪は川瀬分類で第九種、高安分類で第四種の一つとする本で、袋綴本のなかで最も豪華な装幀をもつ。一〇〇冊揃だと思われる。句点は本文に埋め込んで印刷しており、庵点は多くないが、後から押捺してある。⑫は川瀬分類で第八種とする。

⑪⑫については、筆者も卑見を示したことがある（伊海「光悦謡本袋綴本に関する一考察――光悦謡本別製普通本を通して――」〈『国立能楽堂調査研究』一号、二〇〇七年三月〉）。表の研究に加える新見は、一部の活字が⑪と⑫とで一致するなど類似する特徴が見いだせる点、⑪は六字分という光悦謡本の中で最も長い連彫活字を用いている点、料紙節約のため丁数を減らす傾向がある点、の三点である。

⑬別製具引本　⑭別製異種本

⑬は川瀬分類では第五種とする。袋綴本でありながら、本文料紙に胡粉を引く。活字は上製本・色替り本系統だが、同一活字は⑭にしか見られない。⑭は⑬の異植字版。

⑮別製新種本

『青裳堂書店古書目録』（一九九六年八月）で、はじめてその存在が明らかになった種。その後、竹本幹夫が詳細に分析し（「新収貴重書紹介　光悦謡本　袋綴別製新種本」『早稲田大学図書館紀要』四六号、一九九九年三月）、「別製新種本」と命名した。八三曲現存。上製本を覆刻した整版本が混在するのが特色であるが、これらは北野天満宮蔵上製本に混在する整版本と同版である。袋綴本の本種が、列帖装（綴葉装）である北野天満宮蔵本と同版であるということは、これらの整版本が一丁分ではなく一葉（半丁）分で凸版式に印刷されたものと考えられる。

（b）並製本

⑯並製本甲種本　⑰並製本乙種本　⑱並製本丙種本

川瀬分類では第六種、高安分類では第四種の一つとされている本。全丁喉に曲名略号と丁付を刻す点が並製本の特徴の一つである（ただし、⑫にも同じ特徴が見いだせる。前掲伊海稿参照）。庵点はなく、句点は本文活字と一緒に刻されている。⑯⑰⑱は異版関係にある。

付　光悦曲舞本

曲舞謡・乱曲などと呼ばれる独吟用の部分謡本が二種存在し、広義の光悦謡本に含まれる。三〇曲本と三六曲本の二種がある。

二　光悦謡本の刊行環境

表の分類により光悦謡本の全体像が鮮明になったが、刊行年・刊者など刊行環境については多くの問題を残している。光悦謡本は袋綴本よりも先に帖装本が制作され、帖装本の中で最も早く上製本（③）が刊行されたと考えられている。特製本（①）と色替り本（⑧）の先後関係は不明だが、節付の面から前者が先行する可能性が高い。袋綴本はまず別製普通本（⑪）が成立し、並製本は丙種→乙種→甲種の順で成立したと推測されている。

光悦謡本各種には年記がないが、唯一、一九六四年の三都古典連合会古書籍展観にも出品されたことがある（現所在不明）袋綴別製普通本（⑪）の揃本の箱の側面に「虎屋　良有判之本」、内箱の底に「百番入　慶長拾五年高屋三良右衛門二月吉日」と年記が書かれている（『図説　光悦謡本』）。この箱は⑪を収めるために作られたものらしいので、まず⑪は慶長一五年（一六一〇）刊行と考えてよいだろう。表の研究では、この年記をもとに先行する帖装本の刊行年を慶長一〇年ごろと推測されているが、他の嵯峨本の中で最初に刊行されたものは、慶長八年以前に刊行された『徒然草』だと考えられる。『徒然草』のような袋綴本の刊行を受けて、次いで謡本のような帖装本が制作されたと考えるのなら、妥当な推測である。

では、この謡本を誰が刊行したか（刊行に関与したか）であるが、これが難題である。前節で見たように、光悦謡本は一八種も存在しており、それらすべてが同じ環境で制作された可能性は極めて低いからである。

まず帖装本を見ると、上製本と色替り本は追加本（⑦）を相互利用するかたちで揃え本となっており、一部の活字も共有しているので、成立環境が同一であるか、極めて近いということが推測できる。それに対して特製本は、装幀だけでなく、活字も他種に対して孤立している。また、表紙の雲母刷模様も上製本などと相違するので、製作環境が異なっていたと考えてしかるべきだろう。そうだとすると上製本が特製本より先に製作されたという通説を再検討することも必要ではないだろうか。

また袋綴本も並製本に色替り本と同じ活字が見られるものの、別製本の各種が帖装本と同一刊者であった可能性は極めて低い。別製具引本（⑬）、異種本（⑭）は伝本が少ないため、その性質も解明されておらず、十分な検討はできないが、普通本（⑪）・特殊本（⑫）は帖装本とはかなり性質が異なるからである。

ここで光悦謡本全種の刊行者を明らかにすることはできないが、一種以上に関与した人物として誰が想定できるだろうか。まず考えるべきは、光悦謡本の中に角倉素庵が制作に関与した本があるのか否か、もしあるとしたらどの本になるのか、という点である。この問題に対して明確な答えをもっていないが、森上修は特製本「矢卓鴨」と嵯峨本『百人一首』第一種本とに同じ活字が使用されているという興味深い指摘をしている（「館蔵〈光悦謡本〉『矢卓鴨』について（続）」『香散見草』三二号、二〇〇三年三月）。嵯峨本『百人一首』は素庵自筆に近似しているということなので、同一環境で制作された可能性が高い特製本も素庵の関与が考えられる。光悦謡本研究は、これまで他の嵯峨本との比較が十分されてきたわけでないので、この森上の指摘を踏まえ、特製本の他曲だけでなく上製本・色替り本の活字の調査も今後行なわなければならないだろう。

また謡本の刊行については、玄人すなわち能役者の関与も考えなければならない。光悦謡本には奥付などはないため、誰による節付であるかはわからないが、前述した⑪が収まっていた箱の側面に手猿楽の虎屋一族の者であると推測される「虎屋良有」という名が見える。法政大学鴻山文庫蔵古活字中本「姨捨」には「右此百番者虎屋正本也」という奥付があるので、虎屋が謡本刊行に関与していたのは確実であり、光悦謡本刊行にも虎屋が関わった可能性はある。しかし、全種が虎屋によるものであった可能性は低いのではないだろうか。能楽界で決して地位の高くない虎屋だけで、これほどの大事業を成し遂げたとは考え難いからである。

そうすると、九世観世大夫身愛（ただちか）（一五六六～一六二六）との関わりを考えなければならない。身愛は幼名「鬼若」、通称「与三郎」、本名「忠親」であり、天正一三年（一五八五）ごろに観世大夫を継ぎ、のちに「左近（左近大夫）」と名のる。また慶長一五年（一六一〇）に駿河を出奔し、高野山に蟄居するが、のちに赦免され「黒雪斎暮閑」と名のるようになる。役者の活動以上に目に付くのは謡本の書写・節付といった謡伝授の活動で、身愛の奥書を持つ謡本が多数現存している。また、たんに謡本を書写しただけでなく、室町時代末期まで二系統あった観世流の詞章を整備し、新たな形を創出したのが身愛であったと考えられている。彼が何らかのかたちで、光悦謡本刊行に関与した可能性は高いだろう。

さらに、身愛が素庵と交流があったことを示す資料もある。センチュリー文化財団には二点の素庵書状が所蔵されているが、そのうちの一紙が身愛宛で、次のような内容となっている（センチュリー文化財団蔵「角倉素庵書状」。収蔵品データベースより[3]、読点筆者）。

以上

御状、本望至存候、如仰、此
中者、用事故、取紛、無音
躰候、然者、大炊殿うたひ本
奥書之儀、今明日之中ニ、出
来可申候間、従是、為持可遣之候、
則、本箱うけ取申候　恐惶謹言

三月廿一日　（花押）
角与一
観左近様
御報

「大炊殿」は幕府の年寄まで勤めた土井利勝のことと思われる。日付だけで年記がないが、身愛が「左近」を名乗るようになったのが慶長六年頃、利勝が大炊介に叙任されるのが慶長九年なので、それ以降の書状である。利勝から書写の依頼があった謡本に素庵が奥書を加え、近日中には届ける旨を伝える書状である。身愛と素庵に交流があっただけでなく、素庵が謡本書写に関与していたことを示す貴重な資料である。

利勝が依頼した謡本ついては未詳だが、この書状をもって、身愛が光悦謡本制作に関与していたことにはならない。しかし、嵯峨本刊行者と目される素庵が身愛と親交があったのなら、光悦謡本（のどれか）の制作も身愛の協力を得ることができたのではないだろうか。

江戸時代以前はある意味〝秘伝〟として伝授されていた謡本が、出版を通して多くの人に共有されるようになったことは、能楽界にとっても大きな変化であったはずであり、玄人がこうした新しい事業に関与することの難しさもあっただろう。光悦謡本より一五年ほど後に刊行された元和六年（一六二〇）刊謡本（元和卯月本）は身愛が出版に関わったことが確実であるが、出版時には身愛の関与を隠すようにしていたらしい。観世文庫蔵「正田・北村起請文」は元和卯月本刊行するにあたっての起請文であるが、正田仁左衛門・北村与兵衛が費用を負担し、印刷・販売の責任をもつことを約しているほか、「左近様御衆中ニ御入候事、毛頭他言仕間敷候」と、身愛が出版に関わっていることを他言しないとも誓約している（表きよし「元和卯月本刊行の背景」『銕仙』四四〇号、一九九六年二月）。

こうした状況を踏まえるのであれば、光悦謡本の刊行に身愛が関与していたとしても、積極的に世に知らせるようなことはできなかったとも考えられる。

四　光悦謡本研究の問題点

謡本は『伊勢物語』や『徒然草』といった散文作品とは異なる性格を有しているため、嵯峨本の中で独自の研究史を築いてきたが、出版物としてはそれらと同じ特徴も有している。嵯峨本全体の中に光悦謡本を置き、その性格を見直してみる必要もある。

近年の嵯峨本研究で大きく進展したのは、植字・組版面の研究である。古活字版の場合、部分的に異植字となっている本が比較的多く存在するが、嵯峨本はそれが顕著に見られ、「写本のような」と形容される要因の一つになっている。この特質については、林望が嵯峨本の作者は人為的な異化操作によって、「一本一本違った本を作りたかったのだ」と述べている（『書誌学の回廊』「嵯峨本を夢む」日本経済新聞社、一九九五年）。また嵯峨本『伊勢物語』を詳細に調査した高木浩明は「同じ組版における活字の意図的な差し替え」を「部分異植字版」と呼び、「植字工の遊び心がかいま見える」と評しており（「嵯峨本『伊勢物語』の書誌的考察(下)」『ビブリア』一二三号、二〇〇五年）、さらに鈴木広光は近畿大学図書館蔵『伊勢物語』の高精度デジタル画像を用いて、コンピュータ上で版面の精査と印字悉皆調査を行ない、『伊勢物語』に使われている活字は二〇〇〇種を超え、一度しか使われない活字が一六%もあることを明らかにし、ある本と他の本が「別物」であるように組版されていることを指摘している（「嵯峨本『伊勢物語』の活字と組版」『近世文藝』八四号、二〇〇六年七月）。こうした特徴は『徒然草』『撰集抄』などにも見られるので、嵯峨本は生産効率・大量印刷を目指さず、一点一点の手作りのように制作されていたという先行研究の見解は首肯すべきだろう。

これが嵯峨本の特徴であるのなら、謡本にも同じ現象が見られてしかるべきだろうが、実際はそうではない。比較的伝本が多い帖装本を比べてみると同版であることが多く、必ずしも一冊一冊が「別物」であることを主張してはいない。このことをどう考えるべきかが、嵯峨本研究の中の謡本研究として追究すべき点である。

謡本は楽譜の一種である。謡本には文字だけでなく、節も印刷されており、これらを植字・組版する時は、文字だけを配列する本よりも自由度が低く、「部分異植字版」を作るには手間がかかったのかもしれない。こうした謡本ならではの事情も考慮しなければならないが、次の二点についても考えてみる必要がある。

一つ目は光悦謡本の異版本・異植字本・異装本の考え方である。表の分類では、特製本に一冊、上製本に二六冊、色替り本に一冊の異なる版や装幀の本が報告されており、別に分類されている。表は版が異なるものが存在していることについて、「後に改めて版を組んで刷り直したもの」（『図説　光悦謡本』特製異植字本解説）や「部数が不足し、後に追加して組版刊行した本」（同、上製異版本解説）と結論づけているが、他の嵯峨本の部分異植字版の意味を踏まえるのであれば、「別物」を作るための意図的な活字の入れ替えが謡本にもあったことも考えられるだろう。

ただし、もしこうした意図があったとしたら、異版本がもう少し現存しているはずである。今回筆者は、上製本のうち鴻山文庫蔵本と檜書店蔵本の一五冊だけを改めて調査したところ、やはり「うきふね」の版が異なっていた（図2）。詳細は別稿に譲るが、部分的に活字が一致するものの全丁にわたって異植字部分が多いので、表分類に当てはめると、「うきふね」にも上製異版本の一種が存在することになる。現存する本を丁寧に調査すれば、こうした異版本はまだ発見できると予想されるので、光悦謡本の中でどれほどの異版本・異植字本が存在するのかを把握し、なぜそれらが存在するかを再考してみる必要があるだろう。

二つ目は、謡本は大部の冊を一組とする本である点である。もし、制作依頼者（購入者）が自分の本に〝個性〟を表したいのであれば、謡本の場合は一冊一冊の本ではなく、本の組み合わせによっても表現することが可能なのである。前述の

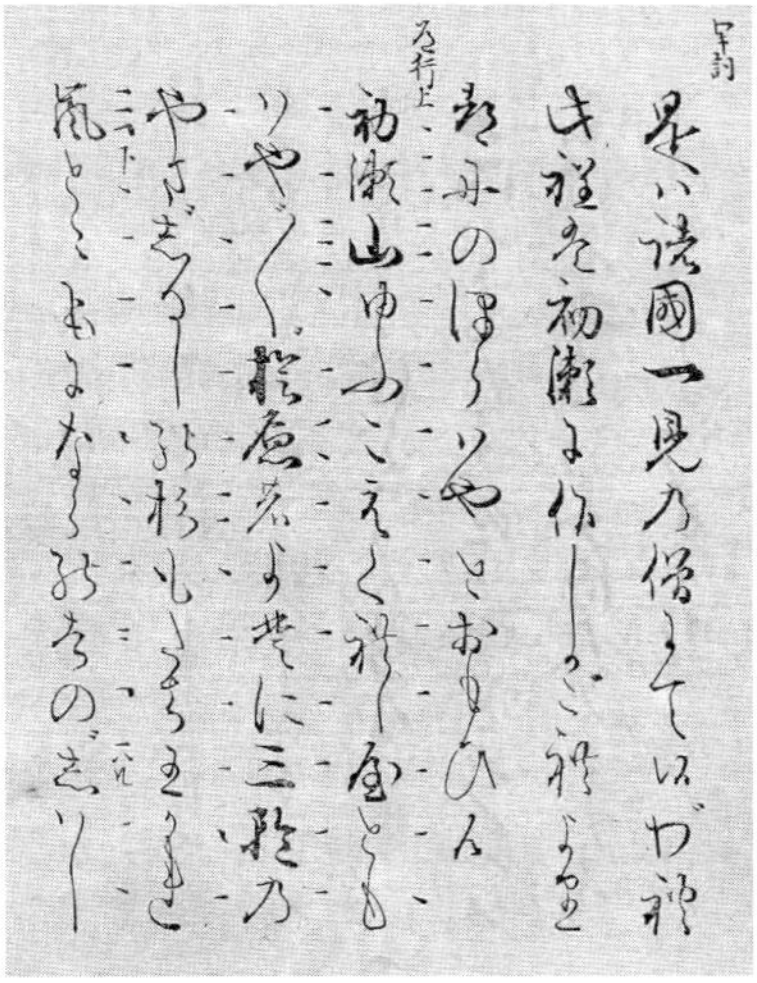

D　法政大学鴻山文庫蔵上製本

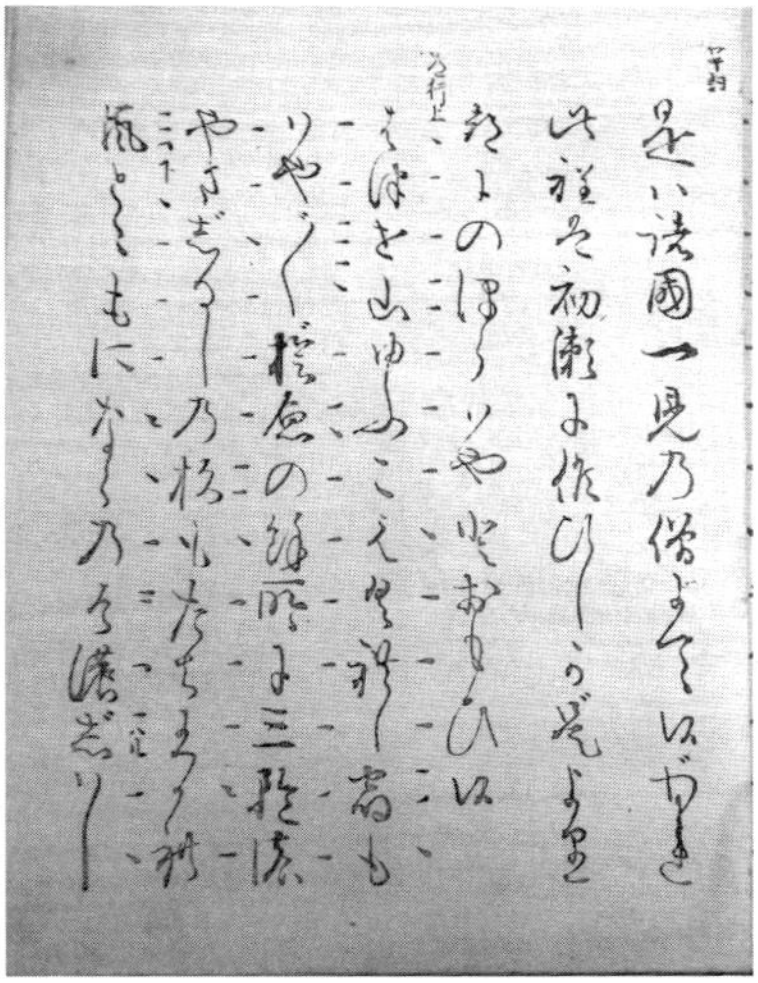

E　檜書店蔵（旧鍋島家蔵本）上製本

図２：「うきふね」

とおり、上製本と色替り本は相関性のある種であるが、両種とも一一〇冊の組み合わせで刊行されたと考えられている。しかし、現存する伝本をみるとのちの所蔵者が取り合わせた組を除き、一一〇冊ではなく一〇〇冊一組として残っているものがほとんどなのである。たとえば益田孝旧蔵上製本（天理大学附属天理図書館蔵）は一一〇冊組であるが、一〇〇冊組用の本箱に収まっており、もともと一一〇冊組ではないことがわかる。

こうした伝本の現存状態を踏まえると、上製本・色替り本は一〇〇冊組で制作される場合が多く、組み合わせは依頼者が選択でき、それによって依頼者の〝個性〟が表現できたと考えられないだろうか。数冊のみ異版本・異装本が存在するのはその組独特の彩りのためであり、色替り本に上製本が混じっていたり、追加本が一部の組にみられるのも組の個性を生み出すものだったのではないだろうか。(4) すなわち、他の嵯峨本が一冊ごとに独自性があるのに対して、謡本は組ごとに「別物」であることを主張していたとも考えられるのである。

この二点の問題に対する私見は推測の域を出ないが、これまでの光悦謡本研究は「手書きのような」という嵯峨本の特質には注意を払ってこなかったように思う。現在の嵯峨本研究を踏まえ、光悦謡本は生産効率を重視した出版物ではない、という視点から制作・刊行状況を再考してみることも必要であろう。

（1）竹本幹夫は、近年発見された袋綴新種本（後述）を踏まえ、光悦謡本は古活字版に限定せず、整版も含めるべきという重要な指摘をしている（「新収貴重書紹介　光悦謡本　袋綴別製新種本」『早稲田大学図書館紀要』四六号、一九九九年三月）。筆者も賛成であるが、本稿ではとりあえず表の研究に則して説明していく。

（2）古活字版で列帖装の本を作る場合、植字・組版をするときにどの面とどの面を並べて印刷するべきか〝計算〟する必要があるので、作業面への配慮もあったのかもしれない。さらに、通常の組版とは異なる印刷方法を採用していたとも考えられるのではないだろうか。森上修は二台の植字盤を用い、半葉ずつ印刷する方法も想定している（「館蔵〈光悦謡本〉『矢卓鴨』のことども」『香散見草』二五号、一九九六年五月）。後述する上製本に交じる整版本と袋綴別製新種本のことを念頭に置くと、光悦謡本には一丁ずつではなく、半葉ずつ印刷するという慣習があったともいえるが、憶測の域を出ない。今後の課題としておきたい。

（3）「観世左近宛素庵書状」が存在することは、すでに林進が素庵の真蹟を分析する中で紹介している（「角倉素庵の書跡と嵯峨本」『日本文化の諸相――その継承と創造――』風媒社、二〇〇六年）。また写真が図録『特別展　没後三七〇年記念　角倉素庵』（大和文華館、二〇〇二年）に掲載されている。ただし、詳しい分析がされてはいないので、ここに全文掲載したい。

（4）追加本には雲林院・鍾馗・昭君・せみまろ・玉の井・丹後物狂・とくさ・反魂香の八曲があるが、鍾馗・昭君は江戸時代版本の外組、丹後物狂・反魂香は番外曲であるように、変わった曲（一〇〇曲組に含まれることが少ない曲）が多く含まれている。こうした曲を追加することからも、独自性のある組を作ろうとする意図が看取できる。

【第六部】

第四章　〈嵯峨本〉以前の古活字版について

森上　修

はじめに

わが国で最初に後陽成天皇が文禄二年（一五九三）に活字版で刊行したいわゆる文禄勅版『古文孝経』は現在までのところ、実物の印刷本が発見されておらず、したがって該書に関する版本学的な考察は不能であり、植字組版の具体的なことなどその実相は一切が不明のままとなっているのが実情である。

現存する古活字版では文禄五年の刊行になる小瀬甫庵の『補注蒙求』[1]（大阪府立中之島図書館蔵ほか）と如庵宗乾の『証類備用本草序例』[2]（天理大学附属天理図書館蔵）の二本が最初期の文禄刊本としてよく知られている。

この両本（無界本）に関しては、印刷面の版本学的な調査により、活字組版の際に行間インテルや字間込め物などが使用されており、そのことよりこれらの活字組版技法は組立方式によるものであることが確認されている[3]。そして少しのちの慶長八年（一六〇三）に嵯峨の地で角倉素庵が開版したと考えられる『史記』（有界八行本、五〇冊）[4]にも各丁の界線間に木活字駒を挟んで両側に一本ずつの細いインテル（半丁八行、一六本）を挿入していることが筆者らの総合調査（国立国会図書館デジタルコレクション画像全冊検索）によって確認できている。

全丁各行の活字駒を界線間の中心軸に沿った位置へ排植し、均整な版面を構築するためには組版時に活字駒の両側へインテルを挿入し、空格の個所には込め物を入れなければならない。

もし仮に、インテルを片側にだけ挿入したとしたなら活字駒は一方に片寄ってしまい、印字行は行間の中心軸をはずれて右や左へ偏在した状態に摺刷されてしまうであろう。

事実、この素庵刊『史記』には何とも粗雑な組版処理を行ったとみられる正常でない片寄りの摺刷面を呈する個所がしばしば見受けられる[5]。

しかしながら、こうした失態現象こそは組版時にインテルを使用していることの証左であり、それは組立式の組版技法に基づく活字印本であることを明確に示すものといえるであろう。なお、この『史記』と同じ年に刊行されたとみられる〈嵯峨本〉『徒然草』（第一種、天理図書館所蔵）には、上冊の第二四丁オ行末空格の個所に込め物の「クワタ」が挿入されており、墨付きの汚れによってそれが確認できる。

こうした古活字版に対する精査により、版本の摺刷面から活字組版技法についての具体的な事柄が次第に明らかになってきたのであるが、今後もなお努力を重ねて古活字版組版技法の伝来系統にかかわる諸問題の研究を続けなければならないと痛感している。

先述の如庵宗乾が文禄五年に刊行した『証類備用本草序例』の活字は明朝体活字であるが、大阪樟蔭女子大学名誉教授・木村三四吾先生の直接のご教示によれば、該本は明版嘉靖刊本を底本に用いたものであろうとのことである。ところで、該本を刊行した平安の如庵宗乾とは果たして如何なる人物なのであろうか。このことは大いに気がかりな点であり、長らく調査を続けているが、参考とすべき関連文献は見つからない。しかしながら、その当時、明刊嘉靖版の本草書などを所持しうるのは京洛で随一の薬方医として仰がれた医師の吉田宗恂（角倉了以の実弟）をおいて他に該当者は見出しがたいのではなかろうか。

そして、さらに注目すべきは、同じ年の文禄五年に吉田宗恂が『古今医案』を開版しており、(6)その吉田家には明国より将来した明版の医書類が数多く襲蔵されていたと考えられることである。如庵宗乾とはおそらくこの吉田宗恂のことであり、宗乾はその匿名であろうと想定される。確証は得られないものの、この『証類備用本草序例』こそはまさに宗恂が家蔵の明版を参照して印行したものと考えられよう。

該本には注文用の陰刻活字が排植されていて、その印出字から、使用活字はきわめて精巧に作製されていたことがわかる。

木活字の彫造技法はこの文禄期においてすでに完成の域に到達していたといえるであろう。ところで、吉田宗恂は藤原惺窩門の儒医として知られているが、『古今医案』のあと、続いて慶長三年（一五九八）に『大学』『中庸』『孟子』の注本を活字版で刊行しており、それらを知友に販売していたことが山科言経の『言経卿記』に見えている。

そして宗恂の門生・五十川（いかわ）了庵が慶長七年に『太平記』を刊行した際に、文禄宗乾刊の明朝体活字を重用していることが注目されるが、これはすなわち宗乾こと吉田宗恂が自己所有の活字駒を了庵のために貸与していたことを如実に示すものであろう。(7)

このように、吉田宗恂は文禄期より引続いて書物の刊行に深くかかわっていたことがわかるのであるが、こうした印出作業などは宗恂のごく身近なところで行われていたものと考えられる。あるいは角倉家とゆかりの深い嵯峨の地のどこかに活字版や木版の印刷本を生産する造本工房のような施設ができていて、そこへ宗恂が書物の印行を依頼していたのではなかろうか。

この造本工房については、吉田宗恂がその設置の必要性を提唱し、角倉家の一族や縁者がその企画にかかわり、職人衆の多くが加わって実現したのであろう。

さしずめ、宗恂の甥である角倉素庵がその工房を主宰して万般の運営、指導にあたったのではないかと推察される。(7)そして、こうした角倉家の造本工房において活字印刷や木版印刷の書物の刊行が促進され、慶長七・八年ごろからいよいよ〈嵯峨本〉と呼ばれる美麗な豪華版が『徒然草』をはじめとして次々と上梓され、やがてそれらと併行して古活字版諸本の全盛期が到来するにいたったものと考えられるのである。

〈嵯峨本〉の最初期に刊行されたとみられるこの『徒然草』(8)には三・四格活字がのちの『伊勢物語』(9)（慶長一三年刊本）よりも桁ちがいに多く使用されているのが特徴である。

なお、この〈嵯峨本〉に関しては近年、林進がすぐれた論考を多く発表しているので、詳しくはそれらを参照していただきたいとおもう。

一　〈伏見版〉の木活字と組版方式

徳川家康は慶長四年より伏見の円光寺において〈伏見版〉を開版したが、その印行に使用された木活字は現在も京都市左京区一乗寺の円光寺に伝存している。筆者は昭和五〇年代の末、幸いにもそれらの活字駒を長時間にわたり見学する機会に恵まれたが、この〈伏見版〉木活字を含む円光寺活字の正式調査は京都府教育委員会において昭和六三年より開始され、平成三年三月にその調査結果をまとめた『円光寺所蔵伏見版木活字関係歴史資料調査報告書』が刊行されている。

そのうち、宗政五十緒が木活字と付属の摺刷盤に関する調査にあたり、「円光寺木製活字とその付属品」の題目で詳細な調査結果を報告している。現在、円光寺に所蔵されている木活字には、近世後期に調製されたいわゆる近世木活と呼ばれるものも混在しているが、同氏の調べによると〈伏見版〉の印刷に使用された漢字木活字は木駒の底面に切込みがなく、本文活字（コード113第三種、一二・五×一六・五、高さ二〇・四㎜）は約二三、七〇〇個、割注活字（コード123第三種、一二・〇×八・〇、高さ二〇・〇㎜）は約一八、四〇〇個と算定されており、その木質は桜材であるとのことである。

これらは、李朝木活字とは大きく異なり、木駒の四側面を垂直に仕上げて彫字を施した深い薬研彫（やげんぼり）の自立式組版用木活字であり、版下書きを使用せずに木駒の腰部あたりの位置から上面へ向けて彫り上げる直彫りの方法により彫出されている（叡山文庫にはこれと同じような薬研彫りで、彫出途上の未完成品の叡山版木活字が現存しており、木活字の調製法が具体的によくわかる）。

　これら遺品の活字の実態を踏まえ〈伏見版〉の印刷面を注意深く観察すると界線間におけるインテルや込め物類がそれぞれどのように使用されているかなどの個別的な事柄がよくわかってくる。たとえば『孔子家語』（京都府立総合資料館蔵本、国立国会図書館蔵本など）の第四冊にはインテルの墨汚れがいく個所かに確認できる。

　今後はそうした版本学的な観点からの実証的研究をこの〈伏見版〉の諸本で推進されることが期待される。それから、活字調査に続いて付属品として二台の摺刷盤（前掲宗政論文図版九・一〇）について解説がなされているのであるが、宗政はこの摺刷盤を伏見版の印刷に使用されたものと推測していて、これは日本最古のもののはずであると述べている。

　しかしながら、この〈伏見版〉には、このように匡郭を固定した方式の摺刷盤を使用した事例は活字印本の印刷面による限りまったく確認できない。

　『孔子家語』をはじめとする〈伏見版〉の匡郭はいずれも棒状細板の両端を四五度角に切截（留め切）加工した四本の単体部材を用いて毎丁、額縁状に組換える組立方式の〈B様式〉（慶長三年小瀬甫庵版に始まる）に該当するものである。したがって宗政が解説している匡郭固定の摺刷盤は、慶長期の〈伏見版〉を印行した際に使用した摺刷盤そのものではないということになるであろう。

　繰り返しになるが、『孔子家語』など〈伏見版〉の活字印刷は毎丁、組版と解版を続けて行う匡郭可動の典型的な組立方式に基づくものであり、このことは各冊全丁の版面調査によって明らかになってきた事柄なのである。

　参考までに、〈伏見版〉の木活字を襲用した近世木活字版が存在するが、そのうち『桑華蒙求』と『筆疇』の二本については匡郭固定式の摺刷盤を使用して印刷されていることが確認されている[7]。

　円光寺に所蔵されている摺刷盤の匡郭部は、その近世木活字版の匡郭と同形式であり、おそらくこの摺刷盤の遺品はそのころ新たに調製された近世後期の固定式摺刷盤であると推定されるのである。

なお、慶長四年刊の『孔子家語』は有界七行本で、四冊全丁に各行左右一本ずつインテルが挿入されていると考えられるが、慶長八年素庵刊の有界八行本『史記』のようにインテルによる墨付きの汚れはほとんど現われていない。これは〈伏見版〉における組立式の組版処理や印出が頗る入念に行われていたことを示すものであろう。

素庵刊の有界本『史記』では、インテルを各行の活字の両側に一本ずつ挿入する正常組版のものとインテルを左右の一方へだけ入れる異常な片寄り組版によるものとが印刷面で観察されるが、この〈伏見版〉においてはそうした片寄り組版による印字例はほとんど見られないのが特徴である。

〈伏見版〉は比較的多くの機関で所蔵されているが、そのうち阪本龍門文庫所蔵の慶長一一年刊『七書』七冊[10]には雲母刷紋様(きららずり)を施した嵯峨本原装表紙が付されている。

このことから、〈伏見版〉の装訂作業には角倉工房がかかわっていたものかと考えられ、大いに注目されるところである。

二　付着式植字方式の李朝活字版

李朝活字版の植字方法は、摺刷盤に匡郭の囲い枠を固定して取り付けたものを一冊の印出に十数台ほど用意し、これに蜜蠟などの付着材を敷き詰め、界線部材や活字類を挿し込み、その上面を均一にして版面を形成し印刷を行うというものであり、もとよりこれは高麗朝の伝統的な植字手法を継承するものであった。

こうした固着材を使用する付着式摺刷盤については一八世紀末に鋳字(金属活字)官版を印行した際に使用された実物遺品が、甲寅字体の活字や界線を排植したままの状態で韓国の高麗大学校博物館などに現存[11]しており、それにより当時の李朝における植字方法を具体的に知ることができる。

日本の古活字版では排植時に付着材などはいっさい使用せず、摺刷盤の中へ匡郭の枠材を入れて自立式の高駒活字を排植し、それにインテルや込め物を用いて緩みの出ないようにしっかりと組み上げる組立方式であるのに対して、李朝では植字の際に必ず付着材を使用して活字類を固定させるという特異な付着方式による印刷が長らく行われ、その末期にいたるまで続けられた。

李朝活字版とわが国の古活字版とはこのように活字の排植方式が根本的に相違するのであり、この点は十分に認識しておく必要があるといえる。

これまで通説として、わが国の古活字版印刷は李朝古活字版の方式に倣って行われたものと言い伝えられてきたのであるが、これは李朝活字版の印刷実態を把握せず、また李朝刊本の版本学的な基礎調査を省略した根拠のない憶説であって、そのような誤りの通説は訂正されなければならないであろう。

かつて古活字版と李朝活字版との版面の比較調査をはじめたころ、韓国書誌学の権威である成均館大学校文化大学・千恵鳳教授の著書から、李朝刊本に関する多くの知見を得ることができ、数々の学恩を蒙った。また、中尾松泉堂書店の中尾堅一郎氏からは訓錬都監木活字版や李朝後期の鋳字官版の実査にあたって何かと便宜をはかっていただき、李朝活字版の印刷技法を版本学的に詳しく調べることができた。結論からいうと先述のごとく李朝活字版の伝統的な付着式植字法は李朝末期まで存続したとみるのが筆者の見解である。

ところが千恵鳳など韓国側の研究者が李朝活字版の付着式植字法について言及する場合には「世宗一六年（一四三四）に甲寅字の活字が鋳造された際、活字の形状を方形に改良しこの時から蠟を使用せずに竹木により空隙を埋める方式の組立式組版技法がはじまった」という主旨の説明(12)がなされる。

これはもちろん成俔（ソンヒョン）の『慵斎叢話』にみえる記事に基づくものであり、ほとんどの人がこの成俔の見解に同調しているようである。

つまり、韓国では李朝古活字版はこの世宗一六年より付着材を使用しない組立式組版法に移行したという理解になるのであろう。

文献解釈もさることながら、やはり実物の活字印本に基づく版本学的な調査研究はきわめて重要である。だが残念ながらこの李朝活字版に関してはこれまでそうした版面の詳しい調査はあまり積極的には行われていないのが、実情である。

一八世紀後半ごろの印出とみられる近畿大学中央図書館所蔵の鋳字官版（鋳造活字の丁酉字本）や私蔵の仁宗朝木活字本と〈伏見版〉や〈秀頼版〉をかつて比較調査した際、李朝活字版とわが国の古活字版とは活字の植字方式が技法上で大きく相違するものであることに気付き、日本の古活字版は李朝活字版の植字手法とはおよそ異なる系統に属する方式によって印刷されているのではないかという疑点が湧き出て大きなショックを受けたことを今なお鮮明に記憶している。

それでなお念のため一六・七世紀の李朝活字版ではどのような方式で植字組版が行われていたのかを調べてみることにした。

豊臣秀吉の朝鮮出兵による「文禄の役」が勃発する直前に印出された再鋳甲寅字本の『箋注靖節先生集』（宣祖一六年〈一五八三〉刊）と『書伝大全』（宣祖二〇年刊）とが名古屋市蓬左文庫に所蔵[13]されており、その両本はともに固定匡郭の付着式植字盤により印出されたものであることが確認[14]できた。また、戦乱後の宣祖三六年より三年がかりで開版された訓錬都監木活字本の復印『李朝実録』もやはり付着式植字法で印行されたものであり、各行に二四本か二五本の活字駒を不揃いに排植していることがみとめられた。

そして天理図書館所蔵の訓錬都監木活字版『分類補注李太白詩文集』もやはり付着式植字法により摺刷されていて、一冊の印出にそれぞれ十数台の固定匡郭の付着式植字盤が不規則に繰り返し使用されていることがわかった。

その後も折りに触れて李朝活字版の版面調査を続けているが、そのいずれもが付着式植字盤を用いた活字印本であって、世宗朝より以後の活字印本で自立式の高駒活字を使用して組立式組版法により印出されたとみとめられる李朝活字版は確認できないでいる。

このように宣祖朝やそれ以後も、なお李朝活字版は長らくの期間、何らかわることなく付着式植字盤を使用して印行を続けてきたことが確認できるのである。

李朝活字版の印刷技法が日本に伝来して古活字版印刷が始まったとする学界のこれまでの通説は、版本学の基本である版面検証を欠く非学術的な空言であり、筆者としてはこれを素直に受け入れることがためらわれる。

まとめとしてわが国には、付着材を用いて植字を行い開版したとみとめ得る古活字版は実在しないということなのであるが、こうした独特の付着式植字法による李朝活字版の印刷方式は、実は中国北宋朝の慶暦年間に民間人の畢昇が発明した膠泥(こうでい)活字印刷（松脂(まつやに)を敷いた鉄板に鉄枠を置き中へ薄い活字を排植、暖めてやにを熔かし整版して印刷。沈括『夢溪筆談』巻三八）に由来するものである。畢昇のこの植字技法は中国には残らずに、高麗朝へ伝わったのち李朝活字版を印出する伝統的な植字法として李朝末期まで継承され、改良を重ねて独自の発展を遂げたのである。李朝活字版のこの付着式植字法こそ、中国北宋朝の稀有な植字技法を長らく伝える事例であり、歴史的な文化遺産としてわれわれは改めてこのことに関心の目を注ぐべきではないかとおもう。

三　〈慶長勅版〉の活字組版法

後陽成天皇が開版した〈慶長勅版〉は主要なもの一一本をかぞえる。

この〈慶長勅版〉については、戦前に鈴鹿三七や、川瀬一馬の概括的な研究[15]があり、そして戦後には〈慶長勅版〉の個別研究が始まり、木村三四吾・金子和正により『古文孝経』などに関する版本学的な研究成果[16]が発表された。

筆者もその後、天理図書館所蔵の『長恨歌伝琵琶行』を詳しく調査[3・14]する機会に恵まれ、またその際、『日本書紀神代巻』と『職原抄』についても特別に閲覧を許され、慶長勅版活字の比較調査を手掛けることができた。

そして『錦繡段』に関しては、のちに東洋文庫所蔵本と武田科学振興財団杏雨書屋所蔵本により版面の調査を実施することができた。

〈慶長勅版〉はわが国の古活字版中、最も精巧に調製された大型活字駒を使用する風格ただよう堂々たる木活字印刷本であり、その活字字様は後陽成天皇の筆跡に近いかと考えられる。〈慶長勅版〉の版式は、いずれも半丁八行、一行一七字、版心部は黒口の三魚尾であることが共通しており、漢籍は有界本、国書は無界本となっている。

慶長勅版で最初に開版された慶長二年の『錦繡段』と『勧学文』とは同一の匡郭固定（胴突き）式の植字盤が使用されており、両本の摺刷面を比較精査したところ『勧学文』の方に損傷が多く、『錦繡段』が先出の活字印本であることが確認された[17]。

その『錦繡段』の摺刷面をもとにフィルム版の組版ゲージを作製して版面の組版具合を観察すると、全丁の各行は詩句本文の上部と下部に空白を設けており、その上には四分の三格、下には四分の一格の込め物をそれぞれ挿入していることがわかる。

界線（約一㎜）は版心部を挟んで一四本、植字盤の固定匡郭に取り付けられている。各行の行間寸法はおのおの二〇㎜、その中へ活字駒（約一七×一四㎜）を一七本、排植できるようになっている。すると活字駒と両界線の間に計算上ではそれぞれ三㎜ほどの空隙が存することになり、活字駒の動きを固定するために、その両側へ細いインテルを入れたものと考えられるが近年、東洋文庫蔵『錦繡段』を再査して五〇丁ウ一行右と五一丁オ一行右にその細インテルのかすかな汚れを確認することができた。

『錦繡段』の摺刷面は全丁にわたって墨付きの状態がいたって良好であり、印出字の字様も実に鮮明であることから、よほど行き届いた印刷作業が行われたものと推察される。

『錦繡段』については、私大阪神地区協議会書誌学研究会による印出字の字種別調査[18]が行われており、活字駒の駒別審定に参考になる点が多い。

活字駒の正確な使用本数は未詳であり、印字総数は一一、二八一字であったと報告されている。おそらくこれらの慶長勅版活字は教養ゆたかな京洛の富裕な町衆がその調製にかかわり、相当数にのぼる木活字を皇室へ献上したものであろう。

それでは匡郭固定式でない慶長四年勅版の界線をともなわない国書の『日本書紀神代巻』や『職原抄』ではどのような植字組版が行われているのであろうか。

この両本は天理図書館に所蔵されていて以前に実査したが、そのいずれにも三㎜幅の行間インテルの墨付きの汚れ個所を確認している。[3]『職原抄』については原寸大複写本を所持しているので、これに関してはフィルム版の組版ゲージを版面にあてて詳しく調べてみることにした（一八丁オ七・八行間に三㎜幅インテルの汚れがみられる）。

四本の可動式枠材を胴突きに組み合せた匡郭形式の〈A様式〉で一版（一丁分）の右半分では各行とも右側へインテルを差し入れてから活字を排植する。左半分ではまず活字を排植したのちに左側へインテルを挿入する。

インテルは三㎜幅のものが行間に使われ、右匡郭に接する初行と左匡郭に接する末行には二㎜幅のものが挿入されている。したがって、版心部に隣接する表面第八行と裏面第一行においては、印出字の字画の一端が版心部に近接する事例がみられる。

『日本書紀神代巻』もまた活字の植字組版法は『職原抄』と同じであることが組版ゲージによる全丁の確認作業でわかる。慶長四年勅版にはほかに有界本の漢籍で匡郭固定式の〈四書〉と『古文孝経』が刊行されているが、版面の詳細な調査によって、その印出順は『大学』『中庸』『古文孝経』『論語』『孟子』であることが判明している。[16]

その界線幅は慶長二年勅版と同じく一㎜ほどと考えられ、それぞれは固定されていて各行間の寸法は約二〇㎜とみられている。

『古文孝経』と『論語』の摺刷面をデジタル画像で観察した印象として、二本とも版心部に隣接する表面第八行と裏面第一行とは、行間が少し狭く印出字が版心側にやや片寄っているように見受けられる。

それ以外の各行においては印出字は界線間の中央に摺刷されており、活字駒の両側にそれぞれ細いインテルを挿入し版面全体を緊定しているようである。

この二本に先行する『大学』や『中庸』についても摺刷面の精査を行う必要があり、今後の課題とすべきであろうが、おそらくこれらの匡郭および界線が固定された〈四書〉や『古文孝経』などはいずれも界線の内側へ細いインテルを挿入しながら、植字・組版のことが行われたものと考えられる。とすれば、こうした慶長四年勅版の七本ではたとえ匡郭形式が相違したとしても植字組版に際してはやはり活字駒の両側にインテルが使用されていたということになるであろう。

慶長八年勅版には組立式匡郭に基づく『長恨歌伝琵琶行』と『白氏五妃曲』の二本が現存するが、[3]この二本はともに匡郭の組立形式が『日本書紀神代巻』や『職原抄』とは異なり、四本の部材を両端でそれぞれ四五度角に切截（留め切）した縦用と横用の匡郭を額縁状に毎丁組み換える組立方式となっている。各行間の寸法は二〇㎜でその中央位置に活字駒を布置し、摺刷している。

版心部材は両側が垂直であり界線は幅約一㎜とみられるから、活字駒の両側には相応の細いインテルが挿入されていることになる。たとえば「恨」字は『長恨歌伝琵琶行』の第一丁首行では、両側にインテルが入っているため、行間の中央に印出されていてその両側に一・五㎜ほどの空隙がみとめられる。しかしこの「恨」字の活字駒は『日本書紀神代

十三學得琵琶成　名屬教坊第一部
曲罷曾教善才伏　粧成每被秋娘妬
五陵年少爭纏頭　一曲紅綃不知數

写真：慶長八年勅版『長恨歌伝琵琶行』インテルの使用例（第一一丁ウ第六・七・八行左）（天理大学附属天理図書館蔵）

巻』巻二第三七丁オ第八行においてはインテルが介在しないため、版心部に接触するほど近寄って印出されていることがわかるであろう。有界本では行間の中央位置へ活字駒を固定させるためにその両側にはインテルが挿入されるのである。なお、有界本における界線幅に関しては、近年では調査の方法が進み鋳銅の部材を使用する〈駿河版〉では約三㎜、木活字版においては幅一㎜強ぐらいとみられるようになってきている。この点を付記しておきたい。参考までに、この『長恨歌伝琵琶行』に使用されている行間のインテルについて原寸複写本に基づきその使用痕を確認できる事例を示すと次の通りである。

［一丁オ五行］

［一丁ウ二行・三行・五行・六行・七行・八行］

［一一丁ウ一行・六行・七行・八行］（以上一一例）

『長恨歌伝琵琶行』は行間に布置した活字駒の両側に細インテルを挿入して一版を整然と組み上げ鮮明に印出されていて、行き届いた仕事ぶりがうかがえる。

ところで、匡郭部材を〈留め切〉にして額縁状に組み込む匡郭組立式の慶長八年勅版の二本と同方式の古活字版有界本『史記』（五〇冊）が同年に嵯峨の地において角倉素庵により刊行されているが、こちらの有界本『史記』では本文の印刷もさることながら、インテルの墨付きの汚れもはっきり摺刷されており、インテルの使用実態がよく観察できる。この『史記』には、そうしたインテルの使用痕(19)が各所にみられるが、それらを通覧して総合的に考えると該本は大半が正常に組版、印刷されており、各行には細インテルが活字駒の両側に挿入されているのがはっきりと確認できる。先年、調査した国立国会図書館所蔵本のほか関西大学図書館所蔵本、京都府立総合資料館所蔵本などの有界本『史記』の諸本ではいずれもそのようであった。

ところで、国立国会図書館蔵本のデジタル画像を通検すると印出字が行間の中心軸をはずれ、活字が左へ寄ったまま印刷された個所が数多く見受けられる。つまり、これは活字の右側にのみインテルを挿入したために活字が左側へ偏在したままの状態で片寄った印刷がなされたことを示すものであろう。

角倉素庵という人物は活字印刷の外見的な出来具合などにはおよそ無頓着であったのか。

それに対して、この『長恨歌伝琵琶行』ではよほど丁寧な組版と印刷が行われたことをうかがわせる。清原秀賢の『慶長日件録』によると慶長八年正月一七日の条に鷲尾隆尚、中院通勝と秀賢の三名が天皇の御前において『長恨歌』一字板(活字版)の採字にあたり、当日をもって組版を完了した旨が記載されている[3]が、もちろんこの組版の実作業には専門の職人がかかわっていたことであろう。

また、四日後の二一日の条には『白氏五妃曲』について百部活刷の勅命を細工の衆に申渡したとあり、このことから本書の刊行は外部の工房に依託したことが知られる。

なお、参考までに雲母刷りの雷文繋牡丹唐草紋(らいもんつなぎぼたんからくさもん)の原表紙をともなう『日本書紀神代巻』が先年古書市場に現われ[20]話題になったがこれは〈嵯峨本〉の装飾表紙に通じるもので、これも角倉工房などの専門の装訂職人が摺刷紙の製本にたずさわっていたことをうかがわせるものであろう。

このように〈慶長勅版〉は、京洛の上層町衆や造本のことにたずさわるさまざまな専門職人の献身的な奉仕と協力により成ったものといえよう。

ところで、『錦繡段』の跋文や『勧学文』の刊記には、それぞれこの活字印刷法は朝鮮に由来するものであるとの記載があるが、これは版本学的なこれまでの精査結果と完全に相違するものであり、これに関してはまた別の解釈が必要ではないかと考えられる[14]。

天理図書館の大内田貞郎・高部萃子両氏は昭和六二年秋、朝鮮古活字版についての論稿を『ビブリア』誌上に発表し(21)て後陽成天皇の〈文禄勅版〉に言及し、

わが国には文禄二年（一五九三）、後陽成天皇の要請により、壬辰の乱に乗じて持ち帰った朝鮮朝の活字印刷機具一式で勅版『古文孝経』を印刷した事実があった。これがわが国で最初に行った活字印刷であり、いわゆる古活字版である。……それは朝鮮朝伝統の技法による印刷が行われた筈である。慶長二年（一五九七）に刊行された勅版『勧学文』の刊記に……とあることからもそれは、確認できる。とすればわが国古活字版草創期の印刷技法は、活字を固着剤の上に植字する、いわゆる畢昇の技法に属すると考えてよいのではないだろうか。……

と〈文禄勅版〉や〈慶長勅版〉など古活字版草創期の印刷技法を固着剤に植字する朝鮮朝の技法に属するものとした。大内田はその後、匡郭を固定した様式の慶長二年勅版を李朝の印刷工がかかわって印刷したものであるとし、慶長二年勅版の李朝印刷工摺刷説を展開している。

しかしながら、これまでの版本調査を通じて明らかなごとく、慶長二年勅版をはじめとする〈慶長勅版〉は有界本、無界本の別なくいずれも、固着材を使用する植字技法とはまったく異なり、それらは高駒活字、インテル（界内・行間）、込め物類を組立式に組み込んで版面を構築する組版技法によって印行されているという事実が確認できるのである。

繰り返しになるが、わが国には固着材を使用して印出された古活字版は存在せず、また逆に李朝刊本には界内にインテルを用いる組立式組版の方式によった活字印本は今日まで見出し得ないということをここで改めて強調しておきたい。

それから〈慶長勅版〉ではないが、後陽成帝とのかかわりが認められる古活字版の『無言抄』（第一種無刊記本）の

ことに関して少し触れておきたい。

『無言抄』は木食応其が里村紹巴の校閲を経て編纂した連歌の作法書であるが、伝存諸本のうちこの無刊記の第一種本が最も正確かつ整備された本文を伝えるものとされており、その早稲田大学図書館所蔵本について石川真弘が、調査、研究[22]を進めているところである。

該書は袋綴じの大本で四冊全三四四丁からなり、超大型の連彫活字を多用する平仮名交じりの活字印本である。

字体は独特の趣きがある草書体で、一部に角倉素庵の筆跡に通うところも見られるといわれている。その巻末には慶長三年二品親王空性と慶長四年神無月上旬法眼紹巴印判の跋文があり、完成した『無言抄』を後陽成帝に奉献したところ勅筆の外題を賜わったと記されているが、『無言抄』を刊行した初印本にはその勅筆写刻の刷り題簽が貼付されていたことであろう。

この『無言抄』の刊行時期は定かでないが、紹巴の跋文などをあわせ考えれば、それはおそらく慶長四年末ごろには印出されていたのではないかと推察される。とすれば、この慶長四年跋刊本『無言抄』は素庵工房が関与して印行したと想定される曲直瀬玄朔『延寿撮要』と並んでわが国最初の平仮名交じり活字本の一つということになるわけであり、今後さらに版本学的な精しい調査を進める必要があるようにおもう。

まとめ

〈嵯峨本〉と呼ばれる古典類の装飾性ゆたかな豪華版がはじめて登場するのは慶長八年ごろの『徒然草』かと考えられるが、この年に嵯峨の角倉素庵が大部な有界本の『史記』を刊行していることが小秋元段の研究[4]により明らかになっている。

〈嵯峨本〉については筆者は主として『徒然草』や『伊勢物語』の諸刊本、『百人一首』帖装本などを調べてきた。そしてこれらの調査と併行して〈嵯峨本〉刊行以前の〈文禄五年版〉や〈慶長勅版〉〈伏見版〉などの古活字版をはじめ、〈李朝古活字版〉についてもそれらと並行して長らく版面の調査を続けてきた。

これら一連の版本調査はもとより古活字版組版技法の実態を究めると同時に李朝の活字版印刷技法の特質を把握し、技法上の根本的な相違点を比検して明示するのを目標に掲げて実施していることなのである。このたびのこの論稿はこれまでのそうした版本学的な調査結果の要点をまとめたものであって、すでに二昔も以前に発表した考察の域をほとんど出るものではない。

ただ近年になって、有界本『史記』五〇冊（全丁三三五九駒）のデジタル画像をパソコンで容易に通検できるようになり、その版面を拡大し検索を進めている中で、印刷面の界線内にインテルの墨汚れが鮮明に刷り出されている個所がみつかり、このことから、『錦繡段』や『長恨歌伝琵琶行』も改めて精査し直したところやはりその両本にも細インテルのかすかな墨付きの汚れが認められるにいたったという経過があった。

印刷面での理屈上ではインテルが界線内に使用されていることは判断できていたが、墨付きの形跡からそれが明確に実証されたわけであり、有界本では活字駒の左右に細インテルが使用されているという事実を検証できたことはパソコン利用による新たな調査法の成果として洵によろこばしい事柄である。

わが国の古活字版は〈文禄版〉の最初からこうした込め物を使用する組立式組版技法により印刷されており、李朝活字版の付着式植字法とは技法的におよそ相違するものであることが確認されたのであるが、それではこの古活字版の組版技法はわが国において発明されたと解釈すべきなのであろうか。

もし、そうでないとするならば、この組版印刷技法は一体どこから伝来し、それをどのように受容したのかをまず明らかにしなければならないであろう。

活字版印刷の組版技法は天正一八年（一五九〇）に天正遣欧使節らにより西欧から九州の地に伝わり、その翌年からキリシタン版の印刷が開始されたという歴史的事実があるが、わが国の古活字版の印刷技法はこのキリシタン版の組版技法を継承するものと考えられるのではなかろうか。

そしてそうした関係があったとすれば、その組版技法を受け入れ、日本流に改良を加えて活字版の印刷事業を創始し、それの発展にかかわった主要人物は誰なのかといったことについてもあわせて考究すべきであろう。

しかしながら、残念にもそれらを究明するための的確な当時の参考文献はほとんど伝存していない。かつて、こうした印刷事業に関与した人物として嵯峨の角倉素庵を想定したことがある[7]が、その後、書誌学界においてもこの方面の考察は行われておらず、本書の基となった研究例会でも討議課題としてとりあげられることはなかった。

今回は紙幅の都合などもあり、ここではそのあたりの事柄に関しては繰り返し述べることを控えさせていただくことにした。どうかご寛如のほどを切にねがう次第である。

（1）『大阪府立図書館蔵稀書解題目録　和漢書の部』（大阪府立図書館、一九六三年）。
（2）『天理ギャラリー・第四六回展　日本の古活字本』（東京天理教館、一九七七年）。
（3）森上修・山口忠男「慶長勅版『長恨歌琵琶行』について(上)——慶長勅版の植字組版技法を中心として——」（『ビブリア』九五、天理図書館、一九九〇年一一月）。
（4）小秋元段「嵯峨本『史記』の書誌的考察」（『法政大学文学部紀要』四九、二〇〇四年）。
（5）森上修「国立国会図書館蔵慶長八年素庵刊『史記』（野間三竹旧蔵五〇冊）の組版状況」（私家版、二〇一四年五月）。
（6）下浦康邦「吉田宗恂における日本数学の生成(3)」（『数学史研究』一四七、一九九五年）。
（7）森上修「初期古活字版の印行者について——嵯峨の角倉（吉田）素庵をめぐって——」（『ビブリア』一〇〇、一九九三年一〇月）。
（8）森上修・本多潤子「調査メモ　天理図書館蔵嵯峨本『徒然草』（第一種本）三格活字（一〇五九駒）の印出字調査」（『ビブリ

ア』一四〇、二〇一三年一〇月）。

（9）森上修「嵯峨本『伊勢物語』諸刊本の連彫木活字について」（『ビブリア』一二七、二〇〇七年五月）。

（10）『特別陳列　龍門文庫　知られざる奈良の至宝』（奈良国立博物館、二〇〇二年）。

（11）孫宝基「韓国印刷技術史」（『韓国文化史大系Ⅲ科学・技術史』高麗大学校民族文化研究所、一九七〇年）。千恵鳳『韓国典籍印刷史』（汎友社、一九九〇年）。

（12）韓国図書館学研究会編『韓国古印刷史』（同朋舎、一九七八年）。

（13）中村栄孝解題『蓬左文庫朝鮮本展観目録』（朝鮮学会、一九五七年）。沈喁俊『海外所在韓国板本調査研究　日本訪書志』（韓国精神文化研究院、一九八八年）。

（14）森上修「慶長勅版『長恨歌伝琵琶行』について（下）——わが国古活字版と組立式組版技法の伝来——」（『ビブリア』九七、一九九一年一〇月）。

（15）鈴鹿三七『勅版集影』（小林写真製版所、一九三〇年）。川瀬一馬「後陽成天皇の慶長勅版」（『古活字版之研究』安田文庫、一九三七年）。

（16）木村三四吾・金子和正「勅版考一『古文孝経』（一）・（二）」（『ビブリア』二三・二五、一九六二年一〇月・一九六三年六月）。

（17）森上修「慶長二年勅版『錦繍段』の版式について——勧学文との版面比較——」（私大図書館阪神地区書誌学研究会、一九八八年）。

（18）『慶長二年勅版『新刊錦繍段』印出字調査』（私大図書館協会阪神地区書誌学研究会、一九九六年）。

（19）国立国会図書館蔵の素庵刊・有界本『史記』のデジタル画像（公開中）により、インテルの挿入を検証しうる個所をいくつか例示すると次の通りである。

［片寄組版］　第三冊（九駒左二行右上、二四駒右八行右上）

［正常組版］　第五冊（三六駒右七行左下）・第三四冊（五九駒右二行右下）

（20）『一誠堂書店創業一〇〇周年記念古典籍善本展示即売目録』（一誠堂書店、二〇〇三年）。

（21）大内田貞郎・高部萃子「朝鮮古活字版に想うこと——特に活字の形状と植字版を中心に——」（『ビブリア』八九、一九八七年一〇月）。

（22）石川真弘「古活字本私見——応其著『無言抄』を中心にして——」（『ビブリア』一二一、二〇〇四年五月）。

〈平成23年度〉

第1回研究会：平成23年5月14日(土)、15日(日)

◆平成23年度テーマ選定の討議について

第2回研究会

・平成23年7月9日(土)

◆二条城の角倉移築建物の写真の紹介　西澤英和

◆GLOBALBASEと角倉関連の地図・絵図　森　洋久

◆角倉関係の資料について　宇戸典之

・平成23年7月10日(日)

◆戦国期の土倉としての角倉　河内将芳

◆嵯峨本について　森上　修

第3回研究会

・平成23年8月27日(土)

◆近世オランダにおける治水の伝統と内陸水運網の発達　中澤　聡

◆塵劫記前後の日本の測量術　佐藤賢一

・平成23年8月28日(日)

◆小山家について　鈴木久男

◆江戸時代の算盤(大垣田中家)について　宇戸典之

◆日本庭園の概要　金久孝喜

第4回研究会

・平成23年11月5日(土)

◆菖蒲谷池隧道の地形上の位置と構造について　福本和正

◆菖蒲谷周辺の鳴滝砥石の採掘の歴史　宇戸典之

◆大悲閣と周辺建物の現況について　西澤英和

・平成23年11月6日(日)

◆天理図書館蔵嵯峨本『三十六人歌合』の版下筆者を考える―新出『本朝名公墨寶』(慶安元年本)素庵巻との筆跡検証から―　牛見正和

◆嵯峨本の版本学的考察　森上　修

第5回研究会

・平成24年1月21日(土)

◆嵯峨本の数理的分析に向けて　師　茂樹

◆京都観光と明治の挑戦　清水宏一

・平成24年1月22日(日)

◆近世京都における角倉氏―商人として、代官として―　若松正志

◆江戸時代に観光としての保津川下りはあったのか　上林ひろえ

第6回研究会

・平成24年3月10日(土)

◆森幸安の地図を眺める　辻垣晃一

◆了以からはじまり、了以で再構築された、保津川の将来的展望　豊田知八

◆保津川をめぐる人と舟運　豊田覚司

・平成24年3月11日(日)

◆日本の古天文学と暦　臼井　正

◆測量技術により明らかにされた平安京　宮原健吾

◆角倉一族の系図について　吉田周平

〈平成24年度〉

第1回研究会

・平成24年5月12日(土)

◆嵯峨・嵐山周辺の吉田・角倉関係の遺蹟現地調査

・平成24年5月13日(日)

◆江戸時代における吉田・角倉一族の医学に関する系譜　奥沢康正

◆塵劫記と和算　小寺　裕

◆菖蒲谷池と角倉隧道　福本和正、宇戸典之

第2回研究会

・平成24年7月7日(土)

◆保津川通船工事に関する考察　宮田　章

◆近世町衆の経済倫理―舟中規約を中心に―　舩橋晴雄

・平成24年7月8日(日)

◆CSRとそのインプリケーションについて　島本晴一郎

第3回研究会：平成24年8月31日～9月1日

◆富士川舟運調査（群馬県鰍沢周辺／調査、富士川下り／交流、静岡県富士市内／調査）

第4回研究会

・平成24年11月10日(土)

◆富士川舟運調査について　森　洋久

◆朱印船貿易と角倉家　佐久間貴士

・平成24年11月11日(日)

◆角倉家と清水寺　坂井輝久

◆穴太衆　栗田純司

◆吉田光由が著した『塵劫記』が後世に与えた影響―天文暦学と時計技術―　鳴海　風

第5回研究会

・平成25年1月26日(土)

◆御土居藪と角倉家　中村武生

・平成25年1月27日(日)

◆富士川渡船と舟運について　石川武男

◆江戸前期色摺史の研究　町田恵一

第6回研究会

・平成25年3月9日(土)

◆高瀬川漏水復旧工事(二条・御池間)について　福本和正

・平成25年3月10日(日)

◆角倉了以・素庵の人物像―多様な資料から考えるための序論―　若松正志
◆角倉船を追いかけて―ベトナム安南―　葉山美知子
◆嵯峨本諸版に関するDigital画像の公開状況について　森上　修

〈平成25年度〉

第1回特別研究会：平成25年5月14日(火)
◆大阪市立美術館にて、同館収蔵の「角倉船絵馬図」の屛風の現地調査

第2回研究会：平成25年8月24日(土)
◆成果報告書出版に関する打合せ

鳴海　　風（なるみ　ふう）
1953年生．愛知工業大学大学院経営情報科学研究科博士後期課程修了．博士（経営情報科学）．四日市大学研究機構関孝和数学研究所研究員．
『円周率を計算した男』（新人物往来社，1998年），『算聖伝　関孝和の生涯』（新人物往来社，2000年），『江戸の天才数学者』（新潮社，2012年）．

小林龍彦（こばやし　たつひこ）
1947年生．法政大学第二文学部卒業．学位博士（学術）．前橋工科大学名誉教授．四日市大学関孝和数学研究所研究者，内蒙古師範大学客座教授．
『幕末の偉大なる数学者——その生涯と業績——』（共著，多賀出版，1989年），『和算家の生涯と業績』（共著，多賀出版，1985年），『関孝和論序説』（共著，岩波書店，2008年）．

林　　　進（はやし　すすむ）
1945年生．神戸大学大学院文学研究科修士課程修了．芸術学芸術史専攻．元大和文華館学芸員．
『雪村』（共著，講談社，1995年），『日本近世絵画の図像学——趣向と深意——』（八木書店，2000年），『宗達伊勢物語図色紙』（共著，思文閣出版，2013年）．

高木浩明（たかぎ　ひろあき）
1967年生．二松学舎大学大学院文学研究科博士後期課程国文学専攻単位取得満期退学．博士（文学）（関西大学）．予備校・高等学校講師．
『中院通勝真筆本『つれづれ私抄』——本文と校異——』（新典社，2012年），「下村本『平家物語』と制作環境をめぐって」（二松学舎大学『人文論叢』58輯，1997年），「『百人一首抄』（幽斎抄）成立前夜——中院通勝の果たした役割——」（『中世文学』58号，2013年）．

伊海孝充（いかい　たかみつ）
1972年生．法政大学大学院人文科学研究科博士後期課程満期退学．文学博士．法政大学文学部准教授．
『切合能の研究』（檜書店，2011年），『日本人のこころの言葉　世阿弥』（共著，創元社，2013年），「玉屋謡本の研究（一）」（『能楽研究』38号，2014年）．

森上　　修（もりがみ　おさむ）
1935年生．関西大学文学部史学科卒業．元大阪樟蔭女子大学非常勤講師．
「慶長勅版『長恨歌琵琶湖行』について（下）——わが古活字版と組立式組版技法の伝来」（『ビブリア』97, 1991年），「初期古活字版の印行者について——嵯峨の角倉（吉田）素庵をめぐって——」（『ビブリア』100, 1993年），「嵯峨本『伊勢物語』慶長十三年刊の諸版における連彫活字について——三倍格の活字駒を中心として——」（近畿大学日本文化研究所編『日本文化の諸相』風媒社，2006年）．

中澤　聡(なかざわ　さとし)
1976年生．東京大学大学院総合文化研究科博士課程満期退学．東京大学大学院総合文化研究科特任研究員．
"The development of river management: Tone River" in *Urban Water in Japan* (London: Taylor & Francis Group, 2008),「ポー水系からラインデルタ：ウィレム・ヤーコプ・ス・グラーフェサンデの河川水理学研究に見られるイタリア学派の影響の検討」(『科学史研究』51号，2012年), "Mixed Mathematics, Physico-Mathematics, and the Legitimacy of Experience: A Case Study from Eighteenth-Century Flnid Resistance Research" (*Historia Scientiarum* 23-2, 2013).

中村武生(なかむら　たけお)
1967年生．佛教大学大学院文学研究科博士前期課程修了．京都女子大学文学部非常勤講師．
『御土居堀ものがたり』(京都新聞出版センター，2005年)，『池田屋事件の研究』(講談社，2011年)，「幕末期政治的主要人物の京都居所考――土佐・長州・薩摩を中心に――」(御厨貴・井上章一編『建築と権力のダイナミズム』(岩波書店，2015年)．

坂井輝久(さかい　てるひさ)
1948年生．京都大学文学部卒業．音羽山清水寺学芸員．
『洛中洛外漢詩紀行』(共著，人文書院，1994年)，『江戸の世に遊ぶ――生田耕作所蔵書画展――』(編著，奢灞都館，1995年)，『京都　紫式部のまち――その生涯と『源氏物語』――』(淡交社，2008年)．

佐久間貴士(さくま　たかし)
1949年生．青山学院大学大学院文学研究科修士課程修了．大阪樟蔭女子大学国際英語学科教授．
『よみがえる中世　2　本願寺から天下一へ　大坂』(編著，平凡社，1989年)，「発掘された中世の村と町」(『岩波講座日本通史　第9巻　中世3』岩波書店，1994年)，「日本の都市とホイアン」(『日本列島に生きた人たち　2　遺跡(下)』岩波書店，2000年)．

葉山美知子(はやま　みちこ)
1947年生．お茶の水女子大学大学院服飾美学専攻修士課程修了．日本医史学会代議員．
『寝姿ものがたり』(文芸社，2009年)．

金子　務(かねこ　つとむ)
1933年生．東京大学教養学部教養学科科学史・科学哲学分科卒業．大阪府立大学名誉教授．
『アインシュタイン・ショック』全2巻(河出書房新社，1981年．岩波現代文庫所収)，『江戸人物科学史』(中央公論新社，2005年)，『宇宙像の変遷』(放送大学叢書，左右社，2013年)．

小寺　裕(こてら　ひろし)
1948年生．信州大学理学部数学科卒業．東大寺学園中・高等学校専任講師．
『博学検定　江戸の数学和算』(技術評論社，2010年)，『関孝和算聖の数学思潮』(現代数学社，2013年)，『ススメ！　算法少年少女』(みくに出版，2013年)．

福本和正（ふくもと　かずまさ）
1939年生．京都大学大学院工学研究科（建築学専攻）博士後期課程修了．元滋賀県立大学環境科学部教授．
“STUDY ON HORIZONTAL STRENGTH OF TRADITIONAL WOODEN HOUSES BY TESTS IN SITES” (*13th World Conference on Earthquake Engineering*, No.2197, 2004), “AMPLIFICATION OF SEDIMENTARY LAYERS AND ESTIMATION OF THEIR STRUCTURES IN SHIGA PREFECTURE, JAPAN” (*12th World Conference on Earthquake Engineering*, No.1335, 2000),「壁土のせん断強度の実験的研究」（『日本建築学会構造系論文集』530号，2000年）．

鈴木久男（すずき　ひさお）
1951年生．奈良大学文化学部史学科卒業．京都産業大学文化学部教授．
「平安京の邸宅と庭園」（鈴木久男・西山良平編『恒久の都　平安京』吉川弘文館，2010年），「発掘された室町将軍の庭」（奈良文化財研究所編『室町時代の将軍の庭園』奈良文化財研究所，2013年），「鳥羽離宮庭園から見た鳥羽上皇の浄土観」（白幡洋三郎編『『作庭記』と日本の庭園』思文閣出版，2014年）．

辻垣晃一（つじがき　こういち）
1972年生．龍谷大学大学院文学研究科博士後期課程依願退学．京都府立須知高等学校教諭．
『森幸安の描いた地図』（日文研叢書29，2003年），「森幸安の地図を追って――函館市中央図書館と国立国会図書館における調査報告――」（『日本研究』32，2006年）．

粟田純司（あわた　じゅんじ）
1940年生．近畿大学理工学部土木工学科卒業．（株）粟田建設会長．

金久孝喜（かねひさ　こうき）
1949年生．大阪工業大学工学部土木工学科卒業．（株）中根庭園研究所設計部長．

豊田知八（とよた　ともや）
1966年生．立命館大学文学部地理学専攻卒業．保津川遊船企業組合代表理事，京都大学東南アジア研究所連携研究員．
「愛宕山麓の小集落・清滝　ふるさと再生へ可能性を求めて」（京都大学東南アジア研究所 実践型地域研究最終報告書『ざいちのち』2012年）．

上林ひろえ（かんばやし　ひろえ）
1979年生．京都産業大学理学部計算機科学科卒業．京都学園大学職員・京都産業大学日本文化研究所上席特別客員研究員．

石川武男（いしかわ　たけお）
1972年生．日本大学文理学部史学科日本考古学専攻卒業．富士市市役所文化振興課職員．

執筆者紹介(収録順，＊は編者)

＊森　洋久(もり　ひろひさ)
1968年生．東京大学理学系研究科情報科学専攻博士課程退学．博士(情報理工)．国際日本文化研究センター文化資料研究企画室准教授．
『森幸安の描いた地図』(共編，日文研叢書29，2003年)，"*Development and research of the GLOBALBASE architecture -- Diversity of <maps> and spatial information, and a framework for those autonomous distributed sharing*"(学位論文・東京大学大学院情報理工学研究科コンピュータ科学専攻，2010年)，『情報とは何か』(総合研究大学院大学・学融合水深センター研究費助成プロジェクト「日本における諸科学の変性と基礎概念の検討――文理融合の有効性をさぐる――」報告書(平成24～25年度代表鈴木貞美)，2014年)．

若松正志(わかまつ　まさし)
1963年生．東北大学大学院文学研究科博士後期課程中退．京都産業大学文化学部教授．
「近世中期における貿易都市長崎の特質」(『日本史研究』415，1997年)，「後桜町天皇宸記」宝暦13年８月～明和元年７月条(後桜町女帝宸記研究会として共著，解説執筆，翻刻分担，『京都産業大学日本文化研究所紀要』７～16，2002～2011年)，「イエズス教会領から「長崎口」へ」(荒野泰典・石井正敏・村井章介編『地球的世界の成立』〈日本の対外関係５〉吉川弘文館，2013年)．

河内将芳(かわうち　まさよし)
1963年生．京都大学大学院人間・環境学研究科博士課程修了．奈良大学文学部史学科教授．
『中世京都の民衆と社会』(思文閣出版，2000年)，『中世京都の都市と宗教』(思文閣出版，2006年)，『祇園祭の中世――室町・戦国期を中心に――』(思文閣出版，2012年)．

菅　良樹(すが　よしき)
1964年生．兵庫教育大学大学院連合学校教育研究科社会系教育講座博士後期課程修了．博士(学術)．淳心学院中・高等学校教諭．
『近世京都・大坂の幕府支配機構――所司代　城代　定番　町奉行――』(清文堂出版，2014年)，「嘉永・安政期の大坂城代土屋寅直と城代公用人大久保要」(宮地正人監修『幕末動乱――開国から攘夷へ――』土浦市立博物館等四館共同企画展図録，2014年)，「大塩事件に対処した大坂城代土井利位と戊午の密勅降下に関わった同土屋寅直」(『大塩研究』72号，2015年)．

奥沢康正(おくざわ　やすまさ)
1940年生．大阪医科大学卒業後，京都府立医科大学助手．奥沢眼科院長．
『京の民間医療信仰――安産から長寿まで――』(思文閣出版，1991年)，『外国人のみたお伽ばなし――京のお雇い医師ヨンケルの『扶桑茶話』――』(思文閣出版，1993年)，「目医師達の秘伝書と流派」(山田慶兒・栗山茂久共編『歴史の中の病と医学』思文閣出版，2004年)．

角倉一族とその時代（すみのくらいちぞくとそのじだい）

2015（平成27）年7月1日発行

定価：本体8,800円（税別）

編　者　森　洋久
発行者　田中　大
発行所　株式会社　思文閣出版
〒605-0089 京都市東山区元町355
電話 075-751-1781（代表）

デザイン　関岡裕之
印　刷
製　本　株式会社 図書印刷 同朋舎

　ISBN978-4-7842-1797-7　C3021